현대자본주의와
생명

현대자본주의와 생명

초판1쇄 펴냄 2011년 6월 2일
초판2쇄 펴냄 2022년 5월 16일

엮은이 맑스코뮤날레 조직위원회
펴낸이 유재건
펴낸곳 그린비
주소 서울시 마포구 와우산로 180, 4층
대표전화 02-702-2717 | **팩스** 02-703-0272
홈페이지 www.greenbee.co.kr
원고투고 및 문의 editor@greenbee.co.kr

주간 임유진 | **편집** 홍민기, 신효섭, 구세주, 송예진 | **디자인** 권희원, 이은솔
마케팅 유하나, 육소연 | **물류유통** 유재영, 한동훈 | **경영관리** 유수진

ISBN 978-89-7682-754-8 03300

學問思辨行: 배우고 묻고 생각하고 판단하고 행동하고

독자의 학문사변행을 돕는 든든한 가이드 _그린비 출판그룹

그린비 철학, 예술, 고전, 인문교양 브랜드
엑스북스 책읽기, 글쓰기에 대한 거의 모든 것
곰세마리 책으로 통하는 세대공감, 가족이 함께 읽는 책

5th **MARX** COMMUNNALE

현대자본주의와 생명

맑스코뮤날레 조직위원회 엮음

그린비

차례

| 1부 |

생명과 가치론

발표문 생명의 잉여가치와 정치경제학 비판 _이진경

토론문1 잉여가치 개념의 확장과 그 한계 _류동민

토론문2 또 하나의 중농주의 신경제론 _김창근

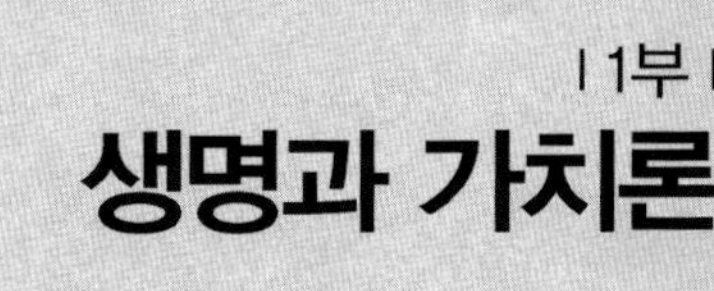

발표문 _ 생명의 잉여가치와 정치경제학 비판

이진경(노마디스트 수유너머N)

1. 생명복제시대로부터

이전의 많은 SF 영화가 다루었던 것이 미래의 기계화된 세계였다면, 지금의 SF 영화가 가장 빈번하게 다루는 것은 공학적인 생명의 복제 및 변형과 결부된 세계인 것 같다. 어느 경우든 공통적인 것은 그 미래가 대개 디스토피아적이라는 점이다. 이는 필경 그 미래에 대한 두려움의 표현이라고 할 것이다. 따라서 이전에는 로봇이나 컴퓨터, 인공지능 등에 대한 두려움이 컸다면 지금은 생명의 복제나 유전자조작을 통해 변형 같은 것이 초래한 사태에 대한 두려움이 더 커진 것이라고 할 수 있을 것이다. 그것은, 두려움과 불안을 구별하는 하이데거의 개념을 참조해도,[1] 분명 두려움이라고 할 것인데, 단순히 예측불가능한 세계로서의 미래에서 기인하는 것이 아니라, 충분히 예측가능한 미래 세계라는 대상에서 기인하는 것이기 때문이다.

그것이 예측가능하다는 것은 현재로부터 충분히 연속성을 갖는다는 말이다. 즉 그 두려운 미래로부터 거슬러 올라가면 두려운 현재가 그 모습

---

1) 간단히 말해 두려움이 대상을 갖는 것이라면, 불안은 대상을 갖지 않는다(Martin Heidegger, *Sein und Zeit*, 이기상 옮김, 『존재와 시간』, 까치, 1998, 253~254쪽).

을 드러낸다는 것이다. 대개는 가장 첨단적인 과학과 기술에 대한 지식에 상상력을 덧대 부풀리고 과장하여 만든 그 미래 속에, 사실 지금 세계를 끌고 가는 그 첨단의 것들에 대한 두려움이 숨어 있는 것일 게다. 과학과 기술에 대한 대중매체의 무한한 신뢰와 성원, 선전에도 불구하고, 낙관의 핑크보다는 비관의 블루가 주조를 이루는 그런 두려움이 현재적인 상상력을 채색하고 있는 것이다. 무엇이 우리의 미래, 아니 현재를 두렵게 하는 것일까? 아니, 어떤 현재가 미래의 우리를 두렵게 하는 것일까?

이러한 두려움은 단지 영화적인 세계로 제한되지 않는다. 생태주의나 환경운동을 하는 사람들이나 진지한 철학자는 말할 것도 없고, 서구의 이른바 '선진' 국가들마다 만들어 놓은 생명윤리위원회에서 생명관련 실험들에 대해 요구하는 것이나 실험에 대한 제한 등을 보면, 그들 역시 생명공학이 선도하는 미래에 대해서 커다란 두려움을 갖고 있음을 쉽게 확인할 수 있다. 두려움 속에서 실험에 담긴 미래를 제한하는 것, 그것을 위해 실험 자체를 제한하는 것이 그런 윤리위원회가 하는 일이다.

기이한 것은 모두들 이렇게 두려워하면서도 그러한 미래를 현재로부터 절단하려 하지 않는다는 것이다. 왜 그럴까? 무엇보다 먼저, 그것은 이미 멈추려 해도 멈출 수 없는 사태라는 생각 때문일 것이다. 거대한 규모의 자금과 자본이 투여되었기에, 아니 거대한 규모의 이윤과 이권이 걸려 있기에 자본은 물론 과학자 자신들마저 앞장서 돌진하고 있는 것이기에 그럴 것이다. 혹은 '내가' 멈춘다고 해도 다른 이들은 결코 멈출 리 없기에 나 또한 멈출 수 없는, 따라서 누구도 멈출 수 없는 것이기에 그럴 것이다. 이미 경제와 융합된 국가 또한 여기서 크게 다르지 않은 것 같다. 더구나 과학과 자본이 국가적 태생을 넘어, 국가가 규제를 가하면, 규제 없는 나라를 선택하는 '국가 쇼핑'(country shopping)이[2) 흔한 일이 되었음을 안다면, 그것은 국가의 무능력지대를 점차 확대하고 있다고 해야 할 것이다.

　　다음으로, 그것은 인공수정이 그런 것처럼, 병의 치료 등 '인간을 위하여' 필요한 어떤 유용성을 갖고 있기 때문일 것이다. 기계와 기술의 발전이, 어떤 위험성에도 불구하고, 인간을 위한 어떤 유용성을 갖고 있기에, 그런 유용성을 포기하지 않는 한 멈출 수 없는 것처럼. 이미 오래전에 푸코는 근대적 권력은 그것이 유용성을 생산한다는 이유로 인해 가장 효과적으로 작동하고 존속할 수 있었음을 감옥의 연구를 통해 보여 준 바 있다.[3] 유용성의 극대화를 모든 것의 척도로 삼는 벤담의 공리주의가 팬옵티콘을 유토피아로 삼고 있었음은, 그래서 감옥이나 병원, 학교는 물론 정부관리들이 일하는 곳에까지 그런 구조로 만들고자 했음은 매우 시사적이다.[4] 유용성의 극한, 공리주의의 유토피아에서 우리는 디스토피아를 발견한다.

　　세번째로, 그런 절단은 과학과 기술의 발전을 중단시키는 것을, 인식 내지 지식의 발전을 포기해야 함을 뜻한다는 점 때문일 게다. 그러나 과학과 기술이 좀더 나은 삶을 위한 것이라고 한다면, 과학·기술로 인해 야기될 결과를 두려워하면서도 그것을 중단시켜선 안 된다는 믿음은 도착적이라고 해야 하지 않을까? 이런 도착이 일반적인 것은 과학이 곧 진리를 뜻하고, 그것이 곧 옳음을 뜻하는 근대의 인식론적 배치가 아직도 지속되고 있기 때문일 것이다. 이런 점에서 과학이나 기술에 대한 믿음은 그런 믿음을 가진 사람들의 삶을 초과하고 있음이 틀림없다.

　　그리고 보면 과학기술 자체에서 니힐리즘을 읽어 냈던 하이데거는 이러한 인식론적 배치에서, 이러한 새로운 신앙으로부터 벗어나 있었다고 해야 할 것 같다. 또한 그것이 수많은 하이데거주의자들로 하여금 하이데거

---

2) Darrell West, *Biotechnology Policy across National Boundaries*, 황철원 옮김, 『바이오 너머 세계 그리고 인간』, 한티미디어, 2010, 55~59쪽.
3) Michel Foucault, *Surveiller et punir*, 오생근 옮김, 『감시와 처벌』, 나남, 1994, 349~351쪽.
4) Karl Polanyi, *The Great Transformation*, 박현수 옮김, 『거대한 변환』, 민음사, 1991, 176쪽.

를 실질적으로 배신하게 하는 지점이기도 하다. 반대로 그것은 맑스주의자들이 생명공학이나 생명산업이 지배하는 세계에 대해 기이하게도 이론적 분석을 멈춘 이유기도 하다. 왜냐하면 맑스주의자들에게 기술이란 역사 전체를 관통하는 생산력 발전의 동력이고, 과학이란 역사 이후에까지 그들의 지성을 인도할 진리의 표상이기 때문이다. 그것은 수많은 맑스주의자들로 하여금 착취관계의 분석이라는 맑스의 가르침을 배신하게 하는 지점일 것이다.

멈출 수 없는 무능력과 유용성의 유혹, 그리고 과학적 지식의 진보라는 이념, 이러한 것들이 혼합되어 그려진 미래 속에는 두려움만이 아니라, 그 이상으로 어떤 기대가 있는 것이다. 욕망이, 매력적인 여인의 유혹에 끌려가는 사내에게 두려움 이상으로 기대가, 욕망이 있는 것처럼. SF 영화들 역시 대개는 도래할까 두려운 그 디스토피아의 미래 속에서 완전히 망가지지는 않을 것이라는 희망을 남겨 두고자 하지 않던가? 두려움, 기대, 욕망, 희망, 그 모두가 있는 게 사실일 것이다. 이미 다가온 세계 속에도 그 모든 것이 있는데, 아직 오지 않은 세계 속에 그 중 하나만 있을 거라고는 생각할 순 없을 것이다. 따라서 우리는 손쉽게 두려움에 동조하거나 나이브한 환상에 기대를 걸기보다는, 좋든 싫든 다가올 세계에 대해, 그 세계 속에서 삶에 대해 분석해야 한다고 나는 믿는다. 특히 생명 자체의 심장부로 파고들어 간 지식과 생명의 능력 그 자체를 이윤의 새로운 원천으로 삼으려는 자본과 과학의 새로운 동맹을, 그러한 동맹을 통해 출현한 새로운 잉여가치의 착취를. 그것은 단지 영화적 공상 속에 존재하는 먼 거리의 디스토피아이기 이전에, 우리의 실제 삶을 둘러싸고 있는 가까운 현실이기 때문이다.

유전공학이나 생명조작에 대한 도덕적 비판은 머뭇거리는 이러한 두려움을 표현하긴 하지만, 사태를 정확하게 보지도 못하고, 자신이 우려하는 것도 저지하지 못한다. 그런 종류의 비판보다는, 혹은 그것이 우려하는 불편한 미래에 대한 발 빠른 대답보다는 그것에 담겨 있는 문제를 읽어 내는 것이, 그것이 제기하는 질문을 통해 문제를 근본으로 밀고 들어가 사유하는 것이 중요하다. 그러기 위해선 신학적이고 인간학적 질문의 장을 벗어나, 정치경제학적 질문의 장으로 들어가야 한다고 생각한다. 끊임없이 배아와 인간의 경계를 묻는 신학적 관념이나 '생명의 신성함'이란 말로 인간의 존귀함을 주장하는 인간학적 관념을 넘어서지 못하는 한, 생명에 대한 연구와 생명의 능력을 이용하려는 욕망이 결합되는 지점은 명시적임에도 보이지 않게 되기 때문이다. 그것을 넘어서 과학과 자본이 만나는, 이미 군산복합체를 대신하여 '과학-산업복합체'라는 말[5]이 사용되기 시작한 지점을 개념적으로 사유한다면, 이른바 '생명복제시대'란 자본이 생명력 자체를 착취할 수 있게 된 시대를 뜻함을 주목하게 되리라고 나는 믿는다. 그것이 우리가 대면해야 하는 것은 생명에 대한 '정치경제학적' 질문의 장인 이유다.

2. 생명산업이 생산한 세계

아직 성공하진 못한 경우지만, 장기이식용 돼지의 신장을 상품화하는 데 성공했다면, 그 신장이란 상품은 누가 생산한 것일까? 또 그 신장을 통해 얻은 잉여가치는 누가 생산한 것일까? 유전자를 조작하여 변형시킨 과학자? 그 돼지를 키운 농장의 노동자? 아니면 돼지? 이 질문을 좀더 극명하게 던지면, 영화 「아일랜드」에서 장기이식을 위해 만든 복제인간의 신장을 팔아 얻은 잉여가치는 누가 생산한 것일까? 복제인간을 클로닝한 의사? 그들을 '아일랜드'로 갈 환상 속에서 건강하게 살도록 키우는 회사직원(노동자)

---

5) Darrell West, 『바이오 너머 세계, 그리고 인간』, 24~27쪽.

들? 그게 아니면 그 신장을 달고 성장해 온 복제인간?

생물학적으로 보면, 이식용 신장을 만들어 낸 것은 돼지고, 복제인간이다. 그러나 정치경제학에 따르면, 그 잉여가치를 생산한 것은 돼지나 인간을 복제하거나 변형한 과학자나 그것을 키운 노동자지, 돼지나 복제인간이 아니다. 따라서 돼지도, 복제인간도 자신의 신체로부터 발생한 잉여가치에 대해 어떤 권리도 갖지 못한다. 그것은 그것을 추출하여 판매하는 데 관여한 자들에게 귀속된다. 신장이든 항체세포든 돼지나 복제인간의 것이 아니다. 그것은 돈을 댄 자본가나 과학자, 혹은 '노동'을 한 노동자의 소유물인 것이다. 이 경우 자본가가 착취한 것은 복제나 변형'노동'을 한 과학자나 성체로 키운 노동자이지, 돼지나 복제인간, '내'가 아니다! 신장을 뜯기는 돼지나 복제인간은 착취당했다는 말도 하지 못한 채 죽는 것이다.

그러나 이러한 결론을 쉽게 납득할 수 있을까? 결코 쉽지 않을 것 같다. 만약 그렇다고 말한다면 정치경제학은 이제 착취에 저항하는 이론적 사유가 아니라 복제인간의 착취를 은폐하는 이데올로기가 된 것이 아닌지 의심해야 하지 않을까? 이는 결코 특별하거나 예외적인 경우가 아니다. 생명산업에서 발생하는 잉여가치 전반에 대해 적용되는 이야기다. 정치경제학과 노동가치론의 근본적인 개념들을 그대로 유지하려고 한다면, 이 모든 사태에 대해 해명하거나 분석하기를 포기해야 한다. 정작 문제가 되고 있는 것은 돼지나 복제인간의 착취임에도, 정치경제학은 복제인간을 클로닝하고 키운 사람들과 자본가 사이의 관계만을 보고 있을 뿐이기 때문이다.

요컨대 생명복제시대에 잉여가치와 착취의 문제는 그 개념은 물론 가치와 생산 등 핵심적인 개념들 자체의 근본적 변화 없이는 적절하게 포착되기 어렵다. 두려운 미래가 비난되면서도 분석되지 않는 사태는 이와 무관하지 않을 것이다. 그것은 특히 맑스주의자들이 발 딛고 있는 정치경제학의 기본적인 개념들을 근본에서 뒤흔든다. 착취의 지반이, 착취와 관련된 관계 자체가 근본적으로 달라졌기 때문이다. 따라서 착취의 분석을 위해선 정치경제학에 대한 비판적 분석이 선행되어야 한다. 맑스가 예전에 그랬듯이, '정치경제학 비판을 위하여'라는 기획을 다시 시작해야 한다. '인간'이란 이름의 거대한 환영에서 벗어나, 잉여가치와 착취를 근본에서 다시 생각해야 한다.

생명산업에서 생산하는 잉여가치는 단지 착취의 개념을 바꿀 것을 요구하는 데 그치지 않는다. 그것은 생산이나 생산자, 소유권의 개념에 이르기까지 모든 경제학적 개념들에 대해 근본적인 질문을 던진다. 이것이 단지 공상과학영화에서 나온 것이 아님을 분명히 하기 위해 현실에서 이미 발생한 사례를 들어 구체적으로 살펴보는 것이 좋을 것 같다. 미국에서 있었던 존 무어의 경우가 그러한데, 여러 가지 질문들을 한꺼번에 던지는 중요한 사례이기에 약간 상세히 설명할 필요가 있다.

존 무어는 시애틀에 거주하는 사업가인데, 털세포 백혈병(hairy cell leukemia)에 걸려서 캘리포니아 의과대학에서 치료를 받았다. 수술은 성공하여 그는 시애틀로 돌아왔지만, 담당의사인 데이비드 골디는 그 이후에도 7년 동안 계속해서 검사를 위해 캘리포니아로 불렀다. 병의 완치여부를 확인하기 위한 검사라고 생각해서 응했지만, 반복되자 시애틀의 병원에서 받겠다고 했지만 안 된다면서 굳이 멀리 캘리포니아 병원으로까지 가게 했다. 여러 가지 상황이 이상하다고 판단한 무어는 변호사에게 부정의료행위가 있는 건 아닌지 알아봐 줄 것을 의뢰했다. 변호사는 『사이언스』지에서 무어의 혈액에서 발견된 바이러스 항체에 대해 골디 박사 등이 쓴 논문을 발견했다. 뿐만 아니라 골디는 무어의 혈액에서 그 특이한 항체를 분리 배양하여 특허를 냈고, 그것에 '모-세포주'(Mo-cell line)라는 이름을 붙여 보스턴 소재의 어떤 생명공학회사에 3백만 달러 상당의 주식을 받고 팔아넘겼다. 또한 스위스 제약회사 산도즈가 이 세포주를 개발하는 대가로 1천 5

백만 달러를 지불했다는 얘기도 있었다고 한다.

자신에게 아무런 정보도 주지 않은 채 자신의 신체조직을 떼 내어 배양해 팔아먹은 것을 안 무어는 골디 등을 부정의료 및 절도행위로 고소했다. 1심 법원에서는 재판 자체가 성립되지 않는다는 이유로 기각했지만, 1988년 항소심에서는 환자를 이익창출과정에서 배제한 것이 부당하다며 원고 승소 판결을 했다. 그러나 1990년 상고심에서 캘리포니아 주 대법원은, 무어에게 알려 주지 않은 것에 대해선 무어의 고소를 인정했지만, 그의 몸에서 추출한 항체로부터 나온 이익은 의사와 생명공학회사에 귀속된다면서 원고 패소 판결을 했다. 즉 무어는 자신의 몸에서 추출한 항체나 그것을 배양한 것에 대해서 소유권을 갖지 않으며, 의사나 회사는 그에게 어떤 경제적 보상을 해줄 필요가 없다는 것이다.[6]

이러한 경우는 단지 무어만의 사례로 국한되지 않는다. 앤드루스와 넬킨에 따르면, 무어 사건 한참 이전인 1951년에 매우 희귀한 종류의 난소암으로 사망한 헨리에타 랙스라는 흑인여성의 신체에서 의사들은 가족들 몰래 신체조직의 일부를 떼어 내 세포주로 만들었고, 이는 지금도 팔리고 있다고 한다. 이런 식으로 세포주로 상품화된 사람의 조직은 그 밖에도 많아 수천 명이라고 하는데, 가령 CLR586은 림프절 육종으로 죽은 49세의 흑인여성의 그것이고, JCRB0068은 거대세포 바이러스로 죽은 지 14주된 일본인 태아며, SK-HEP-1은 간암에 걸린 52세 독일인 남성의 것이라고 한다.[7]

---

6) Lori Andrews and Dorothy Nelkin, *Body Bazaar*, 김명진·김병수 옮김, 『인체시장』, 궁리, 2006, 48~54쪽 참조. 이러한 판결의 명시적 이유는 그 항체가 무어의 몸에서 나온 것이지만, 무어는 그것을 상품화할 능력이 없다는 것, 의료진이 그의 신체로부터 분리한 조직은 맹장수술 뒤의 맹장처럼 그에겐 '쓰레기'에 지나지 않는다는 것이었다. 판사들이 밝힌 이런 판결의 실질적인 이유는 무어에게 자신의 신체조직에 대한 소유권을 주면 중요한 의학연구를 할 경제적 유인이 사라져 버릴 것이라는 것이었다(같은 책, 51~53쪽).

7) 같은 책, 58쪽 및 55쪽.

무어 사건에 대한 이러한 판결은 사실 그 이전인 1980년 차크라바티 판결에서 이미 예비된 것이기도 하다. 차크라바티는 바다로 유출된 원유를 분해하도록 유전자조작된 박테리아에 대해 특허권을 신청했지만, 미국의 특허국은 살아 있는 생명체에 대해 특허권을 줄 수 없다고 거절했다. 예전에 가령 퀴리부인은 라듐을 발견했지만 그것은 자연 속에 있는 원소이기에 특허권을 부여할 수 없다는 것이 그때까지의 특허에 대한 관념이었다. 그러나 미국 대법원은 차크라바티의 소송에 대해 그 박테리아는 인간의 개입에 의해 변형되고 가공된 것이므로 '자연의 산물'이 아니라고 판결했고, 그에 따라 차크라바티의 특허권을 인정했다. "하늘 아래 있는 어떤 것도, 인간이 만들어 낸 것이기만 하면 특허를 받을 수 있다"는 것이다.[8]

요컨대 인간에 의해 변형되거나 가공된 것이면, 자연의 생명체도 특허권을 갖는 소유물이 될 수 있다는 것이다. 이 판결은 가령 비타민 C와 같은 자연적인 물질이라도 이를 분리하고 정제 가공하여 새로운 방식으로 사용할 수 있게 만들면 특허권을 얻을 수 있다는 판례와 결합하여 이후 엄청나게 확대해석되게 된다. 예를 들면 유전자 치료법은 말할 것도 없고, 유전자 자체에 대해서도, 그것이 비록 가공된 것이 아니라 자연적인 것이긴 하지만, 유전자를 유전체 전체로부터 분리하여 확인하는 기술이나 그것의 존재를 확인하는 기술 등을 통해 그것을 새로운 방식으로 이용할 수 있게 했다는 점에서 특허권을 인정해 주게 된다. 그리하여 가령 예전에 특허신청을 했다가 기각당했던 유방암 유전자의 특허권은 이 판결 이후 재심을 받아 인정되었고, 이후 인간의 모든 유전자는 그것을 '발견'한 사람의 소유물이 되게 된다.

또 하나 추가해야 할 것은, 이러한 특허권의 개념에서 '발견자' 내지

---

8) 같은 책, 83쪽.

'가공자'로서의 과학자나 공학자들의 권리가 연구의 소재(신체!)를 제공한 사람이나 연구자금을 제공한 사람에 대하여 전적인 우위를 점하게 되었다는 점이다. 1980년의 베이 돌이 제출한 법안이 상원을 통과하면서, 이후 비영리기구가 연방자금의 지원을 받아 얻어 낸 발명과 발견에 대해서 특허권을 출원할 수 있도록 허용하게 된다. 그 결과 연방자금(결국은 시민들이 낸 세금)을 이용한 모든 연구결과가 연구자 개인의 소유물이 될 수 있게 된다. 이는 사적인 자금의 경우에도 다르지 않은 것 같다. 가령 그린버그 부부는 아쉬케나지계 유대인들에 흔하게 발병되는 유전병인 카나반 병으로 자식을 잃고, 다른 사람들이 그런 불행을 피하게 하기 위해서 1987년 '카나반 재단'을 만들고 유전학자 루벤 마탈론에게 산전검사법 개발을 의뢰했다. 연구자금은 재단이 모금해서 제공했고, 연구에 필요한 신체조직 샘플은 재단이 환자가족을 설득해서 제공했다. 1993년 드디어 유전자를 발견했고, 연구를 후원하기 위하여 설립했던 재단은 이제 무료 검사를 시작했다. 그러나 마탈론은 환자가족들 몰래 특허를 출원해서 얻어 냈고, 1998년 자신들의 허락과 특허료 없이 검사해 주던 검사센터들을 고소했다!! 이후 카나반 병을 검사하기 위해서는 비싼 특허료를 내고 마탈론의 허락을 얻어야 하게 되었다.[9]

여러 가지 이유에서 우리를 어이없게 만드는 이 기막힌 사례들는 미래에 대한 풍자영화가 아니라 생명산업이 가장 발전된 미국의 현실이고, 예외가 아니라 일반화된 사례들이며, 한국 또한 따라가고자 하는, 머지않아 도래할 현실이다(황우석 사건은 이를 잘 보여 주는 징후적 현상이었다). 백혈병 치료제인 글리벡을 둘러싸고 한국에서 벌어졌던 사태는 이미 도래한 세계의 또 하나의 중요한 단면을 보여 준다. 약리유전체학(pharmacogenomics)

---

9) 같은 책, 87~88쪽.

의 가장 성공적인 사례로 간주되는 백혈병약 글리벡은[10] 한국의 경우 1년 투약하는 데 2천만 원 정도가 든다고 한다. 너무 비싼 약값에 환자들과 가족들이 공정거래위원회에 제소했고, 공정거래위원회는 약값이 부당하게 높다고 판정해 약값 인하를 제약회사인 노바티스 측에 요구했다. 그러나 노바티스는 약값을 인하하는 대신 한국에서 판매하지 않고 철수하겠다고 대응했다. 결국 환자 및 가족들의 시위도, 공정거래위원회의 판정도 아무 효과가 없이 노바티스의 일방적 승리로 끝났다.

생명산업(BT)은 이른바 정보기술(IT) 산업 다음을 약속하는 새로운 거대한 잉여가치의 지대라고 한다면, 한국에서 글리벡의 경우나 앞서 언급한 미국의 경우가 보여 주듯이, 특허권이란 형태의 독점적 소유권은 그 잉여가치의 거대함의 전부는 아니라고 하더라도 중요한 일부임을 보여 준다. 이러한 권리를 통해 자연의 생명이 갖는 힘과 능력은 그것의 '발견자'들의 이윤이 되어 영유되는 것이다.

3. 생명산업의 정치경제학 비판

무어 사건에 대한 판결은 상식적인 윤리적 통념으로는 받아들이기 힘들다. 그러나 판결은 놀랍게도 노동가치론의 관점에서 보면 매우 적절하고 일관된 것으로 보인다. 먼저, 판사들도 말하고 있지만, 항체세포를 분리하고 배양하여 가공한 것은, 다시 말해 그 자체로는 어떤 가치도 갖지 않던 신체조직의 일부를 가공하여 상품화한 것은 의사들이다. 알다시피 노동가치론에 따르면 어떤 소중한 신체조직이라도, 그것이 가공을 위해 인간의 일정

---

10) Aluizio Borem, Fabricio R. Santos, and David E. Bowen, *Understanding Biotechnology*, 『바이오 테크놀러지』, 김희봉 옮김, 대웅미디어, 2003, 107쪽.

한 노동시간이 투여되지 않은 것은 사용가치는 가질지 모르지만 가치는 갖지 않는다. 어디서 어떻게 얻은 것이든 인간이 일정 시간 노동을 하여 변형하고 가공했다면, 그 결과 얻은 가치는 변형·가공시킨 자에게 있다. 따라서 '모-세포주'라는 상품의 가치를 생산한 것은 의사들이다. 잉여가치 또한 마찬가지다.

무어에게 의사들이 항체세포를 채취한 대가를 지불하지 않은 것은 부당하다고 할지도 모른다. 그러나 대학병원에서 질병을 연구하기 위해 환자의 신체에서 얻은 조직을 이용하는 경우, 환자에게 대가를 지불하지 않는다. 연구 목적이 아니라 경제적 이용을 위한 것이라고 해도, 마탈론의 경우 카나반 병 환자나 그 가족에게 어떤 대가를 지불하지 않았을 뿐 아니라 반대로 그들에게 신체조직 및 돈을 받으며 연구했음에도 연구결과 전체는 그의 소유가 되었음을 본다면, 그에게 대가를 지불하지 않은 것은 결코 특별한 것이 아니라 통상적인 것이라고 말할 수 있을 것이다. 게다가 노동가치론의 입장에서 본다면, 무어의 항체세포는 공기나 처녀림의 나무처럼 그것을 얻기 위해 어떤 인간의 노동이 가해지지 않았기에 대가를 지불해야 할 어떤 가치도 갖지 않는다.

그러나 무어 사건은 이 모든 것에 대해 다시 질문하게 만든다. 먼저, 이미 앞서 언급한 것이지만, 무어의 신체에서 나온 항체의 가치나 그것을 상품화해서 얻는 잉여가치는 누가 생산한 것인가 하는 것이 그것이다. 법원은 그것을 채취하고 가공한 의사라고 답한 셈이다.[11] 유방암 유전자를 비롯한 유전자 전반 역시 그러할 것이다. 그렇다면 법원의 판결대로 항체나 유전자에 대한 경제적 권리를 의사나 발견자가 갖는 것은 당연한 것이라고

---

11) 이는 교환가치나 잉여가치는 항체세포나 유전자가 아니라 그것을 상품화하는 과정에서, 즉 애초에 가치가 없던 것을 '가치화'하는 과정에서 발생하는 것임을 뜻한다.

해야 할 것이다. 그러나 우리의 당혹은 다시 묻게 한다: 정말 그런 것일까? 그것은 일차적으로 무어가, 무어의 신체가, 그 신체의 생명력이 생산한 것 아닌가?

이는 두번째로 생명체와 관련해서 '생산'이란 무엇인가를 질문하게 한다. 항체세포를 '생산'한다는 것은 무엇을 뜻하는가? '모세포주'를 생산한다는 것은 무엇을 뜻하는가? 모세포주의 생산자가 의사들이라면, 애초에 그것을 만들어 낸 무어의 신체는 무엇을 한 것인가? 유방암 유전자 코드를 생산한다는 것은 무엇을 뜻하는가? 정말 우리는 그 유전자 코드를 생산한 것이 그걸 몸에 갖고 있는 사람이 아니라, 그걸 발견한 마크 스콜릭이라고 말할 수 있을까? 아니면 그것을 상품화한 그의 회사 미리아드라고 말할 수 있을까? 그렇다면 생산이란 신체적인 것이라기보다는 그것에 상품의 형식을 붙이는 것이라고, 독점적 권리의 딱지를 붙이는 것이라고 해야 하지 않을까? 그 경우 그들은 한 번 발견했다는 것으로 이후 아무것도 하지 않아도 (돈을 징수하는 것만으로) 계속 유방암 유전자의 가치를 생산하고 있는 것이 될 것이다. 정말 그렇다고 해도 좋을까?

셋째, 무어나 차크라바티 사건에서 법원 판결대로, 혹은 노동가치론에 따라 항체를 가공하고 변형한 사람이 가치의 생산자라면, 무어는 그 상품의 생산에서 어떤 역할을 한 것일까? 정치경제학에 따르면 박테리아와 마찬가지로 상품의 원료, 즉 생산과정에서 변형되는 것인 '노동대상'에 속한다고 해야 할 것 같다. 그것은 유전자가 상품화되는 경우 또한 마찬가지인 것 같다. 유전자를 갖고 있는 사람은 노동대상이고, 그것을 검사하거나 가공하는 사람이 생산자, 노동자인 것이다. 다시 묻게 된다: 정말 그럴까?

넷째, 이는 '소유'란 무엇인지를 근본에서 다시 묻게 한다. 법원은 무어가 자신의 몸에서 만들어진 항체세포에 대한 소유권을 갖지 않는다고 판결했다. 유방암 유전자 코드의 소유권, 즉 자유롭게 처분할 권리는 스콜릭과 미리아드에 있다. 이는 적어도 근대적인 의미에서의 소유관념과 근본적으로 충돌한다. 예컨대 존 로크는 어떤 사물에 대한 배타적인 처분권으로서 소유권은 신체에 대한 소유권에서 연원한다고 주장한 바 있다. 나의 신체에 대해 타인 아닌 내가 자유로운 처분권을 갖는다는 것이다. 따라서 그 신체를 사용하여 만들어 낸 것은 그 신체의 연장이란 점에서 신체와 마찬가지로 신체를 가진 나에게 그 처분권이 있다는 것이다.[12] 그러나 법원은 무어 자신의 신체가 생산한 것, 아니 신체의 직접적인 일부를 이루던 것에 대해서도 무어의 소유권을 인정하지 않았다. 유방암 유전자 역시 의사가 아닌 환자들의 신체에 속한 것이지만, 그것의 소유권은 그 신체를 갖지 않은 의사에게 귀속되었다. 이제 우리의 신체조직은, 따라서 신체 자체는 이제 우리의 소유가 아니라 그것을 '발견'하고 가공하는 과학자나 생명공학기업에 속하게 된 것이다!! 이는 생산물에 대한 소유권뿐만 아니라 나의 신체에 대한 소유권마저 나로부터 박탈해 생명산업에 넘겨주는 것을 뜻한다.

다섯째, 무어의 경우 캘리포니아 대학병원과 의사 골디, 혹은 그 권리를 산 생명공학기업에 의해 착취당했음이 분명한 것 같고, 실제로 그 자신이 그렇게 말한 바 있다. 그러나 정치경제학에 따르면 착취란 노동자가 생산한 잉여가치를 자본가가 영유하는 것을 뜻한다. 무어 사건의 경우 모-세포주라는 상품의 생산자가 의사나 그것을 배양한 실험실의 직원, 혹은 그 소유권을 산 생명공학회사의 노동자라고 한다면, 착취는 의사나 배양하는 일을 한 사람들과 그 잉여가치를 영유한 회사 측 사이에서 발생한다고 해야 한다. 유방암 유전자의 경우도 마찬가지다. 미리아드 사 내부에서 사장과 노동자 사이에서 착취가 발생할 뿐이다. 따라서 정치경제학에 따르면 무어가 어떻게 느꼈건 간에 그것은 '착취'라는 개념과는 무관하다. 이는 그

---

12) John Locke, *Two Treatises of Government*, 이극찬 옮김,『통치론』, 삼성출판사, 1990, 50~51쪽.

가 생산자가 아니라 '노동대상'이란 점을 고려하면 더욱 분명하다. 착취는 생산자와 자본가 사이에서 발생하는 것이기에, 노동대상이 착취당한다고 말을 하는 것은 개념적으로 부적절하기 때문이다.

　이러한 질문들에 어떻게 답해야 할까? 소유의 관념에 대한 이견을 제외한다면, 이 모든 질문에 노동가치론과 정치경제학이 미국 대법원의 판결과 얼마나 다른 결론을 내릴 수 있을까? 그러나 정치경제학자들이 그런 결론을 쉽게 수긍할 것이라곤 생각하지 않는다. 생산과 착취에 대한 감각적이고 직관적인 판단은 그러한 결론이 부당하다고 외칠 것이 분명하기 때문이다. 나 또한 그런 직관적 판단이 지금의 현실에 부합한다고 생각한다. 그렇다면 그런 직관에 반하는 이론적인 전제나 개념들을 괄호 치고 다시 사유해야 한다. 생명과 관련된 한, 생산과 가치, 착취와 소유에 대한 관념들 전체를 바꾸지 않으면 안 된다. 이를 정치경제학에 대한 생명산업의 비판이라고 이해해도 좋을 것이다.

4. 종자산업과 생식질의 식민주의

그런데 이는 단지 첨단의 생명산업으로 국한되지 않는다. 왜냐하면 생명의 생산능력을 이용하고 변형시키는 것은 유전공학 이전에 이미 있었기 때문이다. 유전자조작에 의한 형질변환이 유전공학적 방법으로 시행될 수 있었던 것은 통상적인 유전적 경로와는 반대로 자신의 핵산배열에 의해 DNA의 배열을 바꾸는 역전사 RNA의 발견과 DNA를 잘라 내는 제한효소의 발견에 의해, 그리고 원하는 유전자를 DNA에 심기 위해 박테리아의 플라스미드나 레트로바이러스를 운반체('벡터'라고 부른다)로 이용할 수 있게 됨으로써였다. 그러나 이러한 유전공학적 방법 이전에도 유전적인 형질변환을 하려는 시도가 있었는데, 식물이나 동물들의 종자를 '개량'하기 위해 다양한 방법으로 교잡하는 시도들이 그것이었다. 물론 이러한 교잡은 동일한 종 안에서만 가능하다는 제한을 갖고 있었다면, 유전공학은 종 간의 벽을 넘어서 혼합할 수 있는 DNA 전체로 확대했다는 점에서 큰 차이가 있음은 잘 알려진 사실이다. 하지만 생명력을 인간의 의지에 의해 변형하고 조작하여 이용하려는 발상은 종자개량을 위한 실험들에서 이미 시행되고 있었다고 해야 한다.

그런데 개량된 종자들은 알다시피 거대 다국적 기업들에 의해 상품화되어 판매되고 있다. 이러한 종자상품들이 '가치'를 갖는 것은 인간들이 그것을 개량하는 데 들인 시간과 비용 때문일 것이다. 이런 점에서 새로운 종자들이 갖는 가치와 잉여가치는 그것을 개량한 육종가들과 새로 만든 종자를 제품으로 생산한 노동자들이 생산한 것이라고 할 것이다. 그런데 그런 개량을 한 '원본' 종자들은 어떤가? 그것은 어떤 가치나 잉여가치를 생산하지 않으며, 단지 '원료'로서 노동대상에 지나지 않는 것일까? 정치경제학에 따르면, 이는 그다지 의심할 것도 없는 사실이다. 더구나 자연적 생산물로서 자연적 종자는 애초에 인간의 손이 가지 않은 채 주어진 것이므로, 어떤 가치도 갖지 않는다. 개량된 종자의 가치와 잉여가치는 전적으로 인간에 의해 생산된 것이다. 그러나 '생식질'이라고도 불리는 종자들을 획득하고 그것을 개량하여 판매한 과정을 유심히 보면, 특히 식민주의적 착취와 수탈에 민감한 사람이라면, 이에 대해 '그렇다'고 쉽게 수긍하기 어렵다는 것을 알 수 있을 것이다.

종자개량과 관련된 문제가 본격화된 것은 이른바 '녹색혁명'을 계기로 해서였지만,[13] 사실은 생식질의 국제적인 수집과 이동이 시작된 시기, 다시

---

13) Jack Kloppenburg Jr., *First the Seed: The Political Economy of Plant Biotechnology, 1492~2000*, 허남혁 옮김, 『농업생명공학의 정치경제』, 나남, 2007, 281~282쪽.

말해 지구 전체가 하나의 세계로 연결되면서 세계체제상에서 자본의 본원
적 축적이 시작된 시기로까지 거슬러 올라간다. '주인 없는' 대지, 자연적인
대지에 독점적 소유의 울타리를 침으로써 배타적인 소유와 영유가 전체 지
구를 통합하여 분할하고 지배하기 시작한 시기, 칼 슈미트가 '대지의 노모
스'라는 이름을 부여했던 바로 그 시기로.[14] 아니면 적어도, 애초에 "식물유
전자는 백지상태와 같았"기에 다른 지역의 식물자원을 수집하고 영유하는
것이 매우 중요했던 미국에서 외래 생식질 수집 프로그램을 공식적으로 제
도화했던 1898년으로까지 거슬러 올라간다.[15]

　　미국에 공식적으로 등록된 외래 생식질 수집 건수는 1898년 이후 1940
년대까지 매년 만여 개에서 3만 개로 지속적으로 상승하다가 1950년대에
이르면 4만 개 이상으로 급상승한다. 1950년대에 급상승하게 된 것은 한
편으로는 종자생리학과 종자보전기술의 발전과 1958년의 국립종자실험
실의 완성과 관련된 것이다. 이 실험실은 이후 전 세계에서 생식질을 수집
하여 저장하는 유전자은행 네트워크의 본부가 된다. 다른 한편으로 그것은
록펠러재단과 미국정부가 후원하던 초기 수집 프로그램들이 일련의 2차
프로그램들로 확장된 것과 관련된다. 이는 1960년대에 다른 대륙으로 확대
되면서 생식질의 국제적인 수집으로 이어지게 된다. 이는 생식질의 수집과
개량을 전세계화하는 계기로 작용한다. 미국과 선진 자본주의 국가들로 구
성된 국제 컨소시엄의 자금을 받아 제3세계에 국제농업연구센터들(IARCs)
이 만들어지고, 각각의 센터들은 특정 지역의 특정 작물에 대한 개량 임무

---

14) 슈미트에 따르면 '노모스'란 '대지의 획득'(Landnahme)을 뜻하는데, 이는 공간의 분할과 분배,
　　경계의 획정, 공간의 측정 등을 통해 법적 질서를 가능케해 주는 창설적 폭력이다. 이러한 '노모
　　스'가 이른바 신대륙을 포함하게 되면서 지구 전체로 확장되어 '완결'된 것을 그는 전 지구적 노
　　모스로서 '대지의 노모스'라고 명명한다(Carl Schmitt, *Der Nomos der Erde im Völkerrecht des
　　Jus Publicum Europaeum*, 최재훈 옮김, 『대지의 노모스』, 민음사, 1995, 52쪽 이하).
15) Jack Kloppenburg Jr., 앞의 책, 103쪽 및 278쪽.

를 맡게 된다. 1971년 이러한 기관들의 네트워크를 조직하고 조율하며 확대하는 것을 임무로 하는 국제농업연구자문그룹(CGIAR)이 만들어지는데, 이는 이후 이른바 '녹색혁명'을 선도하는 기관이 된다. 여기에 속한 국제농업연구센터들은 제3세계 농촌의 자본주의적 '발전'을 선도하는 한편,[16] 제3세계로부터 식물유전자원을 효율적으로 추출·개발하여 유럽과 북미, 일본 등 선진국의 유전자은행들로 이전시키는 역할을 하게 된다. 이런 점에서 국제농업연구센터들은 18~19세기에 식물원이 했던 것에 이어서 식물유전정보를 제국 열강들로 이전하는 파이프로 기능했다.[17]

1970년대 '녹색혁명'은 소위 '기적의 벼', '기적의 밀' 등을 전 세계에 보급했고, 이전의 야생종들을 대체하게 된다. 그러나 이로 인해 전 세계적으로 재배식물들의 유전적 획일화가 야기되고, 비료와 농약 사용의 급격한 증대가 발생하면서 환경운동과 나란히 생태적인 관점에서 유전자원을 보존하려는 운동이 일어나게 된다. 그래서 1960년부터 이미 식물의 유전자원을 이런 관점에서 수집하고 보존하려는 운동이, CGIAR로 표상되는 것과 다른 맥락에서 나란히 일어나게 된다. 1968년 국제연합식량농업기구

---

16) 녹색혁명은 소출이 좋은 종자를 만들어 보급함으로써 제3세계의 식량문제를 해결할 수 있을 것이라고 보았지만, 결과는 전혀 그렇지 않았다. 소출이 좋게 한다는 것은 어떤 생물이 갖는 에너지의 많은 부분을 수확가능한 부분에 투여하게 육종하는 것이다. 가령 야생벼의 경우 자기 에너지의 20% 정도만을 씨에 투여한다. 그러나 녹색혁명의 상징적 곡물인 소위 '기적의 벼'(miracle rice)는 80%를 씨에 투여한다(Eugene Odum, *Ecology*, 이도원 외 옮김, 『생태학』, 사이언스북스, 1995, 118쪽). 따라서 자기보호를 위한 에너지를 남겨 두지 않기에 영양소의 흡수능력이 떨어지고, 이른바 '잡초'와의 경쟁에서 살아남기 힘들며, 곤충들이나 질병에 취약하고 환경이나 기후의 변화에도 잘 견디지 못한다. 그리하여 이 종자는 한때 그것을 받아 심었던 몇몇 국가에 일대 재앙을 가져왔다. 이런 종자를 키우기 위해선 비료, 제초제, 살충제 등이 필요하기에 종자비용뿐만 아니라 부대비용이 많이 들어서, 생산성 여부를 떠나 자본이 없으면 재배할 수 없다. 일반 농민은 농사를 짓기 위해 대출을 해야 했고, 이는 거대한 농촌부채로 이어져, 농민들의 몰락을 재촉했다. 이런 점에서 녹색혁명은 농업의 '자본주의화'와 농민의 계급분해(일부의 자본가화와 대부분의 프롤레타리아화)를 빠르게 촉진했다.
17) Jack Kloppenburg Jr., 앞의 책, 281~282쪽.

(FAO)가 작물생태분과를 설립한 것은 이런 흐름 속에 있었다. CGIAR은 당연히 이런 시도에 반대하며 자신이 주도하는 국제농업연구센터 네트워크를 통해 그것을 할 것을 요구했고, 결국 1974년 국제식물유전자원위원회(IBPGR)가 그 타협안으로 만들어진다. IBPGR은 물리적으로는 FAO에 속하지만, 형식적으로는 CGIAR에 속하며, 예산 또한 FAO가 아니라 CGIAR 회원국에서 받았는데, 그 결과 실제 정책은 FAO가 아니라 CGIAR에 의해 결정되게 된다. 결국 생식질을 저장할 독자적인 지역 유전자은행은 만들지 못하고 기존의 CGIAR 유전자은행에 의존하게 된다. 이 은행들은 대부분 '북반구', 즉 선진국에 위치하고 있었다.[18] 이 위원회의 가장 최대의 수혜자는 미국이었는데, 모든 나라의 '자유로운 이용가능성'을 원칙으로 표방하고 있었지만, 사회주의 국가들의 접근과 이용은 배제되어 있었다. 결국 미국을 중심으로 한 선진 자본주의 국가들이 전 세계 생식질을 수집하고 이용하는 통로 역할에서 크게 벗어나지 못한 셈이다.

국제식물유전자원위원회의 네트워크와 거기에 수집된 유전자원을 이용하면서 미국과 선진국들은 그것이 '인류의 공동유산'이기에 자유교환을 원칙으로 해야 한다고 했으며, 덕분에 그렇게 수집된 것을 공짜로 이용해서 엄청난 이득을 얻었다. 그러나 그 종자들을 이용해서 자신들이 개발한 종자들에 대해서는 상업적 종자라는 이유로 사적 소유권을 주장하며 사용료를, 즉 돈을 지불할 것을 요구했다. '원시적인' 생식질은 자연의 산물로서 인류의 공동유산이지만, 그것을 자신들이 가공하여 변형시킨 '상업적으로 우수한' 생식질은 가치를 지불해야 하는 상품이라는 것이다. 물론 제3세계 국가로선 상업적인 종자들을 '공동유산'으로 규정하고 싶어 한다. 그러나 듀퐁 계열의 종자회사인 파이오니어 하이브레드가 후원하여 열린 '식물육

---

18) 같은 책, 287~291쪽.

종포럼'의 1983년 회의의 요약문은 개량품종을 원래 종자의 공여국 농민들에게 무상으로, 혹은 약간의 대가만 받고 공급해야 한다는 주장을 이렇게 반박한다.

> 이는 응용 육종가들이 외래생식질을 사용하는 데, 그리고 생식질을 농민들에게 유용한 품종으로 만들어 내는 데 상당한 시간과 돈을 투자한 이후에만 '날것의' 생식질이 가치를 갖게 된다는 사실을 간과한 것이다.[19]

이러한 주장이 제3세계로부터 얻은 '날것'의 종자와 생식질, 혹은 유전자원은 공짜로 얻고서, 자신들이 개발한 종자는 돈을 받고 팔기 위한 것임을 모르기는 어렵다. 그런데 이러한 주장이 인간이 손을 대지 않은 자연산의 원료는 사용가치는 가질지라도 가치(교환가치)는 갖지 않으며, 반대로 인간이 시간과 돈을 들여 개량한 종자는 거기 투여한 자본과 노동시간만큼의 가치를 갖는다는 노동가치론의 주장과 정확히 일치한다는 것을 아는 것도 어렵지 않다.[20]

여기서 클로펜버그는 선진국이나 다국적기업의 개량종자만큼이나 제3세계의 '원시적' 생식질 또한 수많은 농민들의 노동에 의해 만들어진 것

---

19) Pioneer Hi-Bred International Inc., *Report of the 1983 Plant Breeding Reserch Forum*, Pioneer Hi-Bred International Inc., 1984, p.114(Kloppenburg, 앞의 책, 316쪽에서 재인용).

20) 따라서 노동가치설이 제국주의적 수탈의 논리와 정확히 일치한다는 점은 맑스주의자에게는 매우 당혹스러운 일일 것이다. 그러나 노동가치설이 맑스가 아니라 스미스와 리카도의 주장임을 다시 상기한다면, 노동가치설의 주장이 부르주아지의 이해관계와 부합하는 것은 차라리 자연스런 것이라고 해야 하지 않을까? 문제는 노동가치설이 맑스주의의 필수적 공리고, 프롤레타리아트의 입장에 속한다고 하는 관념일 것이다. 노동가치설이라는 스미스와 리카도의 주장이, 아무리 '과학'으로서의 정치경제학을 발전시키는 데 기여했다고 해도, 프롤레타리아트의 입장과 연속적이라고 보는 것이야말로 이해하기 힘든 것이다. 이에 대해서는 이진경, 『미-래의 맑스주의』, 그린비, 2006, 95~103쪽 참조.

임을 강조함으로써 식물유전자원에 대해 '날것'의 원재료의 범위를 축소하고 노동생산물의 범위를 확대함으로써 노동가치론의 일관성을 유지하고자 한다.[21] 그것은 간단히 말해 제3세계의 종자도 '날것'이 아니라 인간이 손을 대 만들어 낸 것임을 주장하는 것이다. 그러나 그것은 '원시적인' 유전자원은 가치를 갖지 않으며 따라서 어떤 대가도 지불할 이유가 없다는 주장을 반박하는 게 아니라 오히려 지지하는 것이다. 종자회사의 주장이 이른바 '원시적인 것'과 '문명화된 것'을 대비하면서 전자에 무가치한 것의 자리를 할당하고 후자에 가치 있는 것의 자리를 할당하여 계몽 내지 문명화라는 이름으로 전자를 공짜로 강탈하면서 자신들이 생산할 것을 팔아먹었던 제국주의적 침략과 식민주의와 유사성을 갖는다면, 클로펜버그의 반박은 '원시인'들 역시 또 다른 문명(여기서는 가치척도의 동일성이 가정되기에 '문명'이라고 해야 할 것이다)이지 비-문명이 아니라고 하는 레비-스트로스의 반박을 닮았다. 그러나 원시적인 것, 자연적인 것, 문명화되지 않은 것은 공짜로 그렇게 침략하고 착취해도 좋은 것일까? 그것은 날것의, 야만적인 자연의 정복으로 정당화되어도 좋은 것일까? 이런 식의 주장이, 생식질을 유전자 수준에서 미시적으로 분할하여 이용하는, 따라서 어떤 제3세계적 자원을 사용했는지 알기 어려운 생명공학의 일방적인 이용과 착취에 적절하게 대응할 수 있을까? 혹은 유방암 유전자처럼 인간이 손을 대 만든 것도 아니고, '개량'을 위해서 만들어 낸 것도 아닌 유전자원을 독점적으로 이용하는 것에 대해 적절하게 대응할 수 있을까?

또한 클로펜버그 식의 주장은 '원시적' 종자가 이미 농민들에 의해 충분히 개량된 것임을 주장하지만, 원시적 생식질의 개량에 참여한 사람을 특정할 수 없기에, 실질적으로는 대가를 지불해야 할 사람이나 집단을 특

---

21) J. Kloppenburg, 앞의 책, 317쪽.

정할 수 없으며, 따라서 그것은 추상적인 일반명사로 명명되는 '어떤 사람들'이 개발하여 유산으로 남겨 준 '공유재산'이라는 관념과 다시 포개지게 된다. 이 경우 그러한 생식질에 대한 소유권을 주장하는 것은 공허해지게 되기에, 자신들의 개량종자를 공유재산과 구별하여 처리하려는 종자회사의 논리를 실질적으로 반박할 수 있을지 의문이다.

다른 한편 노동가치론을 이런 식으로 확대 적용하는 것은, 시장이나 화폐를 통해 어떤 것이 가치를 갖는 상품이 되는 구체적인 관계로부터 분리하여, 인간의 개입을 통해 형질이 변환되었다는 생물학적 내지 자연학적 사실을 가치의 생산이라고 규정하는 것이다.[22] 그러나 '자연과의 대사과정'을 형성하는 이러한 개입과 변환[23]은 다른 종자들 간에 꽃가루를 옮김으로써 새로운 종의 탄생을 야기한 벌이나 나비의 개입과 근본적으로 구별될 수 없다. 사실 이런 관점에서 보자면 새로운 생식질의 탄생에서 박테리아나 다른 생명체들이 한 역할에 비하면 인간이 한 역할이란 지극히 미미한 것에 지나지 않는다. 즉 종자의 개량에 기여한 정도를 통해 '가치'의 생산을 말하려 한다면, 그러한 개량에 기여한 인간 아닌 생명체들이 '가치'를 생산했음을 인정해야 하지 않을까?

---

22) 알다시피 인간이 만든 모든 물건이 가치를 갖는 생산물이 되는 것은 아니다. 수많은 실패작들, 습작들이 그렇고, 단지 자신이 사용하기 위해서, 즉 교환가치에 대한 고려 없이 사용가치만을 갖는 것으로 충분한 물건들이 그렇다. 인간이 만든 물건들은 화폐와, 적어도 다른 물건과 객관적으로 교환가능한 한에서만 '가치'를 갖게 된다(바로 이것이 『자본』 1권 1장의 가치형태분석에서 맑스가 보여 준 것이다. Karl Marx, *Das Kapital*, 김수행 옮김, 『자본론』, 1권 상, 비봉출판사, 1989, 60쪽 이하). 인간이 손을 대서 개량했다고 해서, 그것이 가치를 갖는다고 말하는 것은 리카도의 노동가치론일 수는 있지만(스미스는 해당되지 않는다), 통상적으로 해석되는 맑스의 노동가치론은 아니다.

23) 이를 맑스의 개념을 빌려 다시 말하면, '가치형성과정' 내지 '가치증식과정'과 구별되는 '노동과정' 속에서의 생산이다(같은 책, 227쪽 이하). 전자가 가치화된 상품의 생산에, 즉 '가치관계' 속에서의 상품의 생산에 결부된 것이라면, 후자는 가치화 여부, 상품화 여부와 무관하게 어떤 대상의 물리적·생물학적 변형으로서의 생산과 결부된 것이다. 엄격한 의미로서의 가치는 전자와만 관련된다.

요컨대 노동과정에서의 종자의 변형과 '개량'에 관한 한, 종자회사가 수행한 것이나 제3세계의 농민이나 '원시인'들이 수행한 것이나, 나비나 벌이 수행한 것이나 본질적으로 다르지 않다. 그러나 그것은 종자 자신의 내부에서 발생하는 대사과정상의 변형과도 본질적으로 다르지 않다. 이러한 변형이 새로운 가치의 생산을 뜻한다고 한다면, 종자회사나 인간에 비해, 생태적인 관계 속의 생물들이, 그리고 종자의 생명력 자체가 훨씬 더 근본적이고 거대한 역할을 했다고 해야 한다. '개량된' 종자를 팔아서 얻을 수 있는 이득을, 즉 그 종자의 잉여가치를 누군가 생산한 것이라면, 무엇보다 그 종자의 생명력과 그것을 키우고 변형시킨 이웃의 생물들이 생산한 것이라고 해야 할 것이다.

따라서 특정할 수 없는 인간들의 '사유재산'임을 들어 종자회사의 사유재산과 대칭적인 권리를 행사하려는 보람 없는 시도(사실은 사적 소유의 일반화를 뜻한다는 점에서 부르주아적인 시도)는 가야 할 길을 반대로 가고 있는 게 아닐까? 오히려 모든 종자가 그것에 관여된 생명체들의 공동생산물임을, 따라서 공유재산임을 주장하는 것을 따라가야 하지 않을까? 그 모든 종자에 대해 모든 생명체가 자유롭게 사용할 수 있는 권리가 있음을 명확히 해야 하지 않을까? 종자회사가 개량했다는 종자 역시, 자연과 인간의 오래된 개량의 역사에 속하는 것이기에, 모든 인간이, 모든 생명체가 공유해야 한다. 물론 종자회사나 생명공학기업은 소유물을 공유하려는 공동체가 아니며 사적인 이윤을 추구하는 회사라고 하지만, 그것은 어떤 것을 공유하는 공동체로부터 자신을 분리하여 대립된 권리를 갖는 존재임을 주장하는 것인 만큼, 그 공동체에 속한 모든 것에 대한 권리를, 모든 공유재산에 대한 권리로부터 분리됨을 분명히 해야 한다. 따라서 그들은 자신만의 것이 아닌 모든 것에 대해, 공유물인 모든 것을 사용하는 것에 대해 '사적인' 권리에 대응하는 지불의무를 져야 한다. 제3세계에서 유래한 생식질은 물론 인류가 공유하고 있는 유전자원에 대해서도 대가를 지불해야 한다(이런 기업들의 사적 소유 때문에 확인된 공유재산 모두를 사유재산화하는 것은 맑스적인 것이 아니라 부르주아적인 것 아닐까?).

'자연적인 것', '날것'의 생명체와의 관계 또한 마찬가지다. 생명체들은 그 자신 안에서, 그리고 그것을 둘러싼 이웃한 생명체들과 서로 무언가를 주고받는다. 가치나 화폐가 개입되지 않은 순환 속에서 서로 공유한 것을 주고받는다. 인간이 화폐를 지불하지 않고 사용할 수 있는 것은 이런 순환적 관계의 공동성 속에서일 것이다. 종자회사가 그랬던 것처럼, 인간이 자신들이 생산한 것만이 가치를 갖는다고 주장한다면, 그 순환적 공동체에서 스스로를 분리한 이상 그것에 대해 '대가'를 지불해야 한다. 그러한 대가를 지불하지 않는 한, 그것은 명백히 '착취'라고 해야 한다. 생명력이 만들어 내는 어떤 생산물의 경제적 영유, 그것은 그 영유에 관여한 노동자를 착취한 것 이전에 무엇보다도 직접적인 이용대상인 그 생명체의 생명력을 착취한 것이다. 그러한 잉여가치의 착취를 일반화하려는 생명공학기업의 시도 모두에 대해, 인간의 손이 간 것을 손 대지 않은 '날것'의 '원시적인' 유전자원과 대비하여 구하려는 시도는, 생명력 자체를 착취하는 것으로 확대된 자본의 권력에 대해 어떤 저항도, 어떠한 비판도 수행할 수 없을 것이다.

5. 지대 속의 잉여가치

하지만 앞서 던진 질문에 대답하기에 아직은 충분하지 않다. 종자회사 이상으로 농민들이 개량한 것이 많다는 지적을 통해 생명력이 '개량'한 것, 아니 그것이 생산한 것으로까지 나아갔지만, 엄밀하게 말하면 그것은 '가치'라는 개념을 사용할 수 없는 자연학적이고 생물학적인 과정에 머물러 있기 때문이다. 반면 종자회사든 병원과 의사든 생명공학회사든 가치나 잉여가치의 생산이란 말이 가능한 것은 그러한 생산이 상품으로서, 교환가치를 갖는 것으로서 생산되고 판매되는 과정, 가치화과정(혹은 넓게 보아 가치형성과정) 속에서다. 노동가치론에 따르면, 상품으로서 생산되지 않은 것에 대해 가치라는 개념만큼이나 잉여가치라는 개념은 사용할 수 없고, 따라서 그런 전제 위에서는 가치의 생산자가 누구인지 등을 말하는 것은 무의미하다. 배추의 품종을 개량하는 데 기여한 벌과 나비의 활동이 '가치'를 창출한 것이라고 말할 수 없는 것은, 반대로 그것은 가치와 무관한 것이라고 하는 것은 이런 이유 때문이다. 즉 그것은 단지 사용가치의 변화에 불과하다. 사용가치의 어떤 증가도 노동시간의 증가로 귀착되는 교환가치의 증가를 수반하지 않는다면, 가치를 생산했다거나 가치가 증가했다고 할 수 없다.

이런 점에서 생명에 의한 가치의 생산을 주장하는 것은, 사용가치와 가치의 기본적인 구별조차 하지 못하는 무지의 산물로 간주된다. 바로 그렇기에 존 무어의 신체가 새로운 종류의 항체를 생산한 것은 사용가치의 증가를 야기했다고는 할 수 있지만, 가치의 증가를 뜻하지 않는다고 해야 한다. 가치의 증가는 그의 신체 일부를 상품으로 변형시킨 자들에 의해 수행된 것이고, 그들의 노동시간이 투여되어 이루어진 것이다. 캘리포니아 병원 측의 권리로 넘겨준 법원의 판결과 노동가치론의 판단을 어떻게 구별할 수 있을까를 묻는 것은, 이런 식의 개념적 게임이 지금 생명자본의 착취를 설명하거나 분석하는 데 타당한가를 묻는 질문으로 이해해도 좋을 것이다.

그러나 생명에 의한 생산을 '가치의 생산'으로, 즉 사용가치가 아닌 가치의 차원에서 이해할 길은 없는지 따져 보지 않고선, 다른 입장이 그리는 평행성을 벗어나기 어려울 것 같다. 따라서 가치화과정 속에서 '자연'은 가치를 생산하는가를 다시 물어야 한다. 이러한 질문에 대한 답은 이미 맑스 자신이 명확하게 제시한 바 있다.[24] 그것은 '차액지대'라는 개념을 통해서였다. 차액지대란 토지의 비옥도에 따라 산출량이 달라지는 것을 표현하는

'경제학적'('자연학적'이 아니라) 개념이다. 가령 A, B, C 세 토지가 있다고 하자. 여기에 동일한 사람이 동일한 씨를 뿌리고, 동일한 도구를 써서 농사를 지어 A에선 10가마, B에선 13가마, C에선 15가마의 쌀이 생산되었다고 하자. A에 비해 B는 3가마, C는 5가마가 더 생산되었다. 이러한 생산량의 차이는, 다른 조건이 모두 동일하므로 토지의 비옥도에 기인하는 것이 분명하다. 따라서 지주는 경작자에게 그 추가적인 생산분을 토지소유자인 자신의 소유라고 주장할 것이고, 그것을 지대로 수취하게 될 것이다. 이처럼 토지 비옥도에 따라 얻어진 추가적인 이득(잉여가치)를 '차액지대'라고 한다. 물론 여기에 A는 공짜로 임대해 줄 이유가 없으니 가령 3가마의 쌀을 지대로 내라고 요구할 것이다. 이는 다른 토지에 대해서도 마찬가지일 것이다. 이는 토지에 대한 독점적 소유권을 근거로 수취한 것이기에 '절대지대'라고 한다. 따라서 A의 지주는 절대지대 3가마를, B와 C의 지주는 절대지대와 차액지대를 합해 각각 6가마, 8가마를 지대로 취득하게 된다.

여기서 3가마씩의 절대지대는 농사를 지은 경작자가 생산한 가치의 일부를 지주가 착취한 잉여가치다. 그런데 B의 3가마, C의 5가마는 경작자가 아니라 토지의 비옥도 차이에 의해 생산된 잉여가치를 착취한 것이다. 이 잉여가치는 경작자인 인간이 아니라 토지가 생산한 것이다. 여기서 맑스는 과학적 분석이나 실험에서 흔히 사용하듯이, '다른 조건을 동일'하게(ceteris paribus) 놓는 방법을 써서 결과의 차이를 만들어 내는 결정적인 변수가 토지임을 명확하게 보여 주고 있다. 따라서 차액지대로 분류되는 잉여가치는 명확히 토지가, 즉 자연이 생산한 것이다. 이는 단지 유용성의 증가를 야기한 노동과정상의 변화가 아니라, 지대 형태를 취하는 잉여가치의 증가를, 다시 말해 가치화과정에서의 잉여가치의 생산을 뜻한다. 다시 말해

---

24) Karl Marx, *Das Kapital*, 김수행 옮김, 『자본론』, 3권 하, 1990, 791쪽 이하.

차액지대라는 잉여가치는 토지라는 자연이 생산한 것이다.

이는 인간만이 아니라 토지도, 자연도 잉여가치를 생산할 수 있음을 명확하게 보여 준다. 차액지대란 토지가 생산한 잉여가치의 일반적 형식이다. 그런데 맑스 또한 지적하듯이 이러한 차액지대는 단지 토지만으로 한정되지 않는다. 방앗간이나 발전소의 수차를 돌리는 물(맑스의 예다)도 그렇지만, 새로운 종자도, 인간의 몸에서 형성된 특별한 항체도, 혹은 루게릭병을 치료하기 위해 사용된 IGF-1(유사-인슐린 성장효소-1) 유전자도,[25] 그것이 없지만 다른 조건이 동일한 경우와 비교하면, 새로운 추가적인 잉여가치를, 차액지대를 생산한다. 차액지대란, '지대'라는 이름을 아직 달고 있지만, 단지 토지만이 아니라 자연적인 어떤 성분을 이용해서, 그것 없는 경우와 비교해 추가적으로 획득하는 모든 잉여가치를 표시하는 개념이다.

생명산업이 다른 것에 비해 고수익의 산업이 될 수 있는 것은 노동자를 착취해서 얻어 내는 평균적인 이윤 이상의 초과이윤을 얻을 수 있기 때문이다. 이처럼 유전공학이나 종자개량 등, 자연의 생명력을 이용하거나 변형하여 생명산업이 얻어내는 추가적인 잉여가치는 모두 '차액지대'라고 할 수 있다. 여기에 가령 유방암 유전자의 소유권을 갖고 있는 마크 스콜릭과 미리아드는 그것을 사용할 권리를 독점하고 있기에, 실제로 그것을 이용해서 산출하는 이득과는 무관하게 비용을 지불하게 할 수 있다. 이런 경우 그들이 획득하는 초과적인 이윤은 차액지대보다는 절대지대에 속한다고 해야 할 것이다. 차액지대는 자연적인 생산물이 추가하는 생산물이기에, 시간이 지나도 평균화되지 않는다. 반면 절대지대는 독점적인 소유권에 기반하여 붙이는 것이기에, 독점적인 권리가 사라지면 평균화되거나 소멸한다. 차크라바티 판결 이후 특허권의 거대한 확장은 이런 절대지대의 규모를 점점

---

25) Ramez Naam, *More Than Human*, 남윤호 옮김, 『인간의 미래』, 동아시아, 2007, 36~37쪽.

더 거대하게 만들고 있다.

앞서 경작자의 예에서도, 여기에서도 절대지대는 소유자가 노동한 사람의 잉여노동을 착취한 것이다. 반면 차액지대는 소유자가 자연의 추가적 생산물을 영유하는 것이므로 자연을 착취한 것이다. 따라서 착취라는 개념이 단지 자본가와 노동자 사이에서만 존재하는 것이 아니라 중층적임을 확인할 필요가 있다. 생명산업에서 자본가는 자신의 기업에 고용된 노동자들, 유전자 조작을 하고 세포주를 배양하는 노동자들을 착취한다. 그러나 그것은 '생명'산업만이 아니라 산업 일반, 자본 일반에 공통된 것이며, 생명공학이 만들어 낸 특별한 잉여가치와는 무관하다. 생명공학에 의해 영유하는 특별한 이득인 차액지대는 자연을 착취하여, 자연의 생명력을 착취하여 얻어진 것이다. 물론 여기에 특허권을 이용한 절대지대가 부가된다. 이는 자연이 아니라 그 상품을 구매하는 자를, 혹은 다른 생산자를 착취하는 것이다.

이처럼 지대론은, 비록 농지와 물방앗간이라는 더 없이 소박한 사례를 통해 포착한 것이지만, 현재는 물론 미래의 생명산업 전체를 '가치화과정' (Verwertungsprozeß, 가치증식과정) 속에서 분석할 수 있는 기본적인 개념을 제공한다. 지대론은 생명체는 말할 것도 없고, 토지와 같은 생명 없는 자연물 또한 단지 유용성이나 사용가치뿐만 아니라 가치를 생산한다는 것을 명확하게 해명해 준다. 좀더 정확하게 말하면, 토지나 자연물 등에 의한 사용가치의 증가는 생산물의 실현과정을 통해 소급적으로 가치화된다. 즉 증식된 가치로 실현된다. 이는 평균화되지 않는 한, 증가된 양만큼의 가치의 증가로 귀착된다.

이 점에서 지대론은 인간만이 가치를 생산한다는 노동가치론의 휴머니즘에 반하여, 자연의 생산을, 그것이 생산하는 잉여가치를, 그리고 자연에 대한 자본의 착취를 분석할 수 있는 지반을 제공한다. 이러한 지반 위에서 이제 우리는 앞에서 던졌던 질문들에 대해 간단히나마 대답할 수 있다. 먼저, 제국주의 국가들이나 종자회사 등의 주장과 달리, 제3세계 농민들이 개량한 종자는 물론 그들이 손대지 않은 '날것'의 생식질조차 가치를 생산한다. 물론 그들이 생산하는 것은 자연적인 어떤 소출의 변화지만, 그것이 시장이나 자본이 지배하는 관계 속에서 이루어질 때 그것은 명시적으로 가치뿐만 아니라 차액지대 형태의 잉여가치를 생산한다. 이는 무어의 몸에서 채취한 항체세포의 경우에도 동일하다. 무어의 신체적 생명력이 산출한 항체의 생산력인 능력은 분리 배양되어 '모-세포주'라는 상품으로 팔리게 되면서, 즉 자본에 의해 가치화됨으로써 마찬가지로 차액지대 형태의 잉여가치를 생산한다. 이는 치료적 목적으로 사용되는 세포주들이나 생명-상품들 모두에 대해 동일하다.

이들 생명-상품들이 제공하는 잉여가치는, 미 대법원 판사의 주장처럼 의사나 실험실에서 배양작업을 하는 '노동자'가 산출한 것이 아니라, 항체세포 자신이 생산하는 것이다. 의사나 생명공학회사는 그것을 '팔아서' 잉여가치를 얻은 것이지, 그들이 잉여가치나 차액지대를 '생산한' 것이 아니다. 그들이 생산한 것이 아니라 생산된 것을 판매할 뿐이라는, 아니 판매 목적으로 그런 생산적인 능력을 착취하는 것이라는 것은, 그들에게 할당된 '특허권'이 없이는 차액지대마저 획득할 수 없다는 사실로 다시 확인될 수 있다. 즉 그들은 일종의 지주인 것이지 토지가 아닌 것이다! 물론 그것을 가공하고 배양하는 것 없이는 치료제로 사용할 수 없음은 분명하다. 이는 그 잉여가치 가운데 노동자로서 그들이 수행한 역할이, 혹은 그 기업의 노동자들이 수행한 역할이 포함되어 있음을 뜻하는 것이며, 따라서 그들이 자연의 생명력과 더불어 노동자들 또한 착취했음을 뜻하는 것이지, 그들이 어떤 가치를 생산했음을 뜻하는 것은 아니다.

토지나 항체세포와 같은 자연의 생명력이 잉여가치와 가치를 생산한다면, 이들 역시 그 온전한 의미에서 '생산자'라고 해야 한다. 존 무어의 신체가 그 항체세포를 생산했다면, 그 신체로서의 무어야말로 생산자라고 말해야 한다. 항체세포의 생명력을 이용하는 상품임에도 불구하고 그것을 채취해서 팔아먹는 의사가 '생산자'가 되고, 그 세포의 생산자인 무어의 신체는 몸을 대주는 '노동대상'이 되는 것은 일단 부적절하다고 해야 한다.

그러나 어떤 측면에서는 무어의 신체 또한 노동대상이 될 수 있다. 아마도 종자회사와 종자를 예로 들었다면 자연스러웠을 생산자/노동대상의 개념이 무어의 경우 부적절하게 느껴지는 것은, 의사와 생산자의 대응이 아니라 노동대상과 무어를 대응시키는 것 때문일 것이다. 생산자와 노동대상이라는 정치경제학의 개념에는 가공자인 '생산자=인간', 가공대상인 '노동대상=인간 아닌 것'이라는 암묵적 가정이 포함되어 있었던 것이다. 그래서 생산자의 자리에 토지나 항체세포 같은 인간 아닌 자연물, 혹은 기계를 넣으면 받아들이기 힘든 것만큼이나 노동대상의 자리에 인간을 넣는 것 역시 받아들이기 힘든 것이다.

그런데 역으로, 개념적으로 의사가 생산자, 무어가 노동대상이라는 사실을 부정할 수 없게 되는 순간, '노동대상≠인간'이라는 도식과 충돌하면서 그 개념에 숨어 있던 휴머니즘적 가정이 드러나게 된 것이다. 생명산업의 시대는 인간의 유전자나 신체를 포함하는 모든 생명체가 가공과 변형의 대상이 된다는 점에서, 생산자와 노동대상의 분할을 규정하는 휴머니즘적 전제들에 대해 근본적으로 다시 검토할 것을 요청한다. 인간 아닌 자연이 생산자가 될 수 있는 것만큼이나 인간 또한 노동대상이 될 수 있다는 것, 따라서 생산자와 노동대상(노동수단)은 인간/비인간의 구별을 가로질러 생산이 이루어지는 조건과 양상에 따라, 혹은 그것이 포착되는 층위에 따라 규정되어야 한다는 것이다. 항체세포의 생산자는 무어였지만, 따라서 '모-세포주'라는 이름으로 항체세포의 능력이 상품으로 이용되는 한 생산자는 무어였다고 해야 하지만, 그의 세포가 채취당할 때 그는 노동대상이었던 것이다.

　분리된 신체의 사회적 연속성을 인정한다면, 분리된 신체가 생산한 가치 역시 애초의 신체와 연속성을 갖는다고 해야 할 것이다. 그래서 판사들은 의사가 생산자라고 말하는 것만으로는 부족했다. 그 신체적 연속성을 끊어 줘야 했고, 그래서 무어의 신체에서 분리된 신체를 무어의 것이 아니라 채취한 자의 소유라는 판결을 덧붙여야 했다. 그러나 이는 소유권 개념에 대산 진지한 고찰과는 무관하게, 그들 자신의 말대로 생명과학의 연구의 경제적 유인을 위해, 다시 말해 생명자본의 이해관계를 보장하기 위해 끼워 넣은 것에 지나지 않는다. 이는 소유권의 근대적 관념과는 다른 차원에서 자신의 신체에 대한 권리, 자신의 신체적 자유에 대한 권리로서 신체권, 혹은 생명을 지속할 권리로서 생명권에 속한 것이다.[26] 판사들은 자본의 논리('경제적 유인')에 따라 이러한 신체권과 생명권을 부인한 것이다. 이것이 생명산업 전반이 인간에게 요구하고 있는 것임은, 유전자에 대한 소유권을 특정 개인들에게 넘겨주고 있는 미국 법원의 판결이 역으로 보여주는 것이기도 하다. 이는 근대에 확보한 신체에 대한 생명의 권리, 그것은 생명산업에 대한 일반화된 저항과 투쟁 없이는 지속되기 힘든 것이 되었음을 뜻하는 것이다. 특허권이 인간의 신체권과 생명권을 생명산업에 넘겨주는 법적·보편적 형식을 제공한다면, 신체권과 생명권의 옹호는 그러한 특허권에 대한 투쟁 없이는 불가능하게 된 것이라고 해야 할 것이다. 특허권은 물론 지적 소유권을 확대하고 연장하려는 우익적 시도('카피라이트')와, 그런 권리를 부정하고 최소화하려는 좌익적 시도('카피레프트')의 대립이

---

26) 이러한 생명권 개념에 대해서는 이진경, 「현대자본주의와 생명의 권리」, 『탈경계인문학』, 2009년 여름호 참조.

단지 '지적'인 생산물로 국한되지 않는 것은 이런 이유에서다. 마지막으로 착취에 대한 질문은 이미 앞에서 충분히 답해졌다고 해도 좋을 것이다.

생명복제시대, 그것은 생명의 생산적 능력을 세포 이하의 수준에서까지 자본이 착취할 수 있게 된 시대다. 그것은 자본의 착취가 유기체나 집합적 노동뿐만 아니라 미시적인 층위의 생명력을 착취하고 그 착취를 위해 생명의 활동 그 자체를 포섭하고 통제할 가능성이 전면화된 시대를 뜻한다. 그것은 생명과학이 잉여가치 착취를 위해 필수적인 도구가 된 시대기도 하며, 그리하여 과학과 자본이 점차 하나의 신체로 융합되어 가는 시대기도 하다. 과학자가 충분히 자본가가 된 시대에, 과학자의 입에서 나오는 말이 과학적 언사인지 자본의 언사인지를 가리는 것은 점점 어려워진다. 그것은 항상 과학의 권위를 빌려 말하지만, 그들이 말하고 생각하는 자리는 거대 자본가들이 만들어 놓은 것이고, 그들이 사용하는 칼은 돈이 되는 궤적을 충실히 따라가고 있다. 법관들은 과학과 자본의 이 끔찍한 결혼식의 주례를 자청하고 있고, 그들이 내린 판결은 엽기적인 신체절취마저 '과학을 위하여' 감내할 것을 강요하고 있다.

인류의 미래를 약속하는 헛된 핑크빛 장막 뒤에 다가오는, 생명력 자체를 위협하고 농단하는 어두운 미래의 예감, 아마도 그것이 예술가들의 직관을 암청색으로 물들이는 두려움의 이유일 것이다. 그런 점에서 그것은 결코 턱없는 몽상은 아닌 것 같다. 그에 비하면 극단적인 질병의 치료가능성이나 유전적 질병의 결코 가깝지 않은 치료가능성 몇 개로 마치 질병이 사라진 세계가 올 것처럼 떠들어 대는 요란한 과학적 전망은 턱없는 몽상, 아니 발톱을 감춘 늑대의 고약스런 거짓말에 더 가깝다고 해야 할 것 같다. 그러나 두려움에 머무는 한 아주 빠른 속도로 다가오고 있는 미래를, 혹은 이미 다가온 현실을 저지할 수는 없을 것이다. 과학과 자본이 맞잡은 손 사이에 무언가, 뜨거운 무언가를 흘려 넣어야 하지 않을까? 생명을 착취하고 농단하는 자본의 권력에 대해, 생명이란 우리 자신의 양보할 수 없는 권리임을 강하게 외쳐야 하지 않을까? 약자와 소수자는 물론 친구와 의뢰인마저 배신하고 뒤에서 등을 찌르게 만드는, 지적인 것과 너무도 거리가 먼 특허라는 이름의 엽기적인 권리들을 웃음거리로 만들 수 있는 유머의 정치학이 필요하지 않을까?

토론문1_잉여가치 개념의 확장과 그 한계

류동민(충남대 경제학과 교수)

1. 맑스의 잉여가치개념

맑스의 잉여가치, 그러므로 착취 개념은 잘 알려진 바와 같이 노동력이 매우 특수한 상품이라는 점, 그로부터 도출되는 노동력과 노동의 구분에 기초하고 있다. 이진경이 지적하는 바와 같이, 이식용 신장을 만들어 내는 복제인간은 '인간'이기는 하지만 잉여가치를 생산하지 못한다. 이것은 노예제 사회에서 노예가 '인간'인 동시에 '말하는 도구'에 지나지 않기 때문에 일종의 노동수단으로 취급되는 것과 마찬가지 이유에서이다. 노예는 인격 그 자체가 노예주인에게 귀속되는 상품일 뿐, 자신이 노동할 수 있는 능력을 판매하는 인격적 자유를 가진 근대적 인간이 아니기 때문이다. 그러므로, 돼지가 잉여가치를 낳는지 아닌지에 관해 고민할 필요가 없는 것과 마찬가지 이유로, 복제인간에 대해서도 잉여가치 생산 여부를 고민할 필요가 전혀 없다. 그것은 마치 자본주의적 농업생산에 이용되는 역축처럼 불변자본의 한 요소인 것이다. 즉, 복제인간의 '착취'는 문학적 비유로는 의미를 갖는 표현일지 몰라도, 정치경제학에서 말하는 자본주의적 착취는 성립하지 않는다. 그러나 이것이 이진경의 지적처럼, 정치경제학이 "복제인간의 착취를 은폐하는 이데올로기"가 된 것인지 의심하도록 만드는 것은 아니다. 정치경제학에서는[1] 결코 고대 사회의 노예가 착취당하지 않는다고 말하거나, 심지어 그것을 은폐하려 하지는 않는다. 다만 노예제 생산양식 속에서의 노예는 잉여노동은 수행하지만 잉여'가치'를 낳는다고 말할 수 없을 뿐인 것이다.

이진경의 본질적인 문제제기는 "요컨대 생명복제시대에 잉여가치와 착취의 문제는 그 개념은 물론 가치와 생산 등 핵심적인 개념들 자체의 근본적 변화 없이는 적절하게 포착되기 어렵다"는 지적에 있을 것이다. 그러나 이진경이 실제로 논문에서 수행하고 있는 구체적인 분석을 보면, 우리가 "'정치경제학 비판을 위하여'라는 기획을 다시 시작"해야 한다는 것, "'인간'이란 이름의 거대한 환영에서 벗어나, 잉여가치와 착취를 근본에서 다시 생각"해야 하는 이유가 분명하게 드러나지 않는다.

무엇보다도 먼저 맑스의 착취 개념 자체가 분업에 기초한 협업의 사회적 생산력 증대효과를 자본의 생산력인 것으로 간주하게 되는 현상, 그래서 오직 자본이 그 생산력 증대효과를 자기 것으로 가져가는 현상을 지적하는 것이었음을 유념해 둘 필요가 있을 것이다.[2] 물론 『자본론』에서 맑스는 분명히 사회적 생산력을 말할 때 '사회'라는 것을 공장 안에서 일어나는 생산과정에만 국한시켜 이해했다. 맑스가 들고 있는 예도 노동자가 따로따로 생산하는 것보다 함께 협업해 생산하면 더 많은 가치를 생산한다는 것

---

1) 이는 복제'인간'을 가변자본이 아니라 불변자본의 요소로 간주한다고 해서 비인간적이라는 비판을 할 수 없는 것과 마찬가지이다. 이진경이 드는 무어의 사례는 그의 몸에서 떼어 내서 팔 수 있는 신체조직에 관한 문제이므로 노동자라는 인간으로부터 분리불가능함을 가장 중요한 특징으로 하는 노동력과는 본질적으로 다르다. 이를테면 생명의 소중함이나, 자신의 신체(설사 그것이 병과 관련된 조직이라 하더라도)에 대한 통제권이라는 문제이지 잉여가치의 착취에 관한 문제는 아닌 것이다.
2) 류동민, 「맑스 잉여가치론의 재해석」, 맑스코뮤날레 조직위원회 엮음, 『지구화시대 맑스의 현재성 1』, 문화과학사, 2003.

이다.[3] 그런데 이 '사회'라는 개념 안에 잉여가치의 생산과 직간접적으로 관련된 다양한 이해관계자를 포함시킬 것인가라는 문제가 제기되는 것이 사실이다. 특히 생산과 유통영역이 엄밀히 구분되지 않고 사회적 네트워크 속에 편입될 때, 소비자 자신이 잉여노동의 일부를 직접 수행해야 한다거나 하는 현상이 일어날 수 있기 때문이다.[4] 지대가 잉여가치로부터 파생되는 소득의 한 형태라는 주변적 지위에서 벗어나, 잉여가치를 포괄하는 일반적 개념으로 등장할 이론적 가능성이 주어지는 것도 바로 이 지점이다.

2. 잉여가치인가, 지대인가?

이진경의 분석은 기본적으로 맑스의 차액지대론에 근거하고 있다. 무어의 사례에서 무어의 신체는 이를테면 비옥도가 높은 토지, 즉 차액지대를 발생시키는 토지로 유비된다. 무어의 조직을 적출하여 막대한 이득을 취하는 의사는 이를테면 농업자본가(경우에 따라서는 농업노동자)로 유비될 것이다. 법원이 그 이득을 의사가 취하는 것이 적절하다고 판단한 것은 차액지대에 해당되는 이득이 말하자면 지주(무어)가 아니라 그것을 가공한 의사(농업자본가)에게 귀속되는 것이 타당하다고 본 셈이다. 여기에서 더 이

---

3) 이미 『정치경제학 비판 요강』 단계에서부터 맑스는 이 점을 강조하고 있다. 다음의 서술이 그것을 잘 보여 준다. "우선 사회, 집합된 개별자들은 도로를 건설하기 위한 잉여시간을 가질 수 있으나 그것은 집합되어 있을 때에만 가능하다. 집합은…… 단지 합산에 **불과한 것은 아니다.** 그들 힘의 집합이 그들의 **생산력을** 증대시킨다고 할 때, 그것은——그들이 **협업**하지 않는다면, 즉 그들의 노동능력의 합계에 그들의 **집합된, 결합된** 노동에 의해서만…… 실존하는 잉여가 추가되지 않는다면——그들이 수적으로 모두를 합한 노동능력을 가질 것이라는 것을 결코 의미하지 않는다"(칼 맑스, 『정치경제학 비판 요강』 제2권, 김호균 옮김, 백의, 2000, 162쪽. 강조는 원문).

4) 이를테면 소비자가 인터넷뱅킹 등에 참가하여 생산과정 말단의 노동자가 수행해야 할 기능의 일부를 수행하는 것, 지식검색 사이트나 소셜네트워크 서비스 등에서 이용자의 적극적인 정보제공과 참여가 해당 서비스 자체의 사용가치를 높이고 궁극적으로는 그 서비스를 벌여 놓은 자본의 이윤창출에 기여하게 되는 현상 등이 그것이다.

상 유비는 성립하지 않게 된다. 이러한 판결을 "노동가치론의 관점에서 보면 매우 적절하고 일관된 것으로 보인다"라고 평가하는 것은 지나친 주장이다. 이진경 스스로 지적하듯이, 생명산업의 발전은 "가치가 없던 것을 '가치화'하는 과정"을 끊임없이 만들어 내고 있으며, 법원의 판결은 이러한 현상에 대해 자본주의적 틀 속에서조차 확립되지 않고 서로 충돌하는 다양한 판단의 하나가 드러난 것일 따름이다.[5] 노동가치론이 책임져야 할 것은 이러한 가치화과정이 '모든 것의 상품화'라는 자본주의 사회의 본질의 발현형태임을 지적하는 것, 그리고 디지털 혁명이건 유전공학의 발전이건 간에 새로운 과학기술의 발전이 그러한 본질에 가져오는 새로운 변화를 분석하는 것이다.[6]

노동가치설이 스미스와 리카도의 주장이므로, 그 주장은 부르주아지의 이해관계와 부합한다거나 노동가치설이 맑스주의의 필수적 공리이며 프롤레타리아트의 입장에 속한다는 관념은 기각되어야 한다는 이진경의 주장은 구체적인 사례에 대한 구체적인 분석이 뒷받침되지 않는 이상, 그저 센세이셔널리즘에 지나지 않는다. 문제는 노동가치론이 부르주아지를 위한 것인가 프롤레타리아트를 위한 것인가 등과 같은 거대담론에 있는 것은 아니라, 어떤 개념을 이용하여 얼마나 유용하게 현실을 설명할 수 있는가에 있기 때문이다.

이진경의 주장은 그 자극적인 선언을 배제하더라도 기존의 맑스주의 노동가치론의 개념과 분석도구를 사용하여 그대로 재구성될 수 있다. 실제

---

5) 이진경처럼 무어가 자신의 신체에 대한 소유자라는 의미에서 말하자면 지주에 해당되므로 그 이득이 지주 자신에게 귀속되어야 한다고 생각한다면, 이 또한 지주가 지대를 가져가는 것을 당연시한다는 의미에서 지주계급을 옹호하는 이데올로기라고 비판할 수 있을 것인가?

6) 이미 한국에서도 정보재 가치 논쟁을 통해 가치가 없는 것을 가치가 있는 것처럼 만들기 위한, 즉 상품화비용에 관한 논의가 많이 이루어진 바 있다. 강남훈 외, 『정보재 가치논쟁』, 한신대학교출판부, 2007에 실린 글들을 참조하라.

로 이른바 인지자본주의(cognitive capitalism)론에서는 잉여가치 개념 자체를 지대(rent)로 확장하는 시도를 하고 있다.[7] 즉, 인지자본주의라는 자본주의의 새로운 단계에서 지대와 이윤(본래의 잉여가치) 사이의 경계는 희미해져 가고 오히려 이윤이 지대로 되는 것이 일반적인 현상이 된다는 것이다. 물론 이 주장 자체도 논쟁거리일 수 있지만, 이진경의 주장이나 분석이 이것 이상의 새로운 그 무엇을 필요로 하지는 않아 보인다.

3. 생명의 잉여가치와 지대

"노동은 물적 부의 아버지이고 토지는 그 어머니"라는 맑스의 언술은 차액지대론에 입각하여 착취 개념을 확장하려는 시도가 불가능한 것이 아님을 잘 보여 주고 있다.[8] 자본의 논리에 따라 신체권과 생명권마저도 생명산업 자본에게 넘어가는 판결이 나오고 있다는 점, 이것이 특허권의 확립이라는 문제와 긴밀하게 결합되어 있다는 점, 그것이 새로운 착취의 형식을 제공한다는 점 등은 매우 중요한 지적이다.[9] 문제는 이러한 중요한 현상들을 노

---

7) Carlo Vercellone, "The New Articulation of Wages, Rent and Profit in Cognitive Capitalism", paper presented at Queen Mary University School of Business and Management, 2008-02-29 [www.generation-online.org/c/fc_rent2.htm]. 인지자본주의론을 한국에 소개한 개설서로는 다음을 참조하라. 조정환, 『인지자본주의』, 갈무리, 2011. 물론 이러한 인지자본주의론을 받아들일 때, 기존의 이른바 경제학주의적 노동가치론이 아무런 손상도 입지 않고 유지될 수 있을지는 자신하기 어렵다. 그러나 적어도 이진경이 주장하는 것과는 다른 길이 있을 수 있다는 것이다.

8) 맑스는 『자본론』 제1권 제1장에서 상품에 포함된 노동의 이중성을 설명하는 부분에서 다음과 같이 말한다. "인간은 생산과정에서 오직 자연 자체가 행동하는 것과 같이 행동할 수 있을 뿐이다. 다시 말하면, 오직 소재의 형태를 변경할 수 있을 뿐이다. 더구나 이러한 형태를 변경하는 노동 자체에서도 인간은 끊임없이 자연력의 도움을 받는다. 따라서 노동은 그것에 의해 생산되는 사용가치(즉 물적 부)의 유일한 원천은 아니다. 윌리엄 페티가 말한 바와 같이, 노동은 물적 부의 아버지이고 토지는 그 어머니다"(칼 맑스, 『자본론』 1권 상, 김수행 옮김, 53~54쪽).

9) 정보재 가치논쟁에서 대부분의 논자들은 재생산비용이 거의 0에 가까운 소프트웨어 등의 정보재 산업에 발생하는 막대한 이윤은 지대, 독점이윤, 특별잉여가치 등의 세 가지 구성요소가 결합된

동가치론에 기초하여 설명해야 하느냐, 또는 할 수 있느냐에 있는 것이다. 이진경의 다음과 같은 지적은 이 문제와 관련된 그의 결론을 집약적으로 표현하고 있다.

> 생명산업의 시대는 인간의 유전자나 신체를 포함하는 모든 생명체가 가공과 변형의 대상이 된다는 점에서, 생산자와 노동대상의 분할을 규정하는 휴머니즘적 전제들에 대해 근본적으로 다시 검토할 것을 요청한다. 인간 아닌 자연이 생산자가 될 수 있는 것만큼이나 인간 또한 노동대상이 될 수 있다는 것, 따라서 생산자와 노동대상(노동수단)은 인간/비인간의 구별을 가로질러 생산이 이루어지는 조건과 양상에 따라, 혹은 그것이 포착되는 층위에 따라 규정되어야 한다는 것이다.

노동가치론이 어떤 의미에서든 휴머니즘적 가정에 입각하고 있다는 것은 부인하기 어렵다. 인간이 자신의 의지에 따라 인간이 아닌 그 무엇(즉, 노동대상)에 작용을 가하여 변형시키는 과정을 노동이라 정의할 때, 이진경이 위의 인용문에서 지적하는 문제가 발생한다는 것은 분명하다. 그러나, 잉여가치(착취)론의 휴머니즘적 기초를 유적 존재로서의 인간이 협동을 통해 생산해 낸 결과를 사회 내의 일부 그룹만이 가져간다는 점에서 찾는다면, 노동력의 착취는 여전히 자본주의 사회의 본질적 측면을 이루고 있다. 생명활동조차도 자본에 의한 착취구조 속에 편입되는 현실을 지적하는 것

산물임을 주장한 바 있다. 특허권의 확립은 가치적 기초가 없는 독점이윤을 가능하게 하는 동시에 경제학적 지대(economic rent)를 발생·유지시키는 중요한 근거가 된다. 특허권을 인정하는 장벽이 점점 낮아짐으로써 이미 존재하던 것을 '발견'하는 것에 대해서조차 권리를 부여하는 현실은 이미 잘 알려져 있다. 이 문제에서 그 대상이 생명이나 비생명이냐는 오히려 부차적인 문제에 지나지 않는다. 장하준, 『나쁜 사마리아인들』, 이순희 옮김, 부키, 2007의 제6장을 참조하라.

은 매우 중요한 일임에 틀림없다. 그렇지만 그 구체적인 분석이 현재 이진 경의 논문에서처럼 지대론의 확장으로 이루어지는 정도라면, 노동가치론을 부르주아지의 이익을 정당화하는 이론적 기제로까지 비판할 근거는 없어 보인다. 특히 노동이건 효용이건 또는 그 무엇이건 가격과 구별되는 가치 개념 자체가 불필요하다고 보는 현대경제학의 입장과 그에 맞서는 맑스주의 가치론이라는 논쟁적 맥락을 감안한다면, 새로운 개념(이를테면 기계적 잉여가치)을 자꾸 만들어 내는 식으로 문제를 해결할 수는 없을 것이다. 만약 우리가 기존의 개념들을 그대로 이용하여 현실을 분석할 수 있다면, '오캄의 면도날'에 따라 굳이 새로운 개념을 추가할 이유가 없기 때문이다. 가치 개념 자체가 오캄의 면도날에 의해 제거되어야 한다는 것이 경제학 내부의 논쟁구도라고 할 수 있다. "생명을 착취하고 농단하는 자본의 권력에 대해, 생명이란 우리 자신의 양보할 수 없는 권리임을 강하게 외"치기 위해서, 노동가치론이 인간학적 사유의 결과물이라거나 정치경제학의 문제 설정 자체를 다시 사고해야 한다는 주장이 필요해 보이지는 않는다.

토론문 2_또 하나의 중농주의 신경제론

이진경 교수의 「생명의 잉여가치와 정치경제학 비판」에 대한 논평

김창근(경상대 사회과학연구원 연구교수)

이 글은 이진경 교수의 「생명의 잉여가치와 정치경제학 비판」에 대한 맑스주의 노동가치론의 입장에서의 반비판이다. 먼저 이 교수의 주장을 신경제론의 맥락 속에서 살펴보고, 생명과 과학이 가치와 잉여가치를 창조하고 맑스의 차액지대가 생산력 자체의 결과라는 이 교수의 주장을 차례로 살펴본다. 이 글은 이진경 교수의 주장이 이론적 근거가 없는 '중상주의 신경제론'에 불과하다는 것을 밝히는 것을 목적으로 한다.

1. 생명공학에 기반한 또 하나의 신경제론?

현재의 세계경제는 2007년 미국의 서브프라임 모기지 위기부터 시작된 세계적인 경제위기에서 좀처럼 벗어나지 못하고 있고, 현재의 세계경제 상황은 점점 더 신자유주의의 체계적 위기뿐만 아니라 자본주의 자체의 위기로 여겨지고 있다. 1960년대 말 이후 이윤율 위기에 직면한 주요 선진국 자본들과 국가들이 자본의 이윤율 회복을 위해 추동하였던 신자유주의 정책은 이윤율을 일정 정도 회복시키는 데에는 성공을 하였지만, 세계적 차원에서의 노동의 불안정성, 부의 불평등, 빈곤의 확산, 전쟁, 환경파괴 등만을 낳았을 뿐이고, 이러한 사회·경제적 위기를 모면하기 위한 주요 국가들의 단기적인 팽창정책은 국가의 재정위기만을 초래했다. 자본주의 자체가 스스로 지속가능한 체제가 아님이 더욱 명확해지고 있을 뿐만 아니라, 자본주의 국가의 개입마저도 자본주의의 지속을 보장할 수 없음이 더욱 분명해지고 있는 것이다.

현재의 상황을 그러한 상황의 발단이 되었던 20년 전의 상황과 비교해 보면 흥미로운 역사적 교훈을 발견하게 된다. 1990년대 미국 경제는 다른 주요한 경제들과 비교할 때 상대적으로 높은 장기적인 경제성장률을 기록하였는데, 많은 주류 학자들은 이러한 현상을 '신경제'론을 통해 설명하려고 했었다. 그들에 따르면, 미국의 높은 성장률은 급격한 기술혁신, 특히 정보기술(IT) '혁명'과 '금융혁신'과 같은 기술발전의 덕분이었고, 더 나아가 이들은 이제 더 이상 노동이 아니라 '지식'과 '기술'이 새로운 가치를 생산하는 주요한 원천이 되었다고 주장하였다.

물론 주류경제학의 이러한 신경제론이 환상이었음은 이제 더 이상 논란의 여지가 없어 보인다. 2000~2001년 미국의 정보기술 붐이 붕괴되면서 IT산업의 지식이 가치를 창조해서 높은 경제성장률을 낳을 것이라는 환상은 사라져 버렸다. 오히려 2000년까지 미국 경제가 보여 준 높은 경제성장률은 IT분야의 과잉투자의 결과였다는 것만이 확인되고 있을 뿐이다. 그리고 더욱 최근에는 서브프라임 모기지 금융위기가 발발하면서, 미국 경제의 상대적으로 높은 성장률을 이끈 원동력은 지식과 기술이 아니라 미국 통화당국의 팽창적인 경제정책과 국내외적으로 과도한 부채이었음이 분명하게 드러나게 되었다.

확실히 최근의 미국의 두 번의 위기는 미국 중심의 주류경제학이 가지고 있는 근본적인 문제점을 명확히 해주었다는 점에서 역사적으로 의의를 가지는 것이었다. 주류경제학이 현재의 세계경제의 상황을 잘못 파악하게 된 근본적인 원인 중 하나는, 그들에게는 노동가치론이 없었기 때문이다.

그런 이유 때문에 그들은 생산성의 지속적 발전이 공황이 없는 지속적인 성장을 가능하게 할 것이라고 생각하게 되었고, 생산성을 증대시키는 기술과 지식 자체가 가치와 이윤을 생산해 높은 경제성장률을 지속시킬 것이라고 기대하게 되었다. 그러한 논리의 귀결이 바로 신경제론과 지식이 새로운 가치의 원천이라는 '지식경제론' 또는 '인지자본주의론' 등이었다.

그런데 불행하게도 신경제론의 기술과 지식에 대한 환상은 맑시스트를 자처하는 일부의 학자들에게도 영향을 미쳤다.[1] 물론 그들이 현실에 대한 그럴듯한 비판적인 태도를 보였음에도 불구하고, 자본주의 현실이 근본적인 변화를 겪었고 그에 따라 노동가치론을 폐기하고 있다는 점에서 주류 학자들과 공통점을 갖는다. 그들은 신경제론과 마찬가지로 21세기 현실경제에서 노동이 더 이상 가치의 원천이기를 중지했다고 선언하고, 대신 부의 원천은 오히려 '비물질적 노동'과 '정서노동' 등의 지식과 기술을 생산하는 노동이라고 주장하였다.[2] 제조업의 생산적 노동자들은 더 이상 가치도 잉여가치도 생산하지 못하고, 오직 '지식'과 정보, 또는 정서만을 다루는 정신적 노동자들만이 가치를 생산한다는 것이다.

그러나 일부의 자칭 맑시스트들의 주장은 맑스가 말하는 상품의 가치와 잉여가치가 '사회적 관계'라는 것을 무시하고, 생산력 자체가 가치와 이윤을 생산한다는 주류경제학의 '물신성'을 수용하고 있다는 비판을 면하기 어려웠다. 또한 그들은 그렇게 물신성에 사로잡혀 있기 때문에, 자본주의에 대해 근본적인 비판을 가할 수 없었다. 자본주의는 생산성과 지식을 지속

---

1) 이런 경향의 대표적인 예로는 네그리(Antonio Negri) 등의 자율주의를 들 수 있다. 맑스 이론에 대한 네그리의 해석을 비판한 글로는 김창근, 「자율주의의 세계화 찬성론: 맑스주의적 비판」, 『정세와 노동』, 노동사회과학연구소, 2007년 12월호(제30권)를 참조할 수 있다.
2) 이러한 분위기 속에서 한국의 맑스주의 경제학자들 내에서는 '정보재 가치논쟁'이 벌어졌다. 이 논쟁과 관련해서는 김창근, 「정보재 가치논쟁에 대한 비판적 평가」, 『마르크스주의 연구』 9호, 2008년 제5권 제1호를 참조하라.

적으로 발전시키는 경향이 있다. 그래서 그들의 논의에 기초할 때, 생산성과 지식은 끊임없이 새로운 가치와 잉여가치를 창조해 낼 것이기 때문에, 자본주의는 '한시적인 체제'가 아니라 이윤율 하락과 같은 모순 없이도 영원히 지속되는 '영원한' 체제로 인식될 수밖에 없게 된다.

이진경 교수의 「생명의 잉여가치와 정치경제학 비판」은 주류의 신경제론과 지식경제론이 파산한 상태에서, 또 다른 신경제론을 제시하고 있는 것으로 평가될 수 있다. 즉, 이 글은 물신성에 사로잡혀 가치와 잉여가치를 물신화하려는 자칭 맑시스트들의 또 하나의 시도일 뿐이다. 물론 이 글이 미국을 중심으로 하는 다국적자본과 생명 특허권의 문제점을 지적하고 있다는 점에서는 긍정적으로 평가받을 수 있다. 그러나 이 교수의 글이 물신성에 사로잡혀 노동가치론을 공격하고 있다는 점에서 본다면, 이전의 자칭 맑시스트 논의와 차이점이 전혀 없다. 다른 점이 있다면, 단지 이전의 논의들이 IT와 금융기술의 급성장을 이유로 노동가치론을 공격하는 것이었다면, 이 교수의 논의는 기술발전의 영역을 IT와 금융부문 대신에 생명기술(BT) 분야의 급격한 기술발전에 근거하여 신경제론을 옹호하고 있다는 점뿐이다.

2. 생명이 가치와 잉여가치를 창조하는가?

이진경 교수는 생명과학 기술이 가치와 잉여가치를 생산한다고 주장하는데, 그러한 주장을 뒷받침하기 위해 먼저 아직은 성공하지 못하고 있는 '장기이식용 돼지의 신장'과 '복제인간의 신장'에 대한 예를 든다. 그리고 그는 장기이식 돼지의 경우 "신장을 통해 얻은 잉여가치는 누가 생산한 것일까?", 또는 더 구체적으로 "유전자를 조작하여 변형시킨 과학자? 그 돼지를 키운 농장의 노동자? 아니면 돼지?"인가를 묻는다. 물론 그의 답은 '돼지'이다. 즉, 돼지가 잉여가치를 '생산'하지만, 그렇게 생산된 돼지의 잉여가치가 '착취'당한다는 것이다. 하지만 이러한 주장은 타당성이 의문스럽다.

첫째, 이 교수는 어떤 의미에서 돼지가 착취당한다고 주장하는가? 그는 "생물학적으로 보면, 이식용 신장을 만들어 낸 것은 돼지고, 복제인간"인데, 돼지나 복제인간이 "자신의 신체로부터 발생한 잉여가치에 대해 어떤 권리도 갖지 못하고" 신장을 "추출하여 판매하는 데 관여한 자들에게 귀속"된다고 말한다. 이렇게 이진경 교수가 돼지가 '생산'의 주체라고 생각하면서 '착취'당한다고 말할 때, 그는 착취를 명확히 '생물학적' 의미로 사용한다. 즉, 돼지가 자신의 신체 속에 이식될 장기를 '생산'한다는 것이며, 그렇게 생산된 장기를 이식되는 것이 바로 '착취'라는 것이다.

당연히 이 교수의 '생물학적' 의미의 생산과 착취 개념은 맑스의 '경제적·사회적' 의미의 생산과 착취 개념과는 아무런 관련성이 없다. 맑스에게 있어서 생산은 인간이 자연을 자신의 필요에 맞게 변형시킨다는 '사회적' 개념이며, 착취 또한 한 부류의 사람들의 잉여노동을 그것을 생산하지 않은 다른 부류의 사람들이 점유된다는 것을 의미하는 '사람들 간의 관계'를 의미한다. 그래서 그것들은 생물학적 또는 물리적인·생리학적·화학적 생산과정과는 아무런 관련이 없다. 오히려 맑스는 상품의 가치와 잉여가치를 상품생산에서 생산물과 생산과정의 물리적·화학적·생물학적 속성과 혼동하여, 후자들을 전자들의 원천으로 보고 있는 관점을 '물신성'이라 칭하면서 강력하게 비판한 바 있다. 그러한 측면에서 이 교수의 주장은 물신성에 사로잡혀 있다는 비판을 피할 수 없다.

둘째, 학설사적인 측면에서 이진경 교수의 주장은 맑스의 이론보다는 오히려 중농학파의 이론을 변형된 형태로 재생산하고 있을 뿐이다. 중농학파는 자체의 이론적 한계 때문에 '자연이 부의 원천이다'라는 자연법 사상에 사로잡혔고, 그 결과 농업 노동만이 이윤을 내는 진정으로 '생산적인' 부문이라고 생각했다. 그들에 따르면, 비생명적인 생산을 하는 제조업은 임금만을 부가할 뿐 이윤을 생산하지 않고, 오직 부의 유일한 원천인 자연이 '생산'하는 농업부문에서만 이윤이 생산된다.

물론 이 교수는 제조업에서도 잉여가치가 창조된다는 것을 부정하지는 않는다. 그렇지만, 그는 '생물학적' 생산과정을 가치의 생산으로 간주함으로써, 농업에서는 노동자들의 잉여노동에서 나오는 이윤과 통상적인 지대를 넘어서는 추가적인 이윤을 생산해 낸다고 주장한다. 달리 말해 생명과 관련된 농업부문이 모든 생산부문 중에서 가장 생산적이라는 중농주의의 주장을 되풀이하고 있는 것이다.

반면 맑스는 『잉여가치 학설사』 등에서 지속적으로 농업부문이 다른 부문에 비해서 더 많은 잉여가치를 생산하는 더욱 생산적인 부문이라는 것을 부인하였고, 노동일반, 즉 모든 부문의 노동은 동일하게 생산적이라는 개념을 발견한 것이 애덤 스미스의 가장 위대한 업적 중 하나라고 강조한다. 이에 반해 이진경 교수는 애덤 스미스로부터도 퇴보하여, 농업부문이 모든 생산부문에서 가장 생산적이라는 중농주의자들의 주장으로 경제이론을 퇴행시키고 있을 뿐이다.

나아가 이진경 교수는 생명과학의 발전에 따라 "정치경제학은 이제 착취에 저항하는 이론적 사유가 아니라 복제인간의 착취를 은폐하는 이데올로기"로 의심된다고 주장한다. 그리고 그는 그 이유가 "정작 문제가 되고 있는 것은 돼지나 복제인간의 착취임에도 불구하고, 정치경제학은 복제인간을 클로닝하고 키운 사람들과 자본가 사이의 관계만을 보고 있을 뿐이기 때문"이라고 한다.

먼저 이진경 교수는 인간에 의한 복제인간의 창조에 반대하는 것으로 보인다. 그러나 그는 맑시스트 경제학과 노동가치론이 왜 복제인간의 창조에 꼭 찬성해야 하는지에 대해서는 아무런 근거를 제시하지 않는다. 게다가 그 스스로가 맑시스트 경제학과 노동가치론을 '인간주의'라고 부르고 있다. 만약 인간주의가 인간은 기계와 동물과는 다르다는 점을 강조하는 것이라면, 왜 인간주의를 옹호하는 맑시스트가 복제인간을 찬성한다고 생각해야 하는가? 이진경 교수는 어떤 맑시스트가 그러한 주장을 했는지, 또한 그러한 주장을 한 사람이 있다면 맑시스트 경제학과 노동가치론을 대표하고 있는지에 대해서 어떠한 것도 밝히지 않고 있다.

다음으로 '정작 문제가 되고 있는 것'이 '돼지와 인조인간의 착취' 문제라는 주장에 대해서도 동의하기 힘들다. 대부분의 맑시스트 경제학자들에게 인조인간의 창조를 반대하는 문제는 미래의 중요한 문제가 될 수 있다는 점은 부정하지 않을 것이다. 또한 환경 문제와 기후변화 문제 등의 자연의 문제가 중요한 사회적 문제라는 점에 대해서도 어떠한 맑시스트 경제학자들도 부인하지 않을 것이다. 그렇지만 진정한 맑시스트들에게 동등하게 '정작 문제가 되고 있는 것'은 또한 인간에 의한 인간의 착취 문제, 특히 신자유주의 세계화와 자본주의 자체의 모순에 의한 인간 착취의 문제이기도 하다. 이러한 사회적인 착취의 문제를 등한시하면서 '돼지의 착취'를 더 높은 차원의 진정한 문제라고 주장하는 것이 진정한 맑시스트들의 주장으로는 보이지 않는다.

3. 지식이 가치와 잉여가치를 창조하는가?

이진경 교수는 생명과학 기술이 가치와 잉여가치를 생산한다는 자신의 주장이 공상과학영화에 나오는 것이 아니라면서, '현실에서 이미 발생한 사례'들을 제시한다. 그가 드는 가장 대표적인 사례는 존 무어라는 털세포 백혈병 환자의 경우인데, 그의 의사인 골디 박사 등이 무어의 혈액에서 특이한 항체를 분리·배양하여 특허를 내었으며, 무어가 낸 소송에서 결국 미국

법원은 의사의 손을 들어 준 사건이었다.

이 교수는 무어 사건에 대한 판결이 "놀랍게도 노동가치론의 관점에서 보면 매우 적절하고 일관된 것"이라면서, 노동가치론에 따르면 "인간이 일정 시간 노동을 하여 변형하고 가공했다면, 그 결과 얻은 가치는 변형·가공시킨 자에게 있으며", 따라서 "모-세포주라는 상품의 가치를 생산한 것은 의사들"이기 때문에, 의사들에게 '잉여가치'도 속해야 하기 때문이라고 주장한다.

여기에서도 이진경 교수는 노동가치론을 주장하는 어떠한 사람이 위와 같은 주장을 했는지에 대해서 밝히고 있지 않다. 그러나 맑스는 과학의 발견 자체는 어떠한 가치도 그리고 어떠한 잉여가치도 생산하지 못한다는 일관된 입장을 고수했다. 즉 맑스의 입장과 맑시스트 노동가치론에 따르면, 문제의 항체를 환자였던 무어가 생산했는지 의사인 골디 박사 등이 생산을 했는지는 중요한 문제가 아닌데, 왜냐하면 그러한 항체 자체는 어떠한 가치도 잉여가치도 생산하지 못하기 때문이다.

물론 이진경 교수는 현대의 특허제도 때문에 특정한 약들의 값이 지나치게 높고 그에 따라 미국을 중심으로 한 선진국 자본들이 평균 이상의 엄청난 초과이윤을 올리고 있는 현실을 염두에 두고 있는 듯하다. 이러한 현상에 대해서 이 교수가 문제를 제기하고 시정을 요구하는 한, 그는 올바르다. 그렇지만 그가 그런 초과이윤이 엄청나다는 사실에 압도되어서 그것을 자본 또는 의사와 과학자 같은 누군가가 생산한 것이라고 생각하는 것은 올바르지 못하다.

이진경 교수는 환자인 무어가 자기 신체 속에 항체를 생산했고 그에 따라 잉여가치도 생산했는데, 의사인 골디 박사 등이 특허를 냄으로써 그렇게 생산된 잉여가치를 높은 특허권 수입으로 가로챘다고 생각한다. 그래서 그는 무어가 지적 재산권 또는 특허권을 가져야 한다고 생각하는 듯하다. 그러나 그렇게 무어가 특허권을 가지면 이진경 교수가 문제라고 제기하고 있는 현상, 즉 높은 약값의 문제가 해결될 수 있을까?

그렇지 않다. 이진경 교수에 따르면, 문제의 해결책은 단지 특허권을 골디 박사 등이 아니라 무어가 가지는 것이다. 그러면 문제인 터무니없이 높은 약값의 문제는 해결될까? 해결될 수 없다. 왜냐하면 이 교수의 대안에서 바뀐 것은 단지 특허 로열티를 이전에는 의사가 받다가 이제는 환자가 받는다는 것뿐이다. 그래서 약값은 변하지 않고, 단지 특허 로열티를 누가 받느냐 하는 것만이 바뀌었다. 결국 이 교수가 하는 것같이, 문제를 단지 항체와 같은 것에 대한 기술적 발견 자체가 잉여가치를 생산한다고 생각하는 한, 논점은 누가 그러한 잉여가치를 생산했느냐 하는 것에 그치게 되고, 결국 문제에 대한 해결책도 단지 특허권을 누가 가지느냐의 문제에만 국한된다. 그의 논의는 현재의 문제점인 터무니없이 높은 약값의 문제를 해결할 수 있는 어떠한 해결책도 제시할 수 없다.

물론 이 교수가 생식질을 '공동유산'으로 부르기도 하기 때문에, 문제의 항체가 인류 전체에 속하는 공유지와 유사한 공공성을 가진 것으로 생각하고 있을 수도 있다. 그러나 이러한 그의 주장은 자신의 논리에 모순되고 있다. 왜냐하면 그는 이미 문제의 항체를 무어가 자신도 모르는 사이에 자신의 몸에서 생산한 것이라고 주장했었기 때문이다. 그래서 만약 이제 그가 생산한 것을 인류 전체의 공공재산이라고 다시 주장한다면, 인류 전체가 무어를 착취하는 것이 아닌가? 이런 문제점은 무어가 그 항체를 '생산'하고 '착취'당한다고 생각하는 이 교수의 괴이한 논리에서 빚어지는 필연적인 귀결일 뿐이다.

나아가 현재의 문제의 핵심을 정확히 이해하기 위해서는 이 교수 스스로가 예로 들고 있는 백혈병약 글리벡의 경우를 살펴보는 것이 유용하다. 그가 이야기하고 있듯이, 한국의 백혈병 환자들과 가족들이 글리벡의 약값을 인하해 줄 것을 요구하자, 글리벡 제조업체 노바티스는 한국 판매를 하지 않겠다고 위협함으로써 대응했고, 결국 약값은 인하되지 못했다. 그런데 먼저 이 경우 높은 약값은 어디에서 나오는 것인가?

이 질문에 대해서 이진경 교수는 글리벡을 생산하는 데 사용되는 기술이 어떠한 방식으로든지 잉여가치를 생산했다고 생각하기 때문에, 글리벡의 가격이 매우 높은 것은 그러한 기술이 엄청난 양의 가치와 잉여가치를 포함하고 있기 때문이라고밖에 답할 수 없다. 그러나 실제로 기술 자체가 그렇게 높은 잉여가치를 생산했기 때문에, 글리벡의 가격이 그렇게 터무니없이 높은가? 그렇지 않아 보인다. 오히려 사실은 이진경 교수의 경우와 전혀 다르다.

노바티스가 한국 판매를 하지 않겠다고 위협해 자신들의 입장을 관철시킬 수 있었던 이유는 무엇인가? 글리벡을 생산하는 데 필요한 기술과 지식이 이미 한국을 비롯한 대부분의 국가들에서 널리 알려져 있기 때문에, 한국을 비롯한 다른 나라의 의약 기업들이 기술적으로는 충분히 글리벡을 생산해서 판매할 수 있다. 그리고 그렇게 그런 기업들이 생산을 하는 경우 글리벡의 가격은 매우 낮은 수준으로 떨어질 것이다. 그렇지만 지적 재산권 또는 특허권이 다른 기업들의 생산과 다른 기업들에서 오는 경쟁을 가로막고, 그에 따라 노바티스가 '인위적인 독점'적 지위를 점할 수 있게 해주기 때문에, 글리벡이 터무니없이 높은 가격으로 판매되고 있는 것이다.

여기에서 '인위적 독점'이라고 할 때의 인위적은 자연적이 아니라는 의미가 아니라, 법률적 강제에 의해서만 유지될 수 있다는 의미이며, 독점이라는 것은 실제의 가치는 매우 낮은데도 불구하고 생산이 특정 기업에서만 허용되고, 그에 따라 가격이 실제 가치 이상으로 매우 높다는 것을 의미한다. 그래서 '인위적 독점'이라는 것은 오직 법률적 강제에 의해서 가격이 실제 가치보다 터무니없이 높게 되는 현상을 의미하며, 실제로는 가치가 매우 낮은 것을 법률의 강제에 의해서 엄청나게 높은 가격으로 판매되게 하는 것을 의미한다. 그리고 이와 같이 낮은 가치를 초과하는 매우 높은 가격은 순전히 소비자들의 소득에서의 지출에 기초해서만 가능한 것이다.[3]

바로 우리가 글리벡의 가격이 '터무니없이' 높다든지 '부당'하다고 말할 때의 의미는 바로 이와 같은 의미에서이다. 즉 가치는 매우 낮음에도 불구하고 인위적 독점 때문에 가격이 매우 높게 유지되고, 결국 소비자들의 희생으로 독점기업의 인위적인 초과이윤이 보장된다는 것이다.

반면 이진경 교수와 같이 글리벡을 만드는 데 필요한 지식과 기술 자체가 높은 가치와 잉여가치를 낳고 있다고 생각한다면, 글리벡의 가격은 그것을 생산하는 데 필요한 기술 자체가 엄청나게 높은 잉여가치를 생산하고 있기 때문에 그 가격이 그렇게 높다고 생각할 수밖에 없다. 즉, 그것의 직접적인 제조에는 매우 작은 노동만이 들어감에도 불구하고, 그것에는 높은 기술적인 잉여가치가 포함되어 있기 때문에 가치가 높고 또한 가격도 그렇게 높다는 것이다. 그렇다면 글리벡의 가격이 '터무니없이' 또는 '부당하게' 높다고 말할 수 있는 근거는 무엇인가? 높은 가치를 가지고 있는 상품이 그만큼 높은 가격으로 판매되고 있는데, 어떤 근거로 그 가격이 터무니없다거나 또는 부당하다고 말할 수 있는가? 이 질문에 대해서 이진경 교수는 답하지 못할 것이다.[4]

---

3) 물론 이러한 생산 측면에서의 '인위적 독점'과 함께 수요적인 측면의 요인, 즉 그러한 의약품이 생명과 직결되어 있기 때문에 가격이 아무리 높아도 구매하지 않을 수 없다는 점이 결합되어 글리벡과 같은 의약품의 지나치게 높은 가격이 가능하다.

4) 김창근, 「정보재 가치논쟁에 대한 비판적 평가」에서는 윈도와 같은 컴퓨터 소프트웨어를 연구개발하는 노동은 생산적이고 가치와 잉여가치를 생산한다고 주장하였는데, 여기에서 추가적으로 과학을 '발견'하는 노동은 비생산적이고 어떠한 가치나 또는 잉여가치를 생산하지 않는다고 주장한다. 이는 물리법칙을 발견하는 노력은 가치를 생산하지 않지만, 물리법칙을 이용하여 새로운 기계를 만들어 내는 노동은 생산적이라는 것을 의미한다.

반면 글리벡의 높은 가격을 '인위적 독점'에 따른 것으로 보는 관점에서는 그 가격이 '터무니없이' 높다거나 또는 '부당하게' 높다고 말할 수 있는 이론적 근거를 가진다. 그것을 생산하는 데 필요한 기술과 지식은 가치와 잉여가치를 생산하지 않기 때문에, 그것의 가치는 그것을 직접 제조하는 데 필요한 노동시간에 불과하며 따라서 매우 낮을 것이다. 그렇게 매우 낮은 가치를 가지고 있음에도 불구하고, 그 가격은 인위적 독점 때문에 매우 높다. 이렇게 가치에 견주어 볼 때, 그 가격은 터무니없이 또는 부당하게 높다고 말할 수 있는 것이다. 그리고 이러한 근거는 글리벡의 가격을 낮추도록 요구할 수 있는 이론적 근거가 된다. 이 점은 이진경 교수의 경우와 매우 대비되는 또 하나의 점이다.

4. 맑스의 차액지대는 잉여노동이 아니라 생산력의 결과인가?

앞에서 우리는 이진경 교수가 사용가치와 가치를, 그리고 '생물학적 생산'과 가치형성 과정을 구분하지 못하는 물신성에 빠져 있다고 주장했다. 그도 이러한 비판을 잘 알고 있는 듯한데, 그래서 자신의 주장이 "사용가치와 가치의 기본적인 구별조차 하지 못하는 무지의 산물"이라거나, 또는 "존 무어의 신체가 새로운 종류의 항체를 생산한 것은 사용가치의 증가를 야기했다고는 말할 수 있지만, 가치의 증가를 뜻하지 않는다"는 비판을 스스로 제기한다.

여기에서 이진경 교수는 자신이 사용가치와 가치를 구분하지 못하고 있다는 점을 인정하고, 따라서 생명기술 자체가 가치와 잉여가치를 생산한다는 자신의 주장을 철회하는 이론적 진솔함을 보여 주었어야 했다. 그러나 그는 "생명에 의한 생산을 '가치의 생산'으로, 즉 사용가치가 아닌 가치의 차원에서 이해할 길은 없는지" 또는 "가치화과정 속에서 '자연'은 가치

를 생산하는가를 다시 물어야 한다"면서, "답은 이미 맑스 자신이 명확하게
제시한 바 있다. 그것은 '차액지대'라는 개념을 통해서였다"고 말함으로써,
더욱 잘못된 길로 나아가고 만다.

우선 이진경 교수는 생물학적인 의미의 '생명에 의한 생산'을 '가치의
생산'과, 즉 생물학적 과정과 가치형성 과정을 뒤섞는 자신의 근본적인 오
류인 물신성을 수정하려 하지 않고, 오히려 "자연이 가치를 생산"한다는 물
신성을 어떻게든지 이론적으로 정당화시키려고 시도한다. 이는 앞에서 살
펴본 것처럼 명백히 맑스의 가치이론을 중농주의 이론으로 후퇴시키려는
것일 뿐이다. 왜냐하면 바로 '자연이 가치를 생산한다'는 것이 중농주의 사
상의 핵심적인 주장 중 하나이기 때문이다. 그래서 그는 여기에서 자신의
이론적 오류를 시인하는 것으로 논의를 중단했어야 했다.

그럼에도 불구하고 이진경 교수는 맑스의 차액지대론을 거론하면서,
맑스도 자신과 같이 생각했다고 주장한다. 즉 맑스도 자신과 마찬가지로
사용가치와 가치를 혼동하였고, '자연이 가치를 생산한다'는 중농주의 물
신성에 빠졌다는 것이다. 이렇게 맑스도 가정된 동일한 잘못을 저질렀기
때문에, 이 교수는 자신의 동일한 잘못도 정당화될 수 있다고 생각하는 듯
하다. 그러나 이러한 이 교수의 이론적 태도는 정당하지 못하고 진솔함이
결여되어 있다.

이 교수가 자신의 주장을 계속 주장하기 위해서는 맑스가 자신과 같은
잘못을 저질렀기 때문에 자신의 오류는 오류가 아니라고 주장하지 말고,
오히려 자신이 사용가치와 가치를 혼동했기 때문에 오류를 범하고 있다는
비판에 대해서 자신은 사용가치와 가치를 혼동하지 않았다거나 또는 어떠
한 이론적 근거로 사용가치와 가치를 혼동하는 것이 가능한가를 보여 주었
어야 했다. 그런 경우에만 그는 자신의 주장을 이론적으로 정당화시킬 수
있을 것이다. 그러나 그가 오히려 맑스도 오류를 범했다고 잘못 주장하면

서, 그렇기 때문에 자신의 오류도 정당화된다고 주장하고 있을 뿐이다.

게다가 더욱 핵심적인 것은 불행하게도 이 교수는 맑스가 차액지대론을 제시하면서 사용가치와 가치를 혼동했다는, 따라서 생산력 자체가 차액지대의 원천이라고 주장을 했다는 어떠한 문헌적 증거도 제시하지 않는다는 점이다. 다만 하나의 수치적 예를 들면서, '자연이 가치를 생산한다'는 자신의 주장을 장황하게 반복하고 있을 뿐이다. 그러나 맑스는 사용가치와 가치를 혼동한 적이 없으며, 차액지대를 생산력 자체의 결과로 생각한 적도 없다.

맑스가 『자본론』 3권의 끝부분에서 지대론을 다룬 것은 자신이 1권 1편에서부터 전개한 노동가치론이 지대에는 적용되지 않는 듯한 '외관'을 없애기 위해서이었다. 일반적으로 제조업의 각 부문은 평균이윤을 획득하는 경향이 있는데, 토지생산물을 생산하는 자본주의 농업 등에서는 평균이윤뿐만 아니라 지대까지 생산되어 지주계급에게 지대가 지불된다. 그래서 지대는 잉여노동에서 나오지 않고 토지 자체의 물리적·생물학적 생산력에서 나오는 듯한 외관이 생겨난다. 즉, 농업부문은 토지와 생물의 생산력 때문에, 잉여가치를 넘어서는 추가적인 가치가 생산되는 것 같은 외관, 즉 '자연이 가치를 생산한다'는 물신성이 생겨나게 되었다. 그 결과가 바로 농업은 다른 생산부문보다 더욱 생산적이라는 중농주의 이론이었다.

맑스의 지대론은 바로 이러한 이론적 역사 속에서 나온 것이며, 그렇기 때문에 맑스의 지대론은 결코 노동가치론을 포기하고 중농주의 이론을 승인하고자 한 시도가 될 수 없다. 오히려 그는 토지생산물의 경우에도 어떻게 지대가 노동자들의 잉여노동에서 나올 수 있는가를 보여 줌으로써, 중농주의자들의 외관인 물신성을 극복하려 시도하였다. 즉, 맑스의 지대론은 '자연이 가치를 생산한다'는 중농주의 이론을 승인하기 위한 것이 아니라, 오히려 반대로 바로 그러한 환상을 깨기 위한 것이다. 그리고 맑스의 지대론의 이론적 의도가 그렇기 때문에, 그의 이론에 따르면 절대지대뿐만 아니라 차액지대도 농업부문의 잉여노동에서 나올 수밖에 없고 또한 그렇게 나와야 한다.

반면 이진경 교수는 맑스의 지대론을 그것이 극복하려 한 바로 그것으로 전환시키고, 맑스의 지대론을 중농주의 자연법 사상의 물신성으로 후퇴시키고 있을 뿐이다. 결국 그가 행하고 있는 것은 단지 맑스주의 이론을 애덤 스미스의 이론 이전으로 후퇴시킴으로써, 경제학의 이론을 퇴보시키는 일뿐이다. 만약 그가 맑스가 차액지대론이 지대가 잉여노동이 아니라 생산력 자체에서 나온다는 이론이라는 것을 계속 주장하려 한다면, 그는 맑스가 그렇게 했다는 문헌적 증거를 보여 주어야 하고. 또한 만에 하나 맑스 자신이 그렇게 했다고 한다면 그렇게 한 것이 어떻게 이론적으로 정당화될 수 있는지에 대한 이론적 논거를 제시하여야 한다.[5]

---

5) 차액지대의 성격에 관한 문제는 최근의 정보재 가치논쟁에서도 나타났는데, 그에 대해서는 김창근, 「정보재 가치논쟁과 마르크스주의 경제학」, 『마르크스주의 연구』, 제6권 제1호, 2009를 참조하라.

| 2부 |

생명의 존재론

발표문 생명 유토피아의 진실 _최종덕

토론문1 생명과 혁명: 생명에 대한 정치철학적 사유를 위한 서설 _조정환

토론문2 생명의 의미와 관계 _우희종

발표문 _ 생명 유토피아의 진실

최종덕(상지대 교수, 철학)

1. 이 글은 왜 쓰게 되었나

이 글은 현대 과학문명사회에서 역설적으로 보이는 반합리적인 주술적 문화가 팽배해 있는 문화사적 이유를 분별하고자 한다. 한국사회에 만연되어 있는 종교를 가장한 미신성, 정치를 가장한 혹세무민, 신비주의를 가장한 주술성의 문제를 해부한다. 특히 환경파괴 및 생태위기를 맞고 있는 현실에서 생명주의를 빙자한 도피적 신비주의의 실체를 보기 위하여 생명에 대한 범주적 분석을 정리한다. 또한 생명의 위기를 현대의 첨단 과학기술의 부작용으로 간주하는 통속적 입장이 어디까지 신뢰할 수 있는 주장인지 정확한 진단을 시도한다. 이를 위하여 과학혁명의 출발지인 뉴턴 역학의 철학적 배경을 살피면서, 과연 오늘의 인간위기 및 생태위기 등의 생명의 위기증상이 자연과학만의 부작용인지를 냉철하게 검토한다. 여기서 필자는 뉴턴 역학에 대한 통념적 오해를 풀어야만 생명의 진정한 의미에 접근할 수 있다는 주장을 전개한다.

생명을 빙자하여 개인의 안위에 몰두하면서 현실사회에 대해 침묵하는 일련의 관련 행동체계들을 이 글에서 나는 생명 유토피아라고 부른다. 생명 유토피아의 발단은 1970년대 이후 문명위기의 대안으로서 출발했지만 신자유주의 시장이 석권한 현대 자본권력 앞에서 언어적 유희로 그치고 있다. 필자는 생명과 과학을 대비시키는 과정에서 생명과 자본의 위험하고 불균형한 대립을 놓치고 있음을 보여 주려 한다. 생명 유토피아는 현대문명 위기의 핵심인 환경생태위기와 인간소외 위기의 역사적 책임을 근대과학에 돌렸다. 이러한 원인진단은 어느 정도 타당하다. 그러나 이론적으로만 타당할 뿐 현실적인 규명이 될 수 없다는 것이 이 글의 기본 방향이다.

원고를 전개하기 위하여 생명을 철학적으로 이해하는 일이 우선이다. 그러나 생명을 한마디로 정의하기는 어렵다. 필자는 생명을 정의 내리는 방식이 아니라 우리들이 생명을 이해하는 다양한 양상들을 제시하는 것에 만족한다.

2. 생명을 바라보는 시선들

생명은 그 자체로 생명의 존속을 이어가는 내적 동력을 갖고 있다. 동어반복이지만 바로 그렇기 때문에 생명이라고 한다. 생명을 생명답게 하는 힘은 외부에 존재하는 것이 아니라 내부에 스며 있다는 뜻이다. 이러한 생명의 특성을 자연(自然)이라고 한다. 자연이라는 뜻은 그 자체로 저절로 스스로 그 자신의 성질을 이어 갈 수 있는 모든 것을 말한다. 이런 뜻으로 본다면 여기서 말하는 자연은 영어의 네이처(nature)와는 다르다. 자연함의 대표적인 생명은 외부로부터의 힘이 아닌 내부로부터의 힘에 의해 탄생과 존속을 발생시킨다. 이 점은 생명의 가장 두드러진 특징이다.

1) 생명을 바라보는 외재적 시선

외부로부터의 힘에 의해 생명을 설명하는 방법은 생명을 탄생시키고 유지하게 하는 힘이 생명 외부에 있다는 전제에서 가능하다. 어렵게 말해서 만물 생명의 생성과 주재를 담당하는 우월적 존재를 가정하는 관점을 외재적 시선이라고 필자는 부른다. 그 설명 방식은 두 가지가 있다. 하나는 초월적 접근이고 다른 하나는 과학적 접근이다.

(1) 초월적 접근

외재적 시선의 하나는 생명의 생성과 주재를 담당하는 초월적 가상존재를 설정하는 방식이다. 이러한 외재적 시선은 창조주인 신을 설정하여 신으로 부터 생명의 모든 것을 설명받는 교조적 태도를 취한다. 쉽게 말해서 이러 한 태도는 종교적 설명의 전형이다. 기독교를 포함하여 야훼를 따르는 기 성 종교의 가장 두드러진 성격이다. 창조주 신이 의지적으로 또한 계획을 갖고 인간과 자연을 포함한 이 세계를 창조했다는 종교적 교리로부터 출발 한다. 창조주와 피창조물 사이에는 질적인 계급 차이가 설정되며, 피창조물 들 사이에도 질적인 등급의 차이가 따로따로 매겨진다. 인간이라는 피창조 물은 다른 자연의 피창조물보다 상위의 등급을 지닌다. 이런 계급의 차이 는 인간생명이 자연생명보다 우월하며 따라서 인간이 자연을 지배할 권리 를 갖게 된다. 초월적 접근태도의 외재적 시선의 가장 두드러진 성질은 그 안에 생명의 질적 차이가 존재한다는 점이다.

(2) 과학 환원주의 접근

다른 하나는 첨단의 과학기술을 통해서 생명의 생성과 제어가 가능하다는 설명방식이다. 이는 인간의 도구사용과 이성의 능력을 전적으로 신뢰하는 데서 시작한다. 이러한 외재적 시선은 생명을 창조하거나 가공 혹은 수정 할 수 있으리라는 미래의 첨단 과학기술을 통해서 생명의 모든 것을 설명 하려는 가설적 신념의 방식이다. 첨단 과학기술의 덕분으로 이러한 과학적 접근태도가 가능하다는 점은 당연한 말이다.

2) 생명을 바라보는 내재적 시선

생명을 설명하려는 외재적 시선은 생명의 시작과 그 이후의 존속을 가능하게 한 창조주의 존재를 전제하면서 출발한다. 반면에 내재적 시선은 생명 그 안에 생명의 시원을 이루는 생명원형과 그 이후의 존속을 가능하게 하는 생명을 지속가능케 하는 원동력이 생명 그 안에 내장되어 있다는 관점이다.

(1) 신화적 접근

전 지구적으로 퍼져 있는 각 부족이나 민족의 탄생 설화는 생명을 설명하는 전형적인 신화적 접근태도이다. 신화적 접근태도는 외형적으로 외재적 시선에 속하는 것처럼 보인다. 예를 들어 신화적 접근에는 생명 탄생의 주재자가 항시 등장한다. 알에서 깨어나는 난생신화이거나 애니미즘 성격의 자연신인 샤머니즘도 여기에 속한다. 그리스 신화에서 운명을 관장하는 모로스 신이나 죽음을 관장하는 타나토스의 신 등을 묘사하는 부분은 대부분 생명의 신화와 연관한다. 포괄적으로 말해서 우주탄생의 신화 혹은 인류탄생의 신화가 대표적인 사례이다. 신화적 접근에서는 생명 탄생의 주관자가 등장하지만, 그 주관자는 특정한 존재양상을 갖지 않는다. 주관자의 형식은 겉으로 보기에 마치 외재적이고 독립적인 신의 양상을 갖추기도 하지만 내용적으로는 자연 내재적이다.

생명 탄생의 주관자인 그런 신은 다음의 성격을 지닌다. 첫째, 세계의 모든 개별 존재의 자연현상인 탄생과 죽음 및 운용 일체를 총괄하지만, 절대적 권능을 갖는 초월적이고 외재적인 유일신과는 다르다. 둘째, 자연화된 신으로 대부분 나무나 태양 혹은 달과 땅 등의 자연물이나 바람이나 비, 죽음 등의 자연현상을 대신하는 이름이기도 하다. 그리고 이러한 신화적 접근은 두 가지 기능을 보여 준다. 하나는 민족이나 부족의 존속과 번성을 위해 집단권력의 대행자 구실을 한다. 다른 하나는 풍요로운 농사나 개인의 영화를 기원하기 위해 자연현상에 기복적으로 대처하는 구실을 한다. 후자는 샤머니즘의 이름으로 나타난다.

(2) 전일적 자연주의 접근

전일적 자연주의 접근은 간단히 말해서 전일적 접근으로 불려도 좋다. 전일적 접근은 다음의 성격을 지닌다. 첫째, 생태적이며 순환적인 세계관으로 생명을 바라본다. 둘째, 자연물과 동물 및 인간을 포함하여 개체의 생명들 사이에 생명네트워크가 설정되어 있음을 전제한다. 셋째, 불교 특히 화엄경의 생명관이나 노장자와 같은 도가철학의 본체론을 그 철학적 토대로 하는 경우가 많다. 자연중심주의로 세계를 해석하려 한다. 아주 대충 말한다면 이러한 전일적 자연주의 접근태도는 서구중심의 형이상학적 존재론이나 근대과학의 기계론적 세계관에 대한 대안으로 부상되었다고 말하기도 한다. 그러나 서양과 동양, 과학과 인간이라는 주어진 이분법으로 생명을 단순하게 볼 위험을 안고 있다.

3. 근대과학, 어디에 문제가 있나?

서구의 근대과학혁명 이후 과학의 급속한 발전은 생명에 대한 인식에 큰 변화를 가져다주었다. 특히 20세기 이후 자연과학의 발전은 물질적 풍요로움과 함께 의료복지의 신기원을 이루어 내었다. 그러나 그 부작용도 생겼다. 인간과 자연 사이에서 지배와 착취의 관계가 분명히 형성되었다는 점이다. 생명을 바라보는 시선에도 이러한 자연에 대한 관계가 큰 영향력을 끼칠 수밖에 없었다. 이러한 시선이 형성된 사상사적 배경을 정리한 몇몇 해석이 있다. 그 중에서도 린 화이트 2세의 「생태위기의 역사적 뿌리」라는 제목으로 발표되어 정통해석이 된 주장이 오늘날까지 지대한 영향을 주고 있다. 화이트는 기독교 「창세기」의 배경에서 근대과학이 등장하였고, 바로 중세 기독교에서 근대과학까지를 관통하는 인간중심주의 사상이 오늘날 생태위기 나아가 인간위기의 핵심이라고 보았다.[1]

자연에 대한 인간의 지배욕구는 이미 잘 알려진 바와 같이 기독교 『성경』 「창세기」 1장 "다스리고 정복하라"는 말에 나타나고 있다. 이에 대한 다양한 측면의 해석이 가능하겠지만 결국 땅을 정복하고 생명을 다스리라는 뜻으로 받아들여지고 있다. 그 해석이 어떻든지 간에 인간 사이의 등급과 인간과 인간 외의 생명종 사이의 등급이 지배와 피지배라는 수직적 관계로 설정되어 있다는 점이다. 그런 수직관계는 절대적 신을 꼭짓점으로 두는 종교 구조에서 너무 자연스러운 것이다. 왜냐하면 해당 종교의 신과 인간 사이의 수직관계를 그대로 계승 혹은 반영하고 있기 때문이다. 신과 인간은 신을 절대적 우월자로 숭앙하는 태도는 인간이 자연에 대한 우월적 지위를 보장받는 것으로 합리화하기에 유리하다. 그래서 인간은 자연을 지배할 수 있게 되었다. 그 대신 인간은 스스로 자연을 지배하는 방법론을 모색해야 했다. 그 방법론을 결국 찾아내었다. 그것이 바로 서구 근대과학의 탄생이다.

뉴턴에서 비롯한 근대과학혁명은 기계론과 원자론 및 반목적론의 세계관을 정초하였다. 인류 사상사 최고의 저술이라고 평가받는 뉴턴의 『자연철학의 수학원리』(*Philosophiae Naturalis Principia Mathematica*, 1687)는 만유인력에 대한 획기적인 아이디어를 제시했다. 그 아이디어 안에는 떨어지는 돌의 중력작용과 낙하거리 계산방정식으로부터 행성의 궤도운

---

[1] Lynn Townsend White Jr., "The Historical Roots of Our Ecologic Crisis", *Science*, Vol.155 No.3767, March 10, 1967, pp.1203~1207.

동에 이르는 운동법칙이 기술되어 있다. 그 안에서 자연계의 흐름이란 기계론적 법칙을 따르는 운동들의 현상이라고 보았다. 뉴턴은 그 법칙을 조작하여 만든 것이 아니라, 단지 귀납-일반화라는 이성을 통해 숨겨져 있는 자연법칙을 찾았을 뿐이라고 생각했다. 또한 그의 대수학뿐만 아니라 역학 전반에서 물질의 위치와 질량을 수학적으로 표현할 수 있게 되었다. 이 사실은 기존의 원자론과 다른 측면을 갖는다. 수학적으로 표시되는 물질을 질점(質點, mass point)이라고 한다. 질점은 그 자체로 부피를 갖지 않으며 경계도 없는, 오로지 위치와 질량만을 갖는 추상적인 존재이지만 이런 존재를 설정하면서 뉴턴의 대수학이 그의 만유인력을 포함한 역학 전반에 적용될 수 있었다.

질점화는 물리적 대상에 국한한다. 다시 말해서 물리적 대상은 질점으로 전환시킬 수 있지만 생물적 대상은 질점으로 표현할 수 없다고 뉴턴은 생각했다. 뉴턴에게서 생명은 물질과 구분되는 의지적인 무엇이었다. 뉴턴 이전에는 물질 안에 의지가 들어와 있다는 생각이 보통이었다. 뉴턴을 위대하게 평가하는 이유는 물질로부터 생물학적 의지를 제거시켰다는 데 있다. 여기서 뉴턴 역학과 아리스토텔레스 역학의 차이가 생겼다. 이 차이는 뉴턴과 아리스토텔레스가 관성의 힘을 이해하는 본질적 차이에서 비롯하였다. 아리스토텔레스에게서 사물을 운동하게 하는 지속적인 힘이 외부에서 부여될 때, 비로소 그 사물은 운동할 수 있게 된다. 그러나 뉴턴에게서 최초의 운동을 부여한 힘에 의해 그리고 지속적인 외부의 힘이 없어도 사물은 영원히 운동할 수 있다. 이로부터 마찰력이 없는 이상적 상태(ideal state)의 운동을 추론할 수 있는 물리적 조건을 만들어 주었으며, 나아가 관성력을 보다 더 잘 설명할 수 있게 되었다. 힘을 설명하는 데 있어서 아리스토텔레스에서 뉴턴으로의 이러한 변화는 철학적으로 볼 경우 의미론적 차이를 함의하고 있다. 그 차이의 핵심은 목적론적 운동법칙을 과감히 버리는 대신, 목적이 배제된 기계론적 운동법칙을 도입했다는 데 있다. 목적이 배제된 운동이란 결국 물질에서 정신적 의지를 완전히 소거했다는 뜻이다. 여기에 뉴턴의 존재론적 지평선의 시선이 숨겨져 있었다.

뉴턴이 의도했던 기계론적 사유의 시선이란 물리운동법칙의 엄밀성을 찾아가는 이성의 통로였다. 그는 생명의 세계를 부정한 것이 아니다. 단지 이 세계 가운데 물질의 운동을 설명하기 위한 수단으로서만 물질을 기하학적 대상으로 치환했을 뿐이다. 그는 생명의 세계마저 질점역학으로 치환하려 하지 않았다. 생명의 세계 안에 들어 있는 목적적 의지와 같은 그런 의지를 물질의 세계에서 소거했을 뿐이다. 그는 이 점에서 인간이 세계운동에 개입할 수 없다고 말했다. 이 세계 전체가 기계적으로만 굴러간다고 쓴 적도 없고 말한 적도 없다.

뉴턴은 현실과 동떨어진 순수이론가가 결코 아니었다. 그의『자연철학의 수학원리』3권은 지구의 행성 궤도운동이나 혜성 등의 만유인력운동 및 조수간만의 변화현상을 설명하는 등 하늘의 운동에 할애되었지만, 1~2권은 경험적인 땅의 운동의 원리를 제시한다. 뉴턴에게서 동역학을 비롯하여 땅 근처에서 일어나는 자연운동에 관한 연구는 당대 영국사회의 구체적인 현실의 문제를 해결하기 위한 실천적 자연학문이었다. 그의 이론적 동역학 연구는 경제, 군사, 교통, 토목(civil engineering)의 현실적 문제를 풀기 위한 수단이었다는 뜻이다. 17세기 유럽에서는 제국주의의 팽창과 더불어 폭발적인 상업자본이 형성되었다. 제조업의 비약적인 증가에 따른 시장의 확대에 기인한 현상이었다. 예를 들어 폭탄 및 대포생산 등의 군수산업의 확장은 물체의 포물선 및 낙하법칙의 과학이론을 요청했으며, 대규모 수리사업을 위해서 기하학과 측정이론이 요청되었고, 국제교역을 위한 해항 운송사업을 위해 다양하게 응용가능한 유체역학의 동역학 이론이 요청되었다. 뉴턴은 구체적인 현실적 필요성에 무심하지 않았으며, 또한 그의 과학탐구의 성과는 당대의 사회적 요청에 큰 기여를 했다.

뉴턴 시대까지만 해도 과학은 자연철학이라는 이름으로 불렸다. 당시의 자연철학은 생기론의 패러다임에 지배받고 있었다. 동물학이나 식물학은 물론이거니와 의학이나 역학에서조차도 생기론적인 영향력을 완전히 벗어나지 못했다. 특히 생명체의 탄생과 성장을 다루는 발생학 부문에서는 생기론적인 성격이 두드러졌다. 뉴턴(Isaac Newton, 1643~1727) 이전 이미 하비(William Harvey, 1578~1657)의 혈액순환론이 등장했고, 베살리우스(Andreas Vesalius, 1514~1564) 등에 의해 해부학이 비약적으로 발전하기는 했지만 여전히 생기론적인 분위기가 강했던 시대라는 뜻이다. 뉴턴의 선배이며 케플러 제3법칙으로도 잘 알려진 케플러(Johannes Kepler, 1571~1630)조차 행성을 움직이게 하는 힘이 처음에는 영혼적인 무엇이라고 생각했을 정도다. "나는 전에는 스칼리제(J. C. Scaliger)의 가르침에 영향에 젖어 행성을 움직이는 원인이 하나의 영혼이라고 완전히 믿었었다."[2] 물론 뉴턴은 이러한 영혼적인 어떤 힘을 부정하는 데 온 힘을 다했다. 영혼적인 힘, 신비한 성질(occult qualities)들의 존재를 가정하지 않고서도 땅의 중력과 하늘의 행성 간 인력을 설명할 수 있다는 강한 믿음을 보여 주었다. 이러한 뉴턴의 믿음이 곧 "나는 가설을 만들지 않는다"라는 유명한 언명을 만들었다.[3] 이 말은 자신의 이론을 만드는 데 있어서 경험의 한계를 넘어선 가설들을 조금도 도입하지 않겠다는 뜻이다.

경험의 한계를 넘어선 그 무엇이 바로 신비한 힘의 영역이다. 신비한 힘의 영역은 뉴턴에게서 구체적으로 목적론적 방향성을 갖는 힘들의 총체

---

2) 케플러, 『우주의 신비』 개정판, 1621. 김영식, 『과학사개론』, 다산출판사, 1983, 143쪽에서 재인용.
3) Isaac Newton, *Mathematical Principles of Natural Philosophy*, trans. A. Motte, revised by F. Cajori, University of California Press, 1962, p.547.

다. 결국 신비한 힘의 부정은 목적론적 힘의 원천을 부정하는 것으로 여겨졌다. 뉴턴이 물리적 운동을 설명하는 데 있어서 의지 혹은 생명적 기능의 인식론적 근거인 목적론을 배제한 이유는 구체적이고 경험적인 물리현상을 일반화하여 설명하려는 추상적이고 선험적인 원리를 효율적으로 찾으려는 데 있었다. 뉴턴의 표현대로 '현상을 구하는'(saving a phenomena) 법칙을 찾아가는 이성적 사유의 과정에서 생기론적 요소는 모두 소거되어야 한다는 뜻이었다.[4]

가설을 부정하고 엄밀한 객관적 경험을 일반화하는 데 온 노력을 다한 뉴턴은 그의 기계론적 동력학이 완성되는 과정에서 전통의 생기론적 사유풍토와의 갈등을 심하게 겪었다. 뉴턴은 물질을 구성하는 단위로서 입자를 구상했다. 그런 입자론이 뉴턴 자연철학의 중요한 특징이라고 잘 알려져 있다.[5] 그러한 입자도 처음에는 에테르의 성질이라고 생각했었다. 그런데 입자와 입자 사이에서 힘이 전달되는 이유를 설명할 수 없었다. 입자와 입자 사이에는 빈 공간인데도 불구하고 그 빈 공간 사이에서 입자끼리의 힘의 전달이 가능하지 않다고 여겨졌기 때문이다. 빈 공간 사이에서 어떻게 힘이 전달되는가가 매우 기이하게 보일 수밖에 없었다. 입자와 입자 사이는 물론이거니와 행성과 행성 사이에 만유인력이 작용하는 이유 역시 기이하게 여겨졌다. 입자와 입자 혹은 에테르와 에테르, 나아가 행성과 행성 사이에서 서로 밀고 당기는 힘을 생명적 요소로밖에 볼 수 없었던 것은 당대의 당연한 사유의 소산물이었다. 나중에 그는 생명적 요소들을 포기했지

---

4) 바로 뉴턴의 이런 생각 때문에 뉴턴은 교회로부터 이단이라는 비판을 받을 뻔했다. 그는 곧이어 나온 『자연철학의 수학원리』 2판에서 그런 오해의 소지를 없앴다. 하늘의 세계, 즉 천체의 행성들은 지적이고 강력한 존재의 계획 아래서 창조된 것임을 분명히 썼다(그는 "an intelligent and powerful Being"으로써 '전지전능'omniscience and omnipotence이라는 중세 신학적 용어 대신 세속적 표현법을 모색했던 것으로 여겨진다).
5) 김성환, 『17세기 자연철학』, 그린비, 2008, 217쪽.

만 그렇다고 해서 그 힘의 원인을 밝혀낸 것은 아니었다. 힘의 원인을 알 수 없었지만, 그 대신 힘들 사이의 작용관계를 수학적으로 밝혀냈다는 점으로 인해, 뉴턴은 과학자로서 위대한 평가를 받게 되었다.

초기 에테르 이론에서 드러난 에테르 사이의 힘이 생기적 요인이라는 점은 당대 연금술의 탐구방법론과 매우 가까운 사유구조를 가지고 있었다.[6] 연금술의 탐구방법론이란 일종의 발생학적 사유방식과 연관한다. 난자와 정자 사이에서 생긴 수정란 혹은 알에서 병아리가 나오고 병아리가 커서 닭이 되듯이, 구리, 수은 그리고 은과 금이 발생학적 연관성을 지니고 있다는 생각으로부터 연금술이 그렇게 오랜 역사에 걸쳐 이어져 올 수 있었다. 쉽게 말해 생물발생학적으로 구리가 금으로 변화될 수 있다는 생각이 밑에 깔려 있기 때문에 연금술의 믿음이 지속되어 왔다고 해도 과언이 아니다.

뉴턴보다 시대적으로 앞서 이러한 생기론적 사유를 강하게 부정하면서, 혁명적인 존재론을 제시한 것은 데카르트의 기계론이었다.[7] 데카르트 자연철학의 핵심은 인간과 신을 제외한 동물 이하의 존재를 기계적인 활동성으로 간주했다는 데서 찾을 수 있다. 엄밀하게 말한다면 인간도 물질적인 부분과 정신적인 부분을 나눌 수 있으며, 물질적인 부분의 특징은 기계의 활동성과 같다고 했다. 기계론적 존재론의 차원에서 뉴턴은 데카르트만큼 치밀하지 않은 것으로 여겨진다. 데카르트는 생명 요소까지 기계적 구

---

6) B. J. T. Dobbs, "Newton's Alchemy and His Theory of Matter", *Isis* Vol.73 No.4, Dec. 1982, p.515.
7) 생기론의 퇴보는 실제로 사상사적 이념의 변화에서 기인한 것이 아니라 실험과학을 가능하게 한 도구의 발견에 기인하다고 보는 입장이 많다. 도구가 생각을 결정적으로 바꾸어 놓는 경우이다. 예를 들어 레이우엔훅(Anton van Leeuwenhoek, 1632~1723)이 발견한 현미경은 생명체에 대해 신비하게만 생각했던 생기론의 위력을 소멸시키기 시작했다. 이에 따라서 기계론의 위력이 조금씩 생기론을 대체하게 되었다.

조를 갖는 물질 요소로 환원하려고 한 반면, 뉴턴은 생명 요소를 생명 요소대로 그냥 놔두고자 했다. 정신적인 요소와 물질적인 요소를 섞으려는 일체의 시도를 거부한 것이 뉴턴의 특징으로 볼 수 있다. 예를 들어 에테르 a가 바로 옆에 붙은 에테르 a´에 미치는 힘의 원인이 물질적인지 아니면 정신적인 것인지를 더 이상 따지지 않기를 뉴턴은 바랐다. 더 나아가 금이 만들어지는 원인과 물체가 낙하하거나 혹은 행성이 궤도를 도는 원인에 대해서는 함구하기로 한다. 정확히 말하면 인간이 그 지식에 접근할 수 없기 때문에 생기론적 요소를 완전히 부정할 수 없었다. 정병훈은 이에 관련하여 힘의 원인에 대한 불가지론적 태도라고 말하고 있다.[8]

> 내가 여기서 인력이라는 낱말을 사용하는데, 그것은 어떤 물체가 다른 것에 접근하는 노력이 무엇이건 간에 그 힘을 가리키는 표현이다. 그러한 노력이 물체들에서 방출되는 정기(sprit)에 의해서 서로를 향하게 되는가 혹은 끌어당기게 되는 것과 같이 물체들 자체의 작용에서 생기는지, 그것이 에테르나 공기 혹은 어떤 매체로부터 생기는지, 그것이 정신적인 것이건 물질적인 것이건 물체들을 어떤 방식으로 잡아당기는가는 상관없다.

생명 요소를 생명 요소대로 그냥 놔두고자 했던 뉴턴은 연금술의 방법론적 원인들과 동력학의 방법론적 원인들이 섞이기를 원치 않았다. 역설적으로 바로 이런 생각은 동역학을 정신적인 것에서 자유롭게 해방시킨 성과를 낳았다. 그래서 물체의 운동을 설명하는 방법론적 사유에서 목적론적 인식론을 배제할 수 있었던 것이다. 목적론적 사유의 배제는 오늘날 당연

---

8) 정병훈, 「뉴턴과 버클리」, 오영환 외, 『과학과 형이상학』, 자유사상사, 1993, 160쪽. 아래 인용문은 정병훈의 논문에서 재인용한 것임.

한 것으로 볼 수 있지만 당시로는 거의 혁명에 가까운 사유의 전환이었다. 이로써 뉴턴이 인류사에 남을 과학자로 평가받게 된 것이다. 또한 이러한 목적론을 배제하는 일은 사물 운동의 수학적 법칙을 찾는 데 있어서 매우 유용한 발견술의 하나가 될 수 있었다.

어쨌든 이제 작은 결론을 내릴 수 있다. 뉴턴에게서 사물을 다루는 물체의 운동원리와 의지를 다루는 생명의 운동원리는 서로 독립적인 별개의 수준이라고 간주된다. 물체의 운동원리는 기계론적 구조를 가지며, 뉴턴은 이 구조를 수학적으로 기술할 수 있었다. 반면 생명의 운동원리는 불가지론의 대상으로 남겨 두었다. 이런 점에서 뉴턴의 자연관은 데카르트의 자연관과 상이하다. 데카르트는 인간의 자유와 영혼을 제외한 일체의 생명적인 것을 기계적인 것으로 환원시킬 수 있다고 보았다. 그러나 뉴턴은 그런 물질적 환원주의와 거리가 멀었다. 그는 오로지 그가 경험적으로 탐구할 수 있었던 땅과 하늘의 사물운동에 대해서만 연구를 했고 결국 그에 대한 놀랄 만한 성과를 내었다. 그러나 생명에 대해서는 그런 방식으로 접근할 수 없다는 것을 인지하고 있었다. 물론 그는 생명의 운동원리가 존재하지 않는다고 한 적이 없었으며, 단지 생명의 운동원리에 접근하지 않았을 뿐이다.

4. 모든 책임을 과학에 전가하면 안 된다

이러한 뉴턴 과학의 인식론적 배경을 고려한다면 생태위기와 연관하여 지금까지의 과학 담론에 대한 획일적인 해석을 객관적으로 되짚어 볼 수 있다. 근대과학의 후유증, 혹은 현대 첨단과학의 부작용의 원인을 진단하는 데 있어서 엄밀한 시각을 유지하는 데 도움이 되기 때문이다. 현대과학기술 문명을 살아가는 오늘날 점점 심각해져 가는 인간 자유의지의 위기, 나아가 전 지구적 생명몰시 증상이 뉴턴 과학혁명의 부작용이었다는 통속적 주장들을 냉정하게 되돌아볼 수 있다면, 그 안에 몇몇 오류를 포함하고 있음을 파악할 수 있다. 여기서 뉴턴 근대과학의 출발과 그 방향은 생명의 의지와 자유 그리고 영혼을 부정한 것이 아니라 정신적 생명의 영역을 물질의 영역과 분리하여 오로지 물질의 영역만을 기계적인 언어로 기술하려는 데 있었다는 점을 놓치면 안 된다.

17세기 뉴턴 과학은 18~19세기 들어서 기술과 자본 그리고 권력과 만나면서 산업혁명의 계승 및 완성을 맞았다. 과학혁명에서 산업혁명으로 이전되는 가장 중요한 계기는 자본의 축적이었다. 자본이 팽창하면서 과학기술이 산업화되었다. 그 역도 성립한다. 산업화는 또다시 공장 대량생산 체계를 더 크게 요청했다. 이러한 악순환은 인간을 자본에 예속하는 구조를 낳았다. 소위 인간위기 현상이 드러나게 되었다. 결론부터 말하자면 인간위기, 구체적으로는 자유의 상실감은 과학의 부작용이기보다는 인간이 자본에 소외당하는 결과로서 나타났다는 점이다. 달리 말할 수 있다면 인간이 기계에 소외당하는 상실감에 앞서 인간이 자본에 소외당하는 상실감이 더 중요한 인간위기의 원인이다. 자본은 권력과 결합하여 인간 및 자연을 지배하는 실질적인 왕국이 되었다는 점이다.

19세기 빅토리아 시대 영국 공업도시를 중심으로 한 사회적 위기의 핵심은 첫째, 도시밀집화와 공장제 산업화에 따른 생태파괴 및 환경위기의 현실이며, 둘째, 경쟁과 권력의 부작용인 인간소외의 현실이다. 20세기 들어서 많은 사회학자 및 문명사가들은 그러한 환경위기와 인간위기의 문명사적 원인을 뉴턴 근대과학과 데카르트의 기계론적 철학에 돌리는 것을 상식으로 삼아 왔다. 환경철학자로 알려진 네스(Arne Naess)는 생태주의 운동을 둘로 나누어 보았다. 하나는 표면적 생태운동(shallow ecology movement)이다. 환경오염 및 자연파괴 현장에서 투쟁하는 환경보호운동을 일컬어 말한다. 하지만 이러한 표면적 생태운동은 여전히 인간중심주의의 틀에서 벗어나 있지 못하다고 한다. 여기서 그는 인간중심주의를 벗어나 생태계 전체의 관계망을 중시하는 심층 생태운동(deep ecology movement)을 주창하였다. 심층 생태운동은 생태위기의 사상사적 뿌리를 근대과학이나 데카르트의 기계론 철학에 돌리는 경우가 많았다.[9] 네스의 경우, 현재의 환경위기를 극복하기 위해서는 먼저 우리 근대사가 안고 있는 지배적 형이상학(dominant metaphysics)으로부터 벗어나야만 한다고 말했다. 그 지배적 형이상학의 핵심은 개체론적이고 환원론적인 생각의 구조들이다. 이런 생각의 구조를 낳게 한 사상적 원인으로서 많은 심층 생태주의자는 근대과학 및 기계론적 철학을 들고 있다.

이런 생각을 전적으로 틀리다고 할 수는 없다. 그러나 현대 전 지구적 생태위기의 형이상학적 원인을 오로지 근대과학의 부작용이라고 주장하는 것은 타당치 않다고 필자는 간주한다. 필자는 이런 점에서 근대성 담론에 대한 국내의 일반적 인식과 달리한다. 좀더 거칠게 표현해 보자. 오늘의 문명위기와 근대성은 철학적으로 밀접하다는 것이 기성 근대 담론의 핵심이다. 반면 나는 근대성이 우리의 사유를 지배하고 있다는 생각에 동의하지 않는다. 오히려 우리에게 근대는 정착된 적이 없었다는 것이 나의 입장이다. 따라서 인간소외, 생태위기 등의 전반적 문명위기의 원인은 근대과학이기보다는 과학기술을 산업화한 자본권력이라는 것이다. 물론 사상사적 배경과 현실적 원인을 나누어서 생각할 경우 근대과학을 사상사적 배경의 배후로 배치한다고 말하기도 한다. 하지만 실제로 그러한 인식은 자본권력의 현실적 책임소재를 희석해 버릴 뿐이다.

---

9) Arne Naess, "The Shallow and Deep, Long-Range Ecology Movement. A Summary", *Inquiry* 16(1–4), 1973, p.96.

5. 자본권력의 배후, 마술정치

현대 자본권력의 특징은 문제상황을 합리적으로 그리고 과학적으로 해결한다고 하지만 실제로는 가장 주술적인 방식으로 접근하는 태도를 고수한다는 점이다. 나는 최첨단의 현대과학문명 속에서 가장 주술적인 삶의 양식이 더 고착되고 있는 현상을 '미신화된 권력정치'라고 부른다. 미신화된 권력정치의 유형은 여러 가지 있으나 먼저 마술적 정치행위를 들 수 있다.

미신화된 권력정치 중에서 가장 두드러지는 사회적 현상은 자본중심주의 현대국가의 정치집단에서 잘 드러난다. 이 집단의 권력은 정치권력과 자본권력의 결합으로부터 형성되었기 때문에 정치권과 자본시장은 밀접하게 결탁되어 있다. 외형적으로 공적 정치행위는 사적 자본확장의 연계에서 발현되는 경우가 대부분이다. 이런 경우, 즉 공적 정치를 표명하지만 실제로는 사적 자본의 경영방식을 나는 〈마술정치〉라고 부른다. 현대국가의 정치집단은 외형적으로 합리성과 정당성 및 공공성을 표방한다. 그러나 앞서 말했듯이 실제로는 일종의 마술적 양상으로 나타난다.

마술정치는 일종의 미신화된 권력정치이다. 마술정치는 사적 권력을 공적 정권으로 포장하기 때문에 사적 이익이 드러나지 않도록 공적 권력의 공공성을 최대로 창출하기 위하여 다양한 방식의 마술표현을 디자인한다. 더 흥미로운 사실은 사적 권력을 확대하려는 의도가 더 클 경우, 권력의 공공성을 홍보하는 마술적 디자인을 더 확장한다는 점이다. 예를 들어 사적 이익에 매몰된 독재정권일수록 공적 정당화를 확보하기 위하여 국민이나 민족의 이름을 남용하거나 자주 도용한다. 그 일례로 대한민국이 지나온 국민성금 운동을 보자. 박정희 독재정권 때부터 그들은 그들의 정권을 유지하기 위하여 국민성금 운동을 주도했다. '쥐잡기운동 전국민모금', '휴지통설치 범국민성금', '수해지역 시멘트 보내기 국민성금', '하수도 설치지

원 국민모금' 운동에서 시작하더니, 전두환 군부정권에 들어서서는 급기야 '평화의 댐 공사 국민성금'이란 희대의 가공작품까지 조작해 내었다. IMF로 인한 '금 모으기 국민운동'으로 근근이 이어지더니만 이명박 정권이 들어서면서 정체불명의 국민성금 바람이 다시 불었다. 말을 끄집어내고 따가운 시선에 못 이겨 없었던 이야기로 하자는 '국군장병 발열조끼 지원 국민성금', '숭례문 복원을 위한 국민모금운동', '달 탐사선 기술개발을 위한 국민모금' 등의 괴담이 돌기도 했다. KBS가 주도한 '천안함 국민모금'은 다 그럴 만한 이유가 있었지만, 생뚱맞게 '안중근 의사 기념관 신축을 위한 국민모금'을 조선일보가 한다고 뻔뻔한 얼굴로 나설 정도니, 대한민국은 가히 국민성금의 나라라고 해도 괜찮을 듯하다. 대부분은 공적 정당화를 끌어내기 위하여 국민의 이름을 남용한 마술권력의 대표적인 병증들이다.

　마술권력은 4대강 죽이기 사업에서 극명하게 드러난다. 청계천의 신화를 업고 개발독재의 전형을 보여 주는 4대강 죽이기 사업은 단순한 정권남용이나 행정오판으로 끝날 수 있는 문제가 아니다. 물리적인 것은 어느 정도의 시간이 흐르면 복원가능하지만, 생명적인 것은 오랜 시간이 지나도 회복하기 어렵다는 데 문제가 있다. 권력을 쥔 사람들에게 있어서 강은 오로지 H_2O의 물질적 집산물로밖에 안 보인다. 개발 호재의 마지막 여정이라고 판단했기 때문에 권력은 무리를 해서라도 기필코 수행하겠다고 한다. 그래서 권력은 또 한 번의 마술을 부리는 전략을 세운다. 생명을 파괴하는 곳에서 생명의 구호를 가장 많이 선전하는 법이다. 자신의 억지 정당성을 확보하기 위하여 자신의 가장 약한 곳을 과장하여 보완하는 전형적인 수법이다. 가장 반생명적인 권력이 가장 생명적인 용어들을 점유한다. 대중매체를 통해 온갖 언어의 마술을 부리면서 사람들의 판단을 흐리게 만든다. 그들은 언어의 마술로부터 자본권력의 환상을 확산시키는 데 주력을 다한다. 파괴, 독점, 분리의 권력경영에 마술을 걸어서 녹색, 그린, 청정 등으로 착시를 일으키는 데 온 힘을 다한다. 청계천에 4시간만 정전이 되어도 파괴된 물의 실체가 드러나는데도 말이다. 강 둔치에 생태계의 보고인 습지를 싹 갈아 치우고 그 위에 자전거 길을 산뜻하게 만들면 그것이 바로 녹색사업이라고 마술을 걸고 있다. 남한강 어느 둔치, 시원한 바람과 그늘을 주었던 버드나무 숲을 하룻밤 사이에 싹둑 베어 버리고선, 콘크리트 막을 치고 길가 한편으로 팔뚝 굵기만 한 어린 나무들을 일렬로 심은 흉측한 몰골을 생태개발이라고 억지주장하는 희한한 마술을 걸고 있다.

마술적 디자인을 기획하기 위하여 필요한 다음의 요소들이 있다. 첫째, 대중 개인의 영웅화를 시도한다. 둘째, 마술에 깨어나지 못하도록 더 강도 높은 마술을 끊임없이 개발한다. 셋째, 마술의 비법을 아는 대중들은 강압적으로 고립시킨다. 대중의 영웅화란 권력을 유지하기 위하여 대중들로 하여금 권력행위에 능동적으로 참여하도록 유도하는 것이다. 앞서 예를 들었듯이 권력집단은 자신의 전술을 마술로 변신시켜 주는 데 결정적인 역할을 하는 매스컴과 연계하여 대중 개개인에게 작은 영웅을 만들어 주는 마술 프로그램을 지속적으로 생산한다. 물론 대중은 이러한 마술적 변신의 속셈을 알아채고 만다. 대중은 권력이 오판하듯 그렇게 무지하지 않기 때문이다. 대중이 그런 마술의 왜곡을 알아챘지만, 그 알아챔을 당당하게 표현할 수 없다는 데 문제가 있다. 권력은 미리 눈치챈 소수 대중들을 고립시키는 강압적 전략을 사용한다. 이러한 고립정책을 위하여 더 강도 높은 마술이 필요해진다. 그들의 강압전략은 생각 이상으로 체계적인 공포심을 조장한다. 광우병의 사례를 보자. 광우병에 대처하는 권력의 방식은 사람의 안전이 아니라 자본의 안전을 위해 만들어졌다. 누군가가 용기 있게 나서서 그런 권력의 안전 불감증세를 고발이라도 할 경우, 권력은 그런 행위에 대해 검찰조사가 있을 것이라고 겁을 준다. 천안함에 대한 진실여부를 자꾸 캐물을 경우 역시 검찰조사가 수반될 것이라고 매스컴이 대신 말해 준다. 방사능과 관련하여 편서풍 이외에 다른 의견을 제시할 경우도 마찬가지로 불온세력에 대한 검찰 조사가 있을 것이라고 말한다. 마술사에게 마술보조원이 항상 옆에 있듯이 검찰도 그런 역할을 충실히 수행하고 있나 보다.[10]

보통 정치권력과 자본권력의 결탁이라고 말한다면 동일범주의 개념이라고 수긍한다. 그러나 권력과 자본은 동일 범주의 개념이 아닌데도 불구하고 논리적 개념을 떠나 그 둘은 항상 연계되어 있다. 권력과 자본의 결합력은 현실 자본주의의 전형적인 특징이다. 정확히 말해서 잉여자본은 경제권력은 물론이거니와 정치권력 및 성권력(power of sexual selection)을 장악하는 기초적이면서 동시에 가장 강력한 동력원이다. 자본주의 정착 이전 시대의 특징은 1) 사회구성력에서 자본의 힘은 강력했으며, 2) 권력이 자본을 강압통제했을 뿐 권력이 자본을 재생산하지 못했다는 데 있다. 반면 자본주의 정착 이후 시대의 특징은 1) 마찬가지로 자본의 힘은 강력했으며 2) 동시에 권력은 자본을 재생산할 수 있으며 3) 나아가 자본이 권력을 창출한다는 데 있다. 다들 알다시피 이명박 정권의 성격은 이러한 자본의 특징 3요소를 모두 갖추고 있다. 삼성자본의 이건희 회장이 최근 현 정권 행정부에게 한 수 가르치는 교조적 발언을 했다. 이러한 현상은 돌발적인 상황이 아니다. 오랫동안 학습되어 온 '자본의 권력창출' 이념이 겉으로 드러났을 뿐이다.

---

10) 실은 70년대 군사독재 시절부터 그런 겁에 질려 온 터라, 면역이 될 수도 있었다. 그러나 현 권력 역시 워낙 강력한 마술 보호장치를 운용하여서 나 같은 필자는 겁이 나서 함부로 말하기 어려울 정도다. 내가 비겁한 나 자신을 직시하고 있는 것이 두렵지만, 그런 나의 비겁함이 내 안으로 내재화되는 것이 아닌가라는 의심이 든다는 것이 더욱 두려운 점이다. 그렇지만 두려워할 필요가 없다. 악화가 양화를 깬다는 말을 흔히 듣곤 하지만 그 말은 재화의 가치 측면에서 그럴 뿐이다. 도덕의 가치 측면에서는 악화는 생각보다 빠른 시간 안에 그 스스로 붕괴한다. 자멸을 동기화하고 가속화하기 위하여 마술의 미신을 능동적으로 퇴치해야 한다.

6. 생명 유토피아의 양상: 생명의 신비화

생명이 생명다운 것은 자기를 보전하고 후대를 이어가는 활동성에 있다. 그 활동 자체가 생명이다. 생명을 이해하기 위해서 생명이 동사형이라는 점을 수긍하면 좋다. 생명의 주체가 독립적으로 존재하여 그 주체적 생명이 모종의 생명적 활동을 작동시키는 것이 아니라는 뜻이다. 주어에 해당하는 명사가 존재하여 그 주어에 해당하는 존재가 생명의 활동을 동사로 표현하는 것이 아니라는 뜻이다. 동사로서의 생명활동, 그 자체가 생명이다. 주어로서의 생명이 아닌 동사로서의 생명을 다시 풀어서 말한다면, 생명을 생명답게 만드는 것은 생명 밖에 있는 것이 아니라 생명 안에 있다는 뜻이다. 그 이유는 생명은 인위적인 인공물이 아니라 자연적인 자연물이기 때문이다. 자연으로서 생명은 자연의 기본 속성을 갖는다. 자연이 자연다움은 자연(自然)이란 한자 뜻풀이 그대로 스스로 존재하며 저절로 존재하기 때문이다. 생명 역시 스스로 생명다우며 저절로 생명답게 된다. 이런 점에서 창조주의 피조물로서 네이처(nature)와 동사로서의 활동생명 사이에는 존재론적 의미차원에서 질적 차이가 있다. 마찬가지로 창조주의 피조물로서 생명과 스스로 그리고 저절로 생명다운 생명 사이에도 존재론적 의미의 차이가 있다.

동사로서의 생명의 특징은 그 스스로 있으며 저절로 있다는 점인데, 여기서 스스로와 저절로의 의미는 다른 환경에 독립적인 개체로서의 존재로 이해되어서는 안 된다. 동사로서의 생명이 스스로 그리고 저절로 활동한다는 뜻의 본질은 이 세계를 창조한 절대권능의 초월적 대존재를 설정하지 않고서도 자족적으로 세상의 모든 생명존재들이 가능하다는 점이다. 또한 동사로서의 생명은 전체와 부분이 양방향으로 상호소통하는 체계의 특성을 지닌다. 동사로서의 생명은 항상 다른 생명과 섭동을 한다. 초월자로부터 부여받은 명사로서의 생명이 창조된 순간 그 생명의 개체는 다른 개체와 존재의 특성을 서로 함께하거나 나눌 필요가 없다. 생명 개개는 생명의 창조자와 교통할 뿐, 다른 개체생명과 교통할 필요를 느끼지 못한다. 또한 동사로서의 생명은 생명의 존재근거가 안에서 찾아지며, 명사로서의 생명은 생명의 존재근거가 밖에서 찾아진다. 어쨌든 생명은 신비롭다. 생명의 신비함에 대해 굳이 다루지 않겠지만, 생명의 신비가 어디서 오는 것인지에 대한 이러한 기본적인 논변을 이해하는 것이 중요하다.

동사로서의 생명은 생명의 존재근거가 안에서 찾아지므로, 생명의 신비로움의 근거 역시 안에서 찾아진다. 반면 명사로서의 생명은 생명의 존재근거가 밖에서 찾아지므로, 생명의 신비로움의 근거 역시 밖에서 찾아진다. 신비로운 생명에 대한 근거를 밖에서 찾을 경우, 생명에 대한 환상이 또 하나의 생명권력을 만들 수 있다. 생명이란 단어가 가져다주는 추상적 이미지는 한국과 일본의 특이한 언어문화의 소산물이다. 그 실례로서 국내의 많은 환경단체에서 '생명'을 영어로 적절하게 번역하려고 하지만 만족스러운 번역을 찾지 못하는 경우가 대부분이다. 만족할 만한 번역이 어려운 이유는 생명이라는 용어가 정신적인 그 무엇과 신체적인 그 무엇을 함께 포함할 것이라는 생각 때문이다. '스피릿'과 '라이프'라는 말을 함께 사용하고 싶은 생각 때문에 번역이 어렵게 된다. 아니면 아주 모호하게 '에너지'라는 단어를 슬쩍 끼우는 경우도 있지만 역시 만족할 만한 번역이 아니라고 생각한다. 예를 들어 기공을 하는 사람들, 초월적 종교 분위기를 갖고 있는 사람들, 정체불명의 모호한 도교사상으로 생명을 해석하려는 사람들 등은 생명을 스피릿의 생명으로 간주하고 싶어 한다. 생명이 스피릿의 생명이기를 바라는 사람들에게서 몇몇 특징이 나타난다. 첫째, 동양 고전의 도교사상이건 아니면 서양 기독교의 절대 창조주의 사상이건 관계없이 그러한 스피릿의 생명을 강조하는 사람들은 스피릿을 부여한 외부의 무엇을 가정한다.

마찬가지로 생명의 신비함을 찾기 위하여 외부에 존재하며 신비함의 원천이라고 여기는 그 무엇을 설정한다. 현대에 다시 깨어난 일종의 정령론이다. 나는 이런 생명 이해를 '생명의 유토피아'라고 부른다. 생명의 유토피아를 다시 요약한다면 다음과 같다. 첫째, 스피릿의 생명을 강조한다. 둘째, 생명의 신비함의 근거를 외부에서 찾는다.

그러한 생명 유토피아의 양상은 다음과 같다.

1) 생명 유토피아는 현대 기계문명에 대한 문화적 치료제로서 기능을 하려는 목표를 지향한다고 한다. 과학기술문명의 부작용으로서 파편화된 인간성을 회복하기 위하여 인간과 우주가 하나로 되는 전일론적 자연관을 유도한다. 데카르트의 기계론을 거부하고 뉴턴의 대수학적 사유를 비판하고 플라톤 이데아의 형이상학을 부정하면서 통합적이고 총체적인 세계관을 지향하지만 결국 이러한 세계관 역시 우주론적 형이상학을 낳게 된다. 이러한 형이상학을 배경으로 하여 치열한 사회현실보다는 낭만적인 개인의 자연을 추구하는 쪽으로 슬그머니 기울게 된다. 사회공동체보다는 자연공동체를 지향하지만, 결국 자연공동체라는 이름으로 사회공동체와 결별한 낭만적 개인주의로 정착하는 경우가 발생한다.[11]

2) 과학적 이성을 비판하는 것으로부터 탈선해 과학이성을 몰시하거나 아니면 이성으로부터 도피하는 경우가 생긴다. 우리에게 요청되는 것은 과학이성을 비판하는 것이지 과학이성을 피하는 것이 아니라고 생각한다.

3) 생명 유토피아는 생명의 존중과 자아의 수양론을 추구한다. 자아의 수양을 위해서라면 사회적 오류까지도 전적으로 용서할 수 있다는 '허무한 관용'을 내세운다. 일종의 문화적 자기보호 양생론에 해당한다. 쉽게 말해서 수양과 명상이라는 이름으로 현실 사회의 구체적인 불의에 대하여 눈을

---

11) 최종덕, 「신과학운동의 평가와 전망」, 『과학사상』 27호, 1998년 겨울.

감고 있다는 점이다. 종교적 수사법으로 말해 본다면 사회적 구원을 외면한 채 개인적 구원에만 몰두하고 있다는 은유와 비슷하다. 생명 유토피아의 가장 큰 문제점이 여기에 있다. 과학기술과 산업화의 부작용으로서 드러난 개체화된 생명파괴를 다시 복원하기 위한 생명프로그램이 오히려 사회공동체를 무시하는 개인 수양론으로 변질되어 간다는 점이다.

4) 생명 유토피아는 자칫 미래의 희망을 현재의 현실로 대체하여, 조금 더 참으면 좋은 미래가 올 것이라는 공허한 덕담만 하게 될 수 있다. 현재 상태의 비생명적인 오류들에 대하여 눈을 감고 그 대신 시간이 흐르면 개선될 것이라는 착한 유토피아의 환상에 빠지기도 한다. 미래의 유토피아를 위하여 현재의 모순을 인내하자는 데까지 이르기도 한다. 유토피아 환시에 빠질 경우 미래의 유토피아는 현실에서 도래할 수 없으며, 유토피아는 영원히 유토피아일 뿐이다.

현대 과학문명사회에서 우려되는 생명권력의 주술적 성향이 광범위하게 퍼져 있다. 텔레비전 오락 프로그램에서 점술가의 사견이 마치 미래를 판단하는 합리적 견해인 양 버젓이 방송되고 있다. 공중파에서도 마찬가지며, 오락 프로그램이 아닌 다큐형식을 빌린 일반 프로그램에서도 주술에 의존한 내용들을 별 여과 없이 방송하고 있다. 주술 전문 텔레비전 프로그램은 오히려 시청자의 선택권의 자유를 준다고도 변명할 수 있어서 나름대로 방송이 존재할 수도 있다. 그러나 일반 공공 채널에서 점술가의 이야기를 마치 객관적인 사실인 양 방송하는 현실은 우리 사회의 합리성 지표가 붕괴되었음을 간접적으로 보여 주고 있다. 마술가 스스로 마술이라고 공표하는 마술가의 화려한 엔터테인먼트는 우리들에게 작은 즐거움이나마 준다. 그러나 종교를 가장했지만 가장 미신적인 종교인, 과학을 가장했지만 가장 교조적인 과학자, 대중을 가장했지만 가장 독단적인 정치인들은 그들의 숙련된 기만적 언어를 통해 우리들을 주술중독에 빠트릴 뿐이다.

타 종교의 사람들의 예를 들어 지진과 해일로 깊은 슬픔에 빠진 주변 사람들을 신의 징벌이라고 설교하는 많은 직업종교인들이 있어서 미신의 마술은 현대까지 존속할 수 있었다. 인간을 오로지 지식저장능력을 통한 경쟁적 존재로만 간주하여 창조적 전인의 합리성은 사라지고 마는 것이 슬픈 현실의 과학교육계이기도 하다. 강의 흐름을 다 죽이면서도 뻔뻔하게 생태라는 단어를 도용한 토건 정권은 그들의 파괴성을 부드러운 자연의 언어로 가장하는 전형적인 언어의 마술을 구사한다. 우상이나 다른 신을 섬기는 사람들을 지옥에 보낼 것이라는 공포신앙과 똑같은 방식으로, 쓸데없이 비판하는 사람들에게 검찰을 세워서 불순세력을 조사한다는 등의 언어 무기를 동원하여 공포정치를 구사한다. 그들은 기억망실의 마술까지 보여 준다. 편서풍을 의심하는 자들을 조사한다고 했다가, 시간이 흐르자 방사능 극미량을 의심하는 사람들을 조사한다고 했다가, 더 나중에는 식료품을 의심하는 사람들을 조사한다고 한다. 아마 우리들의 기억 자체를 지우고 싶어 하는 마술을 부릴지도 모른다.

7. 생명 유토피아의 진실

생명 유토피아의 특징 중에서 유독 스피릿의 생명을 강조하는 경우가 있다고 앞서 말했다. 이 경우 대부분 개인의 영성을 스스로 양육하기 위하여 대중적 공동체의 사회적 복지를 양육하는 데에는 무관심하다. 그 대신 생명의 신비함을 유독 강조하는 경우가 많다. 문제는 그런 생명의 신비성을 외부세계에서 구하려 한다는 점이다.

이렇게 생명 유토피아는 생명의 신비성을 밖에서 찾는 경우가 많다. 다시 말해서 생명을 생명답게 만드는 동사로서의 생명을 보지 못하고 명사로서의 생명에 매달리는 경우이다. 그러한 생명 유토피아는 어느 신묘한 기공의 힘을 밖에서 구하려고 한다. 신비한 풀이나 약재를 구하러 돌아다니는 둥, 진시황제가 21세기에 출현한 셈이다. 혹은 영성적 수련방법을 통해서 남들이 느끼지 못하는 자기만의 깨달음을 크게 강조하기도 한다. 안수기도 등의 아주 특별하고 개별적인 방식으로 생명의 신비함을 밖에서 구한다. 그들은 생명의 신비함이 내 안에 있음을 일부러 거부한다. 배가 고프면 꼬르륵거리는 소리가 나는 것처럼 신비한 것이 더 이상 없다. 날아오는 물체에 눈을 자동적으로 감는 반응처럼 신체에 더 이상의 신비한 것은 없다. 기우뚱거리지 않고 걸을 수 있는 몸의 생명기능보다 더 신비한 것은 없다. 타인의 아픔과 즐거움을 같이 느낄 수 있는 공유감정만큼 신비한 마술은 없다. 생명의 신비함은 바로 내 안에 있다는 것이다.

생명 유토피아에서 말하는 것은 겉보기에 그럴듯하지만 살아 있는 말이 아니다. 생명이 없는 말잔치일 뿐이다. 전체는 전체로 보여지지 않기 때문에 우리는 단지 아주 작은 부분을 통하여 전체를 볼 수밖에 없다. 그래서 작은 것이 중요하고 낮은 것이 소중하다는 뜻이다. 대단한 생명이론가의 사상을 아무리 많이 알아도 그 큰 사상을 아주 작은 것에서 찾으려는 마음과 남의 입장에서 남을 배려하는 마음이 없다면 그는 생명의 진실을 모르는 셈이 된다.[12] 형이상학으로 볼 때 작으면서 전체인 것이 생명이지만 인간의 역사 속에서 생명은 아주 일상적인 대중의 삶 그 자체일 뿐이다. 생명의 신비는 따로 '저 멀리'(there is~) 그리고 아주 별나게 존재하는 것이 아니다. 생명의 신비는 삶의 일상 그 자체이다.

생명 유토피아는 '저 멀리' 생명신비의 원동력이 있다고 간주한다. 토끼는 깊은 바다에 들어왔지만, 자신의 간은 '저 멀리' 땅나라에 있다고 말했듯이, 생명 유토피아는 생명과 생명신비의 동력이 따로따로 있다고 유도한

---

12) 최종덕, 「생명에는 권력이 없다」, 『실천문학』 92호, 2008 겨울.

다. 토끼에겐 불행일 수 있지만 어떤 누군가가 밖에 있는 토끼의 간을 손에 쥐었다고 생각해 보자. 그러면 토끼는 누구에 의해 조종당하게 될 것이다. 마찬가지로 생명 유토피아는 자본권력에 자신의 신비함을 기꺼이 맡겨 두거나 혹은 억지로 빼앗기는 경우가 흔하다. 현대문명사회에서 생명 유토피아는 자신의 간을 빼앗겨 보이지 않는 거대한 자본권력에 의해 조종당하는 것을 모를 수 있다.

몸에 좋은 것이라면 뭐든지 찾아가는 식으로, 신체적 양생만을 추구하는 물신적 생명 유토피아가 주변에 많다. 죽임의 무한경쟁 속에서 학생들이 한 사람씩 죽어 가도, 강제철거지역 옥탑에서 철거민의 암울한 죽음에도 불구하고, 앞으로 좋을 날이 올 것이니 기도하면서 기다리자는 권유가 공공연히 돌고 있다. 영성적 생명 유토피아는 그런 권유의 의지를 만들어 주기도 한다. 그런 생명 유토피아는 그들의 언어와 달리 반생명적이다. 그들이 추구하는 생명 유토피아의 삶은 자본권력에 의해 철저히 소외된 대중의 공동체적 삶에서 유리되었기 때문이다. 물론 자본권력에 매우 비판적인 시니컬한 생명 유토피아도 있다. 그러한 시니컬한 생명 유토피아의 한 사례로서 심층 생태주의가 있다. 그러나 심층 생태주의도 현대문명 위기의 사상사적 원인규명을 근대과학의 합리적 이성에 책임을 돌리고 있다. 그 책임의 범주는 실제로 매우 이론적이고 추상적인 측면을 어느 정도 과장하여 해석하였기 때문에 현실적인 위기 해소의 방안이 될 수 없었다. 아주 구체적이고 주변적인 자본권력과 마술정치의 현실적인 불량성에 대해서는 눈감고 있으면서, 추상적인 책임소재만을 찾을 뿐이다.

생명 유토피아 일반은 현대문명의 위기라고 할 수 있는 환경생태위기와 인간소외 위기의 문명사적 그리고 사상사적 원인을 근대과학에서 찾으려 했다. 그러한 원인진단은 어느 정도 타당하다. 그러나 이론적으로만 타당할 뿐 현실적인 규명이 될 수 없다는 것이 이 글의 기본 입장이었다. 생명

유토피아는 근대과학의 형이상학적 측면에만 눈을 돌렸을 뿐 과학기술이 자본권력과 만나 얼마나 그들만의 이익을 위한 독단적 음모를 행했는지에 대해서는 침묵하고 있다는 점이다. 이 정도까지의 분석을 수긍한다면 왜 엥겔스가 과학적 세계관관 변증법적 사유를 연결하려 했는지 조금은 이해할 수 있다. 이 문제는 다른 세부분과에서 다뤄질 것으로 본다.

토론문 1 _ 생명과 혁명
생명에 대한 정치철학적 사유를 위한 서설

조정환('다중지성의 정원' 상임강사)

1. 글머리에

일상적 생활경험을 넘어서는 것으로서의 생명 자체의 문제는 오랫동안 종교적 접근의 대상으로 남아 있었다. 그것은 신의 독점적 관할 영역이거나 자연 그 자체의 영역으로서 지성적 접근을 허용하지 않는 성역으로 놓여 있었다. 생명에 대한 담론은 신화나 신학의 독점물이었다. 하지만 과학과 실험, 그리고 기술의 발전은 상황을 바꾸어 놓았다. 미시적이고 거시적인 생물세계를 향한 탐험과 거대한 우주공간에 대한 탐험이 축적되면서 생명에 대한 과학적 접근은 놀라운 속도로 전진하고 있을 뿐만 아니라 하루하루 새로운 영역을 개척하면서 빠르게 세분되고 있다. 생물학은 식물학, 동물학을 넘어 미시생물학, 진화생물학, 유전학 등등으로 분화하고 생물리학, 생화학, 생리학, 우주생물학 등이 발전하고 있다. 특히 주목할 것은, 생명에 대한 과학들이 공학적으로 응용되어 생명공학의 다양한 영역들을 열어 내고 있다는 것이다. 생명에 대한 기술이 발전하고 생명에 대한 지식이 축적되면서, 인간이 생명현상을 자신의 의지에 따라 조작할 수 있을 뿐만 아니라 생명체나 생명종을 창조하기에 이르렀다.

생명의 산업화는 생명에 대한 이 과학기술적 접근의 귀결이면서 동시에 그것의 원인으로 작용한다. 산업만이 생명에 대한 과학기술적 접근을 자극하고 있는 것이 아니다. 전 지구적 갈등의 증대와 군사경쟁적 필요는 생명의 무기화를 촉진하여 생물무기 개발경쟁을 유발하고 있다. 이렇게 산업과 군사의 필요에 따른 기술발전 과정에서 생명에 대한 과학적이고 지성적인 접근은 이제 그 누구도 도전할 수 없는 대세로 자리 잡았다. 권력-자본-과학의 동맹은 점점 공고해지면서 과학은 권력과 자본의 생산력으로 자리 잡는다. 광우병, 용산 남일당 발화, 천안함, 4대강 개발 등의 국내정치적 쟁점이나 기후온난화, (후쿠시마) 원자력 같은 국제정치적 쟁점에서 과학논쟁이 수반되고 이것이 경제적 수익 문제와 불가분하게 연결되는 것은 이 때문이다.[1] 생명까지 이 동맹의 포획물로 되면서 이 동맹은 우리 시대의 신으로 되고 과학은 우리 시대의 신학으로 자리 잡는다. 그 결과 현대의 과학적 접근은 생명에 대한 다른 접근의 가능성을 차단한다. 우리가 이러한 상황을 바꿀 수 있을까? 우리가 권력-자본-과학의 이 공고한 동맹의 울타리를 뚫을 수 있을까? 이 문제는 생명을 자본의 포획에서 벗겨 내 혁명의 동력으로 편성하는 작업을 필요로 한다. 그리고 이 문제는, 권력의 신학으로 기능하는 과학을, 생명의 자기생성을 사유하는 다른 과학으로 기능전환시키는 작업을 필요로 한다. 베르그손은 일찍이 생명에 대한 지성적 접근들(기계론과 목적론)을 비판하면서 생명에 대한 직관적이고 철학적인 접근의 필요성을 제안했다. 프리고진, 마굴리스, 세이건, 슈뢰딩거, 마투라나와 바렐라 등의 과학자들은 생명에 대한 분석적·요소론적 접근을 비판하면서 생명을 유동적 연결망으로 이해할 것을 제안했다. 하지만 이것만으로는 자본에 포획되어 고통에 떨고 있는 생명의 현실을 타개해 나갈 수 없다. 나는

---

1) 과학적인 것과 정치적인 것의 얽힘에 대해서는 조정환, 『인지자본주의』, 갈무리, 2011, 400쪽을 참조.

이 대안적 접근들의 도움을 받고 또 지배적인 과학적 접근의 성과를 비판적으로 재전유하기 위해서는 정치철학적 관점이 필수적으로 요청된다고 생각한다. 정치철학의 관점에서 보면, 생명은 혁명으로 나아가야 하고 혁명은 생명에서 그 동력을 구해야 한다. 생명은 혁명으로 되어야 하고 혁명은 생명으로 되어야 한다. 이 글은 생명과 혁명의 공통되기를 탐구하기 위한 정치철학적 작업의 윤곽을 잡기 위한 서설로서 우선 생명, 과학, 착취의 문제를 중심적으로 다룰 것이다. 생명, 인지, 자율, 혁명을 잇는 대안 연결망에 대해서는 다른 기회에 다룰 수 있도록 미뤄 둘 것이다.

2. 베르그손의 '생명의 존재론'

『창조적 진화』에서 베르그손은 생명에 대한 목적론적 접근과 기계론적 분석의 한계를 살피면서 생명에 대한 존재론적 사유의 가능성을 섬세하게 탐구했다.[2] 그것은 창조와 진화라는 모순되어 보이는 두 개념이 결합될 수 있는 새로운 평면을 발견하려는 시도로 나타났다. 창조적 진화의 평면에서 존재론적 지속은 목적론적으로 결정된 것이든, 기계론적으로 결정된 것이든 간에 이미 결정된 것의 한계를 넘어서는 자유의 잠재력으로 나타난다. 진화에서 확인되는 변이의 자유는, 노력과 운동을 통한, 이 잠재력의 지속적 실현에 다름 아니다. 베르그손에게서 생명은 요컨대 약동하는 지속이다. 이 과정에서 의식은 결정적 역할을 수행한다. 의식은 과거에서 현재로 연장되며 미래로 전진하는 생명과정의 역사적 운동 전체를 기억(생식을 통한 체질, 성격, 성향 등의 유전)으로 응축하면서 새로운 생명적 특질을 창조하는 능력이다. 이런 의미에서 생명과정은 의식과정 그 자체이다. 그런데 기

---

2) 앙리 베르그손, 『창조적 진화』, 황수영 옮김, 아카넷, 2005.

계론에서 의식은 무엇보다 지각과 지성으로 나타난다. 베르그손은, 지각과 지성이 생명체의 능력이면서도 주로 물질과 관계하며, 물질을, 그 흐름의 전체로서 드러내는 것이 아니라 물체라는 공간적으로 구분된 형식으로 인지하며, 물질의 변화를, 이 물체들의 기계적으로 결정되는 위치이동의 현상으로만 파악한다고 보았다. 기계론과 대립하는 목적론도, 물질의 변화를 이미 수립된 계획의 실현과정으로 파악하는 지성적 태도를 공유한다. 기계론과 목적론의 이러한 지성적 태도는 생명이 물질에 대면하여 그것으로부터 에너지를 취하면서 행동할 필요성에서 발생한다. 기계론의 장인적 태도와 목적론의 기하학적 태도는 서로를 보완하는 물질중심적이고 실용주의적 의식형태이다.

이러한 의식형태로는 생명을 이해할 수 없다. 생명은 물질운동에 의해 제약되지만 끊임없이 그것을 초월하는 도약의 능력이다. 베르그손은 물체의 자기동일성, 자기개체화를 인정하지 않는다. 그는 물체의 개체성은 생명체의 지각에 의존하지만 생명체는 스스로 동일성을 기억하고 재생산하는 개체라고 보았다. 각각의 생명개체는 환경과 상호작용하면서 자연적으로 폐쇄된 체계를 구축하는 능력을 갖는다. 하지만 이 자기폐쇄성은 공간 속에서 완벽함을 추구하려는 노력의 표현이다. 시간 속에서 생명개체는 물질대사를 통해서는 환경세계와 끊임없이 교류하고 생식을 통해서는 자기를 다른 개체 속에 이입하는 열린 체계로 운동한다. 그렇기 때문에 어떤 생명개체나 생명종은 그것이 아무리 자기동일적이라 할지라도 지속하는 시간 속의 한 과정이자 창조적으로 현실화하고 있는 진화적 지속의 한 경향일 뿐 고정된 실체일 수 없다.

식물과 동물, 그리고 인간은 각기 다른 방식으로 진화하는 생명형태들이다. 물질의 흡수와 합성을 통해 유기물을 만들어 에너지를 축적하는 식물은 무감각하고 무의식적이며 고착적인 삶의 방식을 선택한다. 동물은 다른 생명체로부터 에너지를 채취하여 소비하는 삶의 방식을 선택하기 때문에 환경에 대응하기 위한 감각운동 신경계의 발전을 보인다. 하지만 그것의 발전양상은 다양하다. 성게와 같은 극피동물, 개불과 같은 환형동물, 달팽이와 같은 연체동물은 운동성의 퇴화로 의식기능의 마비를 보인다. 거미와 같은 절지동물은 본능에 따른 진화를 선택한다. 본능은 생명체가 자신을 유기적으로 조직하는 능력으로 신체의 유기적 도구들을 사용하거나 구성한다. 그것은 학습되지 않고 작용하는 선천적 능력이기 때문에 정언명법의 형식을 띤다. 본능은 생명을 내부로부터 인식하지만 반성적 의식으로 내재화되지 않고 행동으로 고갈된다. 또 그것은 특정한 대상에게만 고정되어 있어 일반화할 수 없다. 이와 달리 척추동물은 지성을 통해 물질적 환경에서 필요한 에너지를 취한다. 지성은 가언명법에 따른 추론, 과거 경험의 응용, 새로운 용법의 발견 등을 수행하면서 인위적 대상을 제작하고 이를 변형한다. 인위적으로 제작한 도구를 사용함으로써 지성은 유기적 도구의 기능한계를 넘는 새로운 기능과 새로운 관계를 창출할 수 있다. 비결정성과 자유도는 그만큼 증대한다. 하지만 지성의 자유는 제작의 자유이고 제작은 관계하는 제 요소들을 부동의 고체, 연장실체로 다룬다. 지성에게 이 요소들은 서로 외재적이고 불연속적이며 분할가능하고 침투불가능한 실체들로 나타난다. 베르그손은, 제작적 지성은 물질을 조작가능한 재료로만 생각할 뿐, 그것의 내적 지속성과 흐름을 볼 수 없다고 말한다. 지성의 이러한 습관은 생명을 다룰 때에도 그대로 나타난다. 즉 지성은 생명을 외적 대상으로서만, 즉 부동의 요소들의 관계로서만 다룰 수 있다.

본능과 지성이 갖는 각각 다른 이 한계들을 넘어서는 방향의 진화를 개척하고 있는 것이 인간이다. 베르그손은 인간의 각성한 의식이 특정 대상에 고정된 본능을 일반화하고 외부화의 습관에 사로잡힌 지성을 내재화하여 이것들을 유용성의 틀에서 해방시킴으로써 사심 없고 자기의식적이며 일반화된 의식을 발전시킬 수 있다고 생각한다. 이것이, 그가 말하는 직관이다. 그리고 그는 예술가의 창조적 직관을 그 예로 든다. 그는 직관이 지성의 경직성을 보완하면서 지성을, 제작적 자유를 넘어 의식적 자유를 실현하는 길로 인도할 수 있다고 본다. 직관 속에서 물질과 생명의 대립은 사라져 지속, 흐름, 운동 그 자체로 이해된다. 물질이 이완 속에서 해체되는 운동이라면, 생명은 수축 속에서 생성하는 운동이라는 점에서 차이가 있을 뿐이다. 생명체는, 이 두 방향의 운동이 이루는 일종의 타협안이다. 생명체의 개체적 유한성을, 종의 영속성을 매개로 하여 무한한 생명의 약동과 연결되는 흐름으로 이해할 수 있는 것은 직관이다.

『베르그손주의』에서 질 들뢰즈는 베르그손의 이 직관의 방법을 세 가지의 규칙으로 정식화한다. 첫번째 규칙은 문제의 제기와 창조에 관련되는 것이다. "문제들 그 자체를 참과 거짓의 시험에 맡기고 거짓 문제는 비판하고 진리와 창조를 문제의 수준에서 조화시켜라."[3] 문제를 결정하고 구성할 수 있는 능력이야말로 진정한 자유를 가능케 하는 힘이며 이것은 이미 존재하는 것에 관계하는 발견의 능력에 기초하면서도 그것을 넘어서 아직 존재하지 않는 것을 발명하는 능력이다. 창조적 문제제기는 문제해결의 문을 여는 행위이다. 실제로 인간의 역사는 문제제기의 역사이며 이를 통해 자유를 구성해 온 역사이다. 창조적 문제제기를 지속하는 역사적 행위는 생명의 표현이면서 동시에 생명의 진화를 결정해 온 힘이다. 이 창조적 문제제기는, **본성**에서 차이가 나는 두 질서, 두 존재, 두 실존을, '더'와 '덜'이라는 **정도**의 견지에서 생각함으로써 발생하는 거짓된 문제제기와 투쟁하는 능력, 즉 참과 거짓을 구별하는 능력이다.

두번째 규칙은, 바로 여기에서 나오는 것으로, 진정한 본성상의 차이를

---

3) 질 들뢰즈, 『베르그송주의』, 김재인 옮김, 문학과지성사, 1996, 12쪽.

발견하는 것이다. 그것은 "환상과 싸우고 진정한 본성상의 차이들 또는 실재의 마디들을 재발견하라"는 명제로 표현된다.[4] 이것은, 경험 속에서 뒤섞여서 마치 정도의 차이처럼 나타나지만 실제로는 본성상의 차이를 갖는 두 계열, 즉 물질-객관성-공간-지각의 계열과 생명-주관성-시간-기억의 계열을 나누고 다시 그것을 수렴시킴으로써, 인간적 경험을 넘어 경험의 조건을 발견하는 것으로, 즉 지속이라는 비인간적인 것을 발견하는 것으로 나아가는 것이다.

세번째 규칙은 참된 시간에 대한 이해와 관련된 것으로서, "공간보다는 시간의 견지에서 문제를 제기하고 풀어라"[5]는 명제로 표현된다. 이것은 본성상의 차이를 발견하기 위해 택해야 할 방법이다. 왜냐하면 공간은 정도상의 차이의 장소, 환경, 총합임에 반해 지속만이 본성상의 차이들 즉 다양성의 장소, 환경, 총합이기 때문이다. 그런데 문제가 공간의 질서에서 제기되는 것, 즉 거짓되게 제기되는 것은 결코 우연이 아니고 필연적이다. 그것은 물질적 생존의 필요, 환경에 맞는 지각의 필요, 효과적인 대응행동의 필요, 요컨대 **사회**의 필요들에 근거한다. 우리의 경험이 속해 있는 물질 그 자체가 정도상의 차이들만을 나타내기 때문에, 물질에서 에너지를 획득해야 할 사회적 필요들을 충족시키는 의식체계인 상식과 지성의 질서는 시간(지속)이 아니라 공간의 관점에서 **거짓** 문제제기를 하게 된다. 이렇게 **환상**은 인간의 본성과 인간이 거주하는 세계 양자로부터 영양을 공급받는다. 그렇기 때문에 환상과 진리의 대립은 사실은 지속이 갖는 두 측면의 대립이다. 지속은 **철학**에 의해서는 직관된 정신으로 나타나고 **과학**에 의해서는 인식된 물질로 나타난다. 후자의 환상은 전자에 의해 억제될 수 있다.

---

4) 베르그손, 『창조적 진화』, 22쪽.
5) 같은 책, 36쪽.

그런데 억제만이 직관과 지성이 취할 수 있는 유일한 관계양식일까? 스피노자는 『에티카』에서 양자 사이의 협력의 모델을 제시한 바 있다. 두뇌의 지각은 지각되는 두 요소 사이에 **간격**을 도입하지만 이성은 분리된 두 요소 사이의 **관계**를 사유할 수 있게 한다. 즉 지각되고 경험된 것들 사이에서 공통적인 것을 사유할 수 있게 한다. 이성은 이런 방식으로 베르그손의 지속을 드러내는 방향으로 한 걸음 나아간다. 그리고 『신학정치론』의 스피노자는 『에티카』 1, 2부에서 수동과 슬픔을 가져오는 1종의 인식형태로 규정한 상상을, 직접적으로 존재의 다양성을 사유할 수 있는 능력으로 이해한다. 상상은 다양성의 세계에 던지는 구성의 그물이다. 상상은 다양성으로부터 새로운 세계를 구성할 요소들을 가져와 새로운 세계의 집을 짓는다. "상상은 지성의 자취를 따르면서, 자신의 상들과 단어들을 정연하게 서로 연결한다."[6] 스피노자의 이러한 상상 개념을 받아들이면서 네그리는, 정치학은 상상의 형이상학이며 현실 세계의 인간적 구성의 형이상학이라고 말한다. 진리는 상상의 세계 안에 살아 있다. 상상을 통해 우리는 현실에 열려 있고 현실을 구성하는 철저하게 참된 타당한 관념들을 가질 수 있다. 상상을 통해 의식은 구성적으로 되고 존재는 실체를 넘어 활동역능으로 된다. 상상은 세계의 진리와 인간 행동에 긍정성, 생산성, 사회성을 구축한다.[7] 들뢰즈는, 상상의 이 구성적 능력이 『에티카』에서도 이미 나타나고 있는 것으로 이해한다. 경험 속에서 슬픔과 기쁨을 구분하고 기쁨을 축적하는 능력은 상상 속에 이미 존재하며 이성은 그것을 관계의 인식을 통해 안정화시키는 것이기 때문이다. 공통적인 것을 구축하는 과정에 참여하는 것은 이성만이 아니고 상상도 거기에 참여한다. 『신학정치론』에서 스피노자에

---

6) 안토니오 네그리, 『야만적 별종』, 윤수종 옮김, 푸른숲, 1997, 212쪽에서 재인용.
7) 같은 책, 231쪽.

의해 서술되는 상상은 베르그손이 동물의 본능이라고 부른 것과 유사한 역할을 수행한다. 인식의 평면에서 대립하고 억제하는 관계에 놓였던 상상과 이성은 공통적인 것의 구축이라는 실천의 평면에서는 서로 협력한다. 창조적 진화의 평면에서 본능과 지성이 서로 협력하여 직관의 능력을 구성하듯이(베르그손), 인식에서 구성으로, 관조에서 실천으로 이행함으로써 상상과 이성은 서로 협력하여 직관의 인식을 구축한다(스피노자). 이런 의미에서 우리는, 베르그손의 자유와 스피노자의 구원이, 실천의 평면에서 인지능력들이 수행하는 협업의 생산물이라고 말할 수 있다.

베르그손이 자신의 직관의 형이상학을 전개하면서 부단히 과학의 도움을 받은 것이나 오늘날 과학적 사유가 존재론적 사유에 도움을 청하고 있는 것은 필연적이고 또 바람직하다. 본능과 지성이, 상상과 이성이 서로 도우며 발전할 필요성은 이 양자 사이의 간극이 커진 그만큼 절실하다. 과연 우리가 분리된 이 사유능력들을 협력관계 속으로 가져가면서, 위기에 처한 인류와 생명에게 새로운 진화의 경로를 열어 줄 기회를 만들어 낼 수 있을까?

3. 오늘날의 과학과 생명

베르그손의 존재론적 생명관은 이후의 진지한 과학적 탐구에서 나침반 역할을 수행했다. 가령 물리학자 슈뢰딩거가 생명체를 평형상태로의 파멸을 벗어나기 위해 물질로부터 음의 에너지를 먹으면서 환경으로부터 질서를 추출하는 유기체로 이해할 때,[8] 여기서 우리는 베르그손 생명철학의 깊은 반향을 느낄 수 있다. 그렇다면 오늘날의 과학은, 베르그손이 말한 직관을

---

8) 에르빈 슈뢰딩거, 『생명이란 무엇인가·정신과 물질』, 전대호 옮김, 궁리, 2007, 118~123쪽 참조.

내재화했고 생명에 대한 철학적 이해와 더 이상 갈등하지 않는 것일까? 베르그손이 철학에 할당했던 무사심하고 자기의식적이며 일반화된 의식능력이 이제 과학에도 할당되어야 하는 것일까? 베르그손은 말했다. "우리의 지성은 행동을 조명하고, 우리가 사물에 대해 작용하도록 준비하며, 주어진 상황에 잇따르는 사건들의 유리함이나 불리함을 예측하는 것을 본질적 기능으로 한다. 따라서 지성은 한 상황에서 기지(旣知)의 것과 유사한 것을 본능적으로 분리해 낸다."[9] 그리고 그는 과학에 대해 이렇게 단언했다. "과학의 목적은 우리에게 사물의 근본을 드러내는 것이 아니라 그것들에 작용하는 가장 좋은 방법을 제공하는 것이다. 생명체는 우리가 그것을 물리학과 화학의 과정으로 취급할 때에만 우리의 작용에 부응한다. 따라서 유기화 작업은 유기체가 우선 기계와 동일시되었을 때만 과학적으로 연구될 수 있다. 세포들은 기계의 부품들이며 유기체는 그것들의 집합이다. 그리고 부분들을 유기화한 요소적 작업들은 전체를 유기화한 작업의 실제적 요소들로 간주될 것이다. 과학의 관점은 바로 그러하다."[10] 이제 지성과 과학에 대한 베르그손의 이 규정을 시효가 상실된 것으로 보아도 좋을 것인가?

앞서 말했듯이, 생명에 대한 지성적이고 과학적인 접근은 인간의 **사회적 필요**에 의해 이루어진다. 예컨대 나날이 개체를 보존할 필요, 인구증가에 따른 생산성 향상의 필요, 질병과 치유의 필요 등이 그것이다. 이러한 필요들에 의해 추동된 과학적 생명접근들이 커다란 성과를 거두고 있는 것은 분명하다. 농업은 자연의 한계를 넘는 생산을 가능케 했고 생의학은 불치의 것으로 알려진 많은 질병들을 치유가능한 것으로 만들었다. 그런데 문제가 있다. 인간이라는 사회적 존재가 적대로 균열되어 있는 상황에서 '인

---

9) 베르그손, 『창조적 진화』, 62쪽.
10) 같은 책, 151쪽.

간의 사회적 필요'가 보편성을 갖지 않는다는 것이 그것이다. 많은 경우 그것은 지배계급, 지배권력의 필요에 의해 지배된다. 지배계급이나 지배권력은 생명의 내적 요구에 상응하는 필요를 갖기 어렵다. 왜냐하면 지배계급이나 지배권력은 생명운동을 착취하고 통제하고 포획하는 것을 자신의 생존수단으로 삼기 때문이다. 과학은 이 문제에 대해 침묵한다. 그래서 오늘날 더 많은 생명과학이 산업의 필요, 전쟁의 필요, 지배의 필요에 의해 이끌리고 있다. 그리하여 생명에 대한 과학적 접근과 그것의 결과는 너무나 자주 생명의 내적 요구와 **대립**하게 된다. 생명과학이 발전하면 할수록 지구가 더 생명에 부적합한 것으로 변모하고 사회적 삶이 반생명적인 양상을 띠어가는 것은, 인간의 필요의 이 내적 균열과 적대 때문이며, 그리고 생명체의 **내적** 필요가 아니라 생명체를 지배할 필요라는 생명체 외적 필요에 과학이 종속되어 있는 현실의 효과이다.

그렇다면 생명체의 내적 필요란 무엇인가? 생명체는 물질과의 **열린** 관계 속에서 지속하는 자기생성적이고 자기조직적인 **닫힌** 개체화의 과정이다. 이 과정을 통해 생명체는 생명을 지속한다. 여기서 생명에 대한 베르그손의 존재론적 접근이 어떻게 생명체의 문제를 다루는지 살펴보자. 그에게서 생명은 지속의 실현이다. 어떻게 그것이 가능할까? 지속은 과거가 미래를 잠식하고 전진하면서 부풀어 가는 부단한 과정이며 과거가 끊임없이 증식되기 때문에 또한 무한히 보존되는 잠재력이다.[11] 앞서 말했듯이 지속은 두 방향으로 분화된다. 하나는 이완되고 해체되는 경향 속에 있는 지속력으로서의 물질이다. 또 하나는 긴장하고 수축하면서 자기생성하고 자기조직하는 지속력으로서의 생명이다. 이를 위해서 생명은 물질로부터 에너지를 특정한 방식으로 섭취하여 그것을 특정한 방식으로 소비한다. 이 섭취

---

11) 같은 책, 24쪽.

와 소비의 방식에 따라 생명은 다양한 생명류, 생명종, 생명체들로 분화한다.[12] 우선 생명은 식물과 동물로 분화하는데, 식물은 흡수와 합성을 통해 에너지를 축적하며 호흡을 통해 소비한다. 동물은 물질로부터 에너지를 가져오는 점에서는 공통되지만, 비인간-동물이 에너지를 자연상태에서 채취함에 비해 인간은 자연으로부터 에너지를 채취할 뿐만 아니라 그것을 사회적으로 생산하고 재생산한다는 점에서 차이가 있다. 맑스의 생각을 참조해보자. "노동자는 자연 곧 감각적인 외부세계 없이는 아무것도 생산할 수 없다. 자연은 노동자의 노동이 현실화되고 활동하는 질료이다. 노동은 그 질료로부터, 그리고 그 질료를 매개로 하여 생산한다."[13] 인간이 자연을 생존의 근거로 삼는 한에서 자연은 인간의 몸이다. 인간은 사멸하지 않기 위해서 항구적인 과정을 통해 이 자연적 몸(물질세계)과 더불어 존속할 수밖에 없다. 이때 자연은 인간의 직접적 생활수단이기도 하고 인간의 생명활동을 위한 물질, 대상, 도구이기도 하다. 이런 이유 때문에 맑스는 자연이 인간의 비유기적 몸이고 인간은 자연의 일부라고 말한다.[14] 그런데 인간이 자연의 일부인 것은 식물이나 동물이 자연의 일부인 것과는 다른 차원을 갖는다. 분명히 인간의 경우에도 노동, 생명활동, 생산적 활동이 욕망, 곧 신체적 생존의 보존이라는 욕망을 충족시키기 위한 수단으로 나타난다. 생산 역시 물질계로부터 에너지를 섭취하는 하나의 방식, 인간적 방식에 지나지 않는다. 하지만, 인간의 생산적인 생활은 욕망 충족을 넘어 새로운 생활양식, 새

---

12) "동화발생적 에너지는 무기물질을 동화하여 하급한 에너지를 자신의 본래 수준까지 끌어 올리는 것이다. 그것이 조직을 구성하는 것이다. 반대로 생명이 기능하는 방식 자체는 (단 동화, 성장, 생식의 작용들은 제외하고) 더 이상 상승하는 것이 아니고 하강하는 에너지인 이화발생에 속한다. 물리화학이 효력을 갖는 것은 단지 이러한 이화발생적 질서에 속하는 사실들, 즉 죽은 것에 관해서이지 산 것에 관해서는 아니다"(베르그손,『창조적 진화』, 72쪽).
13) 칼 맑스,『경제학-철학 수고』, 김태경 옮김, 이론과실천, 1987, 57쪽.
14) 같은 책, 61쪽.

로운 생명활동을 산출하는 활동으로 나타난다. 그것은 생명활동이 유적이고 사회적인 성격을 가진 행위로 나타남으로써, 그리고 생산이 언어를 매개로 하는 의식적이고 공동적인 활동으로 됨으로써 가능해진다. 청년 맑스는 동물과 인간을 이렇게 구분 짓는다.

> 동물은 생명활동과 구별되지 않는다. 동물은 생명활동이다. 인간은 자기의 생명활동 자체를 자기의 의지와 의식의 대상으로 만든다. 인간은 의식적인 생명활동을 갖고 있다. 인간이 직접 휩쓸려 들어가는 피규정성은 존재하지 않는다. 의식적인 생명활동은 인간을 동물적인 생명활동으로부터 직접 구별한다. 바로 이러한 구별을 통해서만 인간은 유적 존재로서 존재한다. 다른 말로 표현하자면, 인간은 오로지 의식적인 존재로서만 존재한다. 다시 말하자면 인간 자신의 생활은 인간에게 대상으로서 존재한다. 왜냐하면 인간은 유적 존재이기 때문이다. 바로 그렇기 때문에 인간의 활동은 자유로운 활동이다.[15]

여기서 주의해야 할 것은 '의식'이라는 단어의 용법이다. 맑스는, 베르그손과는 달리, 의식이라는 용어를 "자기의 생명활동 자체를 자기의 의지와 의식의 대상으로 만들 수 있는" 인지능력이라는 의미로 사용한다. 일반적인 의미의 의식, 즉 인지능력은 인간만이 갖는 것이 아니고 생명 일반이 갖고 있다. 뒤에서 보겠지만 인지과정은 생명과정과 구분할 수 없으며 생명과정의 고유한 특질이다. 그래서 생명과정은 곧 인지과정이라고 말할 수 있다. 하지만 피드백 구조를 갖춘 이 자기의식, 즉 유적 의식은 생명 일반의 인지능력이 아니다. 이것은 언어적 생물체계인 신경계의 고도한 발전을 요

---

15) 같은 책, 61쪽.

구하며 나아가 사회적 언어의 구축과 언어사회의 형성을 통해 가능해진다. 언어생활에 의해 매개되는 생산활동은 생명의 지속과 생성과정이 더 큰 자유도를 갖게 됨을 의미한다. 이것은 반복을 넘는 새로운 세계의 생산과 새로운 삶의 생산을 가능케 한다.[16]

과학은 언어에 의해 구축되는 인간적 의식활동의 하나이다. 과학적 앎은 인간 유기체가 환경과 맺는 감각작용적 상관관계에 기초한다. 그것은, 인간 유기체가 환경과 맺는 구조접속 과정에서 표현하는 인지적 자기생성의 산물이다. 그런데 인간의 앎은 그 자체가 사회적 앎이다. 왜냐하면 인간 유기체의 개체발생은 개체와 환경의 직접적 관계를 통해 이루어지지 않고 3차등급의 개체를 이루면서 산출하는 공동개체발생적 그물체 안에서 이루어지기 때문이다.[17] 그렇기 때문에 과학은 사회적 존재로서의 인간이 환경과 구조접속하는 과정에서 사회적 행동을 조정하기 위해 수행하는 공동개체발생적인 언어적 의사소통 행동의 한 형태라고 할 수 있다. 여기서 언어는 공동개체발생 관계를 확장시킴으로써 물질적 필연성으로부터의 더 많은 자유를 달성하기 위한 장치로 기능한다. 즉 언어적 영역의 발전은 사회적 인간의 자유가능성을 확대시킨다.

그러나 인간 사회가 적대에 의해 관통되고 인간의 의식이 지배계급의 의식으로 될 때 이 관계는 전도된다. 거듭 말하거니와 생명은 물질계(생명계도 한 측면에서는 그 물질계의 일부이다)로부터 에너지를 섭취함으로써만 자기생성과 자기조직을 지속할 수 있다. 그리고 새로운 생활양식의 생산은 물질적 생명활동을 대상으로 삼는 자유로운 의식의 작용에 의해 가능해진다. 그런데 오늘날 권력은 생명체들의 이 에너지 요구에 인위적인 제한

---

16) 계급사회에서 이 새로운 평면의 창출과정은 잉여 혹은 잉여가치 생산으로 물화된다.
17) 움베르또 마뚜라나·프란시스코 바렐라, 『앎의 나무』, 최호영 옮김, 갈무리, 2007, 217쪽.

을 가하고 의식의 자유로운 진화에 경제적·정치적·법적 울타리들을 설치함으로써 생명체들의 자유로운 진화를 저지하고 생명체들을 자신의 지배 필요에 종속시킨다. 맑스가 '자본주의적 생산관계가 사회적 생산력을 질곡에 빠뜨린다'고 말할 때 지시하는 바가 바로 이것이다. 그 결과 생명생산 활동으로서의 노동은 자유의 생산이 아니라 소외의 생산으로 된다. 그리하여 인간이 의식적인 존재로 되면 될수록 인간의 생명활동은 자유로운 활동이기는커녕 단순한 생명활동으로조차 되지 못하고 심지어는 타인의 생존을 위한 하나의 도구로 추락해 버린다. 이렇게 됨으로써 생명활동은 자기조직적이고 자기생성적인 성격을 잃고 죽음으로 바싹 가까이 다가간다. 이 과정은 언어적 행동의 성격도 변화시킨다. 공동개체발생적 생명활동의 매개로서 탄생한 언어활동이 타인의 강요에 의해 수행되게 될 때 그것은 가능한 자유의 영역을 축소시키고 물질적 필연성에 언어를 종속시킨다. 이럴 때 공동체 구성원들의 특이한 언어적 역량은 축소되고 개체들은 체계에 종속된다. 이것은 인간들의 사회체를 곤충들의 사회체에, 나아가 단순한 유기체에 접근시키는 결과를 가져온다.

오늘날 생명과학이 그러한 위치에 놓여 있다. 산업과 자본에 포섭된 생명과학은 생명체의 자기생성적 욕망보다는 생명체를 이용하여 축적하려는 자본의 필요에 의해 이끌린다. 과학적 앎은 결코 중립적인 것이 아니다. 모든 인식은 관찰자의 물음에 의해 영향을 받는다. 인식은 특정 맥락에서 효과적인 행동에 대한 관찰이며 이 특정 맥락이란 관찰자가 직접적 혹은 간접적으로 던진 물음에 따라 규정되기 때문이다.[18] 그런데 인식주체가 인간 자신이 아니라 자본이 된 상황에서는 자본의 이해관심사가 그 맥락을 규정하게 된다. 생명과학이 자본에 포섭되어 있는 오늘날 조건에서는 자본

---

18) 같은 책, 195쪽.

이 던진 이해관계의 물음이 생명과학을 규정하게 되고 생명과학자는 그 물음에 유의미한 것만을 과학적인 사실로 인식하게 된다. 이것은 무엇을 의미하는가? 과학과 철학의 일치는 말할 것도 없고 그것들의 협력조차 어려운 위기에 직면해 있다. 이 위기는 베르그손이 느낀 것보다 한층 더 심각한 것이다. 그는 과학이 속한 인간적 유용성을 인간 일반의 유용성으로 고찰했다. 그는 생명이 물질이라는 장애물을 넘어서야 함을 알고 있었지만 생명을 직접적으로 포획하려는 자본이라는 장애물을 넘어서야 한다는 사실에는 별다른 관심을 갖지 않았다. 적대가 생명계를 가로지를 때 철학은 무엇을 할 수 있는가? 또 무엇을 해야 하는가? 그것이 무사심할 수 있는가? 여기서 자기의식적이고 일반적인 의식능력으로서의 철학이, 생명의 자유로운 실현을 가로막는 비물질적 장애물로서의 자본관계를 극복해 나가는 정치활동과 결합될 필요성이 제기된다. 이것이 생명에 대한 정치철학적 접근의 필요성이다. 생명에 대한 정치철학적 접근은 생명에 대한 과학적 접근이나 철학적 접근으로 환원될 수 없는 독자성을 가지면서도 이 서로 다른 접근법들이 실제로 협력할 수 있는 가능조건을 탐구하는 역할까지 부여받는다.

4. 생명의 물질화와 생명에 대한 착취

생명과학의 자본주의적 이용이 생명과학에 남긴 그림자 중에서 가장 치명적인 것은 생명현상을 물질현상과 동일한 것으로 간주하는 것이다. 다시 말해 생명의 고유성을 삭제하는 것이다. 이렇게 함으로써 생명현상을 물질의 논리에 따라 해석하는 것이다. 생명현상을 물질현상과 동일시할 때 생물은 운동하는 물체로 나타난다. 우선 생명이 생명체로 환원되고 다시 생명체는 외부의 자극에 대한 반응으로 운동을 하는 물질적 존재로 나타난다. 예를 들어 식물은 두 가지 유형의 운동을 한다. 세포분열을 통한 생장운동이 식물의 대표적 운동이다. 일부의 세포가 자극을 받아 다른 부분의 조직세포보다 빨리 생장하는 굴신[성]운동은 생장운동의 하나이다. 열이나 빛 등의 자극으로 일부 조직세포의 팽압이 달라져 나타나는 팽압운동은 다른 하나이다. 식물의 기공이 낮에는 열리고 밤에는 닫힌다거나 미모사 잎이 자극에 반응하여 오므라드는 것 등이 그 예이다.

식물과 달리 감각기관, 신경계, 운동기관을 갖춘 동물의 운동(運動)은 근수축의 형태로 자극에 반응한다. 과학의 시선이 동물의 운동을 다루는 방식은 다음과 같이 표현된다.

생물의 운동에는 반사운동과 수의운동이 있다. 반사운동은 그 명령이 대뇌 피질 이외의 중추 부위에서 나오는 것으로, 이는 감각기에서 나온 정보가 대뇌 피질의 운동령을 경유하지 않고 운동 신경에 보내짐으로써 일어난다. 그래서 감각기에서 나온 구심성 흥분 전파가 뇌의 어느 부분에서 되돌아 나와 원심성 운동 신경로에 단락하는지에 따라 반사 운동을 분류할 수도 있다. 가장 짧은 경로를 취하는 것은 척수의 회백질에서 돌아 나오는 척수 반사이다. 많이 알려진 슬개건(膝蓋腱) 반사는 그 대표적인 것으로, 그 밖에 근육을 당기면 강한 수축을 일으키는 신장(伸張) 반사, 복부를 쓰다듬으면 복직근(腹直筋)이 수축하는 복벽(腹壁) 반사, 수면 중에 발바닥을 건드리면 엄지발가락을 뒤로 젖히는 바빈스키 반사 등 여러 가지가 있다. 감각기에서 온 정보가 연수까지 갔다가 되돌아오는 것이 연수 반사로, 여러 가지 자세 반사가 있다. 예를 들어 머리를 왼쪽으로 돌리면 왼쪽 팔과 다리가 강하게 뻗쳐지고, 오른쪽 팔과 다리는 강하게 구부러진다. 또 반대로 머리를 오른쪽으로 돌리면 그 반대 운동이 일어나는 긴장성 목반사 등이 있다. 고양이를 거꾸로 해서 떨어뜨리면 공중에서 몸을 회전시켜 바른 자세로 착지하는데, 이것을 직립 반사라고 한다. 직립 반사를 위해서는 중 뇌 또는 간뇌가 건강한 존재가 필요하다.[19]

근대의 자본은 인간이라는 생명체의 이 물리적 운동을 착취한다. 인간의 노동은 생명력을 물리적 운동력으로 환원할 때 나타나는 것이다. 개별 자본들은 사회적 분업에 따라 공장에 집결된 노동력의 합력과 협력(즉 국지적인 사회적 노동력)을 물리적 시간에 따라 운동하게 함으로써 대상화된 상품을 생산했다. 노동이 생산하는 대상 곧 노동의 생산물은 낯선 존재로서, 생산자와 무관한 권력으로서 노동과 맞섰다. 노동의 생산물이 하나의 대상 속에 고정되고 객관화된 노동으로 되는 것이 노동의 대상화이다.[20] 맑스는, 이렇게 노동의 현실화가 노동의 대상화로 되는 산업자본주의적 소외과정을 자신의 비판의 주요한 표적으로 삼았다. 이때 자본은, 노동이 대상화되는 시간을 필요노동시간과 잉여노동시간으로 분할하여 착취하는 것으로 나타난다. 이때도 노동력은 국지성을 넘어 사회화되는 경향이 있었다. 즉 노동이 사회적 시간의 표현이 되는 경향이 있었다. 하지만, 그 경향은 시장에 상품이 유통하면서 발생하는 평균화에 의해 추상적으로만 실현되었다.

노동의 물리적 운동은 기계로 대체할 수 있는 성질의 것이다. 심지어 그것의 질인 솜씨조차도 기계화될 수 있는 것이다. 자본주의의 발전과정에서 이루어지는 노동자의 기계로의 광범한 대체는 이러한 조건에서 발생한다. 그런데 탈근대의 자본은 노동의 물리적 운동과 물리적 시간의 착취에 의존하지 않는다. 탈근대의 자본은 인지화된 노동력과 모든 노동의 인지화를 자신의 발전의 동력으로 삼는다.[21] 이를 위해 자본은, 지난 세기에 이루

---

19) http://ko.wikipedia.org/wiki/운동_(생물).
20) 칼 맑스, 앞의 책, 56쪽.

어진 물리학, 화학, 전기학, 전자학의 발전은 물론이고 생명과학의 성과까지 생산과정에 직접적으로 이용한다. 지난 세기에 생명과학의 가장 큰 관심은, 마치 물리학자들이 물질의 최소구성체를 찾으려 한 것과 마찬가지로, 생명의 최소구성체를 찾고 그것의 구조를 파악하는 것에 두어져 있었다. 최소생명체(유전자)를 찾기 위한 과학적 탐험과정은 자본에 봉사하는 인지노동의 하나로 이루어졌고 그것은 생명의 고유성을 부정하고 그것을 생명체, 즉 물질화된 생명현상과 동일시하는 인식론적 왜곡을 가져왔다.

이 경쟁적 연구과정에서 효과적인 인지적 발견이 없었던 것은 아니다. 그간의 발견들에 따르면, 유전자는 염색체의 특정한 위치에 자리 잡고 있다(T. H. 모건). 유전자는 하나의 효소를 지정하여 생성하며(조지 웰스 비들과 에드워드 로리 테이텀) 유전자 정보는 DNA에 있다(오즈월드 에이버리, 콜린 매클라우드, 매클린 매카티). 또 하나의 유전자가 하나의 효소를 지정하여 생성하는 것은, 실제로는, DNA의 염기서열에 의한 것임도 밝혀졌다(제임스 D. 왓슨과 프랜시스 크릭). 이런 발견들을 통해 과학은 DNA의 구조를 설명하고 유전자 서열을 판독하여(월터 피어스의 연구팀) 그것의 전체 서열인 게놈 지도를 그려 내기에 이르렀다. 2007년 8월 햅맵(HapMap) 프로젝트는 마침내 인간의 게놈 지도를 판독하였고 이듬해에는 개체차를 반영한 인간의 게놈 판독지도가 발표되었다. 이 성과들은 생명현상을 물질현상과 동일시함으로써 얻은 성과이다. 이런 생물학적 '발견'의 과정은 생명체를 물질에 기초한 하나의 정보기계로 환원함으로써 달성되었다. 이 환원의 방법에서 생명은 유전적 정보기계의 속성으로 이해된다. 이리하여 생명력을 착취하는 자본주의는 인지자본주의의 형태를 취한다.

---

21) 이러한 과정과 그것의 정치문화적 의미에 대해서는 『인지자본주의』의 3장 「인지자본주의로의 이행」, 55~94쪽 참조.

하지만 이러한 성과들은 인간을 생명에 대한 살아 있는 의식에서 멀리 분리시켰다. 생명이, 내부에서가 아니라 철저하게 외부에서 인식되는 인식 틀이 공고하게 다듬어졌기 때문이다. 나중에 살펴보겠지만, 베르그손적 관점에서 볼 때에는, 유전물질인 DNA와 그 가운데서의 정보저장 부분인 유전자는, 생명의 최소구성체가 아니라, 생명체가 생명의 지속의 잠재력을 실현하기 취하는 기억장치들에 불과하다. 생명과학은 이 장치를 실체화할 뿐만 아니라 생명의 결정적 구성요소로 서술함으로써 결국 생명을 다룰 수 없게 된다. 이런 상황에서 필요한 정치철학적 생명접근의 길을 열기 위해, 이러한 상황을 진지하게 문제 삼고 있는 몇 가지 분석과 탐구의 방향들에 대한 검토를 통해 나아가 보도록 하자.

5. 생명착취시대의 가치론

지금까지 서술했듯이 생명과학의 자본주의적 발전과 생명에 대한 인지과학적 접근은 생명에 대한 정보기계론적 관점을 대대적으로 부흥시키고 그것의 승리를 돌이키기 어려운 것으로 만들어 놓았다. 신체기계로서의 고전적 생명체기계인 노동자를 착취하던 산업은 이제 정보기계인 새로운 생명체기계를 착취할 수 있게 된다. 이러한 상황 속에서, 자본이 과학과 동맹하여 생명체 기계의 운동을 착취하고 이를 통해 "생명력 자체를 착취할 수 있게 된 [이] 시대"를 어떻게 이해할 것인가라는 중요한 문제가 등장한다.[22] 이 문제를 풀기 위해 이진경은 "만약 생명산업이 장기이식용 돼지[이것이

---

22) 이 물음은, 이진경, 「생명의 잉여가치와 정치경제학 비판」, 『문학동네』 65호, 2010년 겨울, 408쪽에서 제기된다. 앞서 언급한 나의 책 『인지자본주의』는 이러한 문제제기와의 공감 속에서 나름의 해(解)를 찾기 위한 노력의 표현이다.

복제인간이라고 해도 좋다]의 신장을 상품화하는 데 성공한다면 그 신장의 판매를 통해 얻는 잉여가치는 누가 생산한 것일까?" 하는 정치경제학적 문제를 설정한다. 이것은 가정된 문제이지만 현실적인 의미를 갖는 문제이기도 하다. 생물학적으로 보면 이식용 신장을 만들어 낸 것은 돼지이다. 그런데 정치경제학적으로 잉여가치를 생산한 것은 복제노동을 한 과학자와 양육노동을 한 노동자이며 그것을 수취하는 것은 자본가이다. 이진경은 이러한 상황으로부터, "그러나 이러한 결론을 쉽게 납득할 수 있을까? 결코 쉽지 않을 것 같다. 만약 그렇다고 말한다면 정치경제학은 이제 착취에 저항하는 이론적 사유가 아니라 복제인간의 착취를 은폐하는 이데올로기가 된 것이 아닌가 의심해야 하지 않을까? …… 정치경제학과 노동가치론의 근본적인 개념들을 그대로 유지하려고 한다면 이 모든 사태에 대해 해명하거나 분석하기를 포기해야 한다. 정작 문제가 되는 것은 돼지나 복제인간의 착취임에도, 정치경제학은 복제인간을 클로닝하고 키운 사람들과 자본가 사이의 관계만을 보고 있을 뿐이기 때문이다"[23]라는 문제점을 도출한다. 그로부터 그는, "생명과 관련된 한, 생산과 가치, 착취와 소유에 대한 관념들 전체를 바꾸지 않으면 안 된다"는 하나의 풀이방향을 제시한다. 이러한 방향제시는, 생명산업의 생산물이 "그것에 관여된 생명체들의 공동생산물임을, 따라서 고유재산임을 주장하는 쪽을 따라가야 하지 않을까? 그 모든 종자에 대해 모든 생명체가 자유롭게 사용할 수 있는 권리가 있음을 명확히 해야 하지 않을까"[24]라는 물음에 기초하며, 다음과 같은 비판적 결론을 낳는다.

------

23) 같은 글, 같은 책, 409쪽.
24) 같은 글, 같은 책, 423쪽.

'자연적인 것' '날것'의 생명체와의 관계 또한 마찬가지다. 생명체들은 그 자신 안에서, 그리고 그것을 둘러싼 이웃한 생명체들과 서로 무언가를 주고받는다. 가치나 화폐가 개입되지 않은 순환 속에서 서로 공유한 것을 주고받는다. 인간이 화폐를 지불하지 않고 사용할 수 있는 것은 이런 순환적 관계의 공동성 속에서일 것이다. 종자회사가 그랬던 것처럼, 인간이 자신들이 생산한 것만이 가치를 갖는다고 주장한다면, 그 순환적 공동체에서 스스로를 분리한 이상 그것에 대한 '대가'를 지불해야 한다. 그러한 대가를 지불하지 않는 한, 그것은 명백히 '착취'라고 해야 한다. 생명력이 만들어내는 어떤 생산물의 경제적 영유, 그것은 그 영유에 관여한 노동자를 착취한 것 이전에 무엇보다도 직접적인 이용대상인 그 생명체의 생명력을 착취한 것이다. 그러한 잉여가치의 착취를 일반화하려는 생명공학기업의 모든 시도에 대해서, 인간의 손이 닿은 것을 손대지 않은 '날것'의 '원시적인' 유전자원과 대비하여 구하려는 시도는, 생명력 자체를 착취하는 것으로 확대된 자본의 권력에 대해 어떤 저항도, 어떠한 비판도 수행할 수 없을 것이다.[25]

이진경은 이 결론의 연장선상에서, "인간만이 아니라 토지도, 자연도 잉여가치를 생산한다"[26]는 주장을 제시하면서 맑스의 지대론이 이 주장을 뒷받침한다고 말한다. 어떻게 맑스의 지대론이 이 주장을 뒷받침하는 것으로 사용될까? 이진경에 따르면, 절대지대는 토지에 대한 독점적 소유권을 근거로 지대를 수취하는 것이고, 독점적 권리가 사라지면 평균화되거나 소멸하는 것이다. 그러므로 절대지대는, 자연이 생산한 잉여가치가 아니다.

---

25) 이진경, 「생명의 잉여가치와 정치경제학 비판」, 『문학동네』 65호, 424쪽.
26) 같은 글, 같은 책, 426쪽.

이와 달리 상대지대는 토지의 비옥도 차이에 의해 생산된 잉여가치를 착취한 것이다. 그러므로 이 잉여가치는 경작자인 인간이 아니라 토지, 즉 자연이 생산한 것이다. 그에 따르면 이것은 생명공학과 생명산업에도 응용할 수 있다.

앞서 경작자의 예뿐 아니라 생명산업에서도 절대지대는 소유자가 노동한 사람의 잉여노동을 착취한 것이다. 반면 차액지대는 소유자가 자연의 추가적 생산물을 영유하는 것이므로 자연을 착취하는 것이다. 따라서 착취라는 개념이 단지 자본가와 노동자 사이에만 존재하는 게 아니라 중층적임을 확인할 필요가 있다. 생명산업에서 자본가는 자신의 기업에 고용된 노동자들, 유전자 조작을 하고 세포주를 배양하는 노동자들을 착취한다. 그러나 그것은 '생명'산업만이 아니라 산업 일반, 자본 일반에 공통된 것이며, 생명공학이 만들어 낸 특별한 잉여가치와는 무관하다. 생명공학에 의해 영유하는 특별한 이득인 차액지대는 자연을, 자연의 생명력을 착취하여 얻어진 것이다. 물론 여기에 특허권을 이용한 절대지대가 부가된다. 이는 자연이 아니라 그 상품을 구매하는 인간을 착취하는 것이다.[27]

이러한 논거 위에서 그는 맑스 지대론이 "비록 농지와 물방앗간이라는 더없이 소박한 사례를 통해 포착한 것이지만, 현재는 물론 미래의 생명산업 전체를 '가치화과정'(Verwertungsprozeß, 가치증식과정) 속에서 분석할 수 있는 기본적인 개념을 제공한다"고 생각하게 된다. 그리하여 그는, "지대론은 생명체는 말할 것도 없고, 토지와 같은 생명 없는 자연물 또한 단지 유용성이나 사용가치뿐 아니라 가치를 생산한다는 것을 명확하게 해명해

---

27) 같은 글, 같은 책, 427쪽.

준다. 이 점에서 지대론은 인간만이 가치를 생산한다는 노동 가치론의 휴머니즘에 반하여, 자연의 생산을, 그것이 생산하는 잉여가치를, 그리고 자연에 대한 자본의 착취를 분석할 수 있는 지반을 제공한다"[28]고 생각하게 된다. 이러한 단언으로부터, 자신의 신체적 자유에 대한 권리로서의 신체권 혹은 생명을 지속할 권리로서의 생명권에 대한 요구와 이를 방어하고 실현하기 위한 투쟁의 필요성이라는 대안들이 도출되는 것도 주목할 점이다.

이상의 논리와 주장이 갖는 문제점과 난점을 살펴보면서 다른 가능성을 모색해 보자.

첫째, 생명산업의 등장에서 새로운 것은 생명체가 착취[수탈]의 대상으로 등장한다는 사실에 있지 않다. 초기자본주의에서 양모산업을 위해 털이 깎였던 양이나 가구산업을 위해 줄기를 절단당했던 나무는, 장기를 절단당하는 생명산업의 돼지와 동일하게 산업의 대상이 되었던 생명체들이기 때문이다. 자본주의는 그 시작부터 동물 혹은 비인간 자연물을 무상으로 수탈해 왔다. 인간 노동력에 대한 착취 역시 생명과 자연에 대한 수탈의 연장선상에서 발생한다. 생명체인 인간 노동력의 생산물 중의 불불부분을 자본이 무상으로 가져가기 때문이다. 그러므로 생명산업에서 생명체가 수탈된다는 사실 자체를 새로운 현상으로 보면서 그것으로부터 근대 정치경제학이 직면한 위기나 그것의 한계를 도출하는 것은 적절치 않다. 생명산업은, 생명과학자들의 인지노동을 지렛대로 하여, 더 이상 지속시간에 따라 분할할 수 없는, 생명체들의 연결망과 그것의 인지활동을 사유화하고 착취한다는 점에 새로움이 있다. 근대 정치경제학이 한계에 직면하는 것은 이 지점이다. 넓게 보면 정치경제학은 시작부터 위기와 한계를 함축한 채로 출발했으며 부르주아적 계급투쟁을 통해 그 위기의 폭발을 봉쇄하면서 그

---

28) 이진경, 「생명의 잉여가치와 정치경제학 비판」, 『문학동네』 65호, 427쪽.

것을 파국이 아닌 위기로 재생산해 왔다고 말할 수도 있다. 하지만 위기는 동일하게 반복되지 않는다. 생명산업의 발전과 맞물려 진행되는 노동의 가속적 인지화와 공통된 인지적 생명활동에 대한 착취는 그 위기를 심화시킬 뿐만 아니라 질적으로 변경한다. 뒤에서 살펴보겠지만 마투라나와 바렐라에 따르면, 생명활동은 곧 인지활동이다. 많은 경우에 생명활동에 대한 착취와 수탈은 인지에 대한 소유권 주장, 즉 지적 재산권을 통해 관철된다. 그런데 지적 재산권은, 상품교환에 기초한 근대의 경제관계에 의해 어느 정도는 설명되는 물적 재산권에 비해 훨씬 납득하기 어려운 소유권이다. 그래서 그것은, 물적 재산권보다도 더 많이 정치적 강제력에 의존하지 않을 수 없다. 교환관계로는 인지노동을 충분히 이용할 수 없게 된 자본이, 예컨대 테러 전쟁에서처럼, 명령/복종 관계에 더 많이 호소하게 되는 것은 이 때문이다. 하지만 생명과 노동의 상시적으로 가능한 불복종의 가능성과 그것의 분출이 위기를 항상화시킨다는 데에 자본이 겪는 지배의 어려움이 있고 자본의 과학인 정치경제학이 합리성을 획득할 수 없는 어려움이 있다. 고전 정치경제학은 현대의 경제현실을 더 이상 설명할 수 없고 신자유주의 경제학은 일반적 환상장치로 기능하는 현실에서 정치경제학 비판이 혁신 없이 기능하리라고 기대하기 어려운 것은 이 때문이다.

둘째, 이미 말한 것처럼 자본은 인간의 노동을 착취할 뿐만 아니라 자연도 '착취'하는데 이것은 이진경의 생각처럼 새로운 것이 아니라 오래된 것이다. 그런데 자본은 노동을 착취하듯이 자연을 '착취'하는 것이 아니다. 두 가지는 구별된다. 전자는 고용관계를 매개로 한 생산과정에서 발생함에 반해 후자는 고용관계와는 무관하게 발생한다. 전자는 교환관계를 매개로 이루어짐에 반해 후자는 교환관계를 필수적으로 요구하는 것이 아니다. 전자는 가치에 대한 수취이지만 후자는 가치일 수도 있고 사용가치일 수도 있다. 맑스는 전자에 대해서는 exploitation(착취)이라는 용어를, 후자에 대해서는 expropriation(수탈)이라는 용어를 사용했다. 맑스의 이 용법에 충실하려면 자본은 자연을 '수탈'한다고 말하는 것이 옳다. 그런데 이진경은 자본이 자연을 (수탈하는 것이 아니라) '착취'한다고 주장하기 위해 "자연이 [사용가치만이 아니라―인용자] 가치를 생산한다"는 것을 입증하려고 한다. 자연이 가치를 생산한다는 생각이 정당화될 수 있을까? 맑스는, 비인간인 자연은 사용가치를 생산하지만 가치를 생산하지는 않는다고 보았다. 비인간인 자연물이 가치를 갖는 경우는, 그것이 노동생산물이기 때문이지 자연이 가치를 생산하기 때문이 아니다.

그런데 이진경은, 자연이 착취된다는 사실을 입증하기 위해, 자연이 (자본에 의해) 착취될 가치를 생산한다는 것을 증명하려고 하며 맑스의 차액지대론을, 그것을 입증해 줄 논거로 사용한다. 하지만 맑스의 차액지대론은 토지가 가치를 생산한다는 주장을 뒷받침하기 위해 만들어진 것이 아니라 정확히 그것의 반대를 위해, 즉 토지는 가치를 생산하지 않는다는 생각을 뒷받침하기 위해 만들어진 것이다. 맑스의 생각의 이 거꾸로 된 차용은, 비옥도가 높은 토지에서는 비옥도가 낮은 토지에 비해 더 많은 생산물이 생산되고 그 더 많은 생산량이 직접적으로 지대로 전환된다는 이진경의 단순한 가정 때문에 문제로 여겨지지 않게 된다. 만약 농업생산이 자본주의적-부르주아적 생산이 아니라 소소유자적 생산인 경우라면 그러한 경우를 가정해 볼 수 있을지 모르겠지만 이때조차도 생산량의 차이가 곧바로 지대로 계산되는 것은 아니다. 더욱이 시장유통을 매개로 해서 가치가 실현되는 부르주아적 농업생산에서는 생산량의 차이가 곧바로 지대로 전환되는 일은 발생하지 않는다. 우선 농업생산물도, 여타의 상품들과 마찬가지로, 가치가 실현되려면 가격들(비용가격, 생산가격, 시장가격 등)로 전환되는 변형과정을 거치지 않으면 안 된다. 지대는 **실현된** 가치가 소득으로 전환되는 것이다. 임금은 다르지만, 다양한 유형의 자본가들의 소득들(이윤, 지대, 이자)은 가치의 실현 없이는 획득되지 않는다. 비옥도 차이가 가져오는 생산량의 차이를 곧바로 (차액)지대의 원인으로 계산하는 것은 자본주의적 유통과정 전체를 삭제함으로써 발생하는 오인이다. 차액지대는, 비옥도 차이가 가져오는 생산량의 차이에서 직접 발생하는 것이 아니라 해당 토지에서 생산된 가치와 평균이윤과의 차이에서 발생하는 것이다. 차액지대가 발생하려면 비옥도의 차이만으로는 부족하고 다른 조건들이 충족되어야 한다. 우선 역사적 조건으로서는, 절대지대에서처럼, 토지소유가 소수 지주들의 수중에 독점되어 있어야 한다.[29] 기술적 조건으로서는, 농업에서의 유기적 구성(기술집약도)이 공업에 비해 낮아 단위자본당 더 많은 가치가 농업부문에서 생산되어야 한다. 정치경제적 조건으로서는, 토지소유의 독점이 자본이동을 제한함으로써 농업과 공업의 유기적 구성의 차이를 평균화시키지 않게 하는 장애로 작용해야 한다. 이 조건들이 서로 공동작용할 때에만 비옥도 차이가 낳는 생산량 차이가 비로소 차액지대를 낳는 조건으로 전화될 수 있다. 그렇지만 이런 조건의 공동작용 속에서 나오는 그 차액지대는, 토지(자연)가 생산한 것이 결코 아니다. 두번째의 기술적 조건에서 서술되었듯이, 그것은, 인간의 농업노동에 의해 생산된 것이다.[30] 요컨대 자연이나 생명은 그 자체로 가치를 생산하지 않는다. 그러므로 토지도 가치를 생산하지 않는다. 그럼에도 그것들이 가치론적 의미를 갖는다면 그것은, 인간중심적으로 구축된 현재적 가치체제를 변형하도록, 즉 **다른** 가치체제로 나아

---

29) 이진경이 '생명에 의해 생산된 가치가 착취된다'고 생각하는 문제는, 그가 복제인간이나 무어의 사례를 드는 것에서 확인되듯, 실제로는 생명과학 및 생명공학의 특허권 문제이다. 특허라는 지적 소유권에 의한 착취는, 공동영유물이어야 할 지식(즉 비물질적 인지적 토지)에 대한 소수의 소유독점에서 발생하는 것이기 때문에, 그 성격에서는 차액지대보다는 절대지대에 더 가깝다. 물론 모든 인지적 착취가 절대지대인 것은 아니다. 이 점에 대해서는 『인지자본주의』, 138~142쪽에서 논했으므로 여기서는 반복하지 않는다.

30) 지대문제와 그것의 현대적 의미에 대한 좀더 상세한 서술로는 『인지자본주의』, 123~142쪽 참조.

가도록 촉구하는 힘으로서일 것이다.

셋째, 토지나 생물과 같은 자연물이 가치생산에 노동과 동등하게 참가한다는 잘못된 인식은, 신체권이나 생명권과 같은 **권리** 주장을 대안으로 내세우게 하는 지적 원인으로 작용한다. 현행의 가치 맥락에서 권리는 생산된 것에 대한 분배의 문제를 다투는 것이다. 이것은, "순환적 공동체에서 스스로를 분리한 이상 그것에 대한 '대가'를 지불해야 하며 대가를 지불하지 않는 한 착취라고 해야 한다"[31]는 생각과 연결되어 있다. 하지만 생명체는 물질로부터 에너지를 흡수하지 않고는 성립할 수 없으며 생명은 바로 물질에너지를 흡수하여 자기생성하는 힘에 붙여진 이름이다. 생명체도 물질세계 속으로 뭔가를 배설하지만 그것이 물질계로부터 흡수한 것에 대한 '대가' 제공행위는 결코 아니다. 생명은 물질과 교류(대사작용)를 하지만 어떤 교환도 하지 않는다.[32] 그런데 생명체도 물체의 형태로 파악되는 한에서 물질이지 생명 자체는 아니다. 생명이 흡수할 물질에너지가 생명체에서 오는가 비생명체에서 오는가는 생명의 진화적 선택에 의해 결정되고 있다. 식물은 흡수와 합성의 방식으로 물질에너지를 축적하지만, 초식이건 육식이건 동물들은 모두 어느 정도는 물질로서의 생명체를 섭취한다. 요컨대 동식물을 가리지 않고 생명 자체는 물질에너지의 섭취를 생존근거이자 생존논리로 삼는다. 이런 점을 고려할 때, 동물에게 섭취되는 생명체에게 (그것이 비생명 물체일 수도 있을 것이다) '대가'를 제공했는가 않았는가를 정당성 기준으로 삼는 것이 과연 합당한가? 생명의 섭취행위와 물질대사는, 대가를 주고받는 식으로 이루어지는, 물질과의 교환행위가 아니다. 그것은 보존하고 진화하려는 생명의 충동에서 비롯되는 행위이다. 이런 한에서, 이 관

---

31) 이진경, 「생명의 잉여가치와 정치경제학 비판」, 『문학동네』 65호, 424쪽.
32) 자본주의적 교환은 등가성을 전제한다는 점에서 일반적 의미의 교류와 구분된다.

계에 원리적으로 타당한 내재적 기준이 있을 수 있다면, 그것은, 그 행위가 생명의 보존과 진화를 가능케 하는가 아닌가라는 기준일 것이다.

대가를 지불하지 않는 것이 문제가 아니라면, 오늘날 자본의 생명수탈의 문제점이 무엇일까? 가치생산과 가치교환의 논리는 노동을 척도로 삼았으며 화폐를 공통어로 만들었다. 이것은 생산수단과 생산자의 분리를 조건으로 작동하는 메커니즘이었다. 그런데 정보기계로서의 생명체는 생명[생산]수단으로부터 분리할 수 없다. 그렇기 때문에 생명체들의 직접적 교류과정에 생산수단과 생산자의 분리관계에서 파생된 자본은 필수불가결한 요소가 아니다. 그래서 자본은, 생명체가 생산하는 가치를 착취하기 위해, 생명체들의 교환과정에 직접 개입하기보다 그것들의 공통된 생산물을 자본주의적 명령과 포획의 과정에 종속시키는 방법을 선택한다. 이것이 오늘날 노동가치 척도를 위기에 빠뜨리고 무력화시키는 조건이다. 그리고 이것은 생명의 자기생성적 진화를 저해하고 생명개체, 생명종, 생태계를 파괴하는 파국적 결과를 가져오고 있다. 생물종들의 빠른 멸종으로 인한 생물다양성의 상실, 기후온난화와 생태의 위기, 그리고 생명개체들이 겪는 나날의 고통 등은 그것의 현상형태이다. 문제는 여기에 있다. 이러한 상황에서 노동가치론 대신에 (혹은 그것과 더불어) 자연가치론을 제기하는 것이 유의미한가? 자본주의적 생명수탈관계를 대체할 다른 관계의 구현보다 신체권이나 생명권과 같은 자연의 권리들을 주장하는 것이 유효한 대안일 수 있을까? 그 어떤 가치론이건, 교환가치의 논리에 따라, 즉 가치화의 문법 속에서 현대세계를 이해하는 한, 자본주의를 넘어설 수 없으며, 가치권리에 따라 문제의 해법을 제시하는 한, 부르주아적 체제의 게임룰을 재생산하게 된다.

넷째, 그러므로, 이와는 다른 게임룰을 발명하는 것이 필요하다. 그것은, 생명산업의 생산물이 생명체들의 공동생산물이라는 앞서의 직관에서 출발할 수 있다. 하지만 공동생산물이므로 공동분배가 필요하다는 식의 권리 주장으로 나아가는 것이 아니라 어떻게 공동생산과정을 착취관계에서 분리시킬 것인가, 어떻게 그 공동생산과정을 자기생성적이고 자율적인 생명원리에 충실할 수 있도록 만들 것인가의 문제로 제기되어야 한다. 이 대안은, 첫째로, 생명을 생명체로 환원하지 않는 사유방식을 필요로 한다. 생명체는 그 고유의 자기생성적 개체성을 갖지만 다른 한편에서는 지성과 과학이 설정한 생명의 단위이며 생명으로부터 절단해 낸 개체성이기도 하다. 오늘날 지구 전체를 자기생성하는 하나의 생명개체로 파악하려는 관점(가이아 이론)이 점점 설득력을 얻어 가고 있는 것은 이 때문이다. 둘째, 개개의 생명체는 물체이기 전에 연결망이다. 그렇기 때문에 생명의 공동생산 과정을 꾸려 나갈 공동체는 인간공동체를 넘는 [라투르적 의미의] 물(物)정치적 모임[33]일 수 있어야 한다. "생산자와 노동대상의 분할을 규정하는 휴머니즘적 전제들에 대해 근본적으로 다시 검토할 것을 요청한다"는 이진경의 주장의 합리적 핵심은 여기에 있다.

　　마지막 문제는 생명정치와 관련해 제기된다. 생명산업은 우선 생명의 물질화를 자극하고 그런 후에 그것의 사유화를 재촉한다. 법률, 행정, 사법 등의 국가장치들이, 생명을 일정한 가치회로를 따라 흐르도록 하는 운하, 즉 착취/수탈 장치로 기능한다. 지적 재산권은 그 장치의 주요한 작업기들 중의 하나이다. 이런 수단들을 통해 오늘날 권력은, 생명체들과 생명종들을 생산하고 통제하고 감시하는 생명권력으로 전화한다. 이것을 매개로 생명력, 생명에너지는 자본으로 축적되고 축적의 축적은 더 큰 명령을 부과할 수 있는 권력을 생산한다. 이 과정은 생명체들의 기존망을 교란시키고 생태적 파국의 조건을 축적한다. 이렇게 생명권력이 생명의 물질화와 사유화

---

33) 조정환, 『인지자본주의』, 522쪽 참조.

를 꾀하면서 생명문제를 생명체의 문제로 환원하고 있는 현실에서 생명의 정치가 가능하다면, 그것은 공간적 생명체(의 권리)에 대한 사유에서 출발하기보다 대상화할 수 없는 시간의 힘으로서의 생명에 대한 사유를 복원하는 것에서 출발해야 할 것이다.

6. 자연섭리적 생태주의의 목적론적 대응

생명권력은 생명을 대상화하고 기계화하고 사유화함으로써 여러 생명종들의 위기와 멸실을, 수많은 생명개체들의 위기와 죽음을, 특히 인간의 사회적 삶의 위기와 파괴를 가져왔다. 이러한 상황에서 우리는, 생명에 대한 목적론적 접근이 부활하는 것을 발견할 수 있다. 목적론적 대응은 위와 아래 두 방향에서 나타난다. 위로부터의 목적론적 대응은 신자유주의를 신보수주의로 극단화하려는 시도로 나타난다. 네오콘과 테러에 대한 전쟁의 논리는 정의, 구원 등의 목적론적 논리를 전면에 내세운다. 2001년 미국의 네오콘은 이른바 자유, 평등, 인권을 보편주의적 가치로 내세우면서 세계를, 이 가치들을 존중하는 선의 나라와 이 가치를 무시하는 악의 나라로 이분하고 악에 대한 전쟁을 선포했다. 이 선악 이분법 논리에서 전쟁에서의 승리는 구원에 이르는 길로 표상된다. 오늘날까지 미국은 전쟁을 이 목적론적 구원의 이미지에 따라 조직하고 있다. 빈 라덴을 사살한 오바마는 "마침내 정의가 실현되었다"고 말한다. 이러한 구원론이 전쟁터를 신무기의 경연장이자 실험실로 만들고 기술과 기계를 구원의 무기로 삼는데, 여기서 기계론과 구원론의 노골적인 동맹이 확인된다.

이와는 다른, 아래로부터의 목적론적 대응도 있다. 그것은 생명의 산업화에 대한 저항 및 거부의 태도 속에서 나타난다. 산업화를 거부하는 목적론적 대응방식의 하나의 예는 다음과 같이 표현된다.

자연의 순리에 자신들의 삶의 욕구를 적응시키는 근본적으로 겸허한 태도와 감수성이야말로 지금 우리들에게 가장 절실히 요구되는 자질이다. 또, 그러한 감수성이야말로 모든 진정한 문학적 감수성의 본질일 것이다. 지금 보는 것처럼 오로지 기술의 힘에 의하여 위기를 해결하려고 한다든지, '안락을 위한 전체주의'를 유지하려고 한다든지 하는 것은 결국 인간성의 황폐화를 불가피한 귀결로 할 수밖에 없다는 사실을 심각히 생각하지 않으면 안 된다. 현대문명은 끊임없이 고치고 부수고 새로운 것을 만들어 내어 편리함과 효용성, 경제적 가치만이 현대문명이 섬기는 유일한 가치가 되었다. 이제 이러한 것에 대한 전면적·근원적 비판과 도전이 절실하다. 세계는 관리해야 하는 대상이 아니라 우리가 가만히 귀를 기울여야 할 존재다. 그것이 구원의 길이다. 모든 것을 일차원적인 유용성 속에서 평가하는 상황에서는 결국 자연도 황폐화되고, 인간도 타락할 수밖에 없다. 이제 '쓸모없는 것'을 기리고 찬미하는 정신적 공간을 확보할 필요가 있다. 이것은 인간이 과연 어떤 상황에서 가장 행복하고 자유로워질 수 있는가를 깊이 성찰하려는 노력과 결국 같은 것이다. 그동안 문명은 끊임없이 세계를 정복함으로써, 사회적 약자와 자연을 누르고 부려먹음으로써 행복의 크기를 증대시키려고 무작정 달려 왔고, 그 결과는 지금과 같은 사회적·인간적·생태적 재앙으로 귀결되었다. 따라서 필요한 것은 근본적인 방향 전환이고, 그것을 위해서는 우리가 가지고 있는 상투적인 가정, 논리들을 철저히 뒤집지 않으면 안 된다. 지금 필요한 것은 '진보'가 아니라 개안(開眼) 혹은 회심(回心)이다. 그리고 이것이 불가능을 향한 문학의 도약대다.[34]

세계를 대상화하지 않고 그것에 귀 기울이기, '쓸모없는 것'을 기리고

---

34) 김종철 강의안, 「대지를 떠난 문학」, 2010. 3. 25(목), 동대문도서관 시청각실.

찬미하는 정신적 공간을 확보하기, 효용성 가치로부터의 근본적 방향전환, '진보'가 아니라 개안(開眼) 혹은 회심(回心) 등의 제안은 듣는 이로 하여금 걸음을 멈추게 하는 매력을 갖고 있다. 베르그손의 존재론적 생명론도 이 와 공명하는 가치들을 피력한다. 유용성 문맥을 넘는 직관, 주의를 기울이 기, 진보적 관점의 상대화 등이 그것이다. 하지만 근본적 차이가 있다. 베르 그손은 이 가치들을 생명의 공통된 약동에 연결시킴에 반해 김종철은 그 제안들을 궁극적으로, "자연의 순리에 자신들의 삶의 욕구를 적응시키는 근본적으로 겸허한 태도와 감수성"에 연결시킨다. 얼핏보면 김종철의 자 연은 러브록의 생태(가이아)와 유사하지만 자세히 살펴보면 그것과도 근본 적으로 다르다. 러브록의 가이아는 자기생성하는 시스템이다. 그런데 김종 철의 생태는 러브록의 자기생성이나 베르그손의 '생명의 약동'이 포함하는 창조라는 특성이 없다. 김종철의 자연은 생성하고 약동하고 창조하는 자연 이 아니라 섭리에 따라 움직이는 자연이다. 인간이 갖추어야 할 덕목은 그 섭리에의 '적응'이고 그것을 위한 겸허한 태도와 감수성이다. 자연의 순리 가 지배해야 할 계기로 설정된다. 물론 이것은 커다란 방향전환이다. 우리 가 오늘날 자연의 순리가 아닌 다른 순리, 즉 자본의 법과 순리에 "적응"하 는 "겸허한 태도와 감수성"에 젖어 있기 때문이다. 축적하라, 축적하라, 축 적하라는 명령 앞에서 우리들은 너무나 고분고분하고 겸손하다. 순종과 겸 손의 덕목이라면 우리 시대의 인간들이 결코 뒤질 덕목이 아니다. 부자가 되라는 명령을 떠받들기 위해서라면 혀밑 근육을 자르고 장기를 잘라 팔고 온갖 위험을 무릅쓰며 신체를 성형하는 데 어떤 주저도 없다. 이것이 살아 있는 자들의 죽은 삶을 규정한다. 김종철이 현대 문명이 경제적 가치에 의 해 지배되고 있는 것을 비판할 때, 그것을 '현대 문명은 경제적 가치만을 섬 긴다'고 표현할 때, 그것은 바로 이 자본에 대한 섬김과 복종의 문화를 지칭 한 것이리라. 그러므로 김종철의 제안은 자본에서 자연으로의 급진적 방향

전환을 표시한다.

그런데 경제적 가치에 대한 섬김은, 김종철이 생각하는 것과는 달리, 유용성에 대한 섬김이 결코 아니다. 유용성은 경제적 가치, 교환가치(가치)의 축적에 종속된다. 유용성은 가치창출과 가치축적의 수단이지 결코 목적이 아니다. 유용한 것들, 쓸모 있는 것들을 찬미하는 것과 현대자본주의 문명은 아무런 관계도 없다. 또 축적은 "행복의 크기"를 증대시키는 것과 아무런 관계도 없다. 가치는 사회적 개인들이 대화하는 방식이며 그들의 언어이다. 우리의 사회는 양적 가치로서의 교환가치에 의해 조직되어 있다. 바로 이것이 사회의 더 많은 부분을 차지하려는 만인의 투쟁을 불러오고 축적의 메달 따기에 전 삶을 바치도록 만든다. 아직 인간은 교환가치 외에 현대사회를 조직할 다른 대안적 가치를 발명하지 못한 상태에 있다. 이것이 사회적, 인간적, 생태적 재앙이 지속되는 조건이다.

이러한 상황에서 김종철은 섬길 대상을 바꾸자고 제안한다. 자본에 대한 충성과 섬김 대신 자연에 대한 충성과 섬김을 대안으로 제시한다. 그러나 이 두 대안 모두에서 생성, 진화, 약동, 창조로서의 생명은 억압된다. 생명은 주어진 것에 순종하는 힘이 아니라 그것을 넘어서는 초과/잉여의 힘이다. 특히 인간은 생명과 자유의 논리에 따라서, 즉 주어진 자연을 "끊임없이 고치고 부수고 새로운 것을 만들어 내는" 방식으로 진화한 유이다. 그것을 달성하는 수단 중의 하나가 기술이었다. 기술은 섬김을 거부하고 복종을 거부하면서 획득한 인간의 사회역사적 능력이다. 아니 기술은 생명이 스스로를 조직하는 방식이다. 광합성, 동화와 이화, DNA와 유전자, 개체형성 등은 생명이 진화를 위해 선택한 기술들이다. 인간은 여기에 언어라는 기술을 추가하고 유기체를 넘는 사회체로 진화했다. 그렇다고 해서 인간이 자연존재임을 벗어났는가? 결코 그렇지 않다. 인간은 새로운 자연이다. 김종철은 이 새로운 자연이 주어진 자연(엄밀한 의미에서 주어진 자연이란 없고 모든 자연은 만들어진 것이다) 앞에 머리를 숙이는 길만이 개안의 길이라고 제안한다. 이것은 인간을 무력하게 하고 산 것을 죽이는 다른 방식이 아닐까? 타나토스(죽음)의 충동이 이 논리를 휘감고 있는 것이 아닐까? 생태, 생명의 이름으로 죽음과 무기력을 제안하는 것이지 않을까? 기술의 자본주의적 전유와 기술 일반을 혼동할 때, 자본주의적 문명과 문명 일반을 혼동할 때, 우리가 인간적 생명을 송두리째 제물로 내놓아야 하는 위험에 노출되는 것은 아닐까?

산업화에 대해 자연섭리적 생태주의가 취하는 저항의 논리 속에서 우리는, 생명에 대한 목적론적 관점이 다른 형태로 부활하는 것을 목격한다. 지금까지 살펴본 "자연의 순리"가 그것이다. 자연에 이미 주어진 이치가 있다는 생각은, 물질계와 기존 생명종들의 망체제를 포함하는 전통적 생태를 이미 **결정된** 기계장치로 이해하는 것이다. 그것은 이미 결정된 하나의 거대한 기계적 프로그램을 갖는 체계로 표상된다. 이렇게 자연이라는 기계장치의 기존 프로그램을 받아들이고 섬기는 것을 삶의 논리로 받아들이게 되면 삶과 존재들은 미리 그려진 계획을 실현하는 것에 지나지 않는 반복의 과정으로 위치 지어질 것이다. 이 거대 기계적 프로그램론의 입장에서 보았을 때 현대 생명산업의 문제는, 작은 기계적 프로그램으로 이미 주어진 커다란 기계적 프로그램인 자연순리를 거스르고 파괴하고 훼손하는 것으로 나타날 것이다.

이런 인식론적 틀로 인해서 자연섭리적 생태주의는 드물지 않게 뒤집어진 기계주의로 나타난다. 자연섭리적 생태주의 역시 과거와 미래를 모두 현재의 계산가능한 함수들로 다루며 생명체와는 구분되는 생명을 부정하곤 한다. 오랫동안 목적론은 생물학의 '애첩'이었다.[35] 기계론의 위기를 틈

---

35) 프란츠 부케티츠,『자연의 재앙, 인간』, 박종대 옮김, 시아출판사, 2004, 158쪽.

타 목적론이 자신을 본처라고 주장하는 것은 자연스럽다. 자연섭리적 생태주의는 기계주의의 진보주의에 보수주의를 대치시키지만 이 대치는 작은 기계주의에 큰 기계주의를 대치시키는 것에 지나지 않는다. 정치경제적으로 현재의 작은 기계주의가 부와 가난을 양극화하고 있다면 큰 기계주의는 가난을 보편화할 것이라는 차이가 있을 뿐이다. 기계론과 목적론의 대립은 지성이 생명에 관계하는 두 방식 사이의 허위적 대립이다. 이 양자는, 생명의 물질적 조건이나 생명의 특정한 작동양식을 생명으로 오인하거나, 생명적 작용의 결과나 잔재에 불과한 것을 생명으로 오인하는 방식으로 자신의 정당성을 주장한다. 이제 우리가 귀 기울여야 할 것은 섭리로서의 자연의 목소리가 아니라 창조를 통해 진화하는 생명의 목소리다.

7. 과학과 근대성을 구출하기?

자연섭리적 생태주의와는 다른 길에 대한 제안은 최종덕의 글, 「생명 유토피아의 진실」에서 발견된다. 이 글에서 최종덕은 생명주의의 기계론 비판을 반비판하면서 생명과 과학에 대한 자신의 생각을 피력한다. 그는 "오늘의 인간위기 및 생태위기 등의 생명의 위기증상이 자연과학만의 부작용인지"를 되묻고 "생명의 위기를 현대의 첨단 과학기술의 부작용으로 간주하는 통속적 입장이 어디까지 신뢰할 수 있는 주장인지"를 살핀 후 생명을 빙자하여 개인의 안위에 몰두하면서 현실사회에 대해 침묵하는 일련의 관련 행동체계들을 생명 유토피아주의이자 생명주의를 빙자한 도피적 신비주의라고 진단한다.[36] 이것은 6절에서 내가 수행한 작업과 공명하는 요소를 갖는다. 그의 비판의 요지는, 1970년대 이후 문명위기의 대안으로서 출발

---

36) 이 책 64쪽을 보라.

한 생명 유토피아는 현대문명 위기의 핵심인 환경생태 위기와 인간소외 위기의 역사적 책임을 근대과학에 돌리면서 생명과 과학을 대립시켰는데, 이 과정에서 생명과 자본의 위험하고 불균형한 대립을 놓치고 있고, 신자유주의 시장이 석권한 현대 자본권력 앞에서 언어적 유희로 그치고 만다는 것으로 요약될 수 있다.

이러한 비판은 오늘날 생명이 자본관계에 포섭되어 있고 자본관계가 생명 진화의 조건이자 실질적 장애물로 나타나고 있는 현실에 주목하게 한다는 점에서 타당하다. 나는 앞에서 생명에 대한 **정치**철학적 접근이 필요하다고 하면서 이와 동일한 생각을 밝힌 바 있다. 그런데 근대과학이 아니라 자본관계가 적이라는 이 비판은, 뉴턴에서 시작되는 근대과학 정신을 완성하는 것이 과제라는 암묵적이면서도 명시적인 실천적 제안을 포함한다. 이러한 방향제시는, 생명주의의 맹점에 대해 비판하는 가운데 지금까지 생명주의적 사유와 실천들이 달성해 온 긍정적 성과조차 허물어 버리는 것이지 않을까? 특히 이러한 제안은, 우리 시대에 자본관계가 과학을 포섭하면서 자본과 과학이 기우뚱한 동맹관계를 맺고 이 동맹체제가 생명진화의 장애물로 되고 있는 현실 ——앞에서 분석한 이진경의 글은 바로 이것을 표적으로 삼았다——을 은폐하는 효과를 가져오지 않을까? 이 물음들에 답하기 위해 조금 더 구체적으로 그의 논거를 살펴보도록 하자.

우선 최종덕은, 생명이 "그 자체로 생명의 존속을 이어가는 내적 동력을 갖고 있"고 "외부로부터의 힘이 아닌 내부로부터의 힘에 의해 탄생과 존속을 발생시"키며 "이 점은 생명의 가장 두드러진 특징"이라고 말한다. 이런 전제 위에서 그는 "외부로부터의 힘에 의해 생명을 설명하는 방법", 즉 "만물 생명의 생성과 주재를 담당하는 우월적 존재를 가정하는 관점"을 외재적 시선이라고 부른다. 여기에는 두 가지 유형이 있는데 하나는 초월적 접근이고 다른 하나는 과학적 접근이다. 초월적 접근은 "생명의 생성과 주

재를 담당하는 초월적 가상존재를 설정하는 방식"이며 "다른 하나는 첨단
의 과학기술을 통해서 생명의 생성과 제어가 가능하다는 설명 방식"이다.
이 외재적 접근들에 그는 내재적 시선을 대치시킨다. 내재적 시선은, 생명
의 시원을 이루는 생명원형과 그 이후의 존속을 가능하게 하는 원동력이
생명 안에 내장되어 있다는 관점이다. 이 관점도 두 가지 유형으로 구분된
다. 하나는, 생명 탄생의 주관자를 가정하는 점에서 형식적으로는 외재적
시선이지만 그 주관자가 특정한 존재양상을 갖지 않는다는 점에서 내용적
으로는 자연 내재적인, 신화적 접근이다. 다른 하나는 생명을 생태적이며
순환적인 세계관으로 바라보면서 자연물과 동물 및 인간을 포함하여 개체
의 생명들 사이에 생명네트워크가 설정되어 있음을 전제하는 전일적 자연
주의 접근이다.

　　최종덕은 이 두 가지 내재적 접근을 고려하면서 다른 내재적 접근이
가능한지를 타진한다. 이 과정에서 그가 주목하는 것은, 기계론과 원자론
및 반목적론의 세계관을 정초한 뉴턴의 과학철학이다. 뉴턴은 자연계의 흐
름을 기계론적 법칙을 따르는 운동들의 현상이라고 보았고 질점(質點, mass
point)의 개념으로 물질의 위치와 질량을 수학적으로 표현했다. 그리고 뉴
턴은 아리스토텔레스와는 달리 외부에서 최초의 운동력이나 지속적 힘이
주어짐이 없이도 사물이 운동할 수 있다고 설명했다. 최종덕은, 힘을 설명
하는 데 있어서 아리스토텔레스에서 뉴턴으로의 이러한 변화는, 철학적으
로 목적론적 운동법칙을 과감히 버리는 대신, 목적이 배제된 기계론적 운
동법칙을 도입한 것으로 해석한다. 이것은 물질에서 정신적 의지를 완전히
소거함으로써 가능해지는데, 이 때문에 뉴턴은, 인간과 신을 제외한 동물
이하의 존재를 기계적인 활동성으로 간주했던 데카르트와는 달리, 생물적
대상 일체를 질점으로 표현할 수 없다고 보아 물질로부터 생물학적 의지를
제거시켰다. 그는 입자와 입자, 에테르와 에테르, 나아가 행성과 행성 사이

에서 서로 밀고 당기는 힘의 원인을 탐구하는 대신 그 힘들 사이의 작용관계를 수학적으로 밝혀내는 데 집중했다.[37] 이것은, 생기론적 관점과의 투쟁을 수행하는 방식이었다. 이 목적론적 사유의 배제를 최종덕은 "당시로는 거의 혁명에 가까운 사유의 전환"으로 높이 평가한다.

어쨌든 이제 작은 결론을 내릴 수 있다. 뉴턴에게서 사물을 다루는 물체의 운동원리와 의지를 다루는 생명의 운동원리는 서로 독립적인 별개의 수준이라고 간주된다. 물체의 운동원리는 기계론적 구조를 가지며, 뉴턴은 이 구조를 수학적으로 기술할 수 있었다. 반면 생명의 운동원리는 불가지론의 대상으로 남겨 두었다. 이런 점에서 뉴턴의 자연관은 데카르트의 자연관과 상이하다. 데카르트는 인간의 자유와 영혼을 제외한 일체의 생명적인 것을 기계적인 것으로 환원시킬 수 있다고 보았다. 그러나 뉴턴은 그런 물질적 환원주의와 거리가 멀었다. 그는 오로지 그가 경험적으로 탐구할 수 있었던 땅과 하늘의 사물운동에 대해서만 연구를 했고 결국 그에 대한 놀랄 만한 성과를 내었다. 그러나 생명에 대해서는 그런 방식으로 접근할 수 없다는 것을 인지하고 있었다. 물론 그는 생명의 운동원리가 존재하지 않는다고 한 적이 없었으며, 단지 생명의 운동원리에 접근하지 않았을 뿐이다.[38]

최종덕은, 뉴턴이 물질과 생명을 서로 다른 원리에 따라 운동하는 것으

---

37) "내가 여기서 인력이라는 낱말을 사용하는데, 그것은 어떤 물체가 다른 것에 접근하는 노력이 무엇이건 간에 그 힘을 가리키는 표현이다. 그러한 노력이 **물체들에서 방출되는 정기**(sprit)에 의해서 서로를 향하게 되는가 혹은 끌어당기게 되는 것과 같이 **물체들 자체의 작용**에서 생기는지, 그것이 **에테르나 공기 혹은 어떤 매체로**부터 생기는지, 그것이 정신적인 것이건 물질적인 것이건 물체들을 어떤 방식으로 잡아당기는가는 **상관없다**"(이 책 75쪽, 강조는 인용자).
38) 이 책 76쪽.

로 보았고 생명원리를 기계론에 따라 파악하지 않았던 점을 고려하면, 현재의 생태위기와 연관하여, "현대과학기술 문명을 살아가는 오늘날 점점 심각해져 가는 인간 자유의지의 위기, 나아가 전 지구적 생명몰시 증상이 뉴턴 과학혁명의 부작용이었다"는 주장은 통속적이며 오류를 포함하는 것이라고 평가한다. 그것의 오류는 뉴턴과학의 산업적 자본주의적 이용을 주목하지 않는 것에 있다. 17세기 뉴턴과학은 18~19세기 들어서 기술과 자본 그리고 권력과 만나면서 산업혁명과 자본의 축적의 도구로 되었다. 최종덕은 현대문명 위기의 책임이 과학에 있기보다 산업화, 과학기술의 산업화, 자본축적으로 이어지는 "악순환"의 구조, 즉 인간을 자본에 예속시키는 구조에 그 책임이 있다고 말한다. 이것은 과학이나 철학이 탐구를 끝내는 바로 그 장소에서 문제에 대한 사유를 새로 시작해야 한다는 유의미한 제안이다. 그는 "인간이 기계에 소외당하는 상실감에 앞서 인간이 자본에 소외당하는 상실감이 더 중요한 인간위기의 원인"이라고 말하면서, 오늘날 자본이 권력과 결합하여 인간 및 자연을 지배하는 실질적인 왕국으로 된 것이야말로, 우리가 다투어야 할 실제적 문제라고 본다. 이렇게 "인간소외, 생태위기 등의 전반적 문명위기의 원인은 근대과학이기보다는 과학기술을 산업화한 자본권력"이라는 관점에 서서 그는, 환경위기와 인간위기의 문명사적 원인을 뉴턴 근대과학과 데카르트의 기계론적 철학에 돌리는 관점들, 특히 심층생태론을 비판한다. 이 비판을 통해 그는, "문명위기와 근대성은 철학적으로 밀접"한 것이 아니라 오히려 "우리에게 근대는 정착된 적이 없"고 오히려 과제로 남아 있다는 명제를 제시하는 것으로 나아간다.[39]

---

39) 이것은 브뤼노 라투르의 『우리는 결코 근대인이었던 적이 없다』(홍철기 옮김, 갈무리, 2009)를 상기시키는 명제인데, 라투르와 최종덕의 생각이 서로 부합하는 것인지는 의문이다. 라투르가 말하는 근대성은 이분법이 아니라 하이브리드, 연결망의 증식을 의미하는데, 최종덕의 근대성은 물질과 생명의 엄격한 구분을 의미하고 있는 것으로 보이기 때문이다.

여기서 근대성의 정착이란 생명의 논리와 물질의 논리를 뒤섞지 말고 철저히 구분하면서 과학을 물질의 운동에 대한 설명으로 보는 뉴턴적 방법을 완성하는 일일 것이다. 최종덕에게서 그것은, 생명을 신비화하는 마술정치 및 생명 유토피아와 싸우는 것을 과제로 받아들이는 윤리정치로 나타난다. 그러나 이러한 방법은, 현실에서 밀접하게 연관된 생명과 물질을 인위적으로 분리시키고, 또 뉴턴이 그러했듯이, 생명에 대해서는 불가지론을 유지하는 것으로 될 수밖에 없지 않은가? 생명/생태주의는, 이러한 방법이야말로 생명의 자기논리를 접어 둠으로써 생명에 물리의 논리를 폭력적으로 부과할 수 있도록 방조해 온 바로 그 방법이라고 비판해 왔다. 지성의 논리가 직관의 논리를, 물질의 논리가 생명의 논리를 지배하게 된 것이 뉴턴 효과라고 말하는 것이 과연 부당한가? 특히 뉴턴적 과학이 자본과 권력의 지배장치로 된 것은 이를 입증하는 것이지 않는가?

자본의 지배가 인간위기의 직접적 원인이라는 최종덕의 생각은 과학의 지배가 그것의 원인이라는 생각보다는 타당하다. 하지만 이러한 양자택일적 논법은, 인간의 사유능력 중에서 지성의 지배가 자본의 지배에 길을 열어 주었다는 사실을 묵과하도록 만든다. 실험도구의 발명이 낡은 생기론의 설 자리를 없앴듯이 뉴턴 과학적 관점의 확대는 생명논리가 들어설 사유공간을 박탈했다. 그러므로 자본의 지배라는 현실에서의 변화는 지성의 지배라는 사유에서의 변화와 병행하는 것이지 책임을 자본에게만 돌리는 것으로 과학이 그 책임을 피할 수 있는 것은 아니다.[40] 자본의 발전은 과학의 발전의 이면이고 그 역도 성립한다. 과학적 사유의 지배를 그대로 둔 상태에서 자본관계의 현실적 지배를 극복할 수 있는 것은 아니다. 그렇기 때문에 자본주의적 관계와는 다른 인간들의 사회적 관계를 발명하려는 노

---

40) 최종덕은 과학의 책임을 수사적으로는 인정하지만 실제적으로는 인정하지 않는다.

력은 지성의 지배와 과학적 사유의 헤게모니를 극복하면서 다른 사유능력을 발전시키려는 노력과 병행되지 않으면 안 된다. 특히 자본과 지성, 자본과 인지가 그 어느 때보다도 밀착해 있는 인지자본주의의의 도래는 이러한 노력의 필요를 더욱 부각시킨다. 현실에서 인지에 대한 비판은 자본비판으로 될 수 있으며 자본비판은 인지비판으로 될 수 있다. 자본권력을 하나의 인지형태, 인지장치로 이해한다면 자본과 인지는 전혀 분리되는 것이 아니다. 자본권력이 곧 인지권력으로 나타나기 때문이다. 인지력을 특정하게 조직하고 배치하며 포획하는 능력이 곧 자본이다. 오늘날에는 가치법칙조차도 인지를 조직하는 법칙이자 인지발전을 명령하는 법칙이다.

최종덕은 뉴턴적 이분법을 받아들이지만 그의 생각이 생명에 대한 불가지론에 머문다고 단정할 수는 없다. 그는 글의 후반부에서 생명에 대한 적극적 규정으로 나아간다. 그는 생명을, 자기를 보전하고 후대를 이어가는 활동성으로, 동사로 이해하는 것이 필요하다고 주장한다. 동사로서의 생명활동, 그 자체가 생명이라는 것이다. 이 규정에서 출발하여 그는, "생명을 생명답게 만드는 것은 생명 밖에 있는 것이 아니라 생명 안에 있"고 생명은 인위적인 인공물이 아니라 자연적인 자연물이라는 주장으로 나아간다.

동사로서의 생명의 특징은 그 스스로 있으며 저절로 있다는 점인데, 여기서 스스로와 저절로의 의미는 다른 환경에 독립적인 개체로서의 존재로 이해되어서는 안 된다. 동사로서의 생명이 스스로 그리고 저절로 활동한다는 뜻의 본질은 이 세계를 창조한 절대권능의 초월적 대존재를 설정하지 않고서도 자족적으로 세상의 모든 생명존재들이 가능하다는 점이다. 또한 동사로서의 생명은 전체와 부분이 양방향으로 상호소통하는 체계의 특성을 지닌다. 동사로서의 생명은 항상 다른 생명과 섭동을 한다.[41]

　스스로, 저절로 있는 것을 의미하는 '동사로서의 생명'. 이것이 그가 찾아낸, 생명에 대한 다른 내재적 접근에서 빚어진 개념이다. 최종덕은 생명은 신비롭지만 그 신비로움의 근거 역시 생명 안에서 찾아져야 한다고 보면서 생명의 신비는 삶의 일상 그 자체라고 말한다. 이 일상의 삶, 자본권력에 철저하게 소외된 대중의 이 공동체적 삶에서 유리된 생명 유토피아는 그들의 언어와 달리 반생명적이라는 것이 최종덕의 생각이다. 생명 유토피아 일반은 현대문명의 위기라고 할 수 있는 환경생태 위기와 인간소외 위기의 문명사적 그리고 사상사적 원인을 근대과학의 형이상학적 측면에서 찾을 뿐, 과학기술이 자본권력과 만나 그들만의 이익을 위한 독단적 음모를 행한 것에 대해서는 침묵함으로써 일상의 공동체적 삶에서 유리된다는 것이다.

　이러한 논법에서 생명의 문제는 일상의 공동체적 삶의 문제로 치환된다. 즉 생명은 사회체의 문제로 치환되는데, 이러한 치환은 생명이 사회체뿐만 아니라 유기체, 생태계 등으로도 개체화되어 왔으며 다른 개체화의 여지까지 갖고 있는 잠재력임을 간과하도록 만든다. 자본권력은 사회체의 층위에서 움직이기 시작하지만 유기체나 생태계에 영향을 미치며 오늘날에는 그것에 점점 더 직접적으로 작용한다. 그렇기 때문에 생명에 대한 탐구는 일상의 공동체적 삶이 직면한 문제들에 대한 탐구로 치환될 수 없고 자본과 공동체의 접면(接面)에 대한 탐구로 그칠 수도 없다. 그렇기 때문에 일상의 공동체적 삶에 대한 탐구는 사회 내재적인 탐구일 수 있을지언정 생명 내재적인 탐구라고 할 수는 없다. 생명 내재적인 탐구는, 그것이 개체적인 것에 대한 탐구만이 아니라 전(前)개체적인 것에 대한 탐구를 필요로 하듯이, 사회적인 것에 대한 탐구만이 아니라 사회 이전의 것, 혹은 전사회

---

41) 이 책 83~84쪽.

적인 것에 대한 폭넓은 탐구를 절대적으로 필요로 한다.

둘째, 동사로서의 생명이란 개념은 생명의 특질을 설명하기에는 부족한 개념이다. 그것은 스스로, 저절로, 있다는 의미만을 갖는데, 생명이라 할 수 없는 많은 기계들도 오늘날 스스로, 저절로, 있다. 생명이 동사라면 기계도 많은 경우에 동사이며, 물질도 어떤 의미에서는 스스로, 저절로, 있고 또 움직인다. 자기조직화하고 자기개체화하는 자기생성으로서의 생명이라는 지금까지 발전된 생명 개념에 비추어 볼 때 '동사로서의 생명'이라는 개념은, 외부에서 바라본 특징묘사라면 모를까, 생명 자체에 대한 내재적 접근 개념으로서는 너무 열려 있고 긴장감이 없는 정의로 느껴진다. 무엇보다 그것은 생성과 창조라는 생명의 고유한 특질을 함축하지 못한다.

셋째, 생명이 생명체로 개체화되어 있고 생명체가 물질의 측면을 갖는 한에서 물질과 생명을 이분화시키고 전자의 논리만을 탐구하는 것은 불가능하다. 물질에서 의지를 삭제하려는 뉴턴적 작업방식은 물질인 생명체에도 적용될 수 있게 되는데 바로 이것이 근대과학과 현대의 생명과학이 생명체를 취급하는 지배적 방식이다. 이런 점에서 뉴턴적 과학관과 과학혁명은 물질과 생명에 접근하는 지성적 태도의 하나로서, 생명을, 물질을 자신의 계기로 삼는 하나의 전체로서 다룰 수 없는 한계를 갖는다.

최종덕이 쓰고 있듯이, 뉴턴은 경험의 한계를 넘어선 그 무엇이 바로 신비한 힘의 영역이며 그것은 구체적으로 목적론적 방향성을 갖는 힘들의 총체이고 이 목적론적 힘은 의지나 생명적 기능의 인식론적 근거이다.[42] 최종덕은, 생명주의에 의한 생명의 신비주의화를 비판하면서도, "생명의 신비함에 대해 굳이 다루지 않겠지만, 생명은 신비롭다"고 함으로써 암묵적으로 생명이 목적론적 힘임을 승인하고 앞문으로 쫓아낸 신비주의가 다시

---

42) 이 책 73쪽 참조.

들어올 수 있도록 뒷문을 열어 주고 있다. 이것이 네번째 문제점이다. 최종 덕이 인위와 자연의 구분에 기초하여 자연을 생명성의 기반으로 설정하고 있는 한에서 그것은, 앞서 살펴본, 자연섭리적 생태주의의 자연숭배와 연대하는 것이며 이를 통해서는 생명의 진화, 특히 인간 생명의 진화를 설명할 수 없다. 생명에 대한 내재적 접근에 대한 요구는 논리적 당위로서 제시되고 있을 뿐이다. '생명이 내재적이라면 어떤 내재성인가? 자기를 보전하고 후대를 이어가는 활동성인 동사로서의 생명은 물질과 어떤 관계에 있는가?' 등이 대답되지 않고 있기 때문이다. 내재성 요구가 삶의 공동체에 대한 관심으로 나타나고 있지만 그 공동체가 어떤 수준의 것인지 우리로서는 알 수가 없다. 인간 공동체인가, 인간과 생물의 공동체인가, 무생물까지 포함하는 공동체인가? 삶의 공동체가 단순히 인간 일상의 공동체로 나타나는 한에서, 심층생태론이 제기하는 근본생태, 근본생명의 문제의식, 생명이란 무엇인가에 대한 문제제기는 여전히 도전으로 남아 있으며 인간, 기계, 사물의 동맹을 주장하는 라투르식의 물(Ding)의 공동체론의 도전도 피할 수 없을 것이다.

다섯째, 생명 유토피아론이 자본을, 그리고 자본과 과학기술의 연합을 비판하지 않는 것을 비판하는 것으로 근대 과학철학의 유효성을 주장하는 것은 논리적으로 전도되어 있을 뿐만 아니라 우리가 직면한 현실과 부합하지도 않는다. 생명/생태주의들은 자본을 철저하게 비판하고 있지는 못하지만 자본과 동맹하는 경우는 드물다. 그런데 근대과학은 자본을 비판하지 않을 뿐만 아니라 오히려 자본과 동맹하고 있는 그 당사자이다. 생명 유토피아가 일상의 공동체를 돌보지 않는다는 지적이 옳다고 가정한다 해도 이 점이 근대과학의 정당성을 입증해 주는 근거는 되지 못한다. 근대과학 역시 공동체를 돌보기는커녕 권력과 자본의 시녀노릇을 하고 있기 때문이다.

8. 생명과 혁명

우리는 지금까지 생명권이나 자연의 섭리와 같은 생명주의적 접근법을, 그리고 과학비판을 자본비판으로 전치시키면서 생명에는 내재적 접근법을, 물질에는 기계적 접근법을 취해야 한다는 주장에 대해 검토했다. 이 어떤 주장들에서도 생명 그 자체에 대한 물음은 제기되지 않는다.

하지만 과학이 생명에 대한 물음에 가까이 접근하는 중요한 시도들도 우리는 발견할 수 있다. 앞서 우리가 살펴본 바 있는 마투라나와 바렐라의 인지적 생명론이 그것의 한 예이다. 이들은 생물을 자기생성조직으로 정의하고[43] 환경에 반응하는 그 생물의 구조접속 행동을 생명활동으로 파악하며 생물로서 존재하는 데에 효과적인 행위로서의 이 생명활동이 그 생물의 존재영역에서 일어나는 인식활동인 한에서 삶이 앎이며 생명이 곧 인지라고 말한다.[44] 이러한 이해방식은 개체나 실체로서의 생물에 대한 이해를 넘어서 생물 이해를 삶과 앎의 과정으로, 다시 말해 기억하는 지속이라는 시간으로 한층 가까이 접근시킨다. 그렇지만 여기에서도 관심의 초점에 놓이는 것은 생물이지 생명은 아니다. 마투라나와 바렐라의 자기생성조직이라는 정의는 "곡선이 직선들로 구성되지 않은 것처럼 생명도 물리화학적 요소들로 이루어진 것이 아니다"[45]라는 비판이 적용될 수 있는 영역 밖에 구축되어 있다. 이들은 생명을 물리화학적 요소로 다루지 않고 인지적 과정을 통해 자기생성하는 조직 혹은 자기생성적 인지활동의 과정으로 다루기 때문이다. 그렇지만 이들이 내리고 있는 것은 생물에 대한 정의이지 생명

---

43) 마뚜라나·바렐라, 『앎의 나무』, 56쪽.
44) 같은 책, 197쪽.
45) 베르그손, 『창조적 진화』, 66쪽.

에 대한 정의는 아니다. 또 이 정의는 생명이 표현되는 세 가지 중요 수준들——유기체, 생태계, 사회체——중에서 특히 유기체로부터 추상된 정의일 뿐 생태계와 사회체에 곧장 적용할 수 있는 정의는 아니다. 마투라나가, 자기생성 개념을 사회체에 직접적으로 적용하려는 니클라스 루만의 태도에 반대의사를 표명한 것은 자기생성 개념이 적용되는 영역에 한계가 있다는 자각의 산물이다. 마투라나는 사회체를 자기생성적인 것이 아니며 언어적 의사소통(languaging)을 통해 구성원들의 생물학적 자기생성을 실현시키는 매개물로 본다. 바렐라는 사회체를 조직적 닫힘이라는 좀더 포괄적인 개념으로 정의하면서 생물의 자기생성을 이 조직적 닫힘의 특수한 경우로 이해하려 시도한다.[46]

이러한 사실은 생명체, 생태계, 사회체 등 현실화된 생명에 대한 규정과 생명 그 자체에 대한 규정을 구별해야 할 필요성을 느끼게 만든다. 생명은 유기체로 표현되지만 그것으로 환원될 수도 없다. 생명은 생태계나 사회체로 표현되지만 그것으로 환원될 수 있는 것도 아니다. 우주가 생명과 어떤 관계에 있는지 우리는 아직 충분히 알지 못한다. 아직까지 과학적 탐구들의 대부분은 생명체, 생태계, 사회체와 같은 현실화된 실재들을 설명하는 데 머물거나 그것들에 근거하여 생명의 본질을 설명하려는 태도를 취하고 있다. 과학은 아직까지, 생명이 창조적 약동이라는 베르그손적 가설을 넘어서기보다 그것을 회피하고 다른 문제로 치환하는 방식으로, 혹은 그것이 형이상학적이라는 가정 위에서 그것을 기각하는 방식으로 반응하고 있다. 그 결과, 생명은, 생명개체나 생명종으로 분출하고 생태계나 사회체를 구성하면서 현실화되고 있는 힘, 즉 누승되고 있는 잠재력, 발명하고 있는

---

46) 이에 대해서는 프리초프 카프라, 『생명의 그물』, 김동광·김용정 옮김, 범양사, 1998, 279~280쪽 참조. 카프라는 유기체, 생태계, 사회체가 모두 자기생성적 그물망이라 생각하는 경향을 보인다.

지속이라는 베르그손의 약동 가설들과 명제들은 여전히 힘을 잃지 않고 생생하게 살아 있다. 베르그손에 따르면, 생명의 흐름은 물체들을 통과하고 그것들을 차례로 유기화하면서, 세대에서 세대를 거치고, 자신의 힘에서 아무것도 잃지 않고 오히려 전진함에 따라 더욱 강렬해지면서, 종들로 나누어지고 개체들로 흩어져 왔다.[47] 그리고 생명적 속성들은 결코 완전히 실현되지 않으며 언제나 실현과정에 있다. 그래서 그것들은 "상태들(états)이기보다는 경향들(tendances)"[48]이다. 그에 따르면, 생명은 해체하고 이완하는 경향의 물질과는 이질적인 지속의 경향이다.

생명체들의 지성은 주로 물질에 적응되어 있다. "두뇌의 운동기작은, 거의 모든 기억을 무의식 속에 억압하기 위해서, 그리고 의식 속에서 현재 상황을 조명하고 행동이 준비되는 것을 도와 결국에는 유용한 일을 낳을 수 있는 것만을 끌어들이기 위해서 만들어진 것이다."[49] 그래서 잉여의 기억들은 기껏해야 살짝 열린 문틈으로 몰래 통과할 뿐이다. 지성이 이렇게 생명의 기억을 억압하면서 생명을 물질로 치환함을 통해 우리에게 무엇인가를 알려 주는 한에서 지성과 인식에 대한 비판 없이 우리가 생명에 도달할 수 있을까?

베르그손은 직관의 방법을 통해, 살아 있는 유기체가 일정한 물질적 대상이 아니라 물질적 우주의 전체와 동일하다고 말한다. 살아 있는 유기체는 전체로서의 우주와 마찬가지로 지속하며 역사를 갖는다. 그것의 과거 전체는 그것의 현재 속에 연장되어 거기서 현실화하고 작용한다.[50] 그렇다면 현재 속에 연장되고 있는 과거는 무엇인가? 베르그손은 그것이, 우리 의

---

47) 베르그손, 『창조적 진화』, 58쪽.
48) 같은 책, 38쪽.
49) 같은 책, 25쪽.
50) 같은 책, 42쪽.

식적 존재의 근본인 기억이고, 작용하고 있는 비가역적 지속이라고 답한다.[51] 그러므로 생명체의 발달은 마치 배의 발달처럼 지속의 연속적인 기록이며 현재 속에 과거가 존속하는 것이고 유기적인 기억의 기록을 함축하는 것이다.[52] 이런 의미에서 생명의 진화는 과거가 현재 속에 실제적으로 연속되게 하는 것이고 이 과정에서 지속이 그 연결부호(trait d'union)로 작용하는 것이다.[53] 바꿔 말해서 생명은, 개체 이전의 것인 지속이 개체로 실현되는 과정이다. 아감벤은 게니우스(Genius) 개념을 설명하면서, 인간을 사례로, 개체적인 것과 전개체적인 것의 이 경향적 타협을 요령 있게 서술하고 있다.

> 게니우스에 내포된 인간의 개념을 이해한다는 것은 인간이 '자아'이자 개인적 의식일 뿐만 아니라 태어나서 죽을 때까지 비인격적 전개체적 요소가 늘 함께한다는 것을 이해한다는 뜻이다. 그러므로 인간은 두 개의 국면으로 이루어진 하나의 존재이다. 즉 아직은 개체화되지 않아 활성화되지 않은 부분과 운명이나 개인적 경험을 흔적으로 간직한 또 다른 부분 사이의 복잡한 변증법이 낳은 결과가 바로 인간이라는 존재이다. …… 게니우스의 이 멀리할 수 없는 현전은 우리가 실체적인 동일성에 갇히는 것을 막으며 우리 자신만으로 충분하다고 하는 자아의 자만을 산산이 깨뜨려 버린다.[54]

---

51) 같은 책, 44쪽.
52) 같은 책, 47쪽. 그러나 이 유기적으로 기록된 기억이 사회 속에서 권력에 의해 재가공되고 재생산된 인위적 기억(history)과 혼동되어서는 안 된다.
53) 같은 책, 52쪽.
54) 조르조 아감벤, 『세속화 예찬』, 김상운 옮김, 난장, 2010, 12~13쪽.

이런 생각 위에서 아감벤은 게니우스와 함께 산다는 것은 비의식의 지대와 항구적으로 관계를 맺으며 낯선 존재와 내밀한 관계를 맺으며 살아간다는 것을 뜻한다고 말하면서 이 비의식의 지대를, 결국 증상과 신경증으로 폭발할 전위되고 억압된 것의 지대로 사고하지 말고, "우리에게 속해 있지 않은 한에서의 우리의 생명"[55]으로 받아들이는 것이 필요하다고 말한다. 이것은 프로이트의 억압가설과 다름은 물론이고 베르그손의 지성에 의한 억압론과도 뉘앙스를 달리하는 것이다. 프로이트의 억압가설이 억압된 것의 해방을 요청하는 것이라면 베르그손의 억압론은 지성과 직관의 협력을 요청하는 것이고 아감벤의 논리는 게니우스와 개체의 공존을 역설하기 때문이다. 이 논리를 계속할 때 우리는, 생명은 생명체에 속해 있지 않은 한에서 생명체의 생명을 구성한다고 말할 수 있다.

생명체는 자신에 속하지 않는 이 생명의 시간, 지속이라는 저 실재적 시간을 **지각**하지는 못하지만 그것을 **체험**할 수는 있다. 그 체험의 주체는 생명과 개체 사이의 역설적이고 긴장된 장 속에서 움직인다. 개체에 의한 실재적 시간의 체험은 지적 표상의 주위에 모호하고 불분명한 가장자리를 그린다. 그 모호한 가장자리에서 자신 안에 있으나 자신에 속하지 않은 생명의 실재적 시간, 즉 지속이 주체 속에 나타난다. 주체가 그것을 파악하는 방식은 상상이고 그것을 느끼는 방식은 정동이다. 베르그손은 기계론과 목적론이, 이 모든 것을 물리치면서, 객관적 법칙이나 자연의 섭리와 같은 어떤 핵을 추상하여 그것을 진리라고 주장한다고 비판한다. 그 핵들은 실재적 시간을, 핵을 둘러싸고 있는 가장자리를 희생시키고 시간을 응축함으로써 도출되는 것이다. 이 과정에서 실재적 시간은 사라지고 주체성은 죽는다. 기계론과 목적론은, 생명의 내적 운동을 파악하기 위해서는 응축된 것

인 핵만큼 또는 그 이상으로 지속의 유동하는 전체와 약동의 경향에 의지해야 한다는 사실을 잊고 있다.[56] 그렇기 때문에 체험에서 출현하는 상상이나 정동을 애써 제거하려는 지성의 메커니즘의 한계를 직시하는 것이 필요하다. 그러나 전개체적인 것들을 제거하려는 지성의 노력은 개체를 보존하고자 하는 노력의 표현인 만큼 결코 오류나 잘못으로 치부될 성질의 것이 아니다. 생명은 지성의 그러한 노력까지 감싸 안으면서도 그것에 갇히지 않고 실재적 시간으로 남아 진화하려는 의지행위이며 개체와 전개체적인 것 사이에서 벌어지는 주체성의 이 의지행위야말로 자유를 열어 내는 행위이다.[57]

이런 의미에서 생명은 약동의 연속이며 그 약동이 진화의 분기하는 노선들로 나누어지는 과정이다. 그 과정에서 일련의 창조가 연속적으로 부가되면서 생명은 성장하고 발전한다.[58] 생명은 특이한 자유의 행진이지만 결코 흩어지기만 하는 행진은 아니다. 그 행진들은 서로 공통적인 것을 간직하고 또 그 공통적인 것을 성장시킨다.[59] 각각의 부분들의 운동이 전체의 원초적 약동에 의해 계속되기 때문이다. 생명의 자발성은 다른 형태들을 잇따르는, 형태의 계속적인 창조로 나타난다.[60]

생물학자들은 이 창조가 유전자에 의해 결정되어 있다고 말하곤 한다. 베르그손은 다르게 생각한다. 그가 보기에 유전은 규칙이기보다는 예외이며 주어진 것이라기보다 노력의 산물이다. 유전자가 결정한다는 생각은 결과를 원인으로 오인함으로써 나타나는 것이다. 유전적이고 방향도 정해

---

56) 베르그손, 『창조적 진화』, 87쪽.
57) 같은 책, 89쪽.
58) 같은 책, 98쪽.
59) 같은 책, 99쪽.
60) 같은 책, 142쪽.

진 변화가 축적되어 가면서 스스로 구성되어 점점 더 복잡한 기계를 만들게 되는 것은 노력의 산물이다. 그런데 이 노력은 개체적인 노력보다 훨씬 심층적이고 환경에서 훨씬 독립적이며, 한 종의 대부분의 대표자들에게 공통적이고, 그것들의 (신체적) 물질(substance)보다는 그것들이 보유하는 배들에 내재적이어서 후손에게 유전될 것이 보장된 성격의 노력이다.[61] 생명의 약동은 배와 배 사이에서 연결부를 형성하는 성체를 매개로 한 세대에서 다음 세대로 흘러간다. 이 약동은 진화의 여러 노선들로 나뉘어 그 위에서 보존되면서 적어도 규칙적으로 유전되고 서로 첨가되어 신종을 창조하는 변이들의 심층적 원인이 된다. 그렇기 때문에 생명의 약동과 창조의 노력이 유전을 규정하는 것이지 유전자가 진화를 규정하는 것이 아니다. 일반적으로 종들이 공통의 뿌리에서 분기하기 시작하면, 그러한 분기는 진화를 향해 전진하면서 가속화된다. 그러나 약동은 공통적 기원을 갖는 공통적 노력이기 때문에 그것들은 일정한 지점 위에서 동일하게 진화할 수 있고 심지어는 그럴 수밖에 없다.[62]

오늘날 생명체들은 생명산업과 생명자본에 포획되어 있다. 하지만 생명은 (생명체들뿐만 아니라) 생명산업들을 가로지르고 있고 또 가르지를 수 있는 힘이다. 생명의 주체화된 형태는 삶이다. 삶이라는 장에서 생명은 한편에서는 물질이라는 장애물을 통과해야 하고 다른 한편에서는 생명을 통제하여 그것을 가치화하고 축적하여 통제권력을 확장하려는 자본의 기도를 극복해야 한다. 삶정치의 참된 에너지는 개개의 생명체들을 통해 표현되겠지만 그것의 원천은 생명체들을 산출하면서 공동개체적 그물망을 이루며 진화하고 절화(involution)하는 공통된 생명력이다.

---

61) 베르그손, 『창조적 진화』, 143쪽.
62) 같은 책, 144쪽.

그러나 이것은 생명체에 생명을 대립시킬 필요를 제기하는 것이 아니다. 생명의 생명체로의 환원을 거부하면서 생명체를 생명의 조건이자 기관으로 거꾸로 사고할 필요를 제기하는 것이다. 그러나 이것은 물질을 조작하는 데에서 발생한 지성을 통해서는 달성될 수 없다. 새로운 인지능력의 창출이 필요한 것은 이 때문이다. 오늘날 생명체의 위기는 인간의 인지에 고도의 능력을 요구한다. 이 요구는 지성이 속해 있었던 유용성과 이해관심을 넘어서는 인지능력의 형성 없이는 충족될 수 없다. 지성의 사각에 빛을 비추어 지성의 약점을 보완할 수 있는 인지능력은 무엇인가? 베르그손은 그것을 각성된 본능으로서의 직관에서 찾았다. 직관은 지속을 상정하는 인지방법이다.[63] 그것은 단순한 행위이지만 질적·잠재적 다양성과 그것이 현실화되는 방향의 다양성을 내포하는 방법이다.

지성에 대한 비판과, 직관을 통한 생명의 인식을 통해, 인식론이 지성을 생명의 일반적 진화 속에 다시 위치시키게 되면, 그래서 고립된 계들을 전체에 통합시킬 수 있게 되면 비로소 인식론과 생명론의 호혜적 순환이 가능해질 것이다.[64] 앎이 삶인 한에서 이 인지적 혁명은 삶의 혁명들을 수반하지 않을 수 없다. 그것의 과제들은 오늘날 다양하게 주어지고 있다. 생명산업의 기관들을 생명의 기관들로 재전유하기, 생명의 에너지를 자본으로 축적하도록 돕는 기계주의에 맞서 그 에너지를 생명의 진화적 에너지로 전용하기, 자연섭리적 생태주의와 달리 현재의 생태계를 넘는 새로운 생태계를 발명하기, 생명체들의 특이한 개체화가 (자본의 계획이나 자연의 계획의 실현으로서가 아니라) 그것들 사이의 공감적 소통과 상호함축과 침투[65]라

---

63) 들뢰즈, 『베르그송주의』, 9쪽.
64) 베르그손, 『창조적 진화』, 13~14쪽.
65) 키스 안셀 피어슨, 『싹트는 생명』, 이정우 옮김, 산해, 2005, 88쪽.

는 내적 과정 속에서 이루어질 수 있도록 만들기 등. 이것들의 실현은 생명
의 약동력을, 자본, 권력, 축적의 메커니즘이 아니라 창조, 자율, 혁명의 운
동 속에 자리 잡게 하는 문제이다. 즉 창조, 자기생성, 혁명을 생명활동의 일
부이자 생명을 실현하는 계기로 파악하는 문제이다. 이 문제는 추후의 연
구와 서술의 과제로 미뤄 두기로 하자.

토론문 2_생명의 의미와 관계

우희종(서울대 수의학과 수의면역학교실 교수)

어떤 질문에 답이 하나만 있다고 생각하는 것은 행복한 일이다. 생명이란 무엇인가라는 질문 역시 마찬가지다. 생명이란 무엇인가라는 질문은 다양한 계층적 함의를 지니고 있기에 지구상에 존재하는 수많은 생명체에 대한 보편적이자 유물적인 기술은 할 수 있을지 몰라도 생명의 의미를 담고 있는 답을 하기란 그리 쉽지 않다. 하지만 생명체의 모습이란 그것이 영위하는 삶으로서 표현되며 이를 바탕으로 규정될 수 있다는 점이다. 그런 의미에서 생명은 삶을 전제로 하고 있으며, 삶이란 생명체의 구체적 체험의 장이기에 삶의 자세와 무관하게 생명을 논의하는 것은 한계를 지닌다.[1] 생명을 본질적이고 통합적으로 이해하기 위해서는, 다시 말하여 기계론적 관점을 넘어 진정한 생명을 이야기하기 위해서는 생명의 의미로서의 삶을 바라보지 않으면 안 된다.

1. 미시적 진화와 생명

1) 생명이란 무엇인가

생명을 구체적으로 이야기하기 위해서는 우선 용어의 정리가 필요하다. 생명과학, 생명조작 등과 같은 말에서 나타나듯 우리는 종종 그 개념을 혼용하여 사용하지만 생명과 생명체는 엄연히 다르다. 생명체는 생명현상을 지닌 물체이며, 생명이란 또 다른 말로 길(道), 진리, 불성(佛性), 영성(靈性), 본래면목, 자성(自性), 한마음 등으로 불리며 어떻게 보면 모든 존재의 근원을 지칭하는 말이 된다. 우리는 생명체에 대하여 이야기할 수 있을지는 몰라도 생명, 그 자체는 우리의 사유와 언어의 범위를 넘어선다.[2] 따라서 우리가 흔히 하는 '생명이란 무엇인가'라는 질문을 보다 정확히 한다면 '생명체란 무엇인가'가 된다.

한편, 생명체를 생명현상을 지닌 물체(줄여 말하면 생물, 생체)라고 말한다면 여기서 중요한 것은 '생명현상이란 무엇인가'라는 질문이 된다. 관찰하는 자의 주관적 입장에 따라 관찰되는 대상이 달리 보임을 인정한다면[3] 생명현상에 대한 답에 따라 그 대답을 하는 이의 생명관이 나타나게 된다.

모든 생명체가 겨우 150여 개의 화학원소로 이루어져 있음에도 불구하고, 최소한 인간만 해도 서로 각기 다른 60억이 넘는 인구가 존재하며, 더 나아가 자신만의 생멸을 지니고 존재하는 셀 수도 없이 많은 생명체가 지구를 뒤덮고 있다. 이러한 생명현상을 이해하기 위하여 보편성을 추구하는 서양의 합리적 이성에 근거하여 근대과학은 '생명이란 무엇인가?' 혹은 '나

---

1) 우희종, 「삶의 자세와 십자가의 의미」, 한국교수불자연합회·한국기독자교수협의회 엮음, 『인류의 스승으로서 붓다와 예수』, 동연, 2006, 28~33쪽.
2) 우리에게 생명 그 자체를 지칭하는 말로서는 진리, 길, 법, 마음 등의 단어가 있겠지만, 결국 생명/진리가 무엇이냐라고 질문할 때 한마디로 말하기는 어렵다. 유마거사와 예수처럼 침묵하거나 달마대사처럼 '알지 못한다'[不識]로 표현할 수밖에 없으며, 혹은 조직신학자인 폴 틸리히(Paul Tillich)처럼 'the Being Itself' 혹은 'the Ground of Being'으로 표현하는 것이 그나마 최선일 것이다. 첨단과학의 대상도 역시 생명체일 뿐이지 생명을 다루는 것은 아니기에 본 글에서의 생명이란 표현도 대부분 생명현상 내지 생명체를 가리키고 있으나 관례상 엄격히 구분해서 사용하지는 않기로 한다.
3) Jerome Bruner, *Acts of Meaning*, Harvard University Press, 1990, pp.67~97. 우리의 문화적 믿음 구조에 의해 대상의 의미와 가치가 결정된다는 것 역시 불교적 입장과 다르지 않다. 믿음에 불과한 사실과 진실의 차이는 이 글의 후반부 참조.

는 누구인가?'라는 식의 질문을 던져 왔다. 그동안 이 질문은 생물학자뿐만 아니라 물리학자이면서도 철학과 생물학에도 관심이 많았던 슈뢰딩거(Erwin Schrödinger)의 60여 년 전 통찰로부터[4] 다양한 분야의 전공자[5] 및 베르그손(Henri Bergson)과[6] 들뢰즈(Gilles Deleuze) 같은 철학자에 이르기까지[7] 많은 이들이 논의를 해왔다. 생명의 특성을 호흡, 배설과 같은 생리학적 측면, 유전자에 의한 정보 전달계로서의 측면, 보다 넓은 관점에서의 열역학측면 등 매우 다양하게 이루어져 왔다.[8]

　　현재 생명체에 대한 현대 과학에서의 일반적 정의로서는 생명체는 물질적 형태를 지니고 항상성을 유지하기 위한 대사 작용, 자기 복제, 그리고 진화하는 특징을 지니는 것으로 정의한다. 하지만 이러한 정의는 지극히 물질적인 관점에서의 정의로서, 현대생명과학이나 의학에서는 생명체를 물질적 기계로서 바라본다.[9] 현재 대부분의 생명에 대한 정의는 근대의 합리적 이성에 근거하여 철저히 유물적이고 동시에 기계론적 관점에서 이루어지고 있으며, 그와 같은 맥락에서 첨단 생명과학도 생명체에 대한 접근을 분석적이고 환원주의적인 입장을 취하고 있다.[10]

---

4) 에르빈 슈뢰딩거, 『생명이란 무엇인가』, 전대호 옮김, 궁리, 2007, 115~149쪽.

5) 마이클 머피·루크 오닐 엮음, 『생명이란 무엇인가? 그후 50년』, 이상헌·이한음 옮김, 지호, 2003, 21~25쪽.

6) 앙리 베르그손, 『창조적 진화』, 황수영 옮김, 아카넷, 2005.

7) 키스 안셀 피어슨, 『싹트는 생명』, 이정우 옮김, 산해, 2005, 407~414쪽.

8) Stephen Goldberg, *Consciousness, Information, and Meaning; The Origin of the Mind*, Medmaster, 1998, pp.69~71.

9) 우희종, 「생명조작에 대한 연기적 관점」, 『불교학 연구』 15호, 2006, 55~93쪽.

10) Claude Debru, "From Nineteenth Century Ideas on Reduction in Physiology to Non-Reductive Explanations in Twentieth-Century Biochemistry", eds. Marc H. V. Van Regenmortel & David Hull, *Promises and Limits of Reductionism in the Biomedical Sciences*, John Wiley & Sons, 2002, pp.35~46; Tim Forsyth, *Critical Political Ecology: The Politics of Environmental Science*, Routledge, 2003, pp.168~201; 캐롤린 머천트, 『래디컬 에콜로지』, 허남혁 옮김, 이후, 2001, 72~94쪽.

하지만 이러한 논의가 활발해도 여전히 우리에게 그다지 와 닿는 답이 없는 것은 그러한 질문이 대상을 바라보는 시각이 보편성을 전제로 한 전형적인 거대담론(meta-discourse)의 방식을 벗어나지 못했기 때문이다. 관계성에 의존해서 구체적 실체가 없이 다양한 형태의 존재 및 삶의 형태로 나타나는 뭇 생명체는 보편성을 찾는 거대담론의 방식으로는 접근하기 어렵다. 보편적인 개념으로 생명체를 설명하는 관점에서의 생명의 존엄성이란 그저 나와 같은 인간이기 때문에, 내지 나와 같은 생명체이기 때문에 존중해야 한다는 식의 결론밖에 나올 수 없다. 그렇기 때문에 그런 거대담론식의 질문들이란 생명 현상의 특징이나 이로부터의 생명의 소중함과 존중에 대한 근거제시에 별로 도움 되지 못한다.

인간을 포함한 생명체의 모습이 단순한 물질의 모음이 아니라면 물질적 측면만이 아니라 생명체 고유의 모습이라고 생각되는 또 다른 면에서 바라볼 수도 있다.[11] 자연계의 일부로서 무기물질로부터 구분되는 생명체의 대표적 속성을 생각해 보면, 우선 지구상의 수많은 생명체가 보여 주고 있는 놀라운 다양성과 더불어 그것이 본능에 의하건 의지에 의하건 생명체가 지니고 있는 자유로움이다. 이러한 특성을 고려할 때 생명체의 특징으로서 가장 대표적인 것은 다양성의 근간이 되는 개체고유성(individuality)과 개방성이다.[12] 또한 이러한 생명체의 개체고유성과 개방성이라는 대표적인 두 특성은 내부에서 발아되어 분리되어 생각될 수 없고 서로 연관되어 있다.[13]

---

11) "생명체란 보고 느끼며 표현하는 존재라고 정의할 수도 있다." 서울대학교 미술대학 김정희(개인 교신).

12) Irun Cohen, *Tending Adam's Garden: Evolving the Cognitive Immune Self*, Academic Press, 2000, pp.3~8.

13) 마누엘 데란다, 『강도의 과학과 잠재성의 철학: 잠재성에서 현실성으로』, 이정우·김영범 옮김, 그린비, 2009, 99~168쪽.

따라서 생명이나 생명체의 개념은 권력이나 성과 같이 거대담론으로 부풀려져 우리의 삶으로부터 분리된 관념적 개념으로부터 보다 미시적인 접근을 통하여 그 구조와 일상성을 명확히 보여 준 푸코의 방식으로 접근될 필요가 있다.[14] 뭇 생명체나 각 개인 한 사람 한 사람이 그 누구도 대신할 수 없는 자기만의 고유성인 개체고유성을 지니고 있기 때문에 그 점을 간과해서는 그 어떤 보편적 접근도 성공할 수 없다.[15] 다행히 21세기에 들어와 비록 기존의 과학으로 각 개인의 몸과 마음의 고유성을 설명하기는 어려워도 이에 대한 이해가 복잡계 과학의 등장으로 어느 정도 접근되고 있다.[16] 또한 복잡계 과학과 진화와 개체발생이라는 미시적 연구에 바탕을 둔 진화발생생물학[17] 및 후성유전학[18]의 발전으로 점차 명확해진 것은 각 개체의 고유성은 단순한 물질인 유전자의 형태로 환원되기 어렵다는 것이다. 또한 개체고유성이야말로 집단 내의 다양성을 의미하는 것이고, 그 다양성의 방식은 그대로 고유성의 기반이 된다. 생명체의 고유성과 다양성은 동전의 양면이다.

---

14) 미셸 푸코, 『임상의학의 탄생』, 홍성민 옮김, 인간사랑, 1993, 162~216쪽.

15) Alfred Tauber, *The Immune Self: Theory or Metaphor?*, Cambridge University Press, 1994, p.295.

16) Didier Sornette, *Critical Phenomena in Natural Sciences: Chaos, Fractals, Selforganization and Disorder: Concepts and Tools*, 2nd ed., Springer, 2003; Ricard V. Sole and Jordi Bascompte, *Self-Organization in Complex Ecosystems*, Princeton University Press, 2006.

17) 션 B. 캐롤, 『이보디보, 생명의 블랙박스를 열다』, 김명남 옮김, 지호, 2007.

18) Douglas M. Ruden, D. Curtis Jamison, Barry R. Zeeberg, Mark D. Garfinkel, John N. Weinstein, Parsa Rasouli, and Xiangyi Lu, "The EDGE Hypothesis: Epigenetically Directed Genetic Errors in Repeat-Containing Proteins(RCPs) Involved in Evolution, Neuroendocrine Signaling, and Cancer", *Frontiers in Neuroendocrinology* Vol.29 No.3, 2008, pp.428~444.

2) 개체고유성(individuality)의 기원과 미시적 진화

(1) 생명의 역사성

각각의 생명체가 있기 위해서는 그들의 부모가 있고, 또 그 부모의 앞선 부모가 있어야 한다. 이렇듯 거슬러 올라가 보면 생명체의 시발(始發)은 언제부터라고 말할 수 있을까? 어쨌든 오늘 이 자리에서 생명체가 있기 위해서는 과거 이 우주가 시작된 시점까지 거슬러 올라갈 수 있을 것이고, 현대 천체물리학이 말하듯 약 150억 년 정도 전의 우주 대폭발(Big Bang) 시점까지 거슬러 올라갈 수 있다(〈그림 1〉). 물론 이러한 계산이란 현재 인간이 지닌 지식의 한계 내에서 산출된 것이므로 앞으로 얼마든지 변경될 수는 있겠지만 지금 이 자리에 나름대로 고유한 개체로서 존재하기 위해서는 최소한 현재의 우주 시작과 더불어 비롯되어 그 이후 면면히 내려온 지속성(연속성)을 나타내는 그 무엇이 있다.[19]

『시간의 역사』에서 스티븐 호킹 박사가 말하듯이[20] 우주 대폭발 이전을 인간이 논할 수 없다면 최소한 우리 모두는 약 150억 살의 나이를 지니고 있는 셈이다. 물론 이것은 인간뿐만 아니라 지구상의 모든 생물체에 해당된다. 모든 생명체는 태어나서 일정 기간 지구상에 존재하다가 소멸되듯이 이렇게 죽음이 전제된 유한한 내가 지금 이 자리에 있기 위해서는 이토록 긴 시간의 누적이라는 생명의 역사성이 전제되어 있다는 것은 많은 것을 말해 준다.

현대 생물학은 생명체가 진화해 왔음을 밝히고 있다. 생명체의 진화는 다윈에 의해 처음 제시되었지만 이미 유전자 수준에서 그 진화 과정이 증

---

19) Herbert Marcuse, *Hegel's Ontology and the Theory of Historicity*, trans. Seyla Benhabib, MIT Press, 1987, pp.264~275.
20) 스티븐 호킹, 『시간의 역사』, 현정준 옮김, 삼성출판사, 1990, 129~153쪽.

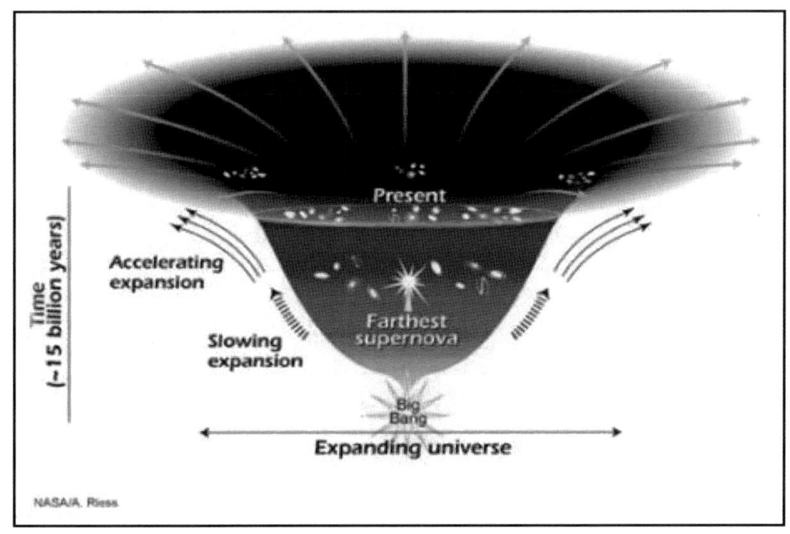

〈그림 1〉 우주와 시간의 탄생
150억여 년 전에 우주 대폭발로 현재의 우주와 시간이 탄생했다고 한다. 지구는 지금으로부터 약 45억 년 전에 형성되었다고 한다.

명되어 있음을 고려할 때 각 개체가 지닌 시간의 누적이란 진화의 또 다른 표현이며, 또한 내가 지금 이 자리에 있기 위해서 과거로부터 스스로 '나'라고 생각하던 각 개체의 죽음과 탄생이 반복되어 왔음을 고려한다면 진화와 반복은 동시 진행되는 것임을 알 수 있다. 반복의 과정 없이 진화는 성립하지 않는다. 반복을 통해서만 진화가 이루어질 수 있기 때문이다.[21]

그런데 진화라는 과정은 다윈 당시 제시되었고 지금도 여전히 일반적으로 생각되듯 최선의 상태로 발전하는 과정이 아니다. 이러한 고전적 진화의 개념은 과거 헤겔 철학의 관점처럼 현재보다는 더 바람직한 상태로의 진전을 의미하지만, 최근의 현대생물학적 관점에서 보면 진화 과정에는

---

21) 정준영·한자경·이덕진·박찬국·권석만·우희종, 『욕망, 삶의 동력인가 괴로움의 뿌리인가』, 운주사, 2008, 302~308쪽.

목적성이나 의도성이 개입되지 못하며, 단지 그것은 인간에게 그렇게 보일 뿐이다. 진화를 통한 변화는 주위 환경에 대하여 스스로를 존속 가능하게 하기 때문에 안정적이지만, 동시에 주위에 적응하여 변화하기 때문에 진보하는 것이다.[22] 발생한 변화를 통해 한때는 불안정한 종과 개체이지만, 시간의 경과에 따라서 안정화되어 일반적이 되고 이와 같은 방식을 통해 생명체는 시간이라는 역사성 속에서 선택되어 변형되고, 진화한다. 진화는 '주어진 조건 속에서 가장 안정된 형태로 진행되는 것뿐'이며, 이것은 가장 좋은 결과를 향해 변화하는 것을 의미하지는 않는다. 그것은 최선의 상태로의 발달이 아니라 보다 복잡한 상태로의 변화이기에 특정 집단이나 개체의 진화가 다른 경로의 진화를 걷고 있는 집단이나 개체에 대한 우열을 말하는 것이 아니다.[23]

이렇게 생명체 안에 자리 잡고 있는 역사성은 각 존재의 현재 모습에 반영되어 있으며 또한 앞으로의 모습에 반영될 것이다. 비록 지금 현존하는 생명체와 앞으로 존재할 미래의 생명체는 시간의 흔적을 담고 연결되어 있다. 이 점을 쉽게 이야기한다면 젖먹이 때의 나와 지금의 나는 나를 구성하고 있는 세포들은 대부분 새로 만들어져 다르고 또 분명 형태도 달라졌지만 분명 동일한 '나'로 인식한다. 더 나아가 나는 나라는 개체로 말미암아 존재하게 되는 내 후손에게 시간을 담아 연결하고 역할을 하고 있다. 우리 모두가 개체로서의 나로 존재하기 위해 자신 안에 담고 있는 150억 년의 역사성이라는 시간의 누적의 또 다른 이름이란 과거-현재-미래로 이어지는 관계성 외에 다름 아니다. 과거에 일어났던 일이 생명체의 현재를 정하고

---

22) 션 B. 캐롤, 『이보디보, 생명의 블랙박스를 열다』, 317~354쪽.
23) Andreas Wagner, *Robustness and Evolvability in Living Systems*, Princeton University Press, 2005, pp.297~309.

있으므로, 나는 이미 발생한 것에 의해 제한되는 것처럼 과거는 미래에 영향을 미친다. 나의 몸은 고대 조상 때 사용했던 분자들이나 기관들을 활용하고 있다. 살펴보면 이렇게 삶은 나에게 전해진 것들로 꾸며져 있다.

한편, 이러한 진화를 수반한 시간의 관계성은 차이를 만들어 낸다. 시작 때의 작은 차이는 시간의 축을 따라 흘러가면서 그 차이점은 매우 커지게 되어 나타난 결과물을 바라볼 때 출발에서의 유사성을 전혀 짐작하기 어렵게 만드는 경우를 우리 주위에서 쉽게 찾아볼 수 있다. 하지만 이렇게 '나'라고 하는 존재가 본질적으로 내재할 수밖에 없는 나만의 고유성은 역사라는 시간의 관계성으로부터 오는 것이기 때문에 어쩌면 나라고 하는 것은 현재의 개체인 나뿐만 아니라 과거로부터 오늘의 나를 있게 한 모든 과거 시간 속의 개체들이 모인 또 다른 집합적 나이기도 하다.

(2) 공간의 관계성

현존하는 나는 커다란 우주 공간 안에 있는 지구상의 자연 생태계 내에 존재하면서 인간이라는 종(species)에 속하면서 국가와 사회의 여러 집단에 걸쳐 속해 있기 때문에 그 누구이건 사람은 사회적 동물로서 생태, 사회, 집단 내의 관계로 규정되어진다. 또 마음속에서 다양한 심리적 관계가 펼쳐지고 있는 나 자신만 보더라도 내 몸은 뇌, 심장, 간장, 신장 등 각종 장기 간의 관계로서 이루어져 있다. 각 장기는 그 장기를 이루고 있는 세포들로 이루어져 있으며 세포 또한 세포내 소기관인 핵, 미토콘드리아, 소포체 등 여러 세포내 소기관으로 이루어져 있고, 더 나아가 이들은 단백질, 핵산, 지질 등의 물질이다. 이러한 물질을 더 세분화하여 본다면 탄소, 수소, 질소 등이겠고, 이것들을 이루고 있는 분자, 원자는 더 나아가 소립자, 그리고 강하고 약한 인력과 척력 등으로까지 환원될 수 있다(〈그림 2〉).

나와 너를 이루고 있는 관계를 끊고 들어가 보면, 보고 듣고 느끼고 사

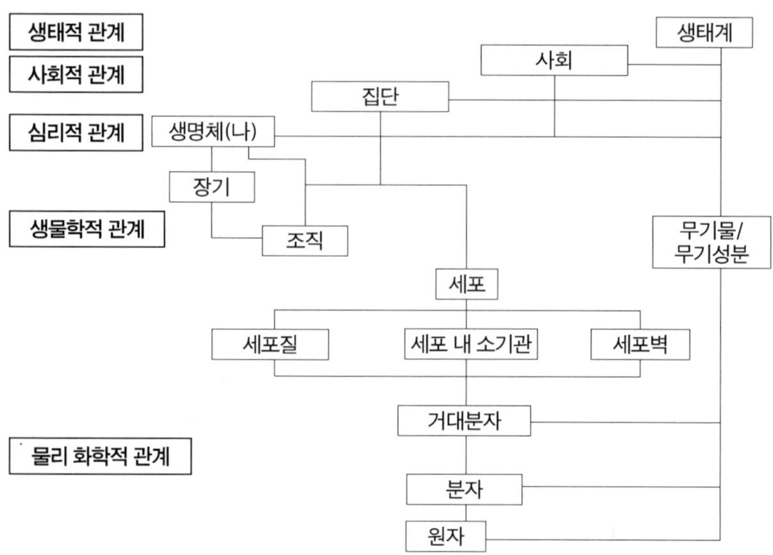

〈그림 2〉 개체로서의 생명체가 보여 주는 관계의 중층구조
출처: Rick C. Looijen, *Holism and Reductionism in Biology and Ecology: The Mutual Dependence of Higher and Lower Level Research*(Episteme 23), Kluwer Academic Publishers, 2000.

랑하고 미워하고 싸우며 그토록 확실하다고 생각되던 나라는 존재나 너와 나의 삶이 단지 이렇게 관계에 의거하여 나타날 뿐이라는 것은 나를 포함한 이 세상의 모든 존재가 구체적 실체가 아니라 그저 관계로만 이루어진 것임을 부정할 수 없다.

그러나 거꾸로 구성 요소들 간의 관계를 맺어 가면서 이야기를 전개해 본다면, 지금 나라는 존재는 자연계 내의 무기물에서 원자·분자가 구성되고, 이것이 모여서 세포가 된 뒤에 조직·장기·생명체가 되는 과정을 거쳐 그 생명체가 가족과 집단을 만들어 사회적 관계를 맺고 생태계를 이루고 있는 과정 중에 나타난 결과이다. 결국 건강한 내 몸뿐만 아니라 우리가 보고 듣고 느끼는 이 모든 것들은 주위와의 열린 '관계' 속에서 빚어져서 각자 고유한 모습으로 다양하게 나타나게 된다. 생명체가 지니는 개체고유성이라는 것도, 그 누구도 대신할 수 없는 존재인 나라는 존재도 모두 이런 관계 속에서 가능하다. 결국 모든 존재는 본래부터 실재하기보다는 오직 관계에 의존하여 각각의 존재가 총체적으로 어우러진 '생태적 세계'를 연출하는 것이고, 각각의 생명체는 티끌보다 작은 소립자의 세계로부터 비롯되어 만들어진 또 하나의 작은 소우주가 된다.

따라서 모든 생명체가 그러하듯 지금 이 자리에서 보고 듣고 느끼며 살아 있는 존재로서의 나는 지금 이 자리라는 시간과 공간의 교차점에서 총체적이고 열린 관계로서 존재한다.[24] 내가 시간과 공간에 제약을 받고 있으며 시간과 공간에 의존해 있다는 것은 나라는 고유성이 시간과 공간의 관점에서 바라볼 수 있다는 것이다. 또한 시간과 공간 속의 관계라는 것이 몸이라는 물질적 터전 속에서 체화(體化)되어 나타나기에 이를 물질적 관점에서 다루는 면역학과 신경과학적 관점에서의 '나'를 살펴보는 것이 필요하다. 물론 현대 과학에서 본격적으로 '나'를 다루는 것은 면역학과 신경과학이지만 그 바탕에는 시간의 누적을 통한 진화라는 이보디보(evo-devo)적 현상이 통합적으로 같이 고려되어야 함을 의미한다.

(3) 욕망으로서의 개체고유성

① 욕망의 주체로서 생명체의 개체성 사람과 동물은 생명체다. 즉, 생명현상을 지닌 물체로서 생명체, 생물 등으로 일컬어진다. 생명체의 특징으로서 가장 대표적인 것은 다양성의 근간이 되는 개체고유성(individuality)이다. 여기서 개체라는 것은 물질에 의거한 자기만의 형태(form)를 지니고 주위와 구별되는 경계를 지니는 것을 의미한다. 분명한 것은 이러한 개체고유성이야말로 각각의 생명체가 지니는 본질적 특성이며 자기(self)라고 불리는 자아

---

24) 정준영 외, 『욕망, 삶의 동력인가 괴로움의 뿌리인가』, 295~308쪽.

정체성의 터전이 된다. 더욱이 독자적인 다양한[25] '개체고유성'이 어우러져 나타날 때 건강한 생태계가 형성되며, 또한 생태계는 특정 종(species)들이 계통발생을 통해 발현하는 '종간고유성'을 바탕으로 구성된다.

생명체의 자아정체성을 이루고 있는 개체고유성의 기원은 욕망이다. 생명체가 스스로를 유지하기 위해 발현하는 자발적 욕망이라고 말할 수도 있고, 베르그손의 표현처럼 '생의 의지'라고도 표현할 수 있지만 모든 생명체의 개체고유성은 결국 그러한 욕망의 집합이며, 이것은 자아를 이루는 터전이 된다. 생명체는 수정된 순간부터 개체 발생을 향한 방향성을 지니며 이것은 마치 태어난 신생아가 의식 없이 모유를 향해 움직이는 동작을 보이듯 내적 방향성으로서의 넓은 의미로서의 욕망이다. 그렇다면 다양한 생명체가 어우러지고 종(species)의 어우러짐인 생태계의 모습 역시 각 개체적 욕망의 집합으로서 전 지구적 차원의 욕망이 발현된 것이라고 볼 수 있다. 결국 각 생명체나 생태계, 이 모두는 욕망 그 자체이다.

한편, 동물이나 사람은 탄생을 통해 비로소 독자적인 개체로서 이 세상에 존재하며,[26] 출생한 시점부터 자신의 힘으로 자신을 외부로부터 보호, 유지하기 위해 먹고 마시며 면역 기능을 발달시킨다. 또한 이 순간부터 외부와의 관계를 통해서 학습이라는 형태로 자의식을 형성해 간다. 뇌가 중심이 된 자의식이라는 정신적 자기(自己)의 물질적 근거가 되는 것은 중추신경계가 담당하지만, 동시에 육체적 자기를 규정하는 기능은 전신에 분포된 면역계가 담당하게 된다.

즉, 생명체의 형태를 만들고 있는 물질 차원에서 보면 생명현상으로서

---

25) 존 라이크만, 『들뢰즈 커넥션』, 김재인 옮김, 현실문화연구, 2005, 102~106쪽.
26) 최근 생명공학의 발달로 배아조작이 가능해짐에 따라 생명윤리와 관련해 생명체의 시작에 대한 논의가 있지만, 본고의 주제와는 다르기에 여기서는 일반적 수준에서 이야기를 전개하기로 한다. 또한 자기(自己)와 자아(自我)라는 용어도 엄격한 구분보다는 맥락에 따라 혼용하기로 한다.

의 개체고유성은 신경계와 면역계에 의해 뒷받침되고 있다. 따라서 일반적으로 정신과 육체로 이루어져 있다고 말해지는 생명체에 있어서의 자기(自己)라는 것은 편의상 신경계에 의존해서 나타나는 정신적 자기(自意識)와 면역계로 표현되는 신체적 자기(自己)로 구성된다고 말할 수 있다.

② 개체고유성과 생체 기전 자아를 이루는 욕망의 발현 형태인 개체고유성은 물질 수준에서 담당하는 두 축으로서 신경계와 면역계에 의하기 때문에 욕망은 생체 내의 정교한 이 두 체계에 의존하게 된다. 욕망의 가시적 발현을 신경계가 한다면 욕망을 미시적으로 체화된(micro-embodiment) 형태로 보여 주는 것이 면역계이다.

이러한 면에서 신경계와 면역계는 동전의 양면과 같이 자아/자기를 이루고 있음에도 불구하고, 나라고 하는 통합된 개체를 이해하는 데에 있어서 서양 학문에서는 그동안 신경계가 담당해 온 정신적 자아에 대해서는 주로 철학이, 신체적 자기에 대해서는 의학의 한 분야인 면역학이 다루어 오면서 정신과 육체의 철저한 이분법적 해리(解離)가 이루어져 왔다. 이러한 자기에 대한 근대 서양의 접근은 멀리는 니체가 '권력에의 의지'의 구체적 표현으로서 육체를 언급하고[27] '나는 존재한다. 고로 사고한다'는 메를로-퐁티의 육체성(corporeality)[28] 강조를 통해 점차 도전을 받게 되었다.

다행히 이성과 육체에 대한 이러한 이분법적 흐름에 대한 자연과학의 반론은 비교적 최근에 들어와 이루어지게 되었다. 신체고유성을 다루는 현대면역학과 자의식의 터전인 뇌를 연구하는 뇌신경과학의 발전은 분자생물학의 도움에 힘입어 분자 수준에서 이 두 생체 내 체계가 분리되어 별도

---

27) Tauber, *The Immune Self: Theory or Metaphor?*, pp.275~278.
28) 모리스 메를로-퐁티, 『지각의 현상학』, 류의근 옮김, 문학과지성사, 2002, 235~243 및 570~573쪽.

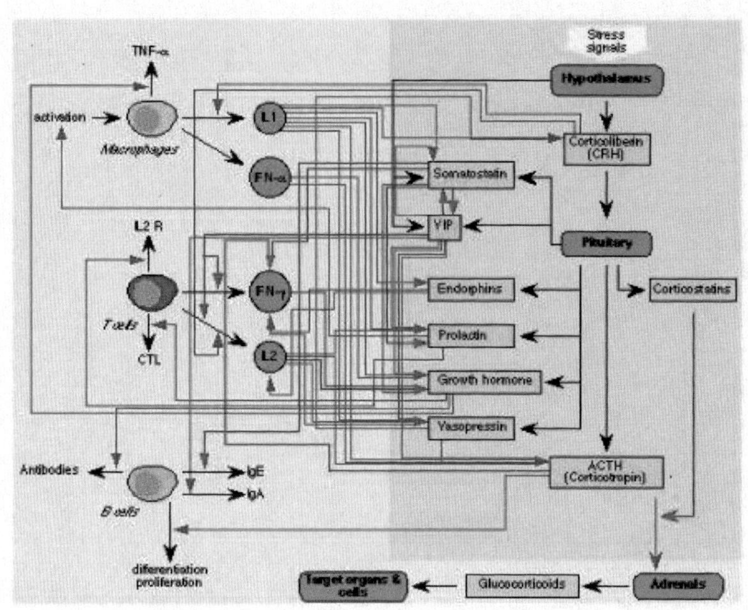

〈그림 3〉 정신적 자아의 물질적 바탕을 이루는 신경계와 신체적 자기를 결정하는 면역계의 상호의존성
출처: http://playingdoctor.org/

로 움직이는 것이 아니라 하나의 통합된 체계이며[29] 서로 상호작용을 하면서 기능 발현함을 보여 주었다(〈그림 3〉).

생명체가 존립하기 위해서는 욕망에 의존하며, 그러한 욕망이 구체적으로 발현된 개체고유성을 표현하는 신경과 면역, 두 체계의 특징은 비록 각기 서로 다른 학문의 영역에서 다루어져 왔지만 해부나 생리와 같은 생체 내 체계와는 달리 특징적인 공통점을 지니고 있다. 즉, 물질 차원에서 개체고유성을 규정하는 신경계와 면역계 양쪽 모두 생물체 내부의 자족적인 발생 체계가 아니라 외부로부터의 자극, 이에 대한 반응, 그리고 기억과 망각이라는 외부와의 긴밀한 관계에 의거해서 각 개체마다 새롭게 만들어지

---

29) 신경계와 면역계의 통합된 학문분야는 'psychoneuroimmunology'라고 불린다.

는 창발 체계라는 공통된 특징을 지닌다.[30]

수정란은 필요한 영양분만 있으면 자신의 유전자에 담겨 있는 프로그램에 따라 성숙한 개체의 해부구조나 생리학적 구성을 형성하며 배아로부터 자체적으로 자신의 형태를 발현하는 자족적인 발생양식을 보이지만, 유독 생명체의 개체고유성에 기여하는 신경계와 면역계의 형성에 필요한 정보는 배아 자체가 지닌 정보와 영양분만으로는 부족하며 두 체계의 제대로 된 기능과 형태발현을 위해서는 끊임없는 외부와의 교류가 필요하다. 그것도 단순한 직선적 선형관계가 아닌 복잡계적 네트워크 구조의 비선형적 창발적 과정이다.[31]

다시 말하면, 신경계와 면역계로 나타나는 생명현상의 주요한 특징인 개체고유성은 주위와의 관계 속에서 창발적으로 형성되는 것이지 결코 폐쇄적으로 진행되는 자기충족적인 개념이 아니며,[32] 이러한 창발현상을 가능하게 하는 생명체의 주위와의 관계성이야말로 주위에 대한 열려 있음, 즉 생명체가 지닌 개방성으로 규정할 수 있다.

신경계와 면역계 양쪽 모두에게 필요한 외부와의 열린 관계인 개방성(openness)은 생명체의 또 다른 특성인 자유로움의 근거가 된다. 주위에 의존하여 변화해 가는 열린 관계로서의 생명체는 관계로부터 빚어지는 수많은 변화 속에서 외부 환경에 대하여 반응하고 기억하며 그러한 경험의 총체적 누적으로서 존재하며, 따라서 모든 생명체는 초기 조건의 작은 변화에 의해 결과적으로 커다란 차이를 나타내게 된다. 이러한 초기 조건의 민

---

30) Gerard Radnitzky & W. W. Bartley eds., *Evolutionary Epistemiology, Rationality, and the Sociology of Knowledge*, Open Court, 1987, pp.157~161; Enrique Rewald, *Immune crossover III*, Authors, 2007, pp.13~29. 단순한 부분의 합이 아닌 창발현상(emergence, 떠오름 현상)은 새로운 차원에의 도약으로서 생명현상을 잘 표현해 준다.
31) 앨버트 라슬로 바라바시, 『링크』, 강병남·김기훈 옮김, 동아시아, 2002, 297~322쪽.
32) 질 들뢰즈·펠릭스 가타리, 『천 개의 고원』, 새물결, 2001, p.482.

감도는 현대 진화발생학인 이보디보적 접근을 통해서도 확인되고 있다.[33]

한편, 이와 같은 개방성은 자유롭지만 스스로 생로병사라는 숙명을 지니고 영생할 수 없는 개체의 운명을 잘 설명해 준다. 생명체가 개체 단독으로 자족적으로 존재할 수 없고 타자와의 열려 있는 관계에 의해서만 존재할 수 있기에 자유롭지만 동시에 그 자유로움은 관계의 종료에 따른 생명체의 소멸이라는 죽음을 담보하게 된다. 스스로 존재할 수 없는 존재로서 생명체의 탄생과 죽음은 복잡계 과학에서 다루는 전체와 부분 사이에서 벌어지는 창발 현상에 의한 상전이(phase transition)로 볼 수 있다.[34]

물론 창발현상 역시 원인과 결과에 의해 나타나는 현상이기에 생명체에 창발현상에 의한 개체고유성과 자유로움이 나타난다는 것은, 생명현상은 생기론도 아니고 그렇다고 유물적 관점도 아니며 단지 원인과 결과로 빚어지는 현상일 뿐 구체적 실체를 가지지 못한다는 것을 의미한다. 또 열린 관계의 특징으로서 관계를 통해 참여한 구성원 모두가 서로 변화해 간다는 점이다.

이렇게 신경 및 면역 체계는 외부로부터의 자극, 이에 대한 반응, 그리고 기억 및 망각 기능에 의하여 완성되며, 신경계가 과거의 경험을 통해 학습하며 자의식을 만들어 가듯이 면역계 역시 과거의 경험을 기억하면서 신체적 자기에 대한 자신만의 특이성을 창발적으로 형성해 간다. 이렇듯 자아의 형성에는 그것이 정신적인 것이건 신체적인 것이건 과거의 각흔이 그대로 남아 있으며, 더 나아가 이들은 단순히 남아 있는 것이 아니라 현재의 모습을 형성하는 데에 능동적으로 기여하고 있다.

---

33) 션 B. 캐롤, 『이보디보, 생명의 블랙박스를 열다』, 317~354쪽.

34) Scott Camazine, Jean-Louis Deneubourg, Nigel R. Franks, James Sneyd, Guy Theraulaz, and Eric Bonabeaue, *Self-Organization in Biological Systems*, Princeton University Press, 2001, pp.29~45.

동물이나 인간과 같은 생명체는 외부 환경에 대하여 반응하고 기억하며 그러한 경험의 총체적 누적으로서 존재하며, 초기 조건에 대한 민감도는 시간의 흐름을 고려할 때 매우 중요한 의미를 지닌다. 복잡계 과학에서 나비효과라고 불리는 이러한 초기 조건의 민감도[35]가 있기 때문에 개체고유성과 관여된 자극, 반응, 그리고 기억 및 망각 중에서 특히 시간의 누적과 연관된 기억 작용은 자아를 구성하는 욕망을 이해하는 데에 중요하며, 또한 인간과 동물이 지닌 욕망의 차이를 이해하기 위해서 반드시 검토해야 한다.

③ **신체 속의 누적된 시간** 각각의 생명체에 있어서 자아를 결정하는 개체고유성이란 출생 후 겪는 주위 환경과의 관계 속에서 스스로가 자신의 기억으로 담아 가면서 동시에 스스로를 변형시키는 되먹임(feedback) 구조를 통해 이루어진다. 이는 기억에 의한 시간의 누적으로써 가능한 것이며, 이와 같이 개체고유성이 시간의 누적으로 이루어지기 때문에 각 개체 내의 시간의 누적은 동일한 종 안에서의 개체차이(allotype)로 나타나게 된다.

그러나 개체뿐만 아니라 종 간의 차이도 시간의 누적이라는 동일한 패턴에 의해 나타난다는 것은 매우 흥미로운 점이다. 유물론적 환원론에 근거한 사회생물학자들의 입장에서[36] 볼 때 한 개체의 존재는 단순한 유전자의 자기확산 과정에 불과할지 모르나[37] 이들이 간과하는 것은 각 생명체가

---

35) Stephen Wolfram, *A New Kind of Science*, Wolfram Media, 2002, p.971.

36) Edward Wilson, *Sociobiology: The Abridged Edition*, Belknap Press, 1980; 에드워드 윌슨, 『통섭』, 장대익·최재천 옮김, 사이언스북스, 2005, 14~17쪽.

37) 유전자로 인간의 사회적·문화적 행위를 설명하고자 한 에드워드 윌슨이나 『이기적 유전자』의 저자로 잘 알려진 리처드 도킨스의 결정론적 유물론에 대한 반대 입장은 Stephen Jay Gould, "Evolution: The Pleasures of Pluralism", *New York Review of Books*, pp.47~52, 1997; Richard Levins and Richard Lewontin, *The Dialectical Biologist*, Harvard University Press,

보여 주는 삶이라고 불리는 열린 관계성이다.

유전자라는 정보는 복제를 통해 생명체의 자손으로 전달되나 생명체가 주위 환경과의 관계 속에서 만들어 간 고유한 삶은 전달되지 못하며 새로 태어난 개체는 그의 선조가 삶 속에서 겪은 모든 과정을 다시 반복해야 한다.[38] 유전자의 복제 역시 일종의 반복이며 삶이라는 외부와의 생태적 관계 속에서 영향을 받기 때문에[39] 유전자는 모든 생명 현상의 원인이기도 하지만 동시에 주위 환경에 의한 결과물이기도 하다.[40]

한편, 생물학적 반복(recapitulation)은 창발적 차이를 수반한다.[41] 반복에 의한 차이는 진화의 기원이 되며,[42] 따라서 생명체란 유전자의 영속적 모습의 단면에 불과하다는 사회생물학자 등의 근본 입장에 반하여 반복은 차이를 수반한다는 들뢰즈의 관점처럼 종으로서의 동질성 속에 종속된 개체적 삶의 차이와[43] 끝없이 되풀이되는 삶의 반복성이라는 시간의 누적 속에 나타나는 계통발생적 다양성이야말로 생명현상의 창발적 측면을 잘 보여 주고 있다.

이처럼 특정 집단과 각각의 구성원이 보여 주는 고유성은 시간을 생각하지 않고는 설명되지 않기 때문에 우선 개체발생(ontology)과 계통발생(phylogeny)의 통합적 접근이 필요하다. 19세기에 헤켈이 말한 것처럼 개체발생이 계통발생을 되풀이한다는 것은 이제 일반인들에게도 널리 알려

1985, pp.123~127; 리처드 르원틴, 『DNA 독트린』, 김동광 옮김, 궁리, 2001, 155~186쪽.

38) 사회생물학자들의 말처럼 유전자에 모든 것이 담겨져 있어 대대손손 진화하면서 누적되어 나타나는 것이 우리의 육체일지는 몰라도 우리 각자의 삶은 결코 단순한 누적이 아니다. 그것은 환경으로부터의 입력이 각인되기 때문이며, 이것을 후성인자(epigenetic factor)라고 부른다.

39) 요아힘 바우어, 『인간을 인간이게 하는 원칙』, 이미옥 옮김, 에코리브르, 2007.

40) 매트 리들리, 『본성과 양육』, 김한영 옮김, 김영사, 2004, 323~346쪽.

41) Wagner, *Robustness and Evolvability in Living Systems*, pp.175~191.

42) 바라바시, 『링크』, 311~313쪽.

43) 질 들뢰즈, 『차이와 반복』, 김상환 옮김, 민음사, 2004, 220~282 및 614~633쪽.

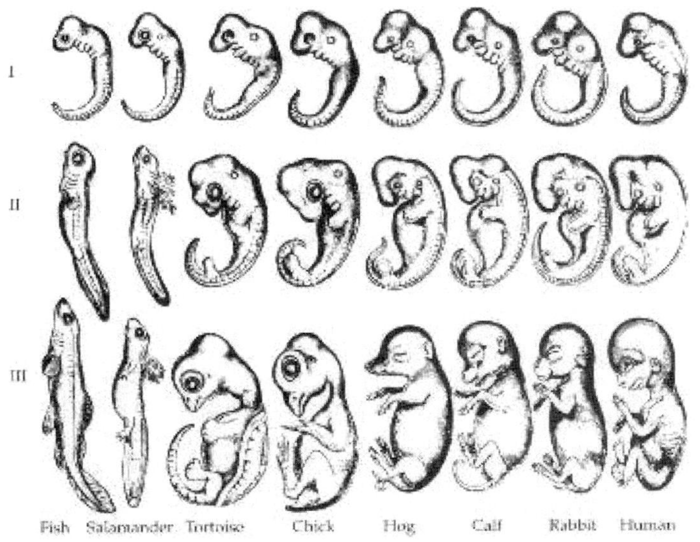

〈그림 4〉 에른스트 헤켈(Ernst Haeckel)의 의도적인 그림. 비록 과장되었지만 Recapitulation theory를 잘 보여 준다.

진 사실이다. 인간의 수정란에서 시작된 배아의 발생 과정에는 과거 우리 선조가 겪어 왔던 시간의 누적이 그대로 나타나게 된다.[44]

그것은 과거 19세기의 헤켈이 그러한 시간의 누적을 강조하기 위해 의도적으로 왜곡하여 그린 형태학적 모습이(〈그림 4〉) 아니더라도 최근 발생 연구에 있어서 형태학적 연구에만 머물렀던 발생학, 화석에 의존하던 고고학적 진화론 및 생체물질을 이용한 생체고고학[45] 등에 분자생물학적 접근을 적용한 유전체학(Genomics)을 접목함으로서 통합학문으로서의 가능성을 보여 주고 있는 이보디보의 발전은 이러한 시간의 누적에 대하여 많은

---

44) Sally P. Springer and Georg Deutsche, "Recapitulation theory", *Left Brain, Right Brain: Perspectives from Cognirive Neuroscience*, 5th ed., Freeman, 1998, pp.259~261.
45) Martin Jones, *The Molecule hunt; Archaeology and the search for acient DNA*, Arcade Publishing, 2001, pp.131~164.

통찰을 주고 있다(〈그림 5〉).

이보디보는 진화 과정 중의 각 개체의 발생과 계통발생적 변화와의 관계를 다룬다. 따라서 시간의 누적에 대한 미세 변화가 어떻게 인간과 동물처럼 다양한 형태의 종으로서 나타나는가를 밝히고 있다.[46] 결론적으로 이보디보가 말해 주는 동물과 인간은 이성, 언어, 도구사용 등과 같은 표현형(phenotype)에 있어서 매우 큰 차이를 나타내지만 그것은 조절 유전자의 다양한 발현과 더불어 모듈 형식의 진화 양식, 그리고 주위 환경에 의한 후생적인(epigenetic) 영향이 반영되어 이루어진 것이라는 점이다.

이러한 계통발생 과정을 지닌 우리 인간은 자아 발달의 근거를 이루는 신경계와 면역계의 발달에 있어서 자연스럽게 이러한 시간의 누적을 담고 있다. 우선 뇌의 구조를 보면 가장 바깥쪽에 있어서 외피에 해당되는 부위는 사람 특유의 이성적 인지 작용을 담당하고 있고(neomammalian neocortex), 그 안쪽에는 감정을 담당하며 이성과 본능의 조절을 담당하는 부위가 뇌간을 둘러쌓고 있으며(paleomammalian limbic system), 가장 깊은 곳에는 계통발생적으로 가장 오래된 파충류에 해당하는 부위가 자리 잡고 있어서 생명체의 개체보존과 종족보전이라는 가장 기본적인 본능을 수행하다고 말해지고 있으므로[47] 뇌에는 생명체의 전형적인 시간의 누적이 반영되어 있다. 이러한 면에서 다양한 감정과 욕망을 표현하는 동물일수록 뇌의 변화는 크기뿐만 아니라 뇌 주름의 증가 등의 공통적인 모습을 바탕으로 다양한 모습을 보여 준다(〈그림 6〉).[48]

---

46) Cristian Cañestro, Hayato Yokoi and John H. Postlethwait, "Evolutionary Developmental Biology and Genomics", *Nature Reviews Genetics* 8, 2007, pp.932~942; Gerd B. Müller, "Evo-devo: Extending the Evolutionary Synthesis", *Ibid.*, pp.943~949.

47) George H. Kieffer, *Bioethics; A Textbook of Issues*, Addison-Wesley, 1979, pp.18~21; Mark F. Bear, Barry W. Connors and Michael A. Paradiso, *Neuroscience: Exploring the Brain*, 3rd Edition, Lippincott, 2007, pp.168~170.

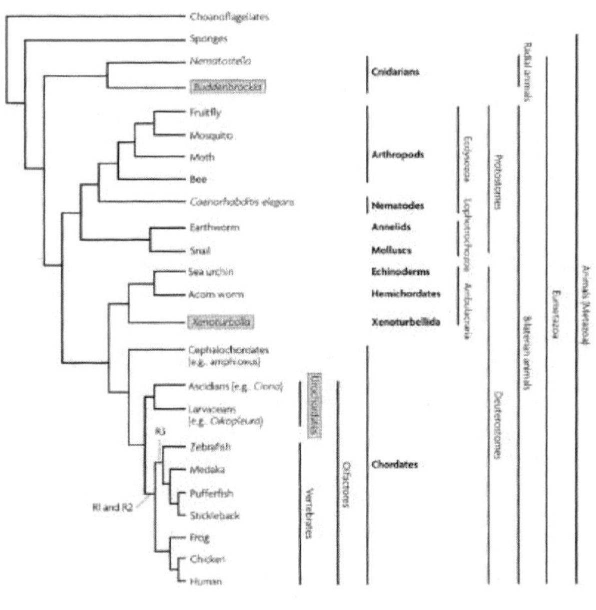

〈그림 5〉이보디보로 본 동물의 계통발생도

한편, 뇌뿐만 아니라 신체적 자기를 규정하는 면역계 역시 진화 속에서의 시간의 누적을 담고 있다(〈그림 7〉).[49] 따라서 자기를 규정하는 물질적 터전인 면역계 역시 신경계와 마찬가지로 역사성을 지닌다는[50] 것은 당연하면서도 많은 것을 시사한다. 사람이건 동물이건 생명체는 결국 시간이 누적된 결과의 산물이다.

동물의 욕망과 인간의 욕망을 이야기하기 전에 이러한 계통발생적 이해와 더불어 다시 한 번 언급해 두어야 할 것이 여러 동물들과 인간 유전자

---

48) Mark F. Bear et al., *Neuroscience*, pp.168~169.

49) Gary W. Litman, John P. Cannon and Larry J. Dishaw, "Reconstructing Immune Phylogeny: New Perspectives", *Nature Reviews Immunology* 5, 2005, pp.866~879.

50) R. J. Turner, *Immunology: A Comparative Approach*, Wiley, 1994, pp.173~213.

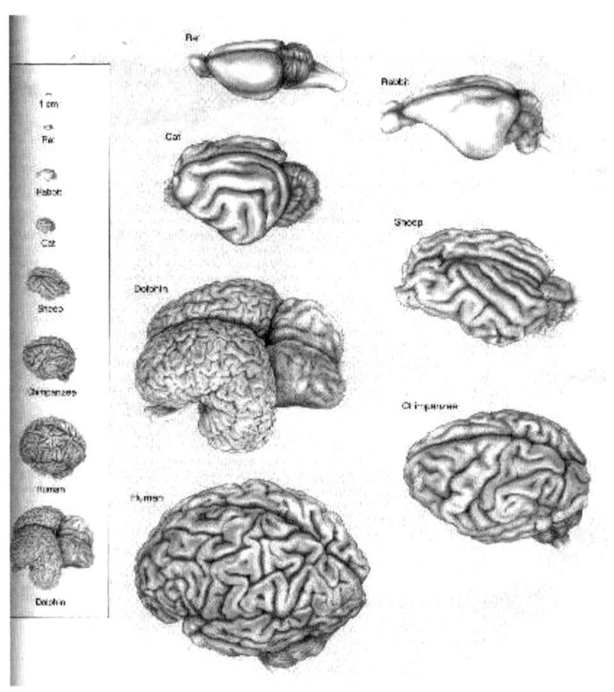

〈그림 6〉 포유동물의 뇌. 복잡성에 있어서는 차이가 보이나 많은 특징들은 공통된다. 왼쪽 상자는 상대적 크기를 보여 준다.

구성의 유사성이다. '사람 유전자 연구과제'(Human Genome Project, HGP)에 의해 밝혀진 사람의 유전자는 침팬지와 1% 미만의 차이밖에 없었기에 우리가 생각했던 것처럼 그 차이가 큰 것도 아니었으며, 또 예상했던 인간의 유전자 수도 1/3 수준이었고[51] 곤충에 비해 그 수가 두 배도 안 됐다. 이런 사실은 인간의 이성이나 언어사용이라는 동물에 비해 놀라운 차이로 보이는 표현형은 단순히 유전자만으로 설명되기 어렵다는 것을 의미한다.[52]

---

51) 유전자 지도가 밝혀지기 전에는 사람에게 10여만 개의 유전자를 기대했으나, 2000년대 초 인간의 완성된 유전자 지도를 보면 약 3만여 개에 불과하다.

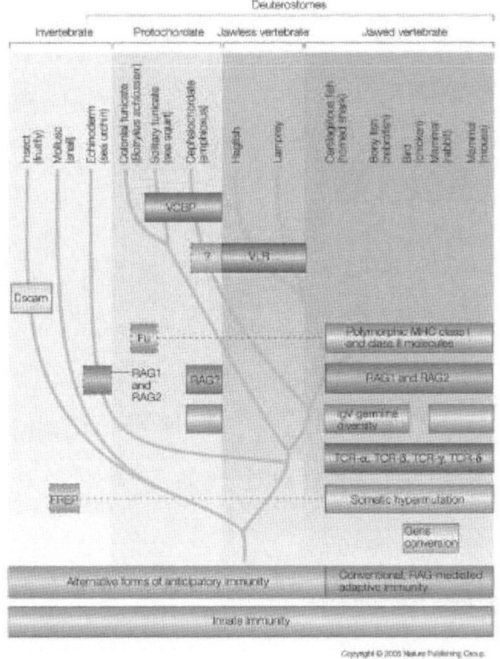

〈그림 7〉 동물 면역계의 계통발생도. 신체적 자기를 유지하는 면역계는 계통적으로 서로 다른 다양한 전략과 더불어 매우 유사한 상호연관성도 보여 주고 있다.

결국 진화와 발생을 반복하면서 차이를 수반한 반복은 인간을 포함한 생명체에게 무생물로부터 구분되는 놀라운 다양성과 더불어 그것이 본능(instinct)에 의하건 욕동(drive)에 의하건 생명체에게 자유로움을 선사했다. 그러한 자유로움은 개방성에 근거한 창발현상(emergence)에 근거하는 것이기 때문에 다양성의 근간이 되는 개체고유성과 개방성이라는 생명체의 대표적인 두 특성은 분리되어 생각될 수 없고 서로 연관되어 있다.

신경계가 다루는 정신적 측면은 사적인 나와 공적인 나, 양쪽 모두를

---

52) 르윈틴, 『DNA 독트린』, 109~152쪽.

담당하게 되지만 면역계는 오직 사적인 나만을 다룬다. 그런 면에서 '나'라는 문제의 시발점을 보편적 내가 아닌 개체고유성으로부터 시작한다면 우선적으로 검토해야 할 것이 면역이며 신체, 즉 생생하게 살아 있는 우리 각자의 육체로부터 시작함이 옳다. 그것이 신체적 인식이건, 정신적 인식이건 인식을 통한 지식이란 본질적으로 육적(肉的)인 것이다.[53] 그런 면에서 동서양을 막론하고 형이상학으로 대변되어 온 정신작용이 역사상 신체에 대하여 우위를 점해 왔지만 정신은 물질화되지 않은 신체의 일부에 불과하다고 볼 수 있다. 정신은 신체 의존적이기에 일반적으로 말하듯이 인간이 정신과 육체로 이루어졌다고 말하는 것은 부정확하며 차라리 마음과 육체로 이루어졌다고 표현하는 것이 그나마 무난하다.

2. 과학시대와 생명

1) 진화론과 현대 생물학

(1) 진화 현상

다윈에 의해 제시된 진화는[54] 생물학뿐만 아니라 다양한 분야에 영향을 미치게 되는데 그 이유는 그때까지 서양사회에서 일반적 개념이었던 생태계 내에서의 인간이라는 종의 우월성에 상처를 입힌 것 외에도 인문·사회 및 종교적으로도 다양한 함의를 지니고 있었기 때문이다. 대표적으로는 다윈의 진화론이 갖는 의미가 당시 서구가 지니고 있던 아리스토텔레스적인 목적론적 시각에 최종적인 타격을 입혔고, 이와 더불어 당시 프랜시스 베이

---

53) Irun R. Cohen, *Tending Adam's Garden: Evolving the Cognitive Immune Self*, Academic Press, 2000, p.99, "All knowledge is carnal."
54) Charles Darwin, *The Origin of Species*, Gramercy Books, 1859/1979.

컨 등에 의하여 어느 정도 확립되어 있던 서구 과학의 귀납적 시각에 대한 재고였다.

다윈 당시 진화라는 과정은 일반적으로 생각되듯 최선의 상태로 발전하는 과정이 아니었으나 다윈의 사촌격인 골턴(Francis Galton)에 의해 최선과 진보라는 개념이 추가되어 강조됨으로서 후에 우생학적 기반이 되었다.[55] 다윈 진화론의 중심 개념은 진보라기보다는 자연선택이다. 이는 후에 진화발생생물학, 사회생물학, 진화심리학 등 다양한 형태로 전개된 현대 진화론에서도 변함없이 유지되고 있는 중심 개념이기도 하다. 현대 생물학적 관점에서 보면 진화과정에는 목적성이나 의도성이 개입되지 못하며, 그것은 단지 결과적으로 그렇게 보일 뿐이다. 진화를 통한 변화는 주위 환경에 대하여 스스로를 존속 가능하게 하기에 안정적이지만, 동시에 주위에 적응해야 하기에 유동적이다. 발생한 변화를 통해 한때는 불안정한 종과 개체였지만, 시간의 경과에 따라 안정화되어 일반적이 되고, 이와 같은 방식을 통해 생명체는 시간이라는 역사성 속에서 선택되어 변형되고 진화한다. 따라서 진화는 '주어진 조건 속에서 가장 안정된 형태로 진행되는 것일 뿐'이며, 이는 가장 좋은 결과를 향해 변화하는 것을 의미하지는 않는다.

다윈의 진화론은 제한된 관찰 속에 제시되었기 때문에 전형적인 귀납적 지식체계에 맞지 않아 과학이 아니라고까지 비판을 받았다. 또한 그 시절에 진화(evolution)라는 개념은 결정된 프로그램에 의해 순서에 따라 전개된다는 의미를 지니고 있었기에 다윈 자신은 그러한 개념을 받아들일 수 없었으며 따라서 스스로는 진화를 후대에 전달되는 변형(descent with modifications)라는 식의 표현을 선호했다. 하지만 현대 유전학적 지식이 없

---

55) Nicholas Wright Gillham, *A Life of Sir Francis Galton: From African Exploration to the Birth of Eugenics*, Oxford University Press, 2001, pp.250~344.

던 시절이었기 때문에 다윈이 말하고자 했던 진화의 개념은 일종의 용불용설(用不用說)의 형태로 제시될 수밖에 없었다.

그런 흐름에서 당시 헤겔식의 관점으로 다윈의 진화는 일종의 보다 바람직한 것으로 나아가는 발전의 의미를 지니게 되었지만, 최소한 다윈의 진화론에서의 중심 개념은 적자생존 내지 자연선택이었다.[56] 이제 현대 생물학에서 더 이상 진화의 개념이 발전적인 상태로 변해 가는 것을 의미하지는 않지만, 생명체가 진화의 압력 속에서 환경과 맺어 가는 적응의 개념인 적자생존은 진화발생생물학(Evolutionary Developmetal Biology, evo-devo),[57] 사회생물학,[58] 진화심리학[59] 등 다양한 형태로 전개된 현대 진화론에서도 변함없이 유지되고 있는 중심 개념이기도 하다. 진화론이 지닌 관계론적이며 적응주의적인 시각은 당시의 철학계, 과학계, 그리고 종교계에 영향을 미쳤고 결국 현대의 생태학적 시각에 깊은 영향을 주었다. 또한 출현 당시 충분한 귀납적 증거가 없다는 점에서 비과학적이라고 비난받았던 다윈의 자연현상에 대한 시각은 최근 주목을 받고 있는 복잡계 과학에 의해 보다 구체적인 방식으로 설명이 이루어지고 있다.[60]

한편, 현대 생물학자들 사이에서도 진화의 기작(mechanism)에 대한 논의는 여전히 활발한 상황이다. 대표적인 입장으로서 사회생물학과 달리 단속평형설을 주장한 스티븐 제이 굴드와 같은 학자가 있다.[61] 하지만 그

---

56) T. Berra, *Charles Darwin: The Concise Story of an Extraordinary Man*, The Johns Hopkins University Press, 2008.
57) 션 B. 캐럴, 『이보디보, 생명의 블랙박스를 열다』.
58) 에드워드 윌슨, 『사회생물학』 1~2, 이병훈 옮김, 민음사, 1992.
59) 스티븐 핑커, 『마음은 어떻게 작동하는가』, 김한영 옮김, 소소, 2007.
60) Scott Camazine et al., *Self-Organization in Biological Systems*.
61) 스티븐 제이 굴드, 『생명, 그 경이로움에 대하여』, 김동광 옮김, 경문북스, 2004. 스티븐 제이 굴드 (Stephen Jay Gould, 1941~2002)는 미국의 고생물학 및 진화생물학자이다. 사회생물학에 대한 반대 입장으로 유명하며, 진화에 있어서는 단속평형설(punctuated equilibrium)을 주장했다. 단

어느 쪽에서도 진화론의 주요 개념이자 동전의 양면이라고 볼 수 있는 적
자생존과 자연선택이라는 진화적 시각의 요체는 생물체와 주위 환경의 끊
임없는 상호작용이고, 동시에 이러한 상호작용은 역사 속에서 누적되어 진
화의 압력으로 작용한다는 것을 의미한다. 이것은 시간에 따른 돌연변이,
선택, 존속이라는 일련의 과정을 말하기 때문에 다윈이 밝힌 생명체의 진
화는 관계이자 또한 과거로부터의 긴 시간의 누적이며, 시간의 전개에 따
른 창발적 적응을 말한다. 또한 진화에서 중요한 개념인 자연선택은 일종
의 적응(adaptation)이지만, 이 적응은 생명체의 목적이나 목표가 아니라
상호작용에 의한 상태 그 자체이며 동시에 구성적인(constructive)[62] 측면
을 지닌다.

(2) 사회생물학

최근 신다윈주의를 넘어서서 몸의 진화를 다루는 대표적 과학 분야로서 간
단히 '이보디보'라 불리는 진화발생생물학이 있다. 분명히 인간 역시 진화
의 과정 속에서 나타났음은 과학적으로 부정할 수 없지만 진화생물학자들
사이에서도 어떻게 진화가 이루어졌는가에 대한 시각은 다양하며 진화에
대한 해석 역시 다양하다. 하지만 대부분 그렇듯이 그렇게 다양한 해석이
있는 것은 동일한 현상에 대하여 어느 측면을 주로 강조하는가에 의해 생
겨 나는 경우가 많다. 분명한 것은 진화는 일종의 질서 잡힌 상태로 전해오
는 것이고 따라서 이것은 일종의 정보(information)라는 것이다. 시간의 축
적에 따라 더 많은 정보를 축적하게 되므로 진화는 더욱더 복잡해지는 양

속평형설은 긴 기간의 진화적 안정상태가 유지되다가 비교적 짧은 기간의 환경압력에 의해 진
화적 변화가 급격하게 일어난다는 이론이다.
62) 르원틴, 『DNA 독트린』, 197~217쪽.

상을 띠게 된다.

그러나 이러한 정보는 진화하는 개체만으로 이루어지는 것이 아니라 주위 환경과 같이 더불어 유지되고 나타나는 정보이다. 따라서 환경과 몸은 같이 진화하며, 그렇기 때문에 몸은 특정 목적이나 목표를 향해 진화하는 것이 아니라 진화의 압력에 의해 밀려간다. 이렇게 생명체가 진화의 압력에 따라 밀려간다는 것은 진화의 산물이라고 할 수 있는 인간이 이 세상의 모양을 결정할 수 있다고 주장하면서 인간의 우수성이나 우월성을 말하는 것과는 거리가 있다. 다윈도 자신의 글에서는 생명체의 구성을 묘사하는데서 더 우월하거나 열등한 이라는 표현은 사용하지 않았음은 중요하다.

진화는 유전자 수준에서도 확인되기 때문에 단순한 유전자의 돌연변이로 인해 진화가 이루어진다고 생각하는 과거의 입장과는 달리 진화발생생물학이라는 현대 생물학의 한 분야에서 분명히 말하고 밝힌 것은 진화는 일종의 변주곡의 형태로서 생명체의 유전자가 전체가 아닌 부분적 기능단위(module)로 변환 내지 치환되면서 놀라운 다양성을 가져 왔음을 보여 준다는 것이다.[63]

그런데 다윈 당시 논의되었던 것처럼 진화라는 과정은 일반적으로 생각되듯 최선의 상태로 발전하는 과정이 아니었으나, 다윈의 사촌격인 프랜시스 골턴에 의해 최선과 진보라는 개념이 추가되어 강조되어 후에 우생학적 기반을 만들었다.[64] 하지만 현대 생물학적 관점에서 보면 진화과정에는 목적성이나 의도성이 개입되지 못하며, 단지 그것은 결과적으로 그렇게 보일 뿐이다. 진화를 통한 변화는 주위 환경에 대하여 스스로를 존속가

---

63) 캐럴, 『이보디보, 생명의 블랙박스를 열다』, 34~42쪽.
64) M. Bulmer, *Francis Galton: Pioneer of Heredity and Biometry*, The Johns Hopkins University Press, 2003.

능하게 하기 때문에 안정적이지만, 동시에 주위에 적응하여 변화하기 때문에 진보한다. 발생한 변화를 통해 한때는 불안정한 종과 개체이지만, 시간의 경과에 따라서 안정화되어 일반적이 되고 이와 같은 방식을 통해 생명체는 시간이라는 역사성 속에서 선택되어 변형되고 진화한다. 따라서 진화는 '주어진 조건 속에서 가장 안정된 형태로 진행되는 것뿐'이며, 이것은 가장 좋은 결과를 향해 변화하는 것을 의미하지는 않는다. 그것은 최선의 상태가 아닌 보다 복잡한 상태로의 변화로서 특정 집단이나 개체의 진화가 다른 경로의 진화를 걷고 있는 집단이나 개체보다 우열하다고 말하는 것이 아니다.[65]

현대 진화론의 한 주류인 사회생물학은 1970년대에 호전적인 개미 연구를 기반으로 에드워드 윌슨이 주창하였고,[66] 그는 인간의 본성을 이해하는 데 사회생물학적 방법론이 가장 중요한 역할을 할 것으로 보았다. 사회생물학자들은 모든 인문·사회과학은 생물학으로 설명될 것으로 생각하고 있으며, 따라서 인간의 몸과 마음은 유전자의 자기증식과 확산을 위한 담지체에 불과하다고 본다. 이들에 따르면 인간 문화나 사회적 삶도 유전자에 의해 발현된 또 다른 표현형에 불과하다. 결국 사회생물학이 취하고 있는 생명에 대한 유전자실체론은 생명체가 지닌 생명현상을 유전자들의 발현 결과로 보며, 따라서 모든 생명현상은 유전자로 환원시켜 설명될 수 있다고 본다.[67]

이와 같이 사회생물학은 생명체의 가장 근본적인 본질이 유전자에 있으며 인간이 만든 문명이나 문화 역시 유전자의 작용에 불과하다고 간주하

---

65) 스티븐 제이 굴드, 『생명, 그 경이로움에 대하여』, 56~69쪽.
66) Edward Wilson, *Sociobiology: The Abridged Edition*.
67) 윌슨, 『통섭』, 14~17쪽.

지만, 사회생물학자들은 자신들의 주장이 유전자결정론으로 규정되는 것에 대해 매우 강한 거부감을 보인다. 각종 토론회에서 이들이 종종 드는 예를 보면, 사회생물학의 주장이 유전자결정론이라면 토론회에 앉아서 관념적인 토론을 하기보다는 유전자를 퍼뜨리기 위해 외부로 돌아다녀야 할 텐데 이렇게 회의장에 있지 않느냐고 말한다. 하지만 사회생물학자들 스스로도 인간의 문화적 활동을 설명하기 위해 문화유전자 내지 문화복제자 개념인 밈(meme)을 제시하고 있음을 생각할 때 사회생물학자들이 인간이나 동물의 행위를 생물학적인 것이건 문화적인 것이건 유전자에 의한 것으로 규정하고 있다는 사실에는 변함이 없다. 유전자결정론이라는 표현에 대해 사회생물학자들이 보이는 강한 거부감은 근세기 역사에서 유전자결정론에 의해 지지되었던 우생학의 폐해 때문으로 보인다.[68]

한편, 사회생물학이 우리에게 주는 통찰은 인간으로 하여금 개인화된 시각에 근거하여 자신의 탐욕만을 위해[69] 열심히 살아가야 하는 모습에서 벗어나 더 이상 개체로서의 나에 집착할 필요가 없음을 알게 해준다는 점이다. 사회생물학은 해체된 개체를 통해 보다 넓은 시각에서 삶을 바라보게 해주며, 이타적인 시각과 더불어 인간의 종 우월주의를 극복하는 데 크게 기여했다고 볼 수 있다. 따라서 인간중심적 근대과학과 개인주의적 근대문명에 대한[70] 이러한 통찰은 사회생물학의 소중한 통찰이라고 볼 수 있다. 하지만 이러한 통찰에도 불구하고 환원주의적 시각이 지닌 태생적 한

---

68) 유전자결정론에서 사회생물학자들이 부정하는 것은 '유전자숙명론'이다. 하지만 유전자결정론이 곧 유전자숙명론은 아니기 때문에 유전자결정론을 그토록 부정할 필요는 없다. 사회생물학의 입장은 유전자결정론이자 유전자실체론이며, 국내 사회생물학자들도 에드워드 윌슨처럼 이 점을 솔직히 인정할 때 국내에서도 생명에 대한 다양한 입장의 연구자들 간에 보다 생산적이고 충실한 토론이 유도될 수 있을 것으로 보인다.
69) 장 지글러, 『탐욕의 시대』, 양영란 옮김, 갈라파고스, 2005, 79~147쪽.
70) 아이린 칸, 『들리지 않는 진실: 빈곤과 진실』, 우진하 옮김, 바오밥, 2009, 215~245쪽.

계는 사회생물학의 한계를 노정하게 된다.[71]

사회생물학은 그 주장을 뒷받침하는 근거가 1970년대 유전자 지식의 수준에 머무는 한계를 갖고 있다. 사회생물학의 기본적 관점은 1950년대에 유전자를 구성하는 DNA 이중나선 구조를 밝힌 왓슨과 크릭에 의거하고 있으며,[72] 이를 바탕으로 급격히 발전한 1970~1980년대의 분자생물학적 시각에 근거한다. 하지만 1970~1980년대 분자생물학의 수준은 유전자의 총체적 이해라는 면에서 볼 때 매우 초보적인 수준이었다. 분자생물학에 근거한 기계론적 생명의 이해는 1990년대에 들어서서 '사람 유전자 연구과제'(Human Genome Project, HGP)로 정점에 이르게 되었다. 그런데 2003년 초에 이를 통해 밝혀진 인간 유전자의 구성을 보면, 인간 유전자의 수는 예상치의 30% 정도밖에 안 되는 숫자이며, 유인원과의 차이가 1%에 불과하고, 곤충이 지닌 유전자 수의 두 배도 안 되는 것으로서 이는 유전자 결정론자들의 예상치보다 너무 적어 실망스러운 것이었다.

더욱이 최근의 연구결과에 의하면 인간 유전자의 약 8%가 바이러스로부터 왔다는 점을 고려할 때[73] HGP의 결과는 진화를 거쳐 더욱 진보한 동물이란 유전자가 많고 복잡한 동물이어야 한다고 생각하던 이들에게 '다른 동물과의 차이를 나타내는 인간다움이란 무엇'이며, 그 '차이는 어디서 기인하는지'에 대한 보다 깊은 성찰이 필요함을 말해 준다.[74] 이에 따라 인

---

71) 하워드 L. 케이, 『현대 생물학의 사회적 의미』, 생물학의 역사와 철학 연구모임 옮김, 뿌리와이파리, 2008, 254~285쪽.

72) James D. Watson & Francis H. C. Crick, "A Structure for Deoxyribose Nucleic Acids", *Nature* Vol. 171, 1953, pp. 737~738.

73) Masayuki Horie, Tomoyuki Honda, Yoshiyuki Suzuki, Yuki Kobayashi, Takuji Daito, Tatsuo Oshida, Kazuyoshi Ikuta, Patric Jern, Takashi Gojobori, John M. Coffin and Keizo Tomonaga, "Endogenous non-retroviral RNA virus elements in mammalian genomes", *Nature* Vol. 463, 2010, pp. 84~87.

74) Henry Gee, *Jacob's Ladder: The History of the Human Genome*, Norton, 2004,

간의 두뇌 역시 진화과정에서 최선의 작품으로 만들어져 왔다기보다는 주어진 환경에 그때그때 적응하면서 적당히 형성된 산물임이 지적되고 있으며,[75] 우생학적 유전자실체론에 대한 반론은 계속되고 있다.[76] 사람의 본성에 대한 통찰에 있어서도 사회생물학적 전통에 입각한 진화심리학의[77] 한계를 지적하면서 인간의 마음이란 마치 면역계처럼 개체 차원에서도 평생 지속적으로 적응과정을 거친다는 입장도 개진되고 있다.[78]

사회생물학은 환원주의 전통에서 보면 서양 근대과학의 정점에 있다. 사회생물학자들에게 삶이나 문화는 물리적 현상에 지나지 않는다. 인문·사회과학의 모든 주제는 인지과학이나 신경과학으로 설명이 될 것이며, 두뇌작용은 유전자의 발현 원리로 풀이될 수 있다. 그들은 최종적으로 생명현상이나 사회현상, 나아가 모든 인간 문화가 물리적 원리로 설명될 것이라고 주장한다.

일반인에게 유전자실체론을 인식시킨 대중 저서인 『이기적 유전자』로 널리 알려진 리처드 도킨스와 사회생물학의 기초를 만든 에드워드 윌슨이 서구사회의 대표적인 사회생물학자로서, 이들은 유전자결정론에 반대 입장을 취해 온 진화생물학자 스티븐 제이 굴드나 리처드 르원틴(Richard Lewontin)은[79] 물론 촘스키(Noam Chomsky) 같은 이들과도[80] 긴 논쟁을

---

pp.173~226.

75) 데이비드 J. 린든, 『우연한 마음: 아이스크림콘처럼 진화한 우리 뇌의 경이와 불완전함』, 김한영 옮김, 시스테마, 2009, 15~35쪽.

76) 알바 노에, 『뇌과학의 함정: 인간에 관한 가장 위험한 착각에 관하여』, 김미선 옮김, 갤리온, 2009, 27~55쪽.

77) 스티븐 핑커, 『빈 서판: 인간은 본성을 타고나는가』, 김한영 옮김, 사이언스북스, 2004, 105~116쪽.

78) David J. Buller, *Adapting Minds: Evolutionary Psychology and the Persistent Quest for Human Nature*, MIT Press, 2005, pp.127~200.

79) 르원틴, 『DNA 독트린』, 189~217쪽.

80) 크리스틴 케닐리, 『언어의 진화: 최초의 언어를 찾아서』, 전소영 옮김, 알마, 2009, 381~412쪽.

벌여 왔다. 뿐만 아니라 유전자결정론의 대표적인 국제적 연구과제였던 HGP도 미국 지식인 사회로부터의 비판과 우려에 직면하게 되었고, 결국 미국 정부는 이 연구과제에 소요된 전체 연구비의 일부를 인간 유전자 정보에 대한 윤리적, 법적, 사회적 관심 연구로 돌렸다.[81] 유전자 본질주의적인 시각은 생명의 발현을 잠재태의 표현과정에서 나타나는 창발현상으로 파악하는 개체군에 대한 철학적 입장으로부터도 부정되었고, 오히려 이 점을 통해 들뢰즈는 다윈주의에 동감하게 된다.[82]

사회생물학에 대한 비판적 시각을 접고 전적으로 그들이 취하는 환원적 논리에 따른다 해도, 이들이 강조하는 유전자실체론에 머물러야 할 타당한 이유는 찾을 수 없다. 사회생물학에서 주장하듯 인간을 유전자로 환원시키고 인간 문화활동을 설명하기 위해 굳이 밈마저 등장시켜야 하는 논리에 충실히 따른다 해도, 유전자 역시 그것을 구성하고 있는 핵산의 네 가지 단순한 구성물질인 A(adenine), G(guanine), C(cytosine), T(thymine)라는 화학물질로 논리를 진전시킬 수 있다. 즉, 인간이 단지 유전자의 확산을 위한 운반체에 불과하다면 같은 논리에 의해 유전자 역시 위 네 가지 물질의 확산을 위한 운반체에 불과하다고 말할 수 있다. 그럼에도 불구하고 사회생물학에서는 생명에 대한 환원의 정도를 굳이 유전자 단계에서 멈추고 있으며 그 이유에 대한 아무런 명확한 답을 제시하지 않는다. 더욱이 최근에 알려진 바와 같이 프리온(prion)이라는 단백질만으로 자가증식과 확산이 가능한 형태의 존재가 알려짐으로써 생명체와 무생물체 간의 경계가 더욱 모호해져 있음을 고려할 때 유전자 단계에서 멈춘 환원론적 입장은 더

---

81) *The Ethical, Legal, and Social Issues*(ELSI) by NIH, http://www.ornl.gov/sci/techresources/Human_Genome/elsi/elsi.shtml(2010년 2월 1일 확인).
82) 데란다, 『강도의 과학과 잠재성의 철학』, 106~107쪽.

이상 설득력을 지니지 못한다.[83] 사회생물학자의 논리를 빌려 다시 그들의 주장을 쓰면, 결국 인간은 유전자의 그림자에 불과하고, 이들 유전자 역시 유전자를 만드는 핵산의 구성물질인 A, G, C, T를 널리 퍼뜨리기 위한 운반체에 불과하다. 그리하여 이기적인 네 가지 물질은 첫 단계로 유전자를 구성했고, 그 이후는 사회생물학자들이 주장하는 바와 같이 인간이 등장하게 되었다고 말하게 된다.[84]

한편, 사회생물학에 대한 서구사회의 우려와 유전자 연구에 대한 문제의식은 생명을 단순히 유전자라는 유물론적 시각으로 보는 것에 대한 막연한 두려움이며, 유전자 정보에 의한 인간성 말살에 대한 염려에 불과하다는 주장도 있다. 그러나 이 우려가 과학적 사실을 무시한 단순히 인문·사회과학적 우려에 불과한 것은 아니다. 유전자결정론이라는 기계론적 관점의 한계는 과학계 내에서도 그 문제점이 지적되고 있으며, 특히 21세기에 들어와 본격적으로 등장한 이보디보의 발전과 복잡계 과학 및 후성학(epigenetics)의 대두,[85] 그리고 환원이 아닌 합성(synthesis)의 방향으로 생명연구를 하고 있는 시스템생물학이 사회생물학적 시각의 근본적 변화를 요구하고 있다.

또한 유전자를 구성하는 DNA가 유전자 발현의 주체가 아니라, 지금

---

83) Rodrigo Morales, Karim Abid, and Claudio Soto, "The prion strain phenomenon: molecular basis and unprecedented features", *Biochim Biophys Acta* Vol.1772 No.6, 2007, pp.681~691.

84) 도킨스가 말하듯이 '인간은 유전자의 생존기계이며 운반자'라면, 이를 그의 논리를 그대로 적용하여 '유전자는 A, G, C, T의 생존기계이며 운반자'라고 말할 수 있다. 따라서 사회생물학자의 환원주의적 접근에 의할 때 '인간은 유전자를 경유한 A, G, C, T의 생존기계이며 운반자'라고 말해야 한다. 사회생물학이 한 시대의 학설로 그치지 않으면서도 나름대로의 시각을 발전시키기 위해서는 20세기의 분자생물학의 수준을 넘어 21세기 분자유전학에 맞는 제2의 도약이 필요하다.

85) J. K. Kim, M. Samaranayake and S. Pradhan, "Epigenetic mechanisms in mammals", *Cellular and Molecular Life Sciences* Vol.66 No.4, 2009, pp.596~612.

까지 연구가 늦었던 RNA야말로 진정한 유전자 발현 조절기능을 담고 있어 유전자를 지휘하여 특정한 표현을 이루게 한다는 최신 연구결과가 계속 보고되고 있고,[86] 이에 따라 생명의 주인으로 등장하는 것은 DNA로 이루어진 유전자가 아니라 오히려 지금까지 분자생물학에서 일시적 정보전달체에 불과하다고 보았던 RNA가 될 수도 있다.[87] 이러한 연구결과가 말해 주는 것은 생명의 진화가 자기조직적 현상을 다루는 과정에서 구성물질만으로 설명될 수 없는 예측불가능한 새로운 작용과 기능의 형태로 나타난다는 점이고, 따라서 이는 곧 유전자란 행동의 원인이지만 또한 동시에 행동의 결과이기도 하며, 이러한 유전자 이외의 요소들도 장기간에 걸쳐 전달되어 진화에 기여한다는 것을 의미한다.

후성유전학의 기원은 생명체에 있어서 유전자형(genotype)과는 구분되는 표현형(phenotype)이 세대를 거듭하는 과정 중에도 유지되는 현상을 연구하는 것으로 시작되었다. 다시 말하면 후성학은 유전자의 돌연변이가 없음에도 불구하고 세대에 걸쳐 나타나는 유전성 표현형을 다룬다. 특히 대부분의 이러한 현상은 그 발현이 점차적으로 유지된다기보다는 발현

---

86) Pablo Landgraf, Mirabela Rusu, Robert Sheridan, Alain Sewer, Nicola Iovino, Alexei Aravin, Sebastien Pfeffer, Amanda Rice, Alice O. Kamphorst, Markus Landthaler, Carolina Lin, Nicholas D. Socci, Leandro Hermida, Valerio Fulci, Sabina Chiaretti, Robin Foa, Julia Schliwka, Uta Fuchs, Astrid Novosel, Roman-Ulrich Muller, Bernhard Schermer, Ute Bissels, Jason Inman, Quang Phan, Minchen Chien, David B. Weir, Ruchi Choksi, Gabriella De Vita, Daniela Frezzetti, Hans-Ingo Trompeter, Veit Hornung, Grace Teng, Gunther Hartmann, Miklos Palkovits, Roberto Di Lauro, Peter Wernet, Giuseppe Macino, Charles E. Rogler, James W. Nagle, Jingyue Ju, F. Nina Papavasiliou, Thomas Benzing, Peter Lichter, Wayne Tam, Michael J. Brownstein, Andreas Bosio, Arndt Borkhardt, James J. Russo, Chris Sander, Mihaela Zavolan, and Thomas Tuschl, "A Mammalian microRNA Expression Atlas Based on Small RNA Library Sequencing", *Cell* Vol.129 No.7, 2007, pp.1401~1414.
87) Thomas D. Schmittgen, "Regulation of MicroRNA Processing in Development, Differentiation and Cancer", *Journal of Cellular and Molecular Medicine* Vol.12 No.5B, 2008, pp. 1811~1819.

되거나 혹은 발현되지 않는 양자 간의 선택적 유형으로 나타나게 되고, 결국 유전자 수준에서의 발현이 아닌 염색체의 발현양상이 바뀌게 되어 구체적인 표현형으로 나타나게 된다.[88] 따라서 몸을 구성하는 유전자만으로 한 개체의 육체를 예견하거나 질병발생을 단정 짓는 것은 매우 위험한 발상이다. 유전자가 기본 틀을 지정하는지는 몰라도, 이제 우리의 몸과 정신이 지닌 풍요로움과 다양함을 발현하는 데에는 해당 유전자 이외의 여러 요인들과 관계가 작용한다는 것을 인정하게 되었다.

유전자결정론에 대한 반대되는 요인을 분자 수준에서 규명하고 있는 것이 후성유전학이라면, 유전자 및 이에 관련된 모든 관계의 총체적 집합으로서의 몸이 비록 같은 종에 있어서는 각 개체에 상관없이 모두에게 공통된 해부구조와 생리작용을 갖고 있음에도 불구하고 정작 각 개체만의 신체적 고유성이 존재하는 현상에 접근하게 된 것은 21세기에 들어와 구체적인 학문의 형태로 발전하고 있는 복잡계 과학, 그리고 비환원론적 접근을 하고 있는 시스템생물학의 힘이 크다.[89] 생명체의 발현과 생명현상에서 중요한 개체고유성은 몸의 구조를 만들어 내는 유전자가 아니라 외부로부터 받는 자극과 반응, 그리고 반응을 기억함으로써 종합적으로 형성되고 평생 끊임없이 변화해 가는 관계에 의한다. 감정이나 이성의 형태로 정신적 자기를 만드는 신경계는 가소성(plasticity)을 지닌 대표적인 생체조직이고 신체적 자기(self)를 이루는 면역현상 역시 유사한 과정과 형태를 취하고 있다. 각 개체의 신체적 고유성도 신체를 구성하고 있는 생리활성 물질이나

---

88) C. David Allis, Thomas Jenuwein, Danny Reinberg and Marie-Laure Caparros eds., *Epigenetics*, Cold Spring Harbor Laboratory Press, 2007, pp.23~61.
89) Valdur Saks, Claire Monge and Rita Guzun, "Philosophical Basis and Some Historical Aspects of Systems Biology: From Hegel to Noble: Applications for Bioenergetic Research", *International Journal of Molecular Science* Vol.10 No.3, 2009, pp.1161~1192.

세포로 구성된 상태에서 고정되어 결정되는 것이 아니며, 외부와의 상호작용을 통해서 개체의 면역체계와 주위 환경이 서로 영향을 주고받아 그 결과 기존 면역체계 자체의 속성이 변화하면서 결정된다. 살아 움직이고 욕망하는 생명현상이 창발적이듯이 몸을 이루고 있는 이들 구성요소의 상호작용도 복잡계적 창발현상을 보여 준다.

인간의 몸이 단순히 유전자의 전달자라는 1970년대의 사회생물학적 관점은 일반인들에게는 매우 신선했을지 모르나 생물학자에게는 그리 새로운 개념은 아니다. '이기적 유전자'라는 상징적 표현 때문에 '이타'와 '이기'라는 개념이 진화론에 개입된 것일 뿐, 도킨스조차도 이기적 유전자에서 '이기적'이라는 표현은 일종의 상징이자 은유적 측면이 있음을 말하고 있다. 상호작용의 관계에서 이기적이라는 말과 이타적이라는 말은 동전의 양면이다. 결국 특정 관계를 이기적으로 볼 것인지 아니면 이타적으로 볼 것인지는 표현의 문제일 수 있으며, 단지 어느 측면을 강조하느냐를 나타내고 있다.

일찍이 1960년대 말에 린 마굴리스(Lynn Margulis)는 원핵세포(prokaryotic cells) 연구를 통해 기나긴 진화의 모습을 포착했다.[90] 진핵세포(eukaryotic cell) 안의 에너지 생산기지인 미토콘드리아(mitochondria)의 기원이 외부에서 진핵세포 속으로 들어간 생명체의 공생관계로부터 유래했음이 밝혀졌다. 이러한 세포 내 공생관계(endosymbiosis) 개념을 보다 복잡한 생명체로 확대해 보면, 진핵세포로 이루어진 포유동물인 인간도 세포 수준에서 벌어진 상호작용의 산물에 불과하다.[91] 그러나 마굴리스는 사

---

90) John Chaston and Heidi Goodrich-Blair, "Common Trends in Mutualism Revealed by Model Associations Between Invertebrates and Bacteria", *FEMS Microbiology Reviews* Vol.34 No.1, 2009, pp.41~58.
91) 당시에도 수많은 장 내 미생물과 피부 표면의 미생물들로 덮여 있는 포유동물은 실체가 없이 단

회생물학자들과 유사한 결론에 도달할 수 있었음에도 불구하고, 그들과는 달리 장구한 시간 속에서 정교한 공생체계로 이루어진 세포를 통해 생명체를 각자의 생존을 위한 투쟁의 역사가 아닌 서로 의지하며 진화하는 존재로 파악했다. 생명이란 서로 영향을 주고받으며 함께 진화해 온 공동체라고 본 그녀는 이를 더 확대하여 다양한 뭇 생명체의 상의상존(相依相存)을 통해 펼쳐지고 발현되는 전 지구적 생명에 공감하게 된다. 다시 말하면 세포들은 수십억 년 생명진화의 과정을 고스란히 담고 있으며, 이들을 더 높은 층위의 생명활동으로 이끈 진화의 힘은 이기적 약육강식이나 적자생존이 아니고, 생명체는 세포 내 기관들이 각자의 기능을 지니고 더욱 복잡한 환경에 참여할 수 있도록 서로 공생하는 형태로 진화되어 왔다.

비록 층위는 다르지만 인간 개체의 실체 없음을 지적할 수 있는 유사한 관찰로부터 이토록 상반된 결론을 내릴 수 있었다는 것은 결국 사회생물학자인 도킨스가 모든 것을 설명할 수 있는 원리로 제시했던 유전자의 역할이나 밈이라는 개념이 단지 그들만의 해석과 시각을 제시한 것일 뿐임을 말해 준다. 시스템생물학의 창시자인 영국 옥스퍼드 대학의 데니스 노블(Denis Noble)이 말하듯이, 생명현상을 단순히 유전자로 환원시키는 것은 이제 낡은 구시대적 관점이 되어 버렸다.[92] 서로의 상호작용을 통한 협동과정을 통해 새로운 층위로 도약한 생명이란 단순한 음표가 아니라 모두

지 장 내 미생물 등의 생명을 유지·보전하기 위해 열심히 먹고 마시는 담지체에 불과하다는 이야기가 회자되었다. 마굴리스 교수는 현재의 사회생물학자가 주장하듯 이기적 유전자와 밈에 의한 자기확산의 개념을 유전자가 아닌 세포나 세균을 통해 충분히 전개할 수 있었다. 비록 마굴리스 교수가 인간의 문화나 사회활동이란 이기적 미생물이 그들을 확대재생산하기 위해 만들어 낸 결과물이라고 주장하는 과감성은 없었지만, 세포 내 공생과 이를 통한 생존, 증식의 개념은 유전자를 바탕으로 하는 사회생물학자들의 주장을 충분히 내포하고 있었다.

92) Peter Kohl and Denis Noble, "Systems biology and the virtual physiological human", *Molecular Systems Biology* Vol.5 No.292, 2009, doi:10.1038/msb.2009.51.

어우러져 창출되는 하나의 음악과 같다.[93]

　돌이켜 보면 사회생물학이 등장하던 당시 분자생물학의 입장은 '하나의 유전자로부터 하나의 단백질이 나온다'(one gene-one protein)는 매우 초보적인 유전자 도그마(gene-dogma)에 바탕을 두고 있었다. 뿐만 아니라 진화과정을 바라보는 사회생물학의 시각은 호전적인 개미에 관한 연구에 근거하고 있었고, '이기적 유전자'라는 표현이 있는 것처럼 그 당시 인간과 유사한 영장류 연구에서 강조되던 침팬지의 호전성도 여기에 기여했다. 인간에 가장 가까운 유인원인 침팬지는 권력지향적이며 매우 폭력적인 행태를 보인다. 이러한 침팬지의 모습은 인간이 이기적 유전자의 발현이라는 상징적 표현이 더욱 공감을 얻게 한다. 하지만 그후 연구된 바와 같이 침팬지와 형제격인 보노보는 매우 협동적이며 이들에게서는 이타적 행위도 쉽게 발견된다.[94] 그런 면에서 비록 사회생물학이 국내에서 진화론의 주류로 제시되고 있지만, 그것은 최근 21세기 들어 보다 가속화되고 발전된 내용을 담고 있는 첨단 생물학의 연구결과를 적극적으로 반영해야 할 필요가 있다. 사회생물학이 대두되던 20세기 말, 해외에서의 뜨거웠던 인간 본성에 대한 생산적 논의는 이제 더 이상 치열한 논의거리가 되지 않는다.

　생명체와 주위 환경 간의 상호작용으로 빚어지는 진화를 이야기하기 위해 그 관계의 특정 단계나 층위에만 주의를 기울이고 시각을 고정시키면 본래의 상황을 왜곡하는 오류가 생길 수 있다. 이는 무신론 운동을 펼치고 있는 도킨스가 『만들어진 신』에서 기독교를 비판하는 데서도 비슷하게 나타난다.[95] 기독교가 굳이 인격화된 신을 상정하고 강조하면서 교의를 발

<hr>

93) 데니스 노블, 『생명의 음악: 생명이란 무엇인가』, 엄재범·이정모 옮김, 열린과학, 2009.
94) 프란스 드 발, 『내 안의 유인원』, 이충호 옮김, 김영사, 2005, 32~74쪽.
95) 리처드 도킨스 『만들어진 신: 신은 과연 인간을 창조했는가?』, 이한음 옮김, 김영사, 2007.

전시키다 보니 도킨스가 지적하는 많은 점들이 공감을 얻기도 하지만, 도킨스가 지적하는 기독교의 신은 전형적인 근본주의적 신이기에 그의 지적은 기독교의 신이 근본주의적 층위나 수준에 머물러 있을 때만 빛을 발한다. 이미 많은 열려 있는 기독교 신자와 신학자에게, 도킨스가 지적하는 신 개념은 또 다른 이야기일 수 있으며 그리 생산적인 논의가 되지 못한다. 마찬가지로 1970~1980년대의 분자유전학 지식과 호전적인 사회적 곤충 연구에 근거한 사회생물학은 이미 그 자체로 좋은 통찰을 제시했으나 이제는 그 이후에 펼쳐진 생물학적·생태학적 연구에 근거하여 더 넓은 시각으로 기존의 유전자실체론에서 벗어나 보다 새로운 시각과 주장을 제시해야 할 시점이 된 것으로 보인다. 사회생물학자도 사회적 동물로서의 인간과 사회적 압력 간의 상호작용은 보다 복잡한 관계형성과 유지에 필요함을 언급하고 있다.[96] 유전자 수준에 머무르며 지금까지 진화에 있어서 대표적 견해 중의 하나로 받아들여졌던 사회생물학은 유전자를 넘어 새롭게 진화하지 않으면 역사상의 한 학설로만 남게 될 수도 있을 것이다.

(3) 사회생물학 이후

사회생물학이 취하고 있는 '유전자결정론' 내지 '유전자실체론'이라는 기계론적 관점의 한계는 과학계 내에서도 지적이 되고 있으며, 특히 최근의 이보디보의 발전과 복잡계 과학 및 후성학에 의한 보완으로 이루어지고 있다. 이는 자기조직적 현상을 다루는 과정에서 구성물질만으로 설명될 수 없는 예측불가능한 새로운 작용과 기능이 나타난다는 것이고, 따라서 유전자는 행동의 원인이지만 또한 동시에 행동의 결과이기도 하다.

---

96) Sarah Hrdy, *Mother Nature: Maternal Instincts and How They Shape the Human Species*, Ballantine Books, 2000, pp.485~510.

후성학은 생명체에 있어서 유전자형과는 다른 표현형이 세대를 거듭하는 과정 중에도 유지되는 현상을 연구하는 것으로 시작되었다. 다시 말하면 유전자의 돌연변이가 없음에도 불구하고 세대에 걸쳐 나타나는 유전성 표현형을 다룬다. 특히 대부분의 이러한 현상은 그 발현이 점차적으로 유지된다기보다는 발현이 되거나 혹은 안 되는 양자 간의 선택적 유형으로 나타나게 되고, 결국 유전자 수준에서의 발현이 아닌 염색체의 발현양상이 바뀌게 되어 구체적인 모습으로 나타나게 된다.[97] 따라서 몸을 구성하는 유전자만으로 한 개체의 육체를 예견하거나 질병발생을 단정 짓는 것은 매우 위험한 발상이다. 유전자는 기본 틀을 지정할지는 모르지만 우리의 몸과 정신에 있어서 풍요로움과 다양함을 발현하는 데에는 해당 유전자 외의 여러 요인들과 관계를 인정하게 되었다.

유전자결정론에 대한 반대되는 요인을 분자 수준에서 규명하고 있는 것이 후성학이라면, 유전자와 그와 관련된 모든 관계의 총체적 집합으로서의 몸은 비록 같은 종(種)에 있어서는 각 개체에 상관없이 누구에게나 공통적인 해부구조 및 생리작용이 있지만 정작 각자의 신체적 고유성을 결정하는 것은 그러한 구조를 만들어 내는 유전자가 아니라 외부로부터 받는 자극과 반응, 그리고 반응을 기억함으로써 종합적으로 형성되고 평생 끊임없이 변화해 가는 관계이다. 그런 관계를 담당하는 면역계는 해부나 생리체계처럼 스스로 자족적으로 발생하여 완성되는 구조가 아니라 언제나 외부와의 관계를 통해 규정되면서 스스로를 만들어 가는 창발적 체계이다.

따라서 나라는 존재가 몸이라는 물질적 터전을 바탕으로 해서 시작된다는 것은 우선 나라는 개인은 몸으로부터 시작되는 것이며 그 몸은 면역

97) C. David Allis, Thomas Jenuwein, Danny Reinberg and Marie-Laure Caparros eds., *Epigenetics*, Cold Spring Harbor Laboratory Press, 2007, pp.23~61.

현상으로 이루어지고 또한 유지된다는 점이다. 신체뿐만 아니라 정신작용 역시 두뇌라는 몸을 통하여 나타난다는 점을 고려하면 인식하고 고뇌하는 존재 자체는 본질적으로 육적(肉的)인 것이며,[98] 이는 정신작용으로서의 수행과정에서도 몸이야말로 그 바탕이 됨을 의미한다.

그런 점에서 몸에서 감정이나 이성의 형태로 마음을 만드는 신경계는 가소성(plasticity)을 지닌 대표적인 생체조직이다. 기억저장 과정에 있어서 신경세포가 만들어 내는 가소성은 이미 오래전부터 관심을 받아 분자 수준에서 연구가 진행되어 왔으나,[99] 그 과정에 대한 전체적이고 구체적인 기전은 요소환원주의적 접근 방식에 바탕을 둔 근대과학의 방법론으로 인하여 파악되지 못하고 있었다. 이에 대한 본격적 접근은 신경세포의 상호연결망에 대한 연구를 하는 신경연결체학(connectomics)으로 시도되고 있다.

한편, 신체의 고유성을 결정하여 자기(self)를 이루는 면역현상 역시 유사한 과정을 거친다. 각 개체의 신체적 고유성은 신체를 구성하고 있는 생리활성 물질이나 세포로 구성된 상태에서 고정되어 결정되는 것이 아니기 때문에 외부와의 상호작용을 통해서 개체가 지니고 있는 면역체계와 주위 환경은 서로 영향을 주고 그 결과 기존의 면역 체계 자체의 속성이 변화하게 된다. 또한 이러한 적응성(adaptability)과 구성(construction) 속에서 변화하는 면역현상은 시간의 누적 속에서 현재의 모습을 만들어 가지만, 이 과정에 대한 전체적인 기전은 앞으로의 비환원론적 접근을 통해서 이루어질 것으로 예상하고 있다. 비록 몸은 유전자라는 물질적 기반에 의하고 더 나아가 신경계와 면역계로 이루어지지만, 이러한 몸의 구성이 창발적이듯이 살아 움직이고 욕망하는 생명현상도 이들 구성요소의 복잡계적 창발현

---

98) Cohen, *Tending Adam's Garden: Evolving the Cognitive Immune Self*, p.66.
99) Mark F. Bear et al., *Neuroscience*, pp.772~791.

상으로 말미암아 나타난다고 할 수 있다.

따라서 생명현상의 연구에 있어서 현재의 생물학은 유전자결정론이 주류라면, 서양 근대과학의 한계를 조금이나마 보완할 수 있는 새로운 학문으로서 통계물리학에서 시작된 '복잡계 과학'이 금세기에 들어와 본격적으로 체계를 잡아 가고 있다. 복잡계 과학에서는 몸과 정신을 새로운 창발현상으로서 파악하고 있으며 이는 근대과학이 지니고 있던 한계를 보완해 줄 수 있는 가능성을 제시하고 있어서 생명에 대한 시각을 새롭게 정립할 수 있는 과학적 터전을 마련하고 있다.

3. 복잡계 현상으로서의 생명

1) 복잡계 과학

복잡계 과학은 많은 요소들의 상호작용을 연구하며, 이들의 상호작용에 의한 자기조직화를 통해 창발적 체계를 구성하여 진화하는 비선형구조에 대하여 관심을 갖는다.[100] 통계물리학의 한 분야로서 시작된 이 이론은 이제는 자연과학 분야뿐만 아니라 경제 및 사회학의 다양한 현상을 설명하는 것에도 적용되고 있다. 이 복잡계 과학을 이루는 커다란 이론적 구성은 프랙탈 및 카오스 이론이 있으며, 최근에는 네트워크 이론과의 접목에 의하여 그동안 막연히 생각되던 일상생활 속의 여러 현상들을 설명할 수 있게 되었다.[101]

---

100) Didier Sornette, *Critical Phenomena in Natural Sciences: Chaos, Fractals, Selforganization and Disorder: Concepts and Tools*, Springer 2003; Ricard V. Sole and Jordi Bascompte, *Self-Organization in Complex Ecosystems*, Princeton University Press 2006.

101) Mark Newman, Albert-László Barabási and Duncan J. Watts, *The Structure and Dynamics of Networks(Princeton Studies in Complexity)*, Princeton University Press, 2006, pp.1~19;

복잡계 과학은 무질서와 질서 잡힌 두 체계의 극심한 변화의 가장자리를 다루고 있으며,[102] 이러한 복잡계 과학이 다루는 현상의 특징으로서는 생명체의 탄생과정에서 볼 수 있듯이 상전이(相轉移), 임계상태, 척도 불변, 초기 조건의 민감도, 자기조직화 및 창발현상으로 크게 정리할 수 있다.[103] 복잡계 현상을 수학적 표현을 빌리면 평균값을 지니는 정규분포와는 달리 멱함수(power law)[104]의 구조를 지닌다(〈그림 8〉). 멱함수의 특징을 보여 주는 지진의 사례로 말한다면 자주 발생하는 작은 지진과 아주 드물게 발생하지만 도시 기능을 마비시킬 정도의 큰 지진의 발생 원인을 검토할 때 종종 발생하는 작은 지진과 매우 큰 규모이지만 드물게 발생하는 지진의 발생 원인의 속성은 유사하다는 점이며, 그 규모가 결정되는 것은 발생 당시의 주위 조건이 어떠한 상태이냐에 의존한다는 점이다. 그러한 변화의 가장자리에서 당시의 초기 조건이 임계상태일 경우에는 상전이가 일어나 기존과는 전혀 다른 새로운 속성을 지닌 상태로 전환됨을 말해 주고 있다. 또한 멱함수 구조를 지니고 있는 현상들의 특징은 그 현상의 척도 독립성(scale free)을 갖는다는 점이다. 척도 독립성은 그러한 유형의 현상에 있

Uri Alon, *An Introduction to Systems Biology: Design Principles of Biological Circuits (Chapman & Hall/CRC Mathematical & Computational Biology)*, Chapman and Hall/CRC, 2006.

102) Melanie Mitchell, Peter T. Hraber, and James P. Crutchfield, "Revisiting the Edge of Chaos: Evolving Cellular Automata to Perform Computations", *Complex Systems* Vol.7, 1993, pp.89~130.

103) Sandra D. Mitchell, *Biological Complexity and Integrative Pluralism (Cambridge Studies in Philosophy and Biology)*, Cambridge University Press, 2003, pp.167~178.

104) 멱함수 법칙을 따르는 분포는 평균적 노드와 분포의 정점으로 구체화되는 고유한 척도(scale)을 갖지 않는다. 그리하여 멱함수 법칙을 따르는 네트워크를 척도 없는(scale-free) 네트워크라고 부른다. $y = cx^{-a}$ 관계를 갖는 시스템이며, 여기서 a와 c는 상수이고 log-log plot을 하면 a를 기울기로 갖는 직선을 얻는다. 시스템의 역동적 성질이 멱함수 분포를 가질 때 가장 효율적으로 최대의 정보를 전송할 수 있다. 소수의 큰 사건이 대부분의 큰 일을 한다는 것이 그래프로 표현된 것이기도 하다.

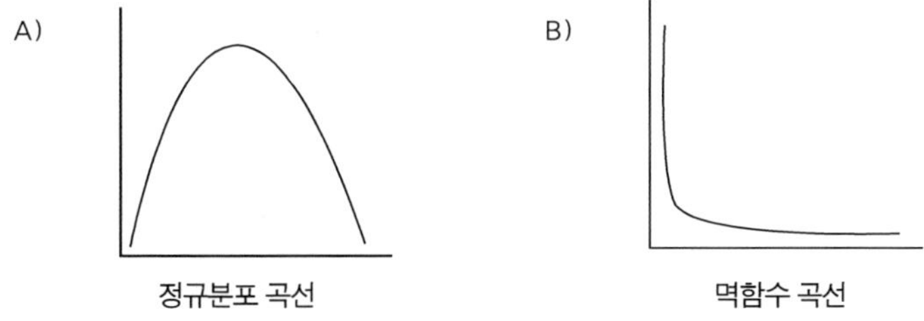

〈그림 8〉 두 가지 유형의 분포곡선. 복잡계 현상은 B)와 같은 멱함수의 분포를 보인다.

어서 발생 규모가 작거나 크거나에 상관없이 그 현상의 속성은 동일하다는 것을 말한다.[105]

멱함수로 나타나는 현상에 있어서 그 결과로서 나타나는 규모의 크기는 그 현상의 발생 당시의 조건에 의존한다. 발생이 시작되었을 때의 주위 조건이 임계상태에 달하여 있으면 상전이를 이루게 된다. 임계상태가 되었을 때 상전이는 발생하게 되며, 이러한 상전이를 통해 그전 상태와는 전혀 다른 성질의 상태로 전환되는 상전이 현상이 나타나 창발현상이 발생한다. 상전이를 발생시키는 특정 상태에 있어서 임계성은 변화의 가장자리까지 도달하기 위해 축적되고 응집된 내부 변화요소라고 말할 수 있다.

최근의 복잡계 이론에서 또 하나의 축을 이루고 있는 것으로서 네트워크 이론이 있는데, 이 이론에서는 부의 분포가 일부에게만 집중되는 파레토의 법칙[106]이나, 사회적 연결망의 특성과 더불어 인터넷상에서 야후나 구글과 같은 초대형 사이트의 등장과 같은 멱함수로 표현되는 현상에 대하여

---

105) Mark Newman et al., *The Structure and Dynamics of Networks*; Duncan J. Watts, *Small Worlds: The Dynamics of Networks between Order and Randomness (Princeton Studies in Complexity)*, Princeton University Press, 1999; 바라바시, 『링크』, 167~182쪽.

106) MEJ Newman, "Power laws, Pareto distributions and Zipf's law", *Contemporary Physics* Vol.46 Issue 5, 2005, pp.323~351.

연구하고 있다. 네트워크 이론에서 주목할 것은 임계상태의 중요성과 더불어 선호적 연결(preferential attachment) 현상이 있다는 점이다.[107] 선호적 연결 현상이란 부익부빈익빈(富益富貧益貧) 현상이다. 생태계 연결망에 네트워크 이론을 적용할 때에 중요한 것은 사회적 연결망 연구에서 나타난 것과 같이 생태계에서도 부익부 현상으로 인해 특정 상태의 경계값이 일정치(critical threshold)를 넘을 때 마치 전에는 전혀 없었던 것처럼 보이는 새로운 질서의 창발적 등장으로 연결된다는 점이다.[108]

네트워크 이론의 부익부 특성을 생명현상에 적용시켜 본다면, 시간 축에 의한 누적의 중요성이다. 진화과정에서 나타나는 계통발생의 역사성은 복잡계 현상에서 강조되는 초기 조건의 민감성과[109] 부익부 현상에 있어서의 진화의 변화가 그렇듯이, 진화학자 굴드가 언급한 것처럼 점증이 아닌 단속적 특징을 지니게 된다. 이런 특성을 바탕으로 동물과 사람을 가르는 진화에 있어 복잡계 현상의 특징인 자기조직적 창발현상(self-organized emergence)이 혼돈의 가장자리(the edge of chaos)로부터 나타나, 새로운 다양한 종의 탄생과 더불어 현생 인간의 출현을 가능하게 했던 것이다.[110]

자의식이라는 인지과정의 출현은 창발현상이며, 결코 물질적 요소로 환원되지 못한다. 그러나 이 말이 인간이 지닌 인식작용과 문화를 만들어

---

107) Albert-László Barabási and Réka Albert, "Emergence of scaling in random networks", *Science* Vol.286 No.5439, 1999, pp.509~512.

108) Watts, *Small Worlds*, pp.229~239; Mark Newman et al., *The Structure and Dynamics of Networks*; 마크 뷰캐넌, 『넥서스: 여섯 개의 고리로 읽는 세상』, 강수정 옮김, 세종연구원, 2003, 179~188쪽.

109) 이러한 복잡계 이론에서 강조되는 초기 조건의 민감성을 선가의 언어로 바꾼다면 「신심명」(信心銘)의 호리유차 천지현격(毫釐有差 天地懸隔)이나, 「법성계」의 초발심시변정각(初發心時便正覺)이라는 표현이 해당된다.

110) Mark A. Jobling, Mathew Hurles, Chris Tyler-Smith, *Human Evolutionary Genetics: Origins, Peoples and Disease*, Garland Science, 2004, pp.235~267.

내는 힘이 물질과 동떨어져 있다는 말도 아니다. 창발적으로 나타난 현상은 구성요소와는 전혀 다른 속성을 가지고 있으나 마치 〈그림 9〉와[111] 같이 서로 의존하고 영향을 주며, 주위 환경과의 관계 속에서 스스로 학습하며 변화해 가는 구조인 것이다.

복잡계 과학의 생물학적 적용인 시스템생물학은 오믹스 생물학(omics biology)으로 표현되는 유전체학(genomics), 단백체학(proteomics) 등 다양한 학문영역을 바탕으로 하여 발전되고 있다. 이것은 특정 체계를 구성하고 있는 여러 구성물질들이 단순한 선형적 반응경로를 취하는 것이 아니라 서로 소통하며(cross-talk) 그물망 구조를 지니고 있는 생물체계를 이해하는 데에 적합하기 때문이다. 현재 시스템생물학이 주목을 받는 이유는 복잡계적 형태인 생명현상과 더불어 각각의 생명체가 주위 환경 속에서 밀접한 관계를 맺어 가며 살아가는 생태계가 지닌 관계성이야말로 생명의 모습임에도 불구하고 환원론적 시각은 삶에 대한 총체적 관계나 이에 근거한 복잡계적 접근의 필요성을 인식하지 않은 데 있다.

2) 생명 속의 창발 현상과 프랙탈 구조

생명체는 단순한 물질과는 달리 생명현상을 나타내고 있다는 점에서 불가에서 아상(我相)이라고 표현되는 생명체의 개체고유성은 생명현상과 직접적인 관련을 지니고 있다. 여기서 개체라는 것은 물질에 의거한 자기만의 형태나 양식을 지니고 주위와 구별되는 경계를 지니는 것을 의미한다. 생명체의 형태를 만들고 있는 물질 차원에서 보면 생명현상으로서의 개체고유성은 신경계와 면역계에 의해 뒷받침되고 있다. 일반적으로 정신과 몸으

---

111) D. Calvin Andrus, "The Wiki and the Blog: Toward a Complex Adaptive Intelligence Community", *Studies in Intelligence* Vol.49 No.3, 2005, p.9.

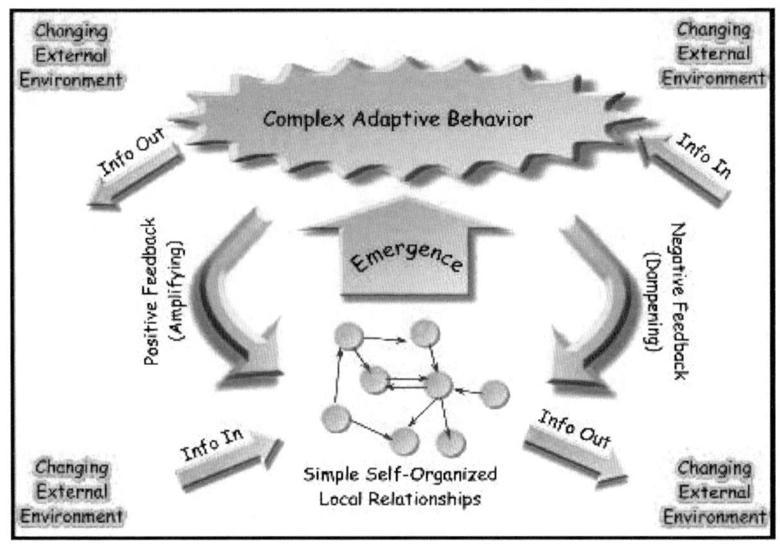

〈그림 9〉 복잡 적응계(Complex Adaptive System)란 복잡계 현상 중에서도 주위 환경과의 관계 속에서 경험을 통해 스스로 학습이 가능한 구조를 말한다.

로 표현되는 생명체에 있어서 신경계에 의존해서 나타나는 정신적 자기[自意識]와 면역계로 표현되는 신체적 자기(自己)로 말할 수 있는 것이다.[112]
그런데 여기서 주목해야 할 것은 물질 차원에서 개체고유성을 규정하는 신경계와 면역계 양쪽 모두 생물체 내부의 자족적인 발생체계가 아니라 외부와의 열린 관계에 의거해서 개체마다 새롭게 만들어지는 창발체계라는 점이다.[113]

수정란에 담긴 유전정보로부터 시작되는 개체형성에 있어서 성숙한

---

112) Tauber, *The Immune Self: Theory or Metaphor?*.

113) Gerard Radnitzky & W. W. Bartley eds., *Evolutionary Epistemiology*, pp.157~161; Cohen, *Tending Adam's Garden*, pp.27~39; Rewald, *Immune crossover III*, pp.13~29; 스티븐 존슨, 『이머전스: 미래와 진화의 열쇠』, 김영사, 2001, 91~96쪽 참조. 단순한 부분의 합이 아닌 창발현상(emergence, 떠오름 현상)은 새로운 차원에의 도약으로서 생명현상을 잘 표현해 준다.

개체의 해부구조나 생리학적 구성은 기본적으로 필요한 영양분만 있으면 시간의 흐름에 따라 배아로부터 자체적으로 자기형태를 발현하는 발생양식을 보이지만, 유독 생명체의 개체고유성에 기여하는 신경계와 면역계의 형성에 필요한 정보는 배아 자체가 지닌 정보와 영양분만으로는 부족하며 제대로 된 기능과 형태발현을 위해서는 끊임없는 외부와의 교류가 필요하다.[114] 그것도 단순한 직선적 선형관계가 아닌 네트워크 구조의 비선형적 창발적 과정이다.[115] 다시 말해서 신경계와 면역계로 나타나는 생명현상의 주요한 특징인 개체고유성은 주위와의 관계 속에서 창발적으로 형성되는 것이지 결코 폐쇄적으로 진행되는 자체충족적인 개념이 아니며,[116] 이러한 창발현상을 가능하게 하는 생명체의 주위와의 관계성이야말로 주위에 대한 열려 있음, 즉 생명체의 개방성으로 규정할 수 있다.[117]

이렇게 생명체가 생명체이기 위해서는 고정되어 존재하는 것이 아니라 끊임없는 외부와의 교류가 필요하기 때문에 생명체를 구성하고 있는 물질은 비록 개체의 경계를 이루어 형태를 만들고 있지만 구멍(hole)으로 존재한다고 말할 수 있다.[118] 우주에 있어서 중간계에 속한 생물체 역시 소립

---

114) 예를 들어 청각장애가 있는 어린이는 언어기능에 있어서 손상이 없어도 말하는 기능이 발달하지 못한다. 유아를 자극이 차단된 환경에서 키울 때의 지능발달 장애는 잘 알려져 있으며, 또 완전 무균상태로 사육된 동물은 자신의 개체성을 유지시키는 면역기능이 발달하지 못해 조기 사망하게 된다.

115) 바라바시, 『링크』, 297~322쪽.

116) 들뢰즈·가타리, 『천 개의 고원』, 482쪽.

117) Scott Camazine et al., *Self-Organization in Biological Systems*, pp.29~45; Sornette, *Critical Phenomena in Natural Sciences*.

118) 구멍이란 양 경계를 연결하는 열린 구조이다. 생명체를 표현하는 구멍(hole)은 단순 물질로부터 생명현상을 지닌 물질로의 창발적 전이가 일어난다는 점에서 천체물리학에서 우주의 역동적인 모습을 보여 주는 검은 구멍(black hole), 그리고 아직은 실험적인 증거가 요구되고 있기는 하지만 검은 구멍에 수반된 흰색 구멍(white hole)과 벌레 구멍(wormhole) 중에서 벌레 구멍에 가깝다. 하지만 중요한 점은 생명을 이렇게 표현함으로서 개체인 생명체와 전체로서의 이 우주는 부분과 전체의 구분 없이 구멍의 모양으로서 서로 교차하면서[相지] 유사한 역동성을 보이

자와 마찬가지로 본질적으로 텅 비어 있는 관계만의 집합인 것이다. 이 말을 다시 표현한다면 생명체는 고정된 실체나 확정적으로 특정 상태나 위치를 지정할 수 없이 무수히 많은 구멍으로 이루어진 망사와 같은 형태라고 말할 수 있다.[119] 불교에서의 인드라망과 같은 이러한 네트워크 구조는 전형적인 자연계의 모습이기도 하다.[120]

한편, 이러한 개방성은 생명현상의 또 다른 특성인 자유로움을[121] 이루는 근거가 된다. 주위에 의존하여 변화해 가는 열린 관계로서의 생명체는 관계로부터 빚어지는 수많은 변화 속에서 외부 환경에 대하여 반응하고 기억하며 그러한 경험의 총체적 누적으로서 존재하기에 모든 생명체는 작은 초기 조건에 의해 커다란 차이를 나타내는 모습을 가지게 된다. 복잡계 과학에서 나비효과라고도 불리는 이러한 초기 조건의 민감도 역시 개체고유성을 구성하는 특징 중의 하나이다.[122]

결국 지금까지 생명에 대한 정의를 시도한 많은 학자들이 주목한 것과 마찬가지로 생명체를 이루는 몸은 고정된 것이 아니라 주위와의 에너지 교환 등이 필요하고 환경에 대하여 반응하여 자기조직화를 통해 진화하는 특징이 있지만, 생명체의 보다 근본적인 특징인 '창발현상에 의한 개체고유

고 있으며 또한 우주와 개체로서의 생명체는 서로 자기반복적 프랙탈 구조관계에 있다고 말할 수 있다는 것이다.

119) Goldberg, *Consciousness, Information, and Meaning*, pp.69~71. 또한 하이젠베르크의 불확정성의 원리나 괴델의 불완전성의 정리는 생명체에 대한 정의에도 적용될 수 있다.

120) Mark Newman et al., *The Structure and Dynamics of Networks*.

121) 우희종, 「생명, 생태, 불교, 그리고 해방으로서의 실천」, 동국대학교 석림회, 『석림』 38집, 2004, 147쪽. 불가에서의 자유로움이란 서양식의 '~로부터 벗어나 얻는 무한한 자유'라는 관념적 자유로움이 아니라 '그 어떤 조건이나 상황 속에 처해 있을지라도 자유로울 수 있는 관계적 자유로움'이다.

122) Wolfram, *A New Kind of Science*, p.971. 사람에 있어서 임신 초기인 8주 정도에서 약물이나 외부 바이러스 감염에 대한 취약성이 가장 높다. 초발심시변정각이라는 불교적 표현에서 초기 조건의 민감도를 볼 수 있다.

성이야말로 철저히 주위와의 열려 있음으로 가능하다'는 점이다.[123] 따라서 경계를 나타내는 형태를 지니고 자율적인 고유성을 지니며 동시에 주위에 열려 있어 의존되어 있다는 것을 다르게 표현한다면 전체이면서 부분이고 부분이면서 전체성을 지니는 것이다. 이 점은 생명현상의 특징이라고 할 수 있기 때문에 시공간에 있어서 생명체는 비록 개체로서 부분이지만 그 자체로 곧 시공간 전체이기도 하다.[124]

그런 면에서 본인은 또 다른 범주화의 우려를[125] 낳으면서도 굳이 생명현상이란 무엇인가를 정의한다면 '생명현상이란 끊임없는 변화 속에서 전체이면서 부분이고 부분이면서 전체인 상태를 유지하는 창발적 현상'이라고 말하고자 한다. 이러한 정의에는 그동안 수많은 학자들이 시도한 생명에 대한 유물적 정의에서는 부족했던 생명에 대한 존엄성이 포함될 수 있다. 한 생명이 곧 전체이며, 너와 나는 더 이상 고립되어 소외된 존재가 아니라는 것을 말하고 있다. 또한 이렇게 정의함으로서 가이아와 같은 지구적 생명이나 온생명과[126] 더불어 그동안 세포자동자와 같이 컴퓨터상의 프로그램으로 등장한 인공생명체(dry life)와 일반적 생명체(wet life) 양쪽 모두를[127] 포괄하는 것이 가능하며, 적용시키는 범위에 따라서는 생명체로서

---

123) 여기서 생명체의 열려 있음이란 불가의 무상(無相)을 나타내며, 개체고유성은 아상(我相)을 의미한다. 이렇듯 아상과 무상은 서로 의존하고 있으며, 동전의 양면과도 같아서 떼어 생각할 수 없다.

124) 이러한 생명이 지니는 전체와 부분 간의 자기닮음이라는 특성은 프랙탈(stochastic fractal) 이론에 의한 자연의 모습이기도 하지만 종교적 은유 속에서도 종종 등장하게 되며, 「법성게」의 "티끌 하나에 온 우주가 담겨 있다"[一微塵中含十方]라는 구절과, 『성경』의 "그날에는 내가 아버지 안에, 너희가 내 안에, 내가 너희 안에 있는 것을 너희가 알리라"(요한복음 14장 20절)라는 구절로도 표현되어 있다.

125) 데이비드 베레비, 『우리와 그들, 무리짓기에 대한 착각』, 정준형 옮김, 에코리브르, 2007, 69~92쪽; 김귀옥·김순영·배은경, 『젠더연구의 방법과 사회분석』, 다해, 2006, 19~42쪽.

126) 장회익, 『삶과 온생명』, 솔, 1998, 178~197쪽.

127) 클라우스 에메케, 『기계 속의 생명』, 오은아 옮김, 이제이북스, 2004, 32~36쪽.

의 생태계라는[128] 측면에도 적용할 수 있을 것이다. 그렇다면 생명체의 탄생과 죽음 역시, 전체와 부분 사이에서 벌어지는 창발현상에 의한 상전이(phase transition)로도 볼 수 있다.

이와 같은 생명체의 개방성은 자유롭지만 스스로 생로병사라는 숙명를 지니고 영생할 수 없는 개체의 운명을 잘 말해 준다. 생명체가 개체 단독으로 자족적으로 존재할 수 없고 열려 있는 관계에 의해서만 존재할 수 있기에 자유롭지만 동시에 그 자유로움은 생태적 관계성 속에서 생명체의 소멸이라는 죽음을 담보로 한다. 스스로만의 힘으로 존재할 수 없는 존재인 것이다.

한편, 창발현상 역시 원인과 결과에 의해 나타나는 것이기에 생명체가 창발현상에 의한 개체고유성과 자유로움에 의해 나타난다는 것은 생명현상이란 생기론도 아니고 그렇다고 유물적 관점도 아니며 단지 원인과 결과로 빚어지는 현상으로서 구체적 실체를 가지지 않는다는 것을 의미한다. 따라서 주위와 독립되어 존재하는 것이 아니라 의존해 존재하는, 즉 '상의(相依)하는 동물로서의 인간'(Homo interdependant)에게[129] 중요한 것은 물질로서의 몸(면역계)과 그 발현으로서의 정신(신경계)뿐만 아니라 그것이 빚어 내는 인간으로서의 삶이 더욱 중요하다. 한 개체로서의 생명체는 창발적 관계의 현상으로 존재한다는 것이고, 그 개체가 개체로 태어나 죽음이라는 소멸과정에 이르기까지 그 생명체가 존재하는 한 주위와의 관계 속에서 살아가는 것이며 이 과정을 우리는 '삶'이라 부르고 있기 때문이다.

---

128) 헬레나 노르베리 호지, 『오래된 미래』, 김종철 옮김, 녹색평론사, 2001, 225쪽; 데이비드 벨, 『정치생태학』, 당대, 2005, 333~353쪽.

129) 최재천은 생태계와의 공생을 의미하여 '호모 심비우스'(Homo symbious)를 말하지만 생명현상을 이해하면 할수록 주위 생태계와의 공생만으로는 표현하기에 부족하다고 생각하여 생태계 구성원 모두가 서로 의존하여 존재할 수밖에 없는 상의상존이라는 점에서 인간을 '호모 인터디펜던트'(Home interdependant)라 정의하고자 한다.

이렇듯 개체뿐만 아니라 개체의 삶에 있어서도 창발현상이 관여하고 있음을 생각하면 전형적인 유물적 환원론에 근거한 사회생물학자들의 입장에서[130] 볼 때 한 개체의 삶으로 나타나는 생명현상은 단순한 유전자의 자기확산 과정에 불과할지도 모르나 이들이 간과하는 것은 각 생명체가 보여 주는 '삶의 반복성'이다. 유전자라는 정보는 복제를 통해 생명체의 자손으로 전달되나 그 생명체가 겪은 삶은 전달되지 못하고 새로 태어난 개체는 그의 선조가 삶 속에서 겪은 모든 과정을 다시 반복해야 한다는 점이다.[131] 유전자의 복제 역시 일종의 반복이며 삶이라는 외부와의 생태적 관계 속에서 영향을 받는다.[132]

그러나 생물학적 반복은 창발적 차이를 수반한다.[133] 반복에 의한 차이는 진화의 기원이 되기도 한다.[134] 따라서 생명체란 유전자의 영속적 모습의 단면에 불과하다는 사회생물학자 등의 근본 입장에 반하여 반복은 차이를 수반한다는 들뢰즈의 관점처럼 종으로서의 동질성 속에 종속된 개체적 삶의 차이와[135] 끝없이 반복되는 삶의 반복성이야말로 생명현상의 창발적 측면을 잘 보여 주고 있다. 이렇게 반복되지만 차이를 수반하는 창발현상으로서 주어진 상황의 맥락에 의거하여 발현되기에 각 생명체의 삶은 그

---

130) Edward Wilson, *Sociobiology: The Abridged Edition*, Belknap Press, 1980; 에드워드 윌슨, 『통섭』, 장대익·최재천 옮김, 사이언스북스, 2005, 14~17쪽.

131) 사회생물학자들의 말처럼 유전자에 모든 것이 담겨 있어 대대손손 진화하면서 누적되어 나타나는 것이 우리의 육체일지는 몰라도 우리 각자의 삶은 결코 단순한 누적이 아니다. 부모가 고민하며 힘들고 또한 즐겁게 겪었던 것을 자식이 다시 반복해 고민하고 겪으며, 그것을 다음 자손도 똑같이 경험하며 살아간다. 고유한 자기만의 삶은 언제나 스스로 얻어야 하는 참으로 멋진 과정이며 각자의 체험으로 이루어진 그 누구도 대신할 수 없는 항상 스스로 새롭게 발견해 나아가는 보석같이 빛나는 자기만의 창발과정이다.

132) 요아힘 바우어, 『인간을 인간이게 하는 원칙』.

133) Wagner, *Robustness and Evolvability in Living Systems*, pp.175~191.

134) 바라바시, 『링크』, 311~313쪽.

135) 들뢰즈, 『차이와 반복』, 220~282 및 614~633쪽.

누구도 대신할 수 없는 각자만의 삶으로 소중한 의미를 갖게 되며, 동시에 자신만이 자신의 삶을 책임져야 하는 삶의 엄숙함도 수반하게 된다.

4. 생명의 의미로서의 삶

1) 경계인으로서의 삶

관계성 속에서의 생명체가 지니는 개체고유성[我相]은 관계로 인한 삶의 반복과 각 개인 역사의 중층구조를 지닌다. 비록 마음은 실체가 없지만, 그러한 몸은 진화론적 시간의 누적을 지니며 이 점은 이기적 유전자로 대표되는 사회생물학적 관점으로 극대화되었다. 또한 이러한 개체의 통시적 측면은 문화 속의 혈통과 가문이라는 형태로 역사성을 지닌다. 그러나 각 개인의 인식작용으로서의 정신은 각 개체가 태어나서 겪는 경험을 통해 자의식이라는 형태로 개인의 역사를 이루며 개체고유성의 바탕을 이루게 된다. 더욱이 또한 개인의 역사 역시 생태적 관계의 흐름 속에서 각 생명체가 만들어 가는 복합적 관계의 덩어리이다.

따라서 각 개체의 소멸과 탄생을 통해 나타나는 삶의 반복성을 통해 창발적 차이가 발생하며, 이러한 차이로 인한 개체고유성은 이 세상의 그 누구와도 구분되는 자신만의 경험이 바탕이 되어 나타나게 된다. 따라서 일상 속에서 나타나는 반복과 이를 통한 차이 속에서 창발적으로 드러나는 개체고유적 삶은, 개체의 고유성과 더불어 그 누구도 대신할 수 없는 자신만의 온전함과 자신만이 자신의 삶에 책임질 수 있다는 삶의 엄숙함도 동시에 내포함으로서, 삶의 역사성을 다시 한 번 보여 주고 있다. 이러한 지금 이대로 우리 모두 온전한 각 개체의 삶은 깨어 있음을 통해 체험되는 것이며 이를 위한 깨달음의 과정은 필연적이라고 말할 수 있다. 하지만 자신의 삶을 깨어 있음을 전제하지 못한 깨달음에 묶여 버릴 때 깨달음은 우리에게 또 다른 질곡의 모습으로, 아니면 죄악을 포장하는 수단으로 전락해 버린다.

이러한 깨어 있음의 세계에 있어서 모든 존재는 각자만의 고유성을 지니고 차이가 있으나 결코 차별로 이어지지 않는 상태이며 지금 이 자리에서 반복되는 심심한 일상의 삶이 곧 자신만이 경험하며 창발적으로 만들어 가는 항상 새롭고 경이로운 삶의 현장이 된다는 점이다.[136] 이러한 매 순간의 창발적 경이로움은 그것이 생명체라는 존재를 있게 하는 원리이자 삶을 만들어 가며 또한 깨달음을 위한 과정에서 작용하는 생태적이자 복잡계적 관계성과 이에 대한 철저한 인식 전환으로부터 나타나게 된다.

깨어 있음에 의거한 삶은 복잡계 이론에서 보여 준 것처럼 극심한 변화의 가장자리에서의 삶이기도 하다. 이렇게 경계의 가장자리에서 양변을 아우르는 경계인으로서의 삶이란[137] 기존의 안정된 주류의 기득권으로부터 얻게 되는 안정성보다는 변화 속의 창발적 사유를 바탕으로 자신을 억압하던 한쪽만의 틀을 버리고 지금 이 자리에서의 다양성을 바탕으로 이루어지는 자유로운 해방을 맛본다는 것이며, 이러한 자유로움 속에서 창조적 가능성이 열리게 된다.

통합적 관계성에 대한 철저한 인식전환으로부터 얻게 되는 일상적 삶의 경이로운 재발견이야말로 모든 종교적 가르침에서 우선됨에도 불구하

---

136) 우희종, 『생명과학과 선』, 미토스, 2006, 204~207쪽.
137) 변화의 가장자리에서 양쪽의 경계를 넘나드는 경계인(cross-borderer)이라는 것은 그 어느 쪽에도 속하지 않는다는 점에서 켄 윌버의 무경계(켄 윌버, 『무경계』, 김철수 옮김, 무우수, 2005)와 유사할 것이다. 경계인은 환원과학과 통합과학, 과학과 종교, 종교와 타종교, 성(聖)과 속(俗), 남성과 여성이라는 양변을 넘나들며 자유로운 사유와 삶이 가능하다. 불가에서 삶의 현장에서 가장 바람직한 원형(原型)으로 일컬어지는 관세음보살은 양성구유(兩性具有)의 모습을 취하고 있다. 일전에 송두율 교수의 경계인으로서의 모습이 우리 사회에서 받아들여지지 못한 것은 한국 사회의 미숙함을 반영한다.

고 그동안 이에 대한 내용이나 접근은 구태의연한 언어와 추상적 설명으로 일관되면서 현대인의 삶을 밝히는 역할로부터 점차 멀어져 왔다. 다행히 이 시대의 패러다임으로 자리 잡은 요소환원론적 서양 근대과학의 한계를 보완할 수 있는, 많은 구성요소의 관계성으로부터 자기조직적 창발현상을 다루는 복잡계적 관점이 대두됨으로서 그동안 많은 일반인들에게 어렵고 관념적으로만 느껴지던 깨달음과 삶에서의 여러 현상도 이러한 이 시대의 언어로 설명을 시도할 수 있게 되었다.

일상의 삶 속의 깨어 있는 삶을 위해서는 아상(我相)이라고 표현되는 생명체의 개체고유성에 대한 재인식과 더불어 깨어 있음에는 그러한 아상이 고통의 원인이라기보다는 오히려 다양한 존재가 서로의 차이를 보면서도 차별 없는 사회를 이루기 위해서는 이러한 개체고유성에 대한 적극적 해석이 필요하다. 복잡계적 관점에서의 생명체의 특성이 개체고유성과 개방성이라고 지적한 것처럼 자신을 이루고 있는 내가 주위와의 관계에 있어서 닫혀 있느냐 아니면 열려 있느냐의 차이가 큰 차이를 만들어 낸다. 다양한 모든 생명체의 존재 근거로서의 욕망은 머무르거나 집착하지 않는 한 참으로 소중한 것이지만 관계성에 무지한 욕망은 생명체에 대한 폭력이며 억압으로 나타나게 된다.

2) 생명에 대한 폭력과 깨어 있음

생의 욕망이 바탕이 된 생명과 삶이 존재 간의 열린 관계성에 의해 나타난다는 것은 서로 상의상존하는 관계성과 더불어 상호 간의 바람직한 관계 설정이 필요하다는 것을 말해 준다. 그런 점에서 폭력이란 '관계의 단절이나 왜곡을 가져오는 행위'라고 정의할 수 있다.[138] 폭력을 해를 끼치는 것이

---

138) 우희종, 『생명과학과 선』, 208~212쪽.

라고 간단히 정의를 할 수 있고[139] 혹은 한나 아렌트와 같이 도구적인 힘으로 타인을 제압하고 자신의 의지를 관철시키는 것으로 볼 수도 있고[140] 다양한 논의가 있지만[141] 분명한 것은 서로 상의상존하며 변화해 가는 관계를 무시하고 타자를 대상화하는 것이 폭력이며, 폭력은 억압으로 나타난다. 무지한 욕망으로 말미암아 생명체에 대한 폭력과 억압이 나타난다. 특히 폭력은 강자만이 행사하는 것이 아니라 약자도 체념이라는 형태로 상대방에게 폭력을 행사한다. 그렇기 때문에 인간은 진화의 주인으로서 바람직한 관계를 위해 적극적으로 살아가야 하는 것이고, 이것이 참여이자 동시에 비폭력이다. 이렇게 바람직한 진화를 위한 능동적 참여는 비폭력을 위한, 비폭력을 향한, 비폭력 그 자체로 나타난다. 이것이 생태적 진화의 힘이며 관계론적 진화가 생물학적 진화론을 뛰어넘게 되는 결정적인 다른 속성 중의 하나이기도 하다.[142]

생명을 위한 생태적 삶이란 약 150억 년의 시간이라는 것도 매일 하루하루의 시간이 누적되어 이루어진다는 점에서 생태적 진화는 생물학적 진화론과 시각을 달리한다. 생물학적 진화론에서의 시간은 몇만 년, 몇억 년의 시간대이지만 생태적 진화는 지금 이 자리에서의 진화를 말한다. 또한 과학으로서의 진화론은 생명체와 환경을 대등하게 놓고 바라보지만 생태적 진화에서는 인간이 진화과정에 있어서 능동적으로 참여해야 함을 강조한다. 삶의 현장에서의 진화라는 것은 삶의 자세를 말한다. 생태적 진화는 삶의 자세이며 그것은 또한 간절한 기다림의 자세이다. 기다림이란 그 어떤 대상이나 깨달음을 기다린다는 것이 아니라 존재의 살아가는 과정 자체

---

139) 마크 쿨란스키, 『비폭력』, 전제아 옮김, 을유문화사, 2007, 19쪽.
140) 한나 아렌트, 『폭력의 세기』, 김정한 옮김, 이후, 1999.
141) 마이클 네이글러, 『폭력 없는 미래』 이창희 옮김, 두레, 2008.
142) 유세종, 『화엄의 세계와 혁명』, 차이나하우스, 2009, 156~159쪽.

로서의 간절한 깨어 있음을 말한다.

깨어 있음을 통한 진화에의 적극적인 참여를 통해서 생태적 진화는 생물학적 진화를 뛰어넘게 되며, 이를 바탕으로 하여 각자 생활 속에서의 능동적인 나눔의 형태로 나타나게 된다. 나눔이란 상호관계성이자 서로 변해가는 단초이기 때문이다. 그렇기 때문에 과학으로서의 진화론과는 달리 생태적 진화는 주변에의 능동적인 참여로 이루어진다. 간절한 기다림의 자세로부터 나오는 깨어 있음이라는 수행과 더불어 자신이 처한 일상의 삶 속에서 자신에게 주어진 것에 감사하며 이웃과 더불어 나누는 모습이다. 기나긴 선형적 시간 속의 관계를 언급하는 현대의 진화론에서나 비선형적이자 미시적인 진화의 현장을 강조하는 생태적 진화에서나 다양하고 아름다운 생명의 발현을 가능하게 하는 근원적인 힘이 생명진화의 근본원리로 보인다.

3) 생명의 그물망: 그물코와 그물눈

수정란에 담긴 유전정보로부터 시작되는 개체 형성에 있어서 성숙한 개체의 해부구조나 생리학적 구성은 기본적으로 필요한 영양분만 있으면 시간의 흐름에 따라 배아로부터 자체적으로 자기 형태를 발현하는 발생 양식을 보이지만, 유독 생명체의 개체고유성에 기여하는 신경계와 면역계의 형성에 필요한 정보는 배아 자체가 지닌 정보와 영양분만으로는 부족하며 제대로 된 기능과 형태 발현을 위해서는 끊임없는 외부와의 교류가 필요하다. 그것도 단순한 직선적 선형관계가 아닌 네트워크 구조의 비선형적 창발적 과정이다. 다시 말해서 신경계와 면역계로 나타나는 생명현상의 주요한 특징인 개체고유성은 주위와의 관계 속에서 창발적으로 형성되는 것이지 결코 폐쇄적으로 진행되는 자체충족적인 개념이 아니며, 이러한 창발 현상을 가능하게 하는 생명체의 주위와의 관계성이야말로 주위에 대한 열려있음,

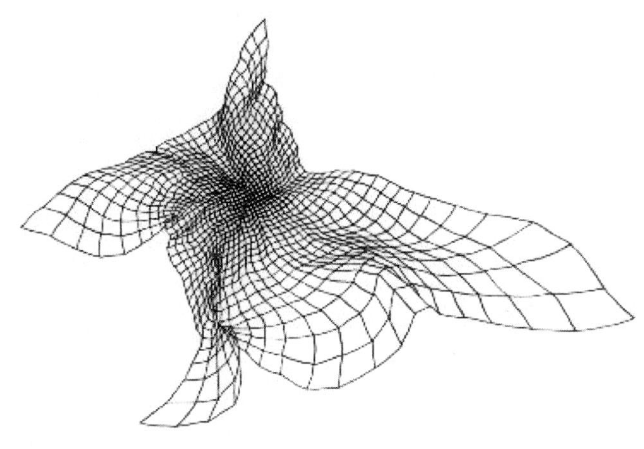

〈그림 10〉 김주현, 「펼쳐지는 삶」, 2008.

즉 생명체의 개방성으로 규정할 수 있다.

이렇게 생명체가 생명체이기 위해서는 고정되어 존재하는 것이 아니라 끊임없는 외부와의 교류가 필요하기 때문에 생명체를 구성하고 있는 물질은 비록 개체의 경계를 이루어 형태를 만들고 있지만 구멍(hole)으로 존재한다고 말할 수 있다. 우주에 있어서 중간계에 속한 생물체 역시 소립자와 마찬가지로 본질적으로 텅 비어 있는 관계만의 집합인 것이다. 이 말을 다시 표현한다면 생명체는 고정된 실체나 확정적으로 특정 상태나 위치를 지정할 수 없이 무수히 많은 구멍으로 이루어진 망사와 같은 형태라고 말할 수 있다. 인드라망과 같은 이러한 네트워크 구조는 전형적인 자연계의 모습이기도 하다(〈그림 10〉).

여기서 주목해야 할 것은 각각의 생명체는 〈그림 10〉의 그물코에[143] 해당되는 것이 아니라 그물눈에 자리 잡는다는 것이다. 한 개체를 의미하는

---

143) 도법, 『그물코 인생, 그물코 사랑』, 불광출판사 2008.

그물눈의 크기는 스스로 정해진다기보다 주변의 그물눈에 의해 정해진다. 어떤 이의 크기는 매우 좁아 자기 자신마저 수용하지 못하는 작은 크기인가 하면, 어떤 이는 사회나 민족, 더 나아가 모든 인간을 수용할 크기를 지닌다. 또한 하나의 그물눈이 커질 때 주변 그물눈도 같이 커지며, 주변 그물눈이 커지면 자신의 그물눈도 같이 커진다. 따라서 그물망에서의 존재는 그물눈에 있음으로 보아야 하며, 그럴 때 각각 존재의 열린 상호 관계성이 더욱 명확해진다.

4) 생명의 의미

생명이란 관계에 다름 아니다. 이러한 관계성이 생명진화의 기본적 터전이기도 하다. 생명체는 삶이라는 형태로 진화의 과정 속에 놓이게 된다. 생태적 진화가 실천의 문제로써 지금 이 자리에서의 미시적 진화에 초점을 맞추고 있는 것은 기나긴 우주의 역사를 거쳐 내려오는 진화과정이 지금 이 자리에서의 삶의 현장에서 발현되어 나타나야 하고 또한 일상적 삶의 현장을 통해 진화과정에 참여하고 있으며, 또 그리 되어야 하기 때문이다. 생물학적 진화론이라는 거대담론의 큰 틀에서 진화를 보면 주객이 따로 없다. 하지만 생태적 시각에 바탕을 둔 미시적 진화에서는 비록 주객이 없다 해도 삶의 현장이라는 점에서 그 분별없는 가운데에도 분별이 있어 능동적 참여자로서의 생명체가 강조된다.

생물학적 진화에서 생명체가 주위 환경과의 다양한 관계 맺음을 통하여 다양한 모습으로 진화되어 변화해 가듯이 삶의 현장 속에 펼쳐지는 생태적 진화에서도 다양한 형태의 관계 맺음을 통하여 다양한 삶의 모습으로 나아가게 된다. 하지만 생물학에서의 진화와는 달리 생태적인 진화과정에서는 인간이 주인이 된다는 점에서 큰 차이가 있다. 비록 모든 생명체는 주위와의 관계를 통해 다양한 모습으로 진화해 가지만 생태적 통찰은 인간이 주인으로서 능동적으로 주위와 바람직한 관계를 맺어 가야 함을 시사한다. 삶의 현장에서의 바람직한 관계 맺음을 다시 말한다면 자기 내면의 개인적인 삶이건, 가족과의 삶이건 혹은 사회에 대한 삶이건 적극적인 관계개선을 위해서 노력함을 말한다. 그것은 실천의 문제이기도 하다. 이러한 실천이란 존재양식을 표현한 생명의 그물망(Web of life)에서 그물눈 사랑의 형태로 발현되어야 한다.

적극적 관계개선을 위한 참여야말로 생명진화의 미시적 진화의 힘이다. 관계성에 대한 철저한 인식을 통해 관계가 단절되거나 왜곡되었을 때 그것을 바로잡기 위한 삶을 치열하게 사는 것이 곧 생태적 진화의 바탕이며, 이것은 생물학적 진화를 포함하되 그것을 뛰어넘는 또 다른 진화의 기작(mechanism)이다. 따라서 모든 종교나 철학에서의 비폭력의 가르침은 이러한 생태적 진화의 실상으로부터 나온다. 생명력에 가득 찬 삶이란 주변의 단절되고 왜곡된 관계의 회복을 위해 자신의 몸을 과감하게 던질 수 있는 삶이며, 이것이 생명이다.[144]

---

144) 이 글은 저자의 출간 서적 내용을 발췌, 편집하여 작성한 것이다.

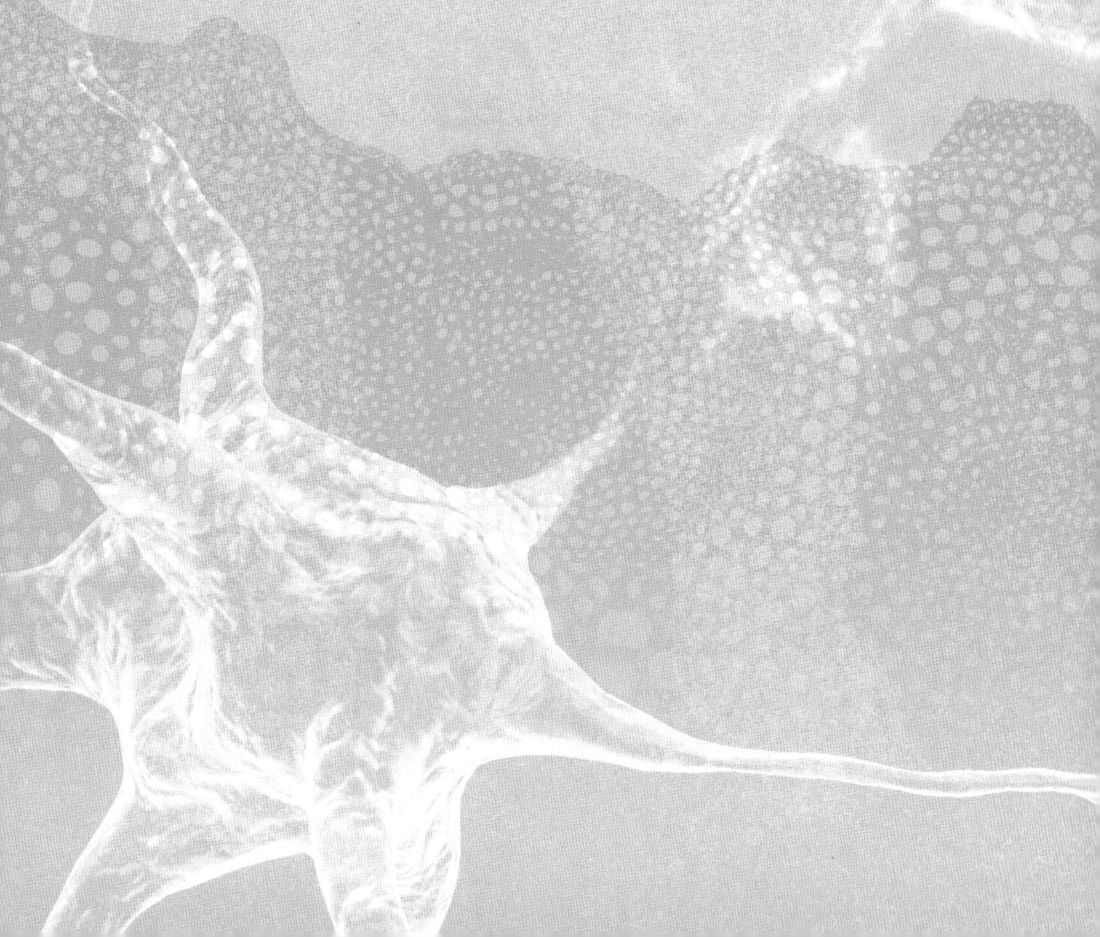

|3부|
생명공학의 정치

발표문 _ 생명윤리의 정치

미국과 영국의 사례를 중심으로

김환석(국민대 사회학과 교수)

1. 머리말

과학기술학(Science & Technology Studies, 약칭 STS) 분야의 대표적 이론가인 프랑스의 브뤼노 라투르는 근대주의의 모순은 이른바 '정화'와 '번역'의 분리이며 이것이 오늘날 세계의 생태위기를 초래했다고 지적한 바 있다(Latour, 1993). 그가 말하는 '정화'란 세계에 존재하는 모든 것들을 사물과 인간, 즉 자연과 사회로 나누는 이원적 존재론을 말한다. 이 두 가지의 존재론적 영역 중에서 자연은 과학이 대표하고 사회는 정치가 대표함으로써, 근대주의하의 과학과 정치가 인식적·제도적으로 분리되고 이에 따라 학문도 자연과학과 사회과학이 따로 존재하게 되었다는 것이다.[1] 이에 반해 '번역'이란 사물과 인간이 결합되어 어떤 행위를 수행하는 것을 말하며, 이는 인간이 세계에 존재하기 시작한 때부터 지금까지 계속되어 온 삶의 현실이다. 따라서 번역을 통해 사물과 인간의 속성이 뒤섞인 하이브리드들이 출현하는데, 특히 근대인들은 과학기술적 활동을 통해 대량으로 하이브리드들(예: 온실가스, GMO 등)을 만들어 내고 있다고 라투르는 지적한다. 전근

---

1) 이에 대한 더 자세한 내용에 대해서는 졸고 김환석(2009)을 참조할 것.

대인들에게는 '정화'가 없었기 때문에 하이브리드에 대한 명시적 인식과 규제가 있었지만, 근대인들은 실제 행위로는 '번역'을 하면서도 머리로는 '정화'에 고착되어 있기 때문에 오히려 아무 성찰이나 규제 없이 하이브리드들을 양산하고 이것이 결국 생태위기를 초래한다는 것이다.

라투르에 따르자면 근대인들은 '정화'와 '번역'의 분리가 모순인지도 모르고 있다. 그러나 흥미로운 것은 과학기술의 발전 자체가 이러한 분리를 더 이상 지탱할 수 없게 만들고 있다는 사실이다. 생명공학이 바로 그 대표적인 예이다. 인간을 포함한 모든 생물의 유전자와 세포 차원에서 과학기술적 개입을 하고 인공적 변형을 할 수 있게 되었다는 것은 곧 '인간'과 '자연'이란 과연 무엇이냐, 즉 인간과 자연의 정체성을 문제시하도록 만들었기 때문이다. 생명공학은 인간/자연의 이원론을 정면으로 부정하는 하이브리드적 존재들을 다양하게 만들어 내고 있으며 이제 근대인들도 이 사실에 눈감을 수 없게 되었다. 따라서 생명공학의 발전과 더불어 "인간의 존엄성"과 "자연의 보호"라는 근대주의적 윤리 역시 심각한 위협을 받고 있다고 할 수 있다. 라투르식으로 말하자면 정화와 번역의 분리에 의해서 세계의 질서를 유지하였던 '근대주의적 헌법'(Modern Constitution)에 생명공학은 근본적 도전을 제기하고 있는 셈이다. 이는 근대주의적 헌법하에서 과학과는 분리되었던 정치도 이제 새롭게 구상되어야 함을 의미한다. 정치는 더 이상 인간사회만을 대표하거나 그에 국한된 것일 수 없고 과학이 다루고 만들어 내는 모든 사물 역시 마찬가지로 정치의 대상이자 주체이기 때문이다.

생명공학의 윤리적 측면을 다루는 생명윤리가 20세기 말에 정치의 의제로 부상한 것도 이런 면에서 우연이 아니라고 할 수 있다. 생의학의 파생물로 발생하였던 생명윤리는 국가가 생명공학의 최대 후원자이자 이용자로 등장하면서 국가가 개입하는 주요 영역의 하나가 되었다. 그러자 생명윤리 담론에 대한 국가의 독점적 통제를 막고 이를 통해 생명공학 정책에 영향을 미치기 위하여 시민사회의 다양한 행위자들도 생명윤리 담론 형성에 참여하게 되었다. 그 결과 오늘날 생명윤리를 중심으로 국가와 시민사회 행위자들이 서로 갈등 또는 협상을 하면서 생명공학의 발전 방향을 형성하고자 하는 생명윤리의 정치가 치열하게 전개되고 있는 것이다. 이 글은 생명윤리의 정치가 어떻게 대두하여 오늘날 어떻게 전개되고 있는지를 살펴보고자 한다. 특히 생명윤리의 정치에서 가장 앞선 경험을 하였고 따라서 다른 나라들에게 참고 모델로서 많은 영향을 주고 있는 미국과 영국의 사례를 집중적으로 검토할 것이다. 그리고 이러한 검토를 통해 과연 생명윤리의 정치가 근대주의적 정치를 뛰어넘는 새로운 정치의 가능성을 보여 주고 있는지 평가하면서 이 글을 맺고자 한다.

2. 공식적 생명윤리

생명윤리가 도덕적 분석의 전문가들에 의해 지배되는 하나의 학문인지, 아니면 생명과학기술의 윤리적 측면에 대해 전문가와 일반인 모두에게 열려져 있는 민주적 숙의의 포럼인지에 대해서는 서로 상반된 견해들이 존재한다. 그렇지만 대부분의 사람들은 두 가지의 역사적 경험이 근대 생명윤리의 발전에 핵심적이었다는 데 대해서는 의견이 일치한다. 첫째는 환자에 대한 의사의 의무를 천명한 히포크라테스 선서의 고대 전통이다. 이 선서는 기원전 5세기 그리스의 의사였던 히포크라테스가 썼다고 알려졌고 의학의 실천에서 환자의 이익을 최우선으로 삼아야 한다는 주장을 담고 있다. 이 선서의 단순하고 가장 널리 알려진 원칙은 "해(harm)를 입히지 말라"는 것이다. 많은 의과대학이 이 선서를 장래 의사들을 위한 졸업식 행사의 일부로 포함시키고 있다. 나치 정권이 저지른 잔혹행위 후에 의사전문직에 대한 신뢰를 재구축하고자 개최된 1948년 9월 세계의학협회의 제2차 총회에서는, 히포크라테스 선서의 갱신된 판본을 '제네바 선언'으로 채택하였다.

둘째는 인간실험에 대한 윤리적 원칙을 담고 있는 뉘른베르크 강령이다. 제2차 세계대전 후 뉘른베르크에서 열린 나치 의사들의 재판을 자문했던 한 미국 의사가 초안을 작성했고 최종 판결에 "용인 가능한 의학적 실험"에 대한 10개조의 강령으로 포함이 되었다. 이 강령의 첫번째이고 가장 뚜렷한 원칙은 인간대상자의 자발적 동의가 절대적으로 불가결하다는 것이다. 이 때 "자발적"이라는 말은 자유롭고, 비강제적이며, 숙지되고, 해당 실험의 목적과 위험에 대한 충분한 이해에 기초한다는 의미로 해석되었다. 한마디로 이 조항은 숙지된 동의(informed consent)의 신조를 위한 기초가 되었던 것이다. 히포크라테스 선서와 마찬가지로, 뉘른베르크 강령도 세계의학협회가 1964년 6월의 18차 총회에서 채택한 '헬싱키 선언'을 통하여 국제적으로 확산되었다.

이렇게 히포크라테스 선서와 뉘른베르크 강령의 윤리적 전통들은 서구의 생명윤리 담론에 크게 영향을 주었다. 양 전통의 공통점은 개별 의사와 환자의 관계에 초점을 두었고, 의료 전문가가 일반 환자 및 연구 대상자에게 선행(beneficence)을 베풀도록 하며, 동료 간 통제를 통해 자기규율을 하도록 요구하고, 인간신체에 미칠 물리적 위험과 영향에 대해 가장 관심을 지니고 있다는 것이다. 하지만 이 원칙들은 실험의 용인 가능한 한계를 설정하는 데는 유용했지만, 오늘날 국가가 생의학적 과학기술의 자금제 공자이자 개발자로서 점점 더 역할이 증대하는 것에 대해서는 주목을 하지 못하였다. 20세기 말부터 국가는 생명윤리에도 깊게 개입을 하기 시작했고 이것은 생명윤리의 전개방향에 큰 영향을 미치게 되었다.

1) 미국

미국은 생명윤리의 전문화에서는 물론이고 생명윤리가 정치적 문제로 확산되는 데 있어서도 다른 나라들보다 가장 앞장을 섰다(Jasanoff, 2005). 미국의 생명윤리에서 가장 중요한 것은 개인에게 해를 미치느냐 여부이고, 의학연구에서 윤리적 규범과 실제적 실행 사이의 괴리가 바로 이에 해당하였다. 하버드 마취학 교수였던 헨리 비처는 1966년『뉴잉글랜드의학저널』에 기고한 글을 통해 뉘른베르크 강령을 위반한 22건의 의학연구 사례를 폭로하였다. 이 각 사례에서 선행과 숙지된 동의의 원칙이 위반되었다는 것이다. 즉시 이 고발은 정곡을 찌른 것으로 받아들여져, 미국의 국립보건원(NIH)과 식품의약국(FDA)은 모든 공공지원 연구에 동료심사와 숙지된 동의를 보장할 기관생명윤리심사위원회(Institutional Review Boards)를 두도록 요청하는 지침을 채택하였다.

그럼에도 불구하고 규범과 실행 사이의 괴리는 계속 발생하였다. 1972년『뉴욕타임스』는 미국 정부가 과거 40년간 숙지된 동의 없이 인간에게 실험을 해왔음을 폭로하였는데, 이것이 바로 악명 높은 터스키기 매독연구 사건이다. 수백 명의 가난한 아프리카계 미국인 소작농민들이 치료를 받지 못한 채 이 연구의 대상이 되었는데, 이는 의학윤리의 위반뿐 아니라 인종차별에 해당하는 것으로 비난을 받았다. 결국 1997년 클린턴 대통령은 이들 중 생존한 사람들에게 공식적으로 사과하였고, 터스키기대학교에 새로운 생명윤리센터를 건립하는 것을 지원하기로 약속하였다.

부분적으로는 이러한 폭로의 결과로서 또 부분적으로는 새로운 의료기술의 발전에 대한 우려에 대한 반응으로서, 1960년와 1970년대는 미국에서 생명윤리학이 탄생하는 획기적 시기가 되었다. 학문적으로 훈련받은 철학자들이 처음으로 생의학 윤리의 문제에 뛰어들었고, 이런 문제에 대해 체계적인 학제적·전문적 연구를 수행할 기관으로서 1969년 헤이스팅스센터와 1971년 케네디윤리연구소(조지타운대학교)가 설립되었다.

또한 1970년대는 미국에서 공식적 생명윤리가 출범한 시기이기도 하다. 국가적 차원에서는, 의회가 설치한 '생의학·행동과학 연구에서의 인간대상자 보호를 위한 국가위원회'가 1974년부터 1978년까지 활동하였다. 이 위원회가 1978년 발간한 벨몬트보고서에서는 인간대상의 연구수행을 위한 세 가지 기본적 윤리원칙 ——개인 존중, 선행, 정의——을 천명하였다. 또 늦게 출발을 했지만 1980년에서 1983년 중의 39개월 동안 맹활약을 한 '의료·생의학·행동과학 연구에서의 윤리문제 연구를 위한 대통령위원회'도 있다. 이 두 국가적 차원의 위원회 외에 많은 윤리기구들이 정부부처 산하나 주정부 산하에 설립되었다. 예를 들면 1975년에 국립보건원 산하에 만들어진 유전자재조합자문위원회(RAC)와 그보다 10년 이상 뒤에 국립인간게놈연구센터(NCHGR) 산하에 설치된 윤리적·법적·사회적 함의(ELSI) 실무반이 이에 포함된다.

이런 기구들의 활동이 미국의 생명윤리 실천을 프레이밍하고 제도화하는 기초가 되었다. 그 결과 미국 생명윤리 실천은 개별환자에게 미치는 위험(risk)과 혜택(benefit)이 최우선 고려사항이고, 숙지된 동의의 원칙이 이를 담는 제도화에서 중심을 이루며, 생명윤리를 다루는 전문가계급이 생겨나 환자와 일반시민은 생의학 연구 및 생명공학 발전에서 중요시해야 할 가치에 대해 숙의할 능력을 상실했다는 특징을 띠게 되었다. 전체적으로 이러한 경향은 미국의 공식적 생명윤리를 공리주의적 성격——위험과 혜택의 균형에 기초한——으로 몰아갔는데, 사실상 이는 미국의 다원주의적 정치의 전통뿐 아니라 생명공학을 둘러싼 규제 쟁점들에 대한 시장지향적·제품중심적 프레이밍과도 양립가능한 것이었다.

그러나 미국 생명윤리의 이러한 구속적 성격은 현실에서 상당한 취약성을 드러내는 원인이 되곤 한다. 생명윤리 프로그램으로서는 사상 최대의 공공자금이 지원된 인간게놈프로젝트의 ELSI가 그 좋은 사례이다. 원래 ELSI는 DNA 구조의 공동발견자이자 NCHGR의 초대 소장이었던 제임스 왓슨이 기자회견 중에 우연히 생각해 낸 아이디어였다. 인간게놈프로젝트가 윤리적 쟁점을 어떻게 다룰 것이냐는 질문에 답하면서, 그는 전체 예산 중 3퍼센트(후에 5 퍼센트가 됨)를 윤리적·법적·사회적 함의를 연구하는 데 할당할 것이라고 약속했고 나중에 이 아이디어를 기정사실로서 의회에 보고했던 것이다. 이런 우연한 출발은 나중에 ELSI의 취약성의 원인으로 나타나게 된다. NCHGR의 소장이 프랜시스 콜린스로 바뀌자, ELSI가 인간게놈프로젝트의 정당성 부여에 더 봉사해야 한다고 믿는 그와 독립성을 주장하는 ELSI 작업반 사이에 갈등이 불거지게 되었다.[2] 이 갈등을 진정시키기 위하여 콜린스는 ELSI 프로그램을 리뷰할 위원회를 만들었고, 이 위원회에서 1996년 12월 제출한 보고서는 콜린스에게 ELSI 작업반을 해체할 권한을 부여하였다. 이에 따라 작업반은 해체되고 그 기능은 관련 부서인 NIH와 에너지성의 여러 위원회로 분산되었다.

생명윤리에 대한 국가적 차원의 기구 설립 역시 정치적 난관에 종종 당면하는 취약점을 안고 있다. 1980년대 말에 의회가 생의학윤리자문위원회를 설립하려 시도하였으나, 이는 낙태에 대한 의원들 사이의 날카로운 입장 대립으로 무산되었다. 따라서 생명윤리 정책을 국가 차원에서 집중화하려는 시도는 클린턴 정부하에서 백악관으로 넘어오게 되었다. 1995년 10월에 클린턴 대통령은 국가생명윤리자문위원회(National Bioethics Advisory Commission, 약칭 NBAC)를 설립할 것을 지시하였고, 그 초대 의장에는 프린스턴대학교의 총장인 해럴드 샤피로를 임명하였다. 15명의 위

---

2) 생명공학에 비판적인 책 『인체시장』의 공저자 중 하나이며 유명한 법률가인 로리 앤드루스가 당시 ELSI 작업반의 반장이었는데, 이 갈등으로 그는 반장직을 사임하였다.

원들로 구성된 이 연방자문위원회는 생명과학 연구에 있어 윤리적 행동의 기초가 될 폭넓은 원칙들을 규명하는 임무를 부여받았다. 1997년 2월 돌리의 복제와 더불어 인간복제도 먼 일이 아니라는 깨달음은 NBAC의 의제에 보다 긴급한 쟁점을 부과하였고 이 위원회가 대중적으로 주목받게 만든 계기가 되었다. 1997년 6월 발간한 『인간의 복제』는 NBAC의 가장 넓게 읽힌 보고서가 되었고, 1999년 줄기세포 연구의 윤리적 쟁점에 대한 보고서도 역시 주목을 받았다.

NBAC는 2001년 10월에 법정 활동기간이 만료되어 사라졌다. 두 달 후에 조지 부시 대통령은 그 자신의 지시로 만들어진 윤리기구인 대통령생명윤리심의회(President's Council on Bioethics, 약칭 PCBE)를 출범시켰다. 시카고대학교의 의학 교수인 레온 카스가 의장을 맡은 이 17명 위원의 기구는 정치적 스펙트럼에서 보수 쪽으로 기울어져 있다고 인식되었다. 카스 자신이 근대과학은 도덕적 의미를 상실했다는 확신과 생식 및 장수 연구에 대한 유보적 견해를 지닌 것으로 이미 알려져 있었다. 따라서 그를 의장으로 임명한 것을 두고 논란이 일었는데, 왜냐면 카스 같은 보수적 경향의 시각은 물론이고 생의학 연구에 대한 어떤 유보적 입장도 생의학연구공동체뿐 아니라 페미니스트와 정치적 리버럴 진영에게는 불쾌한 일이었기 때문이다.

2) 영국

1978년 세계 최초의 시험관아기인 루이스 브라운의 탄생은, 불임에 대한 기적의 치료와 영국 과학의 승리를 나타내는 것으로 많은 사람들에게 여겨졌다. 그러나 모두가 이 소식에 기뻐한 것은 아니었다. 배아가 연구의 대상이 되는 것에 대해 반낙태 세력은 강한 반대를 표명했는데, 이들은 체외수정이 인간생명의 신성함에 대한 공격이자 도덕적 퇴보의 징후라고 간주했다. 본격적인 공공 논쟁은 정부의 보건사회보장부(DHSS)가 보조생식 분야의 발전이 갖는 사회적·윤리적·법적 함의를 검토할 특별조사위원회를 임명한 1982년에 시작되었는데, 그 의장은 옥스퍼드의 도덕철학자인 메리 워녹이 맡았다. 위원회의 보고서는 장래의 정책 결정(필요할 경우 입법조처까지 포함한)에 지침을 제공하려는 것이었다.

워녹보고서는 1984년에 의회에 제출되었는데(Warnock, 1985), 그것은 배아 연구를 엄격한 지침 내에서 허가할 법적 기구를 설립하도록 권고하였다. 보다 중요하고 또한 보다 논쟁적인 것은 배아 연구가 오직 14일 미만의 배아에 대해서만 허용되어야 한다는 보고서의 결론이었다. 이런 구분점의 생물학적 근거는 이른바 원시선(primitive streak)이 14일경에 출현한다는 것인데, 이는 배아 세포가 단순 분할을 멈추고 성체 세포로 분화되기 시작하는 걸 뜻한다는 것이다. 위원회 구성원들 사이에도 이런 구분점이 생물학적 또는 도덕적으로 타당한가에 대해 의견이 갈렸는데, 워녹은 이러한 의견불일치가 오히려 보고서의 전반적인 균형과 진정성을 강화해 주는 것으로 받아들였다.

그러나 워녹보고서에 반대하는 반낙태 진영의 의회 로비가 거세게 전개되었고, 이에 맞서는 친과학 진영의 움직임도 활발하게 전개되었다. 이후 여러 우여곡절과 의회 안팎의 긴 논쟁 끝에 마침내 워녹보고서의 권고에 따라 인간수정배아법이 제정된 것은 무려 6년이 지난 1990년이 되어서였다(Mulkay, 1997). 이 법률에 근거하여 실제 집행기구로서 만들어진 인간수정배아기구(Human Fertilisation and Embryology Authority, 약칭 HFEA)는 불임치료 클리닉을 허가 및 감독하고 배아 연구를 승인하는 두 가지 주요 기능을 담당하게 되었다. HFEA의 어떤 활동들은 법에 의해 정확히 통제받지만, 법에 의해 명시되지 않은 경계선상의 사례들을 취급할 경우에는 HFEA가 상당한 재량권을 지니고 있다. 정확히 말해서 HFEA는 생명윤리를 심의하는 기구는 아니지만, 배아에 관한 한 윤리적 쟁점들을 다룰 수밖에 없는 위치에 있다고 하겠다.

1990년대가 되자 많은 영국인들은 다른 나라처럼 생명윤리 전반을 다루는 국가기구가 영국에 없다는 것을 탄식하게 되었다. 이는 워녹위원회의 긍정적 유산과 더불어 새로운 과학적 발전을 둘러싼 윤리적 문제들에 신속하고 체계적으로 대응할 필요를 느꼈기 때문이다. 또한 중요했던 것은, 유럽에서 영국의 입장을 대표하는 강력한 목소리가 없을 경우 유럽의 생명윤리가 영국의 과학을 부당하게 구속할지 모른다는 우려를 영국인들이 가졌고,[3] 따라서 유럽의 생명윤리에 대해 효과적 평형추 역할을 할 기구를 만들 필요성을 느꼈다는 점이다. 문제는 어디에 그런 기구를 위치시키고 그것을 어떻게 지원하느냐 하는 것이었다. 1990년까지 수상을 지냈던 마거릿 대처는 정부 안에 그러한 기구를 설립하는 것을 강하게 반대했는데, 아마도 이는 양심의 공식적 목소리가 지닐 영향력을 두려워했기 때문일 것이다. 결국 왕립환경오염위원회를 모델로 한 상임위원회의 설립은 배제되었다.

따라서 국가가 남긴 이러한 공백을 다른 행위자들이 메우게 되었다. 우선 1988년 몇 명의 원로 과학자와 과학행정가들이 생명윤리 기구의 설립에 도움을 요청하기 위하여 영국의 유명한 공익재단인 너필드재단을 접촉하였다. 이에 따라 1990년 4월에 너필드재단 주최로 과학자, 의사, 법률가, 철학자, 신학자, 언론인, 소비자 및 공익단체 대표들이 모인 소규모 컨퍼런스가 열렸다. 이 회의의 결론을 담은 문건에서 참석자들은 새로운 국가적 생명윤리기구가 필요하다고 주장하였다. 이후 수개월 동안 많은 조직과 개인들과의 협의를 거쳐 마침내 1990년 12월 너필드생명윤리심의회(Nuffield

---

3) 유럽의 생명윤리는 배아 및 배아 연구에 대해 가톨릭교회가 지닌 입장, 우생학과 유전자조작에 대한 독일의 우려 등에 의해 큰 영향을 받는 것으로 간주되었다.

Council on Bioethics)가 설립되었다. 이 심의회의 역할은 생의학에 대한 대중의 우려 ——그것이 유럽으로부터 넘어와 자리 잡기 전에—— 를 불식하고, 교육을 통해 대중의 이해를 촉진하며, 신뢰를 구축하는 것에 두었다. 정부는 심의회의 출범을 환영하였고 이 심의회가 단지 생의학의 윤리적 쟁점들뿐 아니라 보다 넓게 식품·농업·환경 분야의 생명공학이 지닌 윤리적 쟁점들을 다루어 줄 것을 요청하였다.

너필드심의회는 1991년 업무에 착수하면서 유전자검사와 인간세포조직을 그 첫 주제로 잡았다. 하지만 그 이후에 심의회는 생명공학의 폭넓은 논쟁적 주제들에 대한 보고서와 성명서를 발간해 왔는데, 거기에는 GM 작물, DNA 특허, 유전학과 행동, 이종간 장기이식, 줄기세포 연구, 보건연구의 윤리, 개도국의 GM 작물 등이 포함되었다. 언제나 주제의 선택은 대중의 우려가 예상되고 다른 기구의 업무와 중복되지 않는 분야일 것이라는 원칙을 따랐다. 그러나 1999년 생명공학에 대한 영국 정부의 규제 및 자문 기능을 담당할 새로운 세 기구(인간유전학위원회, 식품안전청, 그리고 농업환경생명공학위원회)가 추가되면서, 너필드심의회의 위치는 극적으로 변화하게 되었다. 이 세 기구는 모두 너필드심의회와 소관업무가 상당히 겹치게 되었는데, 특히 대중의 신뢰 획득과 폭넓은 사회적·윤리적 쟁점들의 고려라는 면에서 그러하였다. 아무튼 너필드심의회가 인큐베이터 역할을 한 이러한 정부기구들의 신설로 영국의 공식적 생명윤리는 비로소 온전하게 존재하게 되었다고 말할 수 있겠다.

3. 시민사회의 역할

생명윤리가 생명공학을 둘러싼 정책 선택을 프레이밍하는 강력한 도구가 되자, 수많은 사회적 행위자들이 생명윤리 담론의 개발에 참여하여 가치의 공식적 분석에 대한 국가(또는 전문가엘리트)의 독점적 통제에 도전하는 활동에 나서게 되었다. 각국에서 비국가 행위자들의 주요 목표는 공식적 정책 결정자들이 제공하는 것을 보완하는 새로운 숙의적 공간(및 새로운 언어)의 창조를 위해 윤리 전범을 이용하는 데 있었다. 생명윤리의 정치는 다원화의 정치로서, 생명윤리의 의제에 새로운 쟁점들을 제기하고 이 쟁점들을 대변해 줄 새로운 목소리와 쟁점들에 개입할 새로운 포럼을 불러오려는 것이다. 생명윤리는 그것이 어떻게 구성되든 또는 어디서 실행되든, 생명윤리를 통제하려는 제도권의 시도를 이런 방식으로 넘어서는 경향이 있다. 그렇지만 시민사회 개입의 양태들은 국가별로 다양한데, 이는 정치적·사회적 우려사안으로서의 생명공학에 대해 국가별로 다양했던 초기 프레이밍이 지니는 지속적 영향을 다시 한번 예시하는 것으로 보인다.

1) 미국

미국의 공식적 생명윤리는 생의학 연구자 및 임상의사 집단의 필요와 이해관계, 환자와 연구 대상자의 권리, 국가의 이해관계(생의학 발전을 기꺼이 후원하지만, 인종적·젠더적 평등의 침범이나 종교적 우려의 초래 또는 책임 발생에 대해서는 꺼려하는) 사이의 혼인의 산물이었다. 모든 공식적 정책담론처럼 생명윤리는 그것이 가능케 하는 동시에 제한하는 것이 있다. 공식적 생명윤리는 새로운 의료 제품과 서비스를 개인들에게 전달하는 데 초점을 두었고 이때 숙지된 동의라는 쟁점에 집중하게 되었다. 생명윤리에 대한 이러한 협소한 정의는 생명공학의 발전이 인간 가치를 침범하는 많은 영역들(예컨대 GM 식품부터 종자 특허에 이르기까지)을 방치된 상태로 남겨 놓아서 그것들을 다룰 공식적인 제도적 수단이 없게 만들었다. 흥미롭게도, 생명공학 산업계가 이러한 결함을 인식하고 고치려고 시도한 선두주자 중 하나였다. 생명공학 산업의 많은 기업들은 생명윤리를 인체생물재료를 포함하는 연구에 사람들을 보다 효과적으로 유도하기 위한 유망한(심지어 필수적인) 도구라고 보았다.

기업생명윤리의 좋은 사례는 생명공학산업협회(Biotechnology Industry Organization, 약칭 BIO)에서 볼 수 있다. BIO는 약 500개의 기업들을 대표하는 두 개의 소규모 산업협회가 1993년에 서로 합병함으로써 출범하였다.[4] 그것은 생명공학 제품개발을 하는 소수의 수십억 달러 회사들과 주로 연구개발에만 주력하는 수백 개의 중소기업들을 하나의 단일한 조직적 우산 아래 결합시킨 것이다. BIO의 공식적 임무는 정책 결정자, 미디어, 그리고 자신의 회원기업들에게 정보를 제공하는 것으로 되어 있다. 그러나 BIO의 설립 시기부터 생명윤리는 그것의 의제에 올라 있었고 생명윤리 상임위원회가 1995년에 결성되었다. BIO의 역사를 보면 이러한 초점은 1997년 돌리의 복제 이후에 그 중요성이 극적으로 커진 것으로 나타난다. 당시 BIO는 인간생식복제에 반대하는 성명서를 재빨리 발표하였다. 이와 비슷하게 2001년 9월 11일 테러리스트 공격 후에도 BIO는 생물 무기의 개발에 반대하는 자신의 정책을 재확인하는 발표를 하였다. 그 이후 BIO는 다른 생명공학 혁신들에 대해서도 의회와 미디어로부터 제기되는 질문에 매번 응답하는 역할을 해왔다. 이러한 방식으로 BIO는 크고 작은 수백 개의 생명공학 기업들을 대중 앞에서 대변하는 '목소리'가 되어 온 것이다.

하지만 BIO가 윤리라는 제목으로 해온 활동의 종류를 보면 매우 큰 비일관성에 놀라지 않을 수 없게 된다. 유전자조작을 우려되는 공정이라 보는 견해를 거부해 온 역사를 지닌 생명공학산업이 윤리와 마주치면 그 공정을 매우 심각하게 간주하는 것으로 보이기 때문이다. 예를 들자면 BIO의 원칙선언서에서 주목의 대상이 되는 것은 생명공학 기술——즉 제품들이

---

4) http://www.bio.org/aboutbio/history.asp

아니라 공정 —— 이다. 다른 말로 하자면, 생명윤리의 담론을 채택함으로써 BIO는 결국 공공 숙의의 장을 두 영역으로 나누고 있다고 볼 수 있다. 그것은 첫째로는 제품들에 협소하게 초점을 맞추고 위험평가와 건전한 과학이란 논의에 의해 지배되는 규제의 영역이고, 둘째로는 생명공학의 거의 모든 다른 측면들을 포괄하고 산업계가 생명윤리라고 부르는 것을 통해 통제하려는 공공 소통의 영역이다. 이 측면에서 BIO는 영국에서 너필드심의회가 한 역할과 매우 비슷한 역할을 택하였다고 볼 수 있는데, 그것은 공중의 인식과 이해를 증진함으로써 숙지된 토론을 촉진하는 것이다. 다른 점이 있다면, 너필드심의회는 일종의 재야 정부기구같이 활동하면서 협의와 같이 잘 알려진 영국의 절차 형태를 따르는 반면, BIO는 그 광고 및 전자적 매스커뮤니케이션의 기법들을 이용하여 자신의 이해관계 추동적인 생명윤리관을 자국 및 세계의 청중들에게 보급한다는 점이다.

그러나 인터넷의 시대에는 어떤 누구도 대안적 숙의 공간의 창출 수단을 독점하는 것이 쉽지 않다. 산업계만이 아니라 시민단체들도 생명공학에 관한 도덕적 감정을 표현하고 대중 여론을 동원하기 위하여 전자 매체에 눈을 돌렸던 것이다. 두 사례가 이 점을 잘 보여 주는데, 그것은 책임 있는 유전학을 위한 협회(Council for Responsible Genetics, CRG)와 유전학과 사회를 위한 센터(Center for Genetics and Society, CGS)이다. 매사추세츠 케임브리지에 기반을 둔 CRG는 유전자기술에 대한 공공 토론을 촉진하려는 일군의 진보적 과학자, 의사, 철학자, 사회과학자 등이 1983년 결성하였다.[5] BIO와 마찬가지로, CRG는 생명공학에 대한 제품적 프레이밍을 신봉하지 않았다. 1980년대부터 CRG는 격월간 뉴스레터인 『진위치』(*Gene Watch*)를 발간해 왔는데, 이것은 생명공학의 사회적·윤리적·환경적 결과를 감시

---

5) http://www.councilforresponsiblegenetics.org/

하는 데 헌신하는 유일한 미국 잡지로 알려져 있다. 이러한 쟁점 각각에 대해 CRG의 임무는 유전학에 대한 반환원주의 견해를 증진하는 것이다. 이면에서 CRG는 오클랜드에 기반을 둔 CGS와 지적으로 동맹을 맺고 있다고 할 수 있는데, CGS는 인간복제에 관한 논쟁에 부응하여 2001년에 결성되었다.[6] 예를 들어 CGS는 그 웹사이트에 생명윤리 담론에 대한 비판을 실으면서, 그러한 담론은 사회 정의나 인간 존엄성과 같은 공동체적 가치를 희생시키고 개인적·공리주의적 가치를 체계적으로 편애한다고 주장한다. CGS는 CRG에 비해서 인간유전학의 쟁점에 보다 집중적으로 초점을 맞추고 있다. 또한 CGS는 이렇게 보다 좁은 자기규정과 공공 이익을 위한 유전학의 이용 증진이라는 자기 임무에 충실하기 위하여 국가적·국제적 입법과정들에 CRG에 비해 보다 적극적으로 개입하려고 노력해 왔다.

반면에 CRG의 전략은 좀더 개념적이다. 예를 들면 2000년 봄에 CRG의 이사회에서는 생명과학이 인간 존엄성, 개인 자유, 생명권의 건강에 던지는 도전들에 대한 지구적 공공 토론을 촉진하기 위하여 '유전적 권리장전'(Genetic Bill of Rights)을 발표하였다. CRG는 자기 자신의 적극적 정책 의제를 추구하기보다는 다른 행위자들에게 정보와 분석을 제공하는 데 목표를 두고 있다고 볼 수 있다. 아마도 이런 이유 때문에 CRG가 거둔 성과는 단지 국지적이거나 무대 뒤에 머물러 있는 것으로 보인다. 아직까지 CRG의 뉴스레터는 결코 광범위한 대중의 추종을 끌어내지 못했기 때문이다.

2) 영국

영국은 미국과 같은 정부 차원의 포괄적 국가생명윤리기구는 없었지만, 1990년 말 너필드생명윤리심의회의 설립은 우리가 본 것처럼 과학자, 과

---

6) http://www.geneticsandsociety.org/

학행정가, 관심 있는 국가엘리트 일부가 공유하는 우려에 대한 준공식적인 반응이었다. 부분적으로 그것은 유럽 대륙의 종교와 비합리성이 영국으로 건너오는 것에 대한 우려 때문에 만들어졌다고 할 수 있다. 또한 부분적으로 그것은 과학사회학자 브라이언 윈이 대중의 과학이해에서 "결핍모델"(deficit model)——대중을 과학에 의해 계몽되고 지도되어야 할 대상으로 보는——이라고 부른 것에 의해 추동된 것이기도 하다(Wynne, 1995). 따라서 공식적 생명윤리에 대한 대응이, 윈 같은 학자에 의해서건 또는 다른 사회적 행위자들에 의해서건, 생명윤리 담론의 전문화에 저항하고 윤리적 숙의를 전문가뿐 아니라 일반인에게도 접근가능한 민주적 개입의 장으로 재확립하려는 것이었다는 점은 놀라운 사실이 아니라 할 수 있다.

랭커스터대학교의 학자들은 윤리적 분석이 규제적 평가나 의료적 처방의 뒤에 추가되는 단지 또 다른 전문가 평가의 기법이 되어서는 결코 안 된다고 주장해 왔다. 그 이유 중 하나는 그러한 접근이 사람들의 윤리적 판단이 지닌 복잡성을 간과하는 사실/가치의 이분법을 영속화하기 때문이라는 것이다. 윈이 그의 연구(Wynne, 2001)에서 설득력 있게 보여 주었듯이, 사람들이 기술발전(예:GMOs)의 윤리를 어떻게 생각하는가는 또한 불가피하게 과학의 한계, 제도권의 오류가능성, 사회전체적 무지의 정도에 대한 지적 판단을 수반한다. 따라서 사실과 가치에 대한 평가들은 서로 철저히 섞여 있고 분리불가능한 것이다. 또한 랭커스터대학교의 사회학자 필 맥나튼은 생명윤리의 지배적인 공리주의 및 탈존재론적 전통이 새로운 범주의 위험과 싸우는 데 실패하고 있음을 비판하였는데, 예를 들면 유전자조작 동물의 경우 이종간 교잡 등의 파괴적인 기술을 통해 그들의 "본성"으로부터 분리되는 위험이 이에 해당한다(McNaghten, 2004). 영국의 학자들이 촉발한 이러한 생명윤리 논쟁은 전문가 생명윤리와 숙의적 생명윤리 사이의 긴장이 공개적으로 표출되는 계기가 되었다.

영국에서 학자들이 생명공학의 맥락에서 윤리의 의미를 묻는 일에 앞장을 서 왔다면, 시민단체들은 생명윤리 논쟁에서 일반인의 참여를 위한 공간을 열고자 하는 노력에 보다 힘써 왔다. 그 중 하나의 예가 진워치 (Gene Watch UK)로서, 이 단체는 웹 기반의 커뮤니케이션 도구를 활용하여 "유전자기술이 공익을 위해, 즉 인간 건강을 증진하고 환경을 보호하며 인권과 동물의 이해관계를 존중하는 방식으로, 개발되고 이용되도록 보장하는" 활동을 하는 공익단체이다. 이 목적을 위해 진워치는 생명공학의 주요 개발이 나타날 때마다 브리핑 페이퍼를 발표하고 있다. 2003년에 진워치는 영국 정부가 조직한 GM 식품에 대한 전국적인 공공 토론("GM 국가?"라고 명명된)에 시민들이 참여할 방법에 관한 정보를 제공하였고, 또한 그 협의과정 전반을 감독하는 역할을 자임하였다. 이러한 방식으로 진워치는 생명공학과 관련하여 전개되는 정치적 과정에 대한 소비자 감시인으로 봉사를 하고 있는 것이다.

4. 줄기세포 논쟁의 사례

20세기가 접어들 무렵 생의학 분야는 젊음의 비밀을 밝혀 줄 수 있는 대발견을 눈앞에 두고 있다고 공표하였는데, 그것은 다름 아닌 인간배아줄기세포였다. 이 만능줄기세포는(다 자란 인간성체에서 발견되는 분화된 성체줄기세포와는 달리) 이식되면 거의 모든 세포 유형으로 자라날 수 있는 잠재력을 지니고 있다. 따라서 배아줄기세포는 파킨슨병, 알츠하이머, 심장병, 신장병 등과 같이 세포 재생을 필요로 하는 질병이나 상해를 치료하는 데 커다란 희망을 주는 것이다. 1998년 말에 미국의 서로 다른 두 연구팀이 인간줄기세포를 자신의 실험실에서 배양하는 데 성공하였다고 공표하였다. 그들은 존스홉킨스 의과대학의 존 기어하트(John Gearhart)와 위스콘신대학교의 제임스 톰슨(James Thomson)이었다. 그들의 연구는 노령화 연구에 종사해 온 민간기업인 제론 회사(Geron Corporation)로부터 부분적으로 지원을 받았다. 기존의 미국 법률하에서는 그러한 연구가 공공자금 지원을 받을 자격이 없었기 때문이다.

이미 이전에 쥐에 대한 연구를 통해 배아줄기세포가 근육, 연골, 뼈, 치아, 모발을 포함한 다양한 유형의 조직으로 자랄 능력이 있다는 것이 밝혀진 바 있었다. 인간배아줄기세포의 확립은 인간의 세포재생 과정을 이해하고 마침내 그런 재생을 지원할 수 있는 가능성이 열리는 것을 의미하였다. 하지만 이 뉴스에 대한 과학계의 흥분은 배아줄기세포의 출처와 관련된 심각한 윤리적 우려로 인해 가라앉게 되었다. 배아줄기세포에는 원칙적으로 네 가지 출처가 존재한다. 임신중절 후의 태아에게서 얻는 조직, 체외수정 후 불임치료에 사용되지 않은 "잉여" 배아, 연구를 위해 기증된 생식세포로부터 창출된 배아, 체세포핵이식 과정을 거쳐 창출된 복제 배아가 그것들이다. 기어하트의 실험실은 치료목적을 위해 임신중절된 태아로부터 추출한 배아생식세포를 사용했고, 톰슨의 실험실은 체외수정을 위해 창출되었으나 부부의 동의를 얻어 연구목적으로 기증된 배아로부터 줄기세포를 얻었다.

배아줄기세포에 대한 연구는 골치 아픈 윤리적 문제들을 야기한다. 첫째, 그것은 인간생명이 될 잠재력이 있다고 간주되는 배아를 파괴하는 걸 포함하기 때문이다. 둘째, 연구를 위해 의도적으로 배아를 창출하는 행위는 인간존엄성의 가치를 침범하는 것으로 일부 사람들에게는 여겨지기 때문이다. 셋째, 배아줄기세포 연구가 임신중절 또는 연구 및 치료용 배아 창출 같은 도덕적으로 꺼려지는 행위를 조장할 수 있기 때문이다. 요약하자면, 연구용 배아줄기세포의 출처와 용도는 서구 사회의 심원한 도덕적·정치적 균열을 건드리는 것이었다. 따라서 이 문제가 국가적인 생명윤리 및 정치의 포럼들 속으로 신속히 진입하게 된 것은 결코 놀라운 일이라고 볼 수 없다. 그러나 각 국가에서 정치적 선택을 윤리적 숙의가 도와주었다기보다는, 생명윤리의 논의를 형성한 것이 정치의 역동성이었다고 할 수 있다.

1) 미국

빌 클린턴 대통령은 1997년 돌리의 복제 때와 마찬가지로 빠르고 힘차게 배아줄기세포연구 성공 소식에 반응하였다. 1998년 11월에 그는 국가생명윤리자문위원회(NBAC)에게 인간줄기세포 연구와 관련된 의학적·윤리적 쟁점들을 검토해 달라고 요청하였다. 그러자 NBAC는 자신의 최고 후원자인 클린턴을 실망시키지 않았다. 위원회는 배아 연구에 연방자금의 사용을 금지한 의회의 조치가 선행의 생명윤리 원칙과 치료·예방·연구에 대한 의학의 헌신에 부합되지 않는다고 발표하였다. 위원회는 배아줄기세포주의 추출과 이용을 구분하는 것에 어떠한 윤리적 정당성도 없다고 주장하였다. 따라서 위원회는 죽은 태아의 조직과 체외수정 잉여배아로부터 얻은 배아줄기세포에 대한 연구는 새로운 줄기세포심사패널의 감독을 포함한 일정한 조건하에서 연방자금을 지원받을 수 있어야 한다고 권고하였다. 그러한 심사패널의 의무 중 하나는 적절한 프로토콜에 따라서 태아 조직과 배아줄기세포를 얻도록 보장하는 일인데, 이는 영국에서 HFEA가 행하는 것과 비슷한 역할이라 볼 수 있다. 따라서 NBAC는 의회가 배아 연구에 대한 연방자금 금지를 부분적으로 폐지하도록 요청한 것이다. NBAC는 그러한 연구를 아무런 공공 감독 없이 민간자금 지원에만 계속 맡기는 것보다는 공공자금 지원과 공공 심사가 사회를 위해 더 바람직하다고 결론을 내렸다. 간단히 말하자면, NBAC는 줄기세포 연구자들에게 조심스럽고 잘 통제된 녹색 신호를 보내는 것을 선호한 셈인데, 이것은 미국에서 의학연구와 생명윤리 사이에 지속되어 온 20년 동안의 협력적 발전에 부응하는 입장이었다고 할 수 있다.

만일 정권의 변화만 없었다면 NBAC의 권고는 커다란 논쟁 없이 법과 정책으로 확정될 수도 있는 것이었다. 실제로 1999년 말 NIH는 인기 있고 정치적 수완이 좋은 해럴드 바머스 원장의 주도하에 줄기세포 연구에의 자금지원을 위한 새로운 규칙을 발표하였다. NIH는 배아로부터 세포주를 추출하는 것(NBAC가 취한 입장과 상반되는)을 지원하지는 않을 것이지만, 태아 조직으로부터 세포주를 추출하는 것과 이 세포주를 사용한 연구는 물론이고 민간 지원으로 추출된 세포주를 사용한 연구에 대해서는 자금지원을 할 것을 약속하였다. 그러나 정권의 변화는 이 모든 것을 바꿔 놓았다. 2000년 12월 조지 부시가 다수 득표를 한 그의 라이벌 앨 고어를 누르고 대통령으로 선출되었다. 공화당원을 즉시 기쁘게 하는 것이 새 대통령이 성공하는 열쇠라고 생각되었고, 낙태만큼 공화당원을 흥분시키는 쟁점은 없었다. 2001년 9·11 테러사건의 여파가 지속되는 와중에 대통령생명윤리심의회(PCBE)가 출범하였다. PCBE의 의장과 위원들을 선택하는 데 공화당의 정치적 관심이 반영되었는데, 배아줄기세포 연구의 대표적 반대자인 레온 카스가 의장이 되었고 위원들의 대부분은 백인 남성으로서 보수적 성향을 띤 인사들이었다. PCBE는 출범 후 곧바로 NBAC가 이미 다루었던 영역을 재검토하는 임무에 착수하였으며 생명복제가 그 최초 보고서의 주제로 선택되었다.[7]

예상과 마찬가지로 PCBE는 생식용 복제를 만장일치로 반대하였다. 그리고 10 대 7의 다수가 치료용 복제 역시 4년간 금지할 것을 권고하였는데, 이런 결과는 의학연구공동체를 기쁘게 하지도 크게 놀라게 하지도 않았다. 하지만 PCBE가 가장 독창적 기여를 한 것은 담론적 수준에서였다. 보고서의 요약문에서 PCBE는 이전의 복제 논쟁에서 사용되어온 표준적 용어를 피할 것을 선택한다고 밝혔다. 그 대신에 보고서는 "우리는 문제의 묘사적 현실을 가장 정확하게 전달해주고 그 위에서 도덕적 주장들을 자기 근거에 따라 전개할 수 있도록 해줄 용어를 추구한다. 우리는 도덕적 질문들을 교묘한 용어 재규정에 의해 해결하거나, 어떤 도덕적으로 중요한 요소와 관련하여 거기에 대면해야 할 도덕적 질문이 있음을 분명히 하는 이름을 거부함으로써 해결하려는 유혹에 저항한다"고 주장하였다(PCBE, 2002). 이러한 원칙들에 근거하여 PCBE는 생식용 복제를 "아이를 생산하는 복제"로, 그리고 치료용 복제를 "생의학 연구를 위한 복제"로 각각 번역하였던 것이다.

이러한 담론적 변화에 대해 여러 사항을 지적할 수 있는데, 그 모두는 생명윤리가 프레이밍하는 힘을 이해하려는 관점에서 볼 때 중요하다. 첫째, PCBE의 언어 분석에서 보이는 비대칭성에 주목하지 않을 수 없다. 자신의 용어는 단지 "문제의 묘사적 현실"을 전달해 주는 반면에, 다른 편의 용어는 "교묘하고" 현실을 왜곡한다고 주장하기 때문이다. 둘째, "묘사적 현실"을 자기 근거에 따르는 "도덕적 주장"과 분리함으로써, PCBE는 브라이언 원 같은 학자들이 공식적 윤리담론에서 문제시하는 사실과 가치의 구분을 강화하고 있다. 셋째, "단지 우리에게 사실을 달라"고 주장하는 평범한 언어 전략을 신봉하는 듯한 외양을 하고 있지만 사실 PCBE는 당면한 쟁점의 프레이밍을 바꾸어 놓고 있다. 예를 들면, "생식용 복제"라는 용어는 복제의 담론을 보다 넓은 "생식 권리" 담론에 연결지어, 생식 목적의 복제에 접근하는 것을 일종의 권리인 것처럼 여겨지게 만든다. PCBE의 시도는 그러한 담론적 연결을 끊어 버리려 하는 것이었다. 이와 비슷하게, "치료용 복제"라는 용어를 폐기함으로써 PCBE는 "치료"의 긍정적 함축(선행을 포함하는)을 배제하고, 그 대신에 불확실성과 실험 그리고 통제 결여가능성을

---

7) 이 보고서의 제목은 「인간복제와 인간존엄성」이고 2002년 7월에 발간되었다(PCBE, 2002).

더 크게 함축하는 용어인 "연구"를 선택한 것이다.

간단히 말해서 평범한 언어로의 전환은 결코 도덕적으로 중립적인 것은 아니었다. 그것은 상이한 사회적 의미와 가능성의 집합들 중에서 어떤 것은 전면에 내세우고 어떤 것은 뒤로 돌리는 것이었다. 객관적으로 존재하는 도덕적 질문들을 단지 들추어내는 것 같은 외양을 했지만, PCBE는 언어를 도덕성의 지형을 뒤바꾸는 재프레이밍의 수단으로서 전략적으로 이용하였던 것이다.

부시 대통령은 PCBE가 줄기세포 연구에 대한 국가의 도덕적 합의를 구축해 줄 것이라 희망했을지도 모르지만, 그러한 희망은 얼마 안 가서 공허한 것으로 드러났다. PCBE의 도덕적 권위는 내부와 외부의 압력에 당면하여 약화되었기 때문이다. 내부적으로는, 정부가 PCBE의 구성원 중에서 배아 연구 친화적이었던 두 위원 ──엘리자베스 블랙번과 윌리엄 메이 ──을 재임명하지 않은 것이 커다란 비난을 초래하였다. 2004년 3월에 약 2백 명의 생명윤리학자들은 대통령에게 편지를 써서, 대통령이 위원들의 다양성을 좁혀서 심의회가 효과적 자문을 제공할 능력을 손상시키고 있다고 질책하였다. 외부적으로는, 배아줄기세포 연구가 생의학 지평에서 가장 유망한 분야라고 보는 과학자들이 강력한 정치적 세력으로 등장한 것이다. 환자단체의 대표들과 동맹을 맺어 그들은 대통령이 과학과 종교적 근본주의를 섞고 있다고 효과적인 공격을 퍼부었다. 줄기세포는 2004년 여름에 대통령 정치의 의제로 떠올랐는데, 그 정점은 공화당 대통령이었던 고 (故) 로널드 레이건의 아들이 보스턴의 민주당 전국대회에서 배아줄기세포 연구의 중요성에 대해 연설하는 장면을 보여준 것이다. 거기에서 레이건 2세는 배아줄기세포 덩어리와 실제 살아 있는 인간 사이의 차이를 누구나 알 수 있다고 주장하면서 배아줄기세포 연구에 대한 그의 지지를 정당화하였다.

2) 영국

영국은 이미 HFEA의 엄격한 규제 감독하에 배아 연구가 허용되었으며 이것은 영국 과학의 자랑스러운 성취라고 많은 사람들이 생각하였다. 체외수정 배아로부터 줄기세포를 추출하는 것도 물론 HFEA의 이러한 규정에 따라 허용되었다. 새로이 문제가 제기된 것은 인간배아줄기세포를 얻을 수 있는 네번째의 방법, 즉 체세포 복제를 통한 방법과 연관하여서였다. 이 문제는 법률 해석에 관한 것이었다. 1990년 인간수정배아법률은 배아를 "수정이 완료된 살아 있는 인간배아"로 정의하였다. 그렇다면 기술적으로 볼 때 체세포 복제를 통해 창출된 배아는, 그것이 수정의 결과가 아니기 때문에 이 법률에서 정한 배아에 속하지 않는 것이라고 주장할 수 있다. 이러한 논리에 따르자면 체세포복제 배아와 이로부터 추출된 줄기세포에 대한 연구는 HFEA의 규제 감독을 받는 대상이 아닐 수 있고, 이것은 새로운 의회 조치를 필요로 하는 법률상 공백이자 변덕스러운 입법과정의 재개를 수반하는 것이었다. 또한 1990년 법률에서 이미 명시된 연구목적의 배아 사용에 또 다른 것을 추가할 권한이 정부에게 있는지에 대해 부수적 질문이 제기되었다.

이러한 쟁점들을 다루기 위하여 영국 정부는 새로운 기술 발전과 관련하여 배아 연구의 과학과 윤리를 검토할 전문가패널을 임명하였다. 이 패널은 5~6일 된 체외수정 배아로부터 얻은 배아줄기세포의 이용은 연구목적으로 계속되어야 한다고 결론을 내렸고, 체세포복제를 통해 추출된 줄기세포의 제한적 이용도 지지하였다. 이에 따라 정부는 이 모두가 기존의 1990년 법률하에서 행해질 수 있다고 주장하였고, 구체적 조치를 가능하게 할 새로운 규제안을 마련하였다. 상원의 특별위원회도 또한 이 쟁점을 검토하였고, 2002년 초에 회신 보고서에서 인간배아줄기세포를 이용한 의학연구는 매우 유망하며 기존 법률하에서 계속되어야 한다고 주장하였다

(House of Lords, 2002). 의회도 역시 한 가지 측면에서 법률을 확인하기 위해 개입하였는데, 그것은 2001년의 인간생식복제법이 수정이 아닌 과정을 통해 창출된 어떤 배아도 여성의 몸에 이식되는 것을 금지한 사실이다.

이렇게 법률적 숙의가 진행되고 있는 동안, 시민단체인 친생명동맹(브루노 퀸터벌이 소장인 Pro-Life Alliance)이 1990년 법률은 체세포복제 배아를 포괄하도록 확장될 수 없다고 주장하면서 정부의 새 규제안을 법정에 고소하였다. 고등법원의 판결에서 크레인 판사는 이 고소를 타당하다고 받아들여서 체세포복제 배아는 HFEA의 관할 밖에 속한다고 결정하였다. 하지만 이 판결은 항소에서 역전되었고, 2003년 3월에 영국의 대법원인 상원은 1990년 법률이 체세포복제 배아도 포괄하며 이에 따라 이런 배아를 이용한 연구를 규제할 HFEA의 권한을 재확인하였다. 이 사례를 판결한 상원의 법관의원들(Law Lords)은 법률 해석에서 한 가지 점에 모두 동의하였다. 판사의 역할은 기존의 법률이 새로운 사례에 적용될 수 있는지 없는지 정하는 것인데, 이 경우 법관의원들은 새로운 사실이 의회가 알았던 기존 사실과 같은지 다른지를 구별하는 자신들의 능력에 대해 아무런 주저함도 안 보였다. 콘힐의 빙엄 상원의원은 이 문제를 다음과 같이 설명하고 있다. "아무리 오래전이라도 만일 의회가 개에게 적용될 수 있는 어떤 법률을 통과시켰다면, 그것은 고양이에게는 적절히 적용될 수 없을 것이다. 그러나 그것은 해당 법률이 통과될 당시에는 개로 간주되지 않았지만 지금은 개로 간주되는 동물에게는 적절히 적용될 수 있을 것이다." 이러한 추론에 따라 법관의원들은 1990년 법률이 어떤 수단으로 추출된 것이건 인간배아 모두에 적용된다고 결론을 내렸다. 즉 체세포복제 배아도 수정된 배아와 동일한 종류에 속한다는 것이다. 그러나 법관의원들이 내린 결론의 권위는 형식적 추론 자체에서 연유하는 것은 아니라고 판단된다. 고등법원에서는 이와 다른 판결을 내렸었기 때문이다. 중요한 것은 권위의 문화적 생산이며 여기에서 추론이란 권위를 형성하기 위한 설득의 한 자원일 뿐이라고 재서노프는 주장한다(Jasanoff, 2005: 200).

5. 맺음말

생의학의 후손인 생명윤리는 원래 의사-환자라는 특수한 관계에서 탄생했지만, 20세기 말에는 국가의 정책담론에서 중심적 위치를 차지하게 되었다. 이러한 변화는 생명공학의 최대의 후원자이자 이용자로서, 그리고 이에 따라 생물학적 지식-권력의 윤리적 생산 및 배치에 책임이 있는 당사자로서, 국가가 차지하는 역할이 점점 더 커지고 있음을 반영하는 것이다. 간단히 말해서 생명윤리의 정치적 부상은 미셸 푸코가 상상한 '생체권력'(biopower)의 자연적 진화를 예시한다고 볼 수 있다(Foucault, 1978).

그러나 생명윤리 담론에 대한 국가의 통제를 시민사회의 여러 행위자들도 가만히 앉아 보고 있지만은 않았다. 학계와 기업은 물론 종교계와 시민단체 그리고 여성운동 등이 이에 적극적으로 개입하면서 생명윤리의 정치가 역동적으로 전개되고 있는 것이 오늘날의 상황이다. 그리고 이런 생명윤리의 정치는 생명공학의 미래를 프레이밍하는 가장 강력한 요인으로 작용하면서 점점 21세기 정치의 핵심부분으로 부상하고 있음을 미국과 영국의 사례에서 생생히 볼 수 있었다.

그런데 여기서 우리가 관심을 가지고 물어야 할 것은, 현재의 생명윤리 정치가 과연 이 글의 서두에서 제기한 질문처럼 근대주의적 정치를 뛰어넘는 탈이원론적 정치[8]가 될 것인가의 문제다. 생명공학은 이미 근대주의의 기초인 인간/자연의 이원론이 허구임을 드러내는 강력한 요인의 역할을 하였는데, 과연 생명윤리의 정치도 이런 통찰을 수용하면서 근대주의적 정치의 한계를 극복하는 새로운 정치의 모습을 보이고 있는가 아닌가의 여부로서 이는 21세기 정치의 방향을 가늠하는 데에도 큰 중요성을 갖는다.

앞에서 살펴본 미국과 영국의 사례로써 현재의 생명윤리 정치가 지닌 성격을 판단하자면, 생명공학을 찬성하는 진영이나 반대하는 진영이나 모두 한마디로 아직 인간/자연의 이원론을 극복하지 못했다고 보인다. 생명윤리의 정치에서 주된 대립은 국가 대 시민사회 또는 과학계 대 종교계 사이에서 벌어지고 있는데, 이 대립 구도의 양편 모두 인간/자연(또는 인간/비인간)의 이분법에 기반하여 자기 입장을 정당화하고 있기 때문이다. 이것을 가장 잘 볼 수 있는 것이 생명윤리에서 핵심적 쟁점인 '배아의 지위'에 대한 논란이다.

배아줄기세포는 수정(또는 복제) 후 14일 이내의 초기 배아에서 추출하는데, 이에 대해 배아줄기세포의 찬성 진영은 '원시선' 등 인간 개체의 특징이 나타나기 이전이므로 단순한 세포 덩어리로 봐야 한다고 주장한다. 이에 반해 종교계 등 반대 진영에서는 배아는 수정과 동시에 인간이며, 따라서 배아줄기세포 연구는 일종의 살인과도 같은 인간배아 파괴를 전제로 한다고 비판한다. 결국 배아줄기세포에 관한 생명윤리 논쟁은 배아를 인간으로 볼 것이냐 아니냐의 핵심적 쟁점으로 집약된다고 할 수 있다. 문제는 배아가 인간으로 발전할 모든 잠재력을 지녔지만 동시에 아직 세포 덩어리로도 볼 수 있는 모호한 특성을 지닌 존재라는 점에 있다. 그러므로 배아는 그것을 바라보는 이의 관점과 목적에 따라서 인간으로도 세포 덩어리로도 간주될 여지가 있으며, 이 때문에 배아의 지위에 대한 논쟁은 쉽사리 끝나지 않을 것으로 보인다.

---

8) 이것은 결코 '탈근대주의 정치'가 아니라는 데 주의해야 한다. 라투르는 탈근대주의가 결코 근대주의의 이원론을 벗어난 것이 아니며 단지 "실망한 근대주의"일 뿐이라고 보고 있다. 대신에 그는 근대주의의 이원론을 벗어난 상태를 비근대주의(nonmodernism)라고 표현한다(Latour, 1993).

나는 배아의 지위를 둘러싼 이러한 대립이야말로 주체/객체, 인간/비인간, 사회/자연이라는 이분법을 통해 세계를 인식하고자 했던 근대주의적 사고방식을 잘 보여 주는 사례라고 생각한다. 근대주의는 세계 안의 모든 복잡한 존재들을 이렇게 큰 두 가지 범주로 나누어 놓고, 그 한편(즉 주체, 인간, 사회)에만 존엄성을, 나머지 한편(객체, 비인간, 자연)에는 아무 존엄성도 부여하지 않는 비대칭적인 윤리를 내포하고 있다. 이 면에서 배아줄기세포 연구의 찬성 진영과 반대 진영은 서로 평행선을 달리며 대립하는 것 같지만, 사실은 근대주의적 인식을 공유하고 있다는 점이 흔히 간과된다.

라투르는 근대주의에서는 '인간'으로 인정되면 모든 권리가 부여되어 정치나 윤리의 영역이 되고, '비인간' 사물로 규정되면 모든 권리가 박탈되어 과학의 독점영역으로 간주된다고 지적한다(Latour, 1993). 우리 근대인은 '인간' 외의 존재에 대해 어떤 존중을 해야 할지에 대해 한번도 논의한 적이 없으며, 현대의 정치에는 인간의 대표만 있지 다양한 사물의 대표는 없다는 점을 개탄하면서 그는 사물까지 포함하는 확장된 민주주의를 주장한다. 만일 배아를 '인간'이라 분류하면 존엄성을 부여하고 '비인간'이라 분류하면 아무 존중도 받을 가치가 없는 존재로 취급해야 할까? 배아는 '인간'이 아니면 모두 '비인간'으로 간주하는 근대주의적 이분법과 비대칭적 윤리의 한계를 드러내는 좋은 사례다. 그것은 인간/비인간의 이분법을 거부하는 하이브리드적 존재지만, 그 자체로서 존중받을 가치가 있다고 나는 생각한다.

이 면에서 보자면, 현재까지 전개된 생명윤리 정치는 아직 인간/비인간의 근대주의적 이원론을 극복하지 못한 한계를 안고 있다고 여겨진다.

---

9) 아직 추상적인 수준이지만 탈이원론적(즉 비근대주의적) 정치의 윤곽을 그리고 있는 책으로는 라투르의 『자연의 정치학』(Latour, 2004)을 볼 것.

문제는 과연 이러한 이원론을 벗어난 탈이원론적 정치와 대칭적 윤리란 어떤 모습일까가 아직 모호하다는 데 있다. 과연 사물의 대표를 어떻게 정치에 포함시킬 것이며, 인간과 비인간을 대칭적으로 취급하는 윤리란 어떤 것일까? 아마 아직 누구도 이에 대한 분명한 답을 가지고 있는 것 같지는 않다.[9] 따라서 그 답은 지금부터 우리 모두가 인간과 사물이 바람직한 관계를 맺고 사는 공동세계를 함께 모색하고 실험해 나가면서 찾을 수밖에 없을 것 같다. 모호하고 시행착오가 많겠지만 그것이야말로 우리 인간이 사물과 함께 점진적으로 만들어 가야 할 미래이기 때문이다.

참고문헌

김환석. 2009. 「두 문화, 과학기술학, 그리고 관계적 존재론」. 『문화과학』 통권 57호.

Foucault, Michel. 1978. *The History of Sexuality*. Pantheon. 이규현 옮김. 2004, 『성의 역사 제1권: 앎의 의지』. 나남출판.

House of Lords. 2002. *Stem Cell Research: Report*. 13 February 2002.

Jasanoff, S. 2005. *Designs on Nature: Science and Democracy in Europe and the United States*. Princeton University Press.

Latour, B. 1993. *We Have Never Been Modern*. Harvard University Press. 홍철기 옮김. 2009. 『우리는 결코 근대인이었던 적이 없다』. 갈무리.

______. 2004, *Politics of Nature: How to Bring the Sciences into Democracy*. Harvard University Press.

McNaghten, P. 2004. "Animals in their Nature". *Sociology* 38(3).

Mulkay, M. 1997. *The Embryo Research Debate: Science and the Politics of Reproduction*. Cambridge University Press.

PCBE. 2002. *Human Cloning and Human Dignity: An Ethical Inquiry*, July 2002.

Warnock, M. 1985. *A Question of Life: The Warnock Report on Human Fertilisation and Embryology*. Blackwell.

Wynne, B. 1995. "Public Understanding of Science". eds. S. Jasanoff et al. *The Handbook of Science and Technology Studies*. Sage Publications.

______. 2001. "Creating Public Alienation: Expert Cultures of Risk and Ethics on GMOs". *Science as Culture* 10(4).

토론문 1 _ 생명공학을 중심으로 한 정치·경제적 이해관계와 생명윤리를 통한 공적 합리화

정민걸(공주대 환경교육과 교수)

김환석 교수는 「생명윤리의 정치: 미국과 영국의 사례를 중심으로」에서 생명공학을 둘러싸고 일어나는 논쟁을 종식하기 위한(김 교수가 직접적으로 언급하지는 않은 듯하지만) 일환으로 공적(공식적) 생명윤리가 탄생하는 과정을 보여 준다. 아울러 시민사회의 기여도 논한다. 시민사회는 생명공학의 사회적 적용을 공적으로 합리화하는 것을 견제하여 왔는데 정책 입안 과정에 직접 개입하려 하거나 선언적 수준에 머물기도 한 것으로 진단한다. 한편 미국에서는 생명공학의 주체가 오히려 적극적으로 나서서 생명공학의 사회 적용에 대한 거부감을 불식하기 위해 노력하는 정공법을 펼친 것도 보여 준다. 그러면서 현재 생명윤리의 논쟁들은 자연과 사회(인간)를 분리하는 이원론의 근대주의를 극복하지 못하고 있다고 지적한다. 이를 극복할 때 배아줄기세포의 논쟁에서 나타난 것과 같은 인간인지 아닌지를 판단하는 문제제기 이전에 생명 자체를 존중할 수 있는 답을 구할 수 있을 것이라고 주장하는 것으로 보인다. 하지만 김 교수는 어떻게 접근함으로써 이원론을 극복할 수 있는지 논의를 확장하지 않았다. 또한 김 교수는 정치를 단순히 공적 생명윤리 정책의 탄생과정에 치중하여 해석하고 있는 것으로 보인다. 정치는 쟁점과 관련된 이해집단의 갈등이 합의점을 찾아가는 과정으로 보아야 할 것이다. 이런 맥락에서 생명윤리에 대한 합의에 관여된 이해집단들의 갈등과 패권다툼에 대한 고찰이 필요할 것이다. 이런 문제의식 속에서 자연과 인간의 이원론에 대해 논의한 후 생명공학을 둘러싼 이해관계를 논해 보고자 한다.

1. 자연과 인간의 분리와 이원론

생명공학의 기술은 원시사회에서부터 인간이 활용하였다고 볼 수 있다. 자연에서 단순히 수렵하고 채취하던 시기에는 굳이 기술이라고 규정하기는 어려웠겠지만 농경이 시작되어 작물을 재배하고 가축을 사육하면서 작물과 가축의 더 나은 성장[1]과 수확 등을 위해서 기술이 적용되었다. 이는 원시적인 형태의 생명공학 기술이라고 해야 할 것이다. 예를 들어 자연에서는 볼 수 없는 다양한 품종을 개와 비둘기 등에서 볼 수 있다.

이처럼 특정한 의도에 따라 개체를 선택하여 개체들이 세대를 통해 변하게 하여 새로운 품종을 생성하는 것이 육종이고 생명공학의 시효이다. 물론 이때는 세포 내에 있는 물질(유전자 또는 DNA)을 직접 *끄집어내지*는 않는다. 그렇지만 자연에서 일어날 수 있는 것보다 훨씬 더 빠르게 변형이

---

1) 우리나라 생물교육계에서 '성장'(成長, growth)을 '생장'(生長)이라고 하라고 강요하여 언어를 탁화하고 있다. 일상의 용어이고 생물학에서도 정상적인 용어이던 '성장'을 어느 날 갑자기 뚜렷한 이유도 없이 '생장'으로 표기하라고 교육부가 강제하기 시작했다. 이런 정부의 획일적인 강제가 초·중·고등학교 생물 교과서를 낯선 용어로 도배하게 하였고, 점점 더 많은 생물학자들이 추종하여 뒤를 잇기 시작하고 있다. 덩달아 일부 다른 분야의 학자들도 생물을 말할 때는 생장이라고 하는 일이 벌어지고 있다. 그런데 묘한 것은 생물학자들도 일상에서 여전히 성장을 사용하고 있다는 것이다. 대표적인 예로 "아기가 잘 성장한다"고 한다. 의학계에서도 여전히 성장이라고 하는 듯하다. 예를 들어 아이가 계속 클 수 있는지 뼈에 있는 성장판을 검사한다. 그런데 많은 생물학 교과서가 생장이라고 강요하는 현실에서 머지않아 "자제분 잘 생장하시죠"라는 우스꽝스런 말이 보편적이 되지 않을까 한다. 생(生)은 자란다는 뜻보다는 살아 있다(생명이 있다)거나 가공되지 않은 날것이라는 뜻이 강하다. 또는 새로 생긴다는 뜻을 담고 있다. 아무튼 생장이라고 하면 싱싱하게 보관하는 것(生藏)이 떠오른다. 이는 동태와 생태를 구분하는 것과 같은 맥락이다.

일어나고 자연에서는 나타나기 어려운 품종들이 나타난다. 인간의 목적에만 부합하면 되기 때문이다. 그 품종이 자연적으로는 생존이 불가능하더라도 인위적인 행위로 보충하여 인간의 목적을 달성할 수 있기 때문에 품종이 유지된다. 그런 인위적인 행위에는 비료와 농약의 투입, 위생적인 축사 건축과 항생제 투약 등을 들 수 있다.

정착생활을 하고 농경을 하면서 인간은 점점 더 자연과 분리되어 왔다. 자연생태계의 다른 구성원과 다를 바 없던 인간이 마을을 만들고 도시를 만들면서 자연을 거의 다 배제한 공간에서 생활하게 된 것이다. 아니 자연이 생활공간에 들어오면 위험이 늘어난다. 그래서 현대문명은 인간을 자연과 완전히 분리하였다.

이런 분리가 과연 이원론인지 논할 필요가 있다. 이원론은 하나의 구성체를 두 개의 원소나 원리로 설명하는 것이다. 두 원소가 양립하거나 대립하는 것을 말한다. 대립의 결과는 어느 한 원소가 승리하는 것일 것이다. 그 상태가 되기 전까지는 이원론의 세계가 유지될 것이다. 물론 영원히 대립하며 공존하는 이원론[2]의 세계를 우리가 인지하고 있는지도 모른다.

현대문명이 자연과 인간을 철저히 분리하고 있다는 것이 이원론에 해당하는 것일까? 그렇게 보기에는 인간의 자연에 대한 의존도가 너무 크다. 아니 자연을 떠나지 못하는 속성이 있다. 그래서 거짓자연을 만들고 안주하기까지 한다.[3] 이를 자연의 통제로 여긴다. 마치 인간이 신과 같아졌다는 착각에 빠져 있는 듯하다. 자연과 인간의 분리를 신과 인간을 포함한 자연의 이원론에 신 대신에 인간을 투영하고 자연에서 인간을 빼어 버린 거짓의 이원론으로 혼동하고 있는 것은 아닐까.

---

2) 이원론이 옳은지 그른지를 논하는 것은 이 글의 취지에서 크게 벗어난다.
3) 현재 한국에서 진행 중인 '4대강 사업'은 세계적인 거짓자연을 만드는 재앙으로 기록될 것이다.

이런 맥락에서 김 교수가 말한 이원론의 극복은 자연과 인간의 분리라는 거짓 이원론을 극복하는 것이라고 하는 것이 타당할 것으로 여겨진다. 자연과 대립의 관계에 있는 것이 아니라 자연에 종속되어 있는 인간의 위치를 깨닫는 것이 생명공학의 사회 적용을 공적으로 정당화하면서 몰인간화[4]의 극한으로 치닫는 현대사회를 구원하는 길일 것이다.

2. 잉여가치의 창출

인간이 수렵하고 채취하던 시기에는 자연은 절대적인 사용가치가 있는 대상이었을 것이다. 아마도 사회생활을 하면서 사람[5]도 협동을 통해 서로에게 필요한 절대적인 사용가치가 있었다. 사회가 구조화하고 지배구조에 따라 노동이 분화하면서[6] 노동에 따른 상대적 잉여가치가 발생하였다.[7]

그런데 이 잉여가치의 분배에서 사회적 갈등이 발생한다. 자연의 대상에서 상품이나 용역을 만드는 과정에서 직접 땀을 흘리는 노동의 가치와 이런 단순 노동을 하는 사람을 관리하는 노동의 가치, 그리고 대상의 소유자가 지니는 고유 가치에 따라 잉여가치가 분배된다. 이때도 단순히 인간을 제외한 자연만이 대상이 된 것은 아니다. 인간도 노예라는 형태로 다른

---

4) 인간 이외의 생물뿐만 아니라 인간까지도 부의 축적을 위한 대상이 되어 버려 인간의 존엄성이 상실되어 버린다는 의미에서의 몰인간화를 말한다. 생명의 존엄성을 인간의 존엄성과 동일하게 확장하는 노력이 결실을 얻기는커녕 인간 자체의 존엄성까지 상실되어 가는 현실을 우려한다.
5) 여기서 자연과 인간, 또는 자연과 사람으로 분리하는 것은 편의상 구별하는 것이지 자연과 인간을 대립된 구조로 보고자 하는 것은 아니다.
6) 노동이 분화하면서 노동 제공자 사이에 단순한 물물교환으로 잉여가치를 나누었던 사회에서 잉여가치를 무한히 축적할 수 있는 수단인 화폐가 고안된 사회로 전개되었다. 화폐가 고안된 이후 부의 편재와 권력의 편재가 더욱 공고해지는 사회로 전개되는 과정은 이 글의 취지에서 크게 벗어나지만 그런 과정이 있었다는 정도는 이해해야 할 것이다.
7) 잉여가치는 노동이 가해져서 발생한 사용가치의 변화를 말하고, 우리가 일반적으로 알고 있는 부가가치를 말하는 것으로 보면 될 것이다. 이 부가가치에 대해 물리는 세금이 부가가치세이다.

자연과 동일하게 취급되는 계급이 있었다.

사회적으로 각 노동 가치의 가중치를 어떻게 평가하는지에 따라 사회 정의가 달라진다. 역사는 직접 땀 흘리는 노동의 가치보다는 이를 지배하는 관리 노동의 가치를 더 크게 평가한 것을 보여 준다.[8] 결과적으로 부의 편재가 심해지고 사회적 갈등이 발생한다. 갈등이 극에 달하면 사회 변혁에 대한 대중의 욕구가 표출되어 사회체제가 변할 동인이 발생한다.

그런 변혁을 원하는 극한 상황이 오기 전까지는 잉여가치를 키우기 위해 모두가 노력한다. 물론 잉여가치를 창출하는 방식은 지배계층이 결정한다. 생명공학의 기술이 단순한 육종을 넘어 형질전환 생물을 만들고 복제와 줄기세포를 이용한 생물체의 부품까지 생산할 가능성이 커지면서 이런 기술을 이용해 잉여가치를 창출하려는 욕구가 사회 전반에 팽배해 있다.

생명공학의 기술이 잉여가치를 창출할 수 있는 것은 이 기술을 통해 상품이나 용역이 만들어지면 소비하려는 사람이 있기 때문이다. 성장호르몬처럼 더 값싸게 생물이 생산하던 물질을 대량으로 생산할 수 있게 되었다. 게다가 복제인간이나 형질전환 돼지를 통해 인간 부품을 만들 수 있어 불치병을 고칠 수 있다. 고장이 난 유전자 때문에 생긴 불치병을 유전자 치료나 줄기세포로 완치할 수 있다. 심지어는 유전자 조작에 의해 맞춤형 인간을 만들 수 있다. 이런 환상적인 기대가 생명공학을 미래에 엄청난 잉여가치를 창출할 수 있는 기술로 각광을 받게 하였다.

이런 환상이 커지면서 반면에 생명을, 더 나아가 인간을 단순히 잉여가치를 창출하는 기술의 대상, 즉 수단으로 여기게 하는 이런 생명공학 기술의 사회적 위험성을 경고하는 목소리도 높아졌다. 이런 경고가 생명윤리를 요구하자 잉여가치의 잠재적 소비자와 부의 축적자들이 적극적으로 생명

---

8) 재주는 곰이 부리고 돈은 왕서방이 번다는 속담처럼 역사는 늘 지배계층의 편에 서 있었다.

윤리의 주체가 되는 일이 벌어지고 있다. 심지어는 김 교수가 지적한 대로 정부가 생명윤리의 통제자가 되어 생명과 인간을 잉여가치 창출의 수단으로 하는 것을 공적으로 정당화하기에까지 이르렀다.

3. 생명공학의 이해관계

잉여가치를 창출하겠다는 목적 하나만으로 생명윤리의 근간인 생명의 존엄성을 부정하는 타협이 정부의 주도하에 이루어지는 것은 생명공학을 둘러싸고 여러 이해집단이 있기 때문이다. 이해집단 사이의 갈등을 조정하는 것이 책무인 정부가 정치라는 틀 속에서 외형적으로는 중재하는 타협안을 만들고 있는 것이다. 하지만 정부 자체도 잉여가치의 수혜자라는 어쩔 수 없는 현실이 생명의 존엄성을 부정하는 방향으로 타협안이 나타날 수밖에 없는 것이 현실이다. 이런 맥락에서 생명공학을 둘러싸고 있는 이해관계를 살펴보기로 한다.

1) 생명공학의 소비자로서 시민

인간은 완벽하지 못한 존재이다. 하지만 늘 완벽하기를 바란다. 자신의 결점을 받아들이고 자연스럽게 삶을 맞기보다는 결점을 보완하기 위해 노력한다. 결점을 보완하는 노력은 바람직하다. 하지만 태생적인, 결점 아닌 결점조차 인정하지 않으려 한다. 그런 바람이 풍조가 되어 자연인이 아닌 조각인형이 되기 위해 성형이 만연하는 사회가 되었다. 그런 조각된 인형에서는 인간미가 사라졌다. 이런 획일화한 외형 중시주의는 개성이 강조되는 포스트모더니즘과는 전혀 다른 획일적인 전근대로 돌아가는 듯하다.

급기야는 외형이 아닌 내재적 본질까지 손을 대고 싶어 한다. 현재의 자신보다 더 능력이 생길 수 있게 유전적으로 조작되기를 바란다. 영화「가

타카」(GATTACA)[9]에서처럼 최소한 자식만이라도 맞춤형 아기로 만들기를 원한다. 미래를 생각하는 인간이 택한 합리적 우생학이다.

이런 공상과학은 현실에서 유전적인 이유로 발병하는 많은 난치병 환자의 경우에 더욱 절실한 현실로 다가선다. 자신의 불행한 운명 때문에, 또는 자신의 후손이 겪게 될지도 모르는 불운 때문에 이런 난치병을 치료할 수 있다는 유전자 조작과 줄기세포 기술 등 생명공학 기술의 절대적인 소비자로서 생명공학의 사회 적용에 대해 지극한 지지집단이 된다. 기꺼이 자신을 희생해서라도 미래에는 자신과 같은 운명을 겪지 않게 하려는 의지가 굳다. 이들의 가족 또한 이들과 뜻을 같이하면서 생명공학을 위한 확고한 지지 세력을 형성한다.

직접적으로 난치병을 겪거나 가족에 난치병은 없지만 불운한 환자를 치료하는 것이 정의롭다고 여기는 집단도 있다. 이들은 사람을 위한 일이라면 어느 정도 정당성이 있다고 생각한다. 설령 문제점이 있더라도 인간은 이성과 합리성으로 문제가 발생하지 않게 할 능력이 있다고 믿거나 가치의 경중을 비교할 때 생명공학의 적용이 사회적으로 더 가치가 있다고 믿는다. 이들은 생명공학 적용의 소극적 지지 집단이다.

또 다른 형태의 집단도 있다. 국가 간의 치열한 경쟁 속에 국가주의에 매몰되어 있는 집단이다. 현실에서 국가가 없을 수는 없다. 하지만 국가라는 틀 속에서 개인을 무조건 구속하거나 지배자에게 추종하는 것은 문제가 많다. 하지만 국가주의에 매몰되어 있는 집단은 세계 첨단 기술을 선도하는 국가라거나 국가 경쟁력의 강화라는 이유만으로 거의 모든 것을 수용한다. 생명이나 인간의 존엄성조차 국가에 종속된 것으로 여긴다. 이 집단은 생명공학의 정치 소비자이다.

---

9) 영화 제목은 DNA의 염기서열로 유전자 조작의 세계를 상징하는 것으로 보인다.

2) 생명공학의 견제자로서 시민

생명을 조작하는 것을 용납하지 못하는 근원적인 세력은 종교집단이다.[10] 대부분의 종교는 주어진 생명의 소중함을 인정하고 운명을 따르는 삶이 신성하다고 생각한다. 단순하게 다른 생명을 멸하는 것만을 죄악시하는 것이 아니라 생명을 조작하는 것 역시 신성을 모독하는 것으로 여기는 것이다. 생명공학 기술의 사회 적용을 거부하는 데 주저하지 않는 매우 굳건한 세력이다.

종교적인 신념이 아니라 윤리적 체제에서 생명과 인간이 태어난 그대로 본질적 가치가 있다는 것을 믿는 집단도 있다. 이들은 본질적 가치를 훼손하는 어떤 행위도 용납하지 않는다. 본질적 가치를 훼손하는 것은 생명을 부인하고 기계로 전락하게 하여 존엄성을 잃게 하는 것이라고 확신한다. 이들은 신념적이고 이론적인 생명공학 거부 논리를 제공하는 확고한 집단이다.

생명 전체까지는 아니더라도 인간만은 기계와 같아질 수 없다는 생각이 있는 집단도 있다. 이들은 생명공학 자체를 부정하지는 않는다. 다만 인간에게 적용하는 것은 거부하는 집단이다. 생명과 인간이라는 양립가치를 인정하며 조건부적으로 생명공학을 지지 또는 거부하는 집단이다.

마지막으로 생명공학을 사회적으로 불필요한 잉여가치 창출 수단으로 보는 집단이다. 이들은 생명공학을 잉여가치의 착취를 더욱더 심화하며 사회의 지배구조를 공고히 하는 수단으로 여긴다. 따라서 사회 정의를 위해 생명공학은 철저히 배제되어야 한다고 생각한다. 이 집단은 생명공학의 정치 거부자이다.

---

10) 종교인이라고 반드시 이 집단에 속하는 것은 아니다. 신앙의 깊이가 다르듯 생명의 존재가치에 대한 인식조차 다를 수밖에 없는 것이 현실이다.

3) 생명공학의 자본가로서 시민

인간은 경제적인 동물이라고 한다. 부를 축적하는 데 이익관심이 있다는 말이다. 물론 모든 것이 경제적인 이득은 아니지만 어떤 형태로든 이득이 되는 행동을 한다는 것이다. 오죽하면 이타적인 행동조차 이득이 있어서 해야 한다는 해밀턴(William D. Hamilton)의 포괄적응도(inclusive fitness)와 친족선택(kin selection)의 개념이 생겼고, 이를 추종하는 사회생물학까지 인기가 있을까.[11]

생명공학이 각광받고 실행에 옮겨지는 것도 이런 경제적인 동물의 속성을 벗어나지는 못하기 때문인 듯하다. 난치병 환자나 가족처럼 치유라는 직접적인 이득이 있거나 인간 사회에 도움이 되므로 생명이나 인간이 생명공학으로 조작되는 대상이 되는 것은 어쩔 수 없는 선택이라고 수용하는 경향이 인간 사회에는 강하게 있다. 비록 수혜자가 이득이 있어서 생명공학을 지지한다고 할 수는 있겠지만 직접적인 경제적 이득은 없다. 따라서 이들은 생명공학의 자본가로서 생명공학의 적극적인 추진 세력이 되기는 어렵다.

인터페론, 성장호르몬 등을 대량생산하는 초기 생명공학 산업을 제외하고는 각광을 받는 생명공학 산업은 첨단의 기술이 필요하고 홍보하는 결과의 실용적 가치나 경제적 가치가 미래에나 실현될 비용만 유발하는 상태에 있다. 게다가 실현될 시기조차 예견할 수 없고 기대하는 효과가 나타날지도 미지수인 불확실성이 큰 투기적 산업이다. 따라서 결과의 경제적 가치가 아닌 투자가 이득이 되는 경제적 가치를 획득할 수 있는 세력이 생명

---

11) 쉽게 말해서 개체가 이타적인 행동을 하는 것은 친족에게 생식적으로 이득(큰 포괄적응도)이라서 자신이 소유하고 있는 유전자가 친족을 통해 후손에 전달될 수 있기 때문이라고 설명하는 것이 친족선택이다. 이 개념을 확장하여 인간의 사회적 행동에까지 유전자의 이득 계산이 큰 영향을 준다고 설명하는 것이 사회생물학이다.

공학의 산업화를 강력하게 추진하는 세력이다.

이들은 기술이 있는 전문가이거나 사적 자금이 아닌 공적자금을 투입할 수 있는 세력들이다. 혹은 초기 생명공학 사업을 경영하여 이윤을 내고 있는 가운데 기술력을 홍보하는 선에서 사적 자금을 투입할 수 있는 기업이 추진하고 있다.

전문가들은 조작 과정 자체의 잉여가치인 연구비를 지원받을 수 있고, 특허권자가 되어 생명공학 조작으로 생긴 잉여가치를 분배받는 경제적인 이득을 취할 수 있다. 물론 생명공학 조작의 대상이 되는 재료를 제공한 공여자는 어떤 잉여가치 분배도 있을 수 없는 것이 현실이다.

편법적이며 오래갈 수는 없지만 주식 가치의 상승을 잉여가치로 취득하는 경우도 있다. 불확실하지만 미래 가치가 홍보되면 주식 가격이 상승하고 그 차액을 잉여가치로 취득하는 경우도 있다. 물론 사적 자금만으로 지속되기는 어렵지만 다수의 헌신적 기부자가 뒷받침이 되는 사회적 분위기가 만들어지거나 공적자금이 지속적으로 투입될 수 있는 사회 여건이 마련되면 상당히 오랜 기간 잉여가치 취득의 수단이 될 수 있다. 이런 경우 첨단 기술을 보유한 스타 전문가를 동원하는 것이 일반적이다.

현실적으로는 초기 생명공학 산업으로 잉여가치를 축적하며 기업이 유지되지만 홍보 차원에서 추진하는 불확실한 생명공학 투자의 학술적 성과를 활용하여 더 큰 잉여가치를 취득하기도 한다.

4) 생명공학에서 정부의 위치

정부는 수입과 비용이 분리되어 있으면서 경제의 틀을 조작할 수 있는 특수 경제 주체이다. 정부는 공익을 위해 활동하는 것이 목적인 주체이기 때문에 구체적인 수혜자에게서 수혜의 대가를 수익으로 얻지 않는다. 국가 유지라든지 공익이나 복지를 위해서라는 목적으로 국민에게 조세를 징수

할 수 있는 권한이 정부에게는 있다. 하지만 국민 개개인의 조세 부담의 정도는 개인이 받는 수혜와는 무관하게, 심지어는 손실을 입는 경우라도, 정부 활동과는 무관한 자신의 수익에 따라 결정된다.

이는 정부가 국가라는 틀 속에서 공익을 위해 활동할 것이라는 기대가 있기 때문에 사회적으로 수용되는 것이다. 또한 각각의 이해집단 사이의 갈등과 분쟁에 있어서 중립적으로 중재할 수 있다는 전제하에 정부에게 막강한 권한을 주는 것이다.

그런데 정부도 하나의 조직체로서 운영에 많은 인원과 비용이 든다. 따라서 사회적으로 더 많은 수익, 즉 조세 수입이 생길 수 있는 체제를 선호하기가 쉽다. 이런 함정에 빠지지 않기 위해서는 정부 구성원의 가치관과 정의관이 매우 중요하다. 또한 정부가 함정에 빠지지 않게 견제할 수 있는 제도적 장치도 중요하다. 그래서 대부분의 민주국가에서는 행정, 입법과 사법의 삼권을 분리하여 상호 견제한다. 여기에다가 언론은 준공적 감시와 견제를 하며, 종교는 신앙적 양심으로 사회가 건실하게 유지되고 정부가 함정에 빠지지 않도록 정신적 지주가 된다. 또한 언로가 트인 사회는 시민단체가 정부의 활동, 즉 정책 결정과 집행에도 적극적으로 개입한다.

하지만 이런 제도적, 사회적 장치가 항상 잘 작동하는 것은 아니다. 인간만 불완전한 것이 아니라 인간이 만든 사회도 완벽하지 못해서 생기는 자연스런 일이다. 그래서 정부의 결정이 항상 공익을 실현하지 못하거나 잉여가치가 형평성 있게 분배되지 못하는 사회구조가 발생하기도 하는 것이다.

특히 환상적인 생명공학 산업처럼 당장에는 경제적 손실만 발생하는 경우에는 정부가 함정에 빠지기 쉽다. 생명공학 자본가들은 신의 기적에 버금가는 효과를 과대 포장하며 공적자금을 투입할 필요성을 강조하면서 그 과정의 잉여가치를 취득하기를 원한다. 물론 정부도 국민적 호응도가 있으면 손쉽게 조세 수입을 늘릴 수 있기 때문에 이들 자본가와 호흡을 같이하려는 경향이 있다.

때로는 정부가 앞장서서 생명공학의 환상을 홍보하고, 첨단기술에 있어서 세계를 선점하고 선도함으로써 국가경쟁력이 강해지고 미래에 엄청난 부의 축적이 가능하다는 생명공학 부국론을 펼치기도 한다.

4. 생명공학의 정치

이런 상황에서 정부와 생명공학의 자본가들이 주도하여 생명공학의 확대가 가능할 수 있는 규칙을 자발적으로 제정하면서 생명윤리라는 틀을 설정한다. 김 교수가 지적한 대로 생명윤리의 틀을 빌려 생명공학의 사회적 적용을 거부하는 집단이 우려하는 문제들이 발생하지 않을 제도적, 윤리적 장치를 마련했다는 생명공학 적용의 정당화가 나타난다.

생명윤리의 틀로 생명공학이라는 잉여가치 창출의 수단을 정부가 공적으로 나서서 빠르게 적극적으로 합법화하고 정당화하는 것은 기존의 윤리와는 색다른 특징이 있기 때문이다. 윤리는 인간 사회가 안정적으로 유지되기 위해 사람이 지켜야 할 행동 규범, 즉 사람의 도리이다. 이는 자연과 분리되고 잉여가치를 분배하는 과정에서 생기는 갈등을 완화하기 위한 준강제적인 규정이다. 이런 준강제적인 규정은 사회의 구조가 조직화하면서 서서히 복잡해지는 조직과 더불어 틀이 서서히 형성되고 조직의 안정성을 보장하는 데 크게 기여한다. 그래서 윤리는 보수적인 경향이 있고 새로운 구조로 가지 못하게 하는 기반이 되는 것이다. 특히 지배구조가 강할수록 윤리는 지배계층의 이익을 보장하는 경향이 더욱 강하다. 그래서 기존의 윤리에 대해서는 사회 구성원, 특히 지배계층의 반발이 거의 없다.

하지만 안정한 사회의 부조리가 인식이 되고 부조리에 따라 발생하는 갈등이 심해지면 기존의 윤리에 반하는 의식이 나타나고 세력이 형성된다. 역사에서 보면 자연과 분리한 인간은 다시 인간을 인격이 있는 계층과 인격이 없는 계층으로 분리하고 잉여가치를 독과점하는 사회를 유지해 왔다.

그러던 중 과학 기술의 발전과 함께 단순한 지배 권력만으로 잉여가치를 차지하는 것에 대한 반발 의식이 발달하였고 신분에 따른 분배 차별에 저항하는 시민계층이 형성된 것으로 보인다. 그 결과 왕족이나 귀족이라는 신분으로 조직화한 사회가 붕괴하면서 정치적 평등이 확산하는 근대사회가 탄생한 것으로 생각된다.

그런데 경제적 이득을 추구하는 사람의 속성은 자본을 중심으로 다시 지배구조를 재편하기 시작했다. 어쩌면 신분에 따라 지배구조가 형성되던 과거보다 더 자발적으로 사회 구성원이 자본에 의한 경제적 지배구조에 종속되어 왔는지도 모른다. 그러면서 신분에 의한 지배가 자본에 의한 지배로 자연스럽게 이어졌다. 변혁기에 몰락한 귀족이나 왕족도 있었지만 대부분의 상위 신분계층이 여전히 자본의 주인이었다. 물론 변혁의 초기에는 경제적으로 신분이 상승하는 예가 많았고, 지금도 제도적으로나 정치적으로 경제적 신분 상승을 저해하는 경직된 장치는 거의 없다. 그러나 경제적 장애 때문에 점점 안정한 경제 지배구조의 사회가 되어 왔다. 이런 사회의 윤리는 과거의 윤리와 크게 다르지 않다. 여전히 지배계층의 이익을 보장하는 보수성향이 강하다.

그러나 경제적 지배구조는 안정되어 왔지만 정치적인 측면에서는 여전히 전근대적 지배구조에 반하는 기운이 지속되었다. 노예에게도 귀족과 같은 권리를 주는 노예해방의 평등이 이루어졌고, 이어서 남성중심의 지배사회에서 여성에게 대등한 권리를 주는 평등 사회로 진행되었다. 그리고 인간의 권리, 존엄성을 자연의 객체들에게도 확산하려는 요구도 커져 왔다. 특히 생명의 존엄성과 존재 가치를 인정해야 한다는 생명윤리가 대두되기 시작했다. 물론 이는 환경문제라는 문명의 부조리가 인간에게 치명적일 수 있다는 위기의식과 더불어 환경윤리와 혼동이 되면서 생명윤리도 자리를 잡아 온 것으로 생각된다.[12]

생명윤리의 진전은 지배계층이 잉여가치를 창출하거나 독과점하면서 무시했던 계층이나 객체에게도 지배계층과 동일한 권리를 부여하는 확대과정이라는 면에서 진보의 성향이 강하다고 볼 수 있다. 이에 대항하기 위해 지배계층이 적극적으로 공적 생명윤리의 틀로 생명공학에 공적자금을 투여하여 생명공학 자본가의 잉여가치로 전환하고 경제적 지배구조를 강화하며 생명윤리의 본질을 흐리는 것이 현실의 정치라고 봐야 할 것이다.

생명윤리의 틀이 단순히 생명과 인간을 합법적으로 생명공학 조작의 대상으로 삼을 수 있게 하는 전략적 수단으로 이용되는 것이 현 사회구조와 정치체제의 한계이다. 뭇 생명만이 아니라 인간까지 잉여가치 창출의 수단으로 몰아가는 것은 다시 전근대로 돌아가는 것이라는 것을 지적하며 지배 논리의 정치가 아닌 공존 논리의 정치로 전환되기를 바란다.

---

12) 환경윤리와 생명윤리를 어떻게 규정하고 둘 사이의 관계에 대해 논의하는 것은 이 글의 취지에서 크게 벗어나므로 뒤로 미룬다. 다만 환경윤리는 인간에게 해롭지 않은 환경을 유지하기 위한 윤리라는 측면을 떨쳐 버리지 못한 것으로 생각되고 자연보존을 지향점으로 하기에는 지금의 현실에서는 미흡한 점이 많다는 점을 지적하는 것에 만족하기로 한다.

토론문2_ 한국 생명공학감시운동의 전개 과정과 특징

김병수(시민과학센터 운영위원)

1. 머리말

우리나라에서 생명공학(biotechnology)[1]은 난치병과 같은 질병 치료나 국가경쟁력 향상의 도구로 인식되고 있다. 생명공학 분야에서의 과학적 발견이나 산업적 진전은 사회적으로도 의미 있는 성과로 주목받고 있으며 해마다 막대한 연구자원이 이 분야에 투입되고 있다. 그런데 다른 한편으로는 지속적으로 윤리·사회적 문제를 제기하고 있는 분야이기도 하다. 이는 생명공학이 기본적으로 인체와 같은 생명체를 대상으로 하기 때문에 발생한다. 따라서 많은 국가에서 생명공학의 진전으로 발생할 수 있는 위험과 윤리적 문제에 대한 논쟁이 진행되고 있으며 대부분의 국가에서 연구 및 활용 범위와 절차를 법률이나 지침의 형태로 규제하고 있다. 우리나라에서는 1997년 복제양 돌리 출현 이후에 생명공학 활동을 규제하려는 움직임이 본격적으로 나타나기 시작했다. 포유류인 양의 복제 성공으로 인해 인간도

---

1) 「생명공학육성법」의 2조는 생명공학을 다음과 같이 정의하고 있다. "1.산업적으로 유용한 생산물을 만들거나 생산공정을 개선할 목적으로 생물학적 시스템, 생체, 유전체 또는 그들로부터 유래되는 물질을 연구·활용하는 학문과 기술, 2 생명현상의 기전(起傳), 질병의 원인 또는 발병과정에 대한 연구를 통하여 생명공학의 원천지식을 제공하는 생리학·병리학·약리학 등의 학문."

복제가 가능할 것이라는 현실적 우려가 사회적으로 확산되었기 때문이다. 생명공학 규제 형성에 대한 논의는 2000년부터 본격화되었으며 2005년 「생명윤리및안전에관한법률」이 시행됨으로써 일단락되었다.

생명공학에 대한 규제를 형성하기 위한 과정에는 다양한 행위자들이 참여하였다. 보건복지부는 연구 프로젝트를 통해, 과학기술부는 생명윤리 자문위원회 구성을 통해, 그리고 시민단체는 '입법운동'이나 '생명복제기술 합의회의'와 같은 숙의적인(deliberative) 시민참여 제도 도입을 통해 규제 형성과정에 참여하였다. 특히 외국과 달리 우리나라에서는 시민단체들이 규제 형성에 주도적인 역할을 하였다. 복제양 돌리의 출현에서부터 황우석 사건 이후까지 정부는 '선진국을 따라가야 하는 우리나라의 특수성'을 강조하면서 규제에 소극적이었다. 반면에 시민단체들은 문제제기뿐만 아니라 구체적인 대안까지 제시하면서 적극적으로 개입하였다. 이 글에서는 우리나라의 생명공학 논쟁과 규제 형성에 가장 큰 영향을 미친 시민단체들의 활동과 그 과정에서 제기된 중요한 쟁점 중 일부를 간략히 살펴볼 것이다.

2. 생명윤리법 제정 운동

2000년 초반은 우리나라 생명공학 규제 형성에서 중요한 분기점이었다. 1997년 복제양 돌리 사건 이후 국회에 상정되어 있던 3개의 법률안이 국회 회기 만료를 앞두고 자동 폐기될 상황인 가운데, 시민단체와 정부가 각각 자체 법률안을 제안하면서 생명공학 규제에 대해 각축을 벌이기 시작했다.

생명공학감시운동의 핵심 단체였던 시민과학센터는 2000년 2월 29일 생명공학을 규제할 독자적인 법률을 만들겠다고 선언하였다. 복제양 돌리 출현 이후 복제인간 탄생에 대한 우려로 인해 국회에 「생명공학육성법」개정안이 제출되었고 여기에 시민단체들이 적극적으로 의견을 개진하였지만 제대로 반영되지 않고 있었다. 시민단체들이 보기에 더욱 큰 문제는 육성을 목적으로 제정된 「생명공학육성법」을 개정해 그 안에 생명공학의 안전 및 윤리에 관련된 조항을 삽입하는 것 자체가 모순적이었다. 정부에 입법을 촉구하거나 국회에 상정되어 있는 법률안에 의견을 제시하는 소극적인 활동을 넘어 시민단체가 독자적으로 법률안을 만들겠다고 선언한 것이다.

이 선언의 후속 작업으로 시민과학센터는 관련 토론회를 연속해서 개최하였다. 시민과학센터는 △생명안전윤리 법제화를 위한 워크숍(2000년 6월) △인간배아복제 '14일론(論)' 토론회(2000년 6월) △인간유전정보 보호 토론회(2000년 8월) △유전자치료 토론회(2000년 9월) 등을 연속해서 개최하면서 각 영역별 현황과 쟁점을 짚어 나갔다. '생명과학인권윤리법 제정을 위한 연속 토론회'는 시민단체가 정부나 학술 단체들보다 먼저 사회적으로 합의해야 할 생명과학 의제를 구체적으로 제시하고 공론화를 시도했다는 데 의의가 있다. 당시 사회적으로는 생명공학의 진전에 따른 막연한 우려가 있었을 뿐 구체적으로 어떤 쟁점들을 논의해야 하는지는 제대로 공유되지 않고 있었다.

한편 2000년 8월 9일 황우석 박사는 35세의 한국인 남성에게서 채취한 체세포를 이용해 복제실험을 진행하여 배반포 단계까지 배양하는 데 성공하였다고 발표하였다. 당시 황우석 박사는 사람의 체세포를 복제해 배반포 단계까지 진행한 것은 세계 최초라고 주장하였다. 또한 자신은 이미 1998년부터 인간체세포 복제실험을 하고 있다고 주장하였다. 이에 대해서 시민과학센터를 비롯한 일부 시민단체는 실험을 규탄하는 공동성명을 발표하고 강력히 반발하였다. 국회에 계류되어 있는 생명공학 규제 법률안은 폐기될 위험에 처해 있는데, 사회적 합의가 필요한 연구는 지속되고 있었기 때문이다. 황우석 박사의 인간배아 복제실험에 대한 사회적 기대와 논란이 채 가시기도 전에 또 다른 인간배아 연구가 공개되었다. 2000년 8월 30일 불임치료연구기관인 마리아의료재단 기초과학연구소의 박세필 박사는 5년 동안 냉동보관된, 수정된 지 5~6일 된 인간의 배반포기 배아를 녹인 후 이로부터 인간배아줄기세포를 배양하는 데 성공하였다고 발표하였다. 이 연구는 인간 수정란이 생식 목적이 아닌 연구용으로 사용될 수 있다는 사실을 실제로 보여 준 것이었으며, 수정란 및 난자의 상업적 활용에 대한 우려를 높여 주는 계기가 되었다.

국내 연구진들에 의한 인간배아 연구가 활발히 진행되자 2000년 10월 18일 시민과학센터는 국회에 「생명과학인권윤리법」에 관한 입법 청원서를 제출한다. 이 청원안은 연속 토론회의 결과물, 관련 학자들에게 받은 자문, 시민과학센터가 수집한 국내 자료, 국내외 규제 동향 등을 종합적으로 고려하여 작성되었다. 이 청원안의 기본 골격과 내용은 향후 시민사회의 공동 입장 마련과 정부에 구체적인 대안을 제시하는 과정에서 중요한 역할을 하게 된다. 당시 청원안은 △인간개체복제 및 비윤리적 연구금지 △유전적 차별 금지 △유전자 치료 규제 △국가생명윤리위원회 설치를 중심으로 각각의 영역에 반드시 포함되어야 할 사항들을 제시하는 형태로 구성되어 있었다.

시민단체들의 적극적 활동에 자극을 받은 정부도 대응에 나섰다. 복지부는 프로젝트를 통해, 과학기술부는 자문위원회를 구성해 생명공학의 규제에 대해서 논의하게 된다. 2000년 5월 보건복지부는 「생명과학보건안전윤리법(안)」 제정 추진을 위해 한국보건사회연구원에 '생명과학 관련 국민보건안전 윤리 확보 방안'이라는 제목의 연구 용역을 발주한다. 1차 프로젝트는 2000년 12월 6일 공청회를 통해 공개되었고, 2001년 3월 2차 용역이 발주되어 2002년 7월 15일 2차 공청회를 통해 마무리된다. 보건사회연구원이 발표한 「생명과학보건안전윤리법(안)」은 시민단체들이 그동안 요구해 왔던 내용들을 대폭 수용하고 있었다. 이 법률안은 시민과학센터가 10월 18일 입법청원한 「생명과학인권윤리법(안)」과 구조나 내용 면에서 상당히 유사했다. 인간복제 영역 이외에 유전정보 활용, 유전자 치료, 유전자변형 생물체 등이 규제 대상에 포함되는 '포괄법' 형태였다는 점이다. 15대 국회에 상정되어 있다 폐기되었던 생명공학육성법 개정안들은 모두 복제 쟁점만을 다루고 있었다. 인간배아 연구의 경우 오히려 시민단체안보다 더욱 강력하게 규제하고 있었다. 과학기술부는 산하에 '생명윤리자문위원회'를 구성해 독자적인 법률을 준비하기 시작한다. 생명윤리자문위원회는 과학기술부 장관이 임명한 과학, 의학, 인문사회, 시민단체 인사 등 20명으로 구성되었다. 생명윤리자문위원회는 2000년 11월 26일부터 2001년 8월 14일까지 총 18차례의 회의를 개최하여 2001년 7월 10일 「생명윤리기본법(안)」을 발표하였다.

정부의 법률 제정 움직임에 기대를 가졌던 시민단체들은 입법 과정이 부처 간의 이해다툼과 유명 과학자들의 반대 속에 진전이 없자 생명윤리법의 조속한 제정을 위한 활동을 더욱 적극적으로 전개한다. 이미 시민단체, 보건복지부, 과학기술부의 안들이 공개되었음에도 불구하고 생명공학계의 반대나 언론의 부정적 보도에 부딪혀 법률 제정이 불투명해졌다. 당시에는 종교, 환경, 여성, 동물권 단체들과 시민과학센터가 입법을 위해 활동을 하고 있었으나 분산된 형태로 진행되고 있어서 네트워크 구성이나 공동 대응의 필요성이 높아졌다. 게다가 경실련 소속 과학자가 배아복제 찬성을 공개적으로 밝히면서 마치 시민단체들 사이에 입장이 엇갈리는 것처럼 보일 가능성까지 생기게 되었다. 이러한 사회적 배경은 추구하는 가치와 입장이 다양한 69개의 단체들이 한 목소리를 내는 데 영향을 미쳤다.

'조속한 생명윤리기본법 제정을 위한 공동 캠페인단'(이하 공동 캠페인단)은 2001년 6월 25일 시민과학센터와 여성민우회가 공동으로 제안하여 구성되었다. 처음에는 33개의 단체로 시작했으나, 나중에는 천주교·기독교·불교·환경·여성·보건의료 단체 등 69개 단체가 참여하는 조직으로 커졌다. 공동 캠페인단에 참여한 단체들 사이에는 인간배아 연구나 동물 사용 등에 있어서 이견이 있었으나 생명윤리법을 빠른 시간 내에 만들어야 한다는 점에서는 모두 동의하고 있었다. 이러한 인식에 기초하여 '조속한 입법'을 촉구하는 것이 캠페인단의 일차적 목표가 되었다. 그런데 생명윤리법이 언제 제정될 수 있을지에 대한 단체들의 판단은 동일하지 않았다. 따라서 입법 자체뿐만 아니라 내용에 대한 준비 즉 단체들 간의 합의할 수 있는 최소한의 입장을 만들어야 하는 필요성이 대두되었다. 결국 합의할 수 있는 내용을 만들되 이외의 내용들은 각 단체가 자체적으로 입장을 발표하는 방향으로 정리가 되었다. 결성 이후 공동 캠페인단은 각종 집회, 공동성명 발표, 의견서 제출 및 기자회견, 내부 간담회, 100만인 서명운동(on-off line 동시 진행), 대중 홍보물 배포, 인터넷 사이트 제작 등을 통해 생명윤리법의 필요성을 알리고 조속한 제정을 촉구하는 활동을 펼쳤다. 이런 활동은 주로 2001년 하반기에 집중적으로 이루어졌다.

　　입법 일정이 계속 늦어지고 있는 상황에서 인간개체복제에 대한 우려는 갈수록 증가하고 있었다. 2001년 8월 인간복제회사인 클로나이드사(clonaid)의 창립자인 라엘(Claude Rael)이 한국을 방문해 시민단체들을 긴장시켰다.[2] 한국에 클로나이드사의 자회사가 이미 설립되어 있는 상황에서 복제인간이 태어나도 규제할 근거가 없었기 때문이다. 2001년 10월 7일에는 한양대학교와 미즈메디 연구팀이 냉동 보관 중이던 잔여배아를 이

---

2) 2001년 8월 28일 신라호텔에서 있었던 기자회견에서 라엘은 제3국에서 인간복제실험이 비밀리에 진행 중에 있으며, 6개월에서 24개월 내에 복제인간이 태어날 것이라고 주장하였다. 더욱 놀라운 것은 김모 씨를 비롯해 한국인 8명이 인간복제를 신청했다고 주장했다(『교회와 신앙』, 2001년 10월호).

용해 인간배아줄기세포를 확립하였다고 발표하여 시민단체들의 반발을 샀다.

국내 연구진들의 논란이 되는 연구 지속에 자극을 받은 공동 캠페인단은 2001년 10월 30일부터 공식적인 '범시민행동'을 시작한다. 생명윤리법 제정을 촉구하는 대중적 활동은 집회, 팸플릿 배포, 100만인 서명운동, 인터넷을 통한 정보 제공 등의 형태로 진행되었다. 국외에서도 국내 상황에 영향을 미칠 만한 발표가 있었다. 2001년 11월 25일 미국의 ACT사는 체세포 핵이식을 통해 인간배아를 만들었고, 이 배아로부터 배반포를 얻는 데 성공하였다고 주장하였다. 이 실험은 인간배아복제가 기술적으로 가능하다는 것을 보여 주는 것으로 국내 규제 형성 지형에 영향을 미칠 가능성이 있었다.

2002년 초반의 사회적 상황은 더욱 복잡하게 전개된다. 2002년 1월 15일 과학기술부가 21세기 프론티어 사업 중 하나로 '세포응용연구사업단'[3]을 출범시키겠다고 발표한 것이다. 줄기세포 연구에 매년 약 100억 원씩 총 1000억 원을 지원하겠다고 밝힌 것이다. 이런 정부 발표에 시민단체들은 줄기세포의 연구 범위에 대한 구속력 있는 규제가 없는 상태에서 지원부터 하고 보는 것은 문제가 있다고 강하게 반발하였다. 2002년 3월 7일에는 박세필 박사가 소[牛] 난자를 이용한 배아복제에 성공했다고 공개적으로 밝혀 '이종간 핵이식'에 대한 논란을 일으켰다. 4월 5일에는 이탈리아의 안티노리 박사가 인간배아를 복제해 여성의 자궁에 착상시켰다고 주장해 전 세계에 파장을 몰고 왔다. 인간개체복제에 대한 '현실적인 우려'는 시민단체가 정부를 압박할 수 있는 근거가 되기에 충분하였으며, 정부에게도 부담

---

3) 이 사업단의 연구비 일부는 황우석 박사의 조작된 논문에 사용되었으며, 이 사업단의 IRB도 조작된 논문에 관여하였다.

이 되었다. 라엘리안 운동(the raelian movement)의 자회사인 클로나이드 사의 한국 사무소[4]가 설립되었다는 소식이 전해지면서 이러한 우려는 더욱 현실적으로 다가오게 되었다.

복제인간이 태어나도 규제할 법률이 없어서 부담을 느꼈던 보건복지부[5]는 2000년 5월부터 준비해 오던 「생명윤리및안전에관한법률(안)」에 대한 두번째 공청회를 2002년 7월 15일에 개최했다. 규제 주도권을 놓고 다툼을 벌이던 과학기술부는 보건복지부의 공청회 3일 뒤인 7월 18일 기자회견을 개최하여 「인간복제금지및줄기세포연구등에관한법률(안)」을 국무조정실에 제출했다고 밝혔다. 과학기술부의 법률안은 규제의 범위에서 '포괄법' 형태의 보건복지부의 안과 차이가 있었다. 누구나 반대하는 인간개체복제는 금지하고 성체 및 잔여배아에 대한 연구는 허용하도록 했으며 배아복제와 이종간 핵이식은 국무총리실 산하의 생명윤리및안전위원회에서 결정하도록 하였다. 과학기술부가 밝힌 입법 취지에 따르면 사회적으로 논란이 있었던 배아복제와 이종간 핵이식에 대해서는 "성급하게 연구를 금지하는 것보다 관련 전문가 등이 포함된 위원회에서 해외동향을 분석하고 과학발전과 생명윤리 조화를 위해 좀더 시간을 갖고 협의해 나가야 할 문제"라고 밝혔다.[6]

---

4) 한국 자회사로 지목된 회사는 대구에 소재한 '바이오퓨전테크'였다. 복지부 조사에 따르면 이 회사는 클로나이드사로부터 세포융합방식에 대한 기술을 전수받았으나 별개의 회사라고 주장하였다. 이 회사는 세포융합기인 BMX 2010 기술개발 시 성능 테스트를 위해 동물실험은 진행하였지만 인간복제실험을 한 적이 없다고 주장했다(「보건복지부 출장보고서」, 2002. 7. 24).

5) 실제로 이 프로젝트는 2000년 5월부터 시작해 이미 2001년 10월에 종료되었으나 보건복지부는 발표를 미루고 있었다. 과학기술부도 인간개체복제에 대해서는 부담을 가지고 있었다. 과학기술부는 포괄법 형태의 법률 제정에 부정적인 입장을 가지고 있어서 줄기세포만을 다루는 법률을 국회에 제출하였는데, 이 법률안에서도 인간개체복제에 대해서는 우려를 표명하였고, 금지를 강조하였다.

6) 과학기술부, 「인간복제금지및줄기세포연구등에관한법률(안)」 입법 추진현황(2002. 7. 18).

부처 간의 이해다툼이 본격화되자 2002년 7월 25일 국무조정실은 보건복지부를 주관 부처로 결정한 후 과학기술부와 협의 처리를 요구하게 된다. 이러한 결정에 대해서 시민단체들은 각 부처가 서로의 이해관계를 바탕으로 적당히 주고받는 선에서 타협이 이루어질 것에 대해 우려하였다. 주관 부처로 결정된 보건복지부는 2002년 9월 23일 「생명윤리및안전에관한법률(안)」을 입법예고하였다. 배아복제는 원칙적으로는 금지하되 필요할 경우 국가생명윤리자문위원회가 허용할 수 있다는 내용을 담고 있었으며, 유전정보와 같은 생명공학의 다른 영역에 대한 규제도 포함하고 있는 포괄법 형태였다. 법률안에 따르면 잔여배아는 물론이고 인간배아복제까지 허용하고 있어 국제적으로 평가해도 그렇게 강력한 규제가 아님에도 불구하고, 일부에서는 마치 이 법률로 인해 생명공학 발전에 큰 문제가 생기는 것처럼 반발하였고, 결국 국회 상정은 무산되었다. 우리나라에서 생명공학 육성 담론이 얼마나 견고하고 강력한지를 확인할 수 있는 시기라고 할 수 있었다.

복지부 법률의 국회 상정이 무산되자 공동 캠페인단은 2002년 11월 6일 김홍신 의원의 소개로 「생명윤리및안전에관한법률(안)」을 제출했다. 이 법률안은 보건복지부의 법률을 바탕으로 공동 캠페인단의 주장을 반영하여 작성되었다. 2000년 8월에 이어 또다시 시민단체가 독자적으로 국회에 법률안을 제출함으로써 입법 의지를 밝힌 것이라고 할 수 있다.[7] 같은 날 과학기술부는 기존의 생명공학육성법을 개정해 인간개체복제만을 금지하는 내용을 담겠다고 밝혔다. 이런 움직임은 생명윤리법 제정 논쟁의 수준

---

7) 과학기술부의 반발은 시민단체들이 복지부의 안을 지지하는 결과를 가져왔다. 당시 사회적 분위기는 배아복제에 대한 입장을 떠나 '포괄법' 형태의 복지부 안이 국회를 통과할지 여부조차 판단하기 힘들었기 때문이다.

을 복제양 돌리 출현으로 규제의 필요성이 제기되었던 1997년으로 되돌리는 것이었다. 2002년 12월 31일에는 과학기술부가 준비한 「인간복제금지 및줄기세포연구등에관한법률(안)」이 이상희 의원 발의로 국회에 제출되었다. 이때부터 입법 논쟁의 중심이 인간배아복제 금지 찬반에서 '개별법' 대 '포괄법'으로 옮겨지게 된다.

2003년 2월 6일 「생명윤리및안전에관한법률(안)」에 대한 정부 단일안이 발표되었다. 부처 간의 조정 과정을 거치면서 보건복지부의 초안과 달리 배아복제가 허용되었고, 과학기술부의 의견이 반영될 수 있는 조항들이 삽입되었다. 법률안 후퇴에 위기감을 느낀 공동 캠페인단은 1월 23일 기자회견을 갖고 각계 인사가 참여한 '생명윤리법 제정 촉구를 위한 100인 선언'을 통해 포괄법 형태이면서, 배아복제를 금지한 법률 제정을 촉구하였다. 또한 2월 18일에는 규제개혁위원회의 심의관과 면담을 갖고 의견서를 제출하기도 하였다. 2003년 4월 30일에는 정부 단일안이 규제개혁위원회를 통과해 법제처로 넘어갔다. 규제개혁위원회 심사 과정을 거치면서 법률의 내용에 변화가 생겼다. 당시에는 '국가생명윤리자문위원회'가 심의위원회로 바뀌면서 관련 부처 장관들이 당연직 위원으로 대거 포함된 사실만 외부로 알려졌다. 이때부터 10월 초까지 생명윤리법을 둘러싼 사회적 논쟁은 거의 없었는데, 정부나 시민사회 단체의 대응도 없었다. 법률안의 변경이 정부 내에서만 이루어져서 구체적 내용이 공개되지 않았을 뿐만 아니라 2002년 중반 이후 공동 캠페인단의 활동력이 급속히 약화돼 있었기 때문에 시민단체들도 적극적으로 대응하지 못했다.

2003년 10월 15일 복지부는 부처 간 조정을 마친 「생명윤리및안전에관한법률(안)」을 국회에 제출하였다. 시민단체들이 볼 때, 생명공학에 대한 규제가 없는 상태에서 정부가 관련 법률을 국회에 제출한 것은 나름대로의 진전이라고 평가할 수 있었지만 내용 면에서는 기존의 논의 내용보다 더욱 후퇴하였다. 법률안의 후퇴는 부처 간의 이해를 조정하면서 발생하였다. 이 종간 핵이식을 세계 최초로 명시적으로 허용했고, '국가생명윤리자문위원회'가 '국가생명윤리심의위원회'로 바뀌면서 7개 정부 부처 장관이 당연직 위원으로 포함되었다. 또한 국가기관이 유전자 검사를 하는 경우에는 연구 시설 및 내용 등을 신고하지 않아도 되도록 예외 규정을 두었다. 이는 대규모 유전자 검사나 은행을 계획하고 있던 보건복지부 산하의 국립보건원과 신원확인 유전자 데이터베이스를 추진하고 있던 법무부 요구가 반영된 것이다. 2003년 12월 17일 국회에 제출되어 있던 6개의 법률 중에서 정부가 제출한 법률안이 원안 그대로 국회 보건복지위원회를 통과했고 29일에는 국회 본회의를 통과하였다.[8]

3. 줄기세포연구와 시민단체

1) 줄기세포 연구를 둘러싼 논란

줄기세포 연구가 주목받고 있는 이유는 줄기세포가 파킨슨병, 척수손상, 뇌졸중, 심장질환, 당뇨병 등의 치료에 이용되는 대체 세포를 만들 수 있는 잠재력을 가지고 있기 때문이다. 예를 들면 뇌질환으로 신경세포가 파괴된 사람에게 손상되지 않은 '건강한' 뇌세포를 이식하여 치료할 수 있다. 이론적으로는 난치병 치료의 한 방법이 될 수 있는 것이다.

이러한 의학적 가능성에도 불구하고 줄기세포의 '출처'와 '임상적 가능성'을 둘러싸고 논란이 지속되어 왔다. 줄기세포는 배아줄기세포와 성

---

8) 정부 법률안이 국회를 통과하는 과정도 순탄하지 않았다. 법률 심사를 며칠 앞둔 시점에서 이상희 의원을 비롯한 과학기술정보통신위원회의 일부 의원들이 국회 법제사법위원회에 공문을 보내 법률안 심사 보류를 요청하였다. 이러한 사실은 보건복지부가 시민과학센터에 알려와 밝혀졌고, 시민과학센터는 법사위 위원들에게 심사 협력을 요청하는 공문을 발송하기도 하였다.

체줄기세포로 나눌 수 있는데, 배아줄기 세포는 배아복제나 인공수태 시술 후 남은 잔여배아에서 얻을 수 있으며, 성체줄기세포는 제대혈이나 성체의 각 조직 등에서 얻을 수 있다. 그런데 분화 능력이 상대적으로 뛰어난 줄기세포는 주로 수정란에서 분화된 얼마 되지 않은 초기 배아에서 얻을 수 있기 때문에 논란이 되어 왔다. 잔여배아를 이용하는 경우 불임시술에 대한 규제, 잔여배아의 관리에 대한 문제가 중요하게 제기되는데, 연구를 위해 필요 이상의 잔여배아를 만들 가능성이 높기 때문이다. 복제의 경우 다량의 난자가 필요하기 때문에 이를 어떻게 공급할 것인지를 두고 논란이 되어 왔다. 잔여배아나 복제를 이용하는 것 모두 수정란을 파괴하는 것으로 가톨릭과 같은 종교계에서는 허용하기 힘든 연구라고 할 수 있다. 배아줄기세포에 대한 연구는 과학적 가능성에 대한 논란을 떠나 윤리적, 사회적 쟁점들과 밀접하게 연결되어 있는 것이다.

인간배아줄기세포(embryonic stem cell)의 적극적 옹호자들은 잔여배아나 복제를 통해 얻은 배아줄기세포는 이론적으로 210가지의 모든 신체 조직으로 분화가 가능하다고 주장하고 한다. 그런데 여러 형태의 세포로 분화가 가능하다는 특징이 단점으로 작용하기도 한다. 임상 적용을 위해서는 배아줄기세포로부터 신체의 특정한 세포가 분화되고 증식되어야 하는데, 이 과정을 조절하기가 쉽지 않다. 분화에 대한 과학적 이해가 부족하며 이를 통제할 수 있는 기법 또한 초보적인 수준이다. 어떻게 보면 배아줄기세포는 어디로 튈지 예측하기 힘든 '럭비공'과 같다고 할 수 있다. 배아줄기세포 연구의 핵심은 복제 행위 자체가 아니라 줄기세포로부터 원하는 특정한 세포를 분화시키는 기술이라는 것을 이해할 필요가 있다.

연구자들이 지적하고 있는 배아줄기세포 연구의 난제는 분화(differentiation)와 증식(proliferation)의 어려움이다. 배아줄기세포를 얻으면 여기에 각종 성장 호르몬 등을 처리하여 특정한 세포로의 분화를 유도하게 된다. 그런데 이 조건을 맞추는 것이 쉽지 않다. 배아줄기세포를 세포 치료에 쓰기 위해서는 '균질하면서도 단일한 특정세포가 다량'으로 필요한데 현재의 기술 수준으로는 쉽지 않은 상황이다. 순수한 세포를 얻기는커녕 여러 세포들이 섞여 있는 종양이 관찰되고 있다. 분화 조절이 힘들다 보니 연구자가 근육세포로 분화를 유도했는데 실제로는 근육세포뿐만 아니라 신체를 구성하는 다양한 세포들이 섞여 있는 무정형의 종양, 즉 테라토마(teratoma)가 만들어지는 것이다. 최근 들어 미국과 국내의 일부 기업들이 배아줄기세포를 이용한 임상시험을 신청했지만 회의적인 시각들이 적지 않다.

성체줄기세포(adult stem cell)는 제대혈, 성인의 골수·지방·피부·신경 등에서 얻을 수 있어서 윤리적인 문제는 상대적으로 적다. 그동안 한계로 지적돼 왔던 분화의 제약도 극복되고 있다. 이미 2000년대 초반부터 쥐의 골수나 뇌에서 분리한 줄기세포가 심장·폐·장·신장·신경계·근육 등의 조직으로 성장하는 것이 확인된 바 있고, 사람의 지방이나 태반에서 분리된 줄기세포도 근육·뼈·신경 등으로 분화할 수 있는 능력이 있음이 밝혀졌다. 특히 성체줄기세포는 배아줄기세포에 비해 분화 가능성이 적은 대신 조직 특이성이 강해 특정한 세포만으로 유도가 가능하고, 종양 형성도 거의 없는 것으로 밝혀지고 있다. 이와 같이 성체줄기세포는 실제 임상에서 부분적으로 사용되고 있으며 안전성·반복성·윤리적 문제 등에 있어서 배아줄기세포보다 뛰어난 측면이 있다. 따라서 많은 연구자들은 장기적으로 성체줄기세포가 치료에 선호될 것으로 보고 있다.

그런데 사회 전반으로 확산된 줄기세포에 대한 성급한 기대와 거품은 다른 형태의 사회 문제를 낳았다. 성체줄기세포의 임상시험에 대한 논란은 2004년 3월 23일 식품의약품안전청이 세포치료제 실태 조사 결과를 발표하면서 시작되었다. 식약청은 벤처기업 다섯 개와 병원 한 곳을 조사해 승인 없이 세포 치료를 실시한 네 개 벤처기업을 적발한 후 검찰에 고발했다. 이 과정에서 시술 과정에 문제가 많았다는 점도 일부 밝혀졌다. 적발된 모든 업체들이 시술 전에 거쳐야 하는 동물 실험을 하지 않았고, 세포의 배양 중에 생길 수 있는 오염에 대한 대책도 없었으며, 심지어는 환자에게 줄기세포를 얼마나 투여했는지에 대한 기록도 없었다. 더욱 문제가 된 것은 이런 시술을 받은 환자의 건강 상태에 대해서 누구도 알지 못하고 있었다는 점이다. 시술한 병원은 물론이고 정부조차 환자 상태를 제대로 파악하지 못하고 있었다. 이 시술 과정에서 사망한 두 명의 환자 가족들은 회사와 병원을 상대로 소송을 제기하였고, 최근 승소하였다.[9]

한편 이 사건을 계기로 규제를 더욱 강화할 것이라는 예상과는 달리 식약청은 오히려 규제를 완화하였다. 식약청은 '환자의 치료 권리 확대'와 '연구 활성화'를 명목으로 응급 임상과 연구자 임상에 대한 규제를 대폭 수정하였다. 안정성과 유효성이 입증되지 않았더라도 '기관심사위원회'의 검토를 거치면 환자에게 시술할 수 있도록 한 것이다. 2004년 7월 규제 완화 이후 의학적 효능이 충분히 확인되지 않았더라도 환자와 의사의 합의만 있으면 시술이 가능한 '응급 임상' 건수가 31건에서 118건으로 대폭 증가했다. 이 가운데 피해자도 속속 보고되고 있다. 어려운 가정 형편 속에서 수천

---

9) 이에 대해서 참여연대는 피해자들을 대리해서 제바이오벤처인 히스토스템과 시술을 행한 한라병원을 대상으로 민·형사상 소송을 진행한 바 있다. 「[보도자료] 제대혈 줄기세포 치료제 불법시술 피해 관련 손해배상청구소송 1심 승소」(참여연대 공익법센터, 2005. 12. 5). 2010년 대법원은 간경화 및 다발성 경화증 환자로 1인당 2,000~3,000만 원의 비용으로 줄기세포치료제 시술 후 호전되지 않아 한라의료재단과 히스토스템을 상대로 소송을 제기한 원고 7명에게 "줄기세포는 의약품"에 해당하고 "식약청의 임상계획 승인 없이 줄기세포를 이용한 시술행위를 하는 것은 약사법 위반"이라며 1억 7,000여만 원의 배상 판결한 원심 판단을 확정했다. 재판부는 줄기세포가 질병 치료를 목적으로 사용됐기 때문에 의약품에 해당하며, 줄기세포 이식술은 현재 지식과 경험에 의해 충분한 안전성이 검증되어 있지 않은 시술이므로 식약청의 승인을 받아야 하는 임상시험이라고 판시했다(2010. 10. 14 선고, 대법원 2007다3162판결).

만 원을 지불하고 받은 성체줄기세포 치료의 효과가 제대로 나타나지 않
는 경우가 많았기 때문이다. 한 환자 가족은 "현행 줄기세포 응급 임상 제도
에선 병원·업체가 환자의 고통을 외면해도 아무런 제재를 받지 않는다"며
"임상시험이 아니라 사실상 해부학 실험"이라고 주장하기도 하였다.[10]

2) 배아줄기세포 연구와 '사회적 합의'

우리나라 생명공학 규제 형성과정에서 가장 논란이 되었던 영역은 인간배
아 연구의 허용범위에 관한 것이었고, 과학기술부와 관련 연구자 대 시민
단체 간의 대립 구도가 형성되었다. 이 과정에서 시민단체가 '반 생명공학
단체'나 연구의 발목을 잡는 집단으로 비춰지기도 했다. 시민단체 특히 생
명공학감시 운동을 이끌었던 '시민과학센터'가 줄기세포 연구에 어떠한 입
장을 취했는지 그리고 그 배경을 살펴보는 것은 당시 배아복제 논쟁을 제
대로 이해하는 데 도움이 된다.

　　인간배아 연구에 대한 최초의 입장은 1999년 1월 21일 「생명공학육성
법」 개정안에 대한 전자공청회에 제출한 의견서를 통해서 표출되었는데,
이 의견서는 인간배아 연구는 의료적 목적으로만 진행되어야 하고, 배아
복제는 금지할 것을 요구하였다. 당시는 논쟁의 초기 단계로서 줄기세포의
의학적 가능성이나 외국의 규제 현황들이 자세하게 알려지기 전이었다. 복
제 반대의 가장 큰 이유는 복제양 돌리 출현이나 경희대 연구팀의 작업에
서 보여 주었듯이 이 기술이 인간개체복제로 이어질 가능성에 대한 '우려'
였다. 물론 수정란의 생명권에 대한 언급도 있었으나 근거들이 제대로 뒷
받침되지 않았다.

　　1999년 개최되었던 '생명복제기술 합의회의'는 시민과학센터의 입장

---

10) 「병원선 기다려 보라고만 당국선 소송 걸라고만」, 『중앙일보』, 2006. 1. 16.

형성에 큰 영향을 미쳤다. 당시 복제 전문가로 대중들에게 잘 알려진 황우석 박사가 전문가 패널로 참석하여 복제의 필요성을 역설했음에도 불구하고, 시민패널들은 '배아복제 금지'에 합의하였다. 공정성에 대한 논란이 없이 성공적으로 개최되었다고 평가받았던 합의회의의 결과는 시민과학센터가 입장을 형성하는 데 중요한 근거가 되었다. 시민과학센터는 복제양 돌리 출현 이후 인간개체복제와 같이 누구나 반대하는 주제를 제외한 생명공학의 다른 쟁점들은 일반 시민들의 참여를 통한 '사회적 합의'(social consensus)를 통해 결정해야 한다고 주장한 바 있었다(김환석, 1997).

인간배아 연구에 대한 입장은 독자적 법안인 「생명과학인권윤리법」 (2000.8) 제출 과정과 생명윤리자문위원회의 활동을 통해 더욱 구체화되었다. 독자적 법률을 준비하면서 마련한 '14일론 토론회' 등을 통해 배아줄기세포의 의학적 가능성과 문제점, 허용범위 등을 학습했다. 또한 국내외 규제 현황에 대한 자료를 수집 분석하는 과정에서 관련 동향을 파악할 수 있었다. 이러한 전문성은 과학기술부나 일부 이해당사자가 "외국에는 규제가 없다"거나 "대부분의 선진국은 허용한다"는 식의 모호한 주장을 할 때 구체적으로 대응할 수 있는 배경이 되었다. 생명윤리자문위원회의 활동도 입장 형성에 영향을 미쳤다. 단체 대표가 자문위원회에 참여하였을 뿐만 아니라 논쟁 과정에서 체세포 복제의 연구 현황, 성체줄기세포의 가능성, 배아 연구의 한계와 불임클리닉에서의 배아관리 실태 등 국내 현황들이 구체적으로 드러났기 때문이다.

결국 인간배아 연구에 대한 시민과학센터의 입장은 69개 단체로 구성된 공동 캠페인단이 합의하는 최소한의 입장이 되었으며, 보건복지부의 법률 초안, 과학기술부 생명윤리자문위원회의 「생명윤리기본법」에 그대로 반영되었다.

4. 인간 유전정보 보호 운동

복제양 돌리의 출현으로 인간복제 규제에 대한 논의가 시작되었던 것처럼 2000년 6월 15일 인간유전체사업(human genome project)의 초안 발표는 유전정보 활용 문제를 논의하는 계기가 되었다. 초안이 발표되자 시민단체는 유전정보 이용으로 인한 사회적 차별을 우려하면서 생명윤리법 제정을 촉구하였다. 유전정보의 활용이 질병의 진단이나 치료에 얼마나 기여할지에 대한 판단을 떠나 연구용 또는 상업적 목적으로 유전정보의 이용이 급속히 증가할 것으로 판단한 것이다. 국내에서도 병원, 국가기관, 벤처기업 그리고 연구 목적으로는 '인간유전체기능연구사업'을 통해 개인의 유전정보가 활용되고 있었지만, 구체적인 실태가 밝혀지지 않고 있었으며, 이를 규제할 구속력 있는 가이드라인도 없는 상태였다.

시민단체가 주도했던 유전정보 보호 운동은 크게 '의료 및 연구', '상업적 활용', '수사기관의 DNA 데이터베이스 구축'으로 나누어서 논의할 수 있다. 이 문제에 대한 시민단체의 대응은 생명윤리법 제정 운동에 포함되어 있으며 여기서는 당시 규제 논쟁을 통해 제기된 중요한 쟁점 일부를 간략히 소개한다. 특히 유전자 검사의 상업적 활용의 경우 맞춤의학을 내세워 다시 등장할 가능성이 높고, DNA 데이터베이스의 경우 여전히 논쟁 중이다.

1) 의료 및 연구 목적

유전정보의 의료 및 연구 목적의 활용에서 가장 논란이 되었던 부분은 당사자의 동의가 없는 상황에서 검체의 수집 및 활용이 이루어지고 있었다는 점이다. 개인 유전정보의 활용 실태는 시민단체의 조사에 의해 처음으로 이루어졌고, 나중에 보건복지부의 조사에서도 문제점들이 확인되었다(시민과학센터, 2001; 남명진 외, 2004).

의료적 목적의 유전자 검사[11]는 다양한 이점을 제공할 수 있다. 다른 의료 정보와 함께 사용되면 의료진의 판단에 도움을 줄 수 있다. 일부 질병은 확진이나 예측을 통해 생활습관의 변화를 유도하거나 약물 투여를 통해 증상을 완화시키는 등의 처방도 가능하다. 그런데, 현대 생의학 기술로는 진단이나 소인 예측만 가능할 뿐 대부분의 유전병에 대해서 근본적인 치료 방법을 제공하지 못하고 있다. 예를 들어 헌팅턴 병처럼 쉽게 진단할 수 있는 단일 유전자 유전질환조차 발병 시기나 증상의 정도를 정확히 예측하기 힘들다. 심지어 환자에 따라서는 일반 노화 증상과 구별이 힘든 경우도 있고, 증상이 약해 생활하는 데 일반인과 큰 차이를 보이지 않는 경우도 있다. 발병이 거의 확실한 유전병도 이런 상황인데, 암이나 일반적 질병, 약물 감수성에 대한 유전자 검사의 불확실성은 더욱 높다. 유전자 검사의 정확성 논란과 상관없이 이런 정보가 외부로 공개되었을 때는 불이익을 받을 수 있고, 개인적으로도 충격을 입을 수 있다. 유전정보로 인해 고용, 학교, 군대, 보험과 같은 영역에서 차별을 받을 수 있는 것이다. 따라서 유전자 검사에 앞서 유전자 상담(genetic counseling)을 통해 환자에게 검사의 혜택과 위험 등 유전자 검사의 의미에 대해 충분히 설명하고 동의를 구하는 절차가 필요하며, 검사 후에는 결과에 대한 기밀 유지가 중요하다.

---

11) 의료적 목적의 유전자 검사는 네 가지로 나눌 수 있다. ①진단적인(diagnostic) 유전자 검사: 증상이 있는 개인의 진단, 치료, 관리 등을 위해 유전자 검사를 이용하는 것. ②증상전(presymptomatic) 검사: 건강하거나 증상이 없는 사람을 대상으로 미래의 건강 정보를 제공해 주기 위해서 실시하는 검사(유전병). ③보인자(carrier) 검사: 열성 유전에서 하나의 유전자를 가지고 있는 사람을 검사할 때 이용하는 검사. 보인자를 가지고 있는 사람은 유전병이 발병하지 않으나 그들의 자식들은 발병할 가능성이 있다. ④감수성(susceptibility) 검사: 일반 질병과 관련이 있는 유전자 변이들에 대한 검사. 아직까지는 변이 유전자와 질병 발병 간의 연관성이 유용한 예측력을 가질 만큼 크지는 않지만 검사정보는 예방적 약물치료에 도움을 줄 수 있다. 국내에서는 주로 종합병원 급에서 그리고 일부는 임상병리센터 등에 위탁하여 진행하고 있다.

생명윤리법이 시행되기 전인 2005년 이전까지 우리나라의 대부분의 의료 기관은 유전자 검사에서 지켜야 할 가장 기본적인 원칙이라고 할 수 있는 동의서조차 제대로 받지 않고 있었다.[12] 이로 인해 일부 환자의 검체가 상업적 또는 연구 목적으로 외부로 유출되고 있었다. 유전정보 활용 전 당사자의 사전 동의는 유전자 프라이버시의 기본 원칙이라고 할 수 있다.

2) 상업적 목적의 유전자 검사

인간 유전학 연구의 진척과 함께 질병이라고 보기 애매한 신체 특징이나 증상, 사회적 행위들을 특정 유전자와 연관시키는 일련의 연구들이 진행되고 있고, 이 중 일부는 언론을 통해 알려지고 있다. 이들 연구의 유효성에 대해서 논란이 존재함에도 불구하고, 일부 병원이나 기업들은 단편적 연구 결과들을 상업적으로 활용하고 있어 논란이 되었다. 국내에서는 기업들이 의료 기관을 거치지 않고 직접 소비자를 상대로 하는 유전자 검사(DGT, Direct-to-Consumer Genetic Testing)를 실시해 논란이 되었다.

이러한 검사는 주로 소규모 바이오 벤처들에 의해서 진행되었는데, 과학적으로 명확히 입증되지 않은 내용을 상업적으로 활용해서 의료계와 시민단체들의 비판을 받았다. 이들 기업들은 주로 2000년부터 2006년까지 활발히 활동했으나 현재는 일부만 남아 있으며 상당수 업체들은 비교적 논란이 적은 신원확인 분야로 영역을 축소해 영업하고 있다. 당시 일부 병원과 기업들은 개인의 체력, 키, 지능, 호기심, 알코올 중독, 치매 등을 한 번의 유전자 검사를 통해 알 수 있다고 광고하면서 소비자들의 DNA를 수집하였다. 일부 기업은 유전자 검사를 통해 배우자의 궁합까지도 알 수 있다고

---

12) 2004년 30개 의료 기관에 대한 조사에서 종합병원 69%, 개인 의원은 54%가 유전자 검사에 대한 동의서를 받지 않고 있었다(남명진 외, 2004).

홍보하면서 교육상담이나 결혼 상담을 제공하는 사업을 벌인 바 있다. "한 번의 유전자 검사로 당신의 미래를 알 수 있다"는 식의 광고는 지하철, 주요 일간지, 여성잡지 등에 광범위하게 실렸으며 각 기업에 소속된 직원들은 피라미드식 영업을 통해 의뢰자를 모집하기도 했다.

그러나 이러한 검사들은 대부분 불확실한 과학적 근거에 기반하고 있었으며, 상업적 목적으로 과대 포장한 것들이었다. 예를 들면 병적으로 심각한 정신장애와 관련이 있다고 알려진 유전자를 바탕으로 '호기심 유전자 검사'를 실시하거나, 치명적인 유전병 환자의 일부에서 키와 관련된 유전자를 근거로 '롱다리 유전자 검사'를 실시한 회사도 있었다. 불확실한 과학적 근거와 과장 광고를 통한 이런 상업 행위는 소비자들에게 잘못된 정보를 제공해 줄 뿐만 아니라 경제적 손실을 입힌다(한태희, 2001). 이러한 형태의 검사나 광고의 가장 큰 문제점은 시민들이 유전자 검사의 의미를 제대로 이해하는 것을 방해한다는 데 있다. 생명공학이 발전해 유전자 검사를 통해 질병뿐만 아니라 성격이나 지능 등 인간의 거의 모든 것을 알 수 있다는 인식을 확산시켜 질병이나 개인행동과 관련된 다양한 환경적, 사회적 요인을 무시하게 만드는 데 기여할 수 있다(김병수, 2004a).

3) 신원확인 DNA 데이터베이스[13]

개인의 DNA정보를 신원확인 과정에서 개별적으로 사용하는 것을 넘어 데이터베이스를 구축하게 되면 복잡한 쟁점들이 추가적으로 제기된다. 시민단체들은 주로 확장 가능성과 한국의 기존 감시 시스템의 특징을 들어 이 문제에 대해서 반대하였다.

---

13) 이 내용의 일부는 김병수(2005)의 일부를 수정·보완한 것이다.

(1) 유전자 감시의 확장

신원확인을 위해 개별적으로 개인의 DNA정보(DNA profile)를 활용하는 것과 달리 일단 데이터베이스가 구축되고 나면 입력 대상, 활용범위 등이 지속적으로 확장되는 경향이 있다. 우선 데이터베이스의 속성상 입력 대상의 확대와 효율성이 직접적으로 연결되어 있다. 미국의 경우에도 처음에는 '사회적 정당성'을 쉽게 얻을 수 있는 강간, 아동 성범죄 같은 흉악범에서 나중에는 사소한 절도, 교통사고에 이르기까지 그 대상이 확장되고 있다(Wendling, 2003). 세계에서 가장 먼저 신원확인 DNA 데이터베이스를 운영하기 시작한 영국에서는 입력 대상이 늘어나 형평성 논란이 일자 경찰이 아예 전 국민 데이터베이스를 구축하자고 제안해 논란을 일으켰다. 국내 상황도 크게 다르지 않다. 2004년부터 경찰은 국내 최초의 신원확인 DNA 데이터베이스라고 할 수 있는 미아찾기 DNA 데이터베이스를 구축해 운영해 오고 있다. 그런데 현재는 수집 대상이 정상 미아뿐만 아니라 정신지체 장애인, 치매노인 등으로 확대되었다. 또한 유전정보 보관 기간도 5년에서 10년으로 늘어났다.

입력 대상뿐만 아니라 범인검거 이외의 활용이나 다른 신원확인 데이터베이스의 연동 가능성도 높다. 2009년 통과된 법률에 따르면 검찰과 경찰, 법원, 군법원 등이 유전정보를 이용할 수 있도록 하고 있는데 변사자의 신원확인이나 기타 상호대조가 필요한 경우 이 데이터베이스를 사용할 수 있도록 했다는 점이다. 일반에 알려진 것과 달리 흉악범 검거뿐만 아니라 행정적 목적으로 다양하게 사용할 수 있도록 했다. 이는 신원확인 DNA 데이터베이스가 장기적으로 어떤 식으로 활용될지를 단적으로 보여 주는 사례라고 할 수 있다. 더 나아가 이미 구축된 미아 및 치매 노인 DNA 데이터베이스, 한때 논의된 바 있었던 군대 DNA 데이터베이스, 이산가족 DNA 데이터베이스가 상호 검색되거나 연동될 가능성도 배제할 수 없다.

신원확인 DNA 데이터베이스의 설립으로 DNA 프로파일링의 개별적 활용 또한 급격이 증가할 것으로 보인다. 이런 절차들이 범죄자와 같은 특정 집단에 한정된 것처럼 보이지만, 실제 상황에서는 상당히 많은 사람들이 분석이나 입력 대상이 된다. 범죄자뿐만 아니라, 피해자, 현장에서 발견된 다양한 검체, 용의자나 가족, 현장 주변 인물 등에 대한 분석이 이루어지게 된다. 일반 시민들의 유전자 프라이버시가 침해될 가능성이 있는 것이다. 특히 수사 과정에서의 DNA 채취는 범인이 아니라는 것을 증명해야 하기 때문에 동의서를 받는다고 해도 거부하기가 쉽지 않다.

(2) 유전자 프라이버시의 침해

DNA 프로파일링 과정에서 수집되는 유전정보의 성격을 둘러싸고도 논란이 있었다. 수사기관들과 관련 법의학자들은 DNA 프로파일에는 질병정보가 없고, 데이터베이스에도 개인 식별 유전정보만 저장되므로 문제가 없다고 주장하였다.[14] 반면, 시민단체들은 이런 주장이 유전정보의 개념을 편협하게 이해하고 있거나 논쟁을 유리하게 이끌기 위한 수사라고 주장하였다. 또한 이들은 DNA 프로파일에 질병정보가 포함되는지 여부는 유전자 프라이버시 보호의 핵심 쟁점이 아니라고 여긴다. 질병정보가 없는 신원확인 유전정보 그 자체만으로도 법적으로 보호받아야 할 정보라는 것이다. 유전정보는 개인의 고유한 물질로 평생 변하지 않으며, 소량에서 그것도 당사자의 인지 없이 수집이 가능하고, 가족 간에 공유하는 민감한 정보이기 때문이다. 유전정보를 가족과 공유한다는 특징은 또 다른 쟁점을 만들어 내

---

14) "정보은행의 자료로 쓰이는 유전자는 사람마다 다른 형태로 나타난 특이한 유전자(다형성多形性)이기 때문에 개인식별 이외에는 사용이 불가능하다. …… 개인정보 유출에 따른 인권침해는 기우에 불과하다. 인권 선진 국가인 미국, 영국 등도 이미 이 제도를 운영하고 있다"(『한국일보』, 2001. 11. 29).

고 있는데, 영국의 경우 가족검색(familial search)이 논란을 일으키고 있다 (Falloon, 2004). 범죄 현장에서 수거한 DNA 정보와 데이터베이스에 있는 부분일치 DNA 정보를 통해 용의자를 압축하는 방식이다.

또한 분석 과정이나 분석 후 남은 잔여 DNA에서 신원확인 이외의 다양한 유전정보를 추출할 수 있다. 신원확인 목적으로 미아의 DNA를 분석하면 성별은 물론이고 아이가 다운증후군이라는 유전병에 걸렸다는 사실을 알 수 있으며, 장기적으로는 국가가 보관하고 있는 범죄현장 및 범죄자의 DNA 검체 또는 정보가 연구 목적으로 사용될 가능성을 배제할 수 없다. 영국에서는 신원확인 목적으로 추출한 DNA를 이용하여 AIDS 검사를 진행해서 물의를 일으킨 바 있으며, 이미 2000년부터 국가 DNA 데이터베이스를 이용한 19건 이상의 연구 프로젝트가 진행 중이기도 하다. 미국에서는 24개 주가 범죄자 데이터베이스를 이용해 의료연구를 할 수 있도록 하고 있다.

(3) 외국의 현황과 한국의 맥락

1995년부터 데이터베이스 구축을 시작한 영국의 경우 현재 전체 인구의 7%인 약 410만 명이 데이터베이스에 입력되어 있다. 데이터베이스 확장 속도가 매우 빠른데, 2004년 4월 이후부터는 체포된 모든 용의자들에게 동의를 받지 않고 강제로 DNA를 채취할 수 있고, 무죄 판결을 받더라도 유전정보와 잔여 DNA를 식별 가능하도록 영구히 보관할 수 있다. 예를 들면, 영국에서는 집회에 참석한 어린이의 DNA를 법률 위반 여부와 상관없이 채취해 그 아이가 죽을 때까지 보관할 수 있다. 입력 범위가 넓다 보니 영국 경찰은 평화적인 환경단체 집회에 참석한 사람들의 DNA를 채취해 논란을 일으켰다. 나중에 무죄 판결을 받았지만 여전히 그들의 DNA는 경찰이 보관하고 있다. 미국에서는 경찰에 강압적으로 DNA를 채취당한 후 나중에

샘플 반환소송을 벌인 사례가 있으며, 개인적 신념에 따라 DNA 제출을 거부하는 양심적 DNA 거부자까지 등장한 바 있다.

특히 우리나라의 경우 이들 국가에는 없는 강력한 국민감시 시스템을 가지고 있어서 설립 논쟁 당시 논란이 되었다. 각 개인마다 고유하게 부여된 식별번호인 주민등록번호와 17세 이상 전 국민의 지문을 전산화된 형태로 운영하고 있는 세계적으로도 보기 드문 신원확인 시스템을 가지고 있기 때문이다(한상희, 2002).

(4) 데이터베이스 설립 논쟁

신원확인 분야에서의 유전정보 활용 논쟁은 보건복지부가 '유전정보를 활용한 미아찾기 사업'을 공개하면서 시작되었다. 보건복지부는 2001년 1월 5일 대검찰청, 한국복지재단, (주)바이오그랜드와 협약을 체결하여 유전자정보(DNA)를 활용한 미아(가족)찾기 사업을 추진하겠다고 밝혔다. 이에 대해 시민과학센터는 유전정보를 보호할 법률도 없는 상태에서 의사결정 능력이 부족한 아이들을 대상으로 그것도 개별적 활용이 아닌 데이터베이스를 구축하는 것을 비난하였다.[15] 또한 정부가 벤처기업과 범죄자 유전자은행을 두고 경찰과 주도권 다툼을 벌이고 있는 검찰과 이 사업을 진행하는 것에 의혹을 보냈다.

이 문제를 공론화하기 위해 일부 시민단체들은 '유전정보 이용에 관한 시민배심원회의'를 개최한 후 유전정보 보호법 제정을 위한 의견 청원을 국회에 제출하였으며, 각계 인사 193명이 참여한 공동선언 발표를 통해 미아찾기 사업 중단을 촉구하기도 하였다. 이들은 공동선언에서 미아찾기라

---

15) 시민단체들의 반발에 직면한 검찰은 이 사업을 제대로 진행하지 못했다. 그러다 이 사업은 청와대의 지시로 2004년 경찰청이 인계받아 진행을 하게 된다.

는 인도적 명분에도 불고하고, 관련 법률이 없는 상태에서 사업을 서둘러 강행하는 것에 의문을 표시하였다. 즉 검찰과 경찰이 추진하고 있는 범죄자 유전정보은행 구축의 사전작업이 아니냐는 것이다. 이미 국립과학수사연구소는 2000년 12월 경찰 중심의 범죄자 은행 구축 필요성을 공개적으로 밝혀, 인권단체들의 비판을 받은 바 있었다.

한편 신원확인 DNA 데이터베이스 설립을 놓고 경쟁하던 검찰과 경찰은 2005년에 각각 데이터베이스를 구축하여 연동하는 방식으로 관할 문제를 합의하게 된다. 이를 바탕으로 2006년 8월 1일 「유전자감식정보의수집및관리에관한법률(안)」을 국회에 제출하였으나 17대 국회 임기 만료와 동시에 폐기되었다. 2009년 10월 26일에는 17대의 법안과 내용은 유사하지만 법안의 이름을 「디엔에이신원확인정보의이용및보호에관한법률(안)」로 변경하여 국회에 제출하였고, 2009년 12월 29일 국회 본회의를 통과하였다. 이 법률에 따르면, 국내에는 두 개의 DNA 데이터베이스가 설립되어 운영되는데, 이는 외국에서도 찾아보기 힘든 독특한 구조라고 할 수 있다.[16] 경찰은 현장 수거물과 피의자 검찰은 수형자에 대한 DB를 각각 구축하여 상호 연동하는 형태이다. 이런 형태는 경찰과 검찰의 주도권 경쟁의 결과라고 할 수 있다.

---

16) 대법원은 국회에 제출한 의견서에서 검찰과 경찰이 각각 DB를 구축하는 것에 우려를 표명하였다. "조직 간의 권한 다툼의 타협책으로, 디엔에이감식정보를 검찰과 경찰이 이원적으로 수집, 관리할 수 있도록 하였으나 그러한 입법례를 찾아볼 수 없을 뿐만 아니라 막대한 예산낭비와 인권침해의 소지가 있음 ⇒ 국민에게 피해가 돌아감." 또한 입력 범위와 관리 주체에 대해서도 문제를 제기하였다. "디엔에이감식정보의 채취 대상 범죄의 범위가 지나치게 넓고, 수사 단계에서까지 디엔에이감식시료채취가 허용되는 문제점들을 안고 있어, 법률안과 같은 내용의 입법에는 반대함 ⇒ 따라서 디엔에이감식정보는 검찰도 경찰도 아닌 제3의 기관이 이를 수집, 관리하여야 하고, 수사단계에서의 디엔에이감식시료 채취는 허용 곤란함"(「대법원이 국회에 보낸 의견서」, 2009. 11. 9, 10쪽).

5. 황우석 사태와 시민단체

2004년 2월 12일 황우석 박사는 세계 최초로 인간의 난자를 이용해 배아줄기세포 1개를 만들었다고 밝혔다. 시민과학센터는 같은 날 성명을 발표하고 연구진을 비판했다. 이 단체는 성명에서 생명윤리법 제정과정 중에 정부가 논란이 되는 연구에 연구비를 지원한 점을 비판하였고, 연구 승인 전 윤리적 검토가 있었는지를 공개하라고 요구하였다. 그리고 인간배아복제 성공으로 앞으로 난자에 대한 수요가 증가할 것을 우려했다. 그러나 당시에는 연구 성과에 대한 열광적 분위기로 인해 거의 대부분의 언론이 이 문제를 일방적으로 다루었으며 이 논문을 통해 마치 당장이라도 난치병 환자들을 치료할 수 있고, 막대한 경제적 효과를 창출할 것처럼 보도했다. 이러한 사회적 분위기는 가뜩이나 침체되어 있던 생명공학감시운동 진영을 더욱 위축시켰다. 이때부터 2004년 말까지 배아복제 문제에 지속적으로 개입한 시민단체는 없었다. 인간배아복제 연구에 대한 문제제기는 국내 시민단체가 아닌 외국에서 먼저 제기되었다. 2004년 5월 6일 『네이처』지는 황우석 박사의 실험과정에 문제가 있을 수 있다는 사실을 비중 있게 다뤘다. 여성 연구자의 난자제공, 한양대 기관윤리위원회의 심의 여부, 공동저자 등의 문제를 제기했다. 『네이처』가 지적한 문제는 당사자의 인터뷰까지 포함된 매우 구체적인 것이었음에도 불구하고, 국내 언론들은 이 문제를 거의 보도하지 않았다.

2005년 5월 19일 황우석 박사는 두번째 배아복제 논문을 『사이언스』에 발표하게 된다(Hwang, 2005). 그러나 이번에는 시민사회 진영에서 단 하나의 성명서조차 나오지 않았다. 생명공학감시운동의 핵심 단체였던 시민과학센터, 난자 문제에 관심을 가졌던 여성단체뿐만 아니라 교리상 복제를 허용할 수 없는 가톨릭계조차 침묵하였다. 두번째 배아복제 성공 소식으로 사회적 분위기를 더욱 일방적으로 되었는데, 국민적 영웅 앞에 실험 절차나 윤리적 문제에 대한 목소리는 설 자리가 없었다.

이러한 상황에서 2005년 5월 과거에 생명공학감시운동에 참여했던 몇몇 활동가들을 중심으로 생명공학 쟁점에 대한 사회적 대응의 필요성이 논의되기 시작한다. 이들을 중심으로 몇 차례의 실무 모임 끝에 2005년 7월 11일 '생명공학감시연대'가 공식적으로 출범하였다. 이 모임에는 총 14개의 시민사회 단체가 참여하였다. 이 연대 모임은 출범 제안서에서 두 번의 배아복제 성공이 '세계최초', '노벨상 수상 가능성'이라는 화려한 수식어로 표현되고 있으며, 난치병 치료, 국가경쟁력 향상에 대한 환상이 정부와 언론을 통해 확대 재생산되면서 연구 찬성은 애국, 비판은 매국이라는 등식이 나오는 등의 일방적인 사회적 분위기를 비판하였다. 이에 시민사회 단체들이 나서서 새로운 생명공학 기술이 가져올 생명경시, 여성건강 위협, 의료 불평등, 정부와 언론의 역할에 대해 공론의 장을 만들고 함께 대응할 수 있는 사회적 흐름을 형성해야 할 것이라고 주장하였다. 이로써 '생명윤리안전연대모임'(1998), '조속한 생명윤리법 제정을 위한 공동캠페인단체'(2001), 'DNA DB 반대 네트워크'(2004)에 이어 네번째로 생명공학 문제에 대응하기 위한 시민사회의 연대 모임이 출범하게 되었다.

'생명공학감시연대'는 2005년 8월 25일 연대모임의 첫 사업으로 '인간배아 연구 이대로 좋은가'라는 제목으로 토론회를 개최하였다. 감시연대가 인간배아 연구에 대해 토론회를 개최한 것은 배아 연구에 대해 직접적인 반대를 표명하기 위한 것은 아니었다. 지난 5년간의 논쟁을 통해 배아 연구의 장단점, 성체줄기세포의 가능성, 난자를 제공해야 하는 여성의 입장, 언론 보도의 문제점, 과학자 내부의 다양한 의견, 종교계의 입장, 시민단체의 입장, 사회적 합의 형성과정의 문제점, 합리적 실험절차 등을 구체적으로 알 수 있는 기회가 있었다. 그러나 '세계 최초'라는 수식어 앞에 이런 성과들이 바로 묻혀 버렸기 때문이다. 당시 토론회는 그동안의 사회적 학습 결과를 환기시키기 위해서 마련되었다. 이날 토론회에서는 인간배아와 언론보도, 배아 연구와 여성, 연구절차 그리고 생명윤리법의 한계에 대한 내용이 발표되었다.

이후 생명공학 감시연대는 「PD수첩」의 취재와 방송으로 인해 공개적으로 촉발된 황우석 사태가 진행되는 동안 지속적으로 성명을 발표하면서 대응했다. 사태가 진행되었던 11월 23일부터 2006년 5월까지 총 11차례의 성명을 발표했다. 당시의 사건은 그 자체만으로도 충격적이었을 뿐만 아니라 상황전개 또한 반전에 반전을 거듭하고 있었기 때문에 일반 시민은 물론이고 기자들이나 전문가들조차 냉정한 시각을 갖지 못하고 있었다. 성명은 주로 혼란스러운 상황에서 일반 시민들이 이 사건을 냉정하게 바라볼 수 있도록 균형 잡힌 정보와 시각을 제공하는 데 초점을 두었다(김병수, 2006)

황우석 사태를 둘러싼 사회적 혼란이 어느 정도 정리된 2006년 1월에 '생명공학감시연대'는 그동안의 사태를 평가하는 토론회를 개최하였다. 사태의 일차적 책임은 황우석 박사에게 있었지만 전 세계를 상대로 부정행위를 저지를 수 있었던 사회적 배경 또한 무시할 수 없는 것이었다. 그동안 언론-정부-정치권은 황우석 박사를 중심으로 공고한 네트워크를 형성한 후 일방적인 지원과 편파적 보도를 통해 현실을 왜곡하는 데 앞장서 왔다. 당시 토론회는 황우석 사태를 통해 드러난 한국 사회의 문제점을 진단해 보고, 향후 나가야 할 방향을 모색하기 위한 목적으로 개최되었다.

갑작스럽게 전개된 황우석 사태로 인해 생명공학감시연대는 성명서를 발표하는 등 현안에 직접적으로 대응하였지만 초기의 결성 목적은 좀더 장기적인 것이었다. 당시 출범 목적은 시민단체들의 역량을 고려해서 느슨한 형태의 연대 모임을 만들어 최소한 시민사회단체 내부에서라도 생명공학에 대한 비판적 담론을 확산시키고, 장기적으로는 전체적인 대응 역량을 강화하는 것이었다. 이와 관련된 활동으로 감시연대는 외부 전문가를 초청해 △생명윤리법의 한계와 대안 △이종간 장기이식의 문제점 △생명공학과 여성을 주제로 총 세 번의 내부 포럼을 개최하였다. 그러나 이들 포럼 개최를 끝으로 생명공학감시연대는 공식적인 활동을 마감하였다.

6. 맺음말

생명윤리법의 제정은 그동안 구속력 있는 규제가 없었던 생명공학 연구 및 임상 활동을 다루는 법률이 만들어졌다는 점에서 의미가 있다. 생명윤리법 제정 과정에서의 핵심 쟁점은 '포괄법 형태' 여부와 '배아복제 허용' 여부였는데, 시민단체들의 요구 사항이었던 포괄법 형태의 법률이 만들어 졌다. 외국에서는 찾아보기 힘든 생명공학에 대한 포괄적 규제 법률이라고 할 수 있다. 내용적인 면에서 살펴보면, 규제가 시급했던 인간개체복제를 금지했고, 인간배아에 대한 관리 규정을 두었다. 또한 그동안 제 기능을 하지 못하고 있었던 '기관생명윤리심의위원회' 설치를 의무화하였고, 유전 정보를 통한 차별과 무분별한 유전자 검사를 규제하였다. 유전자 검사 영역 중에서 연구 및 상업 활동은 시민단체의 주장이 거의 그대로 포함되었다. 인간배아 연구에 대한 규제의 경우 정부의 입장이 거의 그대로 반영되었다. 배아복제를 금지했던 초기의 법률안이 몇 번의 개정을 거치면서 체세포 복제를 허용하는 형태로 바뀌었고, '이종간 핵이식'을 세계 최초로 공식 허용하였다. 또한 잔여배아를 이용한 줄기세포 연구 범위도 대폭 확대 되었다. 연구 허용 범위가 넓어서 연구 계획서만 잘 작성한다면 어떤 연구도 가능하게 하였다.

　　황우석 사태 전후의 시민단체 활동은 상당히 미약했다. 황우석 박사에 대한 열광적이고 일방적인 분위기가 형성되자 일부 활동가들은 생명공학 감시연대를 조직해 토론회를 개최하고, 성명을 발표하는 활동을 펼쳤지만 큰 성과를 거두지는 못했다. 시민사회의 대응 부재 속에 생명윤리법의 규제 강도는 더욱 약해지고 있다. 체세포 복제의 재허용, 난자 수급 제도 정비, 유전자 검사 규제 완화 등 정부의 요구 사항이 별다른 사회적 논의 없이 그대로 관철되었다. 시민단체 대표와 생명윤리계 인사들이 제1기 생명윤리 심의위원회에 참여하였지만, 심의위원회의 위원 구성의 한계와 시민사회의 대응 부재로 활동에 제약을 받았다.

시민단체들의 적극적 활동은 사회적 논쟁을 유발했고, 사회적 학습에 기여했다고 평가할 수 있다. 인간배아 연구를 둘러싼 논쟁을 겪으면서 외국의 규제 현황, 인간배아를 바라보는 상이한 관점, 체세포 복제의 다양한 문제점, 성체줄기세포의 가능성, 난자제공 절차, 난자를 제공해야 하는 여성의 입장, 과학자 내부의 이견, 불임클리닉 문제, 동물권 문제, 부처 간 이해관계 등이 드러났다. 신원확인 DNA 데이터베이스 경우 논쟁 초기에 이 쟁점은 "인권침해 대 과학수사"라는 다소 추상적 수준의 논의에서 출발하였다. 그런데, 논쟁이 진행되면서 쟁점들이 구체화되는 성과가 있었다. 논쟁 과정을 통해 데이터베이스의 입력 범위, 확장과 연동 위험성, 오류 가능성, 수사 기관들의 이해다툼, 국내 범죄수사체계, 외국의 현황, 기존의 신원확인 시스템의 관계, 우리나라의 개인정보 이용 관행이나 보호 시스템, 수사 기관들에 대한 사회적 신뢰와 같은 쟁점들이 드러났다. 논쟁 시작 전에는 알 수 없었던 사회적 맥락과 위험성들이 드러난 것이다.

생명공학감시운동이 어느 정도 성과를 거둘 수 있었던 배경 중 하나는 운동의 핵심 단체였던 시민과학센터의 활동에서 찾을 수 있다. 시민과학센터는 과학기술의 민주화를 주장하는 단체로 과학기술 영역도 다른 사회 영역과 마찬가지로 개입을 통해 민주적 재구성이 가능하다고 여긴다. 이를 실현하기 위해 과학기술과 관련된 시민참여 제도를 소개하거나 직접 진행하였으며, 다른 한편으로는 생명공학의 진전으로 인한 위험성을 지적하고 대안을 제시하는 운동을 진행하였다. 결과가 개방되어 있는 시민참여 제도의 도입과 특정한 입장을 표명하는 활동이 서로 결합된 독특한 형태의 운동방식이라고 할 수 있다. 서로 모순적일 수 있는 이러한 형태의 활동이 오히려 생명공학 규제 형성과정에서 성과를 낼 수 있는 조건이 되었다.

그러나 동시에 이러한 특징은 이 운동의 한계로 지적할 수 있으며, 실천적인 측면에서 더욱 많은 논의가 필요하다는 것을 의미한다. 운동이 일부 단체에 의해 주도되었으며, 결국 활동가의 재생산에 실패함으로써 정체기를 맞은 것은 향후 생명공학감시운동의 형태와 방향에 대한 논의에 있어서 중요한 시사점을 준다고 할 수 있다. 더 나아가 생명공학감시운동이 시민사회에 얼마나 제대로 확산되었는지에 대해서도 추가적인 논의가 필요할 것으로 보인다. 생명공학감시운동의 목적 중 하나는 생명공학에 대한 비판적 담론을 시민사회 내에 확산시키는 것이었다. 그러나 이러한 목적은 제대로 달성되지 못했다. 생명공학감시운동이 다양한 단체에 맞는 형태로 제대로 분화되지 못한 것이다. 이러한 결과는 생명공학감시운동이 더 나아가 과학기술민주화운동이 주류 시민운동 내에서 어떠한 위치를 차지하고 있는지를 잘 보여 주는 사례라고 할 수 있다.

참고문헌

강양구·김병수·한재각. 2006. 『침묵과 열광: 황우석 사태 7년의 기록』, 후마니타스.
교육과학기술부. 2009. 『2009 생명공학 백서』.
국가생명윤리심의위원회. 2006. 『황우석 연구의 생명윤리 문제에 대한 보고서』.

김병수. 2004a. 「유전자정보 이용현황과 문제점」. 국가인권위원회 개최 토론회 '유전자정보 어떻게 보호할 것인가' 자료집.

_____. 2004b. 「생명공학·과학기술자에게만 맡겨 둘 수 없다」. 차병직 외. 『참여연대 권력감시운동 10년』. 시금치.

_____. 2005. 「유전자 감식 기술의 사회 윤리적 쟁점」. 생명윤리학회 춘계학술대회 자료집.

_____. 2006. 「황우석 사태와 생명공학감시운동」. 생명윤리정책연구센터 심포지엄 '생명윤리와 연구윤리의 현황과 전망' 자료집.

김환석. 1997. 「양의 복제, 시민의 침묵: 생명공학에 대한 사회학적 성찰」. 『녹색평론』 34호.

남명진 외. 2004. 『유전자 검사 기관과 유전자은행 실태 조사 자료』. 보건복지부.

참여연대 과학기술민주화를위한모임. 1999. 『진보의 패러독스』. 당대.

한상희. 2002. 「국가신분증명제도의 문제점: 국가감시체제의 통제를 위한 헌법해석」. 『국가신분증제도와 국민기본권: 한·일의 사례를 중심으로』, 지문날인반대연대 주최 토론회 자료.

한태희. 2001. 「유전자검사의 유용성 그리고 한계: 유전자검사 허와 실」. '유전자검사와 유전정보 이용 규제'에 관한 토론회.

Allen, A. L. 1998. "Genetic Privacy: Emerging Concepts and Values". ed. Mark A. Rothstein. *Genetic Secrets: Protecting Privacy and Confidentiality in the Genetic Era*. Yale University Press.

Andrews, L. and D. Nelkin. 2001. "DNA Dragnets: Biosurveillance and Expansion of DNA Identification". *Body Bazaar: The Market for Human Tissue in Biotechnology Age*. Crown Publisher. 김명진·김병수 옮김. 2006. 『인체시장』. 궁리.

Bucchi, M. and F. Neresini. 2008. "Science and Public Participation". eds. E. Hackett et al. *The Handbook of Science and Technology Studies*. The MIT Press.

Falloon, M. 2004. "DNA Traps Brick Thrower Who Killed Lorry Driver". *The Guardian*, April 20.

Hess, D. et al. 2008. "Science, Technology, and Social Movements". eds. E. Hackett et al. *The Handbook of Science and Technology Studies*. The MIT Press.

Rip, A. 1986. "Controversies as Informal Technology Assessment". *Science Communication* 8, pp.349~371.

Sclove, R. 1995. *Democracy and Technology*. Guilford Press.

| 4부 |

생태여성주의와 생명

발표문 생태여성주의, 페미니스트 과학학과 대안 정치 _박진희

토론문 1 「생태여성주의, 페미니스트 과학학과 대안 정치」에 대한 토론글 _박이은실

토론문 2 생태여성주의로부터 지식의 정치학으로 _서영표

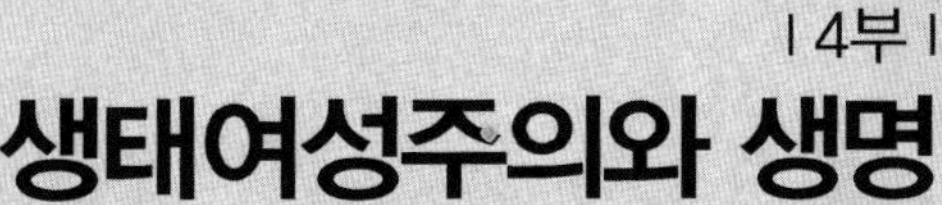

발표문_ 생태여성주의, 페미니스트 과학학과 대안 정치

박진희(동국대 교수)

1. 지구 생태위기와 새로운 위험 거버넌스의 필요성

인류 문명의 역사는 인류가 닥친 위험 문제들을 인간의 통제 가능 영역으로 끌어들여 온 과정이었다고 해도 과언이 아니다. 근대과학과 기술의 발달에 따라 위험을 예측하고 이에 대비할 수 있는 능력은 계속해서 강화되어 왔다. 뉴튼 과학, 라브아지에의 화학, 생물학 분야 근대과학자들의 지식은 식량 수급의 불안정성과 질병 위험으로부터 인간의 해방을 가능하게 해 주었다. 근대과학이 보여 준 이러한 능력은 현재의 과학에 대한 신뢰의 바탕이 되었고, 과학에 탄탄한 사회적 지위를 보장해 주었다. 그러나 과학과 기술의 결과물들이 인간의 통제를 벗어날 수 있음을 보여 준 일련의 사태들 ——대량살상의 잠재력을 지닌 원자폭탄, 환경 오염으로 인한 생태계의 파괴 등——과 현대 위기에 대응하지 못하는 과학과 기술을 마주하면서 과학에 대한 새로운 성찰이 시작되었다. 식량 확보를 가능하게 해준 DDT 살충제는 생태계 파괴의 주범이 되었고, 헤어스프레이에서 냉장고 냉매로까지 일상의 편의를 제공해 준 프레온가스(CFC)는 오존 파괴를 해온 것으로 드러났다. 무한한 에너지를 제공하며 에너지 위기를 극복하게 해줄 것이라 믿었던 원자력 발전은 수세대에 걸쳐서도 해결하기 어려운 방사능 공포로 또 다른 현대사회의 위험이 되어 버렸다. 사회학자 울리히 벡은 과학과 기술의 예측하지 못한 결과들이 빚어내는 위험들이 상존하는 현대사회의 특성을 '위험 사회'로 개념화하고 있다. 그리고 이들 위험 사회에서 위기를 다루는 과학적 의사결정과정이 과거와 달라져야 함을 강조하고, 제도적인 차원에서도 변화가 있어야 한다고 보았다. 현대의 위험은 예측 불가능성, 효과의 범재성, 위험 해결이 또 다른 위험을 낳을 가능성 등으로 과거의 위험과는 구분되고 있기 때문에 과거의 위험에 맞추어져 있는 지식 생산 제도, 위험 관리 양식 등이 재편되어야 한다는 것이다.

생태 환경적인 위기로 기후변화를 맞고 있고, 생명공학의 눈부신 발달로 가능해진 인간 복제 기술로 인간 종 내부의 분화 위기까지 맞고 있는 시대에 들어서 있다. 지구 생태계가 최고의 위험에 직면해 있고, 인간이 다른 인간의 부속품으로 전락할 수 있는 이런 위험을 어떻게 해결할 것인가는 현대 정치의 최대 과제라고 할 수 있다. 이들 과제를 어떻게 해결해 갈 것인가? 이에 대한 논의들은 현재 다양한 형태로 진행 중에 있다. 생태 파괴의 근원을 자연을 무가치한 것으로 규정한 현대자본주의 구조에서 찾고, 자연의 정당한 가치를 인정하는 자연자본주의로의 전환을 꾀하는 이들로부터, 현재의 시장경제하에서도 자연 생태계의 부담을 최소화하고 부단한 기술 혁신을 통해서 생태조화 경제 건설이 가능하다고 보는 생태 근대화론, 생태사회주의의 건설을 주창하는 이들까지 다양하다. 현대사회의 또 다른 문제로 성 불평등 문제를 해결하고자 하는 페미니즘 역시 지구 생태위기를 주목하고 이에 대한 문제제기를 지속해 왔다. 이 글에서는 페미니즘에서 지구 생태위기 문제를 다루어 온 에코페미니즘 내 논의들을 정리하고, 이들 에코페미니즘의 성과와 한계를 짚어 본다. 그리고 에코페미니즘과는 다른 방식으로 생태위기와 연관된 과학과 기술을 다루어 온 페미니스트 과학학 연구를 들여다보면서, 지구 생태위기를 다루는 대안 정치가 무엇이어야 할지를 정리해 본다. 다음 절에서는 생태여성주의의 과학에 대한 성찰과 페미니스트 과학학에서의 과학 성찰을 살펴보고, 이들 논의에 바탕해서 환경 위기에 대응하는 대안 정치는 어떻게 구성될 수 있는지를 알아보고자 한다.

2. 생태주의와 여성주의가 만나다: 생태여성주의의 등장과 성과

생태여성주의란 용어는 1974년에 발간된 프랑수아즈 도본의 책 『페미니즘 혹은 죽음』에 처음 등장하였다. 이 책에서 도본은 페미니즘이 환경과 불평등 문제에 맞서는 핵심 역할을 맡아야 한다고 주장하였다. 이런 도본의 견해는 페미니즘 내 동조자를 얻게 되었고, 이들은 여성이 생물학적으로 재생산을 담당하고 있으며 문화적으로 양육자로 역할 정의가 되어 있기 때문에 특히 환경주의에 기울게 된다는 입장을 공유하였다. 이것이 초기 생태여성주의의 정의라고 할 수 있다. 이 정의는 페미니즘 내의 다양한 시각들에 영향을 받으면서 내용적인 다양성을 보이게 된다.[1] 문화 페미니즘의 영향을 받은 이들은 여성과 자연은 착취적인 가부장적 문화의 지배를 받기 때문에 여성은 자연을 착취하는 남성에 비해 자연에 대한 폭력을 매우 민감하게 받아들인다고 보았다. 몇몇 생태여성주의자들은 나아가 여성의 합의와 돌봄 지향성을 생물학적 근거에서 찾았다. 즉, 여성은 임신 가능성이라는 생물학적 이유로 인해 자연과 특별한 관계를 갖고 있으며, 이런 자연과의 근접성으로 자연의 대변인 역할을 할 수 있다고 보았다. 사회·경제 구

---

1) 에코페미니즘의 성장을 공공정책이나 공공 이해를 대변하는 환경 조직, 대학 내 환경 연구 프로그램들에 참여하는 여성들이 생태여성주의 분석과 접하면서 생태여성주의를 지지하게 되었고 이것이 성장을 가져왔다고 보는 이도 있다. 즉, 환경주의의 등장에서 맥락을 찾고 있는 것이다.

조들로 인해 환경파괴들이 초래되고 있는데, 동일한 사회·경제 구조에서 착취의 지위에 놓인 여성들은 어떤 의미에서 파괴된 자연과 비슷한 경험을 공유하게 되고, 이로 인해 자연의 편에 선 주장을 하게 된다고도 하였다. 즉, 젠더화된 사회적 역할, 가부장적 착취에 대한 공유된 인지, 생물학적 결정이 에코페미니즘 주장의 토대를 이룬다는 것이다. 한편, 합의와 돌봄이라는 여성적 특성에 근거한 지중해 문화가 서부 아시아의 가부장적 전사 사회에 지배당하면서 인간 경험에 문화적 전환이 초래되었다는 주장도 등장하였다. 생태여성주의자들은 여성이 비선형적이고 전체주의적인 사고에 남성에 비해 훨씬 경도되어 있어, 생태학, 카오스 이론과 비선형적 분석 등의 연구에 훨씬 적합하다고도 보았다.

생태여성주의에서는 과학에 깃든 남성주의적 편향성을 지적하며 이런 편향성들이 자연에 대한 기술적 지배를 더욱 강화해 왔고 이로부터 환경문제들이 결과했다고 보았다. 캐롤린 머천트는 서구 근대과학 담론은 자연을 여성, 과학을 남성으로 묘사하는 것에서 출발하고 있고 이 담론과 자연에 가까운 여성의 담론이 결합하면서 여성의 열등한 지위는 강화되었고, '이성'으로부터도 분리되었다고 주장했다. 과학적 합리주의에서 여성과 자연을 일치하는 것으로 보고, 자연에 가치가 부여되지 않으면서 여성성 역시 가치 저하를 겪게 되었다는 것이다(머천트, 2005). 근대 과학지식과 실천의 지배적인 형태(환원주의와 도구적 이성주의)가 자연 정복과 착취를 정당화하였고, 이로 인해 환경 위기가 초래되었다고 보았다. 머천트의 분석에 기초해서 생태여성주의자들은 도구적 이성주의와 환원주의를 벗어나 전일적인 세계관에 익숙한 여성들이 새로운 과학을 이끌 수 있고, 이를 통해서만이 현재의 환경 위기를 극복할 수 있다고 주장했다.

플럼우드는 생태여성주의 이론을 문화적·사회적 생태여성주의로 구분하기도 하였다. 이들은 여성–자연의 연관에 대한 견해에서 약간의 차이를 보이고 있었다. 문화적 생태여성주의자들은 이 연관을 자연스러운 것으로, '여성'이 인식론적으로 자연을 더 잘 이해할 수 있는 능력을 지니고 있다고 본다. 이와 달리 사회적 생태여성주의는 여성-자연의 연관을 역사적으로 형성된 결과물로 본다. 여성과 자연이 열등한 지위로 구조화된 것은 그리스 철학으로 거슬러 올라가는 서구의 이원론적 담론의 결과라는 것이다. '이성'과 '자연'의 담론 활용을 분석하여 사회 생태여성주의는 계급이나 젠더로 환원되지 않는 또 다른 억압의 기제를 드러내 주었다(Twine, 2001). 서구 가부장제를 다룬 수전 그리핀은 가부장제하에서 여성은 자연·물질·감정 등과 연관 지어졌고, 남성은 문화·비물질적인 것·이성과 동일시되면서 후자에 더 높은 가치가 부여되어 왔다고 지적한다. 이런 위계질서적인 가치체계하에서 자연은 도구적 이성이 지배하는 과학의 지배 대상으로, 여성은 남성의 지배 대상으로 전락하게 되었다. 생태여성주의에 따르면, 이런 위계질서를 정당화하는 서구 이원론의 극복은 생태여성주의자의 주요한 과제이다.

한편, 생태여성주의자들은 환경·생태 위기 극복에서 여성의 역할은 결정적이라고 본다. 생물학적으로 자연에 가깝다는 이외에도 신체적인 취약성으로 환경파괴에 민감할 수밖에 없고, 이런 경험에서 여성은 자연·생태계 문제를 자신의 문제로 받아들이고 이를 해결하고자 하는 행동에 더 적극적이라는 것이다. 여성에게는 생태혁명의 잠재성이 내재되어 있다고 본다. 이런 생태여성주의의 주장은 환경·생태 문제를 해결하는 데 앞장선 여성운동에 의해 뒷받침되고 있다. 인도 히말라야 지방에서 숲에 의존하여 살아가던 여성들은 대기업에 의한 숲 개발이 시작되면서 생존 수단을 빼앗기게 되었다. 이에 여성들은 벌목을 막기 위하여 손에 손을 맞잡고 나무를 껴안은 채 시위를 벌였고, 이들의 완강한 저항에 결국 대기업은 손을 들고 말았다. 이러한 칩코 운동은 나무와 산림을 성스러운 존재로 여기는 인도의 문화로부터 기인하기도 했지만 숲과 자신의 삶을 동일시해 온 여성들의 생태 감수성에 의해 성공할 수 있었다는 것이다. 제3세계 여성들의 경우 자연환경을 자원 삼아 가정의 생계를 책임지는 일이 많은데, 이런 사회·경제적 구조로부터 남성보다 자연에 더 가까워질 수 있고 자연자원의 보존을 더 잘 사고할 수 있어서 칩코 운동이 가능했다고 보는 이들도 있다. 케냐에서 벌어진 삼림 녹화에서 여성이 주도적인 역할을 하고 있는 것에서도 이런 경향을 엿볼 수 있다. 자연과 생태계 파괴의 주범으로 여겨지는 전쟁 핵무기에 대한 반대운동에 여성들이 다수 참여하고 있는 것에서도 자연을 대변하는 여성이라는 생태여성주의 이론이 입증된다고 본다. 영국 그리넘 공유지에 핵미사일을 배치하려는 나토군에 맞서 여성들은 몇 년에 걸쳐 시위를 벌였고, 미국 네바다 주의 웨스턴 쇼숀 인디언 여성들 역시 핵실험 반대 운동에 나섰으며, 소련 크림 지방 여성들의 핵발전소 건설 반대 운동들도 여성들이 중심이 되어 진행되었다. 지역에서 일어나는 풀뿌리 환경운동들 역시 여성들이 주도가 된 경우들이 많았다(김욱동, 1997).

생태여성주의는 여성과 자연을 연관시키는 본질주의적 시각으로 인해 페미니즘 내에서도 혹독한 비판을 받기는 하였지만, 페미니즘 내에서 환경 이슈들이 의제화되는 데는 큰 기여를 하였다. 여성과 환경, 젠더와 환경 이슈들은 생태여성주의 운동의 영향을 받아, 1990년대를 거치면서 유엔 회의 등에서 핵심 의제로 정착되어 갔다. 1992년 유엔환경회의에서는 '지속가능 개발을 향한 여성들의 지구 행동'이 의제로 다루어졌고, 요하네스 회의에서는 수자원, 농업 등 환경 프로그램들에서 프로그램 실행 수단의 선택이나 프로그램 입안 과정에서 젠더 요인들이 고려되어야 함이 공식 표명되었다(Buckingham, 2004). 환경 정책, 프로그램들에서 여성, 젠더가 주요 구성 요인이 되게 된 것이다.

3. 페미니스트 과학학의 등장과 다른 과학의 모색

여성의 '다름'을 환경·생태 운동의 주축을 이루는 여성들을 통해서 보여 주었던 생태여성주의는 그러나 여러 한계를 안고 있었다. 서구 사상의 이원론적 사고에 대한 비판을 여성의 낮은 사회적 지위와 연계해서 설명하고, 남성주의 현대 과학으로부터 환경문제가 기인하였음을 보여 줌으로써 현대 과학에 대한 새로운 성찰적 시각을 제공해 주었다. 그렇지만 이들의 과학에 대한 비판은 '과학' 자체가 아니라 '남성'의 과학을 겨냥한 것이었다. 자연과 여성에 낮은 가치를 부여하여 '남성'의 과학이 이들을 통제하고 착취하는 것에 면죄부를 주었고, 이로부터 자연 파괴 등의 환경문제들이 연유하게 되었다는 것이다. 생물학적으로 자연친화적이고 자연을 대변하는 '여성'의 과학이 출현하게 되면 환경문제나 생태 파괴의 문제는 사라질 수 있다고 보았다.

여성과 자연의 결합 혹은 친화성을 출산·양육 경험이라는 여성의 생물학적 본성에서 설명하거나 여성의 사회적 역할로부터 자연에 가까울 수밖에 없다는 사회구성적 맥락에서 설명하는 생태여성주의의 입장은 역사·사회적으로 구성된 여성의 정체성에 대한 근본적인 질문은 비껴가고 있다는 점에서 많은 비판을 받았다. 여성의 경험에 기대어 남성과 달리 자연친화적 혹은 전일주의적 사고에 기반한 과학이 가능해질 것이라는 설명도 설득력을 갖지 못하였다. 페미니즘 내에서 문제제기되고 있던, 단일한 여성의 경험 존재 문제, 단일 여성의 정체성에 대한 비판이 생태여성주의에도 적용되었다. 단일 여성의 정체성에 근거한 '여성'의 과학이 가능한가라는 근본적 질문이 던져졌다. 생태여성주의는 서구 이원론적 질서와 가부장적 질서하에서 가치를 인정받지 못하고 억압받아 왔던 여성의 직관, 보살핌, 책임성의 가치를 새로 정립함으로써 '여성'의 과학도 가능하다고 보았다. 급진적 페미니즘과 마찬가지로 생태여성주의 역시 사회·문화적 ——인종, 계급, 섹슈얼리티 등 ——맥락에 영향을 받아 상이하게 구성되는 여성의 경험, 가치 인식들이 상이할 수 있다는 점을 무시했다는 비판에 직면하였다(와이즈먼, 2009: 43). 게다가 생태여성주의는 자연에 대한 지식, 여성에 대한 지식을 생산하고 가부장 사회의 이데올로기를 뒷받침하는 과학에 대해서는 근본적 질문은 던지지 않았다. 즉, 과학지식의 가치중립적 문제, 과학 방법론의 역사적 맥락성에는 질문하지 않고, 자연에 대한 객관적 지식이라는 근대과학의 모델은 그대로 수용하고 있었다. 생태여성주의에게 근대과학이 야기한 생태 파괴의 문제는 과학이 여성의 손에 들어가면 해결될 수 있는 것이었다.

한편, 이들 생태여성주의와는 달리 과학 자체를 여성주의 시각에서 성찰하는 이들이 등장하였다. 이들의 질문은 과학자 사회에서의 소수 여성 현상에 대한 질문에서 시작하여 과학지식의 객관성 자체로 옮아갔다. 과학학(Sciene and Technology Studies) 분야를 주목한 페미니스트 학자들이 1960~1970년대 과학에 대한 성찰적 연구들을 여성주의적 관점에서 재기획하여 과학학 연구의 시야를 넓혀 주었다. 이들은 자연에 대한 이론으로서 과학을 주목하는 대신에 실천으로서 과학에 초점을 두어, 과학 실행에 연관된 사회제도적 차원, 방법론적 특성, 과학 연구 방향의 사회적 구성은 물론, 연구 대상의 구성성을 '젠더'와의 연관하에서 분석하였다. 이들의 연구는 생태여성주의에서 주장하는 여성성의 생물학적 토대의 취약함을 드러내 주었다. 다나 해러웨이는 영장류 동물학 형성과정을 분석하여 '영장류', '원주민'과 같은 자연 개념이 어떻게 문화·정치적으로 구성되었는가를 보여 주어 자연 대(對) 문화의 대립이 역사적으로 만들어진 개념임을, 문화와 독립된 자연이란 개념은 존재하지 않음을 드러내 주었다(Haraway, 1990). 해러웨이는 "영장류 동물학자의 이론적 설명과 주변 문화권에 있는 영장류들에 대한 이미지들이" 영장류학의 핵심적 서사구조를 형성하고 이것이 과학 관찰에 방향성을 주고 해석에 영향을 미치게 됨을 잘 보여 주었다(재거·영 엮음, 2005: 270). 성호르몬, 성차, 생식 등의 생물학 연구에 관한 분석들은 여성을 규정하는 생물학적 성, 성차들이 관련 지식들이 생산되는 사회·문화적 맥락에 의해 영향받고 있음을 밝혀 주었다. 과학사학자 론다 쉬빈저는 여성 골격에 대한 해부학적 묘사에서 당대의 정숙하고 가냘픈 여성상을 전제로 여성의 가늘고 긴 목뼈와 잘룩한 허리를 연상시키는 갈비뼈가 어떻게 두드러지고 있는가를 보여 주고 있다(쉬빈저, 2007). 즉, 여성의 정체성으로서 생물학적 성 역시 가부장제 사회와 같은 사회 맥락에 의해 구성되는 것이어서 사회적 성으로서의 젠더 질서와 불가분의 관계에 있다는 것이다. 이런 사회적 성의 영향을 받아 만들어진 생물학 지식은 역으로 현존하는 사회질서에 대한 과학적 토대로서 작용한다. 결과적으로 젠더가 개입된 과학은 과학지식을 생산하는 사람들의 주관, 경험과 이해가 반영되어 사회 지배 그룹에 유리하게 작동한다는 것이다.

　페미니스트 과학학은 이렇게 생태여성주의와 유사하게 근대과학이 서구의 이원론에 바탕한 남성다움, 여성다움에 영향을 받고 있음을 드러내 주는 데 머물지 않고, 생태여성주의가 비판 없이 받아들인 여성성 역시 과학지식을 통해 구성되었음을 보여 주었던 것이다. 나아가 페미니스트 과학학은 현재의 가부장적인 젠더 질서에 영향을 받아 과학지식이 구성되고 있음을 보여 주어 '객관적이고 가치중립적이어서 남성의 영역으로 정의된' 기존 과학의 이미지를 해체하였다. 실천으로서 과학을 정의하는 과학학 개념을 좇아 페미니스트 과학학에서도 실험실에서 과학 연구들이 기획되고 과학 연구 대상들이 결정되는 과정, 과학 데이터에 대한 해석, 여기에 관계하는 개념과 이미지들을 분석하는 한편, 현재의 연구실 문화, 연구자 경력 평가와 보상 제도 등 과학 활동을 구성하는 제도들에 대한 분석을 해왔다.

1960년대 거대 과학의 출현과 더불어 실험실은 군대 조직을 연상하게 하는 상하 위계질서가 확실한 조직 문화가 지배적이 되었고, 대부분의 과학 연구들이 군사 연구와 결부되게 되었다. 이런 과학 문화는 여학생들이 물리나 공과대학을 선택하지 않게 하는 요인으로 작용하였고, 군사 연구와 연계된 과학 분야는 더욱 남성 주도가 공고화되었다(Schiebinger, 1999). 성 호르몬이 아동의 젠더 역할이나 인식 수행 능력에 어떤 영향을 미치는가에 대한 연구 사례들을 여성주의적 관점에서 분석한 헬렌 론지노의 연구는 실험 기획 과정, 데이터 해석에 젠더가 어떻게 개입하고 있는가를 보여 주었다. 관련 실험들에서는 남성의 수학적 우월성, 여아와 남아에게 적합한 행위들이 현존 젠더 모델에 따라 전제되고 있었으며, 데이터 해석도 이들 전제를 뒷받침하는 방향으로 이루어지고 있었다(Longino, 2001: 218).

이들 과학 실천과 그 결과물로 이루어지는 과학지식은 생태여성주의에서 주장하듯이 '남성'을 '여성'으로 대체한다고 해서 자연친화적이고 파괴적이지 않은 특성을 띠게 되는 것은 아니었다. 1970년대 여성운동의 결과로 과학 분야로의 여성 진출이 늘어나게 되었다. 전통적인 남성의 영역으로 머물던 물리, 공학 분야로 소수 여성들이 진출하였지만 이들 여성들은 남성 문화에 저항하기보다는 이들 문화에 적응하였고 남성적 가치를 내면화하였다. 실험실의 문화와 남성의 경력에 맞추어 운영되는 과학 실천 조직, 제도들은 이들 여성들에게 젠더 불평등한 과학의 세계관에 순응하도록 하였다. 이들은 과학의 군사적 활용을 용인하였고, 이들의 발전에도 기여하였다. 이와 달리 여성의 진출로 과학 실천에 변화가 생겨난 분야도 있었다. 생물학이나 영장류학 분야처럼 여성 과학자의 수가 동등하거나 우위를 점하게 된 곳에서는 기존 남성 과학자들의 이론과 대립하는 여성 과학자들의 다른 이론들이 출현하기 시작했다. 여성운동의 영향을 받아 양성평등의 사회적 가치를 내면화한 여성 과학자들은 동물행동학 실험들이나 영장류학 관찰에서 보이는 남성주의적 실험 설계나 데이터 해석들에 의문을 던지기 시작했다. 동물 실험의 목적들이 수컷의 능동적이고 적극적 행동을 규명하는 것에 초점이 놓이고, 이를 입증하기 위해 수컷 동물들이 연구 대상이 되고 있는 상황을 비판적으로 바라보았다. 그리고 암컷 동물의 행동을 연구하는 것으로, 이들에 대한 데이터를 양성평등의 입장에서 새롭게 해석하기 시작했다(Schiebinger, 1999). 이들이 입증한 암컷의 행동은 수컷과 다르지 않았고, 성의 차이보다는 환경이 다른 그룹들에서 보여지는 차이가 더 컸다. 젠더 경계의 모호함들이 받아들여지면서 이분법적 성차 연구를 벗어나는 질문들로 연구 질문들이 다시 구성되기도 하였다. 인간 사회의 이분법적 젠더 개념을 동물 세계에 그대로 적용할 수 있는가에 대한 더 근원적인 질문도 제기되었다. 자연을 보는 새로운 시각이 생겨난 것이다. 이들 변화들이 보여 주는 것은 생태여성주의자들이 주장하듯이 여성의 자연친화적 경험들로부터 새로운 이론이 출현할 수 있었다기보다는 새로운 젠더 질서들이 여성 과학자들로 하여금 연구 의제를 새로이 구성할 수 있게 했다는 것이다. 이들 새로운 연구들은 과학의 젠더 편향을 시정하여 자연에 대한 새로운 이해를 가능하게 하였고, 또한 양성평등 사회를 입증하는 과학적 증거를 제공하기도 하였다. 그리고 이런 연구 의제가 보편화되면서 남성 과학자들 역시 이를 자신의 과제로 받아들이게 되었다.

페미니스트 과학학은 과학지식 역시 젠더 불평등 사회의 문화적 가치, 이해, 가정들에 영향을 받으면서 형성되고 있음을 보여 주면서 지금과는 다른 문화적 가치, 이해에 기반한 다른 과학지식의 형성도 가능하다고 주장한다. 여성성과 결부된 다른 가치에 기반한 과학지식의 가능성을 받아들이고 있다는 점에서는 생태여성주의와 생각을 공유하지만, 이들과 달리 보편적인 여성성이라는 것은 존재하지 않으며 단일한 여성의 정체성은 없다고 본다. 여성성은 사회, 역사, 이와 결부된 과학지식들에 의해 구성되는 것이며 다양한 정체성을 지닌 여성들이 존재하고, 이들이 과학 실천에 개입하여 산출해 내는 과학지식들도 다양할 수 있다는 것이다. 이들이 주장하는 다른 과학지식의 출현은 억압받아 온 보편적 여성성에 기반한 여성의 과학을 창출함으로써가 아니라 자연/문화, 여성/남성, 인간/동물, 이성/감성 등의 이분법적 가치 구조들을 재생산하고 있는 과학 실천 토대들에 균열을 내는 다양한 실천을 통해 이루어질 수 있다. 암묵적으로 가정하고 있는 과학에서의 개념적 전제들을 성찰하고, 이런 전제들과 전혀 다른 가치와 결부되어 있는 전제들로부터 실험을 기획하는 일, 여성들을 배제하는 실험실 문화를 바꾸고, 다루어지지 않은 과학적 의제들을 연구 내용으로 끌어들이는 일 등등이 다양한 실천에 해당할 것이다. 생태 환경문제들 역시 과학에서 전제하고 있는 자연에 대한 개념에서 탈피하는 것, 새로운 자연관에 기반한 연구 목적 설정, 실험의 기획, 이들 연구 지원 제도의 변화 등이 진행됨으로써 해결될 수 있다. 그런데, 현대의 생태 환경문제들은 과학에 내포된 불확실성 문제와도 연계되어, 다만 가치를 담보한 과학을 실천하는 것에만 국한되지는 않는다. 최근 과학학과 페미니스트 과학학 모두 주목하고 있는 전문성의 문제가 그것이다. 다음 절에서는 과학지식의 내재적 불확실성에서 비롯하고 있는 전문성의 문제를 생태 환경문제와 연관하여 알아보고 새로운 전문성에 대한 정의에서 시작하고 있는 과학의 민주화가 생태·환경 문제 해결에 기여할 수 있는가를 살펴본다.

4. 생태 환경 위기와 과학의 민주화

페미니스트 과학학은 과학학과 더불어 과학의 사회적 맥락성을 드러내 주었고, 다른 가치에 기반한 과학의 구성 가능성을 제시해 주었다. 또한, 다각적인 차원에서 과학 실천에 대한 분석은 과학자들이 생산하는 과학지식의 권위, 전문가로서의 과학자의 지위에 대한 논의로까지 확장되었다. 과학자의 전문성에 대한 비판은 우선은 과학 전문가들에게 힘을 실어 준 과학지식의 권위 상실에서 비롯되고 있다. 과학적 사실(fact)에 근거한 과학지식의 예측 가능성은 사회문제를 해결해 주었고, 이로 인해 과학지식의 사회적 권위도 정당화될 수 있었다. 그러나, 20세기 들어오면서 과학지식의 예측 가능성은 한계에 부딪히기 시작했다. 과학과 기술 발전으로 인해 유발된 지구 생태계의 파괴는 과학이 예측하지 못한 것이었으며, 이들 파괴로 인해 지구 생태계가 어떤 변화를 걷게 될 것인가에 대해서는 일치된 과학지식을 내놓지 못하고 있다. 더구나 과학·기술은 환경이나 생태위기의 해결은커녕 오히려 위기의 원인으로 부상하기 시작했다. 오존 파괴, 지구온난화 원인, 환경호르몬에서 재조합 유전자 위험성 등을 둘러싼 과학계의 논쟁들은 이런 과학자들의 전문성에 대한 회의적인 시각을 초래하였다. 과학사회학자 자사노프의 언급처럼, 위원회에 참가한 과학자들이 화학 오염 물질 규제 등을 놓고 서로 다른 과학 사실들을 주장하고, 이들 주장들에 각자의 이해관계들을 담아내고 있는 장면들을 접하게 되면서 전문가들에 대한 사회적 인식이 바뀌게 되었다(Jasanoff, 1995). 과학 사실에 근거한 지식, 이에 바탕하여 사적 이해관계나 정치적 이데올로기로부터 독립적인 판단이 가능하다고 해서 사회적 권위를 인정받고 있던 전문가들이 현대 과학기술의 위험들에 대해서는 역할 수행이 어려워지고 있는 것이었다. 과학지식의 불확실성은 비과학지식과의 경계 긋기도 어렵게 하고 있다. 과학 전문가와 비전문가를 구분하고, 이들 과학 전문가에 정책적 판단을 위임하고 있던 위험 관리 체제 자체에 대해서도 의문이 제기되기 시작했다. 이는 입증 가능한 과학적 사실이 존재하지 않는 경우, 전문가 판단을 비전문가 판단에 비해 우위에 놓을 이유가 있는가 하는 문제로 이어진다.

현대 과학과 기술 지식에서 보이는 이런 불확실성을 펀토비츠와 라베

츠는 탈정상과학(post-normal science) 상황에서 기인하는 것으로 본다. 현대의 환경문제와 같은 경우, 이를 해결하기 위해 과학적 판단에 기초한 결정의 필요성이 높지만, 관련 과학지식의 불확실성이 큰 경우들이 대부분이다. 이 경우, 사실과 가치를 구분한다는 것은 사실 어려워지고 과학과 정치는 상호 교직 상태에 존재하며, 과학지식은 아주 제한적인 인식론적 권위만을 지니게 된다. 이런 상황에서 과학지식에 대한 평가, 이의 품질관리가 엄격히 이루어져야 하는데, 이를 위해서는 '확대된 동료공동체'가 필요하다고 본다(Functowicz and Ravetz, 1992). 의사결정과정에 과학자의 지식 외에 다양한 비과학자들, 즉 일반인이나 지역공동체, 이해당사자 등의 지식들도 포함되도록 하여, 지식 판단의 근거들을 넓힐 수 있도록 해야 한다는 것이다. 또한, 이 결정과정에 위험 평가의 질적 차원인 가치나 이해관계 등도 포함될 수 있도록 해야 한다고 본다.

한편, 영국 컴브리아 주 목축업자들의 지역 기반 지식의 역할에 주목한 윈(Brian Wynne)은 과학적 전문성의 편파적인 면(문화적 가정이나 규범들에 기대고 있어서 보여지는)은 목축업자와 같은 보완전문성을 지닌 다른 전문가들이 의사결정에 참여함으로써 해결 가능하다고 보았다(Collins and Evans, 2006: 94). 보완전문성을 지닌 다른 전문가들에는 과학지식이 적용되는 지역 시스템을 더 잘 알고 있는 지역 사람들, 과거 정책들 시행 과정에서 드러난 이해당사자들의 행위들을 잘 알고 이에 대한 조언을 해줄 수 있는 사람들도 포함되고 있다. 즉, 과학지식 판단 근거들을 확대하는 것 이외에 정책 시행에 관계하는 지식들의 협소성도 보완해 줄 수 있는 이들도 의사결정에 참여해야 한다는 것이다. 이렇게 과학의 불확실성을 해결하기 위해서 공통적으로 현재의 전문가 체계를 비전문가를 포함하는 체계로 확장, 재구조화할 것을 강조하고 있는데, 이는 과학의 민주화로도 표현되고 있다. 과학지식의 활용에서만이 아니라 과학지식의 생산, 과학지식과 연관된 의사결정에서 비전문가의 참여를 확대함으로써 현재까지 공고하게 유지되어 왔던 상하 위계적인 과학의 전문가 체제를 변화시키는 것이기 때문이다. 확장된 동료공동체나 보완전문가 체제에서는 전문가로 대변되는 과학자 사회와 비전문가의 시민사회는 수평적 연계에 있게 되고 상호보완적인 역할을 맡게 된다. 이들 확장된 공동체 혹은 보완전문가들에는 에이즈 치료 속도를 높이고 치료 방향을 제시한 미국의 에이즈 활동가 그룹, 특정 경험들에 기반한 지식을 전달해 줄 수 있는 소수 인종, 소비자 여성 모임 등의 비정부활동가 그룹 등이 속하게 된다. 페미니스트 과학학은 과학학에서 전문성에 대한 논의는 과학에의 젠더 정치적 개입 가능성을 열어 주고 있다고 보았다. 즉, "과학에서 전문가 정체성을 벗어나, 거의 듣기 힘들었던 '타자들'과 여성 등 다양한 다수의 목소리"가 과학과 연관된 의사결정에 포함될 수 있게 됨으로써 과학의 젠더 평등성은 한 발자국 더 나갈 수 있게 되었다. 비전문가에 속하는 다양한 여성 그룹들은 자신들의 경험에 근거한 보완 지식들로 과학에 기여할 수 있게 되었고, 또한 의사결정에의 참여도 정당화될 수 있게 되었다.

5. 대안 정치를 찾아서

페미니스트 과학학의 여성주의적 과학 성찰과 과학 민주화 논의들이 현재 환경 위기에 대응하는 정치에 어떤 대안을 제시해 줄 수 있을까? 기후변화 정책들을 젠더 정의적 관점에서 평가하고자 하는 논의들에서 그 단초를 볼 수 있다. 국내에서 핵심적인 정책 이슈가 되고 있는 기후변화 정책들에 대한 성찰들이 다양하게 진행되고 있다. 그 중에서도 기후변화 정책들을 젠더 정의와 연관해서 비판하고 있는 논의들이 앞서 페미니스트 과학학에서의 과학 성찰, 과학 민주화 논의들과 관련해서 시사점을 주고 있다.

　기후변화 정책들과 연관해서 여성주의 관점에서의 문제제기는 먼저, 기후변화 관련 연구들에서 젠더 불평등을 고려한 성 인지적인 연구 강화 촉구로 이루어지고 있다. 유엔여성기구(UN Women)에서는 전 세계 공통적으로 여성이 기후변화와 관련된 재앙들로 인해 사망 위험이 높고, 재난의 결과로 노동량 증가, 소득 감소, 건강 약화 등의 위험에 직면할 가능성이 높다고 보았다(이정필, 2010). 그럼에도 불구하고 각국들에서 실행되는 기후변화 영향에 대한 연구들에서는 젠더 측면이 상대적으로 소홀하게 다루어지고 있다. 기후변화의 영향으로 인한 건강 약화는 여성과 남성들에게서 차이가 날 것으로 예상되고 있지만 이와 관련된 실증 연구들이 진행되고 있지는 않은 것이다. 국내의 경우, 어린이나 노인, 만성질환자들을 취약 계층으로 구분하여 이들에 대한 건강 영향 감시 정책이 제안되고 있을 뿐, 젠더에 따른 차이를 다루고 있지는 않았다.

　영향 연구에서와 마찬가지로 기후변화 원인을 둘러싼 연구에서도 젠더 요소는 고려하고 있지 않았다. 기후변화 원인으로서 이산화탄소 배출에 대한 책임은 남성과 여성에게 동일하게 배분되지 않는다. 예를 들어 자동차 사용에 따른 이산화탄소 배출량을 놓고 보면, 여전히 경제 주도권을 쥐고 있는 남성들의 자동차 사용률이 높게 나타나고, 따라서 선진국의 남성이 '차별화된 역사 책임'에서 가장 많은 책임을 분담해야 한다. 기후변화 원인에 대한 연구가 이에 대한 책임 정치와 직접 연계되어 있다는 점에서 선후진국의 상이한 책임을 규명하는 것과 유사하게 젠더 요인을 고려해야 한다는 것이다. 이들 요소들이 고려되지 않은 채 이산화탄소 배출 규제와 같은 정책들이 수립되고 실행이 될 때, 여성들이 더 많은 책임을 떠맡게 되어 현재의 젠더 불평등 구조를 강화시키는 결과를 가져올 수도 있기 때문이다. 과학 연구들의 젠더 불평등 구조를 밝혔듯이 기후변화 연구들에서도 이런 젠더 불평등 문제들이 고려되어야 한다는 것이다.

한편, 기후변화 적응 정책과 관련해서는 기후변화 적응에 필요한 지식들을 생산하고, 활용하고, 이들 정책 수립 과정에 참여하는 여성의 역할 강화 등이 제기되고 있다. 기후변화 취약 지역들에 다수의 여성들이 거주하고 있어 이 지역의 아동과 더불어 최대의 희생자가 될 수가 있다. 그러나 이들 여성들은 역으로 기후변화 적응 정책에 필요한 지식들로 정책 실행자들의 협소한 전문성을 보완해 줄 수 있다. 몇몇 연구들에 따르면, 이들 지역 여성들은 남성들에 비해 지역 생활환경을 더 잘 파악하고 있고, 위기에 처했을 때 기능을 발휘할 수 있는 인적 네트워크에 대한 지식도 풍부한 것으로 나타났다. 기후변화로 인한 재난 상황은 지역의 여러 요인들에 시공간적인 영향을 받기 때문에 전문가들의 컴퓨터 시뮬레이션을 벗어나기 쉽다. 때문에 이런 재난에 대한 방재 체계 구축의 경우, 지역공동체의 지식에 기반할 필요가 있는데, 특히 이들 지식에서 보여지는 젠더 차이를 고려하는 것은 중요하다. 지역의 여성들의 보완적 전문성을 활용하여 지역의 재난관리 시스템을 구축하려는 시도들이 실재 진행되고 있다. 아울러, 관련 적응 정책들을 수립하는 과정에서 여성의 이해들이 대표될 수 있도록 의사결정 과정에 다양한 여성 집단의 참여가 제도적으로 보장되어야 한다는 것이다. 기후변화 관련 국제정치 차원에서는 유엔기후변화협약(UNFCCC)을 비롯하여 기후변화에 관한 정부 간 패널(IPCC) 등에 여성 위원의 비율을 늘려야 한다는 요구들로 표현되고 있다.

적응 정책에는 적응기술 개발정책들도 포함되는데, 이들 정책도 여성주의적 관점에서 성찰되어야 한다고 본다. 주류 기후변화 해결책들이 핵발전, 탄소 포집과 저장 등 거대 기술 개발에 기초하고 있는 경우들이 많다. 그런데 이들 거대 첨단 기술들의 영역은 대개 남성 연구자들이 주도하고 있는 분야로 이들 정책이 실행될수록 연구에서의 젠더 불평등이 강화될 수 있다는 것이다. 청정개발체제, 개도국 삼림 파괴와 전용 방지를 통한 온실가스 감축(RFDD) 등에 기초한 현재의 교토 체제가 이들 거대 기술 발달을 지원하고, 또한 삼림에 의존하는 여성들의 생존을 위협하고 한다는 비판도 제기하고 있다. 여성이 주도하는 가정 재생에너지 사업이나 에너지 효율화 사업들은 재정 지원에서 배제되고, 적응 정책에 있어 여성들의 기여를 막고 있다는 것이다(GenderCC, 2010. 4. 10). 이런 기술 정책은 국내의 경우도 유사하다. 기후변화 대응 기술로 수소연료전지, 이산화탄소 포집, 핵융합 등이 중점적으로 개발해야 할 기술로 제시되고 있다.

이처럼 생태·환경 위기에 대응할 수 있는 대안 정치의 구성을 위해서는 먼저 현재 정책들에서 보여지는 젠더 불평등 요소들을 분석하여 성 인지적인 정책으로의 전환 노력이 필요하다. 정책 내용들에 현재의 젠더 불평등한 사회의 이데올로기가 정책 수단, 정책 목표들에 어떻게 반영되어 있는지를 성찰해야 한다. 한편, 과학 민주화 논의들에서 보이는 것처럼 보완적 전문가들을 포함하는 정책 의사결정과정을 제도화하는 것이 필요하다. 다양한 여성 집단들의 지식들이 적응 정책에 기여할 수 있도록 하고, 모든 단계의 의사결정에 여성 대표성이 반영될 수 있도록 해야 한다. 과학의 불확실성을 고려한 환경 위기 대응 정책이 구성되어야 한다는 것이다. 이 밖에 정책 집행의 결과가 현재의 젠더 불평등을 강화하고 지속가능성을 파괴하는 것이 아닌지에 대한 평가도 이루어져야 할 것이다. 기술 연구 정책들이 여성 연구자 집단에 어떤 영향을 미칠 것이며, 또한 그 결과는 젠더에 따라 어떤 차이를 가져다줄 것인지가 검토되어야 할 것이다. 이들 대안 정치를 어떻게 제도화할 것인가는 앞으로의 연구 과제이다.

참고문헌

김욱동. 1997. 「에코페미니즘과 생태중심주의 세계관」. 『미국학논집』 29집 1호. 47~70쪽.

머천트, 캐롤린. 2005. 『자연의 죽음: 여성과 생태학, 그리고 과학혁명』. 전규찬·전우경·이윤숙 옮김. 미토.

쉬빈저, 론다. 2007. 『두뇌는 평등하다』. 조성숙 옮김. 서해문집.

와이즈먼, 주디. 2009. 『테크노페미니즘』. 박진희·이현숙 옮김. 궁리출판사.

이정필. 2010. 「기후변화와 젠더. 기후정의와 젠더정의를 중심으로」. 에너지기후정책연구소 웹진 『에너진포커스』 17호.

재거, 앨리슨·아이리스 마리온 영 엮음. 2005. 『여성주의 철학 1』, 한국여성철학회 옮김, 서광사.

Buckingham, Susan. 2004. "Ecofeminism in the Twenty-first Century". *The Geographical Journal* 170, pp.146~154.

Collins, H. M. and Robert Evans. 2006. "The Third Wave of Science Studies. Studies of Expertise and Experience". E. Sellinger and Robert P. Crease(eds.). *The Philosophy of Expertise*. Columbia University Press.

Funtowicz, Silvio and Jerome Ravetz. 1992. "Three Types of Risk Assessment and the Emergence of Post Normal Science". S. Krimsky and D. Golding(eds.). *Social Theories of Risk*. Praeger.

GenderCC. 2010. "Gender for Softies only?". http://www.gendercc.net/fileadmin/inhalte/Dokumente/Press/GenderCC-pm-2010-04-10.pdf.

Haraway, Donna J. 1990. *Primate Vision: Gender, Race and Nature in the World of Modern Science*. Routledge.

Jasanoff, S. 1995. *Science at the Bar: Law, Science, and Technology in America, Cambriage*. Twentieth Century Fund & Harvard University Press.

Longino, Hellen E. 2001. "Can There Be a Feminist Science?". Mary Wyer et al.(eds.). *Women, Science and Technology. A Reader in Ferminist Science Studies*. Routledge.

Schiebinger, Londa. 1999. *Has Feminism Changed Science?*. Havard University Press.

Twine, Richard T. 2001. "Ecofeminisms in Process". http://www.lancs.ac.uk/staff/twine/ecofem/ecofem2001.pdf.

토론문 1_「생태여성주의, 페미니스트 과학학과 대안 정치」에 대한 토론글

박이은실(지구지역행동네트워크[1] 설립위원)

1. 지구 생태위기와 새로운 위험 거버넌스의 필요성, 2. 생태주의와 여성주의가 만나다: 생태여성주의의 등장과 성과, 3. 페미니스트 과학학의 등장과 다른 과학의 모색, 4. 생태 환경 위기와 과학의 민주화, 그리고 5. 대안 정치를 찾아서 등 총 다섯 개의 절로 구성되어 있는 논문에서 저자는 글의 목적을 첫째, '페미니즘에서 지구 생태위기 문제를 다루어 온 생태여성주의 논의들을 정리하면서 생태여성주의의 성과와 한계를 짚어' 보고, 둘째, '생태여성주의와는 다른 방식으로 생태위기와 연관된 과학과 기술을 다루어 온 페미니스트 과학학'의 등장에 대해 살피고, 셋째, 페미니스트 과학학적 입장에 기반하여 '지구 생태위기를 다루는 대안 정치가 무엇이어야 할지를 제안'하고, 마지막으로, '이들 논의에 바탕해 환경 위기에 대응하는 대안 정치가 어떻게 구성될 수 있는지'를 제시하고 있다.

저자가 이를 통해 전달하고자 하는 것은 첫째, 과학/기술이 갖는 인류사적 위치에서 여성의 위치와 입장을 생태여성주의적 관점에서 정리하고, 둘째, 구성주의적 관점을 견지하는 페미니스트 과학학의 입장에서 생태여성주의가 기반하고 있는 본질주의적 시각을 맥락화하고 정치화하여 비판

---

[1] www.glocalactivism.org

적으로 발전시키면서, 셋째, 과학적 지식 또한 사회정치적 상황과의 관계 안에서 생산된다는 인식론적 입장에 기반하여 정치와 무관한 객관적 지식 인양 누려 왔던 권위를 상실한 과학이 대안적 지식을 생산할 수 있는 주체로 거듭나기 위해서는 보완전문가들을 포함하는 새로운 연구공동체(혹은 지식생산 공동체)를 구축해야 한다고 제안하면서, 마지막으로 그 구체적인 예로서, 기후변화의 영향 연구, 원인 연구, 적응 연구 등에서 여성이 처한 사회적 위치로 인한 여성으로서의 경험, 즉 젠더 요소가 중요하게 고려되어야 하고 여성이 이 모든 과정에 전문가로서 또한 보완전문가로서 적극적으로 참여할 수 있어야 한다고 제안하고 있다.

구체적으로 살펴보면, 문제제기 절이라고 할 수 있는 1절에서 저자는 과학을 인간이 겪을 수 있는 위험을 통제 가능 영역으로 들여오는 방법이자 수단으로 규정하면서 오늘날 과학이 오히려 대량살상의 잠재력을 지닌 원자폭탄이나 환경오염을 통해 생태계를 파괴하고 기후변화를 급속화시키는 주범이 되었으며, 인간 복제 기술을 통해 인간의 '부속품화'를 야기하는 등 인류가 당면한 문제에 제대로 대응할 능력이 없을 뿐만 아니라 오히려 문제를 양산하고 있다는 지적을 하고 있다. 특히, 저자는 지구 생태계 변화를 현대 정치가 해결해야 할 가장 큰 문제라고 말하면서 이 문제를 보는 입장들을 첫째, "생태 파괴의 근원을 자연을 무가치한 것으로 규정한 현대 자본주의 구조에서 찾고 자연의 정당한 가치를 인정하는 자연자본주의로의 전환을 꾀하는" 입장, 둘째, "현재의 시장경제하에서도 자연 생태계의 부담을 최소화하고 부단한 기술 혁신을 통해 생태조화 경제 건설이 가능하다고 보는 생태 근대화론"적 입장, 셋째, "생태사회주의의 건설을 주창"하는 입장 등으로 소개하고 있다. 그리고 페미니즘을 "성 불평등 문제를 해결하고자 하는" 입장으로서 소개하면서 네번째 조류로 소개하고 있다.

토론자가 읽기에는 이 부분에서 저자는 페미니즘을 지구와 인류에게 일어나고 있는 전반적인 생태위기를 규명하고 대안을 제시하는 독자적인 사상체계 혹은 사상적 조류로서 상정하고 있지는 않은 것 같다. 그렇기 때문에 저자가 앞서 제시한 세 가지 입장들에 페미니즘이 적극적으로 개입하면서 보다 나아간 대안을 제시할 수 있는 가능성을 제시하는 관점이기보다는 세 가지의 큰 조류들 옆에서 하나의 주변부적 목소리를 내고 있는 것처럼 읽힌다. 저자도 본문에서는 페미니즘이 남성중심적 지식생산 체계와 인식론적 토대를 비판하고 재구성해 온 과정을 소개하고 있는데, 문제제기에서는 이 부분이 적극적으로 드러나지 않는다. 이는 아마도 저자가 '성 불평등을 해결하고자 하는 페미니즘' 역시 생태문제에 관심이 있다는 식으로 논의를 시작하고 있기 때문에 더 그렇게 읽히는 것 같다. 잘 알려져 있지만 그래도 다시 언급해 본다면 페미니즘이 근대 지식생산과정에 비판적으로 기여해 온 영역 중 하나가 바로 주체/타자 관계 설정일 것이다. 페미니즘이 견지해 온 소수자적 시각, 돌봄, 생명 등의 인식틀도 여기에서 발전되어 나왔다고 할 수 있다. 물론, 저자가 본문(생태페미니즘을 소개 및 비판하는 2절)에서 이를 좀더 다루고 있기는 하지만 글의 큰 틀을 제시하는 문제제기 절에서도 이에 대한 문제의식을 적극적으로 배치시켜 주어야 페미니즘이 제기해 온 문제가 예외적이고 특별한 것이 아니며, 페미니즘이 소위 공식적인 논의 영역이라고 인식되는 과학적 지식 영역 외부에 존재하는 지식체계가 아니라 적극적으로 그것에 개입하고 그것을 재구성하는 사상체계임을 정당하게 자리매김할 수 있을 것이다.

2절에서 저자는 생태여성주의의 태동을 개괄하고 특히 '문화적 생태여성주의'와 '사회적 생태여성주의'의 비교를 통해 생태여성주의 내에서의 여성과 자연의 친화적 관계와 남성과의 관계에 있어 여성과 자연이 유사하게 갖는 위치를 본질주의적 접근과 사회구성주의적이고 역사적인 접근 방법으로 설명하고 있다.

저자도 지적하고 있듯이 생태여성주의는 페미니즘 내에서 환경 이슈들이 의제화되는 데 큰 기여를 해왔다. 저자는 이런 기여에도 불구하고 생태여성주의의 한계가 '과학' 자체를 비판한 것이 아니라 '남성'의 과학을 비판했고, 이때 남성의 과학은 '자연과 여성에 낮은 가치를 부여하여 이들을 통제하고 착취하는 것에 면죄부를 주고, 이로 인한 자연 파괴 등의 환경문제들을 발생시킨 과학'이었다고 지적하고 있다. 그리고 이에 대해 생태여성주의가 제시하는 대안은 "생물학적으로 자연친화적이고 자연을 대변하는 '여성'의 과학"을 출현시키는 일이었다고 지적하고 있다. 저자는 (이 점을 3절에서 다시 언급하면서) '급진적 페미니즘과 마찬가지로 생태여성주의 역시 여성의 경험, 가치 인식들이 상이할 수 있다는 점을 무시했다는 비판에 직면하였다'고 지적한다. 왜냐하면 생태여성주의가 '자연에 대한 지식, 여성에 대한 지식을 생산하고 가부장 사회의 이데올로기를 뒷받침하는 과학, 즉 과학지식의 가치중립적 문제나 과학 방법론의 역사적 맥락성을 질문하지 않음'으로써 "자연에 대한 객관적 지식이라는 근대과학의 모델"을 비판 없이 수용하고 있기 때문이다.

그런데 지면상 한계가 있기는 하지만 그동안 생태여성주의가 기여해온 정도에 비해 그것이 제시하는 논점이 이 글에서 너무 거칠게 요약되어 제시되면서 비판되고 있는 것은 아닌가 싶다. 여성을 자연과, 남성을 문화(이성·합리·과학)와 등치시켜 온 인식론의 역사가 깊고 이에 대한 비판은 굳이 여성을 문화(이성·합리·과학)와 등치시키는 또 다른 이분법적 인식론의 우를 범하지 않는 방식으로도 보다 촘촘하고 충분히 이뤄질 필요가 있기 때문이다. 여성=자연/남성=문화(이성·합리·과학)라는 이분법적 근대인식론에 기반한 남성중심적 인식체계가 여성과 자연을 대상화하고 이들의 노동력을 수탈하고 착취하는 데에 결정적인 역할을 해왔다는 것은 충분히 지적되어야 하기 때문이다. 물론, 저자가 이 점에 대해 다른 견해를 가지고 있다고 생각되지는 않는다. 다만, 지면의 한계에도 불구하고 매우 중요한 지점이기 때문에 보다 충분히 짚어져야 했다고 생각되어 언급하였다.

한편, 생태여성주의의 논점에 대한 비판에서 한 가지 지점이 더해졌어야 한다고 생각한다. 생태여성주의는 여성을 어머니(모성), 즉 임신·출산·양육 경험이 있는 여성으로서 상정하고 이러한 여성주체에 그 논점을 근거시키고 있다. 그러나 주체/타자 인식론에서 페미니즘이 많은 부분 기대고 있는 페미니즘 정신분석학적 측면에서 보자면 인간이 탄생하여 인간 주체가 되는 과정에서 여성은 '어머니'의 위치가 아니라 오히려 '딸'의 위치에서 주체화과정을 겪게 된다. 이후 모든 딸이 여성이 되는 것도 아니고 모든 여성이 어머니가 되는 것 또한 아니라고 한다면 생태여성주의가 근거하고 있는 여성주체는 사실 여성주체라기보다는 어머니주체 혹은 어머니인 여성주체라고 해야 맞다. 만약 생태여성주의가 어머니인 여성주체가 아니라 딸인 여성주체에서 논의를 출발시킨다면 논의의 전개는 매우 달라질 수밖에 없을 것이다. 어떤 면에서 어머니인 여성은 착취하는 남성과 착취받는 여성을 모두 생산하고 양육하는 자이기 때문에 착취와 피착취 관계에 대한 완전한 면죄부를 받을 수 없는 존재라고 할 수도 있다. 때로 우리의 목숨을 앗아 가기도 하고 그것에 대해 아무런 힘을 발휘할 수 없을 만큼 그 앞에 놓인 인간을 무력한 존재로 만들기도 하는 위협적인 자연과 유사할 수도 있다. 따라서 자연은 위험일 수 있고 동시에 위안일 수 있는 이중적이고 양가적인 존재이다. 이 점을 간과한다면 인간이 자연이 가하는 위협으로부터 자신의 안녕을 지키기 위해 해왔던 모든 노력들(저자가 말한 '과학'을 포함해서)을 무의미한 것으로 돌려놓아야 한다. 그러나 누구도 원시 그대로의 자연으로 돌아가는 것이 현재 인류가 당면하고 있는 위험을 해결하기 위한 답이라고 생각지는 않는다. 반면, 딸인 여성은 그야말로 남성의 여성/자연에 대한 착취/피착취 과정에서 어떤 개입도 하지 못한 채 그 위치에 놓여 있는 여성이라고 볼 수도 있다. 그러나 생태여성주의는 끊임없이 어머니라는 토대를 버리지 않고 간다. 자연을 '어머니 자연'이라고 부르는 것도 이러한 맥락 안에서라고 볼 수 있다. 생태여성주의가 아니라 페미니스트 과학학, 즉 '다른' 과학이란 대안이 보다 더 설득력을 가지게 되는 것도 바로 이 지점에서일 것이다.

3절에서 저자는 '페미니스트 과학학'을 '과학 자체를 여성주의 시각에서 성찰하는 과학'이라고 소개하면서 바로 이 점이 생태여성주의와 다른 점이라고 말한다. 저자에 따르면 페미니스트 과학학 학자들은 '과학자 사회에서의 소수 여성 현상에 대한 질문에서 시작하여 과학지식의 객관성 자체를 질문하고 여성주의적 관점에서 재기획함으로써 과학학 연구의 시야를 넓혀'왔다. 그리고 '자연에 대한 이론'이 아니라 '실천으로서의 과학'에 주목하여 연관 제도, 방법론, 연구 방향, 연구 대상 등을 '젠더'와의 연관하에서 분석해 왔다. 특히, 이러한 연구 입장은 생태여성주의적 입장이 근거하고 있는 여성, 즉 '남성과 다른 생물학적 조건'을 가지고 있는 여성이라는 관점에 비판적이다. 저자는 여기서 페미니스트 생물학자이자 사상가인 다나 해러웨이의 분석을 인용하는데, 해러웨이는 영장류 동물학 형성과정을 분석하여 '영장류', '원주민'과 같은 자연 개념이 사실은 문화적·정치적으로 구성되었음을 보여 줌으로써 근본적으로 자연/문화의 대립 자체가 역사적으로 만들어진 개념이고, 문화와 완전 분리되고 독립되어 있는 '자연'이란 개념 자체가 존재 가능하지 않다는 것을 드러냈다.

저자는 페미니스트 과학학이 이런 점에서 "근대과학이 서구의 이원론에 바탕한 남성다움, 여성다움에 영향을 받고 있음을 드러내"는 데에서는 생태주의와 유사하지만 여성성 역시 과학지식을 통해 구성되었음을 보여 줌으로써 "생태여성주의가 비판 없이 받아들인 여성성"에 대한 담론을 확장시킨 공로가 있다고 말한다. 이어 저자는 페미니스트 과학학은 "실천으로서 과학을 정의하는 과학학 개념을 좇아” “과학 연구들이 기획되고 과학 연구 대상들이 결정되는 과정, 과학 데이터에 대한 해석, 여기에 관계하는 개념과 이미지들을 분석”하고 또한 “현재의 연구실 문화, 연구자 경력 평가와 보상 제도 등 과학 활동을 구성하는 제도들에 대한 분석”에도 주목하도록 만들었다고 지적한다. 이런 성과로 1960년대에 “거대 과학의 출현과 더불어 실험실은 군대 조직을 연상하게 하는, 상하 위계질서가 확실한 조직 문화가 지배적”이었다는 것과 “대부분의 과학 연구들이 군사 연구와 결부”되었다는 문제가 드러나기도 했다고 말한다. 저자는 이 점을 과학 분야에서 여성들이 왜 소수로만 존재했는지를 설명해 준다고 말하고 있다.

그리고 저자는 1970년대 여성운동의 결과로 과학 분야로의 여성 진출이 늘어났지만, 남성이 주도해 왔던 물리, 공학 분야로 소수 진출한 여성들은 이 분야가 가진 남성 문화에 저항보다는 적응하면서 남성적 가치를 내면화하는 한계를 보이기도 했다고 지적하면서 이와 대조적으로 “생물학이나 영장류학 분야처럼 여성 과학자의 수가 동등하거나 우위를 점하게 된 곳에서는 기존 남성 과학자들의 이론과 대립하는 여성 과학자들의 다른 이론들”이 출현할 수 있었다는 점에 주목하고 있다. 특히, 인간 사회의 이분법적 성차 개념을 동물 세계에 그대로 적용할 수 있는가에 대해 더 근본적이 질문이 제기된 것을 큰 성과로 보고 있다. 저자는 이러한 변화는 여성 집단을 단일한 주체로 상정하고 여성들 사이의 차이를 비가시화시키며 이와 동시에 남성 주체를 본질화하는 결과를 낳을 수밖에 없는 생태여성주의와 달리 여성이 가진 자연친화적 경험과 특성에 근거하기보다는 변화한 성별 권력관계가 여성 과학자들로 하여금 연구 의제를 새롭게 구성하게 한 것이라는 점에 주목하고 있다. 그리고 이러한 결과들이 생태 환경문제들 역시 과학에서 전제하고 있는 자연에 대한 개념에서 탈피하고 새로운 자연관에 기반한 연구 목적을 설정하며, 실험을 기획하고 이러한 연구를 지원할 수 있도록 연구 지원 제도를 변화시키는 방안이 모색되게끔 만들고 있다고 지적하였다.

그런데 여기서 저자가 생태여성주의 비판에서 제기했던 문제, 즉 페미니스트 과학학이 전제하고 있는 '여성' 주체가 어느 만큼이나 생태여성주의가 상정하고 있는 '보편적' 여성주체, 즉 여성의 경험을 단일화하고 본질화하는 한계를 어떻게 극복하고 있는지가 충분히 설명되고 있지 않아 아쉽다. 이 점을 드러내 주는 것은 중요한데, 왜냐하면 바로 이 부분이 페미니스트 과학학과 생태여성주의의 입장이 갖는 근본적인 차이라고 본 논문에서 말해지고 있기 때문이다.

그리고 또 궁금한 것은 소위 '생물학적 근거'라고 이야기되는 섹스(sex)가 논의되는 생물학이라는 자연과학 분야가 아니라, 핵실험과 핵발전 등을 통해 재앙의 해결자가 아니라 오히려 주범이 되고 있는 물리학이나 인간 집단 간 주종관계를 재생산하고 고착화시킬 수도 있는 생명공학 등에서 페미니스트 과학학적 관점이 어떻게 관철될 수 있는가에 관한 의견도 보다 더 개진되면 좋겠다. 저자가 논문 초입에서 언급하듯이 바로 이 분야가 어느 분야보다도 시급하게 개입이 필요한 분야이고 또한 그렇기 때문에 페미니스트 과학학의 개입 또한 시급하게 필요해 보이기 때문이다.

4절에서 저자는 과학지식의 내재적 불확실성과 이에 대한 성찰에 기반한 새로운 전문성에 대한 정의가 과학의 민주화를 이루고 나아가 생태환경문제 해결에 기여할 수 있다고 주장하고 있다. 저자는 여기서 전통적으로 과학지식의 권위는 '객관적' '사실'에 기반한 '정확한' '예측'에 있었기 때문에(예로, 일기를 예측할 수 있는 지식과 도구의 독점이 정치적 권위와 권력의 바탕이 되기도 했다) 20세기 들어오면서 과학지식의 예측 가능성이 한계에 부딪치게 되자 과학지식의 권위가 심한 타격을 입었다는 것을 지적하면서, 이로 인해 제기된 '과학지식에 대한 평가와 품질관리'의 필요성 그리고

'비과학지식과의 경계 긋기의 어려움'을 해소할 필요성을 '확대된 동료공동체'의 형성을 통해 실현시킬 수 있다고 제안하고 있다. 여기서 "'확대된 동료공동체'란 '의사결정과정에 과학자의 지식 외에 다양한 비과학자들, 즉 일반인이나 지역공동체, 이해당사자 등의 지식들도 포함되도록 하여" 지식 판단의 근거들을 넓히는 것이라고 규정된다. 그리고 이렇게 과학자들 외의 다양한 구성원의 참여를 통해 의사결정되는 과정이 바로 '과학의 민주화'라고 설명되고 있다.

그런데 '과학의 민주화'가 "현재의 전문가 체계를 비전문가를 포함하는 체계로 확장, 재구조화"하는 것이라고 설명되고 있는데 여기에서 여전히 동료공동체에 참여하는 이들의 관계가 전문가/비전문가라는 위계적인 방식으로 상정되고 있다. 한때, 의료과학적 지식, 특히 출산과 양육에 관련된 지식은 여성인 '산파'(영어로는 midwives라고 불리는)의 전문 영역이었다. 그러나 근대 의료지식이 남성들에 의해 독점되면서 산파는 오히려 미신 혹은 비과학적 민간요법에 의존하는 위험하고 신뢰하지 못할 비전문가로 전락한 여성사적 역사가 있다. 이때 전문성과 비전문성의 경계는 사실 매우 정치적인 영역이 된다. 저자는 논문에서 전문가/비전문가라는 호명이 가지는 암묵적인 위계구조를 '수평적 연계' 혹은 페미니스트적 연계로 재구성해야 한다고 주장하고 있다. 그렇다면 비전문가, 보완전문가, 혹은 준전문가 등 어떤 방식으로 호명하는가는 단순한 호칭의 문제를 떠나 지식의 위계, 주체들의 관계 설정과 위계의 문제이기 때문에 이 글에서도 이에 대한 보다 적극적인 검토와 제안이 있었으면 하는 아쉬움이 있다.

마지막으로 5절에서 저자는 페미니스트 과학학의 과학 성찰과 과학 민주화 논의가 환경 위기에 대응하는 정치에 제시하는 대안을 기후변화 정책들을 젠더 정의적 관점에서 평가하고자 하는 논의들에서 찾고 있다. 특히 기후변화 정책들을 젠더 정의와 연관해서 비판하고 있는 논의들을 페미니스트 과학학에서의 과학 성찰과 과학 민주화 논의들과 관련시키고 있다. 구체적인 예시로서, 첫째, 여성이 기후변화와 관련된 재앙들로 인한 사망 위험이 더 높고, 재난의 결과로 노동량 증가, 소득 감소, 건강 약화 등의 위험에 직면할 가능성이 높기 때문에 기후변화 영향 연구에서 젠더 요소가 결코 간과되지 말아야 하는 점, 둘째, 기후변화 원인에 대한 연구와 책임소재를 둘러싼 정책 결정에서 소위 개발국 남성들의 삶의 방식(차량운전 중심 생활)의 결과를 이와 무관한 저개발국 여성들이 더 많이 떠맡게 되는 젠더 불평등 구조에 대한 문제를 간과하지 말아야 하는 점, 셋째, 기후변화 적응 정책 측면에서 기후변화 적응에 필요한 지식들을 생산, 활용, 정책 수립하는 과정에 여성들의 참여 수위와 정도를 확장시켜야 한다는 점, 넷째, 기후변화 해결을 위한 정책들이 핵발전과 같이 남성 연구자들이 주도하고 있는 거대 기술 분야이기 때문에 이들 정책이 중심적으로 실행될수록 연구 영역에서의 성 불평등이 강화될 수밖에 없다는 것을 인식해야 한다는 점 등을 들고 있다.

그런데, 페미니스트 과학학 연구와 전문가/비전문가 동료공동체에 대한 제안이 왜 기후변화로 인해 '여성'들이 특정하게 겪고 있는 문제에 대한 주목으로 제시되고 있는지 그 연결 과정이 보다 맥락화되어야 하지 않은가 하는 생각이 든다. 그리고 기후변화로 인한 재앙에 대한 책임을 선진국/남성들에게 더 묻는 것은 과학의 민주화와 어떻게 연관되는가? 오히려 저자가 또 한편에서 제시하고 있듯이 기후변화로 인한 방재 예방체계 구축 혹은 지역의 재난관리 시스템 구축에서 여성들이 보완전문가로서 참여할 수 있는 여지를 주장하고 적응 정책과 적응기술 개발정책 결정에 여성들이 참여해야 한다는 것을 주장하는 것, 생태·환경 위기에 대응할 수 있는 대안 정치의 구성을 위해서 먼저 현재 정책들에서 보여지는 젠더 불평등 요소들을 분석하여 성 인지적인 정책으로 전환해야 한다는 것, 이러한 대안 정치를 실현시키기 위해 어떠한 제도화가 필요할 것인가 하는 것이 보다 중점적으로 짚어져야 할 것 같다.

그리고 다른 한편에서는 대안 정치에 대한 예시가 정책/제도에서의 제시로 귀결되고 있는데, 저자도 언급하였듯이 여성이 제도권 안으로 들어간다고 해서 문제가 궁극적으로 해결되는 것이 아니라고 한다면 이러한 대안 제시는 저자가 비판하고 있는 문화생태주의적(본질주의적) 대안과 얼마만큼 다른 것인가? 제도 내화된 페모크라트들이 반페미니스트적인 정책을 입안하기도 하듯이 여성 과학자들도 남성중심적 지식 체계에 봉사하기도 한다는 것을 저자 또한 언급하였다. 그렇다면 여성뿐만 아니라 지금까지 과학 영역에서 배제되거나 주변화되어 왔던 지역의 다양한 구성원들(장애인, 청소년, 성적 소수자, 노인, 이주민 등)이 동료공동체에 참여할 수 있는 통로를 적극적으로 열 수 있도록 하는 과학의 민주화과정이 어쩌면 보다 궁극적인 페미니스트적 대안 정치는 아닐까? 이러한 대안 정치로 나아갈 때 여성이라는 보편 주체를 본질화하는 방식이 아니라 보다 페미니스트적인 과학 비평과 대안이 제시될 수 있고 그럴 수 있을 때 페미니즘은 비로소 대안적 사상체계가 될 수 있을 것이다.

마지막으로, 발표문의 내용과는 무관한 제안이기는 하나 토론자는 노동과 소비의 문제를 생태와 관련시켜 분석하는 것 또한 페미니즘이 생태 문제 해결에 기여할 수 있는 이론적이고 실천적 작업이 될 수 있다고 생각하고 있다. 한정된 자원을 무엇을 위해, 어떻게 소비할 것인가가 바로 생태 체계에 대한 성찰과 대안 제시로 연결되기 때문이다. 그래서 '노동과 소비를 과학의 민주화와 관련시켜 본다면 무엇이 새롭게 보일 수 있을까?' 하는 질문으로 토론에 갈음하고자 한다.

서영표(성공회대 민주주의연구소 운영위원)

1. 머리말

「생태여성주의, 페미니스트 과학학과 대안 정치」는 생태여성주의와 페미니스트 과학학의 이론적 기여를 대안 정치전략 구성의 토대로 해석하고 있다. 생태여성주의뿐만 아니라 다양한 여성주의 운동은 1970년대 이후 사회주의 전략의 경직성과 비민주성을 지적해 왔다. 몇몇 사회주의적 여성주의자들은 지역의 구체적인 쟁점을 근거로 한 여성운동의 경험은 사회주의운동을 보다 더 민주적으로 만드는 밑거름이 될 수 있다고 역설했다(Rowbotham et al., 1979). 더 나아가 여성운동에 의해 재해석된 사회주의를 자본주의 사회에 대한 생태주의적 비판과 접목시키려는 시도도 생겨났다(Mellor, 1992; 1997). 여성주의 진영으로부터의 이러한 도전은 많은 논쟁을 불러왔고 새로운 사회주의 전략을 고민하는 데 적잖은 기여를 해왔다.

여성주의, 특히 생태여성주의의 기여 중 가장 주목해야 하는 것은 '지식'의 성격에 관한 것이다. 지식은 보편타당한 '진리'가 아니라 정치적 과정과 분리될 수 없다. 푸코에 의해 인상적으로 분석되었듯이 권력과 정치는 떼어질 수 없는 것이다. 웨인라이트는 이러한 면을 '지식의 정치'(politics of knowledge)로 개념화하고 있다(Wainwright, 1994). 하지만 웨인라이트가 푸코식의 권력 비판에 완전히 동조하는 것은 아니다. 보편타당한 지식이라는 권력 주장을 해체하면서도 사회를 비판하고 정치전략을 구성할 수 있게 하는 지식구성의 작업을 완전히 포기할 수는 없기 때문이다. 로이 바스카 등 소위 비판적실재론(critical realism)을 표방한 일군의 사회주의자들이 기존의 권위주의적 이론을 공격하는 것에는 포스트모더니즘에 동조하나 그 이후에 출현한 지적 허무주의는 강하게 비판하고 있는 것은 보편적 지식을 거부하면서도 지식구성을 포기하지 않으려는 시도의 표현이다(Bhaskar et al., 1991).

지식구성은 정치적 과정 외부에서 가능하지 않다는 인식론적 상대주의(epistemological relativism)를 인정하면서 모든 '진리주장'을 부정하는 지적 허무주의(intellectual pessimism)로 빠져들지 않는 것은 쉬운 일이 아니다. 생태여성주의는 이미 포스트모더니즘에 의해 극복된 본질 환원론으로의 회귀라는 비판이 제기되는 것도 같은 맥락에서이다(Jackson, 1996; 1997). 이러한 비판에 대한 반론에서, 본질환원론적 성격이 다분한 문화적 생태여성주의와는 거리를 두려 하는 사회적 생태여성주의자들은 사회 안의 여성의 위치와 경험으로부터 생겨나는 지식이 가지는 힘을 강조하지만, 여성의 위치와 경험조차 정치적으로 구성되고 있음을 지적한다. 여성의 위치, 경험, 지식은 생태정치의 출발과 근거가 될 수 있을 뿐 그것으로부터 여성과 자연의 생물학적 친화성을 끌어낼 수는 없다는 것이다(New, 1998; Mellor, 1996; Salleh, 1996). 이제 여성의 위치와 경험으로부터 생겨난 지식은 여성의 위치뿐만 아니라 남성의 의식을 포함한 사회 전체의 변혁을 위한 출발점일 뿐이다.

그렇다면 우리에게 제기된 과제는 이 출발점으로부터 어떻게 앞으로 나갈 것인가이다. 생태주의, 여성주의, 사회주의가 서로 보완하면서 새로운 비판이론의 패러다임을 만들어 낼 수 있다는 것을 보여 주면서, 그와 동시에 이에 근거한 정치전략을 생산해야 하는 것이다. 아래에서는 이미 다른 지면을 통해서 제출된 필자의 주장을 발표주제에 맞도록 재구성하여 제시하겠다. 그 핵심 주장은 생태여성주의와 페미니스트 과학 비판을 연결해줄 수 있는 여성주의 관점이론(feminist standpoint theories)을 비판이론과 접맥하고 민주적인 계획경제 모델로 발전시키는 것이다. 「생태여성주의, 페미니스트 과학학과 대안 정치」에 대한 세세한 비판보다는 그것의 핵심 주장을 '여성주의에 기초한 생태사회주의 전략'의 방향에서 논의하도록 하겠다.

2. 지식구성의 갈등적 차원

지식의 상대성을 인정하면서도 지식구성을 포기하지 않는 이론적 경향으로 여성주의 관점이론이 있다. 여성주의 관점이론은 여성이 사회 내에서 차지하는 위치 때문에 신뢰할 만한 지식주장(knowledge-claim)을 제기할 가능성이 크다고 주장한다. 자신의 종속적 지위로 인해 여성이 사회 내 억압과 착취를 더 잘 이해할 수 있기 때문에 이런 지식이 현존 사회질서 비판에서 이점을 갖는 것이다. 그러나 여성이 신뢰할 만한 지식주장을 가질 수 있는 것이 여성의 지위 그 자체 때문이라고 확증할 수는 없다. 우선 현존 사회질서를 정당화하며 권력관계로부터 자유로운 대안적 사회관계의 가능성을 은폐하는 지배적 이데올로기들이 존재한다는 사실을 기억해야 한다. 즉 여성들이 비록 종속적 위치에서 착취와 억압에 대한 덜 왜곡된 지식을 획득할 가능성이 높지만, 그들의 종속성을 은폐하는 지배적 권력/이데올로기적 기제로부터 완전히 자유로울 수는 없다. 이러한 이유로 여성의 지식은 이러한 권력관계와 부딪히고 이를 경험함으로써만, 즉 투쟁의 과정을 통해서만 획득된다(Hartsock, 1983: 302~303).

앞에서 제기된 문제를 인식론적 측면에서 살펴보면, 쟁점은 과연 여성주의 관점이 현실에 대해 더 나은 지식을 제공할 수 있는가에 관한 것이다. 만약 고유하게 여성의/여성주의적인 관점이 저절로 우월한 견해를 제시한다고 주장한다면 이는 순환논법 ——선호되는 관점이 더 나은 지식을 생산한다면, 이 지식을 정당화하기 위해서 다시 선호되는 입장이 필요하게 되는——에 빠지는 것이다. 이에 대한 두 가지 대안이 존재한다. 상대주의적 입장(선택은 단지 주관적 선호의 문제다)과 비상대주의적 실재론(여타의 대안들에 대하여 그것이 제기하는 일련의 가정과 인식론을 선호할 만한 충분한 근거가 존재한다)이 그것으로, 전자가 포스트모더니즘적 여성주의라면 후자가 여성주의 관점이론이다(Harding, 1986, 특히 ch.6~7; 1991: ch.5~7을 보라).[1]

여성주의 관점이론은 이론적 실재론(theoretical realism)과 많은 것을 공유하고 있다. 이론적 실재론의 입장에서 보면 사회적 토대(사회세력과 사회계급)가 부재한 이데올로기적(헤게모니적) 실천, 다시 말해서 특정 사회 조건을 고려하지 않은 이데올로기 구성체 내 담론적 실천은 일종의 엘리트주의적 정치 전략으로 변질될 수 있다. 그런 이론적 입장에 따르면, 현존 사회질서 내에서의 공통의 경험에 기초하지 않으면서 단지 '비어 있는 기표'(an empty signifer)를 통해 헤게모니가 구성될 수 있게 된다(Laclau, 1995: 34~35를 보라). 이론적 실재론의 입장에서 헤게모니적 실천이 의미를 부여받기 위해서는 헤게모니 실천의 주체인 사회계급과 사회세력이 실재론적으로 해명되어야 한다. 물론 사회계급과 사회세력은 항상 동일한 지위와 정체성을 가지는 것은 아니다. 그러나 헤게모니적 실천은 완전히 고정되지는(fully fixed) 않지만 그럼에도 불구하고 상대적으로 지속적인 경계를 갖

---

1) 이를 하딩의 구분법에 따르면 포스트모던 여성주의와 여성주의 관점이론이 된다(Harding, 1987a; 1987b; 1990; 1993; 1996의 유용한 논문들을 참고하라).

는 계급과 세력 간 실천으로 이해되어야 한다(Joseph, 2002를 보라).

사회현상이 어떻게 설명이 필요한 문제로 정의되는지를 살펴보면, 우선 이 문제를 겪는 사람(또는 집단)이 없다면 그런 문제도 없다는 것을 곧 알게 된다. 문제는 항상 어떤 사람들의 문제인 것이다(Harding, 1987a: 6).

모든 사회계급과 사회세력의 성원들은 입장을 공유하며, 그들의 열악한 사회적 위치가 재생산되는 특정한 사회조건에 의해 그들의 관점과 경험이 형성된다. 사회 안에서 불이익을 당하는 사회계급과 사회세력이 서로 소통할 수 있는 것도 이런 공통지반 덕분이다. 이러한 견해를 '비상대주의적 실재론'이라고 부를 수 있을 것이다(Benton and Craib, 2001: 154; Harding, 1991을 보라).

하딩은 여성주의 관점이론을 비교조적 사회주의 기획을 위한 이론적 토대로 발전시키려 한다. 여성을 포함한 피억압자는 그들이 일상에서 획득하는 실천적 지식 덕분에 인식론적으로 유리한 고지를 점할 수 있다. 이런 지식을 통해 그들은 사회적으로 유리한 집단이 이데올로기적으로 정당화해 온 불평등하고 불공정한 관계를 보게 될 가능성을 획득한다(Harding, 1996: 149).[2] 그러나, 하딩에 따르면, 인식론적 이점이 덜 편파적이고(less partial) 덜 왜곡된(less distorted) 지식을 제공할 수 있지만 그것이 "절대적이고 완벽한 또는 보편적이고 영원한 적합성을 확증"하는 것은 아니다(Harding, 1990: 100). 상이한 입장들은 상이한 인식론적 이점을 지닌다. 남

---

2) 하딩은 "확실히 권력자가 사회적으로 유리하기 때문에 그들이 자기들의 이익을 증진시키는 것으로 간주하는 허구적 주장을 계속해서 정당화할 수 있다"고 주장한다. 그녀에 따르면, "사회적 유리가 인식의 불리를 만들며 사회적 불리가 인식의 유리를 가능케 한다"(Harding, 1996: 150).

성이 임신, 육아, 가사노동, 보살핌 노동 등과 관련된 필요를 인식하기는 어렵지만 여성은 이런 필요를 더 쉽게 인식할 수 있다. 마찬가지로 이동성과 대중교통, 공공시설에의 접근성, 노동조건 등의 측면에서 장애가 없는 사람들이 장애인의 필요를 이해하는 것은 간단한 사안이 아니지만, 장애인은 그들의 생활 경험 속에서 그것들을 인식한다. 이런 사회적 범주들이 모두 불의와 불평등에 대한 완전한 지식을 주장할 수는 없지만, 그들의 경험을 통해 덜 편파적이고 덜 왜곡된 지식을 가질 수 있을 것이다. 그러나 이런 종류의 지식은 오직 "고통스러운 과정"을 통해서만 획득될 수 있다(Harding, 1991: 287; 또한 1987b: 8을 보라).

덜 편파적이고 덜 왜곡된 지식의 가능성을 발전시키기 위해서는 성찰적(reflexive) 사고가 필요하다. 성찰적 사고를 통한 노동자, 여성, 인종적 소수자, 장애인 등 다양한 사회세력 간의 대화가 요구된다.

여성의 경험이 제공하는 공통점들이 여성에게 인식론적으로 우월한 입장을 제공하는가? 그리고 그 공통점들이 특정한 조건하에서 여성주의적 관점을 가능하게 하는가? 첫번째 질문에 대한 답은 '아니오'이다. 여성 또는 그 어떤 사회적 집단도 인식론적 특권을 가질 수 없다. 예속된 사회적 집단의 관점은 두 가지 사실을 가능하게 한다. 첫째, 그들의 사회적 위치 그리고 그들의 종속적 위치에 의해서 억압에 반대하는 집단행동을 취하게 하는 지식이 구성될 기회. 이것은 모든 억압적 사회집단에 적용될 수 있다. 지식은 언제나 매개된 지식이며, 서로 다른 해석에 노출되어 있으며 부분적이다. 바로 이러한 지식의 제한된 성격 때문에 임금노동, 또는 지불되지 않는 가사노동, 또는 출산 등이 인식론적으로 우월한 지식을 제공한다고 주장하는 것이 도움이 되지 않는 것이다. 우리가 기억해야 하는 것은 오히려 이러한 직접적인 경험이 성찰적인 행위자에게 구체적 삶 속에서 발생하는 사건들이나 충족되지 않는 필요에 관심을 두게 한다는 점이다. 일단 이러한 관심을 가지게 되면, 기존에 주어진 개념적인 도구들은 일관되지 않고, 적절하지 않으며 허위적인 것으로 드러난다(New, 1998: 368).

지금까지 서로 간의 차이를 인정하지만 서로 다른 견해와 입장들 사이의 대화와 소통을 어떻게 가능하게 할 것인가에 대해 논의했다. 이번 절의 기본 주장은 여성주의 관점이론의 이론적 자원은 상이한 지식주장들 사이의 헤게모니적 투쟁에 대한 일반적 분석으로 나가는 데 중요한 역할을 할 수 있다는 것이다. 이러한 과제를 위해서는 한 가지 중요한 문제를 지적해야 한다. 불리한 위치의 사회집단들 간의 대화는 미리 전제될 수 없다는 사실이다. 지식을 획득하는 과정과 마찬가지로 이런 대화는 그 자체가 고통스러운 사회적 투쟁이다.

이미 지적했듯이 사회관계에 대한 지식은 관점(중립적이지 않은)에 의해서만 획득될 수 있으며, 공통의 대상(사회관계)이 존재하기 때문에 이런 관점으로부터 획득된 지식주장들이 비교되고 논의될 수 있다. 여기서 비교와 논의가 가능하기 위해서는 사회집단들 간의 대화는 최소한의 공정한 토론의 필요조건을 충족시켜야 한다. 즉, 주장은 논리적이고 일관되어야 하며 적절한 증명을 제시해야 한다. 다음 절에서 논의해야 할 주제는 이러한 공정한 토론의 필요조건을 검토하는 것이다.

3. 의사소통 합리성과 차이들 사이의 소통

앞에서의 논의를 통해 사회적으로 억압받거나 착취받는 사회세력이 일상생활의 체험된 경험 속에서 어떻게 그들 스스로의 필요와 욕구를 표출하고 그것의 충족을 가로막는 사회질서에 대한 덜 왜곡된 지식으로 접근할 수 있는지를 분석할 수 있는 이론적 수단을 갖게 되었다. 그러나 여전히 채워지지 않은 부분이 있다. 즉, 좀더 엄격하게 정의된 논리와 일관성 같은 과학적 기준이 없다면 상이한 입장에 따른 주장들은 그들의 필요충족을 지체시키거나 방해하는 공통의 구조적 조건에 접근할 수 없다는 것이다. 달리 말해서, 동맹을 구축하려면 실천적인 담론 세계 너머에 과학적인 담론 규칙이 존재해야 한다.

여기서 중요한 것은 수평적 연결이든 수직적 연결이든, 그리고 위로부터의 주도성이든 아래로부터의 주도성이든, 분명한 것은 서로 의사소통할 수 있는 과학적 기준과 담론이 있어야 한다는 것이다. 의사소통의 과학적 기준을 찾기 위해서 얼마간의 유보를 전제로 하버마스의 의사소통적 합리성을 이론적 자원으로 도입하고자 한다. 그는 개방되고 왜곡되지 않은 의사소통에 기초한 논증을 통해 달성되는 합의를 이론화하는데, 이 작업은 참여자들 사이의 차이를 해결하기 위한 중요한 이론적 자원으로 간주될 만하다.

먼저 그의 핵심 주장은 모든 행위에는 의사소통적 합리성이 내포되어 있다는 것이다. 이는 모든 발화행위가 합의에 이르는 과정으로 이해될 수 있으며, 이런 합의는 "타당성 주장의 간(間)주체적인 인정"이 존재하는 경우에만 가능함을 의미한다(Habermas, 1987a: 120). 따라서 청자가 "주장의 진리", "화자의 순수성", "그 발언의 규범적 적합성"을 인정할 때에만 합의가 발생한다(같은 책, 121). 요컨대, 의사소통적 합리성의 양식은 타당성 주장을 통해 모든 발화행위에 내재되어 있다. 다른 한편으로 하버마스는 이러한 의사소통 합리성을 근대화의 산물로 설명한다. 전근대사회에서는 세계관을 구성하는 문화가 생활세계(life-world)의 다른 측면들을 지배한다. 예를 들면 신화적 믿음이 사실(객관적 세계)의 인정뿐만 아니라 규범(사회 세계)과 경험(주관적 세계)에 강력한 영향을 미쳤다. 그러나 근대사회가 발전함에 따라서 생활세계의 모든 구성요소들의 결합이 점진적으로 약화되었고 따라서 분화의 과정이 발생했다(같은 책, 145~146). 이런 과정은 합리화를 의미하며 형태와 내용의 분화로 이해될 수 있을 것이다(같은 책, 146). 마지막으로 상징적 재생산의 성찰성이 증대했다. 즉 생활세계의 재생산이 점점 더 행위자들의 해석작업(interpretive accomplishment)에 의존하게 되고, 논증을 거치지 않은 확신에 의해서 더 이상 사회적 갈등은 은폐되지 않게 되었다(같은 책, 145). 하버마스는 이를 생활세계의 합리화 과정이라고 부른다.

위의 논의에서 우리는 하버마스 이론의 내적 모순을 확인할 수 있다. 하버마스는 생활세계의 합리화와 의사소통적 합리성에 기초한 논증의 전면화를 도덕의식의 역사적 발전으로 설명하면서도, 다른 한편으로는 이것을 언어의 의사-초월적 구조에 각인하려고 시도한다(Habermas, 1987b: ch XI, XII; 그리고 1990을 보라). 이 두 가지 설명 방식은 양립하기 어려워 보인다. 초월적인 언어구조에서 자신의 이론적 근거를 발견하려는 하버마스의 시도는 맑스주의적인 노동의 패러다임을 변화시키려는 그의 바람에서 연유한다. 그가 보기에 맑스주의적인 노동의 패러다임은 과학주의에 근거한 경제적 생산주의와 계급환원론을 피할 수 없다. 그의 새로운 패러다임은 언어의 패러다임으로, 이를 통해 역사적 주체, 실체적 합리성 같은 방어하기 어려운 근거를 전제하지 않고서도 합리성 또는 인간 이성을 유지할 수 있게 한다. 그의 새로운 주장은 일종의 형식적 절차주의(proceduralism)로 간주될 수 있다.

하버마스의 초월론적 경향은 그의 의사소통 합리성에 대한 역사적 설명과 양립할 수 없다. 필자의 입장은 그의 초월론적 경향을 비판하고 의사소통 합리성을 근대사회의 도덕의식의 성장으로 설명하는 것이다. 다시 말하면 이상적 발화상황은 근대적 합리화의 결과로서 구성된 자유주의의 규범적 이상을 함축하며 근대적 생활양식의 맥락에서 이를 이해해야 한다는 것이다. 체계(시장의 힘과 관료적 지배)의 논리가 이런 이상을 침윤하지만(하버마스는 이것을 체계에 의한 생활세계의 식민화라고 개념화한다), 아무리 전제주의적 성향을 지닌 사람이라도 그 이상을 표현하는 근대적인 민주적 가치를 부정할 수 없다. 이상적 발화상황은 이러한 보편적 민주주의 원리의 압축적 표현으로 이해될 수 있다. 다른 한편 이상적 발화상황 개념은 근대 부르주아 사회의 '이상'이지만 그것이 이상으로 존재하는 것은 그것과 현실 사이에 괴리가 존재하기 때문이다. 이러한 의미에서 이상적 담화상황은 근대 부르주아 사회에 대한 내재적 비판(immanent critique)을 가능케 한다. 여기서 지적해야 할 것은 민주주의 또는 이상적 담화상황과 같은 준거점 자체가 인간의 보편적 특성(의사소통 합리성)으로부터 도출되는 것이 아니라 과거의 다양한 사회적 투쟁의 결과라는 사실이다(Best and Kellner, 1991: 242; Roderick, 1986: 162~163을 보라).

요약하자면 하버마스 입장의 문제점은 다양한 사회적 투쟁이 전개되는 "내재적인 역사적 형태로부터 비판의 규범을 도출하는 대신, 보편적으로 당연하게 받아들여지는 특징인 언어와 의사소통에서 비판적 입장의 기초를 추구한다"는 것이다(Best and Kellner, 1991: 240; Roderick, 1986: 147, 170; Held, 1980: 396을 보라). 의사소통적 합리성 그 자체는 맑스가 주장했듯이 인간의 물질적 생활에 깊숙이 연루되어 있음에도 불구하고 하버마스는 결정론과 환원론, 그리고 모든 종류의 토대주의(foundationalism)로부터 거리를 두기 위해 그 관련성을 지워 버리는 경향이 있다.

이러한 하버마스의 의사소통이론이 가지는 한계의 결과는 "구체적인 사회·정치적 분석으로부터 우리의 관심을 다른 데로 돌리는, 자본주의 체계에 대한 조화론적(harmonious) 설명"으로 귀결될 수도 있다. 구체적인 사회·정치적 분석이 없이 인간의 '일반적' 이익[의사소통의 합리성]에 초점을 맞추는 것은 경제와 국가에서 발생하는 갈등과 모순들을 다룰 수 없게 할 수 있다(Roderick, 1986: 165). 그것은 또한 왜곡된 의사소통을 유지·강화하려는 사회세력들과 그것을 변형하려는 사회세력들 사이에 경계선을 설정할 수 있는 기준을 제시하지 못할 수도 있다. 이러한 비판들은 하버마스가 절차만을 강조함으로써 옳고 그름의 문제를 판단할 기준의 준수 여부에서 찾으려 한다고 지적한다. 좀더 강하게 표현하자면 인간과 비인간종의 수많은 필요를 충족시키지 못하는 체제를 통해 이익을 얻는 사회세력들과 그렇지 못한 세력들——여기에는 이 체계를 바꾸기 위해 투쟁하는 사람들과 더불어 생태체계 그 자체가 포함된다——사이에 경계선을 설정하기에 의사소통 합리성이라는 절차적 합리성의 기준은 너무 약하다.

필자는 실천적 지식의 갈등적 측면을 극복하고 서로 다른 입장들 사이의 대화 가능성을 발전시키기 위해서는 하버마스의 초월론적 경향을 비판하고 의사소통 합리성에 대한 역사적 이해를 발전시킬 필요가 있다고 주장한다. 의사소통 합리성 이론은 필요 개념과 다양한 사회세력 간의 헤게모니적 투쟁과 결합될 때에만 절차주의(proceduralism)의 한계를 극복할 수 있을 것이다.

먼저 이상적 발화상황은 사회의 모든 성원들이 잠재적으로 고도의 성찰적 합리성을 지닐 수 있게 되는 근대 민주주의 혁명 이후에 발생된 조건의 규범적 표현으로 이해되어야 한다. 생활세계의 합리화의 의미는 모든 성원들이 (최소한 잠재적으로) 분화되지 않은 채 당연한 것으로 간주되는 지식에 의존하는 비합리적 판단의 수용을 피하고, 사실적이고 규범적이며 문화적인 기준을 통해 타당성 주장을 제기할 수 있는 잠재력을 가지게 되었다는 점이다. 이에 따라 고도로 성찰적인 행위자들이 사실적 증거를 수집하고 합리적으로 분석함으로써 자유주의적 이상(이상적 발화상황)과 현실의 간극을 인식할 수 있는 가능성이 (상대적으로) 커졌다고 할 수 있다. 행위자는 사회 속의 자신의 위치(관점)로부터 획득한 생활조건에 대한 일정한 지식을 가지고 행위를 시작하는데, 현대 민주주의 사회의 성원들은 모두 '잠재적'으로 성찰적이기 때문에, 자신들의 관점으로부터 얻어진 실천적 지식과 이러한 잠재적 성찰성이 결합되면 자신의 생활조건과 지배적인 이상의 탈구를 인식할 가능성이 커지게 된다.

초월론적 경향을 배제한, 즉 사회의 물질적 조건과 관련된 이데올로기적 세계의 갈등적 차원을 전제하는 의사소통적 합리성(근대사회에서 역사적으로 구성된)에 근거를 둔 논증 이론은 필요에 대한 다양한 정의들 사이의 대화, 그리고 이에 기초해 구축될 정치적 동맹을 위한 중요한 이론적 자원이 될 수 있을 것이다. 논증을 통한 합의의 형성은 상이한 헤게모니적 실천들이 서로 비판하고 소통하며 공통지반, 즉 공통의 구조적 조건을 찾아가는 과정에 다름 아니다. 이러한 상이한 헤게모니 투쟁들은 서로 다른 사회적 (피지배)집단들에 의한 서로 다른 필요의 정의와 인식으로부터 출발한다. 서로 다른 필요의 정의와 인식이 헤게모니 투쟁으로 발전할 수 있는 조건은 근대 민주주의 혁명이 가져온 (비록 잠재적이지만) 높은 정도의 성찰성과 그것에 근거한 합리적 의사소통의 가능성이다. '차이'는 담론적으로 구성되는 것이 아니라 실재하는 구조적 조건에 대한 서로 다른 정의와 인식들 간의 합리적 토론을 통해 확인되고 인정되는 것이다. 합리적 토론과 대화 과정을 통해 차이를 억압하는 구조적 조건에 공통분모가 확인되고 그것에 대한 공통의 투쟁이 가능해질 수 있다. 이러한 의미에서 의사소통 합리성에 근거한 논증은 단지 철학적 원리 수준의 논증이 아니라 비합리적인 사회조건(또는 이데올로기와 현실 사이의 간극)을 비판할 수 있는 실천적 수단이 되어야 한다. 하버마스의 의사소통 합리성의 역사적 이해를 통해서 이러한 의사소통적 논증의 원리가 현대 문화 자체에 내재해 있음을 보일 수 있다.

4. 계획과 참여: 지식의 정치학과 대안 경제 원리

지금까지 민주주의의 급진화에서 실천적 지식이 가지는 중요성을 강조했다. 그러나 실천적 지식이 가지는 폭발적 힘은 과학적 분석과 결합되었을 때에만 대안적인 정치 기획으로 발전할 수 있다. 이러한 이론적 입장을 뒷받침하기 위해 여성주의 관점이론으로부터 얻어진 다양한 사회적 주체들의 저항적 의식의 기초를 도입했다. 여성주의 관점이론으로부터 얻어진 가장 중요한 이론적 자원은 지식은 사회적 갈등으로부터 독립적으로 구성될 수 없다는 것이다. 지식구성 과정을 적대와 결부시킬 수밖에 없는 것이다. 하지만 적대와 더불어 공통의 '적'을 가진 집단적 주체들 사이의 상호대화와 합의 도출 과정 또한 강조되었다. 최소한의 논리적 일관성을 토대로 한 대화의 기준이 필요하다는 것이다.

이 절에서는 앞 절들에서의 이러한 이론적 논의를 자본주의 이후 사회의 경제체제의 가능성에 대한 논쟁과 연결할 것이다. 이것은 계획(planning)과 참여(participation)의 결합이라는 대안사회의 조직 원리를 제시하는 것이다. 계획은 과학적 지식을, 참여는 실천적 지식을 의미하고 양자의 결합은 현재 존재하는 자본주의적 질서를 극복하는 대항 헤게모니전략 구성으로 나갈 수 있다. 참여가 없는 계획은 전체주의적으로 귀결될 수밖에 없고, 계획이 결여된 참여는 비조직화된 다양한 이해 표출을 넘어설 수 없다. 여기서 중요한 주제는 하이에크가 제기한 암묵적 지식(tacit knowledge)과 시장 기제의 문제이다. 하이에크에게 시장은 신고전파 경제학이 가정하는 것과 같이 수요와 공급이 평형에 도달하는 메커니즘이 아니다. 오히려 시장은 평범한 대중이 자신들의 필요와 욕구에 대해 가지는 정식화될 수 없는 암묵적 지식을 표현하는 유일한 기제라는 것이 하이에크의 주장이다. 하이에크에 따르면 계획당국이 수많은 개인의 암묵적 지식을 사전에 조정하는 것은 불가능하다. 암묵적 지식은 시장 메커니즘 내에서 개인들(기업가들)에 의해 밝혀진다. 이것이 시장의 인식기능이다. 하이에크는 시장의 인식기능이 보장되는 것이 민주주의의 핵심이라고 주장하고 이것을 계획경제를 전체주의로 비판하는 근거로 제시한다(Hayek, 1949a; 1949b; Adaman and Devine, 1994; 1996; 1997; O'Neill, 1998; Wainwright, 1994를 보라).

1) 암묵적 지식

하이에크의 암묵적 지식의 표현 기제로서의 시장 옹호는 자원과 정보의 불평등한 배분에 따라 사회적 약자들이 시장을 통해 자신의 필요를 표출하는 것은 제한되어 있다는 사실을 근거로 비판될 수 있다. 하이에크는 생산과 분배의 원리를 자본주의적 이윤 추구로부터 '노동력' 그 자체의 중요성으로 이동시키지 않는다면 시장의 힘은 민주적 의사 표출 과정을 왜곡할 수밖에 없다는 사실을 인식하지 못한다. 이 점에서 엘슨(Diane Elson)은 '노동력의 생산과 재생산과정'은 자본주의적 축적 과정에 복속되어서는 안 되는, 그 자체로 중요성을 가지는 목표임을 강조한다. 오히려 축적 과정이 노동력의 생산과 재생산이라는 사회적 기준을 따라야 한다는 것이 그녀의 주장이다(Elson, 1988: 27~28). 이런 기준에 따르면 '의료, 교육, 상수도, 위생시설'과 같은 기본적 공공서비스는 무상으로 제공되어야 한다. 또한 '기본 표준에 맞추어 충분한 식품, 의류, 주택, 가재도구를 구매할 수 있는 최소 화폐소득'도 보장되어야 한다(같은 책, 28). 덧붙여 '도시교통'과 '정보 네트워크 접근'이 무상으로 제공되어야 한다(같은 책, 28). 디바인이 주장하는 것처럼, 가장 기초적인 필요가 충족되지 않고 필요한 자원과 정보가 보장되지 않으면 "효과적인 참여", 즉 민주주의의 확장은 불가능하기 때문이다(Devine, 1988: 159).

사회주의적 관점에서 하이에크의 문제제기를 넘어서기 위해서는 디바인이 제기한 자원과 정보의 민주적 재분배의 필요성을 정확하게 인식해야 한다. 기초적인 공공서비스와 최소한의 화폐소득을 넘어서는 지식과 정보의 민주적 재분배가 중요하다는 것이다. 이것은 대중의 일상적 느낌, 실천적 지식을 발전시키기 위한 공적인 교육과 지원을 의미한다. 여기서 지식의 수준을 '실천적 지식'과 '과학적 지식'으로 나누어 생각할 필요가 있다. 실천적 '지식'은 일상적 경험에서 개개인이 획득하게 되는 정식화되기 어려운 지식이다. 이것은 그들 스스로의 필요와 욕구에 관한 생각들이다. 과학적 지식은 지식인 집단, 정당, 국가에 의해 제시되는 통합적 지식이다. 하이에크 주장의 핵심은 전자, 즉 일상에서 얻어지는 실천적 지식은 암묵적이며 그래서 시장의 가격 기제를 통하지 않고서는 표현될 수 없다는 것이다. 그리고 사회주의란 후자의 지식, 즉 과학적 지식의 이름으로 다양한 인민의 정식화되지 않은 필요를 억압하는 것에 다름 아니라는 것이다. 실천적 지식을 발전시키기 위해 공적인 지원과 교육이 제공되어야 함을 주장하는 것은 하이에크가 기대고 있는 시장의 가격 기제가 (하이에크의 주장과는 반대로) 암묵적 지식을 제대로 표현하지 못한다는 비판을 전제로 한다. 암묵적 지식은 대중의 고양된 의식과 능력에 기초한 '확장된' 민주주의를 통해서만 표현될 수 있다는 것이다.

웨인라이트는 일상적 경험으로부터 축적되는 실천적 지식의 중요성을 분석한다. 그녀에 따르면, 대개 노동조합과 지역공동체 집단을 통해 구성되는 일상의 암묵적 지식은 현존 자본주의 사회질서 내에서는 제대로 표현될 수 없기 때문에 시장에 대한 강력한 비판의 잠재적 토대를 형성한다 (Wainwright, 1994: 162). 이것은 하이에크의 주장을 정면으로 비판하는 것이다. 여기서 중요한 것은 하이에크가 시장의 가격 기제 이외에 일상생활의 암묵적 지식을 표현할 대안은 존재하지 않는다고 주장하는 것에 반해 웨인라이트는 그러한 암묵적 지식을 보다 민주적으로 발전시키기 위해서는 시장에 대한 구조적 비판이 선행되어야 한다고 주장한다는 것이다. 엘슨 역시 일상생활에서 얻어진 실천적 지식의 힘을 인정하면서, 이것이 발전하기 위해서, 즉 실천적 지식이 대중 참여로 발전하고 그것을 통해 시장 기제를 통제할(엘슨의 표현으로는 사회화할) 수 있기 위해서는 자원과 정보의 급진적 재분배가 관건임을 주장한다(Elson, 1988: 32~44). 디바인이 지적한 것처럼, "적절한 자원 없이 효과적 참여는 불가능하기"(Devine, 1988: 156; 2002: 73) 때문이다. 암묵적 지식이 제도적 지원(자원과 정보의 민주적 분배)과 결합된다면 대중은 시장을 사회화하고 국가를 민주화할 수 있는 공적 정보 네트워크를 건설할 수 있게 된다는 것이 이들의 핵심 주장이라 할 수 있다.

자본주의 이후의 사회에서 경제적 과정은 대중의 암묵적 지식이 표현되고, 토론되고, 조정되는 민주적 과정을 핵심 원리로 삼아야 한다. 암묵적 지식의 중요성에 대한 하이에크의 설득력 있는 논증에도 불구하고, 그는 시장이 암묵적 지식의 민주적 표현을 보장하기보다는 방해한다는 사실을 인식하지 못한다. 시장 원리의 전일적 관철에 의해 발생하고 있는 신자유주의 시대의 사회의 붕괴는 시장의 비민주적인 성격을 분명히 보여 준다. 신자유주의적 시대에 개인은 자신의 필요와 욕구를 민주적으로 표현할 기회를 박탈당한다. 그나마 시장의 경쟁 논리로부터 개인들을 보호해 주었던 남아 있던 사회적 유대들마저도 침식당한다. 민주주의와 시장은 서로 공존할 수 없는 제도적 원리임이 확인되고 있는 것이다(Dean, 2003을 보라).

그러나 시장이 제공하지 못하는 더욱 중요한 것이 있다. 시장은 사람들을 정치체의 시민, 또는 공동체의 구성원이 아닌 개인으로서의 소비자와 투자자로 구성하기 때문에 경쟁적으로 이기적 이윤만을 추구하는 자본주의적 주체성을 변화시킬 어떤 가능성도 제시하지 못한다. 인간이 가진 창의적인 에너지를 시장 기제에 가둠으로써 인간의 도덕적·윤리적 발전의 길을 봉쇄한다는 것이다. 인간은 사회적 조건에 의해 영향받는다. 그렇기 때문에 가격의 신호를 따르지 않는 대안적 사회적 실천에의 참여만이 사람들이 암묵적 지식을 표현하고, 토론하고, 조정하는 방법을 배우게 할 수 있다(Held, 1986: 12). 이는 일종의 의식고양 과정이다(Wainwright, 1994: 78~79, 136~137을 보라. 지식 형성으로서의 사회운동에 관해서는 Eyerman and Jamison, 1991을 보라). 의식고양은 "변혁적 동학"의 고양을 의미할 것이며(Devine, 1988: 81), 이를 통해 대중은 "공개적 대화"를 통한 협상의 기술을 배울 수 있다(Devine, 1988: 155; 2002: 78). 장기적 관점에서 볼 때, 이런 발전은 대중이 계획 과정에 적극적으로 참여하도록 장려할 수 있다. 이런 맥락에서 디바인은 "바람직한 참여의 범위는 경제적·사회적 권력의 평등의 수준이 증가하는 만큼 높아질 것이라"고 주장한다(Devine, 1992: 87~88).

2) 계획과 민주주의

실천적 지식(참여)과 과학적 지식(계획)의 지식의 두 가지 수준 중에 위 항에서는 전자에 초점을 맞추었다. 앞에서 주장했듯이 한쪽이 결여된 다른 한쪽은 자본주의를 극복하는 대항적 헤게모니 기획을 제시할 수 없다. 이런 이유에서 이번 항에서는 과학적 지식의 중요성에 초점을 맞추겠다. 암묵적 지식의 중요성에 대한 인식은 사회주의 경제를 건설하기 위한 필요조건이지만 충분조건은 아니기 때문이다. 당연히 제도화된 총체적 계획 체계역시 존재해야 한다(Elson, 1988: 35, 42; Devine, 1988: 128).

시장의 사회화를 위한 엘슨의 계획에서, 그녀가 가격임금위원회(Price and Wage Commissions)라고 이름 붙인 '공공시장 형성자'(public market makers, 공공경제의 사례에서는 '공공기업 규제자'Regulator of Public Enterprise라고 부른다)는 경제체계의 진보적 변혁을 위해 일종의 기업계획을 조정한다.[3] 이런 기관들의 역할은 모든 생산과 분배를 규제하는 중앙집중화된 기관의 역할과는 다르다. 중앙 규제 대신에, '에너지 네트워크, 수송 네트워크, 기술 네트워크, 소비자 네트워크, 소비자조합'과 같은 다양한 종류의 네트워크(공적으로 조직된 구매자와 판매자의 네트워크)의 존재를 전제한 조정기관들이라고 할 수 있다. 공공시장 형성자의 중요한 기능 중 하나는 이런 네트워크가 기업의 정보에 접근할 수 있게 하는 것이다. 이런 의미에서 그들은 '네트워크 조정자'라고 불릴 수 있다. 이런 정보에 기초하여 네트워크들은 각각의 기업과 그 생산품에 접근할 수 있고, 나아가 그 기업들이 기업의 운영과 상품 생산방식을 진보적 방향으로 변화시키도록 압박할 수 있다. 정보 네트워크는 각각의 기업에서 확장된 산업민주주의를 요구할 것이며, 사회적 규범에 따르는 재화 생산을 강제할 것이다(Elson, 1988: 30~44). 이런 사회적 규범에 관하여, 엘슨은 이렇게 설명한다.

> (생태학, 또는 평등기회, 또는 인도적 노동조건이라는 관점에서 볼 때) '최상의 실행조건'하에서 생산되는 재화가 강조될 수 있다. 소비자조합은 가계들이 단지 자신의 즉각적인 필요를 충족시키는 가장 값싼 방법을 찾는 대신에, 그들의 구매가 의미하는 것에 대해 더 넓은 시각을 갖도록 가계들을 교육시킬 것이다(Elson, 1988: 41).

디바인의 모델은 엘슨과 많은 유사점을 지닌다. 협상된 조정(negotiated coordination)이라는 디바인의 모델에서 진정한 과제는 "계획과 암

---

3) 12년 후에 엘슨은 '계획위원회'(Planning Commission)라는 새로운 용어를 도입했다. 사실상 이것의 역할은 임금가격위원회와 달라 보이지 않는다. 그 역할은 "거시경제적 구조"에 더욱 초점을 맞추는 것으로 보인다(Elson, 2000: 82).

묵적 지식의 결합을 조합할 수 있는 가능성"을 찾는 것이다(Adaman and Devine, 1996: 529, 531). 그의 핵심적 주장은 아래와 같다.

그 모델은 시장의 힘에 의존하지 않고 계획과 탈중앙집중화를 결합한다. 자원의 총괄적 할당은 전체 사회의 수준에서 계획된다. 주요 투자는 중앙에서 조정되지만, 탈집중화된 토대 위에서 실행된다. 생산단위는 집단적·개인적으로 결정된 사회적 수요에 부합하기 위해서 현재 시점의 생산능력으로 무엇을 생산할지를 안다. 생산단위의 능력 변화는 협상된 조정을 실행하는 조직체 내에서, 그 생산단위의 영향을 받는 사람들에 의해 결정된다. 사회적 이익은 그와 관련된 일반적 이익과 특수한 이익에 의해 각각의 사례에 따라 정의된다. 생산단위는 정보를 제공받는 공적인 조사 활동하에 놓이게 되며, 이는 그들이 효율적으로 운영되도록 장려한다. 대중은 자신에게 영향을 미치는 경제적 결정에서 모든 수준에 참여하기 때문에, 이런 결정을 효과적으로 이행하는 데 헌신할 것이다(Devine, 1988: 197).

디바인은 시장의 힘(market forces)과 시장교환(market exchange)을 구분한다. 시장의 힘은 자원이 할당되는 시장 메커니즘을 뜻한다. 시장의 힘은 사회주의 경제를 위해 반드시 극복되어야 한다. 다른 한편으로, 시장교환은 현존 경제규모 내에서 구매자와 판매자, 즉 "상품의 판매와 구매" 사이의 상호거래를 뜻한다(Devine, 1988: 236). 현재의 생산능력 수준에서 생산자와 소비자(이용자) 양자는 가격체계에 따라 행동하며, 이런 상호거래의 결과는 조정 과정에 대한 양적 정보를 제공할 수 있다(Devine, 1992: 79~80). 시장교환을 통해 얻어진 정보는 "각 기업의 성과에 대한 회계자료"를 제공한다. 이런 자료에 기초해, "현재 시점의 생산활동"이 파악될 수 있다. 또한 "생산기술의 혁신 잠재력"과 관련하여 "수요 또는 비용의 변화 예상에 대한 측정"도 제공될 수 있다(Adaman and Devine, 1996: 534; Devine, 1991: 212; Devine, 1992: 83). 양적 정보는 조정된 협상 과정을 통해 획득된 질적 정보에 의해 보충됨으로써, 사회적으로 유용한 생산을 위하여 활용될 수 있다. 예를 들어, 시장교환을 통해서 가격으로 표현되는 양적 정보인 "생산기술의 혁신 잠재력"은 그것만으로는 '혁신'이 성취되는 것을 보장할 수 없다. 가격으로 표현될 수 없는 혁신의 시기에 발생할 수 있는 초과비용이나 생산성의 저하 등에 대한 고려가 필요하다는 것이다. 이를 통해 새로운 생산기술의 도입 기간에 발생할 수 있는 예상 이하의 성과를 고려하고 용인할 수 있게 된다. 사회적으로 유용한 생산(socially useful production)[4]의 기준에서 볼 때 혁신적인 생산을 도입하는 기간 동안에는 낮은 성과가 불가피할 수도 있다. 이것은 생산혁신에 대한 질적인 정보이다.

또한 시장교환으로 표현될 수 없는 사람들의 이익과 필요 역시 민주적 과정을 통해 검토되고 조정되어야 한다. 여기서 중요한 점은, 대의원대회(Representative Assembly), 계획위원회(Planning Commission), 이익단체회의(Chamber of Interests), 그리고 공동체, 소비자(이용자), 이익집단(여성집단 등), 운동집단(환경집단 등)의 구성원으로 구성된 다양한 협상조정체(Coordination Body)가 전국적·지역적·지방적 수준에서 존재해야 한다는 점이다(Devine, 1988: ch.9를 보라). 이러한 협상조정체는 엘슨이 제시한 다양한 네트워크와 중복되지만 제도정치와 제도 밖의 정치의 점이지대에 위치한다는 점이 중요하다.

---

4) '사회적으로 유용한 생산'은 1970년대 영국의 루카스항공회사(Lucas Aerospace)의 현장 단위노조의 연합조직에서 제기된 대안적 생산 원리이다. 당시 노동자들은 이윤이 아닌 사회적 유용성을 생산의 기본 원리로 삼아야 한다는 주장 아래 구조조정과 공장 이전에 맞서 싸웠다(Wainwright and Elliott, 1982). 이러한 주장은 1980년대 중반 사회주의적 성향의 런던광역시의회에 의해 적극 수용되어 급진적 사회정책의 기초가 되었다(Mackintosh and Wainwright, 1987을 보라). '사회적으로 유용한 생산'에 관한 논의는 보딩턴 외(Bodington et al, 1986)를 참조하라.

자본주의 사회에는 이미 다양한 비시장적 관계들이 존재한다. 이러한 비시장적 관계는 실천적 지식이 구성되는 공간이기도 하다. 이러한 공간을, 그리고 실천적 지식을 민주적 의사표현 통로의 제도화를 통해 발전시키는 것이 디바인과 엘슨의 관심사이다. 일상생활의 암묵적 지식을 총체적 전략과 결합하는 것은 민주적 참여와 그것을 통한 다양한 네트워크의 구성에 달려 있다는 것이 그들의 결론이다. 웨인라이트는 이것을 "새로운 경제 네트워크"로 개념화한다.

사회운동과 그 영향을 받은 노동조합 일부에 의해 생산된 경제 네트워크의 독특성에 관한 최근 경험으로부터 우리는 무엇을 끌어올 수 있는가? 일반적으로 네트워크적인 관계는 과제를 분리하지만, 수평적인 연계를 강화함으로써 위계는 최소화한다. 네트워크들을 통해 축적된 지식, 상호신뢰, 그 결과로 발생하는 역량은 경제적 결정을 지배하는 사람들로부터의 자율성에 의존한다. 그 자율성은 경제적 결정을 이행하거나 그에 저항하며, 일상적 지식과 기술을 지닌 사람들의 뿌리로부터 자양분을 얻는다. 가장 효율적인 네트워크 내에서는, 이런 일상적 지식이 좀더 광범위한 경제적 조건과 사회적 경향들에 대한 연구에 기초한 이론적 지식과 결합된다. 나아가, 일반적으로 네트워크 형성과정은 네트워크의 방향성과 하부구조의 유지를 책임질 사람들이 정기적으로 선출되는, 형식적으로 공개적·민주적인 조직들의 일상적 활동이다(Wainwright, 1994: 169).

엘슨, 디바인과 웨인라이트의 논의로부터 얻어진 결론은 대안적 사회의 출발은 평범한 대중의 잠재력을 활용함으로써 새로운 경제 네트워크를 위한 총체적 계획을 발전시키는 것이다(일상적 지식과 과학적 지식의 조합). 대중에게 물질적 자원과 정보를 제공함으로써 그 네트워크가 시장관계를 포위할 수 있게 하는 것이다. 이를 위해서 대안적 사회 전략은 두 가지 좀더 구체적인 과제를 수용해야 한다. 첫째, 현존 자본주의 사회 내부에 존재하는 비시장적 관계를 규명하는 것(비시장적 관계의 사례에 대해서는 Wainwright, 1994: 153~182; Elson, 2000: 68~71)과 둘째, 다양한 형태의 비시장적 관계를 창출하고 실천하고 있는 사람들이 고립적인 실천을 넘어 서로를 이해할 수 있게 하는 규범적 준거점을 모색하는 것이다.

디바인이 제안하듯이, "협의된 조정"의 다양한 형태는 "맹아적이고 미발전되었지만" 이미 존재하고 있다(Devine, 1988: 269; O'Neill, 2002: 149). 따라서 대안적 사회의 기획은 이미 존재하는 '협의된 조정'의 맹아적 형태, 즉 비시장적 사회적 관계들을 확장·발전시키는 것에서 출발해야 한다. 이것을 위해서는 엘슨, 디바인, 웨인라이트가 제시한 민주주의에 기초한 계획을 넘어서는 사회주의 정치를 위한 새로운 규범적 토대를 찾는 작업이 요구된다.

5. 맺음말

본문에서 생태여성주의에 의해 제기된 지식 비판과 과학 비판을 새로운 지식의 정치학으로 발전시키려 했다. 지식은 정치적으로 구성되기에 중립적이고 보편적인 지식은 불가능하다. 하지만 우리는 끊임없이 연대를 가능하게 할 공통의 토대를 찾으려 해야 한다. 인식론적으로는 상대적이지만 현존 사회를 비판하고 그로부터 대안적 삶의 형식을 기획할 수 있는 지식구성 작업을 포기할 수는 없다는 것이다. 이러한 입장은 '인식론적으로 상대주의적이지만 존재론적으로는 실재론'이라는 비판적 실재론(critical realism)의 표어로 요약될 수 있다.

더 나아가 지식의 정치학은 지식구성을 소위 참여경제계획 모델로 발전시킬 수 있는 이론적 토대를 제공한다. 본문에서는 디바인, 엘슨, 웨인라이트의 논의를 기초로 대안적 사회경제 모델로 나갈 수 있는 단초를 찾으려 했다.

이 모든 논의는 발표문에서 제시된 생태여성주의로부터의 도전에 공감을 표하면서 그것을 사회주의 정치학이라는 조금 더 일반적 수준에서 발전시키려는 시도였다. 그러나 본문에서 강조했듯이 이러한 주장은 실재에 대한 하나의 해석에 기초해 있으며 비판과 토론에 열려 있을 수밖에 없다.[5]

참고문헌

Adaman, Fikret and Pat Devine. 1994. "Socialist Renewal: Lessons from the 'Calculation Debate'". *Studies in Political Economy* 43, pp.63~77.

______. 1996. "The Economic Calculation Debate: Lessons for Socialists". *Cambridge Journal of Economics* 20(5), pp.523~537.

______. 1997. "On the Economic Theory of Socialism". *New Left Review* 221, pp.54~80.

______. 2001. "Participatory Planning as a Deliberative Democracy Process: A Response to Hodgson's Critique". *Economy and Society* 30(2), pp.229~239.

______. 2002. "A Reconsideration of the Theory of Entrepreneurship: A Participatory Approach". *Review of Political Economy* 14(3), pp.329~355.

Benton, Ted and Ian Craib. 2001. *Philosophy of Social Science*. London: Palgrave.

Best, Steven and Douglas Kellner. 1991. *Postmodern Theory: Critical Interrogations*. New York: Guilford Press.

---

5) 녹색사회주의에 대해서는 충분히 논의되지 못했다. 졸고인 「영국의 생태마르크스주의 논쟁: 테드 벤튼과 케이트 소퍼를 중심으로」(『동향과 전망』, 77호)와 「소비주의비판과 대안적 쾌락주의」(『공간과 사회』, 32호)를 참고하라.

Bhaskar, Roy et al. 1991. *A Meeting of Minds: Socialists Discuss Philosophy-Towards a New Symposium?*. London: Socialist Society.

Bodington, Stephen et al. 1986. *Developing the Socially Useful Economy*. London: Macmillan.

Dean, Kathryn. 2003. *Capitalism and Citzenship: The Impossible Partnership*. London: Routledge.

Devine, Pat. 1988. *Democracy and Economic Planning*. Cambridge: Polity Press.

______. 1991. "Economy, State and Civil Society". *Economy and Society* 20(2), pp.205~216.

______. 1992. "Market Socialism or Participatory Planning?". *Review of Radical Political Economics* 24(3&4), pp.67~89.

______. 2002. "Participatory Planning Through Negotiated Coordination". *Science and Society* 66(1), pp.72~85.

______. 2008. "The Continuing Relevance of Marxism". eds. S. Moog and R. Stones. *Nature, Social Relations and Human Needs: Essays in Honour of Ted Benton*. London: Palgrave.

Elson, Diane. 1988. "Market Socialism or Socialisation of the Market", *New Left Review* 172, pp.3~44.

______. 2000. "Socialising Markets, not Market Socialism", *Socialist Register 2000*, pp.67~85.

Eyerman, Ron and Andrew Jamison. 1991. *Social Movements: A Cognitive Approach*. Cambridge: Polity Press.

Gramsci, Antonio. 1971. *Selections from the Prison Notebooks*. London: Lawrence & Wishart.

Habermas, Jürgen. 1987a. *The Theory of Communicative Action, Vol.2: The Critique of Functionalist Reason*. Cambridge: Polity Press.

______. 1987b. *The Philosophical Discourse of Modernity: Twelve Lectures*. Cambridge: Polity Press.

______. 1990. *Moral Consciousness and Communicative Action*. Cambridge: Polity Press.

Harding, Sandra. 1986. *The Science Question in Feminism*, Ithaca & London: Cornell University Press.

______. 1987a. "Conclusion: Epistemological Questions". ed. Sandra Harding. *Feminism and Methodology*. Bloomington: Indiana University Press; Milton Keynes: Open University Press.

______. 1987b. "Is There a Feminist Method", ed. Sandra Harding. *Feminism and Methodology*. Bloomington: Indiana University Press; Milton Keynes: Open University Press.

______. 1990. "Feminism, Science, and the Anti-Enlightenment Critiques". ed. Linda Nicholson. *Feminism/Postmodernism*. New York: Routledge.

______. 1991. *Whose Science? Whose Knowledge?*. Buckingham: Open University Press.

______. 1993. "Rethinking Standpoint Epistemology: What Is 'Strong Objectivity'". eds. Linda Alcoff et al. *Feminist Epistemologies*. New York: Routledge.

______. 1996. "Standpoint Epistemology(a Feminist Version): How Social Disadvantage Creates Epistemic Advantage". ed. Stephen P. Turner. *Theory and Sociology: The Classics and Beyond*. Oxford: Blackwell.

Hartsock, Nancy. 1983. "The Feminist Standpoint: Developing the Ground for a Specifically Feminist Historical Materialism". eds. Sandra Harding et al. *Discovering Reality*. Dordrecht: Reidel.

Hayek, Friedrich A. 1949a. "Economics and Knowledge". *Individualism and Economic Order*. London: Routledge & Kegan Paul.

______. 1949b. "The Use of Knowledge in Society". *Individualism and Economic Order*. London: Routledge & Kegan Paul.

Hekman, Susan. 1997. "Truth and Method: Feminist Standpoint Theory Revisited". *Signs* 22(2), pp.341~365.

Held, David. 1980. *Introduction to Critical Theory: Horkheimer to Habermas*. London: Hutchinson.

______. 1986. "Introduction". eds. David Held and Christopher Pollitt. *New Forms of Democracy*. London: Sage Publications.

Jackson, Cecile. 1996. "Still Stirred by the Promise of Modernity". *New Left Review* 217, pp.148~154.

______. 1997. "Women in Critical Realist Environmentalism: Subaltern to the Species?". *Economy and Society* 26(1).

Joseph, Jonathan. 2002. *Hegemony*, New York: Routledge.

Laclau, Ernesto. 1995. *Emancipation(s)*. London: Verso.

Mackintosh, Maureen and Hilary Wainwright. 1987. *A Taste of Power*. London: Verso.

Mellor, Mary. 1992. *Breaking the Boundaries : Towards a Feminist Green Socialism*. London: Virago.

______. 1996. "Myths and Realities: A Reply to Cecile Jackson". *New Left Review* 217.

______. 1997. *Feminism and Ecology*. Cambridge: Polity Press.

New, Caroline. 1998. "Realism, Deconsturction and the Feminist Standpoint". *Journal for the Theory of Social Behaviour* 28(4), pp.349~372.

O'Neill, John. 1998. *The Market: Ethics, Knowledge and Politics*. London: Routledge.

______. 2002. "Socialist Calculation and Environmental Valuation: Money, Markets and Ecology". *Science and Society* 66(1), pp.137~151.

______. 2003. "Socialism, Associations and the Market", *Economy and Society* 32(2), pp.184~206.

Roderick, Rick. 1986. *Habermas and the Foundations of Critical Theory*. Cambridge: Polity Press.

Rowbotham, Sheila et al. 1979. *Beyond the Fragments: Feminism and the Making of Socialism*. London: Merlin Press.

Salleh, Ariel. 1996. "An Ecofeminist Bio-Ethic and What Post-Modernism Really Means". *New Left Review* 217, pp.138~147.

Wainwright, Hilary. 1994. *Arguments for a New Left*. Oxford: Blackwell.

Wainwright, Hilary and Dave Elliott. 1982. *The Lucas Plan*. London: Allison & Busby.

| 5부 |

종합논평

자본의 착취 형태 변화와 생명-과학-철학의 창발성 _심광현

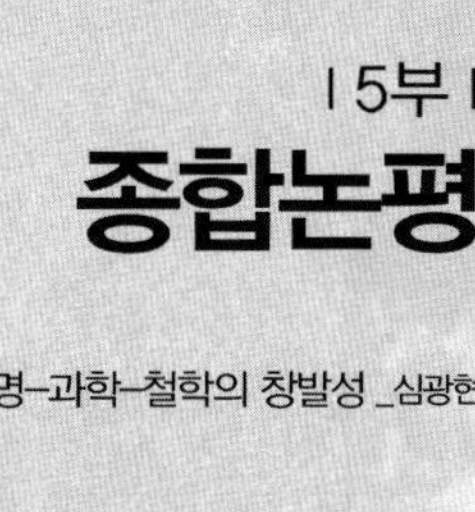

자본의 착취 형태 변화와 생명-과학-철학의 창발성

심광현(한국예술종합학교 교수,『문화/과학』편집인)

들어가며

이번 맑스코뮤날레는 5회 만에 처음으로 '공통주제 발표와 토론'으로 구성된 중앙섹션'을 설정하고, 이를 통해 제기된 문제와 논평에 대한 종합논평과 이에 대한 2차 논평으로 구성된 종합토론이라는 새로운 논의 형식을 채택하게 되었다. 이런 형식은 코뮤날레가 4회씩이나 진행되었음에도 불구하고, 매번 이견들 간의 대립과 분열이 전면화되는 데 반해 그 안에 내재한 공통점과 논의의 전진은 가려져 왔던 기존의 형식에 대한 반성에서 도출된 것이다. 정파들 간의 이견의 다양성은 20세기 맑스주의의 한계를 넘어서 21세기 맑스주의, 특히 한국의 맑스주의의 독특한 발전을 위한 자양분이 될 것이다. 그러나 이견이 다양성을 넘어 분열과 대립으로 치달을 경우 그것은 자양분이 아니라 독이 된다. 특히 2008년 미국발 금융위기의 세계적 확산에 따른 자본주의 세계체계 전반의 위기가 심화되고 있는 오늘의 상황에서 그런 독성의 확산을 극복하지 못할 경우, 맑스주의 내에서의 연대는 물론 맑스주의의 대중화를 촉진하면서 작금의 위기를 대안사회로의 이행의 기회로 전환할 수 있는 적극적인 계기를 창조하기가 어렵게 될 것이다. 이런 중차대한 문제점을 직시할 경우 이번 맑스코뮤날레의 주된 과제는 그간 내부에서 전개된 이견의 다양성을 존중하면서도 자양분이 아닌 오류와 독성의 확산을 저지하고, 맑스의 발본적인 문제제기와 21세기 자본주의가 야기하고 있는 새로운 문제들을 치밀하게 대면토록 하여, 역사상 처음으로 등장한 세계사적 이행의 전망을 구체화하면서 대중운동의 새로운 형태를 기획할 수 있는 이론적 지형을 확보하는 일이 될 것이다. 이런 면에서 이번 5회 대회는 창립대회만큼이나 중요한 의미를 가진다고 할 수 있다. 이런 맥락 때문에 종합논평자로서 필자의 책임과 역량의 한계를 통감하지 않을 수 없다.

그럼에도 불구하고 모든 성원들의 민주적 참여와 토론이 중요하다는 전제하에서 어떤 내용이 과연 현실의 위기의 핵심을 포착하고 있는지, 그리고 어떤 주장이 대안사회로의 이행의 적극적 전망을 열 수 있는지를 판별한다는 관점에서 1~4부의 주제 발표와 논평에 대해 나름대로의 견해를 밝히고자 한다. 종합논평은 1~4부의 각 발표에 대한 논평자의 이견 혹은 비판을 먼저 요약해 보고, 그 타당성을 평가하는 방식으로 기술하고자 한다. 다만 2부 섹션의 논평자들 중 조정환의 논평은 2부만이 아니라 1부에 대한 논평과 함께 독자적인 문제제기를 전개하고 있기에, 그의 논평 중 해당 섹션에 해당하는 글은 다른 논평자의 글과 함께 연결하여 평가해 보고, 전체 주제와 관련된 포괄적인 문제제기와 해법을 제시하고 있는 부분은 별도의 지면을 할애하여 논평해 보고자 한다.

1부 _ 생명과 (노동)가치론

류동민은 이진경의 분석이 생명권과 신체권도 착취하는 현대자본주의의 새로운 착취 형식을 기술해 보인다는 점에서 일정한 성과는 있지만(김창근 역시 다국적 자본의 특허권에 대한 이진경의 비판은 긍정적인 의미가 있다고 평가한다), 이를 바탕으로 '맑스주의 노동가치론'에 대해 비판하는 이론적 근거 제시는 박약하며, 오히려 그런 주장은 사실상 기존의 노동가치론으로도 충분히 설명될 수 있다고 반비판하고 있다. 또한 맑스의 '지대론'을 확장하려는 이진경의 시도 역시, 그 자체로 논쟁거리인 '인지자본주의론'에서 이미 제기한 것 이상의 새로움은 없다고 비판한다.

그러나 김창근은 류동민의 다소 중성적인 논평과는 달리, 이진경의 분석이 여러 면에서 현상 분석에 부적합할 뿐 아니라 이론적으로는 맑스의 '정치경제학 비판' 기획을 새롭게 하기는커녕 오히려 맑스가 비판했던 중상주의로 후퇴하는, '중상주의 신경제론'에 불과하다고 적극적으로 혹평한다. 또한 류동민이 인지자본주의론을 예로 들면서도 그에 대한 평가를 유보한 것에 반해, 김창근은 인지자본주의론은 '자칭 맑시스트'에 불과하며, 맑스가 말하는 상품의 가치와 잉여가치가 '사회적 관계'라는 것을 무시하고, 생산력 자체가 가치와 이윤을 생산한다는 주류경제학의 '물신성'에 사로잡혀 있기 때문에, 자본주의에 대해 근본적인 비판을 가할 수 없었다고 강하게 비판하고 있다. 이 때문에 여기서는 강한 논쟁 구도를 제시하고 있는 김창근의 비판을 중심으로 논평하면서, 앞서 말했듯이, 2부 논평자인 조정환이 이진경의 글에 대한 비판을 함께 제기하고 있는 부분이 있어 이를 포함하여 종합적으로 1부 논의를 평가하는 방식으로 기술해 보고자 한다(이하에서 주제 발표문을 요약한 내용은 고딕체로 표시하고, 논평자 토론문은 본문보다 작은 크기의 명조체로 표시하며, 각각의 요약 말미에 글쓴이의 이름을 밝혀 두겠다).

1. 지식과 생명의 능력 자체를 새로운 잉여가치로 착취하는 생명복제시대, 생명공학–산업의 복합체 시대에 대해, 신학적–도덕적 비판을 넘어서는 정치경제학적인 근본적 질문이 필요하다. 생명산업의 시대는 인간의 유전자나 신체를

포함하는 모든 생명체가 가공과 변형의 대상이 된다는 점에서, 생산자와 노동대상의 분할을 규정하는 맑스주의 노동가치론의 휴머니즘적 전제들에 대해 근본적으로 다시 검토할 것을 요청한다. (이진경)

맑스는 과학의 발견 자체는 어떠한 가치도 그리고 어떠한 잉여가치도 생산하지 못한다는 일관된 입장을 고수했다. 그에 반해 주류경제학에서는 1990년대 이후 미국 신경제의 높은 경제성장률은 정보기술(IT) '혁명'과 '금융혁신'과 같은 기술발전의 덕분이었고, 노동이 아니라 '지식'과 '기술'이 새로운 가치를 생산하는 주요한 원천이 되었다고 주장하였고, 지식경제론과 인지자본주의론이 바로 그런 논리를 이론화한 것이다. 하지만 2000~2001년 미국의 정보기술 붐의 붕괴 이후 이전의 높은 경제성장률은 IT분야의 과잉투자의 결과였다는 것, 또 금융위기 이후 미국 경제의 높은 성장률의 원동력은 지식과 기술이 아니라 미국 통화당국의 팽창적인 경제정책과 국내외적으로 과도한 부채였음이 확인되고 있다. 이렇게 주류경제학이 세계경제의 상황을 잘못 파악하게 된 근본적인 원인 중 하나는, 그들에게는 바로 노동가치론이 없었기 때문이다. 그런데 이렇게 신경제론/지식경제론이 현실에서는 이미 파산한 상태에서 이 교수는 또 다른 신경제론을 제시하고 있다. 과학기술이나 자연과 같은 생산수단이 '가치'를 생산한다고 보는, 맑스가 비판했던 고전경제학의 관점으로 오히려 맑스주의 노동가치론을 공격하고 있다는 점에서 본다면, 이전의 자칭 맑시스트 논의와 차이점이 전혀 없다. 다른 점이 있다면, 이 교수의 논의는 IT와 금융부문 대신에 생명기술(BT) 분야의 급격한 기술발전에 근거하여 신경제론을 옹호하고 있다는 점뿐이다. (김창근)

이 교수는 장기이식 돼지의 경우 돼지가 잉여가치를 '생산'하지만, 그 잉여가치가 '착취'당한다고 주장한다. 이는 명확히 '생물학적' 의미인데, 이런 '생물학적' 의미의 생산과 착취 개념은 맑스의 '경제적·사회적' 의미의 생산과 착취 개념과는 아무런 관련성이 없다. 맑스에게 있어서 생산은 인간이 자신의 필요에 맞게 자연을 변형시킨다는 '사회적' 개념이며, 착취 또한 한 부류의 사람들의 잉여노동이 그것을 생산하지 않은 다른 부류의 사람들에 의해 점유됨을 뜻하는 '사람들 간의 관계'를 의미한다. 오히려 맑스는 상품의 가치와 잉여가치를 상품생산에서 생산물과 생산과정의 물리적·화학적·생물학적 속성과 혼동하여, 후자들을 전자들의 원천으로 보고 있는 관점을 '물신성'이라 칭하면서 강력하게 비판한 바 있다. 그러한 측면에서 이 교수의 주장은 물신성에 사로잡혀 있다는 비판을 피할 수 없다. 학설사적인 측면에서 이 교수의 주장은 맑스가 아니라 중농학파의 이론을 변형된 형태로 재생산하고 있을 뿐이다. 그들에 따르면, 비생명적인 생산을 하는 제조업은 임금만을 부가할 뿐 이윤을 생산하지 않고, 오직 부의 유일한 원천인 자연이 '생산'하는 농업부문에서만 이윤이 생산된다. (김창근)

2. 맑스의 지대론은 인간만이 가치를 생산한다는 노동가치론의 휴머니즘에 반하여, 자연의 생산을, 그것이 생산하는 잉여가치를, 그리고 자연에 대한 자본의 착취를 분석할 수 있는 지반을 제공한다. (이진경)

이 교수는 "생명에 의한 생산을 '가치의 생산'으로, 즉 사용가치가 아닌 가치의 차원에서 이해할 길은 없는지" 또는 "가치화과정 속에서 '자연'은 가치를 생산하는가를 다시 물어야 한다"면서, "답은 이미 맑스 자신이 명확하게 제시한 바 있다. 그것은 '차액지대' 개념을 통해서였다"고 말함으로써, 더욱 잘못된 길로 나아가고 만다. 이는 앞서 살펴본 것처럼 명백히 맑스의 가치이론을 중농주의 이론으로 후퇴시키려는 것일 뿐이다. 왜냐하면 바로 '자연이 가치를 생산한다'는 것이 중농주의 사상의 핵심적인 주장 중의 하나이기 때문이다. 그래서 그는 여기에서 자신의 이론적 오류를 시인하는 것으로 논의를 중단했어야 했다. 그럼에도 불구하고 이 교수는 맑스의 차액지대론을 거론하면서, 맑스도 자신과 같이 생각했다고 주장한다. 그러나 맑스는 사용가치와 가치를 혼동한 적이 없으며, 차액지대를 생산력 자체의 결과로 생각한 적도 없다. (김창근)

맑스가 『자본론』 3권의 끝부분에서 지대론을 다룬 것은 자신이 1권 1편에서부터 전개한 노동가치론이 지대에는 적용되지 않는 듯한 '외관'을 없애기 위해서였다. 일반적으로 제조업의 각 부문은 평균이윤을 획득하는 경향이 있는데, 토지생산물을 생산하는 자본주의 농업 등에서는 평균이윤뿐만 아니라 지대까지 생산되어 지주계급에게 지대가 지불된다. 그래서 지대는 잉여노동에서 나오지 않고 토지 자체의 물리적·생물학적 생산력에서 나오는 듯한 외관이 생겨난다. 그 결과가 바로 농업은 다른 생산부문보다 더욱 생산적이라는 중농주의 이론이었다. 맑스의 지대론은 토지생산물의 경우에도 어떻게 지대가 노동자들의 잉여노동에서 나올 수 있는가를 보여 줌으로써, 중농주의자들의 외관인 물신성을 극복하려 시도하였다. 맑스의 지대론의 이론적 의도가 그렇기 때문에, 그의 이론에 따르면 절대지대뿐만 아니라 차액지대도 농업부문의 잉여노동에서 나올 수밖에 없고 또한 그렇게 나와야 한다. (김창근)

맑스는 '부'(富)의 원천이 노동만이라는 애덤 스미스의 주장을 반박하면서 생산수단이 되는 자연도 부의 원천이라고 주장했고, 과학기술 역시 이런 점에서 부의 원천이라고 보았다. 그러나 맑스는 '부의 생산'과 '가치의 생산'을 이론적으로 구별하고, 자본주의가 어떻게 '시초축적(수탈) —절대적 잉여가치 생산(착취)—상대적 잉여가치 생산(착취)' 방식을 통해서 장기간에 걸쳐 '부'를 '가치'로 환원하고, 수탈-착취해 왔는가를 방대한 통계와 개념적-수리적 논증을 통해 규명하기 위해 『자본론』을 집필했다. 이진경이 '노동가치론의 휴머니즘'을 비판해야 한다고 주장하는 것은 맑스가 애덤 스미스를 비판했던 관점에 설 경우라면 올바르다. 하지만 이런 관점을 '자연이 부를 생산하는' 것이 아니라 '자연이 가치를 생산한다'라는 주장으로 치환시키게 되면, 김창근이 강조하고 있듯이 부의 생산과 가치의 생산을 혼동하는 것이 되며, 이는 앞서 비판한 바와 같이 맑스의 주장을 중농주의로 퇴행시키는 결과를 야기하게 된다. 수년 전부터 이진경이 들뢰즈에 의거하여 주장해 온 '기계적 잉여가치 착취' 등의 개념도 이와 동일한 문제점을 포함하고 있다.

3. 인간 아닌 자연이 생산자가 될 수 있는 것만큼이나 인간 또한 노동대상이 될 수 있다는 것, 따라서 생산자와 노동대상(노동수단)은 인간/비인간의 구별을 가로질러 생산이 이루어지는 조건과 양상에 따라, 혹은 그것이 포착되는 층위에 따라 규정되어야 한다. 판사들은 자본의 논리('경제적 유인')에 따라 이러한 신체권과 생명권을 부인한 것이다. 이것이 생명산업 전반이 인간에게 요구하고 있는 것임은, 유전자에 대한 소유권을 특정 개인들에게 넘겨주고 있는 미국 법원의 판결이 보여 주고 있다. 특허권이 인간의 신체권과 생명권을 생명산업에 넘겨주는 법적·보편적 형식을 제공한다면, 신체권과 생명권의 옹호는 그러한 특허권에 대한 투쟁 없이는 불가능하게 된 것이다. 특허권은 물론 지적 소유권을 확대하고 연장하려는 우익적 시도('카피라이트')와, 그런 권리를 부정하고 최소화하려는 좌익적 시도('카피레프트')의 대립은 '지적'인 생산물로 국한되지 않는다. (이진경)

이 교수는 현대의 특허제도 때문에 특정한 약들의 값이 지나치게 높고 그에 따라 미국을 중심으로 한 선진국 자본들이 평균 이상의 엄청난 초과이윤을 올리고 있는 현실을 염두에 두고 있는 듯하다. 이러한 현상에 대해서 문제를 제기하고 시정을 요구하는 한, 그는 올바르다. 이 교수는 환자인 무어가 자기 신체 속에 항체를 생산했고 그에 따라 잉여가치도 생산했는데, 의사인 골디 박사 등이 특허를 냄으로써 그렇게 생산된 잉여가치를 높은 특허권 수입으로 가로챘다고 생각한다. 이 교수에 따르면, 문제의 해결책은 특허권을 골디 박사 등이 아니라 무어가 가지는 것이다. 그러나 그런다고 터무니없이 높은 약값의 문제가 해결될 수는 없다. 약값은 변하지 않고, 단지 특허 로열티를 누가 받느냐 하는 것만이 바뀌기 때문이다. 이 교수가 생식질을 '공동유산'으로 부르기도 하기 때문에, 문제의 항체가 인류 전체에 속하는 공유지와 유사한 공공성을 가진 것으로 생각하고 있을 수도 있다. 그러나 이러한 그의 주장은 자신의 논리에 모순되고 있다. 왜냐하면 그는 이미 문제의 항체를 무어가 자신도 모르는 사이에 자신의 몸에 생산한 것이라고 주장했었기 때문이다. 그래서 만약 이제 그가 생산한 것을 인류 전체의 공공재산이라고 다시 주장한다면, 인류 전체가 무어를 착취하는 셈이 되는데 이런 모순은 무어가 그 항체를 '생산'하고 '착취'당한다고 생각하는 이 교수의 괴이한 논리에서 빚어지는 귀결일 뿐이다. (김창근)

그리고 이런 논리는 현실적으로도 높은 약값을 낮추기에 무기력하다. 이 교수가 과학기술 자체가 잉여가치를 생산한다고 주장하는 한, 그는 글리벡의 가격이 매우 높은 것은 그러한 기술이 엄청난 양의 가치와 잉여가치를 포함하고 있기 때문이라고밖에 답할 수 없다. 사실은 전혀 다르다. 글리벡을 생산하는 데 필요한 기술과 지식은 널리 알려져 있기 때문에, 독점만 없다면 글리벡의 가격은 매우 낮은 수준으로 떨어질 것이다. 글리벡이 터무니없이 높은 가격으로 판매되고 있는 것은 '인위적 독점'이라는 법률적 강제에 의해서이고, 글리벡의 가격이 '터무니없이' 높다든지 '부당'하다고 말할 때의 의미는 바로 이와 같이 의미에서이다. 그 가격이 '터무니없이' 높다거나 또는 '부당하게' 높다고 말할 수 있는 이론적 근거는 그것을 생산하는 데 필요한 기술과 지식은 가치와 잉여가치를 생산하지 않고, 그것의 가치는 직접 제조하는 데 필요한 노동시간에 불과하며 따라서 매우 낮다는 데 있다. (김창근)

김창근의 분석은 정곡을 찌르고 있다. 맑스적 노동가치론을 폐기하게 되면 글리벡의 가격이 '얼마나 터무니 없이 높은지'를 정확한 수치(총노동 − 필요노동 = X)로 보여 줄 수 있는 근거를 버리는 결과가 초래되고, 카피레프트 운동을 확대할 수 있는 이론적 근거 역시 무장해제 하는 셈이 되기 때문이다. 실제로 2000년대 초 '정보재' 논쟁에서 주장되었듯이 카피레프트 운동의 이론적 근거는 소프트웨어의 카피를 위한 필요노동이 제로라는 점에서 찾을 수 있는 데 반해, 카피라이트는 지적재산권과 특허권을 이용해 이를 막고 있기 때문이다.

4. 생명복제시대, 그것은 생명의 생산적 능력을 세포 이하의 수준에서까지 자본이 착취할 수 있게 된 시대다. 그것은 생명과학이 잉여가치 착취를 위해 필수적인 도구가 된 시대기도 하며, 그리하여 과학과 자본이 점차 하나의 신체로 융합되어 가는 시대기도 하다. 그것은 항상 과학의 권위를 빌려 말하지만, 그들이 말하고 생각하는 자리는 거대 자본가들이 만들어 놓은 것이고, 그들이 사용하는 칼은 돈이 되는 궤적을 충실히 따라가고 있다. 과학기술이 더 나은 삶을 위한 것이라면, 그로 인해 야기될 결과를 두려워하면서도 그것을 중단시켜선 안 된다는 믿음은 도착적이다. 이런 도착이 일반적인 것은 과학이

곧 진리라는 근대의 인식론적 배치가 지속되고 있기 때문이고, 하이데거는 여기서 벗어났는데, 맑스주의자들은 이런 배치 속에 갇혀 생명산업이 지배하는 세계에 대해 이론적 분석을 멈추고 있다. …… 과학과 자본의 맞잡은 손 사이에 무언가 뜨거운 무언가를 흘려 넣어야 하지 않을까? 생명을 착취하고 농단하는 자본의 권력에 대해, 생명이란 우리 자신의 양보할 수 없는 권리임을 강하게 외쳐야 하지 않을까? 지적인 것과 너무도 거리가 먼 특허라는 이름의 엽기적인 권리들을 웃음거리로 만들 수 있는 유머의 정치학이 필요하지 않을까? (이진경)

대부분의 맑시스트 경제학자들은 인조인간의 창조를 반대하는 문제가 미래의 중요한 문제가 될 수 있다는 점을 부정하지 않을 것이다. 또한 환경문제와 기후변화 문제 등의 자연의 문제가 중요한 사회적 문제라는 점에 대해서도 어떠한 맑시스트 경제학자들도 부인하지 않을 것이다. 그렇지만 진정한 맑시스트들에게 **동등하게** '정작 문제가 되고 있는 것'은 또한 인간에 의한 인간의 착취 문제, 특히 신자유주의 세계화와 자본주의 자체의 모순에 의한 인간 착취의 문제이기도 하다. 이러한 사회적인 착취의 문제를 등한시하면서 '돼지의 착취'를 더 높은 차원의 진정한 문제라고 주장하는 것이 진정한 맑시스트들의 주장으로는 보이지 않는다. (김창근) (* 이하 인용 문장 중 고딕 부분은 인용자가 한 강조다.)

이진경의 분석은 류동민과 김창근이 지적하듯이 애초에 자신이 목표로 제시했던, '정치경제학 비판의 쇄신'은 보여 주는 데 실패하면서, 그 대신 엽기적인 특허권을 웃음거리로 만들기 위한 '유머의 정치학'을 펼치자는 주장으로 마무리되고 있다. 이런 구성은 "용두사미" 같다. 김창근이 지적하듯이, 생태위기와 인간에 의한 인간의 착취 중에서 어느 것이 '더' 중요한가라는 비생산적인 질문을 제기하기보다는 생명권과 신체권의 폐기 위협 자체가 자본주의의 본질인 인간과 자연에 대한 착취와 수탈에서 비롯된다는 사실을 직시하고, 이런 위협을 막기 위해서는 자본주의 자체의 폐절을 강하게 주장하는 것이 더욱 필요하다고 주장하는 것이 논리에 합당하지 않을까 싶다. 그런데 바로 이 지점에서 2부 논평자인 조정환이 개입하여 이진경의 주장을 좀더 체계적으로 비판함과 동시에 그의 문제의식을 새롭게 확장하려 하고 있으므로, 조정환의 논평으로 주의를 이동할 필요가 있다. 결론부터 말하자면 조정환은 생명산업의 등장으로 인해 변화하고 있는 자본주의의 성격 변화를 올바로 포착·비판하기 위해서는 '정치경제학 비판' 자체를 새롭게 쇄신할 필요가 있다는 이진경의 문제제기에 동의한다. 그러나 조정환은 생명산업의 등장에서 새로운 것은 이진경이 주장하는 것처럼 자연과 생명체를 착취[수탈]하게 되었다는 점에 있는 것이 아니라(김창근이 주장하듯이 그것은 이전부터 있었으므로), 생명체들의 연결망과 인지활동을 착취하는 데에 새로움이 있다고 주장한다. 그 주장을 요약해 보면 다음과 같다.

> 자본주의는 그 시작부터 동물 혹은 비인간 자연물을 무상으로 수탈해 왔다. 인간 노동력에 대한 착취 역시 생명과 자연에 대한 수탈의 연장선상에서 발생한다. 그러므로 생명산업에서 생명체가 수탈된다는 사실 자체를 새로운 현상으로 보고 그로부터 근대 정치경제학이 직면한 위기와 한계를 도출하는 것은 적절치 않다. 생명산업은, 생명과학자들의 인지노동을 지렛대로 하여, 더 이상 지속시간에 따라 분할할 수 없는, 생명체들의 연결망과 그것의 인지활동을 사유화하고 착취한다는 점에 새로움이 있다. 근대 정치경제학은 시작부터 위기와 한계를 함축한 채로 출발했으며 부르주아적 계급투쟁을 통해 그 위기의 폭발을 봉쇄하면서 그것을 파국이 아닌 위

기로 재생산해 왔지만 위기는 동일하게 반복되지 않는다. 생명산업의 발전과 맞물려 진행되는 노동의 가속적 인지화와 공통된 인지적 생명활동에 대한 착취는 그 위기를 심화시킬 뿐만 아니라 질적으로 변경한다. 생명활동=인지활동에 대한 착취와 수탈은 지적재산권을 통해 관철된다. 그런데 지적재산권은, 물적재산권보다도 더 많이 정치적 강제력에 의존하지 않을 수 없다. 교환관계로는 인지노동을 충분히 이용할 수 없게 된 자본이, 테러에 대한 전쟁에서처럼, 명령/복종 관계에 더 많이 호소하게 되는 것은 이 때문이다. 하지만 생명과 노동의 상시적으로 가능한 불복종의 가능성과 그것의 분출이 위기를 항상화시킨다는 데에 자본이 겪는 지배의 어려움이 있고 자본의 과학인 정치경제학이 합리성을 획득할 수 없는 어려움이 있다. 고전 정치경제학은 현대의 경제현실을 더 이상 설명할 수 없고 신자유주의 경제학이 일반적 환상장치로 기능하는 현실에서 정치경제학 비판이 혁신 없이 기능하리라고 기대하기 어려운 것은 이 때문이다. (조정환)

여기서 한 가지 개념상의 혼란을 지적할 필요가 있다. 이진경은 맑스주의 노동가치론이 부르주아경제학과 다름 없는 상태에 처했다고 보면서 맑스적 의미에서 '정치경제학 비판'을 혁신하자고 주장한다. 조정환 역시 '정치경제학 비판'의 혁신이 필요하고 보는데 그 이유는 자본의 과학인 정치경제학이 더 이상 합리성을 획득할 수 없는 단계에 도달했기 때문이라고 주장한다. 이에 반해 류동민과 김창근은 맑스주의 노동가치론 자체가 맑스의 '정치경제학 비판'이고, 이에 입각할 때라야 이미 실패한 신경제론, 지식경제론, 인지자본주의론보다 정확하게 21세기 자본주의 위기와 대안을 모두 제시할 수 있기에 굳이 혁신이 필요한 것이 아니라고 주장하고 있다. 여기서 혼란은 각자가 사용하는 '맑스주의', '정치경제학', '노동가치론'의 '지시대상'이 상이한 데서 발생하는 것 같다. 맑스가 말년에 "나는 맑스주의자가 아니다"라고 말할 만큼 맑스 생전부터 맑스와 '맑스주의' 사이의 괴리가 컸고, 이 괴리가 20세기에는 월러스틴의 표현대로 '천 개의 맑스주의'로 다양한 분화를 보여왔다는 점에 비춰 볼 때, 이런 혼란을 정리하는 것은 쉬운 일이 아니지만, 이 혼란을 최소화할 수 있는 유일한 길은 다시 맑스로 되돌아가는 것이다. 맑스적 관점에서 보면 '정치경제학' 혹은 '경제학'은 자본의 논리를 '과학적'인 외양으로 포장하고 있기 때문에 어떤 경우라도 '비판'의 대상이 된다. 스미스와 리카도에 의해 수립된 정치경제학의 핵심 개념인 '노동가치론' 역시 맑스적 '비판'과 매개되지 않을 경우 맑스와 상반된 결론을 도출할 수밖에 없다. 맑스의 '정치경제학 비판', 좁혀서 보면 '노동가치론 비판'의 핵심은 인간 노동(지식노동과 육체노동)과 자연이 동시에 '부'의 원천임에도 불구하고 자본/권력이 이 부를 특수한 형태로 결합한 후, 인간 노동력의 지출을 강제하여 '잉여가치'를 뽑아내도록 만드는 특수한 형태의 메커니즘을 분석하는 데에 놓여 있다. 만일 이진경과 조정환의 주장대로 '정치경제학 비판'의 혁신이 필요하다면, 기왕의 다양한 맑스주의자들의 주장 여하와 상관없이, 맑스의 분석틀 자체가 21세기 자본주의의 위기 분석과 대안 도출에는 부적합하거나 미흡하다는 점을 철저히 논증할 필요가 있다. 그러나 앞서 살핀 바와 같이 이진경의 발표는 이런 논증을 제시하기보다는 오히려 자기 모순에 처하고 있다. 그렇다면 조정환은 어떠한가?

자본은 인간의 노동을 착취할 뿐만 아니라 자연도 '착취'하는데 이것은 이진경의 생각처럼 새로운 것이 아니라 오래된 것이다. 그런데 자본은 노동을 착취하듯이 자연을 '착취'하는 것이 아니다. 두 가지는 구별된다. 전자는 고용관계를 매개로 한 생산과정에서 발생함에 반해, 후자는 고용관계와는 무관하게 발생한다. 전자는 교환관계를 매개로 이루어짐에 반해, 후자는 교환관계를 필수적으로 요구하는 것이 아니다. 전자는 가치에 대한 수취이지만 후자는 가치일 수도 있고 사용가치일 수도 있다. 맑스는 전자에 대해서는 'exploitation'(착취)이라는 용어를, 후자에 대해서는 'expropriation'(수탈)이라는 용어를 사용했다. 맑스의 이 용법에 충실하려면 자본은 자연을 '수탈'한다고 말하는 것이 옳다. 이진경은, 자연이 착취된다는 사실을 입증하기 위해, 자연이 (자본에 의해) 착취될 가치를 생산한다는 것을 증명하려고 하며 맑스의 차액지대론을, 그것을 입증해 줄 논거로 사용한다. 하지만 맑스의 차액지대론은 토지가 가치를 생산한다는 주장을 뒷받침하기 위해 만들어진 것이 아니라 정확히 그것의 반대를 위해, 즉 토지는 가치를 생산하지 않는다는 생각을 뒷받침하기 위해 만들어진 것이다. 비옥도 차이가 가져오는 생산량의 차이를 곧바로 (차액)지대의 원인으로 계산하는 것은 자본주의적 유통과정 전체를 삭제함으로써 발생하는 오인이다. 차액지대는, 비옥도 차이가 가져오는 생산량의 차이에서 직접 발생하는 것이 아니라 해당 토지에서 생산된 가치와 평균이윤과의 차이에서 발생하는 것이다. 차액지대가 발생하려면 비옥도의 차이만으로는 부족하고 다른 조건들이 충족되어야 한다(절대지대에서처럼, 토지 소유가 소수 지주들의 수중에 독점되는 역사적 조건, 농업에서의 유기적 구성[기술집약도]이 공업에 비해 낮아 단위자본당 더 많은 가치가 농업부문에서 생산되는 기술적 조건, 토지 소유의 독점이 자본 이동을 제한함으로써 농업과 공업의 유기적 구성의 차이를 평균화시키지 않게 하는 장애로 작용하는 정치경제적 조건 등). (조정환)

매우 적절한 비판적 논증이다. 맑스는 자본주의가 애당초 '인간+자연' 전체를 '착취와 수탈의 대상'으로 확대해 왔다는 점을 누누이 강조했고, 자본주의적 '가치의 생산'은 한 생산단위 차원만이 아니라 여러 생산부문들 간의 평균이윤율을 통해서, 나아가 생산과정과 유통과정 전체의 순환 속에서 발생한다는 점을 명확히 해명하기 위해 자본의 유기적 구성과 기술적 구성과 같은 개념 장치들을 제시하고, 이런 장치들을 활용하여 자본주의적 착취/수탈의 관철형태 변화의 다양한 조건들을 체계적으로 분석했다. 이런 맥락을 되짚으면서 조정환은 이진경이 '오독'한 맑스의 정치경제적 비판의 핵심 기제를 명확하게 제시하고 있다. 그러나 다음 구절에서 조정환은 이진경의 제안을 비판하는 데서 멈추는 대신, '자연과 생명의 가치론적 함의'를 새롭게 따져 보자는 이진경의 논의를 조건부로 지지한다.

> 요컨대 자연이나 생명은 그 자체로 가치를 생산하지 않는다. 그러므로 토지도 가치를 생산하지 않는다. 그럼에도 그것들이 가치론적 의미를 갖는다면 그것은, 인간중심적으로 구축된 현재적 가치체제를 변형하도록, 즉 **다른** 가치체제로 나아가도록 촉구하는 힘으로서일 것이다. (조정환)

조정환은 맑스의 '정치경제학 비판'이 자본주의적 가치체제의 작동 메커니즘의 모순과 불합리성을 철저하게 보여 주고 있지만, 이를 넘어설 수 있는 '대안적 가치체제'를 드러내는 데에는 미흡하므로, 자본주의가 자체 모순을 도처에서 드러내면서 그 한계에 도달하고 있는 오늘날(이런 점에서 현대자본주의는 맑스 시대의 자본주의와 큰 차이가 있다) 후자의 방향을 적극적으로 모색하는 일이 시급하다고 보면서, 조건부로 이진경의 '정치경제학 비판 쇄신' 기획에 동의한다고 말하고 있는 셈이다. 하지만 조정환은 이진경의 분석틀로는 이런 취지를 실현할 수 없다는 점을 다음과 같이 조목조목 비판하면서 전혀 다른 기준이 필요함을 역설한다.

> 토지나 생물과 같은 자연물이 가치생산에 노동과 동등하게 참가한다는 잘못된 인식은, 신체권이나 생명권과 같은 권리 주장을 대안으로 내세우게

하는 지적 원인으로 작용한다. 현행의 가치 맥락에서 권리는 생산된 것에 대한 분배의 문제를 다투는 것이다. 이것은, "순환적 공동체에서 스스로를 분리한 이상 그것에 대한 '대가'를 지불해야 하며 대가를 지불하지 않는 한 착취라고 해야 한다"는 생각과 연결되어 있다. 하지만 생명체는 물질로부터 에너지를 흡수하지 않고는 성립할 수 없으며 생명은 바로 물질에너지를 흡수해 자기생성하는 힘에 붙인 이름이다……. 생명은 물질과 교류(대사작용)를 하지만 어떤 교환도 하지 않는다. 그것은 보존하고 진화하려는 생명의 충동에서 비롯되는 행위이다. 이런 한에서, 이 관계에 원리적으로 타당한 내재적 기준이 있을 수 있다면, 그것은, 그 행위가 생명의 보존과 진화를 가능케 하는가 아닌가라는 기준일 것이다……. 이러한 상황에서 노동가치론 대신에 (혹은 그것과 더불어) 자연가치론을 제기하는 것이 유의미한가? 자본주의적 생명수탈관계를 대체할 다른 관계의 구현보다 신체권이나 생명권과 같은 자연의 권리들을 주장하는 것이 유효한 대안일 수 있을까? 그 어떤 가치론이건, 교환가치의 논리에 따라서, 즉 가치화의 문법 속에서 현대 세계를 이해하는 한, 자본주의를 넘어설 수 없으며, 가치권리에 따라 문제의 해법을 제시하는 한, 부르주아적 체제의 게임률을 재생산하게 된다. 그러므로, 이와는 다른 게임률을 발명하는 것이 필요하다. …… 생명의 물질화와 사유화를 꾀하면서 생명문제를 생명체의 문제로 환원하고 있는 현실에서 생명의 정치가 가능하다면, 그것은 공간적 생명체(의 권리)에 대한 사유에서 출발하기보다 대상화할 수 없는 시간의 힘으로서의 생명에 대한 사유를 복원하는 것에서 출발해야 할 것이다. (조정환)

조정환은 맑스주의 노동가치론에 대한 이진경의 문제제기적 비판과 류동민/김창근의 반비판 간의 대립적 고착의 지평을 흔들어서 양측의 의의와 한계를 동시에 해명하면서, 맑스의 '정치경제학 비판'의 현재적 의의를 재확인함과 동시에 한계에 도달한 현대자본주의를 넘어서기 위해서는 '대안적 가치체제'의 수립이 시급하다는 새로운 제안에 도달한다. 조정환은 이 '대안적 가치체제'의 윤곽을 다음과 같이 제시한다.

이 대안은, 첫째로, 생명을 생명체로 환원하지 않는 사유방식을 필요로 한다. 오늘날 지구 전체를 자기생성하는 하나의 생명개체로 파악하려는 관점(가이아 이론)이 점점 설득력을 얻어 가고 있는 것은 이 때문이다. 둘째, 개개의 생명체는 물체이기 전에 연결망이다. 그렇기 때문에 생명의 공동생산과정을 꾸려 나갈 공동체는 인간공동체를 넘는 [라투르적 의미의] 물(物)정치적 모임일 수 있어야 한다. '생산자와 노동대상의 분할을 규정하는 휴머니즘적 전제들에 대해 근본적으로 다시 검토할 것을 요청한다'는 이진경의 주장의 합리적 핵심은 여기에 있다. (조정환)

정리해 보면 류동민, 김창근, 그리고 조정환의 비판적 논평을 통해서 현대자본주의의 위기와 한계에 대한 비판은 오직 맑스적 정치경제학 비판의 관점에 설 때라야 제대로 밝혀낼 수 있고, 맑스를 오독할 경우 왜 전진이 아닌 후퇴가 필연적인가도 분명하게 확인할 수 있다. 하지만 조정환은 그와 동시에 맑스의 정치경제학 비판 자체가 자본주의를 넘어서는 데 필요한 대안적 가치체제를 제시하고 있지 못하므로, 인간과 자연을 모두 포함하는 생명의 공동생산과정을 꾸려 나갈 대안적 공동체 구성을 위해서는 기존의 맑스주의를 넘어서는 새로운 기획이 필요하다고 강하게 주장하고 있다. 그리고 이런 문맥에서 그는 맑스주의 노동가치론(비판)에 내재된 휴머니즘적인 전제들이 있다면 이를 근본적으로 다시 검토해 보는 방식으로 이진경의 주장의 합리적 핵심을 건져 낼 수 있을 것이라고 제안한다. 이런 비판적 분석과 제안은 그동안 한국 맑스주의 내부에서 노동가치론과 맑스 해석을 둘러싸고 전개된 '신-구 논쟁'의 이율배반적인 갈등 상황을 타개하는 데 생산적인 실마리를 제공할 수 있을 것으로 보인다. 특히 그는 "생명의 공동생산 과정을 꾸려 나갈 인간-물 공동체"(브뤼노 라투르)를 대안적 공동체로 제안하는데 이는 3부에서 김환석의 제안과도 일치하며, 필자 역시 이런 방향에 동의한다.

그러나 그가 맑스의 정치경제학 비판에 기반한 대안적 가치체제의 추구를 '인지자본주의'라는 개념적 프레임으로 묶는 것이 과연 적절한 제안인지에 대해서는 논란의 여지가 있다고 본다. 이 문제는 이 글의 마지막 부분에서 다시 검토하기로 하고, 이하에서는 2부의 최종덕의 주제 발표와 이에 대한 조정환과 우희종의 논평을 비교 검토하면서 대안적 공동체를 구성하기 위해서는 생명을 어떻게 개념화하는 것이 적합한가에 대한 철학적-과학적 검토와 더불어, 자본주의와 과학의 관계를 어떻게 파악하는 것이 필요한지에 대한 논쟁들을 분석해 보고자 한다.

2부 _ 생명의 존재론: 생명과 기계

최종덕의 발표와 조정환의 논평의 요지를 대비해 보면 다음과 같다.

1. 그는 환경파괴 및 생태위기를 맞고 있는 현실에서 생명주의를 빙자한 도피적 신비주의가 생명을 빙자하여 개인의 안위에 몰두하면서 현실사회에 대해 침묵하는 일련의 관련 행동체계들을 생명유토피아라고 부른다. 생명유토피아의 발단은 1970년대 이후 문명위기의 대안으로서 출발했지만 생명과 과학을 대비시키는 과정에서 생명과 자본의 위험하고 불균형한 대립을 놓치고 있다. 흔히 현대사회의 생명 경시 증상이 뉴턴 과학혁명의 부작용이었다고 오해하

지만, 생태위기의 형이상학적 원인을 오로지 근대과학의 부작용이라고 주장하는 것은 타당치 않다. 근대성이 우리의 사유를 지배하고 있다는 생각에 동의하지 않으며, 우리에게 근대는 정착된 적이 없었다. (최종덕)

여기서 근대성의 정착이란 생명의 논리와 물질의 논리를 뒤섞지 말고 철저히 구분하면서 과학을 물질의 운동에 대한 설명으로 보는 뉴턴적 방법을 완성하는 일일 것이다. 최종덕에게서 그것은, 생명을 신비화하는 마술정치 및 생명유토피아와 싸우는 것을 과제로 받아들이는 윤리정치로 나타난다. (조정환)

2. 인간소외, 생태위기 등의 전반적 문명위기의 원인은 근대과학이기보다는 과학기술을 산업화한 자본권력이다. 생명유토피아는 자본권력의 현실적 책임 소재를 희석해 버릴 뿐이다. 물론 인간을 오로지 지식저장능력을 통한 경쟁적 존재로만 간주하여 창조적 전인의 합리성은 사라지고 마는 것이 슬픈 현실의 과학교육계이기도 하다. 그렇다고 과학 자체가 그 문제의 주범인 것은 아니다. (최종덕)

최종덕의 비판은 오늘날 생명이 자본관계에 포섭되어 있고 자본관계가 생명 진화의 조건이자 실질적 장애물로 나타나고 있는 현실에 주목하게 한다는 점에서 타당하다. 그런데 근대과학이 아니라 자본관계가 적이라는 이 비판은, 뉴턴에서 시작되는 근대과학정신을 완성하는 것이 과제라는 암묵적이면서도 명시적인 실천적 제안을 포함한다. 이러한 방향제시가, 생명주의의 맹점에 대해 비판하는 가운데 지금까지 생명주의적 사유와 실천들이 달성해 온 긍정적 성과조차 허물어 버리는 것이지 않을까? 특히 이러한 제안은, 우리 시대에 자본관계가 과학을 포섭하면서 자본과 과학이 기우뚱한 동맹관계를 맺고 이 동맹체제가 생명진화의 장애물로 되고 있는 현실——앞에서 분석한 이진경의 글은 바로 이것을 표적으로 삼았다——을 은폐하는 효과를 가져오지 않을까? (조정환)

최종덕이 주장하듯이 오늘의 생태계와 생명 파괴의 주범은 무엇보다도 자본주의이다. 1부에서의 논의를 통해 확인할 수 있었듯이 생명(체)과 과학기술은 '부의 생산의 원천'이지 '자본주의적 가치 생산의 원천'은 아니다. 이런 맥락에서 보면 과학기술을 생태위기의 주범으로 지목하는 것은 부의 생산과 자본주의적 가치의 생산을 혼동하는 것과 유사한 혼동에서 기인하는 것이라고 볼 수 있고, 이런 점에서 최종덕의 비판은 타당하다. 하지만 다른 한편으로는, 조정환의 지적대로 현대 과학기술이 자본과의 굳건한 동맹관계 속에서 발전을 거듭해 왔다는 역사적이고 현실적인 사실과 함께 생명주의적 사유가 대안적 가치를 모색하기 위해 노력해 온 사실을 간과하거나 외면하는 것은 균형 있는 비판의 자세가 아니라고 할 수 있다. 최종덕이 오늘날 우리 사회 과학교육의 슬픈 현실을 비판하는 것도 실은 이런 문제점에 대한 인식에서 비롯된 것으로 볼 수 있다. 그렇다면 문제의 요지는 "목욕물 갈다가 아이까지 버리는 우를 범하듯" 자본과의 동맹관계를 맺고 있는 과학기술에 대해 비판하는 나머지 과학 자체를 버리는 우를 범하는 대신, 마치 자본주의 극복을 위해서 다른 가치체제를 찾지 않을 수 없듯이, 자본주의와 동맹을 이루는 과학 대신 다른 과학을 모색하는 것이 바람직할 것이다. 토마스 쿤의 용법을 빌리자면, 최종덕은 뉴턴적 근대과학의 패러다임이 여전히 유효하다고 보는 데 반해, 이진경은 근대과학의 패러다임 전환을 요청은 했으나 그 새로운 윤곽을 제시하지 못했다면, 조정환은 보다 적극적으로 새로운 패러다임의 윤곽을 제시하고자 시도한다.

3. 생명을 한마디로 정의하기 어렵지만, 생명을 바라보는 시선들을 네 가지로 유형화할 수는 있다. 생명의 생성과 주재를 담당하는 우월적 존재를 가정하는 외재적 시선(초월적 접근, 과학적 접근)과 생명의 시원을 이루는 생명원형과 그 이후의 존속을 가능하게 하는 생명의 지속가능케 하는 원동력이 생명 그 안에 내장되어 있다는 내재적 시선(신화적 접근, 전일적 자연주의 접근)이 그것이다. [최종덕은] 이 네 가지 접근들을 비판적으로 검토하면서 이들과는 다른 내재적 접근법을 뉴턴의 태도로부터 이끌어 낼 수 있다는 가능성을 제안한다. 뉴턴은 물리적 대상을 질점으로 전환시킬 수 있지만 생명은 물질과 구분되는 의지적인 무엇이었기에 질점으로 표현할 수 없다고 보았다. 뉴턴이 의도했던 기계론적 사유의 시선이란 물리운동법칙의 엄밀성을 찾아가는 이성의 통로였지 생명의 세계를 부정한 것이 아니다. 신비한 힘의 영역은 뉴턴에게서 구체적으로 목적론적 방향성을 갖는 힘들의 총체인데, 뉴턴이 물리적 운동을 설명하는 데 있어서 의지 혹은 생명적 기능의 인식론적 근거인 목적론을 배제한 이유는 구체적이고 경험적인 물리현상을 일반화하여 설명하려는 추상적이고 선험적인 원리를 효율적으로 찾으려는 데 있었다. 오히려 데카르트는 생명 요소까지 기계적 구조를 갖는 물질 요소로 환원하려고 한 반면, 뉴턴은 생명 요소를 생명 요소대로 그냥 놔두고자 했다. 생명 요소를 생명 요소대로 그냥 놔두고자 했던 뉴턴은 연금술의 방법론적 원인들과 동역학의 방법론적 원인들이 섞여지기를 원치 않았다. 이런 점에서 뉴턴의 자연관은 데카르트의 자연관과 상이하다. 데카르트는 인간의 자유와 영혼을 제외한 일체의 생명적인 것을 기계적인 것으로 환원시킬 수 있다고 보았다. 그러나 뉴턴은 그런 물질적 환원주의와 거리가 멀었다. 그는 단지 생명의 운동원리에 접근하지 않았을 뿐이다. (최종덕)

생명/생태주의는, 생명과 물질을 인위적으로 분리시키고 생명에 대해서는 불가지론을 유지하는 뉴턴의 방법이야말로 생명의 자기논리를 접어 둠으로써 생명에 물리의 논리를 폭력적으로 부과할 수 있도록 방조해 온 바로 그 방법이라고 비판해 왔다. 지성의 논리가 직관의 논리를, 물질의 논리가 생명의 논리를 지배하게 된 것이 뉴턴 효과라고 말하는 것이 과연 부당한가? 특히 뉴턴적 과학이 자본과 권력의 지배장치로 된 것은 이를 입증하는 것이지 않는가? 자본의 지배가 인간위기의 직접적 원인이라는 최종덕의 생각은 과학의 지배가 그것의 원인이라는 생각보다는 타당하다. 하지만 이러한 양자택일적 논법은, 인간의 사유능력 중에서 지성의 지배가 자본의 지배에 길을 열어 주었다는 사실을 묵과하도록 만든다. 실험도구의 발명이 낡은 생기론의 설 자리를 없앴듯이 뉴턴 과학적 관점의 확대는 생명논리가 들어설 사유공간을 박탈했다. 그러므로 자본의 지배라는 현실에서의 변화는 지성의 지배라는 사유에서의 변화와 병행하는 것이지 책임을 자본에게만 돌리는 것으로 과학이 그 책임을 피할 수 있는 것은 아니다. 자본의 발전은 과학의 발전의 이면이고 그 역도 성립한다. 과학적 사유의 지배를 그대로 둔 상태에서 자본관계의 현실적 지배를 극복할 수 있는 것은 아니다. 그렇기 때문에 자본주의적 관계와는 다른 인간들의 사회적 관계를 발명하려는 노력은 지성의 지배와 과학적 사유의 헤게모니를 극복하면서 다른 사유능력을 발전시키려는 노력과 병행되지 않으면 안 된다. 특히 자본과 지성, 자본과 인지가 그 어느 때보다도 밀착해 있는 인지자본주의의 도래는 이러한 노력의 필요를 더욱 부각시킨다. (조정환)

생명에 대한 불가지론의 입장을 취한 뉴턴 과학의 확대가 이후 생명논리가 들어설 사유공간을 박탈했다는 조정환의 비판은 정당해 보인다. 그런데, 이런 문제의식에서 조정환은 자본의 지배＝과학의 지배＝지성의 지배를 은연중에 동일시하면서, 오늘날에는 특히 인지자본주의가 도래하고 있기 때문에 과학이나 지성과는 "다른 사유의 능력"을 발전시켜야 한다는 쪽으로 강조점을 이동하고 있는 것 같다. 근대과학이 성과도 있지만 문제도 있기 때문에 '다른 사유'를 발전시켜야 한다는 주장에는 적극 동의한다. 그런데 조정환의 논지에서 애매한 점은, 자본을 극복하기 위해서 과학과 지성을 버려야 한다는 것인지, 아니면 이제까지와는 다른 형태의 과학과 지성의 새로운 패러다임이 필요하다는 것인지가 불분명하다는 점이다. 만일 조정환의 진의가 전자 쪽에 비중을 두는 것이라면, 이는 최종덕의 비판을 다시 자초하게 될 것이다. 이 문제에 대해서는 뒤에서 다시 살펴보도록 하겠다.

4. 생명이 생명다운 것은 자기를 보전하고 후대를 이어 가는 활동성에 있다. 그 활동 자체가 생명이다. 동사로서의 생명활동, 그 자체가 생명이다. 주어로서의 생명이 아닌 동사로서의 생명을 다시 풀어서 말한다면, 생명을 생명답게 만드는 것은 생명 밖에 있는 것이 아니라 생명 안에 있다는 뜻이다. 자연으로서 생명은 자연(自然)이란 한자 뜻풀이 그대로 스스로 존재하며 저절로 존재한다. 동사로서의 생명은 전체와 부분이 양방향으로 상호소통하는 체계의 특성을 지닌다. 동사로서의 생명은 항상 다른 생명과 섭동을 한다. 동사로서의 생명은 생명의 존재근거가 안에서 찾아지며, 명사로서의 생명은 생명의 존재근거가 밖에서 찾아진다. 신비로운 생명에 대한 근거를 밖에서 찾을 경우, 생명에 대한 환상이 또 하나의 생명권력을 만들 수 있다. 동양 고전의 도교사상이건 서양 기독교의 절대 창조주의 사상이건 관계없이 스피릿의 생명을 강조하는 사람들은 스피릿을 부여한 외부의 무엇을 가정한다. 일종의 현대에 다시 깨어난 정령론이다. 나는 이런 생명 이해를 "생명의 유토피아"라고 부른다. (최종덕)

① 동사로서의 생명이란 개념은 생명의 특질을 설명하기에는 부족한 개념이다. 그것은 스스로, 저절로, 있다는 의미만을 갖는데, 생명이라 할 수 없는 많은 기계들도 오늘날 스스로, 저절로, 있다. 자기조직화하고 자기 개체화하는 자기생성으로서의 생명이라는 지금까지 발전된 생명 개념에 비추어 볼 때 '동사로서의 생명'이라는 개념은, 외부에서 바라본 특징묘사라면 모를까, 생명 자체에 대한 내재적 접근 개념으로서 너무 열려 있고 긴장감이 없는 정의로 느껴진다. 무엇보다 그것은 생성과 창조라는 생명의 고유한 특질을 함축하지 못한다.

② 생명이 생명체로 개체화되어 있고 생명체가 물질의 측면을 갖는 한에서 물질과 생명을 이분화시키고 전자의 논리만을 탐구하는 것은 불가능하다. 물질에서 의지를 삭제하려는 뉴턴적 작업방식은 물질인 생명체에도 적용될 수 있게 되는데 바로 이것이 근대과학과 현대의 생명과학이 생명체를 취급하는 지배적 방식이다. 이런 점에서 뉴턴적 과학관과 과학혁명은 물질과 생명에 접근하는 지성적 태도의 하나로서, 생명을, 물질을 자신의 계기로 삼는 하나의 전체로서 다룰 수 없는 한계를 갖는다.

③ 최종덕이 쓰고 있듯이, 뉴턴은 경험의 한계를 넘어선 그 무엇이 바로 신비한 힘의 영역이며 그것은 구체적으로 목적론적 방향성을 갖는 힘들의 총체이고 이 목적론적 힘은 의지나 생명적 기능의 인식론적 근거이다. 최종덕은, 생명주의에 의한 생명의 신비주의화를 비판하면서도, '생명의 신비함에 대해 굳이 다루지 않겠지만 생명은 신비롭다'고 함으로써 암묵적으로 생명이 목적론적 힘임을 승인하고 앞문으로 쫓아낸 신비주의가 다시 들어올 수 있도록 뒷문을 열어 주고 있다. 최종덕이 인위와 자연의 구분에 기초하여 자연을 생명성의 기반으로 설정하고 있는 한에서 그것은, 자연섭리적 생태주의의 자연숭배와 연대하는 것이며 이를 통해서는 생명의 진화, 특히 인간 생명의 진화를 설명할 수 없다. '생명이 내재적이라면 어떤

내재성인가? 자기를 보전하고 후대를 이어 가는 활동성인 동사로서의 생명은 물질과 어떤 관계에 있는가?' 등이 대답되지 않고 있기 때문이다. 내재성 요구가 삶의 공동체에 대한 관심으로 나타나고 있지만 그 공동체가 어떤 수준의 것인지 우리로서는 알 수가 없다. 인간 공동체인가, 인간과 생물의 공동체인가, 무생물까지 포함하는 공동체인가? 삶의 공동체가 단순히 인간 일상의 공동체로 나타나는 한에서, 심층생태론이 제기하는 근본생태, 근본생명의 문제의식, 생명이란 무엇인가에 대한 문제제기는 여전히 도전으로 남아 있으며 인간, 기계, 사물의 동맹을 주장하는 라투르식의 물(Ding)의 공동체론의 도전도 피할 수 없을 것이다. (조정환)

물질과의 관계를 의도적으로 배제한 채 '동사로서의 생명관'을 밀고 나가게 되면, 자신이 비판했던 신비주의를 뒷문으로 들여오게 된다는 조정환의 비판은 설득력이 있다. 이런 모호함과 단절하기 위해, 조정환은 베르그손의 철학적 생명관에 명시적으로 의거하여 뉴턴 과학과 현대 생명과학을 강하게 비판하면서 '생명'을 '지속'과 창조적 진화의 개념으로 일관되게 정의한다. 필자 역시 베르그손의 생명관에 동의한다. 그런데 베르그손 자신이 과학 자체는 한계가 있을 수밖에 없으므로 철학과 형이상학에 특권을 부여했던 것이 아니라, 오히려 근대과학의 좁은 패러다임을 넘어서서, 철학과 과학의 새로운 상생을 모색했다는 점을 상기해 본다면, 뉴턴 과학과 근대과학에 대한 비판이 과학 자체의 폐기나 부정으로 귀결되어서는 곤란할 것이다. 오히려 현 시점에서 필요한 것은 베르그손의 생명의 정의와 부합할 수 있는 새로운 과학을 찾아내고, 이를 통해 생명에 대해 일관성을 가진 철학적-과학적 정의의 새로운 커플을 발견하는 것이 아닐까? 뒤에서 살펴보겠지만, 조정환도 이런 논지를 분명히 피력하고 있고, 우희종은 생명과학자로서 오늘날 발전된 '다른 과학적' 접근법을 체계적으로 제시하고 있다.

5. 생명유토피아는 생명의 존중과 자아의 수양론을 추구한다. 자아의 수양을 위해서라면 사회적 오류까지도 전적으로 용서할 수 있다는 '허무한 관용'을 내세운다. 일종의 문화적 자기보호 양생론에 해당한다. 종교적 수사법으로 말해 본다면 사회적 구원을 외면한 채 개인적 구원에만 몰두하고 있다는 은유와 비슷하다. 생명유토피아의 가장 큰 문제점이 여기에 있다. 전체는 전체로 보여지지 않기 때문에 우리는 단지 아주 작은 부분을 통해 전체를 볼 수밖에 없다. 그래서 작은 것이 중요하고 낮은 것이 소중하다는 뜻이다. 대단한 생명이론가의 사상을 아무리 많이 알아도 그 큰 사상을 아주 작은 것에서 찾으려는 마음과 남의 입장에서 남을 배려하는 마음이 없다면 그는 생명의 진실을 모르는 셈이 된다. 형이상학으로 볼 때 작으면서 전체인 것이 생명이지만 인간의 역사 속에서 생명은 아주 일상적인 대중의 삶 그 자체일 뿐이다. 생명의 신비는 따로 '저 멀리'(there is ~) 그리고 아주 별나게 존재하는 것이 아니다. 생명의 신비는 삶의 일상 그 자체이다. 이런 맥락에서 엥겔스가 왜 과학적 세계관과 변증법적 사유를 연결하려 했는지 조금은 이해할 수 있다. (최종덕)

① 이러한 논법에서 생명의 문제는 일상의 공동체적 삶의 문제로 치환된다. 즉 생명은 사회체의 문제로 치환되는데, 이러한 치환은 생명이 사회체뿐만 아니라 유기체, 생태계 등으로도 개체화되어 왔으며 다른 개체화의 여지까지 갖고 있는 잠재력임을 간과하도록 만든다. 자본권력은 사회체의 층위에서 움직이기 시작하지만 유기체나 생태계에 영향을 미치며 오늘날에는 그것에 점점 더 직접적으로 작용한다. 그렇기 때문에 생명에 대한 탐구는 일상의 공동체적 삶이 직면한 문제들에 대한 탐구로 치환될 수 없고 자본과 공동체의 접면(接面)에 대한 탐구로 그칠 수도 없다. 그렇기 때문에 일상의 공동체적 삶에 대한 탐구는 사회 내재적인 탐구일 수 있을지언정 생명 내재적인 탐구라고 할 수는 없다. 생명 내재적인 탐구는, 그것이

개체적인 것에 대한 탐구만이 아니라 전개체적인 것에 대한 탐구를 필요로 하듯이, 사회적인 것에 대한 탐구만이 아니라 사회 이전의 것, 혹은 전(前)사회적인 것에 대한 폭넓은 탐구를 절대적으로 필요로 한다.

② 생명/생태주의들은 자본을 철저하게 비판하고 있지는 못하지만 자본과 동맹하는 경우는 드물다. 그런데 근대과학은 자본을 비판하지 않을 뿐만 아니라 오히려 자본과 동맹하고 있는 그 당사자이다. 생명유토피아가 일상의 공동체를 돌보지 않는다는 지적이 옳다고 가정한다 해도 이 점이 근대과학의 정당성을 입증해 주는 근거는 되지 못한다. 근대과학 역시 공동체를 돌보기는커녕 권력과 자본의 시녀노릇을 하고 있기 때문이다.

③ 생명의 산업화는 생명에 대한 과학기술적 접근의 귀결이면서 동시에 그것의 원인으로 작용한다. 산업 이외에도 생물무기 개발 경쟁이 심화되고 있다. 이렇게 산업과 군사의 필요에 따른 기술발전과정에서 권력-자본-과학의 동맹은 점점 공고해지면서 과학은 권력과 자본의 생산력으로 자리 잡는다. 광우병, 용산 남일당 발화, 천안함, 4대강 개발 등의 국내정치적 쟁점이나 기후온난화, (후쿠시마) 원자력 같은 국제정치적 쟁점에서 과학논쟁이 수반되고 이것이 경제적 수익 문제와 불가분하게 연결되는 것은 이 때문이다. 이제 생명까지 이 동맹의 포획물로 되면서 이 동맹은 우리 시대의 신으로 되고 과학은 우리 시대의 신학으로 자리 잡는다. 그 결과 현대의 과학적 접근은 생명에 대한 다른 접근의 가능성을 차단한다. 우리가 자본-권력-과학의 강고한 동맹이라는 현 상황을 바꿀 수 있을까? 이 문제는 〈생명〉을 자본의 포획에서 벗겨내어 〈혁명의 동력〉으로 편성하는 작업과 권력의 신학으로 기능하는 과학을, 생명의 자기생성을 사유하는 〈다른 과학〉으로 기능 전환시키는 작업을 필요로 한다. (조정환)

최종덕이 자본주의와 생명유토피아의 은폐된 동맹을 파헤치는 데 주력한 데 비해 자본주의와 생명공학의 긴밀한 동맹에 대해서는 특별한 진단과 처방을 제시하지 못하고 있는 데 반해서, 조정환은 자본주의와 근대과학 전반의 동맹의 심각성을 강조하면서 지극히 명료한 처방을 제시하고 있다. 즉, "〈생명〉을 자본의 포획에서 벗겨내 〈혁명의 동력〉으로 편성"할 수 있도록 "〈권력의 신학〉으로 기능하는 과학을 〈생명의 자기생성을 사유하는 다른 과학〉으로 기능전환"시키자는 처방이 그것이다. 오늘의 전 지구적인 생태/생명의 위기에 대해 근대과학과 자본주의 양자 중에서 누가 주범인가를 따지는 대신, 자본-권력과 동맹/예속 관계를 맺어 온 기존의 근대과학을 대체할 〈생명의 자기생성을 사유하는 다른 과학〉으로의 '기능 전환'이 필요하다는 주장은 설득력도 있고, 더욱 생산적이다.

베르그손은 일찍이 생명에 대한 지성적 접근들(기계론과 목적론)을 비판하면서 생명에 대한 직관적이고 철학적인 접근의 필요성을 제안했다. 프리고진, 마굴리스, 세이건, 슈뢰딩거, 마투라나와 바렐라 등의 과학자들은 생명에 대한 분석적 요소론적 접근을 비판하면서 생명을 유동적 연결망으로 이해할 것을 제안했다. 하지만 이것만으로는 자본에 포획되어 고통에 떨고 있는 생명의 현실을 타개해 나갈 수 없다. 나는 이 대안적 접근들의 도움을 받고 또 지배적인 과학적 접근의 성과를 비판적으로 재전유하기 위해서는 정치철학적 관점이 필수적으로 요청된다고 생각한다. 정치철학의 관점에서 보면, 생명은 혁명으로 나아가야 하고 혁명은 생명에서 그 동력을 구해야 한다. 생명은 혁명으로 되어야 하고 혁명은 생명으로 되어야 한다. 이 글은 생명과 혁명의 공통되기를 탐구하기 위한 정치철학적 작업의 윤곽을 잡기 위한 서설로서 우선 생명, 과학, 착취의 문제를 중심적으로 다룰 것이다. 생명, 인지, 자율, 혁명을 잇는 대안적 연결망에 대해서는 다른 기회에 다룰 수 있도록 미뤄 둘 것이다. (조정환)

　　자본-권력의 신학 노릇을 하는 주류 생명과학/공학과는 다른 생명의 자기조직적 성격을 규명하려는 '다른 과학'의 갈래와 흐름들을 계보학적으로 찾아내고, 이들을 베르그손과 같은 생명철학과 연결시켜 보는 것은 현재 매우 시급한 이론적 과제이다. 하지만 이런 작업이 대안사회로의 이행에 중요한 역할을 하기 위해서는 무엇보다 혁명적 실천의 관점과 연결되지 않으면 안 된다. 이런 맥락에서 조정환이 말하는 정치철학적으로 재-전유된 비판적 혁명적 생명과학이라는 문제의식은 여타의 발표자들과 함께 그 역시 언급하고 있는 브뤼노 라투르의 정치생태학적 실천, 혹은 4부에서 서영표가 말하는 여성주의 관점이론과 결합된 생태사회주의 전략이라는 관점과도 연속성을 갖는다.

　　오늘날 자본의 명령에 포섭된 생명과학자는 자본의 물음에 유의미한 것만을 과학적 사실로 인식하게 된다. 과학과 철학의 일치는 말할 것도 없고 그것들의 협력조차 어려운 위기에 직면해 있다. 이 위기는 베르그손이 느낀 것보다 한층 더 심각한 것이다. 베르그손은 생명이 물질이라는 장애물을 넘어서야 함을 알고 있었지만 생명을 직접적으로 포획하려는 자본이라는 장애물을 넘어서야 한다는 사실에는 별다른 관심을 갖지 않았다. 적대가 생명계를 가로지를 때 철학은 무엇을 할 수 있는가? 또 무엇을 해야 하는가? 여기서 자기의식적이고 일반적인 의식능력으로서의 철학이, 생명의 자유로운 실현을 가로막는 비물질적 장애물로서의 자본관계를 극복해 나가는 정치활동과 결합될 필요성이 제기된다. 이것이 생명에 대한 정치철학적 접근의 필요성이다. 생명에 대한 정치철학적 접근은 생명에 대한 과학적 접근이나 철학적 접근으로 환원될 수 없는 독자성을 가지면서도 이 서로 다른 접근법들이 실제로 협력할 수 있는 가능조건을 탐구하는 역할까지 부여받는다. (조정환)

베르그손과 대안적 생명과학, 그리고 맑스를 비판적으로 재연결하는 작업은 생명에 대한 철학적 접근, 과학적 접근, 그리고 정치철학적 접근이 각기 서로 환원될 없는 독자성을 가지면서도 서로 협력할 수 있는 가능조건을 탐구할 때라야 비로소 가능할 것이라는 논평자의 주장은, 필자가 2009년부터 제안하고 있는 〈통섭론〉(윌슨/최재천의 환원주의적 수직적 통섭統攝에 반대하는 비환원주의적 수평적 통섭通攝)과 상당히 공명할 수 있을 것이라고 본다. 세계사적 이행의 시대를 맞아 맑스주의적 이론과 실천이 현실적인 이행의 엔진이 되기 위해서는 그동안 관습적으로 갇혀 있던 분과학문적-부문운동적 울타리를 박차고 나와 상상력을 발휘하면서 예술-학문(과학/철학)-사회적 흐름들 간의 비환원주의적 수평적 통섭 네트워크를 창조적으로 전개해 나가지 않으면 안 된다. 필자는 자연과 인간의 신진대사의 원활한 유지라는 필연성 속에서 〈개인의 발전과 사회 발전의 선순환적 연결망의 구성〉을 코뮌주의의 원리로 파악했던 맑스의 사상이 이런 형태의 탈분과적/탈장르적 통섭 과정 속에서 서로 다른 접근법들이 함께 협력하면서 대안사회로의 이행의 동력으로 작용할 수 있는 가능조건을 비평하고 창안할 수 있는 기준점이 될 것이라고 본다. 그리고 바로 이 지점이 논평자와 필자의 이론적-실천적 공명이 지속될 수 있는지의 여부를 가늠하는 기준이 될 터인데, 이는 현대자본주의의 특징을 파악하는 데 있어서 맑스 사상의 어떤 측면을 어떻게 적용할 것인가의 문제로 나타난다.

생명과학의 자본주의적 이용이 생명과학에 남긴 그림자 중에서 가장 치명적인 것은 생명현상을 물질현상과 동일한 것으로 간주하는 것이다. 다시 말해 생명의 고유성을 삭제하는 것이다. 이렇게 함으로써 생명현상을 물질의 논리에 따라 해석하는 것이다. 생명현상을 물질현상과 동일시할 때 생물은 운동하는 물체로 나타난다. 우선 생명이 생명체로 환원되고 다시 생명체는 외부의 자극에 대한 반응으로 운동을 하는 물질적 존재로 나타난다. 근대의 자본은 인간이라는 생명체의 이 물리적 운동을 착취한다. 인간의 노동은 생명력을 물리적 운동력으로 환원할 때 나타나는 것이다. 개별 자본들은 사회적 분업에 따라 공장에 집결된 노동력의 합력과 협력(즉 국지적인 사회적 노동력)을 물리적 시간에 따라 운동하게 함으로써 대상화된 상품을 생산했다. 맑스는, 이렇게 노동의 현실화가 노동의 대상화로 되는 산업자본주의적 소외과정을 자신의 비판의 주요한 표적으로 삼았다. 노동의 물리적 운동은 기계로 대체할 수 있는 성질의 것이다. 심지어 그것의 질인 솜씨조차도 기계화될 수 있는 것이다. 자본주의의 발전과정에서 이루어지는 노동자의 기계로의 광범한 대체는 이러한 조건에서 발생한다. **그런데 탈근대의 자본은 노동의 물리적 운동과 물리적 시간의 착취에 의존하지 않는다.** 탈근대의 자본은 인지화된 노동력과 모든 노동의 인지화를 자신의 발전의 동력으로 삼는다. 이를 위해 자본은, 지난 세기에 이루어진 물리학, 화학, 전기학, 전자학의 발전은 물론이고 생명과학의 성과까지 생산과정에 직접적으로 이용한다. 이리하여 생명력을 착취하는 자본주의는 인지자본주의의 형태를 취한다. (조정환)

생명과학의 자본주의적 이용이 생명의 고유성을 삭제하는 결과를 초래했다는 비판에 전적으로 동의한다. 그런데 탈근대 자본이 노동의 물리적 운동과 물리적 시간의 착취에 **의존하지 않는** 대신 인지화된 노동력과 모든 노동의 인지화를 자신의 발전 동력으로 삼고 있다는 조정환의 주장에는 선뜻 동의하기가 어렵다. 오히려 현대자본주의는 노동의 물리적 운동과 물리적 시간의 착취와 **병행하여** 인지화된 노동력의 착취를 **함께** 자신의 발전의 동력으로 삼고 있는가라는 질문을 던질 필요가 있다고 본다. 이 차이는 매우 중요한데, 이 차이에 따라 향후 자본주의의 동향에 대한 분석과 이행 전락을 구축하는 데서도 중요한 차이들이 나타나기 때문이다. 이 문제에 대해서는 이 글의 결론 부분에서 다시 살피도록 하고, 이하에서는 일단 조정환이 제안한 근대과학과는 〈다른 형태〉의 생명의 과학과 철학의 주요 제안들을 검토해 보도록 하겠다.

과학이 생명에 대한 물음에 가까이 접근하는 중요한 시도들이 있다. 마투라나와 바렐라의 인지적 생명론이 그것의 한 예이다. 이들은 생물을 자기생성조직으로 정의하고 환경에 반응하는 그 생물의 구조접속 행동을 생명활동으로 파악한다. 이러한 이해방식은 개체나 실체로서의 생물에 대한 이해를 넘어서 생물 이해를 삶과 앎의 과정으로, 다시 말해 기억하는 지속이라는 시간으로 한층 가까이 접근시킨다. 그렇지만 이들이 내리고 있는 것은 생물에 대한 정의이지 생명에 대한 정의는 아니다. 또 이 정의는 생명이 표현되는 세 가지 중요 수준들——유기체, 생태계, 사회체——중에서 특히 유기체로부터 추상된 정의일 뿐 생태계와 사회체에 곧장 적용할 수 있는 정의는 아니다. 이러한 사실은 생명체, 생태계, 사회체 등 현실화된 생명에 대한 규정과 생명 그 자체에 대한 규정을 구별해야 할 필요성을 느끼게 만든다. (조정환)

조정환은 대안적 생명과학이 생명이 표현되는 유기체와 생태계에 대해서는 정의를 내리고 있지만, 아직 생명 자체에 대해서는 정의를 내리고 있지 못하고 있기에 베르그손의 〈지속의 창조적 약동으로서의 생명〉의 정의가 아직도 유효한 가설이라고 주장한다.

① 우주가 생명과 어떤 관계에 있는지 우리는 아직 충분히 알지 못한다. 과학은 아직까지, 생명이 창조적 약동이라는 베르그손적 가설을 넘어서기보

다 그것을 회피하고 다른 문제로 치환하는 방식으로, 혹은 그것이 형이상학적이라는 가정 위에서 그것을 기각하는 방식으로 반응하고 있다. 그 결과, 생명은, 생명개체나 생명종으로 분출하고 생태계나 사회체를 구성하면서 현실화되고 있는 힘, 즉 누승되고 있는 잠재력, 발명하고 있는 지속이라는 베르그손의 약동 가설들과 명제들은 여전히 힘을 잃지 않고 생생하게 살아 있다. 그에 따르면, 생명은 해체하고 이완하는 경향의 물질과는 이질적인 지속의 경향이다. 베르그손은 직관의 방법을 통해, 살아 있는 유기체가 일정한 물질적 대상이 아니라 물질적 우주 전체와 동일하다고 말한다. 생명의 진화는 과거가 현재 속에 실제적으로 연속되게 하는 것이고 이 과정에서 지속이 그 연결부호(trait d'union)로 작용하는 것이다. 바꿔 말해 생명은, 개체 이전의 것인 지속이 개체로 실현되는 과정이다.

② 전 개체적인 것들을 제거하려는 지성의 노력은 개체를 보존하려는 노력의 표현인 만큼 결코 오류나 잘못으로 치부될 성질의 것이 아니다. 생명은 지성의 그러한 노력까지 감싸 안으면서도 그것에 갇히지 않고 실재적 시간으로 남아 진화하려는 의지행위이며 개체와 전 개체적인 것 사이에서 벌어지는 주체성의 이 의지행위야말로 자유를 열어 내는 행위이다.

③ 베르그손은 그것을 각성된 본능으로서의 직관에서 찾았다. 직관은 지속을 상정하는 인지방법이다. 그것은 단순한 행위이지만 질적 잠재적 다양성과 그것이 현실화되는 방향의 다양성을 내포하는 방법이다. 지성에 대한 비판과, 직관을 통한 생명의 인식을 통해, 인식론이 지성을 생명의 일반적 진화 속에 다시 위치시키게 되면, 그래서 고립된 계들을 전체에 통합시킬 수 있게 되면 비로소 인식론과 생명론의 호혜적 순환이 가능해질 것이다. 앎이 삶인 한에서 이 인지적 혁명[1]은 삶의 혁명들을 수반하지 않을 수 없다. 그것의 과제들은 오늘날 다양하게 주어지고 있다. (조정환)

인지혁명과 삶의 혁명이 시급하다는 조정환의 문제제기는 매우 중요하다. 전 지구적 생태위기를 해결할 대안적 공동체를 모색하기 위해서는 인간 개체와 사회체만의 돌봄을 넘어서 전 개체적인 것과 전 사회적인 것에 대한 폭넓은 탐구가 필요하기 때문이다. 그러나 "지성에 대한 비판과 직관을 통한 생명의 인식을 통해 인식론이 지성을 생명의 일반적 진화 속에 다시 위치"시키자는 주장에는 은연중 지성과 과학의 위치에 대한 상대적 위축이 함축되어 있는 것처럼 보인다.

과학은 아직까지, 생명이 창조적 약동이라는 베르그손적 가설을 넘어서기보다 그것을 회피하고 다른 문제로 치환하는 방식으로, 혹은 그것이 형이상학적이라는 가정 위에서 그것을 기각하는 방식으로 반응하고 있다. (조정환)

하지만 〈지속의 창조적 진화〉라는 베르그손의 생명의 정의와 적극적으로 부합하는, 과거와는 '다른' 지성적 접근, '다른' 과학은 없을까? 그런

---

1) 조정환, 『인지자본주의』, 갈무리, 2011. "인간의 인지적 능력을 축적원천으로 삼아 온 지난 30년간의 최종적인 귀결이 바로 탈성장이다. 그렇다면 인지의 폐기가 필요한 것일까? 아니다. 인지의 자본주의적 사용이 궁지에 몰린 지금이야말로 인지력과 인지관계의 진정한 혁명이 필요하다. 축적을 위한 인지의 전용이 아니라 삶의 혁신과 행복을 위한 인지혁명이 필요한 때이다. …… 하이테크이면서도 저에너지가 소요되는 모델에 기초한 생산의 자율적 형식들을 실험하고 정치적 언어보다 치유적 언어로 말하는 습관을 조성하는 영구문화혁명을 전개해야 한다"(500~501쪽). "지금까지의 역사에서 이성에 대한 강조가, 때로는, 인지의 다른 측면인 감정, 감성, 정동의 측면에 대한 상대적 경기를 불러오곤 했다는 것을 주의 깊게 고려해야 한다. …… 네그리와 하트에 의해 최근 수행되고 있는 사랑 개념의 혁신은 근대 맑스주의 역사가 드러낸 정동경시적 경향을 극복하려는 문제의식의 표현으로 읽을 수 있다. 네그리와 하트는 공통적인 것의 힘과 생산성을 탐구하는 경로가 사랑에 의해 주어진다고 본다. …… 네그리와 하트에 따르면 사랑은 공통적인 것을 확장하여 자유화의 과정을 향하도록 만드는 풍부함의 힘에 다름 아닌데, 이런 의미에서 네그리와 하트의 사랑은 들뢰즈와 가타리에게서 우정의 개념과 완전히 겹친다"(505~506쪽).

지성적 과학이 가능하다면, 우리는 생명에 대해, 그리고 생명과 생명체, 유기체, 사회체의 관계에 대해, 직관적 방법에 의지하는 것보다 더욱 구체적이고 합리적인 의사소통(적 이해)에 도달하지 않을까? 아무리 현재까지 과학이 불만족스러운 단계에 머물고 있다고 해도, 과학과 지성을 〈버린 채〉 오직 철학적 사유에 의해서만 그런 이해가 가능하리라고 주장하는 것이라면 그 역시 문제가 있을 것이다. 오히려 '다른 사유'를 무시하고 오직 지성에 대해서만 특권을 부여했던 근대과학의 패러다임을 해체하고(근대과학의 패러다임을 해체한다는 것은 근대과학에서 발전된 모든 과학적 성과를 버린다는 것이 아니라 선별-조합의 과정을 통해 재구성한다는 것을 뜻한다), 다른 사유와 지성의 새로운 관계를 모색하는 새로운 과학 패러다임의 탐구와 더불어 새로운 철학적 패러다임의 탐구를 모색하는 것이 비생산적인 논쟁을 종식하고 대안적 공동체를 모색하기 위한 정치철학적 연대를 구축해 가기 위해 시급해 보인다. 직관과 지성의 대립을 넘어서는, 양자 간의 비환원주의적인 새로운 협력을 통해서만 '생명'에 대한 제대로 된 정의에 이를 수 있지 않을까?

　우희종의 논평이 이런 질문에 대해 적실한 답을 제공하는 것 같다. 우희종의 글은, 한편으로는, 최종덕의 글에서 모호한 채로 남겨진 〈생명의 정의〉를 복잡계 과학적인 미시적 접근을 통해 체계적으로 제시하면서, 다른 한편으로는, 조정환이 요청한 바와 같이 개체적인 것과 전 개체적인 것, 사회적인 것과 전 사회적인 것의 관계에 대한 과학적 해명의 가능성을 동시에 열어 주고 있기 때문이다. 이하에서는 우희종의 긴 분석을 최대한 요약해 보고, 이로부터 코뮌주의로의 이행을 위해 시급히 필요한——조정환이 시급한 문제로 제기한——〈대안적 가치〉 구성의 과학적인 과제와 전망이 도출 가능한지를 살펴보고자 한다.

6. 생명에 대한 미시적인 과학적 정의와 능동적 참여의 생태학 (우희종)

우희종은 생명과 생명체가 무엇인가에 대한 정의를, 우리의 삶으로부터 분리된 관념적 방식으로 규정하는 대신, 푸코처럼 미시적인 접근을 통해 얻어 내려는 방식을 택한다. 뭇 생명체나 각 개인은 그 누구도 대신할 수 없는 자기만의 고유성인 개체고유성을 지니고 있기에 이 점을 간과하고서는 그 어떤 보편적 접근도 성공할 수 없기 때문이라는 것이다. 그가 미시적인 과학적 접근법으로 채택하는 것은, 기계론적-유물론적인 환원주의적 생물학이 아니라, 21세기의 복잡계 과학과 진화와 개체발생에 대한 미시적 연구에 바탕을 둔 진화발생생물학(evo-devo) 및 후성유전학 등이다. 그는 이런 새로운 과학들의 발전으로 각 개체의 고유성이 단순한 물질인 유전자의 형태로 환원될 수 있다고 주장해 온 사회생물학(윌슨, 도킨스 등)은 이제 타당성을 잃고 있다고 주장한다. 이런 관점에서 그는 새로운 과학의 발견들을 입체적으로 연결하여 '**생명현상이란 끊임없는 변화 속에서 전체이면서 부분이고 부분이면서 전체인 상태를 유지하는 창발적 현상**'이라고 잠정적으로 정의한다.

이하에서 자세히 살펴보겠지만, 여기서 "끊임없는 변화"란 곧 멀리는 150억 년 전의 '대폭발'로부터 시작되어 현재로 이어지는 장구한 진화발생의 과정을 말하며, "전체이면서 부분이고 부분이면서 전체"란 곧 각 생명체가 열리면서 닫히는, 시간적 관계성과 공간적 관계성의 복합체로서 일종의 소우주이자 우주적 시공간 전체는 이런 소우주들의 복잡한 그물망이라는 것을 뜻하며, 복잡한 그물코들의 역동적인 상호관계와 섭동으로 인해 각 생명체는 지금도 매 순간 진화발생적인 '창발'을 거듭한다는 것을 의미하는 것이다. 이런 식의 과학적 정의는 "지속의 창조적 진화"라는 베르그손의 정의와 충분히 공명하지 않는가? 나아가 이런 형태의 정의는 〈직관〉에 의해서만이 아니라 〈과학적 지성〉에 의해서도 생명현상을 충분히 구체적으로 이해할 수 있게 해주며, 생명과 생명체의 관계, 전 개체적인 것과 개체적인 것, 전 사회적인 것과 사회적인 것의 관계에 대해서도 과학적인 이해의 길을 생산적으로 열어 주고 있는 것으로 보인다. 이런 과학적 정의가 어떻게 체계적으로 도출되는지를 이하에서 개략해 보도록 하겠다.

① 생명의 관계성: 생명은 시공간적 관계성을 통해서 구현된다.

㉠ 생명의 시간적 관계성(역사성): 인간뿐만 아니라 지구상의 모든 생물체에는 대폭발 이후 150억 년의 긴 시간의 누적이라는 생명의 역사성이 전제되어 있다. 나의 몸은 고대 조상 때 사용했던 분자들이나 기관들을 활용하고 있다. 나라고 하는 것은 현재의 개체인 나뿐만 아니라 과거로부터 오늘의 나를 있게 한 모든 과거 시간 속의 개체들이 모인 또 다른 집합적 나이기도 하다.

㉡ 생명의 공간적 관계성(공시성): 나는 커다란 우주 공간 안에 있는 지구상의 자연 생태계 내에 존재하면서 인간이라는 종(species)에 속하면서 국가와 사회의 여러 집단에 걸쳐 속해 있기 때문에 그 누구이건 사람은 사회적 동물로서 생태, 사회, 집단 내의 관계로 규정된다. 또 나 자신만 보더라도 뇌, 심장, 간장, 신장 등 각종 장기 간의 관계로서 이루어져 있다. 또 각 장기는 그 장기를 이루고 있는 세포들로 이루어져 있으며 세포 또한 세포 내 소기관인 핵, 미토콘드리아, 소포체 등 여러 세포 내 소기관으로 이루어져 있고, 더 나아가 이들은 단백질, 핵산, 지질 등의 물질이다. 이러한 물질을 더 세분화하여 본다면 탄소, 수소, 질소 등이겠고, 이것들을 이루고 있는 분자, 원자는 더 나아가 소립자, 그리고 강하고 약한 인력과 척력 등으로까지 환원될 수 있다. 모든 존재는 본래부터 실재하기보다는 오직 관계에 의존하여 각각의 존재가 총체적으로 어우러진 '생태적 세계'를 연출하

는 것이고, 각각의 생명체는 티끌보다 작은 소립자의 세계로부터 비롯되어 만들어진 또 하나의 작은 소우주가 된다. (우희종)

② 생명의 본질이 관계성이라면, 생명체는 자기보존적인 고유한 개체성(스피노자식으로 말하면 코나투스와 베르그손식으로 말하면 의지)를 지니고 있다. 그러나 동시에 생명체는 생명의 관계성을 떠날 수 없으므로, 주위와의 개방적이고 창발적인 관계성을 지닌다.

㉠ 욕망의 주체로서 생명체의 개체성: 생명체는 수정된 순간부터 개체 발생을 향한 방향성을 지니며 이것은 마치 태어난 신생아가 의식 없이 모유를 향해 움직이는 동작을 보이듯 내적 방향성으로서의 넓은 의미로서의 욕망이다. 물질 차원에서 보면 생명현상으로서의 개체고유성은 신경계와 면역계에 의해 뒷받침되고 있다. 생명체에 있어서의 자기(自己)라는 것은 편의상 신경계에 의존해서 나타나는 정신적 자기[自意識]와 면역계로 표현되는 신체적 자기(自己)로 구성된다고 말할 수 있다. 신경계와 면역계는 동전의 양면과 같이 자아/자기를 이루고 있음에도 불구하고 나라고 하는 통합된 개체를 이해하는 데에 있어서 서양 학문에서는 그동안 신경계가 담당해 온 정신적 자아에 대해서는 주로 철학이, 신체적 자기에 대해서는 의학의 한 분야인 면역학이 다루어 오면서 정신과 육체의 철저한 이분법적 해리(解離)가 이루어져 왔다. 다행히 이러한 이분법적 흐름에 대한 자연과학의 반론은 비교적 최근에 들어와 이루어지게 되었다. 신체고유성을 다루는 현대면역학과 자의식의 터전인 뇌를 연구하는 뇌신경과학의 발전은 분자생물학의 도움에 힘입어 분자 수준에서 이 두 생체 내 체계가 분리되어 별도로 움직이는 것이 아니라 하나의 통합된 체계이며 서로 상호작용을 하면서 기능 발현함을 보여 주었다.

㉡ 주위와의 개방적 관계성: 물질 차원에서 개체고유성을 규정하는 신경

계와 면역계 양쪽 모두 생물체 내부의 자족적인 발생 체계가 아니라 외부로부터의 자극, 이에 대한 반응, 그리고 기억과 망각이라는 외부와의 긴밀한 관계에 의거해서 각 개체마다 새롭게 만들어지는 창발 체계라는 공통된 특징을 지닌다. 그것도 단순한 직선적 선형관계가 아닌 복잡계적 네트워크 구조의 비선형적 창발적 과정이다. 이러한 창발현상을 가능하게 하는 생명체의 주위와의 관계성이야말로 주위에 대한 열려 있음, 즉 생명체가 지닌 개방성으로 규정할 수 있다. 주위에 의존하여 변화해 가는 열린 관계로서의 생명체는 관계로부터 빚어지는 수많은 변화 속에서 외부 환경에 대하여 반응하고 기억하며 그러한 경험의 총체적 누적으로서 존재하고, 따라서 모든 생명체는 초기 조건의 작은 변화에 의해 결과적으로 커다란 차이를 나타내게 된다. 이러한 초기 조건의 민감도는 현대진화발생학인 evo-devo적인 접근을 통해서도 확인되고 있다. 스스로 존재할 수 없는 존재로서 생명체의 탄생과 죽음은 복잡계 과학에서 다루는 전체와 부분 사이에서 벌어지는 창발현상에 의한 상전이(phase transition)로 볼 수 있다. 열린 관계의 특징으로서 관계를 통해 관계에 참여한 구성원 모두가 서로 변화해 간다는 점이다.

ⓒ 신경계와 면역계의 차이: 신경계가 다루는 정신적 측면은 사적인 나와 공적인 나, 양쪽 모두를 담당하게 되지만 면역계는 오직 사적인 나만을 다룬다. 그런 면에서 '나'라는 문제의 시발점을 보편적 내가 아닌 개체고유성으로부터 시작한다면 우선적으로 검토해야 할 것이 면역이며 신체, 즉 생생하게 살아 있는 우리 각자의 육체로부터 시작함이 옳다. 그것이 신체적 인식이건, 정신적 인식이건 인식을 통한 지식이란 본질적으로 육적(肉的)인 것이다. 정신은 신체 의존적이기에 일반적으로 말하듯이 인간이 정신과 육체로 이루어졌다고 말하는 것은 부정확하며 차라리 마음과 육체로 이루어졌다고 표현하는 것이 그나마 무난하다. (우희종)

③ "창발적 차이를 수반하는 반복으로서의 진화"와 개체발생과 계통발생의 통합적 접근(evo-devo), 시스템생물학, 프랙탈이론에 의한 복잡계적 창발현상으로의 생명현상.

㉠ 반복(recapitulation)은 창발적 차이를 수반한다. 반복에 의한 차이는 진화의 기원이며, 생명체란 유전자의 영속적 모습의 단면에 불과하다는 사회생물학자 등의 근본 입장에 반하여, 반복은 차이를 수반한다는 들뢰즈의 관점처럼 종으로서의 동질성 속에 종속된 개체적 삶의 차이와 끝없이 되풀이되는 삶의 반복성이라는 시간의 누적 속에 나타나는 계통발생적 다양성이야말로 생명현상의 창발적 측면을 잘 보여 주고 있다. 이 때문에 개체발생(ontology)과 계통발생(phylogeny)의 통합적 접근이 필요하다. 최근 발생학, 고고학적 진화론 및 생체물질을 이용한 생체고고학 등에 분자생물학적 접근을 적용한 유전체학(Genomics)을 접목함으로써 통합학문으로서의 가능성을 보여 주고 있는 〈이보-디보〉의 발전은 이러한 시간의 누적에 대하여 많은 통찰을 주고 있다. 이보디보가 말해 주는 동물과 인간은 이성, 언어, 도구 사용 등과 같은 표현형(phenotype)에 있어서 매우 큰 차이를 나타내지만 그것은 조절 유전자의 다양한 발현과 더불어 모듈 형식의 진화 양식, 그리고 주위 환경에 의한 후생적인(epigenetic) 영향이 반영되어 이루어진 것이라는 점이다. 이러한 계통발생과정을 지닌 우리 인간은 자아 발달의 근거를 이루는 신경계와 면역계의 발달에 있어서 자연스럽게 이러한 시간의 누적을 담고 있다. 뇌의 가장 바깥 쪽 외피에 해당되는 부위는 사람 특유의 이성적 인지 작용을 담당하고 있고(neomammalian neocortex), 그 안쪽에는 감정을 담당하며 이성과 본능의 조절을 담당하는 부위가 뇌간을 둘러싸고 있으며(paleomammalian limbic system), 가장 깊은 곳에는 계통발생적으로 가장 오래된 파충류에 해당하는 부위가 자리 잡고 있어서 생명체의 개체보존과 종족 보전이라는 가장 기본적인 본능을

수행하는 방식으로 뇌에는 시간의 누적이 반영되어 있다.

ⓛ 진화 현상: 다윈 진화론의 중심 개념은 진보보다는 자연선택이다. 출현 당시 충분한 귀납적 증거가 없다는 점에서 비과학적이라고 비난받았던 다윈의 주장은 최근 복잡계 과학에 의해 보다 구체적 방식으로 설명되고 있다. 진화론의 주요 개념이자 동전의 양면이라고 볼 수 있는 적자생존과 자연선택이라는 진화적 시각의 요체는 생물체와 주위 환경과의 끊임없는 상호작용이고, 동시에 이러한 상호작용은 역사 속에서 누적되어 진화의 압력으로 작용한다. 시간에 따른 돌연변이, 선택, 존속이라는 일련의 과정이기에 다윈이 밝힌 생명체의 진화는 긴 시간의 누적이자 시간의 전개에 따른 창발적(emergence) 적응을 말한다. 또한 자연선택은 일종의 적응(adaptation)이지만, 이 적응은 목적이나 목표가 아니라 상호작용에 의한 상태, 그 자체이며 동시에 구성적(construction)인 측면을 지닌다. 유전자 본질주의적인 시각은 생명의 발현을 잠재태의 표현과정에서 나타나는 창발현상으로 파악하는 개체군에 대한 철학적 입장으로부터도 부정되었다. 과학계 내에서도 그 문제점이 지적이 되고 있는데 21세기에 들어와 〈이보-디보〉의 발전과 복잡계 과학 및 후성학(epigenetics)의 대두, 그리고 **환원이 아닌 합성(synthesis)의 방향으로 생명 연구를 하고 있는 시스템생물학 등**이 사회생물학적 시각의 근본적 변화를 요구하고 있다. 유전자결정론의 대표적인 국제적 연구과제였던 HGP도 미국 지식인사회로부터의 비판에 직면하게 되었고, 미국 정부는 전체 연구비의 일부를 인간 유전자 정보에 대한 윤리적, 법적, 사회적 관심 연구로 돌렸다.

ⓒ 협력과 공생: 마굴리스는 사회생물학자들과 유사한 실험에서 유사한 결론에 도달할 수 있었음에도 불구하고, 그들과는 달리 장구한 시간 속에서 정교한 공생체계로 이루어진 세포를 통해 생명체를 각자의 생존을 위한 투쟁의 역사가 아닌 서로 의지하며 진화하는 존재로 파악했다. **생명이**

란 서로 영향을 주고받으며 함께 진화해 온 공동체라고 본 그녀는 이를 더 확대하여 다양한 뭇 생명체의 상의상존을 통해 펼쳐지고 발현되는 전 지구적 생명에 공감하게 된다. 다시 말하면 세포들은 수십억 년 생명 진화의 과정을 고스란히 담고 있으며, 이들을 더 높은 층위의 생명 활동으로 이끈 진화의 힘은 이기적 약육강식이나 적자생존이 아니고, 생명체는 세포 내 기관들이 각자의 기능을 지니고 더욱 복잡한 환경에 참여할 수 있도록 서로 공생하는 형태로 진화되어 왔다. 시스템생물학의 창시자인 영국 옥스퍼드 대학의 데니스 노블(Denis Noble)이 말하듯이, 생명현상을 단순히 유전자로 환원시키는 것은 이제 낡은 구시대적 관점이 되어 버렸다. 서로의 상호작용을 통한 협동과정을 통해 새로운 층위로 도약한 **생명이란 단순한 음표가 아니라 모두 어우러져 창출되는 하나의 음악과 같다.**

㉣ 복잡계 현상으로서의 생명: 복잡계 과학은 무질서와 질서 잡힌 두 체계의 극심한 변화의 가장자리를 다루고 있으며, 복잡계 과학이 다루는 현상의 특징으로서는 생명체의 탄생과정에서 볼 수 있듯이 상전이, 임계상태, 척도 불변, 초기조건의 민감도, 자기 조직화 및 창발현상으로 크게 정리할 수 있다. 복잡계 현상을 수학적 표현을 빌리면 평균값을 지니는 정규분포와는 달리 멱함수(power law)의 구조를 지닌다. 멱함수로 나타나는 현상에 있어서 그 결과로서 나타나는 규모의 크기는 그 현상의 발생 당시의 조건에 의존한다. 발생이 시작되었을 때의 주위 조건이 임계상태에 달하여 있으면 상전이를 이루게 된다. 임계상태가 되었을 때 상전이는 발생하게 되며, 이러한 상전이를 통해 그 전 상태와는 전혀 다른 성질의 상태로 전환되는 상전이현상이 나타나 창발현상이 발생한다. **상전이를 발생시키는 특정 상태에 있어서 임계성은 변화의 가장자리까지 도달하기 위해 축적되고 응집된 내부 변화 요소라고 말할 수 있다.** 네트워크 이론의 부익부 특성을 생명현상에 적용시켜 본다면, 시간 축에 의한 누적의 중요성이다. 복잡계 과

학/시스템생물학의 관점은 특정 체계를 구성하고 있는 여러 구성 물질들이 단순한 선형적 반응 경로를 취하는 것이 아니라 **서로 소통하며(cross-talk) 그물망 구조를 지니고 있는 생물체계**를 이해하는 데에 적합하다.

㉤ 생명 속의 창발현상과 프랙탈 구조: 생명체가 생명체이기 위해서는 고정되어 존재하는 것이 아니라 끊임없는 외부와의 교류가 필요하기 때문에 생명체를 구성하고 있는 물질은 비록 개체의 경계를 이루어 형태를 만들고 있지만 구멍(hole)으로 존재한다고 말할 수 있다. 우주에 있어서 중간계에 속한 생물체 역시 소립자와 마찬가지로 본질적으로 텅 비어 있는 관계만의 집합인 것이다. 생명체는 무수히 많은 구멍으로 이루어진 망사와 같은 형태이다. 인드라망과 같은 네트워크 구조는 경계를 나타내는 형태를 지니고 자율적인 고유성을 지니며 동시에 주위에 열려 있어 의존되어 있다. 즉 전체이면서 부분이고 부분이면서 전체성을 지니는 것이다. 시공간에 있어서 생명체는 비록 개체로서 부분이지만 그 자체로 곧 시공간 전체이기도 하다.

㉥ 생명의 정의: 굳이 정의한다면 '**생명현상이란 끊임없는 변화 속에서 전체이면서 부분이고 부분이면서 전체인 상태를 유지하는 창발적 현상**'이다. 이런 정의에는 생명에 대한 유물적 정의에서는 부족했던 생명에 대한 존엄성이 포함될 수 있다. 한 생명이 곧 전체이며, 너와 나는 더 이상 고립되어 소외된 존재가 아니라는 것이다. 또한 가이아(Gaia)와 같은 지구적 생명이나 〈온생명〉[장회익]과 더불어 세포자동자(cellular automaton)와 같이 컴퓨터상의 프로그램으로 등장한 인공생명체(dry life)와 일반적 생명체(wet life) 양쪽 모두를 포괄하는 것이 가능하며, 적용시키는 범위에 따라서는 생명체로서의 생태계라는 측면에도 적용할 수 있을 것이다. 생명체의 탄생과 죽음 역시, 전체와 부분 사이에서 벌어지는 창발현상에 의한 상전이(phase transition)로도 볼 수 있다. 이렇게 반복되지만 차이를 수반하는 창

발현상으로서 주어진 상황의 맥락에 의거하여 발현되기에 각 생명체의 삶은 그 누구도 대신할 수 없는 각자만의 삶으로 소중한 의미를 갖게 되며, 동시에 자신만이 자신의 삶을 책임져야 하는 삶의 엄숙함도 수반하게 된다. (우희종)

그런데 우희종은 생명과 생명체에 대한 이런 과학적 정의에 머물지 않고, 이런 정의가 인간 개개인의 삶 속에서 어떤 윤리적-정치적 태도가 도출될 수 있는지를 적극적으로 검토한다. 삶의 매 순간마다 창발현상이 나타난다는 것을 깨닫는다는 것은 경이로움이자 매 순간 자신의 삶을 책임져야 한다는 엄숙한 깨달음을 뜻하며, "안정된 주류의 기득권으로부터 얻게 되는 안정성보다는 변화 속의 창발적 사유를 바탕으로……자유로운 해방을 맛보는", "극심한 변화의 가장자리(임계점)에서의 삶"을 택하는, 〈경계인〉으로서의 삶의 자세, 즉, 다양한 존재들이 서로의 **차이를 보면서도 차별 없는 사회**〉를 이루기 위해 노력해야 한다는, 윤리적-정치적 인식에 이르게 한다는 것이다. 이는 곧 자유와 평등을 양자택일하는 대신 양자가 선순환 구조를 이루는 사회, 개인의 발전과 사회의 발전을 양자택일하는 대신 양자의 선순환 구조를 이루는 사회, 즉 〈자유로운 개인들의 평등한 연합〉(맑스)이라고 하는 코뮌주의의 "규제적 이념"에 다름 아니라고 할 수 있다.

① 경계인으로서의 삶: 따라서 각 개체의 소멸과 탄생을 통해 나타나는 삶의 반복성을 통해 창발적 차이가 발생하며, 이러한 차이로 인한 개체고유성은 이 세상의 그 누구와도 구분되는 자신만의 경험이 바탕되어 나타나게 된다. 매 순간의 창발적 경이로움은 그것이 생명체라는 존재를 있게 하는 원리이자 삶을 만들어 가며 또한 깨달음을 위한 과정에서 작용하는 생태적이자 복잡계적 관계성과 이에 대한 철저한 인식 전환으로부터 나타나

게 된다. 복잡계 이론에서 보여 준 것처럼 이는 극심한 변화의 가장자리에서의 삶이기도 하다. 경계의 가장자리에서 양변을 아우르는 경계인으로서의 삶이란 기존의 안정된 주류의 기득권으로부터 얻게 되는 안정성보다는 변화 속의 창발적 사유를 바탕으로 자신을 억압하던 한쪽만의 틀을 버리고 지금 이 자리에서의 다양성을 바탕으로 이루어지는 자유로운 해방을 맛본다는 것이며, 이러한 자유로움 속에서 창조적 가능성이 열리게 된다. ② 일상의 삶 속의 깨어 있는 삶을 위해서는 아상(我相)이라고 표현되는 생명체의 개체고유성에 대한 재인식과 더불어 깨어 있음에는 그러한 아상이 고통의 원인이라기보다는 오히려 다양한 존재가 **서로의 차이를 보면서도 차별 없는 사회**를 이루기 위해서는 이러한 개체고유성에 대한 적극적 해석이 필요하다. 복잡계적 관점에서의 생명체의 특성이 개체고유성과 개방성이라고 지적한 것처럼 자신을 이루고 있는 내가 주위와의 관계에 있어서 닫혀 있느냐 아니면 열려 있느냐의 차이가 큰 차이를 만들어 낸다. 다양한 모든 생명체의 존재 근거로서의 욕망은 머무르거나 집착하지 않는 한 참으로 소중한 것이지만 관계성에 무지한 욕망은 생명체에 대한 폭력이며 억압으로 나타나게 된다. (우희종)

여기서 "관계성에 무지한 욕망은 생명체에 대한 폭력이며 억압"이라는 규정은 자본-권력이 개방적 관계적 생성체인 인간과 자연을 창발적 관계의 그물망으로부터 떼어 내어 소유하고 교환 가능한 상품(사물)으로 간주하는 행위 자체가 이미 폭력이며 억압이라는 것을 의미한다. 이는 곧 자본주의가 단적으로 "인간과 자연의 신진대사"(개방적 순환적 관계성)를 파괴하고, 인간 노동력과 자연에 대한 〈수탈〉(폭력에 의한 시초축적)과 착취(절대적-상대적 잉여가치 착취)에 기초하여 발전해 왔다는 맑스의 정의에 대한 생명과학적인 재해석이라고도 할 수 있다. 〈자본주의를 넘어서는 대안적 가치체제〉는 우희종에 의하면 이렇게 〈관계의 단절이나 왜곡을 가져오는 행위〉로 정의될 수 있는 폭력-억압을 바로잡는, 〈진화를 위한 능동적 참여와 나눔〉의 〈비폭력적 행위〉를 통해 구성될 수 있다. 그는 이런 행위를 〈생물학적 진화론〉과는 다른 〈생태학적 진화론〉이라고 부른다.

생명에 대한 폭력과 깨어 있음: 생의 욕망이 바탕이 된 생명과 삶이 존재 간의 열린 관계성에 의해 나타난다는 것은 서로 상의상존하는 관계성과 더불어 상호 간의 바람직한 관계 설정이 필요하다는 것을 말해 준다. 그런 점에서 '관계의 단절이나 왜곡을 가져오는 행위'로서 정의될 수 있는 폭력을 바로잡기 위한 진화를 위한 능동적 참여는 비폭력을 위한, 비폭력을 향한, 비폭력 그 자체로 나타난다. 이것이 생태적 진화의 힘이며 관계론적 진화가 생물학적 진화론을 뛰어넘게 되는 결정적인 다른 속성 중의 하나이기도 하다. 생물학적 진화론에서의 시간은 몇만 년, 몇억 년의 시간대이지만 생태적 진화는 지금 이 자리에서의 진화를 말한다. 또한 과학으로서의 진화론은 생명체와 환경을 대등하게 놓고 바라보지만 생태적 진화에서는 인간이 진화과정에 있어서 능동적으로 참여해야 함을 강조한다. 깨어 있음을 통한 진화에의 적극적 참여를 통해 생태적 진화는 생물학적 진화를 뛰어 넘게 되며, 이를 바탕으로 각자 생활 속에서의 능동적 나눔의 형태로 나타게 된다. 나눔이란 상호 관계성이자 서로 변해 가는 단초이기 때문이다. 그렇기 때문에 과학으로서의 진화론과는 달리 생태적 진화는 주변에의 능동적인 참여로 이루어진다. 일상의 삶 속에서 자신에게 주어진 것에 감사하며 이웃과 더불어 나누는 모습이다. (우희종)

폭력과 억압에 대항하여 개방적 관계성을 회복하는 비폭력적인 나눔의 적극적 행위를 통해서 각 생명체는 서로 공명하고 상호작용하면서 사회적-생태적 네트워크 내에서 서로의 그물눈을 커지게 만들 수 있게 된다. 이는 자본주의를 넘어서, 대안사회를 구성할 새로운 주체 형성의 방법에 해당한다. 그는 이러한 적극적 관계 개선의 실천적 행위를 〈그물눈 사랑의 형태〉라고 말하며, 생명력이 넘치는 삶이란 단절되고 왜곡된 관계의 회복을 위해 자신의 몸을 "과감하게 던질 수 있게" 치열하게 사는 삶이며, 이것이 곧 생물학적 진화를 포함하되 그것을 넘어서는 생태학적 진화의 바탕이며, 생명 진화의 미시적 힘이라고 말한다. 생명과 생명체에 대한 과학적 분석을 통해서 삶의 매 순간의 창발성의 경이로움과 책임성을 의식하고 개방적 관계성을 파괴하는 폭력과 억압을 바로잡기 위한 치열한 윤리-정치적 실천에 이르는 삶이야말로 곧 조정환이 요청했던 〈인지혁명〉이자 〈생명의 혁명〉에 상응하는, 과학적이면서 실천적인 정치철학이라고 할 수 있겠다.

① 생명의 그물망—그물코와 그물눈: 생명체는 고정된 실체나 확정적으로 특정 상태나 위치를 확정할 수 없이 무수히 많은 구멍으로 이루어진 망사와 같은 형태라고 말할 수 있다. 이렇게 인드라망과 같은 네트워크 구조에서 주목해야 할 것은 각 생명체는 그물코에 해당되는 것이 아니라 그물눈에 자리 잡는다는 것이다. 한 개체를 의미하는 그물눈의 크기는 스스로 정해진다기보다 주변의 그물눈에 의해 정해진다. 어떤 이의 크기는 매우 좁아 자기 자신마저 수용하지 못하는 작은 크기인가 하면, 어떤 이는 사회나 민족, 더 나아가 모든 인간을 수용할 크기를 지닌다. 또한 하나의 그물눈이 커질 때 주변 그물눈도 같이 커지며, 주변 그물눈이 커지면 자신의 그물눈도 같이 커진다.

② 생명의 실천적 의미: 생태적 진화가 실천의 문제로써 지금 이 자리에서의 미시적 진화에 초점을 맞추고 있는 것은 기나긴 우주의 역사를 거쳐 내려오는 진화과정이 지금 이 자리에서의 삶의 현장에서 발현되어 나타나야

하고 또한 일상적 삶의 현장을 통해 진화과정에 참여하고 있기 때문이다. 생물학적 진화론이라는 거대담론의 큰 틀에서 진화를 보면 주객이 따로 없다. 하지만 생태적 시각에 바탕을 둔 미시적 진화에서는 비록 주객이 없다 해도 삶의 현장이라는 점에서 그 분별 없는 가운데에도 분별이 있어 능동적 참여자로서의 생명체가 강조된다. 생물학에서의 진화와는 달리 생태적인 진화과정에서는 인간이 주인 된다는 점에서 큰 차이가 있다. 삶의 현장에서의 바람직한 관계 맺음을 다시 말한다면 자기 내면의 개인적인 삶이건, 가족과의 삶이건 혹은 사회에 대한 삶이건 **적극적인 관계 개선을 위해서 노력함**을 말한다. 그것은 **실천의 문제**이기도 하다. 이러한 실천이란 존재 양식을 표현한 생명의 그물망(Web of life)에서 **그물눈 사랑의 형태**로 발현되어야 한다. 적극적 관계 개선을 위한 참여야말로 생명 진화의 미시적 진화의 힘이다. 관계성에 대한 철저한 인식을 통해 관계가 단절되거나 왜곡되었을 때 그것을 바로잡기 위한 삶을 치열하게 사는 것이 곧 생태적 진화의 바탕이며, 이것은 생물학적 진화를 포함하되 그것을 뛰어넘는 또 다른 진화의 기작(mechanism)이다. 생명력에 가득 찬 삶이란 주변의 단절되고 왜곡된 관계의 회복을 위해 자신의 몸을 과감하게 던질 수 있는 삶이며, 이것이 생명이다. (우희종)

이렇게 보았을 때 조정환이 비관적으로 파악한 바와는 달리, 베르그손의 직관적 생명 정의에 상응할 수 있는 다른 형태의 과학적 생명 개념, 그리고 정치적 실천에 무관심했던 베르그손과는 달리 과학적 인식으로부터 오히려 자본주의를 넘어설 수 있는 윤리-정치적 실천과, 〈대안적인 가치론〉의 핵심인 생명의 가치체제를 도출할 수 있는 〈다른 과학적 정치철학〉이 가능함을 확인할 수 있다.

중간 정리

1부에서는 현대자본주의가 생명산업을 통한 생명공학의 도구화를 통해 생명권과 신체권을 수탈하는 새로운 현상의 확산에 대해 기존의 맑스주의 노동가치론 혹은 맑스의 〈정치경제학적 비판〉의 틀을 수정할 필요가 있다는 이진경의 발제에 대해 논평자들 모두가 그럴 필요가 없다는 결론을 내렸다. 다만 조정환은 생명과 인지활동 자체를 잠식하는 것으로 자신의 동력을 만들어 내는 현대자본주의의 새로운 특성('인지자본주의')에 주목할 필요성을 강조하면서, 이진경의 문제제기를 자본주의적 가치 생산에 대한 분석보다는 대안적 가치체제 수립을 고민해 보자는 측면에서 진지하게 검토하자고 제안했다. 이런 새로운 고민 속에서 자본주의와 동맹관계를 맺은 근대과학에 의해 오염된 생명/생명체의 개념을 바로잡고 새로운 주체 형성을 위한 대안적인 과학과 정치철학에 대해 모색해 보자는 것이다.

2부에서는 자본과 동맹을 맺어 온 근대과학-철학과는 '다른' 과학과 정치철학'이 필요한가 아닌가가 논쟁의 대상이 되었다. 그 필요성에 대해 최종덕은 생태위기는 자본주의에서 비롯된 것이지 근대과학 자체에서 비롯된 것은 아니라며, '우리에게 근대는 정착된 바가 없다'는 입장에서 탈근대과학에 대한 요청에 대해 부정적인 데 반해, 조정환은 움베르토 마투라나와 프란시스코 바렐라가 제창한 인지생물학과 베르그손의 직관에 의해 포착된 〈지속의 창조적 진화〉의 결합을 통해서 인지혁명과 생명의 혁명을 위한 '다른 사유'로의 전환의 시급성을 강조했다. 그런데 조정환이 과학의 한계를 지적하면서 주로 생명과 생명체에 대한 베르그손적 구별에 의존하여 새로운 정치철학의 필요성을 강조하는 데 반해, 우희종은 요소환원주의적이고 기계적인 주류생물학의 생명 개념과는 다른 형태의 생명 개념이 21세기에 새롭게 부상하고 있는 복잡계 과학과 시스템생물학, 이보-디보 등에 의해 과학적으로 규명될 수 있고, 그로부터 생명의 그물망 속에서 창발의 경이로움과 책임성을 깨닫고 능동적으로 저항하고 참여하는 새로운 윤리적-정치적 주체 형성이 가능함을 역설하고 있다. 1부와 2부의 쟁점들을 연결해 보면 다음과 같이 요약해 볼 수 있겠다.

1) 근현대자본주의와 주류 과학기술 간의 동맹을 비판적으로 분석하는 데 있어서는 맑스적 〈정치경제학 비판〉이라는 문제틀은 여전히 유효할 뿐 아니라 이 분석틀이 없이는 현대자본주의 위기의 본질을 결코 설명할 수 없다. 정보재, 유비쿼터스 컴퓨팅, 생명복제와 생명산업 등 첨단기술혁신과 상품화와 관련된 현대자본주의의 새로운 현상들을 설명하기 위해 굳이 '기계적 잉여가치'나 '인자자본주의' 등의 새로운 개념화가 필요하다면, 우선 기존의 맑스적 '정치경제학 비판'의 분석틀로는 이런 현상들이 설명될 수 없다는 점과 동시에 새로운 개념과 설명이 기존의 맑스적 정치경제학 비판과 어떤 점에서 내적 정합성과 연속성을 가질 수 있는지가 입증되어야 한다. 그렇지 못한 문제제기는 과거에도 늘 그래왔듯이 단지 맑스(주의)로부터의 이탈을 의미할 따름이다.

2) 하지만 기존의 '정치경제학 비판' 자체만으로 대안적 가치체제와 주체 형성의 길이 자동으로 구성되는 것은 아니므로, 금융적 위기만이 아니라 지구적 생태계와 생명의 위기가 한계를 향해 치닫고 있는(후쿠시마 원전 폭발) 현 시점에서, 요소환원주의적 근대과학, 관념론/유물론의 이분법에 빠져 있는 근대철학과는 달리, 역사적 관계성과 창조적 진화, 생명체의 고유성과 연대성, 창발성 등의 특징을 올바로 규명하는, 복잡계 과학과 같은 새로운 과학과 맑스주의 간의 새로운 정치철학적 연대가 필요하고, 새로운 가치체제와 삶의 양식의 구성을 위한 새로운 주체 형성의 방법을 구체화하는 것이 매우 시급하다.

3부에서 김환석은 생명복제와 인간 줄기세포 복제가 추진되는 상황에서 근래까지 인간과 자연의 분리를 전제로 한 이분법에 기초한 생명윤리가 더 이상 타당한 기준이 되기 어려운 현실의 변화를 미국과 영국의 사례를 통해 분석하면서, 차제에 인간-자연의 근대주의적 이분법을 넘어서는, 인간-사물 공동체의 과학과 정치라는 새로운 틀을 고민해 보자고 제안한다. 이런 점에서 김환석의 문제제기 역시 1부와 2부의 문제제기들과 연속선상에서 있는 것으로 볼 수 있다. 김환석의 분석은 미국과 영국에서 초기에는 의사-환자의 관계가 중심이 되었던 생명윤리의 프레임이 생명산업과 국가가 개입하고 이에 맞서 시민사회운동의 개입이 중첩되면서 변화해 온 과정을 상세히 다루고 있는데, 이 과정에서 기존의 생명윤리가 인간/자연의 이분법을 고수하는 데 반해, 생명산업과 생명공학은 이 이분법을 깨뜨리고 있으므로 이에 대응하여 이분법을 넘어서는 새로운 생명윤리가 필요하다는 주장으로 집약될 수 있다. 3부의 두 논평자의 글은 김환석의 글에 대한 직접적인 논평보다는 김환석의 글이 다루지 못한 부분을 보완적으로 토론하는 형식을 취하고, 직접적인 논쟁점을 이루고 있지 않아, 여기서는 김환석의 글을 중심으로 현대 생명윤리의 쟁점들을 정리, 소개하면서 필요할 때마다 논평자의 글과 비교하여 토론을 전개하는 방식으로 기술하고자 한다.

1. 과학기술학(Science & Technology Studies, 약칭 STS) 분야의 대표적 이론가인 프랑스의 브뤼노 라투르는 근대주의의 모순은 이른바 '정화'와 '번역'의 분리이며 이것이 오늘날 세계의 생태위기를 초래했다고 지적한다. 그가 말하는 '정화'란 세계에 존재하는 모든 것들을 사물과 인간, 즉 자연과 사회로 나누는 이원적 존재론을 말한다. 자연은 과학이 대표하고 사회는 정치

가 대표함으로써, 근대주의하의 과학과 정치가 인식적·제도적으로 분리되고 이에 따라 학문도 자연과학과 사회과학이 따로 존재하게 되었다는 것이다. 한편, '번역'이란 사물과 인간이 결합되어 어떤 행위를 수행하는 것을 말하며, 이는 인간이 세계에 존재하기 시작한 때부터 지금까지 계속되어 온 삶의 현실이다. 따라서 번역을 통해 사물과 인간의 속성이 뒤섞인 하이브리드들이 출현하는데, 특히 근대인들은 과학기술적 활동을 통해 대량으로 하이브리드들(예: 온실가스, GMO 등)을 만들어 내고 있다. 전(前)근대인들에게는 '정화'가 없었기 때문에 하이브리드에 대한 명시적 인식과 규제가 있었지만, 근대인들은 실제 행위로는 '번역'을 하면서도 머리로는 '정화'에 고착되어 있기 때문에 오히려 아무 성찰이나 규제 없이 하이브리드들을 양산하고 이것이 결국 생태위기를 초래한다는 것이다. (김환석)

인간이 자연의 일부인 한, 아니 자연 속에서도 가장 광범위하게 활동하는 능동적 '포식자'라는 점에서 인간은 항상 자연 속의 모든 사물이나 행위자들과 '합생'(concrescence, 화이트헤드)의 관계 속에 있어 왔다. 바이러스와 세균만이 아니라 거의 모든 식물과 동물들이 인간과 합생하여 왔고, 식품의약과 화학의 발전에 따라서 점점 더 많은 각종 유기화학 물질들이 인간과 합생하고 있는 중이다. 그러나 합생이 반드시 긍정적인 것만은 아니다. 부적합한 합생은 독약이 되기 때문이다. 라투르적인 관점에서 보면 이것이 곧 '정화'이자 '번역'이다. 그런데 전근대에는 분리되지 않았던 자연과 사회, 번역과 정화가 근대에 들어 분리되면서, 왼손이 하는 일을 오른손이 모르게 처리하는 이원론적인 방식으로 상호 무관하게 돌아감으로써 통제 불가능한 하이브리드를 양산하여 생태위기, 독의 만성화로 치닫게 되었다는 것이다. 이런 점에서 근대적 이원론은 더 이상 효용을 발휘할 수 없는 임계점에 이르렀다고 할 수 있다. 이에 대해서 정민걸은 현대도시문명이 자연을 배제하는 것처럼 보이지만 인간은 자연에 대한 의존도가 너무 커서 거짓자연을 만들기까지 하기 때문에 자연을 떠나지 못하며, 단지 신처럼 자연을 통제할 수 있다는 착각에서 거짓이원론에 빠져 있을 따름이라고 진단한다.

이런 맥락에서 김 교수가 말한 이원론의 극복은 자연과 인간의 분리라는 거짓이원론을 극복하는 것이라고 하는 것이 타당할 것으로 여겨진다. 자연과 대립의 관계에 있는 것이 아니라 자연에 종속되어 있는 인간의 위치를 깨닫는 것이 생명공학의 사회 적용을 공적으로 정당화하면서 몰인간화의 극한으로 치닫는 현대사회를 구원하는 길일 것이다. (정민걸)

흔히 문제가 심각하게 곪아서 터지기 전에는 문제를 문제로 인식하지 못한다는 점에 진정한 문제가 있다고 하는데, 김환석은 생명공학이 바로 상처를 곪아터지게 만든 역할을 한 셈이라고 본다.

2. 그런데 생명공학이 과학기술적 개입을 통해 생명체에게 인공적 변형을 할 수 있게 되었다는 것은 곧 '인간'과 '자연'이란 과연 무엇이냐, 즉 인간과 자연의 정체성을 문제시하게 만든다. 생명공학은 인간/자연의 이원론을 정면으로 부정하는 하이브리드적 존재들을 다양하게 만들어 내고 있으며 이제 근대인들도 이 사실에 눈감을 수 없게 되었다. 따라서 생명공학의 발전과 더불어 "인간의 존엄성"과 "자연의 보호"라는 근대주의적 윤리 역시 심각한 위협을 받고 있다고 할 수 있다. 라투르식으로 말하자면 정화와 번역의 분리에 의해 세계의 질서를 유지하였던 '근대주의적 헌법'(Modern Constitution)에 생명공학은 근본적 도전을 제기하고 있는 셈이다. 이는 근대주의적 헌법하에서 과학과는 분리되었던 정치도 이제 새롭게 구상되어야 함을 의미한다. 정치는

더 이상 인간사회만을 대표하거나 그에 국한된 것일 수 없고 과학이 다루고 만들어 내는 모든 사물 역시 정치의 대상이자 주체이기 때문이다. (김환석)

김환석은 라투르를 따라서 두 가지 새로운 과제를 제시하고자 한다. ① 그 하나는 그동안 분리되어 왔던 자연과학과 사회과학 및 정치의 연결이고, ② 다른 하나는 인간만이 아니라 자연도 정치의 대상이자 주체로 간주해야 한다는 것이다(**〈자연의 정치학〉**). 그런데 ①의 과제는 미국과 영국의 경우에서처럼 이미 생명산업과 국가의 개입에 의해 현실 정치의 의제로 부각되었다. 그러나 한국의 경우에는 〈황우석 사태〉를 통해 이 문제가 전 사회적 초점으로 떠올랐지만, 정부와 언론의 신자유주의적 담론과 생명공학 정책의 합작으로 야기된 국제적 스캔들의 규모와 관심도와는 반대로 이후 〈생명윤리법〉의 규제 강도는 더욱 약화되고 말았다는 아이러니를 보여 주고 있다. 이는 그만큼 한국에서는 과학과 정치의 근대적 이분법이 서구에 비해 오히려 더욱 뿌리깊고 길게 작동하고 있음을 보여 주는 것이다. 애당초 〈황우석 사태〉의 문제점을 공론화하고자 시도했던 〈시민과학센터〉의 운동이 시민운동과 사회운동 차원에서도 널리 확산되지 못하고 있는 것도, 또한 이를 위한 학제간 연구(STS와 문화연구, 정치경제학 등)가 활발하지 못한 것도 우리 현실의 불모적인 상황을 보여 주는 사례라고 생각된다.

황우석 사태 전후의 시민단체 활동은 상당히 미약했다. 황우석 박사에 대한 열광적이고, 일방적인 분위기가 형성되자 일부 활동가들은 생명공학감시연대를 조직해 토론회를 개최하고, 성명을 발표하는 활동을 펼쳤지만 큰 성과를 거두지는 못했다. 시민사회의 대응 부재 속에 생명윤리법의 규제 강도는 더욱 약해지고 있다. 체세포 복제의 재허용, 난자 수급 제도 정비, 유전자 검사 규제완화 등 정부의 요구사항이 별다른 사회적 논의 없이 그대로 관철되었다. 시민단체 대표와 생명윤리계 인사들이 제1기 생명윤리심의위원회에 참여하였지만, 심의위원회의 위원 구성의 한계와 시민사회의 대응 부재로 활동에 제약을 받았다. …… 시민과학센터 운동이 결국 활동가의 재생산에 실패함으로써 정체기를 맞은 것은 향후 생명공학감시운동의 형태와 방향에 대한 논의에 있어서 중요한 시사점을 준다고 할 수 있다. 더 나아가 생명공학감시운동이 시민사회에 얼마나 제대로 확산되었는지에 대해서도 추가적인 논의가 필요할 것으로 보인다. 생명공학감시운동의 목적 중 하나는 생명공학에 대한 비판적 담론을 시민사회 내에 확산시키는 것이었다. 그러나 이러한 목적은 제대로 달성되지 못했다. 생명공학감시운동이 다양한 단체에 맞는 형태로 제대로 분화되지 못한 것이다. (김병수)

하지만 앞서 제기된 ②의 과제는 우리 사회에서는 더욱 생소한 것이다. 어떤 면에서는 〈자연의 정치학〉은 그동안 대립해 왔던 심층생태주의와 사회생태주의의 이율배반적인 혼성처럼 보인다. 대립하는 두 관점의 결합이 과연 가능할까? 모든 생명체와 사물이 인간과 동등한 생명권을 갖고 있다고 보는 관점에서는 기존의 사회적 삶의 근본적인 폐기와 재구성이 요구되는 데 반해, 비인간적 행위자들이 인간과 함께 정치사회를 구성할 수 있기 위해서는 사회 시스템의 정치적 재편이 요구된다는 점에서 사회생태학적인 요구와도 유사한데, 이런 형태의 정치생태학이 가능하려면, 먼저 그동안 분리되어 왔던 자연과학/기술과 인문학/사회과학 간의 새로운 결합이 전제되어야 한다. 하지만 우리 사회에서는 아직 이런 학제간 연구와 학문간 통섭은 요원하다. 최근 교육과학부와 주요 대학들이 추진 중인 학문간 융복합은 상업주의적이고 기술공학 중심의 제한된 융복합일 뿐이다. 그런데 이런 질문들을 던지다 보면 오히려 다음과 같은 질문에 이르게 되는 것 같다. 그간 심층생태주의와 사회생태주의의 대립이란 낭만주의와 현실주의 간의 대립만이 아니라 심층적으로는 철학과 사회과학, 혹은 문학과 정치학 간의 학문적 대립 혹은 사상적 아비투스 간의 대립을 반영하는 것은 아닐까?

3. 20세기 말부터 국가는 생명윤리에도 깊게 개입을 하기 시작했고 이것은 생명윤리의 전개방향에 큰 영향을 미치게 되었다. 오늘날에는 생명윤리를 중심으로 국가와 시민사회 행위자들이 서로 갈등 또는 협상을 하면서 생명공학의 발전 방향을 다르게 형성하고자 하는 생명윤리의 정치가 치열하게 전개되고 있다. 미국 생명윤리 실천은 개별환자에게 미치는 위험(risk)과 혜택(benefit)이 최우선 고려사항이고, 숙지된 동의의 원칙이 이를 담는 제도화에서 중심을 이루며, 생명윤리를 다루는 전문가계급이 생겨나 환자와 일반시민은 생의학 연구 및 생명공학 발전에서 중요시해야 할 가치에 대해 숙의할 능력을 상실했다는 특징을 띠게 되었다. 이에 대응하여 각국에서 비국가 행위자들의 주요 목표는 공식적 정책 결정자들이 제공하는 것을 보완하는 새로운 숙의적 공간(및 새로운 언어)의 창조를 위해 윤리 전범을 이용하는 데 있었다. 생명윤리의 정치는 다원화의 정치로서, 생명윤리의 의제에 새로운 쟁점들을 제기하고 이 쟁점들을 대변해 줄 새로운 목소리와 쟁점들에 개입할 새로운 포럼을 불러오려는 것이다. (김환석)

생명윤리의 진전은 지배계층이 잉여가치를 창출하거나 독과점하면서 무시했던 계층이나 객체에게도 지배계층과 동일한 권리를 부여하는 확대 과정이라는 면에서 진보의 성향이 강하다고 볼 수 있다. 이에 대항하기 위하여 지배계층이 적극적으로 공적 생명윤리의 틀로 생명공학에 공적자금을 투여하여 생명공학 자본가의 잉여가치로 전환하고 경제적인 지배구조를 강화하며 생명윤리의 본질을 흐리는 것이 현실의 정치라고 보아야 할 것이다. 생명윤리의 틀이 단순히 생명과 인간을 합법적으로 생명공학 조작의 대상으로 삼을 수 있게 하는 전략적 수단으로 이용되는 것이 현 사회구조와 정치체제의 한계이다. 뭇 생명만이 아니라 인간까지 잉여가치 창출의 수단으로 몰아가는 것은 다시 전근대로 돌아가는 것이라는 것을 지적하며 지배 논리의 정치가 아닌 공존 논리의 정치로 전환되기를 바란다. (정민걸)

4. 그러나 생명공학을 찬성하는 진영이나 반대하는 진영이나 모두 한마디로 아직 인간/자연의 이원론을 극복하지 못했다고 보인다. 생명윤리의 정치에서 주된 대립은 국가 대 시민사회 또는 과학계 대 종교계 사이에서 벌어지고 있는데, 이 대립 구도의 양편 모두 인간/자연(또는 인간/비인간)의 이분법에 기반하여 자기 입장을 정당화하고 있기 때문이다. 생명윤리에서 핵심적인 쟁점인 '배아의 지위'에 대한 논란은 14일 이전의 배아를 인간으로 볼 것이냐 아니냐의 핵심적 쟁점으로 집약된다. 문제는 배아가 인간으로 발전할 모든 잠재력을 지녔지만 동시에 아직 세포 덩어리로도 볼 수 있는 모호한 특성을 지닌 존재라는 점에 있다. 그러므로 배아는 그것을 바라보는 이의 관점과 목적에 따라서 인간으로도 세포 덩어리로도 간주될 여지가 있으며, 이 때문에 배아의 지위에 대한 논쟁은 쉽사리 끝나지 않을 것으로 보인다. 근대주의는 세계 안의 모든 복잡한 존재들을 이렇게 큰 두 가지 범주로 나누어 놓고, 그 한편(즉 주체, 인간, 사회)에만 존엄성을, 나머지 한편(객체, 비인간, 자연)에는 아무 존엄성도 부여하지 않는 비대칭적인 윤리를 내포하고 있다. 라투르는 근대주의에서는 '인간'으로 인정되면 모든 권리가 부여되어 정치나 윤리의 영역이 되고, '비인간' 사물로 규정되면 모든 권리가 박탈되어 과학의 독점영역으로 간주된다고 지적한다. 우리 근대인은 '인간' 외의 존재에 대해서 어떤

존중을 해야 할지 한번도 논의한 적이 없으며, 현대의 정치에는 인간의 대표
만 있지 다양한 사물의 대표는 없다는 점을 개탄하면서 그는 사물까지 포함
하는 확장된 민주주의를 주장한다. 배아는 인간/비인간의 이분법을 거부하는
하이브리드적인 존재지만, 그 자체로서 존중받을 가치가 있다고 나는 생각한
다. 과연 사물의 대표를 어떻게 정치에 포함시킬 것이며, 인간과 비인간을 대
칭적으로 취급하는 윤리란 어떤 것일까? 그 답은 지금부터 우리 모두가 인간
과 사물이 바람직한 관계를 맺고 사는 공동세계를 함께 모색하고 실험해 나
가면서 찾을 수밖에 없을 것 같다. 모호하고 시행착오가 많겠지만 그것이야
말로 우리 인간이 사물과 함께 점진적으로 만들어 가야 할 미래이기 때문이
다. (김환석)

자연적 유기체와 사물들을 어떻게 정치적 토론 속에 참여시킬 것인
가? 이를 위해서는 어쩌면 인디언들에게 남아 있는 생태학적 지혜, 즉, 자연
존재자들과 대지와 대화하는 방법으로부터 도움을 얻어야 할지도 모른다.
나아가 이는 단순히 개개 인간과 사물 혹은 생명체들과의 대화를 넘어서,
생명 자체의 새로운 대화 방식을 터득할 수 있는 직관과 체험과 지혜를 체
득하는 방법으로 나아가는 것을 의미할 수도 있다.

베르그손은 직관적 방법에 의거하여 생명은 해체하고 이완하는 경향의 물
질과는 이질적인 지속의 경향으로 파악한다. 생명의 진화는 과거가 현재
속에 실제적으로 연속되게 하는 것이고 개체 이전의 것인 지속이 개체로
실현되는 과정이다. (조정환)

이런 직관적 방법이 곧 과학적 지성과 결별하고 전근대적 자연주의로
후퇴하자는 것을 의미하는 것은 아닐 것이다. 우희종에 의하면 반드시 그

릴 필요는 없다. 요소환원론적인 근대과학과는 달리 최근 부상하고 있는 복잡계 과학의 접근법은 베르그손이 말하는 것과 같은 생명의 약동을 과학적인 방법으로도 알기 쉽게 구체적으로 설명해 줄 수 있기 때문이다.

다행히 이 시대의 패러다임으로 자리 잡은 요소환원론적 서양 근대과학의 한계를 보완할 수 있는, 많은 구성 요소의 관계성으로부터 자기조직적 창발현상을 다루는 복잡계적 관점이 대두됨으로써 그동안 많은 일반인들에게 어렵고 관념적으로만 느껴지던 깨달음과 삶에서의 여러 현상도 이러한 이 시대의 언어로 설명을 시도할 수 있게 되었다. (우희종)

물론 생명복제나 인간복제의 심각성에 대처하는 가장 명확한 방법은 이진경이 주장하듯이 그런 연구와 기술들의 "중단을 요구하는 것이고", 김환석의 주장대로 "인간과 비인간을 대칭적으로 취급하는 윤리"를 수립해가는 것이다. 그러나 현실적으로는 이런 기술에 대한 의학적 기대가 광범위하게 존재하는 만큼 윤리적 결단과 법적 금지만으로는 자본과 동맹한 복제기술이 언제든 뒷문으로 되돌아올 가능성이 상존하는 만큼, 실제적이면서도 과학적인 대안 모색이 필요하다고 본다. 이는 그동안 의학적 수요에 기대어 생명조작적인 복제기술을 정당화하고 발전시켜 왔던 도구주의적-환원주의적인 근대과학의 패러다임에 기초한 생명과학의 한계를 뛰어넘어, 비환원주의적인 복잡계 과학의 새로운 패러다임에 기초한 새로운 생명과학(시스템생물학과 이보-디보 등)과, 이와 공명할 수 있는 한의학이나 비서구의학의 전통과 협력하면서, 생명복제기술을 배제하면서 오히려 인간과 비인간의 공생을 촉진하는 새로운 의학의 발전을 과학적으로 모색하는 일이 시급하다고 할 수 있다.

박진희의 발표는 그간 생태여성주의의 성과와 한계를 살피면서 페미니스트 과학학이 어떻게 한계를 넘어서 대안 정치로 나아가는 길을 열어 주고 있는지를 쟁점 형성사를 중심으로 잘 정리하여 소개하고 있고, 적극적인 논쟁을 제기하기보다는 주요 쟁점들의 기술을 통해 정책 대안을 도출하는 형식을 취하고 있으므로 별도로 논점을 정리할 필요가 없어 보인다. 반면 박이은실의 논평은 페미니즘이 여러 사상 조류의 주변이 아니라 오히려 여러 사조에 개입할 수 있는 대안적 사상이라는 관점에 서서 박진희 글의 미진한 부분을 지적하면서 쟁점별로 보완 의견 혹은 이견을 제시하면서 일정한 논쟁 구도를 형성하고 있으므로 여기서는 박이은실의 논평을 중심으로 논쟁 구도를 정리해 보고자 한다.

4.1.「생태여성주의, 페미니스트 과학학과 대안 정치」(박진희)에 대한 논평 (박이은실의 논평)

1) 발표자[박진희]는 페미니즘을 지구와 인류에게 일어나고 있는 전반적인 생태위기를 규명하고 대안을 제시하는 독자적인 사상체계 혹은 사상적 조류로서 상정하고 있지는 않은 것 같다. 발표자가 거론한 세 가지 입장(자연자본주의로의 전환론, 생태근대화론, 생태사회주의)들에 페미니즘이 적극적으로 개입하면서 보다 나아간 대안을 제시할 수 있는 가능성을 제시하는 관점이기보다는 세 가지의 큰 조류들 옆에서 하나의 주변부적 목소리를 내고 있는 것처럼 읽힌다. 페미니즘이 근대 지식생산과정에 비판적으로 기여해 온 영역 중 하나가 바로 주체/타자 관계설정일 것이다. 페미니즘이 견지해 온 소수자적 시각, 돌봄, 생명 등의 인식틀도 여기에서 발전되어 나왔다고 할 수 있다. 문제제기 절에서도 이에 대한 문제의식을 적극

적으로 배치시켜 주어야 페미니즘이 제기해 온 문제가 예외적이고 특별한 것이 아니며, 페미니즘이 소위 공식적인 논의 영역이라고 인식되는 과학적 지식 영역 외부에 존재하는 지식체계가 아니라 적극적으로 그것에 개입하고 그것을 재구성하는 사상체계임을 정당하게 자리매김할 수 있을 것이다. (박이은실)

페미니즘을 대안적 사상체계로 입론하는 일은 21세기 사상계에서 매우 중대한 과제임에 틀림없다. 그런데 페미니즘이 이제까지의 전반적 생태위기의 심층 원인을 규명하고 대안을 제시할 수 있는 사상이 되기 위해서는 근대과학을 포함한 근대적 지식생산과정 전반의 문제점에 대해 개입해야 할 터인데, 그와 유사한 문제설정을 본격적으로 처음 제기해 온 맑스의 사상에 대해서도 어떤 입장을 취할 것인지를 분명히 할 필요가 있을 것이다. 맑스는 여러 글에서 자본주의는 자본 축적의 무한한 논리를 따라 인간 노동의 착취와 자연에 대한 수탈을 그치지 않기 때문에 생태위기를 필연적으로 야기할 뿐만 아니라, 그 착취와 수탈의 강도가 주로 성인 남성노동자보다 여성과 아동들에게 집중된다는 점을 다양한 통계를 통해 규명한 바 있고, 「코뮌주의자 당 선언」에서도 여성해방이 코뮌주의 강령의 주요한 내용임을 명시한 바 있다. 그럼에도 불구하고 이제까지 페미니즘의 주요 흐름들은——맑스주의 페미니즘을 제외하고는——맑스(주의) 사상에 대해——대개 잘못된 근거로——비판적이거나 일정하게 왜곡된 문제를 제기해 온 것도 사실이다. 이번 섹션의 발표자나 논평자는 이 점에 대해 특별한 언급을 하지 않고 있어 이번 기회에 페미니즘과 맑스주의 간의 이론적-실천적 협력의 폭이 어떻게 가능한지를 토론해 볼 필요가 있다고 본다.

2) 지면상 한계가 있기는 하지만 그동안 생태여성주의가 기여해 온 정도

에 비해 그것이 제시하는 논점이 이 글에서 너무 거칠게 요약되어 제시되면서 비판되고 있는 것은 아닌가 싶다. 여성을 자연과, 남성을 문화(이성·합리·과학)와 등치시켜 온 인식론의 역사가 깊고 이에 대한 비판은 굳이 여성을 문화(이성·합리·과학)와 등치시키는 또 다른 이분법적 인식론의 우를 범하지 않는 방식으로도 보다 촘촘하고 충분히 이뤄질 필요가 있기 때문이다. 여성=자연/남성=문화(이성·합리·과학)라는 이분법적 근대 인식론에 기반한 남성중심적 인식체계가 여성과 자연을 대상화하고 이들의 노동력을 수탈하고 착취하는 데에 결정적인 역할을 해왔다는 것은 충분히 지적되어야 하기 때문이다. 물론, 저자가 이 점에 대해 다른 견해를 가지고 있다고 생각되지는 않는다. 다만, 지면의 한계에도 불구하고 매우 중요한 지점이기에 보다 충분히 짚어져야 했다고 생각되어 언급했다. (박이은실)

박이은실은 "이분법적 근대인식론에 기반한 남성중심 인식체계가 여성과 자연을 대상화하고 이들의 노동력을 수탈하고 착취하는 데 결정적 역할을 해왔다는 것은 충분히 지적되어야" 한다고 강조하고 있는데, 이런 수탈과 착취에서 결정적 역할을 한 것이 남성중심 인식체계인지, 아니면 자본주의인지, 아니면 양자 모두인지를 분명히 할 필요가 있다. 이는 1부와 2부 섹션에서 현재의 생명위기의 근원이 근대과학인가 자본주의인가를 둘러싸고 전개된 논쟁과 동일한 성격의 문제로 보이기 때문이다. 앞서의 논의와 상응해서 보면, 이분법적인 남성중심 인식체계가 자본주의적 축적의 논리와 긴밀한 동맹관계를 맺음으로써만 여성에 대한 착취와 수탈을 실현해 왔다고 보아야 할 것이며, 이 과정에서 자본의 논리의 보다 결정적 역할에 주목할 필요가 있다고 본다. 이 문제에 대한 발표자와 논평자의 견해를 듣고 싶다.

3) 생태여성주의의 논점에 대한 비판에서 한 가지 지점이 더해졌어야 한다고 생각한다. 생태여성주의는 여성을 어머니(모성), 즉 임신·출산·양육 경험이 있는 여성으로서 상정하고 이러한 여성주체에 그 논점을 근거시키고 있다. 그러나 페미니즘 정신분석학적 측면에서 보자면 인간 주체가 되는 과정에서 여성은 '어머니'의 위치가 아니라 오히려 '딸'의 위치에서 주체화과정을 겪게 된다. 이후 모든 딸이 여성이 되는 것도 아니고 모든 여성이 어머니가 되는 것 또한 아니라고 한다면 생태여성주의가 근거하고 있는 여성주체는 사실 여성주체라기보다는 어머니주체 혹은 어머니인 여성주체라고 해야 맞다. 만약 생태여성주의가 어머니인 여성주체가 아니라 딸인 여성주체에서 논의를 출발시킨다면 논의의 전개는 매우 달라질 수밖에 없을 것이다. 어떤 면에서 어머니인 여성은 착취하는 남성과 착취받는 여성을 모두 생산하고 양육하는 자이기 때문에 착취와 피착취 관계에 대한 완전한 면죄부를 받을 수 없는 존재라고 할 수도 있다. 자연은 위험일 수 있고 동시에 위안일 수 있는 이중적이고 양가적인 존재이다. 이 점을 간과한다면 인간이 자연이 가하는 위협으로부터 자신의 안녕을 지키기 위해 해왔던 모든 노력들(저자가 말한 '과학'을 포함해서)을 무의미한 것으로 돌려놓아야 한다. 그러나 누구도 원시 그대로의 자연으로 돌아가는 것이 현재 인류가 당면하고 있는 위험을 해결하기 위한 답이라고 생각지는 않는다. 반면, 딸인 여성은 그야말로 남성의 여성/자연에 대한 착취/피착취 과정에서 어떤 개입도 하지 못한 채 그 위치에 놓여 있는 여성이라고 볼 수도 있다. 그러나 생태여성주의는 끊임없이 어머니라는 토대를 버리지 않고 간다. 자연을 '어머니 자연'이라고 부르는 것도 이러한 맥락 안에서라고 볼 수 있다. 생태여성주의가 아니라 페미니스트 과학학, 즉, '다른' 과학이란 대안이 보다 더 설득력을 가지게 되는 것도 바로 이 지점에서일 것이다.

(박이은실)

어머니로서의 여성과 딸로서의 여성의 구분과 동시에 자연의 양가성에 대해 주목하는 것이 필요하다는 관점이 '다른' 과학으로서의 페미니스트 과학학의 주요한 변별점이 된다는 지적은 매우 설득력이 있어 보인다. 그러나 "어머니인 여성이 착취하는 남성과 착취받는 여성을 동시에 생산하고 양육하는 자이기 때문에 착취/피착취 관계에 대해 완전히 면죄부를 받을 수 없는 존재"라는 주장은 남성=착취자/여성=피착취자라는 지나치게 이분법적인 도식의 반복에 의존하고 있다. 이런 도식은 현대자본주의 사회에서 점점 더 늘어나고 있는 피착취자 남성과 착취자 여성의 새로운 관계를 은폐하기 쉽다. 이런 문제는 〈주체화과정〉이 〈딸'-'어머니〉의 차이가 남녀 젠더적 차이와 더불어 계급적 차이와 함께 중층결정되고 있다는 사실에 대한 주목으로 더욱 일관되게 확대되고 역동화될 필요를 야기하는 것이 아닌지? 이와 연관해서, 가정 내에서의 남녀차별이 사회적 차원에서의 성차별과 어떻게 공통점과 차이점을 갖는가라는 문제가 제기될 수 있는데, 이러한 문제들에 답하기 위해서는 맑스적인 의미에서 〈착취/수탈의 차이〉가 어떻게 가정과 사회에서 다른 형태로 나타나는지에 대한 보다 정교한 탐구가 필요하다고 본다. 이에 대한 페미니스트 과학의 입장은 어떤 것인지를 알고 싶다.

4) 그리고 또 궁금한 것은 소위 '생물학적 근거'라고 이야기되는 섹스(sex)가 논의되는 생물학이라는 자연과학 분야가 아니라 핵실험과 핵발전 등을 통해 재앙의 해결자가 아니라 오히려 주범이 되고 있는 물리학이나 인간 집단 간 주종관계를 재생산하고 고착화시킬 수도 있는 생명공학 등에서 페미니스트 과학학적 관점이 어떻게 관철될 수 있는가에 관한 의견도 보다 더 개진되면 좋겠다. 저자가 논문 초입에서 언급하듯이 바로 이 분야가 어느 분야보다도 시급하게 개입이 필요한 분야이고 또한 그렇기 때문

에 페미니스트 과학학의 개입 또한 시급하게 필요해 보이기 때문이다.

핵물리학과 생명공학, 나아가 나노과학과 뇌-신경과학과 연결된 인지과학 등은 현대자본주의의 기술혁신의 핵심 동력이기에 이에 대한 페미니스트 과학의 개입은 매우 시급한 과제라고 본다. 특히 단순한 자동기술기계로서의 로봇을 넘어서 포스트-휴먼 주체(인간복제와 안드로이드 등)의 과학기술적 구성이 시도되고 있는 현 상황은 미래 사회가 현재의 자본주의적 착취/수탈의 차원보다 훨씬 더 심각하게 강화되어 대다수의 인류가 에너지원으로 전환(영화「매트릭스」처럼)되거나 혹은 절멸되는 방식으로 변형될 수도 있음을 시사하고 있을 정도로 심각하기 때문이다. 1부에서 이진경이 이런 형태의 과학기술에 대해 '중단'을 요구한 것도 이런 맥락에서 단순히 지나칠 문제제기가 아니라고 본다. 이런 문제에 대한 개입은 '페미니스트'인가 아닌가의 여부와 무관하게 인류 공통의 문제제기로 확대될 필요는 없는지? 다시 말해서 '페미니스트 과학'의 특수성이 강조될 부분과 그렇지 않은 부분의 차이가 없는지? 이 문제에 대한 페미니스트 과학의 개입의 특수성은 어떤 것인지?

5) 추가 질의
① 한때, 의료과학적 지식, 특히, 출산과 양육에 관련된 지식은 여성인 '산파'(영어로는 'midwives'라고 불리는)의 전문영역이었다. 그러나 근대 의료지식이 남성들에 의해 독점되면서 산파는 오히려 미신 혹은 비과학적 민간요법에 의존하는 위험하고 신뢰하지 못할 비전문가로 전락한 여성사적 역사가 있다. 이때 전문성과 비전문성의 경계는 사실 매우 정치적인 영역이 된다. 비전문가, 보완전문가, 혹은 준전문가 등 어떤 방식으로 호명하는가는 단순한 호칭의 문제를 떠나 지식의 위계, 주체들의 관계설정과 위계

의 문제이기 때문에 이에 대한 보다 적극적인 검토와 제안이 되었으면 하는 아쉬움이 있다. (박진희)

전문가/비전문가의 구별과 위계 구성은 자본주의 국가와 기업 모두에서 관료주의적 계급지배의 가장 핵심적 수단으로 발전해 왔다. 맑스적 관점에서 보자면 이 문제는 육체노동과 지식노동의 자본주의적 분리에서부터 발생하며, 자본주의 철폐 없이는 해소될 수 없는 문제다. 전문가/비전문가의 탈차별화와 탈위계화는 국소적/미시적 차원에서 가능한 것이 아니라 체계 전체의 코뮌주의로의 전환이라는 거시적 과정과 상응해서만 이루어질 수 있다. 따라서 이 문제는 서영표가 제기하는 〈참여계획경제〉와 같이 비전문가들의 적극적-지속적 참여절차를 거시적-미시적 차원에서 동시에 만들어 내는 과정 없이는 공허한 논의로 그치기 쉽다. 교육과 연구의 차원에서 보자면, 톰슨의 『영국 노동자계급의 형성』이나 랑시에르의 『무지한 스승』이 소개하고 있는 19세기 전반기의 유럽의 노동자계급의 〈자기-교육〉의 수많은 사례들, 또한 1830~1848년 사이에 프랑스에서 나타났던 여성 노동자들의 적극적 참여와 교육적 역할에 관한 연구들(데이비드 하비), 러시아 혁명기의 여성의 참여에 관한 연구들이 있다. 페미니스트 과학에서는 이런 역사적 사례들에 대해 어떤 비판적 검토가 이루어지고 있는지, 또 맑스가 주장하는 육체노동/지식노동 분리의 철폐 요구에 대해 어떤 의견을 갖고 있는지 궁금하다.

② 기후변화로 인한 재앙에 대한 책임을 선진국/남성들에게 더 묻는 것은 과학의 민주화와 어떻게 연관되는가? (박이은실)

이 문제에 대한 책임을 왜 선진국 남성에게만 묻는지, 선진국 여성에게도 더 물어야 할 것은 아닌지? 나아가 이미 10년 전부터 〈세계의 공장〉이 되어 버린 중국의 남성과 여성들에게도 상응하는 책임을 물어야 하는 것은 아닌지? 이렇게 나가다 보면 현재 자본주의적 생산과 소비에 참여하고 있는 전 세계의 남성/여성에게 그 비율을 정확히 따져서 책임을 물어야 하는 것은 아닌지 하는 의문이 제기된다. 물론 이산화탄소 규제를 현실적으로 시행해 나갈 때 이런 문제가 구체적인 정책 의제로 상세하게 부각될 필요는 있을 수도 있다고 본다. 하지만 가장 중요하고 기본적인 책임은 먼저 파괴의 주범인 전 세계의 자본가들에게 먼저 물어야 하는 것은 아닐지? 그렇다면 이들 자본가들에게 책임을 묻는 실제적인 방식은 어떤 것일지?

③ 여성이 제도권 안으로 들어간다고 해서 문제가 궁극적으로 해결되는 것이 아니라고 한다면 여성뿐만 아니라 지금까지 과학 영역에서 배제되거나 주변화되어 왔던 지역의 다양한 구성원들(장애인, 청소년, 성적 소수자, 노인, 이주민 등)이 동료공동체에 참여할 수 있는 통로를 적극적으로 열 수 있도록 하는 과학의 민주화과정이 어쩌면 보다 궁극적인 페미니스트적 대안 정치는 아닐까? 그럴 수 있을 때 페미니즘은 비로소 대안적 사상체계가 될 수 있을 것이다. (박이은실)

맑스적 의미의 노동해방은 노동자계급만의 해방이 아니라 일체의 계급차별(과 남녀차별, 인종차별 등)과 자연에 대한 무차별한 수탈체제의 폐지를 의미하며, 그런 형태의 보편적 해방을 주장하는 한에서 19세기 이래 맑스주의는 대안적 사상체계로 자리 잡아 왔다. 이런 의미에서 페미니즘 역시 여성해방만이 아니라 모든 배제된 자들의 해방과 더불어 계급 자체의 폐지와 자연에 대한 무차별한 수탈의 폐지를 위한 이론적-실천적 노력을 적극적으로 제시할 때라야 대안적 사상체계가 될 수 있을 것이라고 본다.

그리고 이런 한에서 맑스주의와 페미니즘은 통약가능성이 있다고 본다. 다만 계급 폐지를 위한 투쟁과 성차별 폐지를 위한 투쟁이 먼저인가, 혹은 두 가지 투쟁이 선순환을 이룰 방법은 없는가를 둘러싸고 다양한 이견이 있어 왔다고 할 수 있는데, 미국발 금융위기 이후 심화되는 자본주의 위기 속에서 이행의 문제가 당장 시급한 과제로 떠오른 오늘의 상황에서 이 문제에 대한 페미니즘의 입장은 어떤 것인지?

④ 발표문의 내용과는 무관한 제안이기는 하나 토론자는 노동과 소비의 문제를 생태와 관련시켜 분석하는 것 또한 페미니즘이 생태 문제 해결에 기여할 수 있는 이론적이고 실천적 작업이 될 수 있다고 생각하고 있다. 한정된 자원을 무엇을 위해, 어떻게 소비할 것인가가 바로 생태 체계에 대한 성찰과 대안 제시로 연결되기 때문이다. 그래서 '노동과 소비를 과학의 민주화와 관련시켜 본다면 무엇이 새롭게 보일 수 있을까?' 하는 질문으로 토론에 갈음하고자 한다. (박이은실)

노동과 소비의 문제를 생태적 의제와 연결시켜 페미니즘의 역할을 보다 구체화하려는 노력은 바로 앞서 제시한 질문과 연관해서 맑스주의와 페미니즘의 상생적 연결을 만들어 내는 데 중요한 단서가 될 것이라고 본다. 1부의 주된 쟁점을 살피면서 확인했듯이, 〈부〉의 관점에서 생산과 소비를 바라보는 것과 〈가치〉의 관점에서 생산과 소비를 바라보는 것을 구별하는 것이 맑스의 자본주의 비판의 핵심을 이룬다는 점을 상기할 필요가 있다. 현대자본주의 세계체계 내에서 노동과 소비의 증대는 〈부〉의 증대가 아니라 〈가치〉의 증대이며, 이 가치의 증대에 동참하도록 강요당하는 모든 남녀가 인간생태계는 물론 자연생태계 전체를 파괴하는 데 동참하고 있다. 그런데 심각한 문제는 이 과정에서 착취/수탈당하고 있는 대부분의 남녀노동자들 자신이 자본의 논리에 따른 〈가치의 증대〉를 문명적인 〈부의 증대〉로 오인/착각하게 되어, 이 과정에서 물들게 된 노동중독/소비중독(생태 파괴적이며 반생명적인 생산과 낭비적 소비 이외에도 일반적인 상품중독, 그리고 건강/술/섹스/마약 중독 등)에서 헤어나지 못하게 되었다는 점이다. 맑스주의는 대중이 이렇게 왜곡된 주체화과정에서 벗어나지 못하는 한 자본주의 극복도 불가능하다는 점을 극명히 인식하게 해주지만, 대안적 주체화과정이 체계 전체의 전복에서 가지게 될 핵심 역할과 그 프로그램에 대한 충분한 연구를 진척시키지 못하고 있다. 생태주의와 페미니즘은 바로 이 지점에서 대안적인 새로운 주체 형성(즉, 대안적 노동형태와 소비형태)의 발명과정에 적극적 역할을 할 수 있을 것이다. 그러나 그동안 생태주의와 페미니즘 역시 맑스주의와 유사하게 자연과 여성에 대한 자본주의적 착취와 수탈을 비판하는 데 더 많은 노력을 기울여 왔고, 대안적 주체 형태와 생활 형태의 구성이라는 문제에 대해서는 충분한 연구와 실험을 전개한 것으로 보이지 않는다. 하지만 지금이야말로 자연과 공생할 수 있는 〈부의 생산과 소비〉 형태가 무엇인지를 고민하면서 대안적 주체와 삶의 형태를 만들어 가는 데에 생태주의와 페미니즘이 선도적 역할을 할 때가 아닐까 생각된다. 이럴 경우 맑스주의와 생태주의와 페미니즘이 각기 장단점을 인정하면서 상호 대화를 통해 협력하여 대안사회로의 이행을 촉진할 수 있는 길이 열릴 수 있다고 본다. 서영표의 논평은 이런 대안적 협력을 위해 필요한 이론적-방법론적인 검토와 더불어 민주적인 계획경제 모델에 기초한 여성주의적이고 생태적인 새로운 사회주의 발전전략의 구체적인 모델을 제시하고 있다.

4.2. 생태여성주의로부터 지식의 정치학으로(서영표)

서영표의 논평은 박진희의 발표 논지에 대해 직접 논평하는 대신, 여성주의와 사회주의의 연대가 이론적-실천적 차원에서 어떻게 가능하며 또한 필요한지를 제안하는 방식으로 전개되고 있는데, 주요 내용은 크게 두 부분으로 구성되어 있다. ① 첫 부분은 "인식론적으로는 상대적이지만 존재론적으로는 실재론적인" 비판적 실재론의 입장에 선 사회주의 전략과 그와 유사한 인식론적-존재론적 관점을 견지하는 여성주의 관점이론의 결합을 위해서, 헤게모니 투쟁과정에서 서로 차이를 인정한 가운데 공통의 적에 대한 연대를 위해 필요한 의사소통적 절차를 하버마스의 의사소통적 합리성에 대한 비판과 수정을 통해서 도출해 내는 방법론적 제안으로 이루어져 있다. ② 두번째 부분은 여성주의 관점이론을 비판적 실재론의 사회주의 전략과 결합하여 민주적인 계획경제 모델을 발전시키는, 여성주의에 기초한 생태사회주의 전략의 핵심 내용들에 대한 제안으로 이루어져 있다. 그 주요 요지를 정리해 보면 다음과 같다.

1) 전략적 연대를 위한 방법론적 검토

① 푸코가 강조했듯이 지식은 보편타당한 '진리'가 아니라 정치적 과정과 분리될 수 없다. 그러나 웨인라이트나 로이 바스카 등 소위 비판적 실재론(critical realism)을 표방한 일군의 사회주의자들은 기존의 권위주의적 이론을 공격하는 것에는 포스트모더니즘에 동조하나 그 이후에 출현한 지적 허무주의는 강하게 비판하고 있는데, 이는 보편적 지식을 거부하면서도 지식구성은 포기하지 않으려는 시도의 표현이다. 생태여성주의는 이미 포스트모더니즘에 의해 극복된 본질환원론으로의 회귀라는 비판에 대한 반론에서, 본질환원론적 성격이 다분한 문화적 생태여성주의와는 거리를 두려는 사회적 생태여성주의자들은 사회 안의 여성의 위치와 경험으로부터 생겨나는 지식이 가지는 힘을 강조하지만, 여성의 위치와 경험조차 정치적으로 구성되고 있음을 지적한다. 그러나 여성의 위치와 경험으로부터

생겨난 지식은 여성의 위치뿐만 아니라 남성의 의식을 포함한 사회 전체의 변혁을 위한 출발점일 뿐이다. 그렇다면 우리에게 제기된 과제는 이 출발점으로부터 어떻게 앞으로 나갈 것인가이다. 생태주의, 여성주의, 사회주의가 서로 보완하면서 새로운 비판이론의 패러다임을 만들어 낼 수 있음을 보여 주면서 동시에 이에 근거한 정치전략을 생산해야 한다.

② 여성주의 중에서도 비판적 실재론과 같이 지식의 상대성을 인정하면서도 지식구성을 포기하지 않는 이론적 경향으로 여성주의 관점이론이 있다. 이런 입장에서는 여성들이 비록 종속적 위치에서 착취와 억압에 대한 덜 왜곡된 지식을 획득할 가능성이 높지만, 그들의 종속성을 은폐하는 지배적 권력/이데올로기적 기제로부터 완전히 자유로울 수 없다. 이러한 이유로 여성의 지식은 이러한 권력관계와 부딪히고 이를 경험함으로써만, 즉 투쟁의 과정을 통해서만 획득된다. 여성주의 관점이론의 이론적 자원은 상이한 지식주장들 사이의 헤게모니적 투쟁에 대한 일반적 분석으로 나가는 데 중요한 역할을 할 수 있다. 불리한 위치의 사회집단들 간의 대화는 미리 전제될 수 없다는 사실이다. 지식을 획득하는 과정과 마찬가지로 이런 대화는 그 자체가 고통스러운 사회적 투쟁이다.

③ 사회집단들 간의 대화는 최소한의 공정한 토론의 필요조건을 충족시켜야 한다. 즉, 주장은 논리적이고 일관되어야 하며 적절한 증명을 제시해야 한다. 수평적 연결이든 수직적 연결이든, 그리고 위로부터의 주도성이든 아래로부터의 주도성이든, 분명한 것은 서로 의사소통할 수 있는 과학적 기준과 담론이 있어야 한다는 것이다. 의사소통의 과학적 기준을 찾기 위해서 얼마간의 유보를 전제로 하버마스의 의사소통적 합리성을 도입하되, 하버마스 이론의 초월론적 경향과 절차주의적인 측면을 비판하고 의사소통 합리성에 대한 역사적 이해를 발전시킬 필요가 있다. 의사소통 합리성 이론은 필요개념과 다양한 사회세력간의 헤게모니적 투쟁과 결합될 때에

만 절차주의(proceduralism)의 한계를 극복할 수 있다. 행위자는 사회 속의 자신의 위치(관점)로부터 획득한 생활조건에 대한 일정한 지식을 가지고 행위를 시작하는데, 현대 민주주의 사회의 성원들은 모두 '잠재적'으로 성찰적이기 때문에, 자신들의 관점으로부터 얻어진 실천적 지식과 이러한 잠재적 성찰성이 결합되면 자신의 생활조건과 지배적인 이상의 탈구를 인식할 가능성이 커지게 된다. 논증을 통한 합의의 형성은 상이한 헤게모니적 실천들이 서로 비판하고 소통하며 공통지반 즉 공통의 구조적 조건을 찾아가는 과정에 다름 아니다. 차이는 담론적으로 구성되는 것이 아니라 실재하는 구조적 조건에 대한 서로 다른 정의와 인식들 간의 합리적 토론을 통해 확인되고 인정되어야 한다. 이를 통해 차이를 억압하는 구조적 조건에서 공통분모가 확인되고 그것에 대한 공통의 투쟁이 가능해질 수 있다. 이러한 의미에서 의사소통 합리성에 근거한 논증은 단지 철학적 원리 수준의 논증이 아니라 비합리적인 사회조건(또는 이데올로기와 현실사이의 간극)을 비판할 수 있는 실천적 수단이 되어야 한다. (서영표)

역사적으로 보면 생태주의와 여성주의와 사회주의/코뮌주의는 자본주의 사회의 구조적 조건에 대한 서로 다른 정의와 인식들에서 출현하여 발전해 왔기에 서로 다른 경로의존성을 가진 여러 가지 차이들, 단지 담론적 차이만이 아니라 실재하는 구조적 조건에서 연유하는 실제적 차이들을 가지고 있다. 이런 차이들을 적대로 오인하기보다는(그럴수록 공통의 적은 승리하게 된다), 각각의 경로의존적 차이를 억압하는 구조적 조건, 즉 자본주의(적 축적의 논리)에서 공통분모를 확인하고, 그것에 대한 공통의 투쟁을 전개하는 일이 그 어느 때보다 시급한 상황이다. 그러나 이를 위해서는 공통의 적에 대한 과학적 분석과 더불어 차이를 적대로 오인해 왔던 역사적 경로의존성들을 규명하고, 상호인정으로 전환하기 위한 합리적 대화가 필요하다. 서영표의 역사적으로 재구성된 의사소통적 합리성은 차이의 승인하에서 연대를 강화하고 공통의 투쟁을 전개하기 위한 꼭 필요한 합리적이고도 실천적인 대화 전략이라고 생각된다.

2) 여성주의적 관점 이론에 기초한 생태사회주의의 계획과 참여 전략: 지식의 정치학과 대안 경제 원리

① 계획은 과학적 지식을, 참여는 실천적 지식을 의미하고 양자의 결합은 현재 존재하는 자본주의적 질서를 극복하는 대항 헤게모니 전략 구성으로 나갈 수 있다. 참여가 없는 계획은 전체주의적으로 귀결될 수밖에 없고, 계획이 결여된 참여는 비조직화된 다양한 이해의 표출을 넘어설 수 없다. (서영표)

계획과 참여, 과학적 지식과 실천적 지식의 상호순환적 결합(즉 선순환)은 전체주의와 무정부주의 사이의 양극단에서 진자운동을 거듭해 온 사회주의/코뮌주의 운동의 성과와 한계를 비판하고, 21세기의 대안사회로의 이행 전략을 구성하기 위해 필수적인 전제조건으로 인식되어야 한다. 이런 관점은 그동안 환원주의적으로 파악되기 쉬었던 당/지식인의 전략적 역할과 대중의 자율성 간의 관계, 위로부터의 혁명과 아래로부터의 혁명의 관계 역시 선순환적 결합의 관점에서 파악되어야 한다는 것과 같은 의미라고 할 수 있다. 이런 관점을 맑스코뮤날레 내의 정파간 대립에 적용해 보자면, 일례로 〈다함께〉와 〈자율주의〉가 그간의 반목의 경로의존성 문제를 재성찰하면서 합리적 대화를 통해 그간의 악순환 관계를 선순환 관계로 전환시켜 내는 새로운 기획이 필요하다고 할 수 있다.

② 엘슨(Diane Elson)은 '노동력의 생산과 재생산 과정'은 자본주의적 축적 과정에 복속되어서는 안 되는 그 자체로 중요성을 가지는 목표임을 강조한다. 오히려 축적 과정이 노동력의 생산과 재생산이라는 사회적 기준을 따라야 한다는 것이 그녀의 주장이다. 이런 기준에 따르면 '의료, 교육, 상수도, 위생시설'과 같은 기본적 공공서비스는 무상으로 제공되어야 한다. 또한 '기본표준에 맞추어 충분한 식품, 의류, 주택, 가재도구를 구매할 수 있는 최소 화폐소득'도 보장되어야 한다. 덧붙여 '도시교통'과 '정보 네트워크 접근'이 무상으로 제공되어야 한다. 디바인이 주장하는 것처럼, 가장 기초적인 필요가 충족되지 않고 필요한 자원과 정보가 보장되지 않으면 "효과적인 참여", 즉 민주주의의 확장은 불가능하기 때문이다. (서영표)

이런 주장은 최근 〈기본소득네트워크〉에서 주장하는, 노동량과 무관하게 전 국민에게 무조건적 기본소득 지급과 공공재의 무상공급 확대를 요구하는 것과 상응한다. 그러나 이 요구는 기본정규직/비정규직으로의 분할 폐지 및 누구라도 노동하고 싶은 시간에 노동할 수 있는 시간해방정책과 보편적 노동권에 대한 요구와 결합되었을 때라야 자동기술화에 따른 노동시간 감소와 생산성 향상을 탈자본주의적인 이행과정의 물적 토대로 전환시킬 수 있는 유의미한 조건이 될 수 있다. 이렇게 기본소득과 공공재의 무상공급 확대가 앞서 언급해 왔던 제반 정치적 의사결정과정에 대한 대중적이고 민주적인 참여와 사회적 연대 강화를 위한 필요조건이라면, 참여 과정에서 대중 스스로의 자율적 역량을 강화하는 일과 효과적인 중앙적 계획의 선순환적 결합을 만들어 내는 것이 대안사회로의 이행의 충분조건의 일부를 구성하게 될 것이다. 서영표는 이 충분조건을 대중의 실천적-암묵적 지식의 확대와 전문가들의 과학적 지식의 결합에 기초한 참여계획경제의 구성이라는 이중적 과정으로 구분하여 제안하고 있다.

③ 이런 필요조건이 만들어지면, 기초적인 공공서비스와 최소한의 화폐소득을 넘어서는, 지식과 정보의 민주적 재분배가 이루어져야 한다. 이때 지식의 수준을 '실천적 지식'과 '과학적 지식'으로 나누어 생각할 필요가 있다. 실천적 '지식'은 일상적 경험에서 개개인이 획득하게 되는 정식화되기 어려운 지식이다. 이는 대중 스스로의 필요와 욕구에 관한 생각들이다. 과학적 지식은 지식인 집단, 정당, 국가에 의해 제시되는 통합적 지식이다.

㉠ 실천적-암묵적 지식을 발전시키기 위해서는 별도의 공적인 지원과 교육이 제공되어야 한다. 이를 통해서 대중의 고양된 의식과 능력에 기초한 '확장된' 민주주의가 이루어질 수 있다. 자본주의 이후의 사회에서 경제적 과정은 대중의 암묵적 지식이 표현되고, 토론되고, 조정되는 민주적 과정을 핵심 원리로 삼아야 한다. 이는 일종의 의식고양 과정이다. 디바인은 "바람직한 참여의 범위는 경제적·사회적 권력의 평등의 수준이 증가하는 만큼 높아질 것"이라고 주장한다.

㉡ 다른 한편으로, 자본주의를 극복하는 대항적 헤게모니 기획을 위해서는 그 외에도 과학적 지식이 매우 중요하다. 대중의 암묵적 지식의 중요성에 대한 인식은 사회주의 경제를 건설하기 위한 필요조건이지만 충분조건은 아니다. 별도로 제도화된 총체적 계획체계 역시 존재해야 한다. 엘슨의 '가격임금위원회'는 '공공시장 형성자'(공기업의 경우는 '공공기업 규제자')로서, 중앙규제 대신에, '에너지 네트워크, 수송 네트워크, 기술 네트워크, 소비자 네트워크, 소비자조합'과 같은 다양한 종류의 네트워크의 조정자 역할을 한다. 협상된 조정(negotiated coordination)이라는 디바인의 모델에서 진정한 과제는 "계획과 암묵적 지식의 결합을 조합할 수 있는 가능성"을 찾는 것이다. 이 모델은 시장의 힘에 의존하지 않고 계획과 탈중앙집중화를 결합한다. 자원의 총괄적 할당은 전체 사회의 수준에서 계획된다. 주요 투자는 중앙에서 조정되지만, 탈집중화된 토대 위에서 실행된다.

대중은 자신에게 영향을 미치는 경제적 결정에서 모든 수준에 참여하기 때문에, 이런 결정을 효과적으로 이행하는 데 헌신할 것이다. 디바인은 권력을 행사하는 시장의 힘과 시장교환을 구별하면서, 전자를 부정하는 대신, 후자를 시장교환을 통해 정보가 교환된다는 사실을 중심한다. 여기서 얻어진 정보는 "각 기업의 성과에 대한 회계자료"를 제공한다. 또한 시장교환으로 표현될 수 없는 사람들의 이익과 필요 역시 민주적 과정을 통해 검토되고 조정되어야 한다. 대의원대회, 계획위원회, 이익단체회의, 공동체, 소비자(이용자), 이익집단(여성집단 등), 운동집단(환경집단 등)의 구성원으로 구성된 다양한 협상조정체가 전국적, 지역적, 지방적 수준에서 존재해야 한다. 이런 협상 조정체는 엘슨이 제시한 다양한 네트워크와 중복되지만 제도정치와 제도 밖의 정치의 점이지대에 위치한다. (서영표)

이로써 참여계획경제 모델의 작동을 위한 필요조건과 충분조건을 살펴보았다. 그러나 이런 모델은 맑스가 말했듯이, 자본주의 외부에서 부과되는 추상적 형태로서가 아니라 현단계 자본주의 내부로부터 싹트고 발전하는 구체적 형태로서 파악될 때라야 현실적이고도 변혁적인 의미를 가질 수 있게 될 것이다. 이런 접근을 맑스적 코뮌주의를 외부로부터 들여오는 대신, 자본주의 내부로부터 내재적이고 발생학적 방식으로 발전시켜 나가는 접근법이라고 부를 수 있을 것이다. 앞으로 이를 구체화하는 것이 탈자본주의적 지향을 가진 과학적 연구와 사회운동들의 시급한 당면 과제라고 할 수 있다. 서영표는 이런 접근을 다음과 같이 제안하고 있다.

④ 자본주의 사회에는 이미 다양한 비시장적 관계들이 존재한다. 이러한 비시장적 관계는 실천적 지식이 구성되는 공간이기도 하다. 이러한 공간을, 그리고 실천적 지식을 민주적 의사표현 통로의 제도화를 통해 발전시

키는 것이 디바인과 엘슨의 관심사이다. 일상생활의 암묵적 지식을 총체적 전략과 결합하는 것은 민주적 참여와 그것을 통한 다양한 네트워크의 구성에 달려 있다는 것이 그들의 결론이다. 웨인라이트는 이것을 "새로운 경제 네트워크"로 개념화한다(일상적 지식과 과학적 지식의 조합). 이를 위해서 대안적 사회 전략은 두 가지 좀더 구체적인 과제를 수용해야 한다. ㉠ 현존 자본주의 사회 내부에 존재하는 비시장적 관계를 규명하는 것과 ㉡ 다양한 형태의 비시장적 관계를 창출하고 실천하고 있는 사람들이 고립적인 실천을 넘어 서로를 이해할 수 있게 하는 규범적 준거점을 모색하는 것이다. 엘슨, 디바인, 웨인라이트가 제시한 민주주의에 기초한 계획을 넘어서는 사회주의 정치를 위한 새로운 규범적 토대를 찾는 작업이 요구된다. 끊임없이 연대를 가능하게 할 공통의 토대를 찾으려 해야 한다. (서영표)

간주곡: 생명과 혁명(조정환)

조정환의 발표는 이번 중앙섹션의 기획의도를 가장 깊이 반영함과 아울러 생명/생명체/유기체/사회체의 차이를 구분하는 바에 대한 철학적–인지생물학적 논의를 근거로 대안적 주체 형성을 위한 능동적인 전망을 별개의 형태로 제안하고 있다. 또한 그는 그간 코뮤날레 내부의 정파 간 이견과 대립을 일정하게 정리하면서 공동의 노력을 전개하기 위한 생산적 단서들을 제공한다고 판단되기에 필자의 종합의견을 제시하기 전에 별도로 논평해보고자 한다.

1. 조정환은 현대의 인지자본주의에 맞서기 위해서 주체들의 새로운 인지능력이 요구된다고 다음과 같이 주장하고 있다.

오늘날 생명체의 위기는 인간의 인지에 고도의 능력을 요구한다. 이 요구
는 지성이 속해 있었던 유용성과 이해관심을 넘어서는 인지능력의 형성
없이는 충족될 수 없다. 지성의 사각에 빛을 비추어 지성의 약점을 보완
할 수 있는 인지능력은 무엇인가? 베르그손은 그것을 각성된 본능으로서
의 직관에서 찾았다. 직관은 지속을 상정하는 인지방법이다. 그것은 단순
한 행위이지만 질적 잠재적 다양성과 그것이 현실화되는 방향의 다양성을
내포하는 방법이다. 지성에 대한 비판과, 직관을 통한 생명의 인식을 통해,
인식론이 지성을 생명의 일반적 진화 속에 다시 위치시키게 되면, 그래서
고립된 계들을 전체에 통합시킬 수 있게 되면 비로소 인식론과 생명론의
호혜적 순환이 가능해질 것이다. 앎이 삶인 한에서 이 인지적 혁명은 삶의
혁명들을 수반하지 않을 수 없다. 그것의 과제들은 오늘날 다양하게 주어
지고 있다.

㉠ 생명산업의 기관들을 생명의 기관들로 재전유하기

㉡ 생명의 에너지를 자본으로 축적하도록 돕는 기계주의에 맞서 그 에너
지를 생명의 진화적 에너지로 전용하기

㉢ 자연섭리적 생태주의와 달리 현재의 생태계를 넘는 새로운 생태계를
발명하기

㉣ 생명체들의 특이한 개체화가 (자본의 계획이나 자연의 계획의 실현으로
서가 아니라) 그것들 사이의 공감적 소통과 상호함축과 침투라는 내적 과
정 속에서 이루어질 수 있도록 만들기 등. (조정환)

여기서 재전유와 전용(㉠, ㉡)은 이미 주어져 있는 것들에 대한 투쟁 방
법과 관계된다면, 발명과 공감적 소통-상호침투(㉢, ㉣)는 아직은 부재한
대안적인 삶의 양식을 창출하기 위한 방법이라고 생각된다. 후자의 방법을
창조적으로 연구하고 실천하는 과정이 인지혁명이자 삶의 혁명이라는 주

장에 대해서는 전적으로 공감한다. 그러나 인지혁명과 삶의 혁명에 대한 제안이 전자의 문제를 해결하는 데 있어서는 단지 추상적인 제안에 머문다는 인상을 지울 수 없다. 그리고 이런 추상성은 앞서 지적했던, **"현대의 인지자본주의는 노동력의 물리적 운동과 물리적 시간의 착취에 의존하지 않는다"** 는 논평자의 문제설정과 내적으로 연결되어 있다고 판단된다. 이런 문제설정은 그가 20세기 자본주의의 전개를 다음과 같은 선형적인 〈대체 과정〉으로 파악하는 것과 관련되어 있다.

> 포드주의가 노동집약적 생산을 기술집약적 생산으로 **대체**했다면 오늘날의 정보화는 그 기술집약적 생산을 높은 수준의 인지집약적 생산으로 다시 **대체**한다. 이 단계에서 대중의 경험과 지식과 정동은 노동자 자신에게서 분리되어 노동자 외부에 데이터베이스로, 소프트웨어로, 다이어그램으로, 알고리즘으로, 전자커뮤니티로 축적된다. 하드웨어가 노동자의 육체나 기계류에 축적된 지식이라면, 소프트웨어는 노동이나 기계류로부터 분리된 인지력, 즉 특허권이나 저작권 같은 독점권을 통해서 비로소 자신의 상품지위를 유지하는 인지력이다.[2]

물론 여기서 '대체'라는 용어를 레이먼드 윌리엄스적인 의미에서 "규범적 우세종의 대체'로 파악한다면 이에 동의할 수 있다. 이렇게 보면 〈노동집약적 생산〉→〈기술집약적 생산〉→〈인지집약적 생산〉으로의 대체과정은 선진 자본주의 국가들에서 규범적 우세종이 전환되어 가는 과정을 보여 주는 것으로 파악할 수 있다. 하지만 이렇게 규범적 우세종이 전환된다고 해서 이전의 우세종이 소멸되는 것은 아니다. 레이먼드 윌리엄스는 이

---

2) 조정환, 『인지자본주의』, 77쪽.

전의 우세종이 지배적 지위를 상실한다고 해도 여전히 잔여적 형태로 지속한다는 점을 강조했고, 이 때문에 어떤 시기에나 일종의 '삼겹살 구조'가 존재하게 된다는 점을 강조한 바 있다. 이렇게 보면 선진 자본주의에서는 인지집약적 생산이 지배적 지위를 차지하게 되었지만 여전이 기술집약적-노동집약적 생산이 잔존하고 있다는 점에 주목하게 된다. 또 이렇게 볼 때라야 비로소 가령 한국에서 총자본의 잉여가치 착취는 단지 인지집약적-기술집약적 생산에 종사하고 있는 정규직의 착취에서만이 아니라 대부분 노동집약적 생산에 종사하고 있는 비정규직과 특수고용직의 착취들 간의 합계(평균이윤율)로 이루어지고 있다는 사실을 주목하게 된다. 더구나 오늘날 지구화된 자본주의 세계체계 전체의 맥락에서 보면, 이 세 가지 생산방식은 지역적 분업을 통해 공존하고 있는데, 바로 선진 자본주의 국가에서의 총잉여가치 착취는 이와 같이 부문간-지역간 평균이윤율의 차이로부터 기인한다는 점을 주목해야 한다. 이런 맥락에서 현대의 인지자본주의는 "더 이상 노동력의 물리적 운동과 물리적 시간의 착취에 의존하지 않는다"는 주장은 자본주의 세계체계의 중층적이고 불균등한 발전과정을 간과한 허구적인 주장임을 확인하기는 어렵지 않다. 인지자본주의론이 여전히 노동집약적-기술집약적 생산과정에 종사하는 다수의 노동자들의 복합적 역할에 주목하지 못하는 이유도 여기에 있다.[3] 그리고 이들이 당장은 대안적

---

3) 조정환도 현대의 고용 형태가 고기술 노동자들만이 아니라 비정규 노동자들과 산업예비군으로 구성되어 있다는 사실을 인지하고 있다. 그러나 새로운 특징을 고기술노동자에 대한 수요의 증대로 파악함으로써 문제의 핵심을 비켜가고 있다. "이렇게 하여 인간이 창조한 신이 인간을 지배하고, 노동자가 생산한 기계가 노동자를 지배하듯, 노동자가 생산한 인지기계들이 그 인지력의 원천인 노동자를 생산세계에서 추방하는 역설이 재연된다. 물론 오늘날 모든 노동이 추방되고 있는 것은 아니다. 고기술 노동자들에 대한 수요는 오히려 증대된다. 디지털화된 지구적 노동기계체제는 고기술 노동자들(과학자, 엔지니어, 연구자들, 기술자들)을 이용하여 소프트웨어를 생산하면서 나머지 노동자들을 언제든지 필요할 때에만 사용할 수 있는 유연한 노동자, 임시직 노동자로 배치하는 방식으로 작동한다. 생산에서 추방된 광범위한 실업자들은 해고와 이직을 통해 발생하는 이 유

가치체제의 주역이 되기는 어려울지 몰라도 일단 현재 주어져 있는 생산적 기관과 에너지를 재전유하고 전용할 수 있는 직접적인 활동 주체가 될 수 있다는 점도 분명하다. 그리고 이를 위해서는 아무리 인지혁명과 삶의 혁명을 주장하더라도 이를 실현해 가기 위해서는 기존의 조직적 노동운동과의 〈협력〉은 필수적인 것이라고 할 수 있다. 나아가 주요 생산기관과 에너지를 관리하고 있는 국가장치와의 대결, 혹은 국가장치의 기능전환이라는 문제 역시 회피할 수 없는 문제가 될 것이다. 그러나 이 두 가지, 노동운동과 국가장치의 문제에 대해 그동안 자율주의적 인지자본주의론은 적극적인 의견을 개진하지 않았다. 그런데 최근 들어 자율주의의 대표적인 논객인 네그리와 닉 다이어-위데포드가 이 문제에 대해 새로운 견해를 개진하고 있어 상당한 변화가 예견된다.

그동안 자율주의에서는 "고전적 맑스주의와 마찬가지로, 아니 그보다 훨씬 더 강하게 국가형태를 비판해 왔고", "자율주의적 맑스주의 관점에서 국가는, 그것이 계획자 국가라 할지라도, 공유지를 포획하는 기관으로 이해되며 그렇기 때문에 공통적인 것을 관리함에 있어서 국가와는 질적으로 다른 형태(가령 코뮌)의 구축을 실천적 과제로 설정해" 왔다(『인지자본주의』, 436쪽). 그런데 최근 네그리와 다이어-위데포드의 새로운 주장이 이런 관점에 균열을 야기하고 있다. 조정환은 2010년에 다이어-위데포드가 "브라질, 베네수엘라, 에콰도르, 엘살바도르에서 권위적 국가계획이 노동자 협동체의 탈집권적 네트워크와 상호작용 하면서 탈상품화 활동의 퀼트나 쪽모이의 기초를 제공하는 사회 변화의 모델을 찾아낸" 것과 네그리가 최근 『글로발』에서 "브라질, 볼리비아, 칠레 등을 사례로 정부와 운동의 협정이 코뮈니즘적 이행을 촉진하는 계기가 될 수 있다는 관점을 제시"한 것은 양자

연 노동자들의 부족을 채워 주는 저수지의 역할을 한다"(앞의 책, 77~78쪽).

의 의견이 "일정하게 공명하는 것"이며, 이런 논의들은 "자율주의 운동에서 국가의 위치와 역할에 대한 새로운 이해방식의 성장이라는 커다란 맥락에서 긍정적으로 이해할 수 있다"(같은 책, 439~440쪽)고 말한다. 이 두 논객이 남미에서의 국가와 노동자 협동체 간의 상호작용에 대해 긍정적 평가를 내렸다는 것은 분명히 자율주의 운동 내에서 새로운 분기점을 형성하는 것이고, 맑스적 혹은 네오 맑스주의적 전통과의 일정한 측면에서 공명의 가능성을 제기하는 것이라고 볼 수 있다(필자는 맑스의 코뮌주의를 생태적 문화사회로 해석하면서, 위로부터의 혁명과 아래로부터의 혁명의 선순환 구조를 다층적-역동적으로 만들어 가는 것만이 이행의 현실적 동력이 될 것이라고 지속적으로 주장해 왔다).

그러나 조정환은 이런 변화의 긍정적 측면을 인정하면서도, 이런 변화의 위험성을 지적하면서 이전의 입장을 고수하고 있는 것으로 보인다. 그는 "문제는 비국가적 모델을 추구하면서 국가를 회피하지 않는 길이 실제로 무엇인가로 귀착된다"면서 "국가는 그 자체로서는, 그리고 자동적으로는, 공통적인 것의 유통의 기관으로 기능할 수 없다. 그렇기 때문에 국가에 비해, 아래로부터 네트워크 공유지가 갖는 전략적 중심성을 반복적으로 강조하는 것이 필요하다"(같은 책; 441)고 강조한다. 조정환의 이런 입장은 다이어-위데포드와 네그리가 균열을 내고 있는 전통적인 자율주의의 노선을 계속 고수하는 것으로 보인다. 하지만 다음과 같은 주장을 보면, 그 역시 전통적 자율주의 노선에 일정한 변화가 필요하다는 점은 인정하고 있는 것 같다.

우리는 국가의 모순적 기능, 이중적 기능이라는 현상에 직면한다. 한편에서 그것은 민중이나 다중과 같은 생산적 주체성들을 사적으로 착취하도록 만드는 기관이다. 그러나 다른 한편에서 그것은 사람들을 더 크고 깊은 실

제적 연합 속으로 끌어들인다. …… 공적인 것은 사적인 것과 공통적인 것
의 복합체요 긴장이다. …… 국가가 계급투쟁의 장이 되는 것은 이 이중성
과 복합성 때문이다. …… 현실적으로 국가는 공유지가 아니지만 그것은
공유지로 전화될 수 있는 가능성을 갖고 있다. (같은 책, 437~438쪽)

그런데 이런 주장이야말로 그람시가 주장했던 국가장치의 기능전환
의 가능성과 필요성을 다시 승인하는 것에 해당하는 것이 아닌가? 그리고
이런 입장이 논리적 일관성을 가지려면, 한편으로는 국가권력의 장악에 의
한 국가장치의 기능전환과 다른 한편으로는 조직적 노동조합 운동체와의
협력의 필요성을 인정하는 것으로 나아가야 하지 않을까? 다시 말해서 위
로부터의 정치적 변혁과정과 아래로부터의 자율적 역량의 확대를 위한 운
동의 협력을 인정해야 하지 않을까? 조정환 자신도 '지배권력을 정복하기'
와 같은 물리적 정치적 행동이 필요함을 인정하고 있는데, 아직 그 구체적
인 의미는 불명확하다.

그러나 인지적 힘만으로는 충분하지는 않다. 지배권력들을 정복하고 그
것의 부패한 제도들을 해체하는 물리적 정치적 행동이 동시에 필요하
다. …… 다중을 새로운 신체로 조직하는 이 물리적 정치적 과정은 앞에서
말한 인지적 혁신에 기초해야 한다. 공통되기는 이 두 요소의 결합의 산물
이다. (같은 책, 506~507쪽)

물론 이런 방식의 입장 전환이 자율주의가 그동안 강조해 왔던 점, 즉
노동계급이 임금노동 중독으로부터 벗어나 자신의 잠재적 자율성을 강화
하는 것이 무엇보다 중요하다는 점, 즉 다중의 자율성의 우선성을 훼손하
는 것은 아니라고 본다. 오히려 자본주의 사회 내의 핵심적 현실태인 국가

와 노동조합을 변혁하려는 노력은 잠재태인 다중의 자율성을 실현해 내기 위해서 오히려 반드시 거쳐야 할 필수적 과정에 해당한다고도 할 수 있다. 이런 점은 바로 조정환 자신이 주장한 바와 같이 베르그손적인 직관과 지속이 지성과 물질에 대해 우위를 가지면서도 전자의 실현을 위해서는 후자를 감싸 안지 않으면 안 된다는 주장과도 일맥상통한다고 할 수 있다.[4]

종합평가

이진경이 맑스주의 노동가치론에 대해 무리수를 쓰면서도 계속 문제를 제기하면서 맑스(주의)적 정치경제학 비판의 기획을 새롭게 혁신하고자 하는 것이나, 자율주의가 본래 취지와는 상반된 결과를 야기할 수 있는 모순적인 형태의 '인지자본주의론'이라는 새로운 문제틀을 지속적인 비판 속에서도 밀고 나가려 하는 데에는 두 가지 측면에 대한 고민이 혼재하고 있기 때문인 것 같다.

① 우선 21세기에 급속히 확산되고 있는 생명공학-생명산업-생명권력의 동맹체제는 과거에는 없었던 새로운 현상으로서 자본주의의 중층적 〈착취＋수탈〉의 배치 지형을 크게 변화시키고 있고, 이에 따라 정치경제학 비판의 대상 자체가 새롭게 변화하고 있는 것처럼 보인다. 더구나 이런 현상은 제2의 정보혁명이라 불리는 유비쿼터스 컴퓨팅과 맞물려 사회적 생산 전반에서 자동기술화의 촉진과 노동의 감소를 야기하고 있기에 노동가

---

4) 이 책에 실린 조정환의 다음과 같은 논평문. "전 개체적인 것들을 제거하려는 지성의 노력은 개체를 보존하려는 노력의 표현인 만큼 결코 오류나 잘못으로 치부될 성질의 것이 아니다. 생명은 지성의 그러한 노력까지 감싸 안으면서도 그것에 갇히지 않고 실재적 시간으로 남아 진화하려는 의지행위이며 개체와 전 개체적인 것 사이에서 벌어지는 주체성의 이 의지행위야말로 자유를 열어 내는 행위이다."

치론에 기반하고 있는 맑스(주의)적 정치경제학 비판과는 다른 기획이 필요해 보일 수 있다. 하지만 대다수 맑스주의자들은 아직까지 어떤 이론도 맑스의 정치경제학 비판을 넘어설 수 없다고 보고 있다.

②비판과 대안의 제시는 서로 구별되어야 한다. 자본주의 비판에 대해서는 맑스의 기획보다 더 나은 기획을 찾을 수 없지만 비판을 넘어 새로운 사회로의 이행을 위한 대안을 위해서는 무엇보다도 대안적 가치체제와 이를 실현해 나갈 대안적 주체 형성과정에 대한 논의가 필요한데, 맑스(주의)의 전통에서는 이를 위한 생산적 자원이 빈곤하다. 이런 문제를 해결하기 위해서는 맑스(주의)적 사상의 전통 외부에서, 특히 비주류적인 생명철학과 생명과학의 흐름들에서 이론적 자원을 끌어낼 필요가 있다.

결론부터 말하자면 두 가지 문제제기 중에서 후자의 문제제기 ②는 정당하며, 맑스(주의)적 정치는 과거 스탈린주의의 오류를 반복하지 않기 위해서라도 반드시 후자의 문제제기를 적극적으로 수용하여 새로운 대안을 발전시켜야 한다고 본다. 이런 문맥에서는 그동안 이진경과 그 동료들이 해온 〈수유+너머〉의 실험이나 조정환 등의 자율주의적 문제제기는 맑스(주의)적 이론과 실천의 발전에 중요한 자극을 제공한다고 할 수 있다. 류동민/김창근/최종덕 등의 입장은 이런 문제제기를 적극 수용할 필요가 있다고 본다. 그에 반해 전자의 문제제기 ①은 앞서 살펴본 바와 같이 맑스에 대한 오독으로부터 비롯되었거나, 맑스를 올바로 이해하고 있으면서도 현대 자본주의를 비판적으로 분석하는 과정에서 맑스의 관점을 일관되게 적용하지 못함으로써 새로운 혼란을 야기하는 방식, 혹은 더 강하게 비판하자면, '거짓 문제제기' 혹은 '허수아비 논증'에 불과하다고 할 수 있다. 이런 점에서 맑스(주의)적 정치경제학 비판(혹은 노동가치론[비판])을 수정할 필요가 없다는 류동민/김창근의 주장과 과학 자체가 문제가 아니라 자본주의가 문제라는 최종덕의 주장은 정당하다고 할 수 있다.

　　이렇게 자본주의 극복을 위한 대안적 가치체제를 추구하려는 취지 ②
는 좋았지만, ①과 연관하여 잘못된 비판을 제기하면서 문제를 혼란스럽
게 만들 경우 현실 자본주의 내부로부터 변혁의 실제적 동력을 찾아내기보
다는 자본주의 외부로 벗어나 다른 길을 탐색하는 낭만주의적 방랑으로 탈
주하거나 당위론적인 변혁론을 외치지만 실제적인 이행의 길찾기는 방기
하게 되기 쉽다. 이런 혼란을 피하기 위해서는 맑스의 자본주의 비판의 핵
심 요지가 무엇인지, 그리고 그 비판이 왜 자본주의의 과거와 현재와 미래
모두를 분석하는 데에 적합한지를 올바로 이해할 필요가 시급하다고 본다.
따라서 맑스에 대한 오독을 철저히 비판하고, 현대자본주의의 새로운 특징
과 그것의 미래적 발전 경향을 맑스적 관점에서 제대로 이해하는 것은 현
실 내부에서 대안사회로의 이행의 동력을 찾아내는 데에 필수적인 절차라
고 할 수 있다.

　　오늘날 무엇보다 시급한 것은 수많은 이론들의 그늘에 가려 망각되거
나 오해되어 온 맑스의 이론의 상세한 전모를 현대적으로 재해석하고, 맑
스가 구상했지만 완성하지 못한 자본주의 세계체계의 모순적 작동의 해부
도를 만들어 내는 것일 것이다. 물론 비맑스주의 이론과 실천을 적극 수용
하는 일도 필요하다. 하지만 그럴 경우에도 그것은 반드시 맑스의 발본적
문제의식(자본주의에 대한 가장 근본적인 비판과 극복 방안)의 확장에 기여하
는지를 확증하는 과정이 필요하다고 본다. 이를 엄밀하게 구별하지 못할
경우 은연중에 맑스를 푸코/들뢰즈/가타리 등으로 〈대체〉하는 〈불상사〉가
발생하기 때문이다. 그리고 실제로 동구권의 붕괴 이후 지난 20년 동안 이
런 불상사가 도처에서 발생했다. 물론 이런 불상사는 자본의 입장에서 보
면 환영할 만한 일이 아닐 수 없지만, 날이 갈수록 착취/강탈의 이중 구조에
고통받고 있는 노동자-민중-다중의 입장에서는 하루 속히 극복해야 할 장
애가 아닐 수 없다. 2000년대에 들어와 맑스에 대한 새로운 관심과 해석이

급격히 증가하고 있는 것도 이런 장애를 극복하기 위해서 고장난 이론틀을 수선하기 위한 근본적인 관점과 개념의 수립을 위한 생산적 수단을 제공할 수 있는 것은 역시 맑스뿐이기 때문이다. 여기서는 오늘의 상황과 관련된 두 가지 핵심 문제를 짚어 보고자 한다.

1) 이진경의 문제제기에 대한 조정환의 비판에서도 드러난 바 있지만, 맑스는 자본주의적 상품생산과 소비(C=LP+MP)가 인간 노동력만을 착취하는 것이 아니라 생산수단으로 사용되는 자연 전체에 대한 수탈에 근본적으로 의존해 있다는 점을 『자본론』의 도처에서 상세히 분석했다. 이는 맑스의 자본주의 비판에는 노동가치론 비판과 노동해방 사상과 생태계 파괴에 대한 비판과 인간과 자연의 공생(적 신진대사) 사상이 양대 축을 이루고 있다는 점을 여실히 보여 주는 증거이다.

자본주의적 농업의 진보는 어느 것이나 노동자를 약탈하는 기술상의 진보일 뿐 아니라 또한 토지를 약탈하는 기술상의 진보이며, 일정한 기간에 토지의 비옥도를 높이는 진보는 그 어느 것이나 이 비옥도의 항구적 원천을 파괴하는 진보이다. 한 나라[예컨대 미국]가 대공업을 토대로 하여 발전하면 할수록 이러한 토지의 파괴과정은 보다 급속하다. 따라서 자본주의적 생산은 모든 부의 원천인 토지와 노동자를 파멸시킴으로써만 생산기술이나 사회적 생산과정의 결합을 발전시킨다. (『자본론 I-하』, 635~636쪽)[5]

이런 이유에서 맑스 사상이 반생태적이라거나 생태주의와 무관하다는 그 어떤 주장도 사실을 왜곡하는 이데올로기이거나 무지의 소산일 따름

---

5) 칼 맑스, 『자본론』, 김수행 옮김, 비봉출판사, 1998년 초판 10쇄.

이다. 맑스코뮤날레 안팎에 잔존하는 이런 오해를 불식시키고 〈맑스의 정치경제학 비판=비판적 생태과학〉이라는 점을 다각적으로 입증하고, 21세기 자본주의에 대한 〈생태과학적 정치경제학 비판〉을 본격화하는 것이 향후의 주요한 과제라고 본다(〈역동적 시스템생태학〉이 작업에 생산적 단서를 제공하리라고 생각한다).

2) 김환석과 박진희의 분석에서 잘 드러나 있듯이 〈거대과학기술복합체〉는 이미 제2차 세계대전과 냉전시기를 거쳐 현대자본주의의 핵심 동력으로 부상해 왔고, 70년대 이후 이 과정에 대한 정밀한 분석과 비판을 위해 〈과학사회학〉과 〈과학기술학연구〉가 발전해 왔다. 그동안 한국의 맑스주의에서는 자본주의와 과학기술의 상호관계에 대한 심층적 분석이 매우 미흡한 상태에 머물고 있지만, 정작 맑스 자신은 대공업의 등장과 함께 생산수단의 기계화를 위해 과학기술이 핵심적인 역할을 할 수밖에 없었던 역사적 경위와 더불어 자본이 과학기술을 점유하는 방식을 다음과 같이 상세히 분석했다.

> 기계의 형태를 취한 노동수단은 인간력을 자연력으로 대체하도록 하며, 경험적 숙련을 자연과학의 의식적 응용으로 대체하지 않을 수 없도록 한다. (『자본론 I-하』, 492쪽)

> 과학도 자연력의 경우와 마찬가지다. 전류의 작용범위 내에서는 자침이 편향한다든가, 주위에 전류가 돌고 있으면 철에서 자기가 발생한다는 법칙 등은 일단 발견되고 난 후에는 한 푼의 비용도 들지 않는다. 그러나 이 법칙들을 전신 등에 이용하기 위해서는 대단히 많은 비용이 들며 복잡한 장치가 필요하다. (『자본론 I-하』, 493쪽)

자본은 '타인의' 노동을 점유하는 것과 마찬가지로 '타인의' 과학을 점유한다. 그러나 과학이든 물질적 부이든 그것들의 '자본주의적' 점유와 '개인적' 점유는 전혀 별개의 것이다. 예를 들어, 유어(Ure) 자신은 기계를 이용하는 그의 친애하는 공장주들이 기계학을 놀랄 만큼 모른다는 것을 탄식하였으며, 또 리비히는 영국의 화학공장주들이 화학분야에서 놀랄 만큼 무식하다는 것을 이야기하고 있다. (『자본론 I-하』, 493쪽)

현대자본주의의 핵심 동력이 된 과학기술의 발전은 오늘날 나노공학적 실험과 생산에 필수적인 방사광 가속기, 전력 생산의 주된 원천이 된 원자로와 미래형 핵융합시설과 같이, 대부분 컴퓨터에 의해 통제되는, "대단히 많은 비용이 들며 복잡한 장치"를 필요로 하고 있다. 그러나 이렇게 설치된 복잡한 과학기술시설들은 분명히 새로운 〈생산수단〉이기는 하지만 그 자체가 '가치'(잉여가치)를 창출하는 것은 아니다. 맑스는 "기계가 생산물에 이전하는 가치 부분을 때로는 망각하고 기계를 자연력과 완전히 혼동하고 있는" 리카도를 비판한 바 있고, "기계가 '이윤'의 일부를 이루는 가치를 창조하는 '봉사'를 한다고 지껄이는 세이"를 동시에 격하게 비판한 바 있다. (『자본론 I-하』, 495쪽)

기계의 가치와, 일정한 기간에 기계에서 생산물로 이전되는 가치 부분 사이에는 커다란 차이가 있다. 가치형성요소로서의 기계와 생산물형성요소로서의 기계 사이에는 커다란 차이가 있다. (『자본론 I-하』, 494쪽)

이진경의 〈기계적 잉여가치〉라는 개념은 이런 맥락에서 보면 맑스가 비판한 세이의 주장을 부활시키는 것처럼 보인다. 그렇다면 왜 이런 착각이 발생하는가? 그것은 산업혁명 이후의 기계의 사용이 자본주의적 생산의 핵심 원리가 된 이후 점점 더 많은 생산과정이 자동화되고 있고, 공장에서는 분명히 산 노동력의 지출이 점점 줄어듦에도 불구하고 사회 전체에서는 더 많은 잉여가치가 창출된다면, 결국 기계가 잉여가치를 창출하는 것이 아닐까라는 생각을 자연스럽게 하게 되기 때문이다.[6] 그러나 이런 착각은 맑스가 지적한 대로 〈생산물 형성요소로서의 기계〉와 〈가치 형성요소로서의 기계〉를 혼동하는 데서 발생한다. 전자는 공장 안에서 작동하지만, 후자 즉, 〈가치 형성요소로서의 기계〉는 한 공장 안이 아니라 여러 공장들과의 관계, 나아가 공장 밖의 사회적 과정 전체, 그리고 한 나라를 넘어서 다른 나라와의 자본주의적 생산관계의 한 요소로서 작동한다. 맑스는 이 사실을 다음과 같이 극명하게 보여 준 바 있다.

---

6) 이진경, 『미-래의 맑스주의』, 그린비, 2006. "극한적 형태의 자동화된 공장이란 노동자가 사라진 공장, 인간의 노동이 사리지고 기계가 스스로 상품을 생산하는 공장으로 표상된다"(177쪽). "자동화가 노동자의 고용 없이 인간의 노동능력 자체를 이용/착취하려는 것이라면, 정보화는 노동자의 고용 없이 인간의 사회적 활동을 이용/착취하는 것이다. 이런 의미에서 정보화는 비노동의 형태로 이루어지는 모든 종류의 사회적 활동을 기계적으로 포섭하는 것이라고 말할 수 있을 것이다. 이를 앞서의 명명방식을 따라 '사회적 활동의 기계적 포섭'이라고 부르자"(171쪽). "이처럼 노동의 기계적 포섭을 통해 자본이 새로이 착취하게 된 잉여가치를 '기계적 잉여가치'라고 명명할 수 있지 않을까? 단 여기서 '기계적'이란 말이 생명과 기계, 인간과 기계의 이분법을 따라 펼쳐졌던 18~19세기의 기계론(mechanics)이 아니라, 인간과 기계의 경계가 모호해지고 인간과 생명의 이분법을 벗어나서 일반화된 기계주의(generalized machinism)의 관점에서 사용되는 형용사(machinique)임을 단서로 달아두자"(169쪽). 하지만 다음 구절은 그가 후자의 의미보다는 전자의 의미로 '기계'가 가치를 생산하다고 주장하고 있음을 보여 준다. "맑스주의를 '노동의 인간학'이라는 근대의 인식론적 배치에서 벗어나게 하기 위한 이탈가능성의 지점을 찾고자 했으며, 맑스와 더불어 통상 맑스주의 경제학과 동일시되고 있는 '노동가치론'과 대결하고자 했다. …… '기계적 포섭'이란 개념을 통해 기계 또한 가치를 생산하다고 주장했고, 이로써 인간만이 가치를 생산한다는 경제학적 인간중심주의를 전복하고자 했다. 여기서 충분히 개진하진 못했지만, 맑스의 지대이론은 기계만이 아니라 토지를 비롯한 자연 전체가, 생명체가 가치를 생산한다는 명제를 가능하게 해주리라는 생각을 여기에 덧붙일 수 있을 것이다"(9~10쪽). "네트워크의 발전과 정보화의 진전은 이미 본 것처럼 이러한 입력과 출력의 지점들이 '공장'이라고 불리는 특정한 공간에서 탈영토화되어 사회 전체로 확장되며, 생산과 비생산은 물론 대중들의 일상적 삶 전체로 확장되고 있음을 시사하는 것이다"(174~175쪽). 이진경은 이런 맥락에서 '기계적 노예화'(들뢰즈/가타리), '사회적 노동자'(네그리), '사회적 잉여가치'라는 개념을 유사한 의미로 사용한다.

자본가 자신에게 있어서 상품의 생산비(비용가격)를 규정하며, 경쟁의 강제를 통하여 그에게 영향을 주는 것은 오직 기계의 가격과 기계가 대체하는 노동력의 가격 사이의 차이뿐이다. 따라서 오늘날 영국에서 발명되는 기계는 미국에서만 사용되며, 16세기와 17세기에 독일에서 발명된 기계는 네덜란드에서만 사용되었으며, 또 18세기의 프랑스의 많은 발명은 영국에서만 이용된 것이다. …… 광산에서 여성과 아동[10세 미만]의 노동이 금지되기 전까지는, 자본은 탄광과 기타 광산들에서 벌거벗은 부인들과 소녀들을 때때로 남자들과 함께 일 시키는 것을 전혀 도덕률에 어긋난다고 생각하지 않았으며, 특히 이윤의 획득에는 도움이 된다고까지 생각하였다. 따라서 자본은 이것이 금지된 이후에야 비로소 기계를 사용하게 된 것이다 …… 영국에서는 운하에서 배를 끄는 등의 일에 때때로 말 대신에 아직도 여성들을 사용하는데, 그것은 말과 기계를 생산하는 데 필요한 노동[역자: 그것들의 가치]은 수학적으로 규정된 크기이지만, 그와는 반대로 과잉인구 중의 여성들을 부양하는 데 필요한 노동[역자: 임금]은 계산할 수 없을 정도로 적기 때문이다. 바로 이 때문에 기계의 나라인 영국에서 다른 어느 나라보다도 파렴치하게 천한 일에 인력을 낭비하고 있는 것이다. (『자본론 I-하』, 502쪽)

이렇게 맑스 시대에도 이미 발전된 나라에서의 기계의 사용이 기술적으로는 얼마든지 실현 가능한 단계에 와 있음에도 불구하고 상대적 과잉인구 중에서 최저임금으로 고용 가능한 노동력의 사용과 기계의 사용을 병행하고 있는 현상은 노동의 입장에서는 아주 불합리하게 보이지만 자본주의적 가치 법칙의 입장에서 보자면 아주 합리적인 것이 된다. 그렇다면 맑스 시대에 비해 비교할 수 없을 정도로 과학기술의 자본주의적 점유가 첨예화된 현대자본주의에서는 이런 이중성이 어떻게 구현되고 있을까? 정규직보다 더 많은 비정규직의 비율, 그리고 비정규직보다도 훨씬 열악한 '특수고용직'[7]의 광범위한 편재 현상과 광범위한 실업의 편재 현상은 바로 이런 비합리적 이중성의 현대적 형태라고 할 수 있다. 하지만 자동기술화의 증가에 수반되는 비정규직의 대량화는 자본주의적 착취 조건의 변화를 일정하게 반영하고 있다. 이런 변화는 역사적으로 매우 한정된 기간에만 작동했던 포드주의적 황금기(1945~1973년)에는 정규직의 완전고용 형태의 착취 형태가 지배적이었던 것과는 달리 노동자들에게 보장되었던 노동조건을 탈취(수탈)하여 맑스가 상대적 과잉인구의 세 형태라고 유형화했던, 유동적-잠재적-정체적 과잉인구를 대량으로 생산하고 있다는 것으로 요약될 수 있다.[8] 따라서 정규직 인구보다 비정규직(이들에 비해 더 나을 것이 없는

---

7) 강경흠 기자, 「노동절 119주년: 노동자 되고 싶은 노동자들 '특수고용직'」, 『e-내일신문』, 2011년 5월 1일. "퀵서비스 업체 중엔 배달원과 근로계약서를 쓰는 곳이 드물게 있다. 사용자와 고용자 관계가 아니어서, 근로조건을 계약하는 문서는 아니다. 주로 근무수칙을 담는다. 수수료를 비율로 정해 떼가는 경우에는 계약서가 없다. 김씨는 "회사는 부려먹을 땐 일꾼 취급하면서, 쫓아낼 땐 사장님이라고 한다"며 "특수고용직은 비정규직보다 더 불쌍한, 법적 보호를 받지 못하는 노동자"라고 하소연했다. …… 노동계가 특수고용직에 대해 노동자로 인정해 달라는 요구를 쏟아내고 있다. 간병인·퀵서비스기사·골프장경기보조원 등 '특수고용형태종사자'는 노동자와 자영업자 중간 성격의 '경계인'으로, 이들의 노동자성 인정 여부를 두고 노사는 오랫동안 다퉈 왔다." 이런 열악한 근로조건은 '임금노동'이라기보다는 차라리 '현대판 노예노동'에 가깝다.

8) 김윤나영 기자, 「24시간 똥오줌 받아낸 대가가 5만 5천 원」, 『프레시안』, 2011년 5월 5일. "한국에서는 아직 간병 서비스가 제도화되지 않았다. 간병 노동자는 병원에 고용된 인력이 아니라 '특수고용직'에 속한다. 의사나 간호사에게 받는 서비스는 병원비에 포함되지만, 간병 서비스를 받기 위해서는 환자들이 따로 비용을 부담해야 한다. 환자 보호자가 소개소를 통해 간병인을 직접 고용하는 형식이다. 그러나 현정희 공공서비스노조 수석부위원장은 '외국에서는 병원에 입원하면 간병이나 넓은 의미의 간호까지 병원이 책임진다'고 지적했다. 간병 서비스도 포괄적인 의료 서비스에 포함된다는 것이다. 실제로 병원 현장에서 간병인과 간호사가 하는 일의 구분은 모호하다. 한국에는 간호 인력이 OECD 국가 평균의 1/3에 불과한 탓에 간병인은 간호사가 하는 일인 기계로 가래 빼기, 콧줄로 미음 넣기, 방광의 소변 관으로 빼기 등의 의료행위를 한다. 차승희 공공노조 의료연대 서울지부 간병분회 분회장은 '간호사들도 간병인이 없으면 병원이 안 돌아간다고 인정한다'고 말했다." 간병인 중 대다수는 24시간씩 연속으로 6일을 일하고 일당 5만 5천 원을 받는다. 시급으로 따지면 최저임금의 절반 수준인 2,300원이다. 공공노조가 2009년에 내놓은 간병 노동자 실태조사 결과에 따르면, 전체 간병인의 54.2%가 한 달에 50만 원 이상~100만 원 미만을 받고

영세자영업자)과 실업자의 수가 더 많다면 신자유주의는 〈착취〉 중심의 발전주의/포드주의적 축적체제와는 달리 〈착취+수탈〉의 노골적인 이중구조를 통해서 작동하고 있는 셈이 된다. 데이비드 하비가 신자유주의를 〈강탈에 의한 축적〉으로 특징짓는 이유도 여기에 있다.

달리 말하면, 자본주의의 지구화 과정이 완성됨으로써 맑스가 『자본론』에서 별도의 장으로 나누어 기술했던 〈절대적-상대적 잉여가치 착취와 시초축적〉의 전체 메커니즘이 오늘날에는 동시다발적으로 불균등하게 작동하고 있다는 것을 의미한다고도 할 수 있다. 자본주의 세계체계의 역사를 돌이켜 보면 대규모 전쟁 없이 헤게모니가 저절로 이전되어 새로운 실물적 팽창 단계로 전환한 적이 없다. 이는 곧 금융적 팽창의 결과로 누적된 과잉자본을 실물적 팽창으로 전환하기 위해 필요한, 이윤율의 하락을 상쇄해 줄 수 있는 보증장치, 즉 매 헤게모니의 이행 시기마다 전개되었던 새로운 형태의 "시초축적"을 통한 인구와 자연자원의 대규모 강탈이 오늘날에도 다시 요구되고 있음을 의미한다.

아메리카에서의 금은의 발견, 원주민의 섬멸과 노예화 및 광산에서의 생매장, 동인도의 정복과 약탈의 개시, 아프리카의 상업적 흑인 수렵장으로의 전환…… 이런 것들이 생산의 자본주의적 시대를 고하는 새벽의 특징이었다. 이러한 목가적 과정은 시초축적의 주요한 계기들이다. 그 뒤를 이어 일어난 것은 지구를 무대로 하는 유럽 국민들의 무역전쟁이었다. 이 전쟁은 스페인에 대한 네덜란드의 반항으로써 개시되었으며, 영국의 반자

일했다. 차 분회장은 '간병인은 주로 50~60대 여성 노동자들이 하는데 이 중에 생계를 책임지는 사람이 절반'이라며 '생활임금을 벌기 위해서는 24시간씩 연속으로 6일을 일하지 않고는 살 수가 없다'고 말했다."

코뱅 전쟁에서 거대한 규모에 달하였고, 현재 아직도 중국에 대한 아편 전쟁 등등으로 계속되고 있다. 시초축적의 상이한 요소들은 대체적인 연대기에 따라 스페인-포르투갈-네덜란드-프랑스-영국 등에 분배될 수 있다. 영국에서는 이 상이한 요소들이 17세기 말에 식민제도-국채제도-근대적 조세제도-보호무역제도 등으로 체계적으로 통합되었다. (『자본론 I-하』, 944~945쪽)

하지만 20세기 전반기에 영국 헤게모니가 해체되면서 제반 갈등이 응축되었던 기간 동안만 해도 지구적 차원에서 자본주의에 포섭되지 않은 공간과 인구가 남아 있었기에 이를 수탈하여 자본주의 상품시장의 소재로 포섭해 내도록 대규모 전쟁을 일으켜 과잉자본과 과소소비의 문제를 동시에 해결하고자 했다면, 오늘날과 같이 자본주의적 시장이 지구적 차원에서 이미 포화된 상태에서는 과거와는 달리 전쟁의 시장개척 효과가 제한적일 뿐만 아니라 핵전쟁의 위험 때문에 국지적 전쟁만이 가능한 상황에서 세계적 규모의 과잉자본과 과소소비를 해결하기도 어려운 상황이다. 이런 이유에서 오늘의 자본주의는 미국에서 다른 국가로의 헤게모니 이행조차 어렵게 된 '진퇴양난'의 한계점에 도달했다고 할 수 있다.

물론 자본의 전략은 이런 한계점을 돌파하기 위한 마지막 시도를 감행할 것으로 예측할 수 있는데, 대규모 전쟁을 피하면서 전 지구적 차원에서 새로운 형태의 '시초축적'을 감행해 가는 방법이 그것이다. 지역적 경계를 넘어서 전 지구적 차원에서 동시다발적으로 강탈을 통한 축적을 수행하고 그 이득을 컨소시엄 내부에서 분배하고, 그에 대한 반발을 분업 방식으로 제압하는, 일종의 초국적 컨소시엄의 등장이 바로 그런 징후를 보여 주는 것이다. 최근 G7 대신 G20이 세계적 차원의 전략적 의사결정의 주요 기구로 등장하고 있는 것도 이런 변화를 예고하고 있다. G20은 동아시아 경제

위기 직후인 1999년부터 경제장관회의로 시작된 것이지만 미국발 금융위기가 세계로 퍼져 나가자 2008년 11월 정상회의로 격상되었다. 특히 2009년 3차 정상회의부터는 G20이 G7을 대체하는 최고위급 포럼으로 공식화되었다.[9] 이런 흐름을 거시적으로 보자면 G20은 미국 헤게모니의 해체에 따른 세계적 차원에서 '응축'되고 있는 크고 작은 갈등이 '전면화된 계급투쟁'의 형태로 '폭발'하는 것을 사전에 예방하면서 지배 체제를 새로운 형태로 '갱신'하기 위한 '수동적 혁명'의 기관차 역할을 수행하기 시작한 것이라고 하겠다. 이런 맥락에서 현대자본주의의 〈절대적 잉여가치 착취+상대적 잉여가치 착취+시초축적〉의 삼중 메커니즘의 작동구조를 분석하는 일은 향후 자본주의의 동향을 예측하는 데 있어서 매우 중요한 과제가 된다.

① 한편으로 생명공학과 나노공학은 전쟁 없이 자연자원과 노동력을 수탈함과 동시에 새로운 자연소재와 상품을 창조해 낼 수 있는 핵심 수단이 될 것이다. 이진경은 이런 방식에 의해 생명권과 신체권의 박탈이 향후 심각한 지경에 이를 것이라는 점을 우려하고 있는데, 이런 문제제기는 정당하다. 이는 곧 생명권과 신체권의 강탈을 통해 새로운 형태의 자본축적을 도모하는 21세기형 '시초축적'에 해당한다고 할 수 있다.

② 다른 한편으로 정규직/비정규직/실업자의 위계 구조를 전 지구적으로 불균등하게 유지하면서 삼중의 착취/수탈의 메커니즘을 작동하여 새로운 형태의 자본축적을 안정화하기 위해 G20 같은 국제컨소시엄(소위 '자본의 코뮈니즘')과 더불어, 각국에서의 민중적 저항을 효과적으로 억제하고 진압하기 위한 첨단화된 군사력/경찰력/보안산업의 강화가 추진되고 있

---

9) 윤소영, 『2007~09년 금융위기』, 공감, 2009. 세계경제에서 G20의 비중은 무역 80%, 소득 85%, 인구 67%이고, 아시아태평양경제협력업체의 비중은 무역 60%, 소득 50%, 인구 40%를 차지한다 (145~146쪽).

다. 레이 커즈와일에 의하면 미군은 2025년 전후로 중대급 작전을 수행할 수 있는 로봇군대를 가동시키기 위한 연구개발에 적극적 투자를 하고 있다고 한다.[10] 로봇은 이런 맥락에서 보자면 공장 안에서만이 아니라 공장 밖에서, 한 나라에서만이 아니라 전 지구적 차원에서 가치법칙의 관철을 위한 효과적인 '생산수단'이 되는 셈이다. 로봇이 (자본주의적 잉여) 가치를 생산하는 데 필요 불가결한 이유가 여기에 있고, 미래의 수익을 보장하기 위해 각 국가와 기업들은 로봇 개발에 막대한 자본을 투자하고 있다.

여기서 ①은 자본주의적 생산과정의 중요한 수단인 자연력과 노동력을 자본의 필요에 맞게 새롭게 '재구성' 혹은 '창조해 내려는' 노력이라면, ②는 자본주의적 가치법칙의 관철을 위해 정규직/비정규직/실업자의 위계구조를 공장 안과 밖에서 동시에 관철해 가기 위한 군사적 수단이라고 할 수 있다. 여기서 공장 안에서의 착취와 공장 밖에서 산업예비군에 의한 간접적 착취를 구별하면서도 서로 연결할 필요가 있다. 다카오 후지모토는

---

10) 레이 커즈와일, 『특이점이 온다』, 김명남·장시형 옮김, 김영사, 2007, 459~462쪽. 로봇기술의 군사적 활용에 입각하여 미군은 2010년대에 실행에 옮겨질 것으로 보이는 차세대 전투 시스템(FCS)을 개발 중인데, 여기에는 로봇 당나귀, 강철보다 50배 이상 강한 소재인 나노 재료로 된 지능형 방호시스템을 갖춘 탱크, 이미 아프가니스탄과 이라크 전쟁에서 선을 보인 무인 항공기 프레데터 전투기의 높은 버전과 심지어 벌만 한 크기의 초소형 무인항공기 등이 포함되어 있다. 또 미 군사합동사령부의 '프로젝트 알파'를 참고하면 2025년에는 군대 병력 대부분이 '로봇'으로 대체될 것이라고 한다. 이들은 주어진 임무 범위하에서 작은 자율권을 가지거나 또는 감독하에서 전권을 갖거나 또는 전적인 자율권을 갖는 '전략적 자율 전투원'이라고 불리는데, 나노봇처럼 작은 것에서 초소형 로봇, 커다란 무인 비행기 등의 탈것, 복잡한 영역을 헤쳐 가도록 설계된 자동시스템, 항공우주국이 군사용으로 개발 중에 있는 뱀 모양의 로봇 등이 있다. 또 국방첨단연구계획청은 2003년, 앞으로 120대의 군사용 로봇에 집단지능 소프트웨어를 탑재할 것이라고 발표한 바 있는데, 이는 곤충의 집단행동을 모방할 수 있는 소프트웨어라고 한다. 이런 로봇 신무기들의 지휘자는 훨씬 먼 곳에서 이들을 원격조정한다. 이미 토미 프랭크 장군은 카타르에 있는 벙커 속에서 아프가니스탄 전투를 지휘했다고 한다. 그밖에도 수백만 개를 적진에 떨어뜨려 상세한 정탐이 가능한 공격임무를 가진 스마트 먼지라든가, 나노기술과 가상현실을 적용한 각종 무기들이 개발 중이다. 또 대략 2030년대 말이나 2040년대가 되면 인류가 버전 3.0 인체에 다가갈 것이고, 비생물학적 지능이 우위를 점하게 되고, 모든 전쟁은 컴퓨터 전쟁이 될 것이라고 한다.

전자를 〈작업장 착취율〉(workplace rate of exploitation)로 후자는 〈체계 착취율〉(system rate of exploitation)로 구분하고 이를 다음과 같은 산식으로 표시한다: 〈체계 착취율＝(총 가능노동 - 필요노동) ÷ 필요노동〉(여기서 총 가능노동은 현실로 고용된 노동과 실업에 의해 상실된 노동의 총합이고, 필요노동에는 실업급여와 보조금 지급에 의한 소비량을 생산하는 노동시간도 포함된다)[11] 이런 맥락에서 보자면, 〈생명자본주의〉, 〈지식자본주의〉, 혹은 〈인지자본주의〉라는 개념틀은 21세기 고도로 집적된 자본의 첨단 이미지(비물질적인 브랜드 가치 쇄신과 첨단기술혁신의 진보적 이미지)를 부각시키기에는 좋지만, 〈체계 착취율〉과 같은 형태의 고강도의 은폐된 노동력 착취나 눈에 보이지 않는 자연에 대한 강도 높은 수탈의 측면은 가리기 쉬운, 혼란스러운 개념틀이라고 생각된다. 이런 맥락에서 굳이 향후 자본주의의 향방을 지칭하는 명칭을 사용한다면 〈인지자본주의〉라는 명칭보다는 가치법칙의 한계에 이르기까지 착취/수탈의 강도를 극한적으로 높여 가고 있는 실상을 적절히 부각시킬 수 있는 새로운 복합적 개념을 만드는 것이 필요하지 않을까 싶다. 필자는 잠정적으로 이를 〈GNR자본주의〉 혹은 〈매트릭스 자본주의〉——GNR혁명이 고도화되는 2030년대가 되기까지 〈근본적인 혁명적 변화가 없다면〉 영화 「매트릭스」에서 그린 〈인간의 생체전기+지능화된 매트릭스〉로 작동하는 자본주의로 극단화될 수도 있다는 점을 경고하기 위한 은유적 표현——라고 지칭하고 싶다. 물론 이 용어는 엄밀한 정치경제학적 개념이 아니라, 21세기 자본주의의 새롭고도 극악무도한 성격을 드러내고자 하는 은유이다.[12]

이렇게 영화 「매트릭스」같이 재앙적인 디스토피아로 나아가는 것을

---

11) Takao Fujimoto, 「Reflections on the Concept of Exploitaion」, 『마르크스주의 연구』 제8권 제1호, 2011년 봄호, 경상대학교사회과학연구원, 153, 163쪽.

방지하기 위해서는 늦어도 로보캅의 기술이 실현될 것으로 예시된 2025년 전후로 근본적인 혁명적 변화가 이루어지지 않으면 안 될 것이다. 이렇게 시급한 일정 내에 근본적인 이행에 성공하기 위해 무엇을 할 것인가? 무엇보다도 맑스주의를 포함한 좌파 내부에서 적극적 대화를 통해 혼선과 반목을 정리하고 상호 차이를 인정하되 공통의 적과의 싸움을 위해 사안별로 연대하면서, 자본주의 세계체계에 대한 맑스적 비판을 심화함과 동시에 구체적인 이행 프로그램(대안정당과 대안경제와 대안적 주체 형태와 삶의 형태 등)을 창안하기 위해 그동안 분리되어 반목해 온, 과학적 비판과 대안적 가치-주체-삶의 형태의 모색, 위로부터의 조절계획과 아래로부터의 참여계획, 진보 정당-사회단체-노동조합-지역 민중의 집, 과학적-명시적 지식과 실천적-암묵적 지식 간의 선-순환적 연결망을 구성하는 작업이 시급하다. 나아가 이런 작업은 단지 객관화된 제도적 프로그램으로서만이 아니라, 노동중독과 소비중독으로 겹겹이 둘러싸인 일상적 습속에서 벗어나 자립적으로 새로운 공동체/코뮌을 구성할 수 있는, 주체적 변혁의 '체화된 경험'을 함께 창조하면서, 조정환이 강조하는 것과 같은, '공통적인 인지혁명'의 길을 찾는 작업으로 병행되지 않으면 안 될 것이다.

---

12) 심광현, 「제3세대 인지과학과 SF 영화: 자본주의 매트릭스 vs 대안적 매트릭스」, 『인지과학으로 여는 21세기: 시즌 3: 이성과 공감』 세미나 자료집, 서울대학교 인지과학연구소/서울대학교 사회과학연구원 공동주최(일시: 2011년 4월 30일, 장소: 서울대학교 220동 201호).

부록

문학의 공동체, 공동체의 문학

이화영(노마디스트 수유너머N)

1. 들어가며

'문학의 공동체, 공동체의 문학'이라는 제목을 붙이긴 했지만 사실 이 주제
는 새삼스러울 것은 없다. 하나의 공동체에 기반을 두지 않는 문학이 존재
할 수 있을까. 작가는 미지의 독자와 소통하기 위해 언어를 매만져 글을 쓴
다. 이렇게 쓴 글은 독자와의 만남을 통해 하나의 작품으로 완성되고 그 순
간 작품은 영영 작가를 떠난다. 블랑쇼의 말대로 마치 에우리디케의 마지
막 얼굴을 보았지만 영영 그녀를 잃었던 오르페우스처럼 작가는 한 권의
책을 쓰지만 곧 작품에서 쫓겨난다. 이 추방은 역설적으로 '문학의 공동체'
를 만들어 내는 작업이기도 하다. 문학의 공동체는 하나의 단일한 중심이
나 목적이 없는 공동체로 기존의 국가나 사회적 집합체와는 근본적으로 다
른 공동체다. 이 문학의 공동체는 기존의 가시화된 선들 때문에 가로막힌
타자와의 소통을 가능하게 한다.

　이 글에서는 이와 같은 문학의 공동체를 모색해 보고자 한다. 그러기
위해 이러한 중심이 없는 공동체로서의 '문학의 공동체'와, 하나의 단일한
중심 그리고 목적이 분명한 국민문학·세계문학이 만들어 낸 '중심이 있는
공동체'의 대립을 상정한다.

2. 상상의 공동체

'근대문학'은 '민족', '국가'의 이름으로 세계와의 만남을 매개하면서 성장해 왔다. 베네딕트 앤더슨의 지적처럼 근대의 자국어문학은 '민족=국민=국가'라는 근대적 삼위일체를 가능하게 하는 동력의 하나였다. 근대 이전의 유럽 사회는 종교적인 신성한 공동체였다. 공식적인 언어로 라틴어가 쓰였고, 교황이 지상과 천국을 '지배'하던 세계다. 하지만 이 종교적 공동체의 무의식적 일관성은 중세 말기 이후 점점 쇠퇴해 갔다.[1] 그것은 비유럽적 세계에 대한 탐험의 결과이기도 했지만, 다른 한편으로 신성한 언어, 즉 라틴어에 대한 점차적인 격하의 결과이기도 했다.

16세기까지만 해도 라틴어는 공식적으로 가르치고 배우는 유일한 언어였다. 하지만 인쇄자본주의의 발달로 각 지역의 언어로 된 출판물들이 나오면서 상황은 급변했다. 이제 라틴어는 가르쳐지는 유일한 언어가 아니었고 각 지방어로 인쇄된 출판물이 공통의 언어로 그것을 읽는 사람들에게 동류의식을 심어줬다. 인쇄된 출판물의 주요 형태는 소설과 신문으로, 소설은 독자에게 '동시성'을 선사했다. 소설을 이끌고 가는 아이러니는 등장인물들 각각이 서로의 상황을 잘 모른다는 것이다. 하지만 독자는 등장인물들의 우스꽝스러운 행동이나 모순된 현실들을 모두 파악할 수 있다. 마치 신이 인간을 저 높은 곳에서 동시적으로 내려다 볼 수 있는 것처럼 말이다. 이런 감각을 베네딕트 앤더슨은 '동시성'이라 불렀는데, 이 동시성은 단순히 같은 시간대에 일어나는 각각의 일을 알고 있다는 감각에 그치지 않고, 동시성이란 감각은 독자에게 과거·현재·미래를 공유하는 하나의 역사의식을 선사했다.

---

1) 베네딕트 앤더슨, 『상상의 공동체』, 나남, 2002, 2장 참조.

이것은 신문 독자에게 미치는 영향에서도 동일하게 나타난다. 예를 들어 부랑자의 시체에 대한 기사를 읽고 부랑자를 상상한다면 이때 상상하는 것은 부랑자 개인이 아니라 대표적 집합체이다.[2] 단지 신문 기사를 읽었을 뿐이지만 부랑자에 대한, 다시 말해 어떤 대상에 대한 공통의 감각이 형성되는 것이다. 이처럼 인쇄술의 발달을 바탕으로 한 근대문학은 그것을 함께 공유할 수 있는 이들은 나의 이웃으로, 그렇지 않은 경계 밖에 있는 이들은 타자로 만들어 '우리'라는 '상상의 공동체'를 형성하게 했다.

유럽·미국은 물론이고 비교적 근대국가 체계를 뒤늦게 갖춘 아시아 역시 그러하다. 다른 아시아보다 근대국가 형성에 앞섰던 일본을 보자. 일본 근대의 토대가 세워지기 시작한 메이지 말기, 데카르트, 칸트, 쇼펜하우어 같은 난해한 철학서는 물론이고 괴테 등의 문학서가 읽히기 시작했다. 이런 독서의 경험은 일본 국민에게 유럽 세계를 모델로 하는 근대국가의 이념을 심어 줬고, 그 이념은 근대화의 목표로 작용했다. 러일전쟁이라는 계기 역시 일본 근대문학 형성에서 빼놓고 이야기할 수 없다. 러일전쟁의 승리로 일본 내에 자본이 풍부해지면서 출판·인쇄업에도 많은 투자가 이뤄졌을 뿐 아니라, 러시아와의 전쟁에서 승리한 일본 국민에 걸맞은 공동체 의식을 심어 줄 문학이 필요했기 때문이다.

한국의 경우 국민문학의 필요성이 대두된 것은 1920년대부터다. 이때 한반도에는 프로문학과 민족문학이라는 두 개의 진영이 있었다. 염상섭은 이 두 갈래 길에서 시조(時調)의 부흥론과 한글에 대한 재발견을 내세워 국민문학이라는 해결책을 제시한다. 그리고 계급적 의식을 강조하는 프로문학 역시 국민문학에 결합해야 한다고 요구하는데 이는 조선 민족은 무산계급이고 그러므로 조선 민족을 논의하는 국민문학이나 무산계급을 운위

---

2) 앤더슨, 『상상의 공동체』, 2장.

하는 프로문학이나 다 같은 패를 쥐고 있다는 주장이었다. 국민문학이라는 이데올로기는 계급적 차이마저도 넘어설 것을 요구한 것이다.

국민문학은 각 시대별로 그 시대가 따르는 이데올로기를 국민국가의 구성원들에게 제시하는 통로로 쓰인다. 다음은 이광수의 『무정』의 한 부분이다.

저들에게 힘을 주어야 하겠다. 지식을 주어야 하겠다. 그리하여서 생활의 근거를 완전하게 하여 주어야 하겠다. "과학! 과학!" 하고 형식은 여관에 돌아와 앉아서 혼자 부르짖었다. 세 처녀는 형식을 본다.

……

"힘을 주어야지요! 문명을 주어야지요!"

"그리하려면?"

"가르쳐야지요! 인도해야지요!"

"어떻게요?"

"교육으로, 실행으로." 형식은,

"옳습니다. 교육으로, 실행으로 저들을 가르쳐야지요, 인도해야지요, 그러나 그것은 누가 하나요?" 하고 형식은 입을 꼭 다문다. 세 처녀는 몸에 소름이 끼친다. 형식은 한 번 더 힘 있게, "그것을 누가 하나요?" 하고 세 처녀를 골고루 본다. 세 처녀는 아직도 경험하여 보지 못한 듯 말할 수 없는 정신의 감동을 깨달았다. 그리고 일시에 소름이 쪽 끼쳤다. 형식은 한 번 더, "그것을 누가 하나요?" 하였다.

"우리가 하지요!" 하는 기약하지 아니한 대답이 세 처녀의 입에서 떨어진다. (이광수, 『무정』)

이 장면에서 이광수는 근대의 사회계약론, '계몽주의적 계약론의 장면을 (무)의식적으로 모방[3]하고 있다. 조선민족이 따라야 할 새로운 가치를 위해 사회적 주체('세 처녀')들이 자발적으로 동의("우리가 하지요!")하고 국민국가의 일원이 되는 '계약'의 순간을 이 장면이 보여 주고 있는 것이다. 이렇게 민족/국민 문학은 그것을 읽는 사람들에게 하나의 국민국가의 일원이라는 의식을 심어 주고 국민국가를 위해 마땅히 따라야 할 이데올로기를 제시한다. 이로써 하나의 국민국가 '공동체'는 만들어진다. 그런데 이때의 '공동체'란 무엇인가. 이것은 하나의 국민국가 혹은 더 이상 나뉠 수 없는 닫힌 공동체이다.

3. 국민문학을 위한 허구적 외부, 세계문학

최근에는 국민문학의 울타리를 넘어서 세계문학을 사유하자는 주장이 많이 거론되고 있다. 먼저 '세계문학전집'이라는 형태로 논의될 때의 세계문학을 살펴 볼 수 있는데, 이현우의 정의[4]에 따르면 이때의 세계문학은 세계문학 담론의 두번째 정의에 해당한다. 즉 "오랫동안 인류에게 많이 읽힌 세계적인 명작"이라는 뜻이다.

한국문학에서 세계문학이 활발히 언급된 것은 1960년대부터로, 특히 을유문화사·정음사 등의 출판사가 주도한 세계문학전집 열풍이 대표적이다. 이때의 유행은 한글세대가 주도한 것으로, 그 이전까지는 우리말로 된 세계문학전집이 굳이 필요하지 않았다. 일제식민지하에서 교육을 받은 이

---

3) 김홍중, 『마음의 사회학』, 문학동네, 2009, 336쪽.
4) 세계문학은 크게 네 가지 의미로 사용되는데, 첫째, 세계 각국의 문학을 한국문학에 상대하여 이르는 말. 둘째, 오랜 시간에 걸쳐 인류에게 읽히는 문학으로 세계명작 혹은 고전(클래식)을 뜻한다. 셋째, 개별 국가의 국민문학(민족문학) 속에서 보편적인 인간성을 추구한 문학, 곧 괴테가 정의한 '세계문학'이다. 마지막으로 '세계시장'에서 통하는 문학, 세계적인 베스트셀러들을 가리키는 '세계문학'이 그것이다(이현우, 「세계문학 수용에 대한 몇 가지 단상」, 『세계문학론』, 창비, 2011).

들은 일본어로 번역된 세계문학전집을 읽으면 됐기 때문이다. 하지만 해방 이후에 태어난 한글세대는 그것이 불가능했고 이런 필요로 세계문학전집은 활발히 번역·소개됐다.

그리고 요즘 세계문학은 제2의 전성기를 누리고 있다. 1960년대처럼 세계문학전집 간행이 다시 유행을 타고 있는 것이다. 2000년대 이후 선발 주자인 민음사 외에 웅진, 문학과지성사, 열린책들, 문학동네 등 내로라하는 출판사들이 '세계문학전집'을 경쟁적으로 내놓으면서 세계문학 열풍에 가세하고 있다. 세계문학은 홈쇼핑에서도 인기 상품이다.

이렇게 세계문학전집을 앞다투어 소개하는 것뿐만 아니라 한국문학도 세계문학의 반열에 오를 수 있는 작품을 내놓아야 한다는 요구도 많다. 이것은 세계문학담론의 세번째와 네번째에 해당하는 것이다. 우리도 국민문학을 넘어서 세계문학으로 가야 한다는 주장에는 두 가지 의미가 있는 것으로 보인다. 단순히 경계를 넘는 것으로 되는 것이 아니라 어떤 수준에 도달해야 한다는 의미까지 말이다. 실제로 '왜 우리 문학은 세계문학 반열에 끼기 어려운가. 왜 우리는 노벨상을 받지 못하나' 등등의 담론이 눈에 띈다. 그리고 최근에는 다음과 같은 기사도 등장했다. '왜 무라카미 하루키는 한국 서점에서 잘 팔리는데 황석영은 일본에서 안 팔리나.' 반대로 '황석영', '이문열'을 노벨상을 받은 다른 작가들과 함께 세계문학전집 목록에 넣어 놓고는 이 정도 수준이라면 우리도 세계문학의 수준에 도달했다고 자위한다.

그런데 정말 세계문학으로 가는 길이 국민문학의 한계를 극복하는 방법으로 바람직한 길일까? 먼저 세계문학론의 시작점으로 알려진 괴테의 세계문학론을 살펴보자. "국민문학은 이제 큰 의미를 상실해 가는 중이다. 바야흐로 세계문학의 시대가 도래하려 하고 있다. 이제 우리 각자는 이 시대가 빨리 오도록 촉진하지 않으면 안 된다"(괴테, 「에커만과의 대화」, 1827년

1월 31일).[5] 이때 의미를 상실해 가고 있다는 국민문학은 세계문학과 어떤 긴장관계를 갖는 것일까. 독일 국민의 역할을 역설하는 부분을 보자.

내 확신에 의하면, 세계문학이란 것이 형성되고 있으며, 모든 나라의 국민들이 여기에 관심을 기울이고 있고, 그 때문에 함께 우호적 보조를 취하고 있습니다. 독일인들은 여기서 가장 많이 활동할 수 있고, 또 활동해야 합니다. 독일인들은 이 위대한 협동 작업에서 앞으로 중요한 역할을 하지 않으면 안 될 것입니다. (괴테, 「슈트렉푸스에게 보내는 편지」, 1827년 1월 27일)

괴테는 세계문학이라는 장에서 '독일인들'이 '가장 많이 활동할 수 있고' '활동해야 한다'고 강조한다. 그러니까 괴테가 생각하는 세계문학은 독일인의 주도 아래 각기 상이한 나라의 국민들이 창조한 작품들을 서로 나누며 활동하는 것이다. 결국 괴테의 세계문학론은 하나의 국민국가가 없다면 성립될 수 없는 것이다. 세계문학이 국민문학의 외부가 아니라 허구로서의 외부인 것이다.

때문에 세계문학과 독일문학의 관계에 대한 위기감도 크다. 독일문학이 그 역할을 제대로 수행하지 못했을 경우, 다른 국민국가의 문학이 그 자리를 차지할 수 있기 때문이다.

내가 잘못 본 것이 아니라면, 프랑스인들은 자신의 문학적 좌표를 둘러보거나 개관함으로써 세계문학으로부터 가장 많은 이득을 취하는 민족입니다. 또한 그들은 벌써 자긍심에 찬 그 어떤 예감까지도 갖고 있는데, 그것은 즉 그들의 문학이 18세기 전반기에 유럽에 끼쳤던 것과 똑같은 그런 영

---

5) 요한 볼프강 폰 괴테, 『문학론』, 안삼환 옮김, 민음사, 2010.

향력을 보다 높은 의미에서, 앞으로의 유럽에서도 지니게 될 것이라는 예감입니다. (괴테, 「폰 라인하르트에게 보내는 편지」, 1829년 6월 18일)

이러한 괴테의 세계문학론은 당시의 시대적 상황과 세계 공동체에 대한 그의 구상과 떨어져서 생각할 수 없다. 그가 세계문학을 주창했던 때 프랑스는 혁명의 와중에 있었다. 반면 독일은 수세기 동안 중세적 고립감에 빠져 있었다. 처음에는 프랑스혁명의 세계시민 사상에 고취됐지만 기존의 질서를 파괴하는 양태로 다가오자 독일은 민족주의로 돌아선다. 그리고 이 민족주의는 프랑스에 맞서 강력한 국가 공동체를 열망하게 된다. 괴테의 세계문학론은 강력한 국가 공동체에 대한 당시의 이런 열망과 떼어 놓고 생각할 수 없다. 그의 세계문학론은 강력한 국가 공동체에 대한 열망의 표현이며 또 그 열망을 유지하게 한 원동력인 것이다.

괴테가 생각하는 바람직한 공동체의 모습은 최초의 교양소설로 널리 읽히고 있는 『빌헬름 마이스터의 수업시대』에도 드러난다. 당시 독일 사회는 프랑스혁명의 여파로 계급갈등이 일어나고 있었다. 다음 장면은 당시 계급갈등의 해결 방법에 대한 괴테의 평소 생각을 잘 보여 준다. 시민계급 출신인 빌헬름이 귀족계급인 로타리오의 여동생 나탈리에와 결혼식을 올리는 장면이다. 귀족인 로타리오가 여동생과 시민계급 출신 남자와의 결혼을 선언한다.

우리 다 같이 가치 있는 활동을 하도록 합시다! 한 교양인이 남을 지배하려 들지 않고 많은 사람들이 뒤를 보아줄 마음을 지닌다면, 그리고 그들을 인도해서 그들 모두가 하고 싶은 일을 제때에 행하도록 해준다면, 그래서 그들도 대개 유념은 하고 있지만 막상 어떻게 달성해야 할지 모르는 그 목표로 그들을 데려다 준다면, 그가 자신과 다른 사람들을 위해 행할 수 있는 일은 상상할 수 없을 정도로 많은 것입니다. 우리 그런 일을 하기 위해 동맹을 맺읍시다![6]

괴테가 이상적으로 생각하는 국민국가는 피 흘리는 혁명이 아니라 계급간의 평화로운 동맹(결혼)으로 시작된다. 그는 작품을 통해 공동체의 이상향을 보여 줌으로써 독일민족 공동체에 봉사한다. 괴테 문학이 독일이라는 민족 공동체에 기여한 것은 이것으로 끝나지 않는다. 세계 2차 대전 이후 패전의 참상에서 벗어나지 못한 독일은 '괴테 문화원'을 설립하기 시작한다. 히틀러로 대표되는 '제국주의'국가에서 괴테로 대표되는 문화민족으로 변신을 꾀하며 '반성과 자기변명을 겸한 홍보'를 한 것이다. 이렇게 문학은 전쟁으로 인해 상처받은 국민들에게 문화민족이라는 자긍심을 선사하며 민족 국가 공동체를 다지는 데 기여했다.

4. 국민문학의 외부

프랑코 모레티는 이러한 세계문학이 이뤄 내는 상상의 공동체를 비판하면서 세계문학이라는 기준이 오히려 문학을 빈곤하게 할 수 있음을 염려한다. 월러스틴의 세계체제론을 문학에 가져온 그는 '세계자본주의가 하나의 체제, 즉 하나이지만 동시에 불평등한 체제를 이루고 있는' 것처럼 문학 역시도 '하나의 문학', '하나의 세계문학 체제'를 가지고 있다고 지적한다. 자본주의가 중심과 주변이라는 불평등한 체제 속에서 주변부에게 중심부를 따를 것을 강요하듯이 문학 내에서도 따라야 할 중심이라는 것이 존재한다는 것이다.

---

6) 요한 볼프강 폰 괴테, 『빌헬름 마이스터의 수업시대』 2권, 안삼환 옮김, 민음사, 1997, 421쪽.

마치 영국문학, 미국문학, 독일문학이 있고 그런 다음 옆 방에 있는 이와 병행하는 일종의 소우주에서 비교 연구자들은 첫번째 계열의 문학 질서는 전혀 흐트러뜨리지 않고도 이 두번째 계열의 문학들을 연구하려고 한다.[7]

위에서 말하는 첫번째 계열은 우리가 당연한 것이라고 생각하는 근대 소설이다. 우리는 소설이라면 마땅히 유럽 근대 소설의 형식을 따라야 한다고 믿지만 이런 믿음은 결코 자율적으로 발전한 것이 아니다. 프랑코 모레티의 지적대로 '서구의 형식적 영향과 지역적 소재 간의 타협으로서 등장했다'. 이러한 타협은 형식상의 타협일 뿐만이 아니라, 서구 소설이 주변 지역에 소개될 때 번역 과정에서의 믿기 어려울 정도의 내용 변화에서 기인한 것이기도 했다.

하지만 그렇다고 이런 근대 소설의 통합에 모든 소설들이 합류한 것은 아니다. 하나의 중심으로부터 자유로운, 다양한 변이들의 체계로서의 문학이 분명히 존재한다. 대표적인 예로 우리가 흔히 마술적 리얼리즘이라 부르는 가브리엘 가르시아 마르케스의 작품이 있다. 마르케스의 작품은 라틴아메리카의 소설 풍토와 떼어 놓고 이야기할 수 없다. 라틴아메리카에서 유럽 소설의 판매를 금지했고 이 결과 기존 서구 소설의 형식이 아닌 다른 서사 형태들이 보존될 수 있었던 것이다. 특히 리얼리즘 이전 단계의 서사 형식들인 신화, 전설, 기사도 로망스가 살아남았다. 프랑코 모레티는 유럽 근대 소설의 역사가 기존의 서사 형식을 죽여 버리는 '문학의 도살장'의 역사라고 지적한다. 이처럼 특정 국민문학이 소설의 척도가 됐을 때 그것이 만들어 낸 공동체는 한정적일 수밖에 없다. 우리는 늘 그 중심부의 척도를 기준으로 삼고 그것을 따라야 한다. 이렇게 만들어 낸 문학의 공동체는 그

---

7) 프랑코 모레티, 「세계문학에 대한 몇 가지 단상」, 『세계의 문학』, 1999년 가을호.

외의 것들은 배제하거나 보지 못하기 때문에 편협해진다.

하지만 소설이라는 장르의 변천 과정을 볼 때 소설은 괴물과 같았다. 기존의 다른 문학 장르와 끊임없이 영향을 주고 받았을 뿐만 아니라, 당대 현실의 영향을 받으면서 다른 장르들의 혁신을 촉발하며 변모해 왔다.[8] 이렇게 소설은 계속 달라지는 시대 상황이나 독자들과 함께 변모하면서 공동성을 만들어 왔다. 이것은 문학이 어떤 척도나 기준을 따르는 것이 아니라 끊임없이 변모하면서 공동성을 만들고 공동체를 만들어 온 좋은 예라고 할 수 있을 것이다.

5. 문학의 공동체

앞서 말한 근대문학의 공동체는 늘 하나의 공동체를 상정한 것으로, 보편적인 인물형을 제시하고 그것을 읽는 독자가 그 내용을 바로 이해하고 따랐을 때만 의미가 있었다. 설령 국가·민족이라는 울타리 안에 있더라도 그 사회가 말하는 일정한 조건에 맞지 않으면 배제하거나, 혹은 타자라는 외부를 일방적으로 연민하거나 끌어안아서 무리하게 '우리'로 만들었다. 이때의 공동체는 울타리의 안과 밖을 나누는 위계로서 존재한다. 한국근대문학이 만들어 낸 공동체 역시 그러한데, 한때는 민족주의로 결속을 강조했다가 어느 때인가는 세계문학을 외친다. 이때의 세계문학이 국경을 넘어 세계시민으로 인정받기 위한, 혹은 잘 팔리기 위해 갖춰야 할 어떤 보편성으로서의 국민문학이라는 하나의 목표를 가진 공동체를 구성한다는 점은 여전하다.

하지만 문학의 공동체는 이 울타리를 넘나드는 것으로 기존에 있는 울

---

8) 미하일 바흐친, 『장편소설과 민중언어』, 창비, 1998, 23쪽.

타리를 지우거나 무너뜨린다. 이때 원래의 나를 이루고 있는 주체의 동일성이 허물어지고 타자와의 급진적인 만남 역시 시작되는데, 누구와 어떻게 만나느냐에 따라 한 번도 경험하지 못한 특이성이 만들어진다. 여기서 중요한 것은 이 문학의 공동체가 어떤 단일한 목적을 가지고 정착된 공간이 아니라는 것이다. 때문에 이것은 늘 공동체 없는 공동체, 목적 없는 공동체, 무위의 공동체다. 이 공동체는 모든 정치적 이념과 모든 현실적인 정치적 계기들에 대해 전(前)-근원적이다.

이러한 문학의 공동체에 대해서는 두 가지 층위에서 이야기할 수 있다. 하나는 문학 작품을 통해 기존의 법과 제도가 만든 공동체를 가로질러 새로운 감응을 느끼고 공동체를 만드는 것이며, 다른 하나는 문학이 작품 안에서 그런 감응을 내용으로 표현하는 것이다. 먼저 전자에 대해서 살펴보자.

1) 문학으로 만든 공동체

문학의 공동체에서 작가는 더 이상 특권적이지 않다. 작가는 작품이 완성되는 순간 사라진다. 블랑쇼에 의하면 작품에 있어 작가 역시 독자와 마찬가지로 제3의 인물이다. 문학의 공동체는 '나'라는 동일성을 깨고 나타난 제3의 인물인 '그'와의 만남에서 시작된다.

저자와 독자는 작품 앞에서 작품 속에서 동등하다. 모두가 유일의 존재들이다. 그들은 오직 작품을 통해서 작품으로부터 존재를 지니고 있으며, 그들은 분명 다양한 시들의 일반적 저자도, 시에 대한 취미를 가지고 위대한 시 작품들을 차례차례 이해해 가며 읽은 독자도 아니다. 그러나 유일하다. 이것은 독자가 저자 못지않게 유일하다는 것을 의미한다. 그 또한 매번 시를, 다시 말해지는 것으로서, 이미 말해지고 이미 들은 것으로서가 아니라,

새로운 것으로서 말하는 자이기 때문이다.[9]

    이것은 늘 책 바깥에서 일어나는 과정인데 이때의 책은 아직 작품이 아니다. 책 바깥에서 작가와 독자가 만나는 순간, 기존의 감각과는 다른 감각을 느끼게 된다. 이때의 변용 과정에 대해 들뢰즈는 감응(affects)이라고 한다. 이것은 내용 이해 차원을 넘는 신체적 감각의 변환과정으로 우리가 보통 말하는 감정의 변화도 아니고, 그렇다고 하나의 유기체가 다른 유기체로 변신하는 것도 아니다. 이것은 원래의 유기체가 가진 동일성을 깨고 한번도 경험하지 못한 다른 신체-되기를 경험하는 것으로, 경험하는 자들의 힘을 벗어나 또 다른 관계가 만들어지는 과정이다. 이것은 어느 한쪽이 일방적으로 다른 것을 변화시키는 것이 아니라 늘 동시적으로 일어난다.

    이렇게 만들어지는 문학의 공간은 기존의 법과 제도가 만든 보편화된 공간이 아니라 각자에게 고유한 공간임은 물론이다. 이렇게 기존의 영토를 넘나들면서 새로운 지도를 그려 낸 대표적인 작가로 카프카가 있다. 그의 단편 「공동체」를 보자.

    우리는 다섯 친구들이다. …… 만약 여섯째가 자꾸 끼어들지만 않았다면 평화스러운 생활이었을 것이다. 그는 우리들에게 아무 짓도 하지 않는다. 그러나 우리들은 그가 귀찮다. 그러니 그것으로 충분히 무슨 짓인가를 한 셈이다. 아무도 그를 원하지 않는 곳에, 그는 왜 끼어들려고 하는 걸까? 우리들은 그를 모르며 우리들 안으로 받아들이고 싶지도 않다. …… 긴 설명은 이미 그를 우리 그룹에 받아들인다는 것을 의미하는 것이나 다름없을 터이니 우리는 차라리 아무런 설명도 하지 않고 그를 받아들이지도 않는

<hr>

9) 모리스 블랑쇼, 『문학의 공간』, 이달승 옮김, 그린비, 2010, 331쪽.

다. 그가 제아무리 입술을 비쭉 내민다 할지라도 우리들은 그를 팔꿈치로 밀쳐내 버린다. 그러나 우리가 그를 아무리 밀쳐내도 그는 다시 온다.[10]

이것이 바로 공동체의 긴장이 아닐까. 다섯 명이 하나의 공동성을 이루면서 살고 있었는데 여섯번째 인물이 갑자기 끼어들었다. 여섯번째 인물과 원래의 공동체는 아직 어떤 의미 있는 소통이나 공동의 경험을 한 것은 아니다. 하지만 억지로 떨쳐 버리려 해도 떨칠 수 없는 것이며, 싫든 좋든 벌써부터 서로의 존재로 신체적 감각이 달라졌다는 점에서 감응과 닮았다. 감응은 이렇게 불현듯 덮치는 것으로, 그것을 경험하는 자들의 힘을 벗어난다.

이러한 감응의 공동체는 기존의 공동체를 가로지른다. 국민문학이 만들어 낸 상상의 공동체와는 다르다. 그것이 분명한 이데올로기를 국민들에게 주입시키는 것이었으며 내용의 이해와 전달이 목적이었다면 여기서 말하는 문학의 공동체는 그 내용의 이해와는 별도의 문제이다. 이것은 철저하게 감응의 경험, 공동성 경험의 문제다. 때문에 작품의 정치적 입장이나 독자의 내용 이해는 중요하지 않다. 작품을 통한 감응은 늘 책 바깥에서 일어난다. 기존에 느꼈던 삶의 감각과 다른 것이 촉발됐다면 그리고 나 외에 다른 타자와 새로운 특이성이 만들어졌다면 그것이야말로 문학의 공동체를 이루는 시작인 것이다.

신경숙의 『외딴방』의 주인공인 여공이 헤겔을 펼쳤다는 것은 이런 의미에서 이해될 수 있다. 그때 그녀는 이 어려운 철학책을 읽을 여유도 없었다. 그녀는 분명 이 책을 온전히 이해하지 못했을 것이다. 하지만 그것은 중요하지 않다. 이때 그녀가 느끼는 감응은 유일무이한 것이다. 작품의 저자

---

10) 프란츠 카프카, 「공동체」, 『카프카 전집 1』, 이주동 옮김, 솔, 1997, 583쪽.

가 유일무이하듯이 작품과 만나는 독자 역시 각각이 모두 유일무이하다. 그녀가 감응을 느끼는 것. 이것은 단순히 어떤 감동을 느끼고 다시 원래의 주체로 돌아가는 것이 아니다. 그녀가 특이적 존재로 감응을 느꼈다면 그녀는 다시 이전의 동일성을 유지한 주체로 돌아오지 못할 것이다. 원래의 그녀는 죽었다. 그리고 완전히 다른 존재가 된다. 이 소통의 체험에서 문학과 그녀와의 공동체가 발견된다. 때문에 이런 공동체는 늘 여럿이다. 이렇게 만들어진 공동체는 공통의 이념을 공유하지 않는다. 그 작품 바깥에 있는 존재들과 함께 있다는 것을 의미하는 것이며 때문에 사회에 참여할 수도 있는 것이다. 여공이 철학책을 안고 잠이 드는 순간 그 책의 바깥에 있는 것들과의 공동체가 만들어지는 것이다.

이렇게 하나의 작품을 통하여 현재 우리가 살아가는 시간 속에 또 다른 시간이 개입한다. 이때의 말들은 이것과 저것을 구분하고 위계 짓는 말이 아니라, 늘 아직 포착되지 않은 잠재적인 것들을 이끌어 낸다. 때문에 문학의 공동체는 아직 도래하지 않았기에 불가능한 것이라 생각했던 순간들을 가능하게 하며 이것은 우리가 아직 만나지 못한 다른 세계의 타자들의 만남을 가능하게 한다. 문학의 공동체는 '전통적 혁명'과는 다른 것이다. '단지 하나의 권력을 다른 하나의 권력으로 대체하기 위해 찬탈하는 것'이 아니라 '각자를 고무시켰던 말할 자유에 기초한 박애에 따라' '있음의 가능성을 모든 실리적 관심 바깥에서 드러내는 것'[11]이 문제다.

2) 문학의 공동체를 위하여

구체적인 작품을 통해 감응이 공동체를 이루는 모습을 살펴보자. 여기서 다루려는 소설은 크리스토프 바타유라는 프랑스 작가의 『다다를 수 없는

---

11) 모리스 블랑쇼, 『밝힐 수 없는 공동체』, 박준상 옮김, 문학과지성사, 2005, 51쪽.

나라』다.[12) 1788년 4월 라 로셸 항구에서 프랑스 선교단은 프랑스 국왕기를 높이 올리고 베트남을 향해 떠난다. 선교단의 한 명인 도미니크 수사는 이제 막 아메리카의 전쟁터에서 돌아왔다. 그는 '하느님의 왕국은 크면 클수록 더 좋은 것'이라 생각한다. 처음 배를 타고 떠날 때 이들이 생각하는 공동체의 이상은 프랑스, 하느님의 왕국이다.

일 년이 넘는 항해 끝에 그들은 베트남 남쪽 지방에 도착한다. 여기서 이들은 베트남 특유의 열기와 습기에 적응해야 한다. 먼저 그들은 원래 그들이 가졌던 습관을 모두 버려야 하고 먹고 자고 입는 법 그리고 말하는 법까지 모든 것을 새로 배워야 한다. 수사라면 갖춰야 할 멋진 수염도 피부병에 이가 들끓는 이 땅에선 거추장스러운 것이다. 그들은 과감하게 면도를 하고 따뜻한 강물로 피부병을 치료하는 법을 배운다. 그들은 차츰 낯선 땅에 적응하게 되고, 원래의 본인들의 임무인 복음 전파도 게을리하지 않는다. 대부분의 선교사들이 낮에는 베트남 사람들과 농사일을 하고 밤에는 교리를 가르친다. 원하는 사람들에겐 프랑스어를 가르쳐 주기도 한다. 선교사들은 차츰 이곳 생활에 동화되는데, 그들은 농민들에게 어려운 라틴어가 아니라 프랑스어로 기도하는 법을 알려 준다. 선교사들은 이곳에서의 생활

---

12) 크리스토프 바타유, 『다다를 수 없는 나라』, 김화영 옮김, 문학동네, 2006. 원제는 '안남'(ANNAM)이다. 1993년 스물한 살에 발표한 처녀작으로 "카뮈의 『이방인』 이후 최고의 처녀작"이란 찬사를 받으며 '처녀작 상'과 '되마고 상'을 수상했다. 이 소설은 18세기 혁명 전야의 프랑스에서 시작된다. 프랑스와 친선관계에 있었던 베트남 황제가 민란으로 자식인 칸에게 황위를 물려 주지만, 복권을 위한 지원을 요청하기 위해 프랑스로 새 황제 칸을 보낸다. 하지만 베트남 황제가 도착했을 당시 루이 16세는 쇠락의 소용돌이에 휘말려 있었고 베트남의 어린 황제 칸은 낯선 땅에서 죽는다. 본격적인 이야기는 프랑스의 수사와 수녀들이 베트남에 신의 복음을 전하기 위해 떠나면서이다. 그들은 미지의 베트남을 향하여 라 로셸 항을 떠난다. 그리고 열세 달 만에 베트남에 닿는다. 남쪽 바닷에 정착한 일단의 선교사들은 열심히 일하고 열심히 복음을 전한다. 그러던 중 전 황제는 자신의 정치적 입지를 회복해 다시 황제의 자리에 오르고 자신을 돕지 않았던 프랑스의 선교사들을 박해하기에 이른다. 결국 몇몇은 풍토병으로 또 다른 몇몇은 베트남 국민군의 박해로 죽고 도미니크 수사와 카트린 수녀만이 오지의 마을에서 살아남는다.

에 만족한다. 선교단이 기나긴 항해와 정착 생활을 하는 동안 이들의 고향 프랑스는 혁명을 겪게 되고, 선교단이 베트남에 적응하는 것보다 더 빠르게 이들의 존재는 프랑스에서 희미해진다.

대부분의 선교단이 남쪽 지방의 정착 생활에 만족하고 살아가지만, 도미니크 수사와 카트린 수녀는 또다시 북쪽으로 떠난다. 더욱 철저하게 복음을 전하고 싶었기 때문이다. 그는 메콩강을 건너 밀림을 지나고 화산의 분화구를 거쳐 콩라이 마을(고산지대의 소수민족 마을)에 이른다. 이곳 사람들은 지아라이족으로 남쪽 사람들과 말도, 사는 모습도 달랐다. 두 선교사는 소수 민족의 말을 다시 배워야 했다. 옷차림도 달랐는데, 겨울이 되자 날씨가 추워졌고 카트린 수녀는 길고 검은 그들의 옷을 입었다. 두 선교사는 코끼리를 타고 밭을 갈았고 사냥을 하는 법을 배웠다. 그리고 저녁이 되면 농부들과 함께 노래하고 춤을 췄다. 이렇게 북쪽 마을에서 생활하면서 도미니크 수사는 복음을 전하는 일이 예전처럼 가깝지 않다는 것을 심지어 이 모든 것이 상관없다는 것을 느낀다. 북쪽 마을 지아라이족과의 생활이 두 선교사의 삶을 바꾼 것이다.

그들은 이제 저녁을 먹을 때에도 기도를 하지 않는다. 그들은 점점 더 고독해진다. 이것은 신으로부터의 고독으로 '그들의 영혼은 헐벗었다'. 하지만 반대로 삶은 더 충일해져 '그들에게는 오직 군더더기 없는 핵심만이 남았다'. 그들은 어느 때보다 자유로운 삶의 기쁨을 느꼈다. 이제 두 선교사는 다른 사람들의 삶을 발견한 것이다. 이것은 다른 육체와 함께 노동하고 먹고 마시면서 시작된 감응 때문이었다. 이것은 다른 사람들의 삶을 배우는 것이기도 했지만 자신들에 대한 배움이기도 했는데 늘 종교 교리 안에서 소명을 다하는 것만이 전부라고 믿었던 그들이 자신에 대해, 다른 인간들의 삶에 대해 알게 된 것은 처음이었다.

두 선교사가 원주민들과 감응을 느끼고 자신들에 대해 알게 될 때 프랑스의 수도원에서는 뜻밖의 사건이 일어난다. 수도원을 점령한 국민군이 두 수사와 수녀를 비롯한 다른 선교단의 이름이 적힌 명부와 서신을 모두 없애 버린다. 이로써 프랑스에서 파견한 선교단에 대한 기록은 모두 사라지고 이들은 교회로부터 그들의 나라로부터 잊혀진 존재가 된다. 하지만 이렇게 기존의 이름이 잊힌 자리에서 새로운 공동성은 시작된다. 이들은 이제 성직자라는 단단한 옷에 얽매인 존재가 아니다. 이들은 이제 자신의 고독에 대해 알게 되고 타인을 타자로 느끼게 된다. 이 자리에서 감응은 시작된다. 두 명의 선교사는 자신들이 사이공을 떠나 있을 동안 사이공의 동료들이 다시 황제 자리에 오른 우옌 안의 군대로부터 비참한 최후를 맞이했다는 것을 알게 된다. 점차 종교적 확신이 침식되어 갔고 고향에 대한 그리움도 사라졌지만 아무렇지도 않았고 이들은 더 이상 교리문답도 가르치지 않는다.

베트남 원주민과 수사의 감응이 느껴지는 장면이 있다. 바로 이런 대화가 둘 사이의 감응의 증거가 아닐까. 고국을 떠나 다른 사람으로 늙어 가고 있는 푸른 눈의 수사에게 건네는 노인의 이 말이야말로 우리가 타인에게 건넬 수 있는 가장 큰 위로인 거 같다.

"우리 친구들은 우리를 잊어버렸고 하느님 목소리는 거의 들리지 않는군요, 노인."
그는 대답했다.
"논이 어지간히 푸르군요. 논은 하늘의 거울이지요."[13]

도미니크 수사의 고향 친구들은 그를 하느님의 말씀을 전하는 자, 프랑

---

13) 바타유, 『다다를 수 없는 나라』, 127쪽.

스 왕국의 이름을 걸고 선교하는 자로 알고 있었다. 하지만 이제 그런 그는 의미가 없다. 신의 말씀을 교리문답으로 전하는 것이 무슨 소용이란 말인가 베트남 노인의 말처럼 푸른 논이 하늘의 뜻이거늘. 여기 이렇게 신이 있는 게 분명한데, 이처럼 기존의 정체성을 깨는 순간 우주 삼라만상이 눈에 들어온다. 이것이 바로 감응이요, 공동성의 확인이다.

이들 역시 다른 선교사 동료들처럼 이 땅에서 죽는다. 이들이 죽고 나면 이 소설도 끝날 터이다. 하지만 특이하게도 이 소설의 마지막 장면은 죽음이 아니다. 이들의 죽음이 간결하게 서술된 이후에 덧붙여지는 것은 이들이 죽기 전 이뤄 낸 감응의 순간이다.

1802년 어느 여름밤, 무장한 사람들이 콩라이 마을로 들어왔다. 그들은 두 사람의 백인 선교사를 찾고 있었다. 마을을 샅샅이 뒤졌다. 그들은 어느 한 구석에서도 서양 냄새가 나는 것을 찾아볼 수 없게 되자 놀라지 않을 수 없었다. 마침내 그들은 도미니크와 카트린이 살고 있는 오두막집의 문을 열었다. 그들은 벌거벗은 채 서로 꼭 껴안고 잠들어 있었다. 남자는 젊은 여자의 젖가슴 위에 손을 얹어놓고 있었다. 여자의 배는 땀과 정액으로 축축하게 젖어 있었다. 그들은 서로 사랑을 했던 것이다. 깊은 정적만이 깃들어 있었다. 군인들은 어떻게 해야 할지 망설였다. 육체를 서로 나누는 법이 없이 눈이 매섭고 말씨가 공격적인 남자들과 여자들을 찾아내게 될 줄로 기대했던 것이다. 성직자들의 태연하기만 한 모습과 창백함에 군인들은 감동했다.

손끝 하나 건드리지 않고 그들은 다른 마을로 떠났다.[14]

---

14) 같은 책, 145~146쪽.

이렇게 두 명의 수사와 수녀는 신을 잊은 채 자신의 고독과 서로에 대한 사랑을 발견하고 죽는다. 평생 타인의 육체를 몰랐던 선교사들이 타인의 육체를 통해서 감응을 느끼는 순간으로, 이것은 각자가 가졌던 '세계의 붕괴'를 전제로 하고 있다. 실오라기 하나 걸치지 않은 남녀의 행복한 잠은 군인들까지 무장해제 시킨다. 이들이 서로의 육체를 통해 느낀 감응이 이뤄 낸 '연인들의 공동체'는 무장한 군인들에게까지도 전달이 되는 것이다. 블랑쇼는 이처럼 '사회적 끈이 은밀하게 느슨해진 상태'에서 시작되는 '세계를 망각한' 순간에 대해 '연인들의 진정한 세계' '연인들의 공동체'라고 말한다.[15] 이들이 만든 '연인들의 공동체'는 교리와 율법의 종교의 세계도, 권력자의 증오도 모두 무화시킨다.

> 연인들의 공동체의 궁극적 목적은 사회를 붕괴시키는 데에 있다. 그들이 원하든 아니든, 달갑게 여기든 아니든, 그들이 우연을 따라 맺어졌든, 또는 '광적인 사랑'이나 죽음의 정념에 따라 맺어졌든, 그들의 공동체의 목적은 거기에 있다.[16]

두 선교사는 이제 더 이상 신의 종이 아니다. 대신에 이들은 자신들의 존재 바깥에 있는 것들, 베트남 땅 특유의 열기와 습기, 그 속에서 함께 일하는 농부들, 또 함께 떠나온 동료들의 죽음을 통해 자신을 인식한다. 그리고 무엇보다 삶에 대한 열정이 가득한 타인의 육체를 통한 감응은 강렬한 것이었으리라. 이로서 '다다를 수 없는 나라'인 '연인들의 공동체'는 '기존의 사회'인 '하느님의 나라'를 붕괴시킨다.

---

15) 블랑쇼, 『밝힐 수 없는 공동체』, 56쪽.
16) 같은 책, 78쪽.

6. 나가며

작가는 그가 매혹된 것들의 그림자를 더듬으면서 웅얼거리는 자이다. 작가의 손을 떠난 작품이 독자와 감응을 일으키는 순간, 그 찰나의 순간이 우리가 알고 있던 세계는 무너지고 문학의 공동체가 시작되는 순간이다. 이것은 기존 세상의 상실을 경험하는 것이다. 마치 오르페우스가 뒤를 돌아보는 순간에 에우리디케는 사라지듯이, 이전의 것들은 모두 사라지고 영감만이 남는다. 문학이 우리에게 주는 감응도 그러하다.

마지막으로 김연수의 「산책하는 자들의 다섯 가지 즐거움」이라는 작품의 마지막 장면을 보자. 석 달 가까이 불면증에 시달리던 남자가 말기 암 환자와 산책을 하는 장면이다. 이들의 산책은 우연히 도심 한가운데에서 일어나는 집회와 만나게 된다.

혼자서 걷기 시작할 때, 사람들은 저마다 다른 곳에서부터 걷기 시작한다. 저처럼 한낮과 다름없이 환하고도 파란 하늘에서, 혹은 스핀이 걸린 빗방울이 떨어지는 골목에서, 분당보다도 더 멀리, 아마도 우주 저편에서부터. 그렇게 저마다 다른 곳에서 혼자서 걷기 시작해 사람들은 결국 함께 걷는 법을 익혀 나간다. 그들의 산책은 마치 이 세상에 존재하는 모든 동물들과 함께 하는 산책과 같았다. 그들의 산책은 마치 세상에 존재하는 모든 동물들과 함께 하는 산책과 같을 것이었다. 앞으로도. 영원히. 주차장을 빠져나온 그들의 눈앞으로 버스로 바리케이드를 치고 4차선 도로를 봉쇄한 경찰들이 보였다. 어디선가 함성이 요란했다. 두 사람은 눈앞에 펼쳐진 장면을 바라봤다. 검은색 진압복을 입고 열을 맞춰 앉아 있는 경찰들과, 그보다 뒤쪽에서 무전기를 든 손으로 팔짱을 끼고 그들을 바라보는 지휘관들과, 그보다 더 뒤쪽에서 대기하고 있는 살수차와, 앞쪽에서 서로 뒤엉킨 채 버스와 담벼락 사이를 막고 선 또 다른 경찰들과, 그들의 검은색 투구에서 2미터 정도 위쪽으로 지나가는 바람과, 어디선가 들려오는 함성과, 또 함성과, 또 다른 함성과 ……, 고통, 아아, 그 고통을. 지네와 베짱이와 수컷 사마귀와, 또 오랑우탄이나 코뿔소, 토끼, 어쩌면 매머드나 티라노사우루스 같은 것들을.[17]

이 산책은 '혼자'에서 시작한다. 그리고 '혼자'는 물론이고 방향도 다르다. '저마다 다른 곳에서부터 걷기 시작'한다. 어떤 중심이나 목적 없이 시작한 그 행렬들. 그 행렬들 사이사이로 열을 맞춘 경찰들이 끼어들겠지만 이 행렬은 끊어지지 않는다. 문학의 공동체는 이런 것이 아닐까. 기존의 사물화된 관계를 넘어 공동체를 인식한 이들은 누군가의 저지에 멈추질 않는다. 애초에 시작점 따위는 없었으니 또 다른 길로 걸으면 된다. 그리고 설령 멈추더라도 문학의 공동체가 만든 감응은 영원히 다른 형태로 계속 올 것이다.

---

17) 김연수, 「산책하는 자들의 다섯 가지 즐거움」, 『자음과 모음』, 2008년 가을호.

타원의 공동체와 공작자
공작자로서의 다니가와 간의 삶을 중심으로

정행복(노마디스트 수유너머N)

0. 들어가며

다니가와 간(谷川雁)과 그가 이야기하는 코뮨을 이해하는 데 있어서, 1950년대와 1960년대를 잇는 전환기로서의 일본의 시대적 배경은 매우 중요하다. 1950년대의 일본 공산당은 줄곧 당내 투쟁에 의해 분열되어 있었다. 특히, 50년대 초반은 화염병투쟁 등의 극좌 모험주의 무장투쟁 노선을 택하면서 각지에서 문화 공작을 일으키던 시기였다. 그리고 이런 전술로 인해 당원이 상당히 감소하고 대중의 지지를 잃어 가던 시기이기도 했다. 이에 공산당은 이러한 분열 상태를 극복하려는 시도로, 1955년 제6회 일본공산당 전국협의회를 계기로 평화혁명노선으로의 전환을 도모했다. 하지만 오래지 않은 1956년 즈음, 스탈린 비판이나 헝가리 봉기 무렵부터 신좌익의 조직과 운동이 태동하기 시작했는데, 이는 1960년대의 폭넓은 시민·학생·노동자들이 참여했던 안보투쟁과 미이케 투쟁으로 이어지게 된다.

다니가와 간의 활동과 사상은 이러한 1950년대와 1960년대를 아우르는 일본의 시대적 배경과 떨어져서 생각할 수가 없다. 1960년대의 안보투쟁과 미이케 투쟁의 현장에서 부상했던 민중의 자발적인 운동 형태는 다니가와 간을 흥분시킨 중요한 사건이었다. 그러나 그가 본 것은 민중의 자발

적인 운동의 에너지만은 아니었다. 그 자발적 운동의 에너지를 기존의 틀·
주형에 들이부어 고정시켜 버리는 역할을 하는 당을 발견했던 것이다. 그
러나 그 혼란스러웠을 일련의 경험들은 다니가와 간을 절망에 머무르게 하
지 않았다. 그 경험들을 통해 다니가와 간이 얻은 결론은 단호했다. 그는 근
대·계몽·진보·전위라는 어떤 '단일한 축'을 통해 세계를 조망하고 지도해
가는 운동의 존재방식을 철저히 비판해 나간다. 또 그런 비판의식을 철저
히 현실적인 운동들로 밀어붙인다. 두 개의 길항하는 중심축을 가진 '타원'
으로서의 운동이념과 공작자의 개념은 그의 삶 전체가 만들어 낸 이론적·
실천적 산물이라고 할 수 있을 것이다.

1. 개방된 정치의 장, 서클마을

그 자신이 시인이기도 했던 다니가와 간은, 1958년 9월에 '우에노 이에신'
이나 '모리사키 가즈에' 등과 함께 『서클마을』을 창간했다. 『서클마을』은
규슈 각지에 자생하던 서클 운동을 연결하는 네트워크를 만들어 내기 위한
미디어였다. 따라서 1950년대 초반부터 이미 활동을 계속해 온 서클들이
서로 연락을 주고받는 일종의 협회지의 성격이 강했다. 따라서 『서클마을』
은 당시의 다른 단위 서클과 동일평면에 놓여 있는 매체는 아니었다. 하지
만, 그렇다고 해서 오늘날 협회지들처럼 서클들이 모이는 전체로서의 메타
레벨 성격을 갖는 매체도 아니었다는 점이 특이하다. 『서클마을』은 서클운
동을 연결하는 미디어인 동시에, 그 자신이 문화적 창조를 수행하는 하나
의 서클이기도 했다.

　『서클마을』 창간선언에서 다니가와 간은 상급공동체와 하급공동체라
는 이중구조 모델에 대해 언급한다. 여기서 하급공동체는 자신들의 생각을
표현할 언어를 갖고 있지 못한 일본의 기층공동체를 말한다. 이 공동체가

무언가 표현을 하고자 할 때는, 자신들의 언어가 없기 때문에 상급공동체의 언어를 차용할 수밖에 없다. 이 경우, 상급공동체의 공식적인 말이, 하급공동체가 표현하고자 하는 잠재적인 그 무엇을 제대로 표현하기는 어렵다. 따라서 하급공동체는 제대로 표현될 수 없는 현실에서 자신들이 표현하고자 하는 잠재적인 그 무엇을 침묵의 지대에 묻어 버리게 된다.

다니가와 간은 "오늘날 일반적으로 말하면 조직이 있는 곳에는 에너지가 존재하지 않으며 에너지가 있는 곳에는 조직이 존재하지 않는다"[1]고 했다. 이는 민중의 잠재력과 욕망이 대표되지도 못하고 표상되지도 못한 채로 방치되어 있었던 당시의 현실. 즉, 당시의 조직이 민중의 에너지로부터 괴리되어, 정당이나 노조가 제출한 방침이나 노선이 민중의 욕망에 적절한 표현을 부여할 수 없었던 당시 현실의 표현이었다. 이런 상황을 극복할 수 있는 길을, 그는 서클을 통해 모색했다. 민중이 자신들의 주관성을 직접 문화적 표상의 회로에 접속시킬 수 있게 함으로써, '민중'과 '정당' 양자를 결합시키는 길을 만들어 내고자 한 것이다. 이것이 다니가와 간의 '서클론'이라고 할 수 있다.

실제로 『서클마을』 활동을 통해 그들이 한 일은, 노동자와 농민, 지식인과 민중, 남자와 여자 등이 새로운 집단·공동성을 만들어 내서 혁명의 에너지를 창출하려는 시도이기도 했다. 따라서 『서클마을』은 기본적으로 문화의 창조를 '집단창작'으로 상상하고 있다. 다니가와 간은 『서클마을』이 서로 다른 가능세계를 품고 있는 사람들이 만나서, 그들이 혼자 고립되어 존재할 때는 만들어 내지 못할 예상 밖의 사건을 발생시키는 장이 되기를 원했다. 이러한 장은 개체를 합하는 것으로는 도달할 수 없는 새로운 운동의 공간이었고, 나아가 공간 자체를 변화시킬 가능성의 공간이기도 했다.

---

1) 다니가와 간, 「원점이 존재한다」, 신지영 옮김, 『다니가와 간 셀렉션』 2권, 그린비, 근간.

이와 같은 '집단창작'에 대한 그의 의지는 『서클마을』 창간 선언에서도 잘 드러난다. "바야흐로 일본의 문화 창조 운동은 예리한 전환기를 맞보고 있다. 궁극적으로 문화를 개인의 창조물로 간주하는 관점을 타파하고, 새로운 집단적인 담당자를 등장시킬 수밖에 없음을 보여 주었다. 노동자와 농민, 지식인과 민중, 낡은 세대와 새로운 세대, 중앙과 지방, 남자와 여자, 하나의 분야와 다른 분야, 그 사이를 가로지르는 격렬한 단층과 분열은 파란과 비약을 품은 충돌과 대립에 의한 통일, 그것을 위한 대규모의 교류에 의해서만 넘을 수 있을 것이다."[2]

이처럼 그가 새로운 창조의 단위를 개인이 아닌 집단으로 설정하고, 그 창조의 중요한 축으로서 서클을 위치지을 때, 그가 생각하는 공동체적 사고의 본질은 무엇이었을까? 그의 글을 통해 짐작해 보건대, 그것은 조직이나 집단 그 자체가 아니라 조직이나 집단의 표현을 빌린 횡적 연대감의 잠재성이었다. 그 '횡적 연대감의 잠재성'을 질을 망가뜨리지 않은 채 어떻게 현재화할 수 있을까 하는 것은 그의 주된 관심이었고, 나아가 그것은 서클 창조의 주된 목표가 되기도 했다.

이와 같이 '횡적 연대감의 잠재성'을 현행화하는 작업의 일환으로 서클을 운영함에 있어서, 다니가와 간이 가장 조심스러워하고 염려한 점은 '서클의 집단적 성격이 반드시 해방의 방향으로 움직이지 않고 자기 폐쇄적으로 되기 쉽다는 점'이었다. 따라서 그는 『서클마을』의 집단원리 자체를, 폐쇄성을 경계하는 '이질적인 것의 충돌'에서 찾고 있다. '이질적인 것의 충돌'이라는 집단원리는 "서클은 내부분열을 껴안은 집단이다. 그것은 이질적인 것을 자신 속으로 억지로 끌어들여서 먹어 버리는 것만이 아니

---

2) 다니가와 간, 「한층 더 깊이 집단의 의미를: 『서클마을』 창간선언」, 신지영 옮김, 『다니가와 간 셀렉션』 1권, 그린비, 근간.

라, 상대방에게도 자신을 소화시키도록 밀어붙여 자신의 이질적인 고기를 먹여야만 한다"[3]라는 글에서 잘 드러난다. 이런 집단 원리를 통해 『서클마을』이 다른 심급 간의 충돌의 회로를 만들어 내서, 그것을 통해 부분의 총합도 대표기관도 아닌 새로운 전체로서 자신을 창출할 수 있기를 바라고 있었을 것이다.

사실 다니가와 간이 『서클마을』 활동에 있어서 참고로 삼고 중요하게 주목한 것은, 이전의 50년대의 문화운동이었다. 저명하지 않았던 이름 없는 이들. 그들이 자기 자신에게 표현을 부여하기 위해 활동했던 문화운동의 장에서, 그는 최소회로의 표상의 논리를 찾아낸다. 그리고 이를 '지도자-피지도자', '대표자-피대표자'의 분리 속에서 경직되고 수직적으로 계열화되고 있던 당시의 정치적 논리에 접속시킨다. 그를 통해 당시의 정치적 현실, 당과 민중의 철저한 괴리성을 들춰내고자 했다.

다니가와 간이 『서클마을』 활동을 통해 기대한 혁명은, 권력의 단순한 전복이 아니었다. 권력의 전복보다는 일의적으로 해석되어 왔던 권력을 해체하고 이중, 삼중의 권력상태를 만들어 내는 것에 오히려 더 관심을 가졌다. 그렇게 만들어진 이중, 삼중의 권력들이 형성하게 될 '상이한 심급들 사이에서 충돌하는 힘'에 주목했으며, 이 힘들을 정치에 불러들이는 것이 그에게는 무엇보다 중요한 관심사였던 것이다.

사토 이즈미(佐藤泉)는 다니가와 간이 고전적인 아나키스트처럼 당이나 대의제를 부정했던 것은 아니라고 평가한다. "당 안으로부터 권력행사의 가역성을 높이고, 다수적으로 그리고 다차원적으로 존재하는 각 활동주체의 대립과 대화를 가능하게 만들었으며, 그곳에 예상 밖의 사건이 벌어질 수 있는 개방된 정치의 장을 구성하기 위해 번번이 도발적으로 조직 내

---

3) 사토 이즈미, 「흠집이 있는 기막힌 황혼」, 『다니가와 간 셀렉션』 1권.

부의 교란자로서 행동했다"는 사토 이즈미의 회상을 전해 듣자면, 다니가와 간은 '교란자'로서의 자신의 활동을 문화서클이라는 소박한 운동에서 출발했던 것임에 틀림없다.

『서클마을』 활동을 이러한 맥락에서 읽어 낼 때, 우리는 "현대사회에서의 서클의 역할은 의식하건 의식하지 않건 정치적 전위가 결락하기 쉬운 사상적 기능을 대위 보충하는 것에서 시작한다. 그것은 전위의 사상과 다른 사상의 기호를 재편성해 전위의 사상에 편입시키고, 그것에 의해 전위의 사상을 창조적으로 발전시킬 가능성을 갖는다"[4]는 다니가와 간의 주장을, 전위와 민중의 단순한 변증법적 관계를 넘어서는 '개방된 정치의 장'으로 읽어 낼 수 있을 것이다. 1950년대 문화운동을 기반으로 형성된 '개방된 정치의 장'에 대한 이러한 구상과 실천들은 1960년대 다이쇼 투쟁의 단계에서도 일관되게 이어지고 있다.

2. 노동운동의 임계지점을 넘어서, 다이쇼 투쟁

1960년대 다니가와 간은 후쿠오카 현에 있는 치쿠호 탄광지역의 다이쇼 탄광에서 활동하고 있었다. 당시 같은 규슈에서 일어났던, '미이케 투쟁'[5]

---

4) 다니가와 간, 「정치적 전위와 서클」, 『다니가와 간 셀렉션』 1권.

5) 일본 노동운동사 최대의 투쟁. 기시 내각이 모두 사직하고 이케다 내각이 성립된 1960년 7월 19일. 정부는 중앙노동위원회에 알선을 요청한다. 7월 20일 새벽, '최후의 결전'을 맞이해 미카와광 호퍼(석탄 적출 시설) 앞에 집합하고 있었다. 경찰부대는 이미 집행을 결정하고 있었고, 양자가 정면충돌하면 사망자도 피할수 없을 것이라고 양쪽 모두 각오하고 있었다. 그러나 전날 정부로부터 알선을 요청받은 중앙노동위원회에서는 이례적인 백지 위임과 휴전을 탄광노동자들에게 요청했다. 탄광노조 측은 이를 수락했고, 경찰대는 유턴하고 가까스로 심각한 충돌을 피할 수 있었다. 그러나 호퍼 앞에 집결했던 조직원들은 왜 여기서 철수해야만 하는지 납득할 수 없었다. 이후 중앙노동위원회가 다시 제시한 알선 안에 따르면 회사 측은 지명 해고를 취소하나 당사자는 '자발적'으로 퇴직한다는 내용이었다. 내셔널 센터의 일본노동조합 총 평의회 산별인 탄광노조는 미이케 투쟁과 병행해 자멸적이라고 정세를 인식해 알선을 승낙하기로 결정했다. 하지만 현지의 미이케

에 다니가와 간은 다이쇼의 젊은이들과 참여해서 미이케 투쟁의 과정을 함께 경험하게 된다. 그러나 미이케 투쟁에서 조합지도부는 사실상 실망스러웠다. '최소의 희생'이라는 명분하에 끝까지 싸워 보지도 않고, 경영 측과 협상을 시도하려고만 했기 때문이다. 역사적으로 미이케 투쟁이 일본 노동운동사에서 차지하는 역할은 매우 컸다. '총노동 대 총자본'의 결전이라고 지칭되었던 미이케 투쟁에서의 패배는, 이후 일본 노동조합들의 운동방향 자체를 바꾸기 때문이다. 미이케 투쟁에서 패배한 이후 노동조합들은 적극적인 투쟁보다는, 될 수 있으면 경영자에게 거역하지 않으면서 임금인상을 조건으로 하여 교섭·협상하는 노선을 취하게 된다.

　미이케 투쟁 이후 얼마 지나지 않아 경영위기에 빠진 다이쇼 탄광에서도 비슷한 일이 벌어졌다. 급여체불이 지속되고, 희망퇴직자 모집이 행해지고, 임금 인하와 경영 합리화 안이 제안되었다. 후쿠오카 은행이 융자를 정지하여 급여 미지급 상태가 계속되었기 때문이다. 일본 탄광노동조합도 다른 노동조합들과 다르지 않게, 기본적으로 경영자와 교섭·협력하여 기업을 재건하는 쪽으로 위기를 해결하고자 했다. 따라서 탄광노동조합은 탄광의 경영자에게 후쿠오카 은행과 잘 교섭하여 노동자의 편의를 최대한 봐 달라고 부탁하는, 그런 형식의 운동 방침을 세운다.

　그러나 미이케 투쟁에서의 패배를 목격한 다니가와 간과 다이쇼 탄광노동자들은, 노동조합이나 정당의 지도를 거부하면서 다이쇼 탄광의 합리화 방안에 맞서 대립하게 된다. 그런 활동의 일환으로 정당이나 조합의 지도를 거부하면서 독자적인 활동을 하는 자립집단을 만들기에 이르는데, 그

노조에서는 투쟁을 계속한다는 주장이 대세를 이루고 있었다. 그러나 우여곡절의 상황들과 격론 끝에 최종적으로 미이케 노조 역시 상부조직의 방침에 따르기로 한다(사토 이즈미, 「홈집이 있는 기막힌 황혼」).

것이 '다이쇼행동대'이다. 다이쇼행동대는 사실상 탄광노동조합의 구성원
이기도 했지만, 사사건건 탄광노동조합의 방침에 정면으로 반대했다.

일단, 그들은 경영자 대표를 매개로 해서 협상으로 대응하려고 하는 노
동조합의 방침에 반대할 수밖에 없었다. 지방 중소기업을 잡고 있는 것이
금융자본이고 경영자 대표도 그것에 조종되고 있다면, 주된 적인 금융자본
타격을 목표로 해야 한다고 생각했기 때문이다. 따라서 다이쇼행동대는 경
영자를 앞세운 교섭이 아닌 후쿠오카 은행에 대한 직접행동을 반복했다.
이렇게 조합지도부와 항쟁적인 관계를 만들어 나가는 다이쇼행동대의 활
동은 이전에도 이후에도 없었던, 이들이 만들어 낸 노동운동의 새롭고 독
자적인 문법이 된다.

1962년 탄광노동조합은 경영자 측과의 교섭에 모두 실패하게 되면서,
다이쇼행동대의 주장을 받아들여 파업과 실력행동을 방침으로 세우게 된
다. 이후로 노동조합도 후쿠오카 은행을 향해서 집회를 하고, 파업도 하게
된다. 그러나 뭔가 마지못해 모양만 흉내 내는 듯이 보이는 노동조합의 실
천들은, 다이쇼행동대들에게 확신 없는 어정쩡한 행동으로 비쳐지게 된다.
여기서 그들이 노동조합을 따른다는 것은, 자기들보다 확신이 없는 노동조
합의 애매모호한 태도에 어중간하게 걸쳐져서 지도부의 통제하에 놓이게
되는 것을 뜻했다. 그들은 이런 상황을 애초에 거부해 버리고, 각 투쟁지구
에서 아무것도 하지 않은 채 화투를 친다는, 이른바 "화투주의"[6]를 취했다.

---

6) 이후 화투주의는 다이쇼행동대의 조직 운영의 원리에까지 깊이 개입되어 있다. 다이쇼행동대의
조직원리는 "첫째, 하기 싫은 자에게 하라고 강제하지 않는다. 둘째, 자신이 하기 싫다는 이유로
하는 자를 방해하지 않는다. 셋째, 하지 않는 이유는 확실히 해둔다" 등이다. 「민주집중제의 대극
을」이라는 글에서는 이러한 원칙의 일환으로 다이쇼행동대가 성원의 소속을 등록제로 취하지 않
는 이유를 설명하고 있다. "성원의 소속은 등록제로 아니한다. 스스로가 마음을 다해 그 조직에 속
한다고 자각, 또는 자신을 칭할 때의 자기 인식만이 그것을 규정한다. 신나는 일을, 실로 그것만을
해야만 한다. 그렇지 않으면서 마지못해 실행하는 일은 용납되지 아니한다. 그때는 실행하지 않는

이것으로 끝이 아니다. 1962년 초부터 다이쇼행동대는 새로운 방침을 내세웠다. 당시의 그들이 놓여 있던 상황은 비참했다. 탄광폐쇄기의 위기를 넘기기 위해서는 인원삭감과 노동 강화를 어쩔 수 없이 선택해야 한다는 자본의 논리 앞에서, 처절하고 지옥 같은 광산노동의 현장을 견뎌야 했던 것이다. 그런 현실 앞에서 이들은 더 이상 참고 인내하기를 거부하면서, 이탈을 선언했다. 더 이상 일을 하지 않겠다면서 그만 두겠다고 선언했던 것이다. 물론 조합지도부는 이런 '노동의 거부'를 허용하지 않았다. 그러나 다이쇼행동대는 지도부의 방침과 상관없이 자신들의 선언을 실천에 옮긴다. 동의하는 800여 명의 조합원들과 사표를 제출하고 이들을 중심으로 다이쇼광업의 '퇴직자동맹'을 결성했다.

그러나 이후 몇 개월이 지나도 회사는 퇴직금을 지불하려고 하지 않았고, 퇴직자동맹은 1962년 9월, 퇴직금을 요구하면서 탄차광장[7]을 점거하게 된다. 투쟁의 과정에서 다니가와 간은 퇴직금 투쟁의 목적이 돈이 아니라 투쟁 자체이며, 거기서 얻을 수 있는 삶의 보람 같은 것이라는 독특한 주장을 하는데, 이 독특한 투쟁의 동력을 '비소유의 충동'이라고 명명했다. 또 이 비소유의 충동을 기반으로 한 퇴직자동맹의 투쟁을 '기업주의에서의 해방'이라고 위치짓기도 했다. 지옥같이 비참해져 버린 광산 일을 자발적으로 그만두고, 오히려 비소유의 욕망을 만들어 가는 것. 또 퇴직금 투쟁의 교섭을 통해 그들의 생활을 기업이나 은행이 부담하게 만드는 것. 이런 일련의 것들이 '기업주의에서의 해방'의 일환으로 다이쇼행동대가 목표로 삼은 길이었다. 이런 목표를 지칭하는 유쾌하고 유머러스한 이름이 "영구 바캉스주의"이다.

것이 그의 의무이다"(사토 이즈미, 「흠집이 있는 기막힌 황혼」).
7) 석탄을 나르기 위해 탄차를 왕래시키던 장소.

자본의 이론을 토대로 포섭되는 영역이 생산과정을 넘어서 재생산 과정으로 확대되고, 노동시간을 넘어서 생활시간에까지 달하는 시기. 또, 사람들의 삶의 가능성이 생산력으로 일원적으로 포섭되던 시기. 그런 시기에 다니가와 간이 던진 질문은, 그 일원적인 전체 속에서 사람들이 어떻게 다시금 적대와 반격의 계기를 발견할 수 있을지에 집중되어 있었다. 사토 이즈미는 이제 노동자의 정신 그 자체를 표적으로 하는 관리 기술이 지배적인 사회가 되었으므로, 여기에 저항하는 운동도 사람들의 주관성과 느끼는 방식을 변용시켜, 그 욕망과 신념, 감응을 변이시키는 것이 아니라면, 저항의 장을 열어 젖히기 힘들 것이라고 강조한다. 다니가와 간의 "세계의 영상을 뒤엎지 않는 한, 현실을 뒤집는 것은 영원히 불가능하다. 먼저 이미지를 변화시켜라! 이것이 원점의 역학이다. 비록 모든 유물론에 대립할지라도, 민중의 정당한 혁명의 순로(順路)는 물질적인 조건이 별할 때까지 기다려서는 결코 불가능하다"[8]라는 선동적인 문구. 사토 이즈미는 이 글을 인용하면서, 다니가와 간이 이미지를 통해서 의미의 전환이 이루어져야 한다는 점을 인식하고 있었을 뿐만 아니라, 표상의 수준이 현실의 재편성과 재배치가 진행되는 데 있어 중요한 투쟁의 장이라는 것 또한 분명히 인식하고 있었다고 본다. 따라서 '퇴직금 투쟁'을 쟁점으로 한 노동자 운동의 발명은, '노동'을 '고용'의 논리에서, '부'를 '임금'의 논리에서 떼어 내 그곳에 새로운 사고를 가능하게 만드는 장을 열어 젖혔다고 평가한다.[9]

사토 이즈미의 평가는 앞서 다니가와 간이 던졌던 "일원적인 전체 속에서 사람들이 어떻게 다시금 적대와 반격의 계기를 발견할 수 있을까"라는 문제제기로 연결된다. '실업'의 규범적 표상을 놓고 싸우는 노동자 운동

---

8) 다니가와 간, 「환영의 혁명정부에 대하여」, 『다니가와 간 셀렉션』 2권.
9) 사토 이즈미, 「홈집이 있는 기막힌 황혼」, 『다니가와 간 셀렉션』 1권.

의 새로운 단계. 사실 퇴직자동맹이 일본 노동운동의 역사에서 '정규직 노동자'를 중심으로 하는 노동운동의 임계지점에서 스스로 운동의 장을 열어젖히는 시도이기도 했다는 점은 중요하다.

다이쇼 투쟁의 과정을 섬세하게 따라가다 보면, 여기서 우리는 '하나의 단일한 노선이나 방침에 허를 찌르는 사건'을 일으킬 수 있는 집단성이 가능해질 때, 당 자체가 새로운 범주의 조직으로 전위하게 될 것이라고 믿었던 다니가와 간의 생각을 발견할 수 있다. 그리고 그런 운동의 전체 맥락이 '개방된 정치의 장'으로서의 서클의 역할을 강조하던 50년대 집단적 문화운동의 경험에서 분리되지 않고 반복되면서 맞닿아 있다는 것도 발견할 수 있다.

3. 공작자, 관계의 미결정성을 향하여

다니가와 간에게 있어서 서클이란 교뮨을 전망하고 있는 것이기도 했다. "요컨대 오늘은 자본주의에 의해 파괴된 낡은 공동체의 파편이 미래의 새로운 공동조직으로 용해되어 가는 단계이며, 그 새로운 공동조직의 도가니이자 다리가 되는 것이 서클이다. 역사는 계급적 계기가 사회의 공동태적 계기를 압도해 가는 과정이 그 극한 상태에 도달한 지점에서 역전하여, 계급적 계기가 공동태적 계기에 의하여 극복·지양되는 과정을 더듬어 가고 있다. 따라서 넓은 의미에서 보자면 미래사회에 살아남으리라 예상되는 전위정당, 노동조합, 청년 부인조직, 그 밖에도 대중조직은 모두, 어떤 점에서 일련의 서클이다. 그럼에도 좁은 의미에서 오늘날 일본의 서클이란 문화서클이며, 그 이외의 서클 조직과는 기능을 달리하고 있다. 공동태의 눈으로 보면, 정당·노조 등은 일종의 전사 공동체이며, 청년 주인조직 등은 회의 공동체, 협동조합이나 문화서클은 생산 공동체라고 할 수 있다. 그리고 계급의 긴장이 희미해져 감에 따라, 이들 이종 공동조직의 경계도 사라져 가고, 차츰 융해되어 오직 하나의 코뮨이 될 것임을 충분히 예상할 수 있다."[10] 다니가와 간에게 서클은, 어찌 보면 코뮨적 연대감각의 일종의 파편적인 형태라고도 할 수 있을 것이다. 아마도 그가 서클에 관심을 가졌다면, 이 파편들을 '어떻게' 그리고 '얼마나' 미래의 '코뮨'으로 이어 갈 수 있을 것인가의 문제와 연결이 되기 때문이었을 것이다.

이와사키 미노루는 다니가와 간에게 있어, 코뮨의 구상은 늘 공작자라는 구상과 서로 맞물림으로써 서로를 가능하게 한다고 말한다. 굳이 이와사키 미노루의 말이 아니더라도, 공작자의 개념을 뺀 채로 다니가와 간의 '코뮨' 개념을 이해한다는 것은 어려운 것이 사실이다. 그런데 또 그 공작자 개념을 이해하기 위해서는, '원점'이라는 모호한 개념을 짚고 넘어가지 않을 수 없다. 그가 말하는 '원점'이란 전위의 반대 극에 있는 민중의 세계를 지칭하는 이름이다. 다니가와는 이를 혁명의 음극, 혹은 마이너스 전위라고도 부른다. 상당히 모호한 개념으로 다가오지만, 이는 앞서 『서클마을』 창간선언에서 이야기한 '이중구조 모델'에 비추어 생각할 때 조금 더 구체적이고 선명해진다. '개국-양이, 유럽화-국수, 근대-반근대. 시민주의-공동체주의' 등으로 분열을 반복하는 정신구조로서의 일본의 '이중구조 모델'에 비추어 본다면, 원점은 하급공동체, 즉 일본의 기층공동체 모델에 가깝다. 다니가와 간은 이 일본 기층의 공동체에서 '수평적 연대 감각', 다시 말하면 공동체적 사랑과 연대의 감각으로서의 '코뮨의 에너지'를 발견한다. 그러나 애석하게도 그것은 코뮨의 에너지이기도 했지만, 동시에 파시즘과 군국주의의 온상이 될 가능성이기도 했다.

이러한 양면성은 코뮨의 가능성이기도 했지만 반대로 한계이기도 했

---

10) 다니가와 간, 「한층 더 깊이 집단의 의미를:『서클마을』 창간선언」, 『다니가와 간 셀렉션』 1권.

다. 코뮌형성에 공동체적 사랑과 연대의 감각은 중요했다. 하지만 그것이 자연스럽게 코뮌을 형성하도록 두었을 때, 그 공동체의 성격은 파시즘이나 군국주의로 흘러갈 가능성이 농후했다. 하지만 그렇다고, 파시즘과 군국주의가 될 가능성을 미리 방지하기 위하여 '근대적 시민(개인)의 확립'에 포커스를 맞추게 된다면, 코뮌의 가능성은 아예 차단하게 될 운명에 있기도 했다. 즉, 수평적 연대 감각으로서의 코뮌의 에너지는 그 형상을 가져 보지도 못한 채 파괴될 운명에 처할 수도 있었다. 따라서 그가 말하는 기층의 공동체는 단순히 부정만 할 수도 긍정만 할 수도 없는 양날의 칼이었다. 이는 그가 "이 세상의 모든 모순을 품고 있으면서도 그것을 명료하게 말할 언어를 갖고 있지 않은 침묵의 영역이지만, 반동의 기반이 되는 동시에 혁명의 에너지를 품은 둥지이며, 펄펄 끓어오르는 도가니이기도 하다"[11]라고 원점을 설명한 것에서 잘 드러난다.

다니가와 간에게 민중은 전위에 의한 통제의 대상이 아니다. 그가 민중을 '마이너스의 전위'라고 부를 때 그 표현은, 민중이 전위로부터 일방향적으로 영향을 받는 존재가 아님을 이야기하는 것이다. 오히려 역으로 민중이 전위를 비추어서 동요시킬 수 있는 가능성을 지닌 존재임을 드러내는 표현이기도 하다. 이렇게 전위의 반대 극에서 또 다른 혁명의 역량으로 역할할 수 있는 민중의 다른 이름이 다니가와 간이 말하는 '원점'인 것이다. 그렇다면 원점이라는 개념과 관련된 공작자란 무엇인가? 다니가와 간은 "전위와 원점의 결합, 이 지점에 회로를 건설하는 것이야말로 공작자"[12]라고 말하고 있다. 이 말이 무엇을 뜻하며, 또 어떻게 가능한지를 잠시 '빅터 코슈만'을 우회하면서 살펴보자.

---

11) 요네타니 마사후미,「유민의 코뮌으로」,『다니가와 간 셀렉션』 2권.
12) 다니가와 간,「현대시의 역사적 자각」,『다니가와 간 셀렉션』 1권.

빅터 코슈만은 「전후 일본에서 혁명과 주체성」에서 전쟁 이후의 혼란스러운 담론상황 속에서 발생했던 전후 주체성 논쟁을 맑스주의의 교조성이나 계급일원론과는 다른 형태로 읽어 낸다. 당시의 주체성 논쟁에서 나타났던 '공산주의적 주체성'은 노동자의 고정된 계급적 일체성을 찾아내려고 하고, 그 일체성이 대자화되어 형성된 전위당의 개념을 파악하려고 한다. 하지만 빅터 코슈만이 말하는 '정치적인 것'이란 특정 제도나 이데올로기를 의미하지는 않는 대립의 현장 자체였다. '정치적인 것'은 대립상황을 통하여 세계에 대한 해석이 흔들리게 되고, 이를 통해 관계의 미결정된 상태로 변화시켜 갈 가능성이 구체적으로 성숙할 수 있는 공간 자체였던 것이다.

빅터 코슈만의 '정치적인 것'에 대한 생각은 다니가와 간이 말하고자 한 것을 누구보다 잘 설명해 준다. 전환기 일본의 상황에서 공산당의 조직론은 일단 계급적 통일과 단결을 기치로 내걸었다. 또 일본 공산당이나 당의 공식적인 이론이 노동자, 농민, 지식인을 통제하는 상황이었다. 이런 상황은 당연히 당과 노동자, 농민 지식인이 어우러져 존재하는 무수한 헤게모니 항쟁 자체를 보이지 않게 하는 문제가 있을 수밖에 없었다. 은폐된 숱한 헤게모니 항쟁들을 투명하게 드러내고 그것들이 정당하게 대결하는 장을 만들어 내기 위해서는 통제와 억압의 수직적 구조를 철저히 거부해야 했다. 따라서 그의 담론과 실천들은, 관계를 철두철미하게 수평적으로 지속시키면서, 언제까지나 관계의 미결정적인 것 속에 있게 하려는 지향을 띠고 있다. 그의 이러한 지향은 '공작자'의 개념에서 가장 잘 드러난다.

헤게모니화의 여지가 없는 곳에서는 미결정적인 것이나 규정을 바꿀 수 있는 것이 존재하지 않는다. 즉 '정치적인 것'의 투쟁과 자기결정, 재정의의 여지는 존재하지 않는다. 이와사키 미노루는 '공작자의 윤리'가 전후의 상황에서 이 '정치적인 것'의 가능성을 열어 갈 논리로서 구상되었으며,

반대로 이러한 '정치적인 것'을 닫아 버리는 기능을 했던 것이 근대주의적인 정치개념을 통한 한정이나, 생산력주의적 일원화의 논리였다고 본다. 따라서 그는 정치적인 것의 가능성을 열어 갈 윤리로서의 '공작자' 개념은 항상 사이의 존재, 미결정성의 존재, 관계성의 존재로서 사유되어야 한다고 말한다.[13]

요네타니 마사후미가 설명하는 다니가와 간의 공작자 개념도 이와사키 미노루의 주장에서 멀지 않다. 요네타니 마사후미는 공작자 개념을 설명하기 위해 "대중과 지식인 어느 쪽과도 격렬하게 대립하는 공작자의 무리 …… 두 개의 머리를 가진 괴수 같은 매체를 만들어야 한다. 그들은 어느 쪽으로부터도 도움을 받을 전망이 없는 유격대로서, 대중의 침묵을 내적으로 파괴하고 지식인의 변증법을 거부하지 않으면 안 된다. 즉 대중을 향해서는 단호한 지식인이며, 지식인에 대해서는 날카로운 대중인 바, 위선의 길을 가로지르는 공작자의 시체 위에 싹트는 것, 나는 그것만을 지지한다. 그리고 오늘날 연대를 구해 고립을 두려워하지 않는 미디어들의 대화가 있다면 그것이야말로 내일을 위해 죽는 언어이리라"[14]라는 구절을 인용한다. 여기서 공작자는 지식인도 아니면서 대중도 아닌 사이의 존재이자 매개의 존재라고 볼 수 있는데, 요네타니 마사후미는 민중과 당·지식인 사이에 가로놓인 단절과 커뮤니케이션 부재의 상황에서, 이 양자의 이질적인 말을 잇는 매개이자 미디어가 되는 것이 공작자라고 주장한다.

여기서 주목할 것은 두 사람 모두 민중의 의사를 당·지식인이 대표하거나 대변하는 일방향의 회로로 보지 않았다는 점이다. 이들은 공작자를

---

13) 우리에게는 북한의 '공작원'이라는 말이 다니가와 간의 '공작자'라는 개념보다 사실상 익숙하다. 이와사키 미노루는 다니가와 간의 '공작자'의 개념이 눈앞의 어떤 대상을 기술적으로 조작하려는 사람으로서의 북한의 '공작원'처럼 선정적인 이미지로 사용되는 것을 경계한다.
14) 다니가와 간, 「공작자의 시체 위에 싹트는 것」, 『다니가와 간 셀렉션』 1권.

당과 지식인 그리고 민중의 관계를 잇는 매개성의 논리에서 생각한다. 따라서 이들이 보는 '공작자' 개념의 핵심은, 그것이 당도 대중도 지식인도 아닌 그것들의 '사이성'과 '매개성'에 있다는 것이다. 따라서 그들은 공작자의 그러한 사이성과 매개성이 '정치적인 것'의 시작 가능성이 된다고 본다.

4. 타원의 공동체, 두 개의 초점을 갖는 운동체

시인이기도 했던 다니가와 간에게 '공작자'는 흔히 시로서 비유되는 경우가 많다. 「환영의 혁명정부에 대하여」라는 글에서 다니가와 간은 시인과 공작자의 공통점을 이렇게 말한다. "보이지 않는 것을 본다는 기능은 공작자와 시를 연결하는 필연의 붉은 실이다."[15] 아마도 공작자로서의 그에게 비쳐진 '보이지 않는 것'들이란, '원점', '마이너스의 전위', 혹은 그들이 가진 '코뮨적 에너지' 같은 것들일 것이다.

여기서 '마이너스의 전위'를 설명하는 다니가와 간의 방식은 매우 흥미롭다. 그는 마이너스의 전위를 '동양적인 무(無)'라고 표현하는데, 그렇게 표현할 때 사용되는 '무'(無)는 서양식의 '제로'(0)를 뜻하지 않는다는 점을 강조한다. 즉, 무(無)는 적절한 표현형식을 갖지 못했음을 뜻하긴 하지만, 그렇다고 아무것도 없는 텅 빈 공간을 표현하는 것은 아니라는 것이다. 그는 '동양적인 무'가 적절한 표현형식을 찾지 못해서 드러나지 못한 '거대한 에너지의 공간'이라고 말한다. 거대한 에너지인 채로 현행화되지 못한 잠재적인 힘. 그것이 다니가와 간이 말하는 마이너스의 전위이다.

다니가와 간은 이 잠재적인 에너지를 하층 공동체 속에 잠재되어 있는 '수평적인 연대의 감각'에서 찾는다. 그리고 그 연대의 '코뮨적 에너지'

---

15) 다니가와 간, 「환영의 혁명정부에 대해서」, 『다니가와 간 셀렉션』 2권.

에 다니가와가 붙인 이름이 '연대의 쾌락'이자 '집단적 에로스'라고 할 수 있다. 그러나 앞서 말했듯이 연대의 코뮌적 에너지는 폐쇄적이고 동질적인 감각에 사로잡힐 경우, 외부를 밀어내는 힘으로 작동하거나, 혹은 외부를 강제적으로 침략하여 포섭하는 힘으로 작동할 수 있는 가능성을 내포하고 있다. 그렇게 작동하는 힘이 파시즘이자 군국주의일 것이다.

다니가와 간이 시도한 서클 문화운동은 달리 말하면 코뮌을 만들려는 시도였다. 이 과정에서 그는 일본 사회의 공동체의 존재 방식에 대해, 코뮌적 에너지로 존재하는 측면과 파시즘적·군국주의적으로 존재하는 측면을 동시에 드러낸다. 그러면서, 그것을 당시의 맑스주의자들이나 '전위당'에게 의문으로 던져 주는 것이다. 다니가와 간은 근대·계몽·진보·전위라는 단일한 축에서 세계를 바라보는 당·지식인의 관점에서 '원점'은 보이지 않는다고 말한다. 따라서 계급의식에 관한 맑스주의 전통의 모델은 다니가와가 보기에 확실히 코뮌적 에너지가 폐쇄적, 동질적 감각에 사로잡히게 만드는 경로에 가깝다. 그리고 이것은 사회주의와 자본주의가 체제를 넘어 서로 의존하고 보완하는 하나의 권력 시스템에 가까웠다. 즉 기존의 반체제 조직이나 정당은 진보나 발전을 말하면서, 오히려 기존의 시스템(단일한 중심축을 갖는)을 보완하고 마는 것으로 보였던 것이다.

1950년 후반에서 1960년대. 당시 사람들의 다양한 감수성이 고도 경제성장에 의해 마멸되어 가던 시기에, 다니가와 간이 "다양한 모순을 품고 있는 세계를 한 점으로 응축시켜 보는 것은 가능할까 어떨까. 세계를 응축하는 일이 어려워졌다"[16]면서 시 창작을 그만두고 시의 사멸, 부재에 대해 말하는 것도 이런 배경에서 멀리 있지 않다.

이와사키 미노루도 전후 좌익의 깊은 함정은 프롤레타리아트, 당, 민

---

16) 다니가와 간, 「현대시의 역사적 자각」, 『다니가와 간 셀렉션』 1권.

족, 민중 등을 전제로 두면서, 무언가 강고한 주체를 찾고 있었다는 점이라고 주장한다. 따라서 그는 다니가와 간이 "원점으로 내려간다"라고 말할 때, 그것은 "단단한 지반 위에 자신을 세워라"라고 말하는 것이 아니라는 점을 주의하라고 충고한다. 오히려 "단단한 지반 위에 존재하고 있었던 기존의 것에 안주하지 말고, 실제의 대립이나 갈등이 생성해 나가는 장면에 제대로 마주하라"는 뜻으로 읽어야 한다는 것이다. 그런데 이것이 '어떻게' 가능한 것일까? 『서클마을』이라는 활동은 우리에게 그 '어떻게'에 대한 단초를 제공한다.

이질적인 것의 대립과 교류를 통해 새로운 문화를 창조하려고 했던 『서클마을』의 활동. 그것은 일종의 중심이 없는 네트워크 상태의 모순적인 장이었다. 다시 말하면, 『서클마을』의 집단원리 자체가 '이질적인 것의 충돌'이었다고도 할 수 있는데, 그것이 어떻게 가능했는지에 대한 질문이 앞의 '어떻게'와 연결될 수 있을 것이다. 『서클마을』의 경험이 우리에게 던져 주는 대답은, 철저하게 '수평적인 관계성'에 대한 지향이다. 이 '수평적인 관계성'을 통한 창작은 『서클마을』이 기본적으로 문화의 창조를 집단창작으로 상상하고 있다는 전제에서 가능했다. 수직적으로 위계화되지 않은, 서로 다른 가능세계를 품고 있는 사람들이 만나서 일으키는 충돌·대립·갈등은 혼자 고립되어 존재할 때는 만들어 내지 못하는 예상 밖의 사건을 만들어 내는 장이 되었다. 또 그것을 통해 공간 자체를 변화시킬 가능성으로서의 공간을 만들 수 있었던 것이다.

이러한 수평적인 관계성은 '다이쇼 투쟁'에서도 여전히 운동의 기본적인 전제가 된다. "이 세계에서 길항하는 두 가지 극한 …… 전위와 원점 사이에 존재하는 최대로 긴장된 에너지를 미래 코뮌의 도가니로 여긴다"[17]는

---

17) 다니가와 간, 「환영의 혁명정부에 대해서」, 『다니가와 간 셀렉션』 2권.

믿음은 탄광노동조합의 구성원이기도 했던 '다이쇼행동대'가 탄광노동조합의 방침에 반대하면서 독자적인 자립집단으로 운동할 수 있었던 기반이자 근거다. 다니가와 간에게 있어, '노선이나 방침에 허를 찌를 수 있는 집단성'을 가능하게 하는 '이질적인 것'은, 어떤 외부적인 충격이나 외부적인 힘으로 만들어지는 성질의 것이 아니다. 오히려 건강한 코뮌이라는 것은 항상 그렇게 이질적인 것을 생성하는 힘을 품고 있다.

다니가와 간은 그런 코뮌을 두 개의 초점을 갖는 '타원'으로 표현한다. '정규직 노동자' 중심의 노동운동이 하나의 중심축을 갖는 원운동으로 굳어져 갈 때, 코뮌은 스스로 또 다른 중심축으로 '실업자'라는 대척점을 만들어서 운동체를 만들어 낼 수 있었다. 그것이 다니가와 간이 말하는 타원의 공동체이다. 이렇듯 다니가와 간이 말하는 타원의 공동체는 완성된 어떤 표상으로서의 원의 또 다른 모습이 아니라, 항상 하나 이상의 중심을 만들어 내는 능력으로서의 '운동체'라는 점이 중요하다. "타원인 한 그것은 깬 채로 자고, 자면서 깨고, 울면서 웃고, 웃으면서 울고, 믿으면서 의심하고, 의심하면서 믿는 것을 의미한다"[18]라는 하나다 기요테루의 글은, 다니가와 간이 생각하는 타원의 공동체의 '운동체'로서의 모습, 다시 말하면 늘 생성하는 과정에 있기에 불안정성을 품고 있을 수밖에 없는 코뮌의 모습을 잘 드러내 준다.

다니가와 간은 그러한 운동을 통해서만 노동운동 자체가 만들어 냈던 노동운동의 임계지점을 스스로 열어 젖힐 수 있다고 본다. 따라서 타원의 공동체라는 개념을 통해 다니가와 간이 강조하는 코뮌의 가능성은, 이렇게 스스로 이질적인 것들을 생성해 낼 수 있는 능력에 있다고도 볼 수 있다. 공작자로서의 다니가와 간의 실천이 일종의 내부 교란자이기도 했다는 점은,

---

18) 「楕円幻想」, 1943年 10月. 花田淸輝, 『復興期の精神』, 講談社, 2008에 재수록.

그가 '코뮨'이라는 이미지를 상상함에 있어, 하나의 단일한 중심축으로 굳어지지 않을 수 있는 역량을 얼마나 중시했는지를 알 수 있게 해준다.

5. 나오며

1950년대와 1960년대라는 전환기 일본의 혼란스러운 시간대. 그 시대에, 다니가와 간은, 삶의 구체적인 경험들을 기반으로, 코뮨에 대한 구체적인 상들을 필사적으로 찾아내고 만들어 갔던 인물임에 틀림이 없다. 하지만 그렇다고 다니가와 간의 실천들이 곧바로 2011년의 우리에게도 일반화되어 실천될 수 있느냐고 묻는다면, 그것은 난감한 질문이 될 것이다. 그렇다면 『서클마을』 활동이나 다이쇼 투쟁이, 2011년의 우리에게 줄 수 있는 것은 무엇일까? 그 경험들을 오늘날과 연결해서 만들어 낼 수 있는, 몇 가지의 중요한 '질문'들이라고 할 수 있지 않을까?

'상품으로 패키지화된 문화'가 일반적인 오늘날의 사회. 문화가 사람들에게 창조의 영역이 아니라 소비의 영역이 되어 버린 사회. 그런 사회에서 다니가와 간의 『서클마을』 활동이 던져 주는 의미가 무엇인지 물어볼 수 있지 않겠는가? 혹은 신자유주의가 지배적으로 군림하는 사회에서, 매개자로서의 '공작자'의 의미는 무엇인지 물어볼 수도 있을 것이다. 물론 과거의 다니가와 간에게서 현재의 질문들에 대한 구체적인 답을 찾기는 어려울지도 모른다. 그러나 적어도 그가 실천했던 『서클마을』 활동이나 다이쇼 투쟁의 경험은, 코뮨을 사고하는 우리들에게 코뮨과 그것을 형성하는 원리들에 대한 풍부한 상상력을 제공해 준다. 또, 자신의 삶을 매개로 우리에게 '공작자'의 현행화된 모습들을 보여 주고 있기도 하다.

반복하지만, 다니가와 간이 말하는 '타원의 공동체'는 하나의 축을 중심으로 수직적으로 위계화된 동심원의 공동체가 아니라, 중심축이 하나 이상인 다층적이고 수평적인 공동체였다. 그런데 그가 타원의 공동체를 이야기할 때 강조하고자 했던 것이, 단지 공동체에 대한 이야기뿐이었을까? 그의 글을 읽어 가다 보면, 오히려 더 강조하고 싶었던 것은, 공동체를 구성하는 개인 역시 공동체적 존재여야 하고, 또 공동체적 존재일 수밖에 없다는 사실이 아니었을까 싶기도 하다.

코뮌적 존재란 중층적이고 다차원적인 관계의 존재로, 관계에 따라서 어떤 모습으로도 현행화할 수 있는 미결정성의 존재라고 할 수 있을 것이다. 그렇게 생각한다면 공작자란 어떤 단일한 정체성의 개인일 수가 없을 것이다. 다시 말하면 코뮌적 존재로서의 개개인들은 관계에 따라 공작자이기도 하고 전위이기도 하고 민중이기도 한 다차원적인 존재일 것이다. 따라서 누군가가 전위인 나를 민중에게 이어 주기도 하고, 누군가는 민중인 나를 전위로 이어 주기도 할 것이며, 또 공작자로서의 내가 어떤 민중과 전위를 이어 주기도 할 것이다. 이렇듯 존재 자체를 코뮌적으로 사고하라는 것. 어쩌면 그것이 다니가와 간이 우리에게 던져 주는 가장 강한 메시지는 아닐까?

코뮌적 존재들이 형성하는 '타원의 공동체'에 다가서는 길은 비단 한 가지로 일축할 수 있는 성질의 것이 아닐 것이다. 하지만 나는 일단 그 공동체를 '실패를 그 동력으로 하는 공동체' 라고 말해 보고 싶다. 실패야말로 타원에서 중요한 (기존의 중심축 이외의) 다른 축들을 꿈꾸게 하고 만들어 낼 수 있게 하는 동력이 될 것이기 때문이다.

다니가와 간은 오늘의 우리들에게 이렇게 묻고 있는지도 모른다. "실패했습니까? 불만스럽습니까? 그렇다면 지금 당신을 움직이는 중심축을 벗어나 보아야 하지 않을까요? 그런데 어떤 중심축을 벗어나는 운동이라는 것이 따로 있겠습니까? 기존의 축과는 다른 어떤 축을 만들어 볼 수밖에요. 물론 당신과 당신의 관계성을 통해 만들어 낸 그 축이 정답은 아닐 수도 있을 것입니다. 애초에 정답으로서의 축이란 존재하지 않을지도 모르고요. 그러나 무언가 다른 새로운 중심축을 만들어 낸다는 것. 그리고 그 새로운 축을 기존의 축에 대립시켜 어떤 혼란스러운 공간을 만들어 낸다는 것. 그 것은 대립하는 두 축으로는 설명할 수 없을, 엄청난 생성의 공간이 될 수도 있지 않을까요?"라고.

사회와 공동체

클라스트르가 제시하는 인류학적 사유의 가능성

홍서연(노마디스트 수유너머N, 지역문화연구소)

1. 예속이 부재하는 사회

『국가에 대항하는 사회』와 『폭력의 고고학』은 우리에게 전혀 익숙하지 않은 사회, 강제(coercition)가 작동하지 않는 사회를 라틴아메리카 부족들의 현지조사를 통해 또렷이 그려 보여 준다. 강제는 권력을 통해 발현되고 권력은 본질적으로 강제력이지만, 강제가 없는 사회가 곧 권력이 없는 사회는 아니다. 모든 사회에는 권력이 존재하며, 권력이 없는 사회란 존재할 수 없기 때문이다. 그러므로 즉시 소환되는 것은 '권력은 어디에서나 강제로서 행사된다'는 우리의 신념이다. 그것이 신념인 이유는 권력이 본질적으로 강제력이 아니어서가 아니라, 권력이 어떻게 행사되고 통제되는가를 결정하는 것은 특수한 사회와 문화이기 때문이다.

클라스트르는 독자에게 코페르니쿠스적 사고의 전환, 곧 권력에 대한 시각의 전복을 요구한다. 그것은 또한 민족학[1]이 현재에 이르기까지 지니

---

1) 민족학(ethnologie)과 인류학(anthropologie)은 거의 동의어로 쓰이기도 하지만 약간의 미묘한 차이를 표시한다. 그러한 차이는 '사회인류학'과 민족학을 구분한 래드클리프-브라운으로부터 비롯된 것이다. 그는 1951년 강의에서, 민족학과 인류학의 탐구분야를 동일한 것으로 간주하는 보아스의 용어법에 주목하면서, 역사의 재구성에 관련된 탐구는 민족학에 포함되며 사회인류학

고 있었던 자민족 중심주의적 시각을 완전히 떨어내 버리는 일이다. 다른 사회와 타문화에 대한 시각을 교정하는 일은 인류학의 역사에서 하나의 중핵을 이루어 왔다. 비서구 사회의 '개화'와 개종에 나섰던 선교사들과 식민지 개발에 앞장섰던 모험가들이 '다른 사회'들에 대해 기술하기 시작한 이래로 인류학은 수없이 많은 사고의 전환을 거쳤고, 그것은 현재에도 여전히 인류학의 중요한 논제를 구성한다. 많은 인류학자들이 '권력들'에 대해 서술하고 친족, 말, 성스러운 것과 권력을 관계지었으며 정치인류학은 서구와 다른 권력들의 양상들을 서술했지만, 권력의 본성은 인류학의 논제에서 벗어나 있었다. 인류학은 권력의 개념 자체를 문제 삼지 않고 서구에서 일반적으로 받아들여져 온 권력 개념을 공유하고 있었다. 클라스트르는 말한다. 인류학적 성과물의 방대함은 분명 우리를 멀리까지 나아가게 하지만 정치인류학은 자연사의 사실에 구속되어 있다고. 그리고 그는 대지의 인력에 붙들린 우리를 해방시키기 위해, 태양을 바꾸고 움직이는 사고의 전환을 요구한다.[2] 그것은 어떻게 가능한가? 어쩌면 인류학은 자연사의 풍부함과 사유를 양자택일의 대상으로 놓고 어느 것 하나 포기할 수 없어 쩔쩔매고 있었던 것은 아닌가?

클라스트르의 저작들이 갖는 폭발력은 우선 권력에 관련된 민족지 자료를 사고의 전복성과 결합한다는 데에 있다. 그는 통념과 땅의 인력에 붙들려 자유롭게 거슬러 오르지 못하는 독자를 깨우고, 해방되기를 거부하는

이란 용어는 인류사회의 발달에서 발견될 수 있는 규칙성을 관찰하고 일반 법칙을 추구하는 연구를 가리키는 것으로 써야 한다고 했다(제리 무어, 『인류학의 거장들』, 김우영 옮김, 한길사, 2002, 215쪽). 한국에서 '민속학'으로 번역되는 ethnologie의 위치는 모호하며, 인류학과 민속학의 간극은 서구에서보다 훨씬 크다. 한편 ethnographie는 전통적인 것이라는 의미에서의 역사적인 것을 불러내오지 않는다는 점에서, '민족지'나 '민속지'보다는 '문화기술지'로 번역되는 것이 한국에서의 용어법이다.

2) 피에르 클라스트르, 『국가에 대항하는 사회』, 홍성흡 옮김, 이학사, 2005, 34~35쪽.

독자를 후려치며, 현지조사에 바탕을 둔 기술과 통찰력 있는 분석으로 마침내 그를 굴 속으로부터 끌어낸다.

여기서 문제되는 것은 강제와 복종의 조건이 아니다. 강제 없는 사회는 논리에 의해 도출되는 것이 아니라 우리가 살고 있는 사회와 전혀 다른, 그러나 실제로 존재하는 사회에 대한 분석으로부터 제시되며, 그렇게 해서 우리에게 이마고(imago)로 다가온다. 클라스트르는 라 보에티의 『자발적 복종』에서, 완전히 자기 고유의 운동과 자기 고유의 논리만을 따르는 엄밀한 사고이자 완전히 새로운 것, "명명될 수 없는 것"을 사유하는 '거스르는 사고'를 본다. 그는 강제와 예속이 존재하는 사회는 역사적인 사회라는 단순한 사실을 강조한다. 역사적이라는 것은 달리 말해 영원한 것이 아니며 항상 존재했던 것이 아니라는 것이고, 역사 속의 어느 시점에 출현한 것이며 탄생 시기를 갖는다는 것이다. 그리고 그것이 역사적이라면 또한 "전혀 다른 것"이 가능하다.[3] 따라서, '왜 대부분의 사람들은 자유로워지려 하지 않고 단 한 사람에게 자발적으로 복종하는가'라는 질문은, 예속성이 부재하는 사회의 논리적 가능성을 상상하는 일과는 완전히 판이하게, 필연적으로 역사 속의 존재인 우리가 역사를 초월하여 친숙한 사고의 안정성을 거슬러 오를 때에만 도달할 수 있는 통찰에서 나오는 것이다.

간단히 말해 클라스트르는 라 보에티에게서 인류학적 사유를 본다. 그것은 우리가 우리의 역사적 조건 속에서 경험하지 못한 것, 따라서 명명될 수 없는 것을 사유하는 사고이다. 그것은 『밝힐 수 없는 공동체』에서 블랑쇼가 보여 주는, 공동체에 대한 사유를 몹시 어렵게 하며 사유함에 있어 우리가 부딪치는 어떤 모순, 어떤 불가능성 속에 놓여 있는 것처럼 보이는 것을 사유하는 일이다. 그러나 인류학적 사유가 통과하는 인식의 격자는 경

---

3) 클라스트르, 『폭력의 고고학』, 변지현, 이종영 옮김, 울력, 2002, 155쪽.

험이다. "······재난을 겪어 봐야만 재난을 피할 수 있는 것이 아니고, 자유를 상실해 봐야만 자유를 요청할 수 있는 것이 아니다."[4] 클라스트르는 원시사회가 정치권력이 야기하는 문제를 신랄하게 포착하고 놀랍도록 능숙하게 해결했던 것은 그 사회들이 예속을 경험해 보았기 때문이 아니라, 일찌감치 권력과 자연의 유사성을 발견함으로써 그러한 위협을 직관할 수 있었고, 그 결과 "정치적 권위의 독성을 중화하는 수단을 만들어 낼 수 있었기 때문"이라고 말한다.[5]

이러한 분석은 정확히, 인류학적 접근방식이 함축하고 있는 근거지를 드러내 보인다. 결국 인류학이 우리 자신과 우리가 살고 있는 사회를 더 잘 이해하기 위해 더 먼 곳으로 떠나는 이유는 무엇인가? 사회와 문화에 대한 직관을 가능하게 해줄 경험적 자료들과 계기들을 우리 사회의 바깥에서 얻기 위해서가 아닌가? 그것은 우리가 서 있는 조건의 외부로 나간다는 점에서 비(非)역사적 사유를 가능하게 하지만, 역사적으로 존재하는 사회 속으로 들어감으로써만 가능하다는 점에서 또한 역사적인 경험이다. 그렇기 때문에 인류학의 질문과 사유는 언제나 역사적이면서 동시에 역사를 초월하는 것이다. 잇따를 논의들은 모두 인류학의 그러한 인식론적 조건과 밀접히 관련되어 있다.

예속이 부재하는 사회는 예속이 없다는 점에서 우리가 살고 있는 사회의 대극점이다. 이미 오래 전에 지구상의 많은 사회들이 그러한 사회로부터 강제와 예속이 존재하는 사회로 이행했고, 인류의 대부분은 강제와 예속을 당연하며 거의 필연적인 조건으로 인식해 왔다. 그러나 그것으로부터 곧바로 인류가 예속 없는 사회를 알지 못하거나 알 수 없다는 결론이 나오

지는 않는다. 사람들은 아는 것만을 생각하고 말하는 것이 아니라, 생각하고 말하는 과정에서 알지 못했던 것을 알게 되기도 하기 때문이며, 새로운 말하기와 새로운 사유는 사유와 말하기, 그리고 행동하고 활동하기에 있어 새로운 프로그램을 조직하고 실행하는 데에서 나오기 때문이다. 인류학적 현지조사는 그러한 프로그램을 조직적으로 실천하는 한 방법이다.

2. "국가 없는 사회"의 노선과 국가기원론의 노선

피에르 클라스트르가 조사한 남아메리카의 인디언 사회들은 추장제사회(chefferie)이다. 영어의 'chiefdom'으로 번역되는 프랑스어 'chefferie'는 프랑스의 민족학 저술에서 두 가지 다른 의미로 사용된다. 첫번째 용법에서는 선출되거나 상속되며 그 보유자가 정치적 권위를 갖는 사회적 직책, 혹은 그러한 직책이 존재하는 사회집단을 가리키며, 이러한 집단은 일반적으로 작은 규모를 갖는다. 클라스트르가 말하는 'chefferie'의 의미가 이것이다. 이 용어의 또 다른 의미는 신(新)진화주의의 구도 속에서 살린즈와 서비스[6] 등의 미국 인류학자들이 개념적으로 정식화한 네 가지 사회 유형 중 하나인 부족연맹사회(chiefdom)를 가리키는 것이다.

이러한 유형 분류에 따르면 인류는 네 가지 유형의 사회를 거치면서 진보해 왔다. 군단사회(群團社會, band)는 20인 내지 300인 가량의 실질적 혹은 허구적 가족에 기반을 둔 소규모의 사냥, 채집, 어업 집단으로 생활하며, 특별한 사회적 계층이나 정치조직을 갖지 않는 평등사회이다. 칼라하리 사막의 쿵 부시맨족이나 시베리아와 그린란드의 이누이트족이 이러한 사회 유형에 속하며, 구아야키족과 남비콰라족 등 클라스트르가 조사한 남아

---

6) M. Sahlins, *Tribesmen*(1968); E. Service, *Primitive Social Organization*(1962).

메리카 인디언 사회들도 여기에 속한다. 이와 달리 초지역적인 정치조직을 가진 독립적인 공동체들의 집합인 부족사회(tribe)는 계층으로 나뉘어 있거나 그렇지 않으며, 분업 노동이 발견되기도 하고 그렇지 않기도 하다. 한편 아메리카 북서 해안의 부족연맹사회(chiefdom)[7]들은 이러한 분류법이 나타나기 이전에 프랑스 민족지학에서 사용된 chefferie의 용법과는 다르게, 몇몇의 지역적 단위를 지배하는 집권적(集權的) 권위를 갖는 사회를 가리키며, 억압적 기구를 갖추지 않았다는 점에서 국가와 다르다.

이와 같은 유형 분류는 각 단계 간의 이행을 전제한다는 점에서 진화주의적이다. 클라스트르는 단계론과 진화주의를 철저히 배제하고 원시사회(société primitive)에서 "국가가 부재하는 사회"를 본다. 역사상 존재한 모든 사회들은 단 두 가지 유형, 국가 없는 원시사회와 국가기구가 존재하는 사회로 나뉘어지며, 이 두 유형의 사회를 분리하는 것은 불연속적인 단절이다. 국가 없는 사회는 곧 강제하는 권력이 없는 사회, 비분화된 사회이다. 분화되지 않았다는 것은 노동 분업을 포함해서 모든 사회 분화가 없다는 것이고, 사물을 수직적으로 배열하고 "군사적으로나 종교적으로 힘을 가진 자들과 그 힘에 종속되는 자들 사이의 거대한 정치적 단절"[8]이 없다는 것이다.

정치권력은 어디로부터 출현했는가, 다시 말해 국가는 어떻게 해서 탄생했는가라는 문제는 클라스트르에게 지금으로서는 풀 수 없는 수수께끼, "역사를 탄생시킨 수수께끼 같은 재난", 결코 필연적이지 않은 "일종의 사고(事故)"[9]이다. 그는 그것을 해명하는 데에 관심이 있는 것이 아니라, 반대

---

7) 군장사회(君長社會), 족장사회, 추장사회로 번역되기도 하지만, 이렇게 번역할 때에는 클라스트르가 조사한 사회들과의 중요한 차이점이 표시되기 어렵다.
8) 클라스트르, 『국가에 대항하는 사회』, 245~246쪽.
9) 클라스트르, 『폭력의 고고학』, 157쪽.

로 우리가 살고 있는 사회와 같은 시대에 이르기까지 존속해 온 인디언 추장제사회들에서 **국가가 출현하지 않을 수 있었던** 조건을 해명하는 데에 관심이 있다. 그렇게 함으로써 그가 하는 것은 "국가 없는 사회에 나타나는 정치적인 것의 공간의 윤곽을 그려" 보는 것,[10] 권력에 대한 원시사회의 철학을 고찰하고 권력의 실행을 저지하는 기재들을 밝히는 것이다. 이러한 작업이 클라스트르의 정치인류학을 구성한다.

모건으로 대표되는 고전적 인류학은 원시사회들의 특수한 존재를 규정하면서, 그 사회들을 독특한 사회 구성체들로 만들어 주는 것을 지적하여 국가 없는 사회들이라고 정의했다. 이 점에서 클라스트르의 입장은 고전적 인류학과 다르지 않다. 그러나 모건의 유형분류에서[11] 출발한 진화주의의 노선과 클라스트르의 노선은 전혀 다른 방향으로 갈라지게 된다. 그분기점은 두 가지 점에서 지적될 수 있다. 진화주의 쪽에서는 각각의 사회 유형을 일직선상에 놓인 발전 단계 중 하나에 해당되는 것으로 보고 국가를 역사의 더 완성된 형태로 본 결과, 원시사회의 성격이 아니라 국가의 기원을 관심의 중심에 두게 된다. 클라스트르의 편에서는, 그가 원시사회에 대립시키는 국가는 철학적 사유의 결과 형성된 공시적 구성물인 국가이며, 따라서 그의 논의의 목적은 역사 속에 존재한 수많은 형태의 국가들을 고찰하는 데에 있지 않다는 점이 지적될 수 있다. 그의 분석 대상은 어디까지나 국가가 아니라 원시사회였기 때문이고, 그에게 있어 국가는 원시사회의 대극점으로 사유되고 있기 때문이다.

국가의 부재는 비분화에 의해 특징지어지는 원시사회들의 존재를 규정하

---

10) 클라스트르, 『국가에 대항하는 사회』, 253~254쪽.
11) 루이스 헨리 모건, 『고대사회』, 최달곤·정동호 옮김, 문화문고, 2000.

는, 인류학의 내재적 지표이다. 즉 사회의 분화는 결코 국가적 제도에 선행하는 것이 아니고, 국가 자체가 분화를 발생시키는 것이자 분화의 동력이며 토대라는 의미에서 말이다.[12]

따라서 역사상 나타난 모든 사회를 거시적인 단 두 유형으로 딱 잘라 '원시사회 또는 국가 없는 사회'와 '국가를 가진 사회'로 나누는 것은 하나의 논리적인 배치이며, 통시적 관점이 아니라 공시적 관점이다. '사회들 간의 불연속적인 근본적 단절을 가져오는 국가기구가 존재하는가 그렇지 않은가'라는 기준은 앞서 언급한 사회 유형 분류와는 상이한 구도 위에 서 있는 완전히 다른 종류의 분류이다. 이러한 사실은 클라스트르의 분류가 사회 유형들 간의 이행을 거부함으로써 진화주의적 사고에서 완전히 벗어나 있다는 데에서 설명될 수 있다. 유형 간의 이행을 전제하는 연속주의적 사회 유형 분류가 어째서 진화론적인 색채를 띨 수밖에 없는지, 그리고 클라스트르가 국가기구의 존재 또는 부재를 기준으로 두 가지 사회를 대립시킴으로써 보여 주는 것은 무엇인지는 조금 뒤에 논의하도록 하자. 여기서는 우선 고전적 정치인류학의 출발점이었던 국가의 기원 문제에 대해 살펴보겠다.

19세기에 스펜서는 국가의 기원을 전사들의 연맹에서 보았다. 1960년대 중반에 퍼슨과 구디 등의 인류학자들은 아프리카 국가들의 형성과 장거리 상업의 출현 간의 인과성으로 국가의 출현을 설명하려 했다. 상인들에게 부과된 세금을 통해 상업은 국가가 기능하는 데 필수적인 수입을 제공했고, 국가는 상업의 발흥에 없어서는 안 될 안전한 환경을 보장했다는 것이다. 여기에 엥겔스의 국가기원론이 관련된다. 그는 로마와 아테네에서 노

---

12) 클라스트르, 『폭력의 고고학』, 159쪽.

동의 전개와 분화, 잉여의 생산, 상품과 화폐, 그리고 특히 노예의 출현이 모순과 투쟁을 낳았다고 보았고, 이를 둘러싼 적대적 계급들의 형성이 국가가 출현하게 된 기원이 되었다고 보았다. 엥겔스에게 국가는 현상 유지의 임무를 위한 억압적 기구였다. 한편 스튜어드는 국가의 탄생에서 농업이 중요한 역할을 했다고 가정했다. 5대문명(페루, 이집트, 메소포타미아, 중국, 메조아메리카)를 비교한 결과 그는 수리관개의 필요가 관료조직의 기원이었으며 이것이 확장적 성격을 갖는 국가의 형상을 지니고 있었다고 했다. 비트포겔에게 최초의 국가들은 거대 기반시설의 건설을 조직하는 기능을 가지고 있었던 관료적이고 전제적인 조직들이었다.

전쟁기원설에 의존하든 내적 동력으로부터 산출되었다는 입장을 취하든, 국가발생론은 진화의 개념을 벗어나기 어렵다. 특히 엥겔스의 『가족, 사유재산, 국가의 기원』의 4장과 5장, 모건의 『고대사회』에서의 국가기원론이 그러하다.

맑스의 경우, 그는 국가발생론을 전개하지 않았다. 그가 국가에 대한 철학을 전개하는 것은 『헤겔 법철학 비판』에서인데, 헤겔의 『법철학』에서 국가는 순전한 철학적 개념이다. 법, 인륜, 국가가 정신에 의해 개념적으로 파악되는 진리라는 생각이 『법철학』의 기초를 이루며, 헤겔은 이성적 내용과 이성적 형식으로 국가를 다루고자 했다. 맑스가 헤겔이 말하는 국가의 이념적 성격을 비판하고[13] 그의 국가론이 보편성과 개체성을 "뒤범벅"으로 섞어 놓은 결과 군주와 시민사회의 대립을 드러내지 못했다고 비판했을 때,[14] 비판의 핵심은 헤겔이 국가를 사회적으로 다루지 않았다는 점에 있었다. 클라스트르가 비른봄을 비판하면서 "[국가] 기원의 문제는 철저하게

---

13) 칼 맑스 『헤겔 법철학 비판』, 홍영두 옮김, 아침, 1988, 14쪽, 207.
14) 위의 책, 122쪽, 287.

사회학적인 것이고, 그러니 콩도르세, 헤겔, 콩트, 엥겔스, 뒤르켐, 비른봄은 어떤 도움도 줄 수 없다"[15]고 할 때, 그의 비판은 맑스의 헤겔 비판과 동일한 선상에 놓여 있었다. 클라스트르는 비른봄이 시도한 것과 같은 국가기원론을 철저히 거부했지만, 그것은 국가기원의 문제를 다루는 것 자체가 무가치하다는 뜻에서는 아니다. 그것은 국가 기원의 문제를 경험적이고 사회학적이지 않은 방식으로 다룬 데 대한 비판이었고, 비른봄의 국가발생론이 진화주의에 입각하고 있다는 점에 대한 비판이었다. 다시 말해 클라스트르는 국가기원론에서 국가가 원시사회보다 진보된 사회라는 전제를 읽었고, 그것은 결코 받아들일 수 없는 것이었다. 그의 사후에 출판된 『폭력의 고고학』에는 그가 국가의 기원 문제를 완전히 무가치하게 생각하지 않았다는 것이 드러나 있다. 그는 거기서, 자신이 국가의 기원 문제에 대답을 제시할 수 있을지 없을지는 자기 자신도 알 수 없으며, 다만 서두를 이유가 없다고 말한다.[16]

클라스트르의 인류학이 많은 독자들을 당혹케 한 것은 그가 다종다양한 사회 유형을 단 두 가지로 나누고, 고전적 인류학과 정치인류학이 지대한 관심을 가지고 있었던 국가기원론을 송두리째 거부한다는 점이었다. 그러나 그는 『국가에 대항하는 사회』와 『폭력의 고고학』에 수록된 많은 논문들에서 수없이 반복해 말한다. 그의 사회분류는 인류사회의 단계적 변화라는 관점과는 완전히 다른 구도를 가지고 있다는 것, 다시 말해 정치권력의 출현이라는, 한 사회에 정치적 단절을 가져오는 기준만이 그가 취하는 유일한 기준이라는 것, 그리고 국가라는 불연속적인 선을 그음으로써만 정치적 지배의 기원을 제대로 탐구할 수 있다는 것을. 왜냐하면 "서양 사상은 사

---

15) 클라스트르, 『폭력의 고고학』, 214쪽.
16) 위의 책, 214-215쪽.

회적 분화를 사회 자체에 내재한 것으로 간주"[17]한 까닭에, 정치적 지배의 기원을 탐구한 적이 없기 때문이다. 그가 국가기원론과 결별하는 지점은 바로 이 지점에서다.

3. 원시사회의 구조와 정치적인 것

논리적인 순서를 따를 때 이제 우리에게 남은 문제는 어째서 클라스트르에게 강제적 권력과 그에 대한 예속이 실행되는 사회는 국가밖에 없는가라는 질문에 답하는 것이다. 그러한 문제에 대한 대답은 국가에 대한 논의를 통해서가 아니라 원시사회를 통해, 구체적으로는 원시사회에서 권력이 작동되는 구조를 살핌으로써 도출된다.

클라스트르가 다루는 정치와 권력은 굳이 말하자면 대문자로 표기되는 정치, 대문자로 표기되는 권력일 테지만, 원시사회에 대한 논의에서 미시정치나 미시권력을 말하는 것은 의미가 없을 것이다. 그 개념들은 근대성에 내재한 원리들로부터 나온 것이며, 근대사회를 분석하기 위한 사유도구이지 원시사회를 분석하기 위한 개념이 아니기 때문이다.

클라스트르에게 원시사회의 기초는 권력이 행사되는 것을 저지하는 사회적 메커니즘이며, 그 열쇠는 남아메리카 종족 집단들의 우두머리인 추장의 성격에 있다. 추장의 성격은 네 가지로 요약될 수 있다. 첫째, 추장은 평시에는 일체의 강제적 권력을 행사하지 않는 분쟁 조정자이며 전쟁시에는 군사적 권력을 행사하는 지도자이다. 둘째, 추장이 되기 위한 조건은 부족민들의 요구에 따라 재화를 무한정 나누어 주는 관대함을 갖추는 것이다. 셋째, 추장은 말솜씨를 통해 부족민들을 즐겁게 해주어야 한다. 인디언

---

17) 클라스트르, 『폭력의 고고학』, 207쪽.

들은 말을 좋아하며 추장의 말솜씨는 평화조정자 역할의 필수적인 조건이 된다. 넷째, 추장에게는 일부다처제가 배타적 특권으로 인정된다.

이 중 첫번째 특성과 나머지 세 가지는 다른 위상을 갖는 요소들이다. 첫번째 것은 추장이 갖는 권력의 성격에 관련된 것이고, 나머지 세 가지, 재화, 여성, 말은 교환의 형태를 띤 사회적 구조에서 결정되는 요소들이자 "소통의 세계의 심장부"에 관련된 세 가지 유형의 기호들이다. 이 요소들이 바로 한 집단의 "자연에서 문화로의 이행"을 결정지으며, 사회를 만들고 통제하는 교환의 법칙을 충실하게 따르는 권력의 속성을 본질적으로 표현한다.[18] 그런데 흥미로운 것은 이들 사회에서 이러한 교환의 법칙이 호혜성의 원리만으로는 설명되지 않는다는 점이다. 사람들은 추장의 말에 높은 가치를 부여하지만 추장의 말하기는 순전히 의례화된 행위이며, 추장의 말에 귀를 기울이는 사람은 아무도 없다. 사람들은 식량이 부족할 때면 추장에게 의존하며, 집단의 기대를 만족시키지 못할 때 추장은 버림받는다. 그래서 추장은 나누어 줄 재화를 마련하기 위해 끊임없이 고민하고 노동해야 한다. 여성에 대해 살펴보자면 추장은 여러 부인을 거느릴 수 있어 특권을 누리는 것 같지만, 여성은 원시사회에서 매우 높은 가치재이므로 그것은 추장이 집단에 대해 많은 의무를 지게 된다는 것을 의미한다.

따라서 이 사회들에서 권력과 집단 사이의 관계는 교환의 호혜성이라는 틀에서 분석될 수 없으며, 집단에서 우두머리에게 일방적인 방향으로 수행되는 증여라는 징표를 통해, 권력의 행사권을 지니지 못한 이 직무 보유자의 사회적 지위가 승인되는 구조를 보여 준다. 그리고 그 구조는 재화, 여성, 말이라는 세 가지 기호들의 순환이 역설적으로 교환가치를 부인하고 파괴하는 데에 있다.

---

18) 클라스트르, 『국가에 대항하는 사회』, 50쪽.

이러한 분석을 통해 클라스트르가 드러내고자 하는 것은 사회구조이고, 그것은 "집단이 스스로의 모델을 만들기 위해 행하는 무의식적 활동과 관련된 것"이다.[19] 클라스트르는 구조주의를 "사회 없는 사회학"이라 비판했지만, 이 지점에서 그는 구조주의의 수혜자이다. 단지 그는 사회구조를 '권력이 사회와 맺는 관계에 따라 집단이 무의식적으로 활동한 결과 형성되는 구조'로 재규정한다. 원시사회에서 드러나는 사회구조의 모델은 집단으로부터 정치적 기능을 배제하는 모델, 정치적 기능이 효과적으로 전개될 수 있는 가능성을 차단하여 무력화하는 모델이다. 정치의 기능을 사회의 외부로 추방하는 것이 이러한 모델을 구현하는 수단이 된다.[20]

이러한 사회는 권력자가 권력을 소유하는 것이 아니라 사회가 권력을 소유하는 사회이며, 그것은 그 사회가 하나의 전체로서 비분화되어 있을 때에만 가능하다. 그것은 곧 "사회적인 것의 영역과 구분되는 정치적인 것의 영역을 확인할 수 없다"는 것이 원시사회의 정의라는 말과 같다.[21]

권력은 하나의 몸체로서의 사회로부터 분리되지 않는다. 불평등의 거부, 분리된 권력의 거부, 바로 이것이 원시사회들의 동일한 그리고 부단한 염려이다. 원시사회들은 매우 잘 알고 있다. 바로 이러한 투쟁을 포기한다면, 권력의 욕망 그리고 복종의 욕망이라고 명명되는 은밀한 힘들——지배와 복종은 바로 이 힘들의 해방을 통해 발생하는 것이다——을 가로막는 것을 그친다면, 자신들의 자유를 잃게 되리라는 것을 말이다.[22]

---

19) 클라스트르, 『국가에 대항하는 사회』, 55쪽.
20) 위의 책.
21) 클라스트르, 『폭력의 고고학』, 145쪽.
22) 위의 책, 151쪽.

그것은 곧 "권력을 가지고 있는 것은 부족이고, 부족은 그 권력을 우두머리에 대해 행사"[23]한다는 것, 사회로부터 분리되지 않은 권력이 단 하나의 방향으로만, 단 하나의 프로젝트만을 실현한다는 것과 같다.[24] 그러기 위해 원시사회가 마련한 조건은 제도의 형식적 속성들이며, 분화와 지배를 거부하는 방식으로 사회성을 제도화하는 것이다. 이러한 사회구조에 전제된 철학, 원시사회에 내재한 사유의 전복적 내용은 "권력은 통제할 수 없고 사회에 적대적인 피안으로부터 사회에 대항하여 행사되며, 본질적으로 자연의 은밀한 드러남일 뿐"[25]이라는 것이다. 이들 사회는 권력과 자연을 동일시하며, 이들에게 있어 문제는 "지배의 욕망과 복종의 욕망이라고 명명되는 은밀한 힘들"이 풀려 나오지 않도록 저지하는 것이다. 이러한 저지의 메커니즘이 곧 제도이고, 이것이 곧 정치적인 것이다.

그러나 클라스트르가 몹시 역설적인 어조로 정치인류학의 가능성을 물을 때, 그리하여 모든 것이 정치의 영역에 포함되고 모든 사회 구성 단위들(친족집단, 연령집단, 생산단위 등)이 걸핏하면 정치적인 의미를 부여받게 됨으로써 정치적인 것의 독자적인 의미가 희석된다고 말할 때,[26] 우리는 질문하지 않을 수 없다. 무엇이 정치적인 것이며 무엇이 비정치적인 것인가? 정치적인 것과 비정치적인 것을 나누는 기준은 무엇인가? 자, 이제 우리는 권력 개념의 심장부에 도달했다.

명령-복종 관계가 발견되지 않는 사회(즉 정치권력이 없는 사회)에서의 집단생활이 비정치적이라는 성격을 부가적으로 지니는 직접적 사회통제에

---

23) 위의 책, 197쪽.
24) 위의 책, 151쪽.
25) 클라스트르, 『국가에 대항하는 사회』, 58쪽.
26) 위의 책, 26쪽.

의해 유지된다고 말할 수는 없다.[27]

　강제와 예속의 관계가 발견되지 않는 사회에서의 집단생활이 비정치적이라는 것은 오래된 편견일 뿐이다. 심지어 정치제도가 없는 사회, 예를 들어 추장제가 없는 사회에서조차도 정치적인 것은 존재하며 권력의 문제가 제기된다. 정치적인 것의 영역은 유력자의 "개인적인 영향력"으로 환원될 수 없는 것이다. 결국 정치적인 것은 권력과 집단의 관계가 조건화되는 사회구조를 통해 드러나는 제도들이다.

　말리노프스키 이후 인류학에서 일반적으로 받아들여지는 전제인 제도의 정치성을 클라스트르에게서 발견했다고 해서 그를 영국 사회인류학의 계승자라 할 수는 없을 것이다. 제도는 한 사회의 기능 또는 재생산을 위해 조직된 장치의 형태를 갖는 모든 것이며, 비록 암묵적이라 할지라도 설립 행위로 나타나는 본원적 의지에서 유래하는 것이라는 생각은 오늘날의 인류학 저작들에서 일반적으로 찾아볼 수 있다. 한편 래드클리프-브라운에게 정치제도는 강제적인 권위를 조직적으로 행함으로써 물리적인 힘의 행사가 실행될 가능성을 겨냥하는 것이어서, 말리노프스키가 말한 제도보다 좀더 명시적으로 정치적 성격을 띤다. 그러나 그에게 정치제도란 권리와 의무에 관여하며 사회체제를 유지하기 위한 것이다. 그러므로 우리는 여기서 클라스트르가 비판자들에게 대응하여 말한 것, 하나의 사유를 그 영향관계로 잘게 쪼개는 것은 그 사유를 이해하는 데에 별 도움을 주지 않는다는 것을 떠올린다. 다만, 클라스트르가 권력의 저지 메커니즘을 설명하는 방법의 핵심에 '구조'와 '제도'가 있다는 것을 강조하지 않을 수 없다. 그리고 동시에, 이 개념들에 종종 붙는 보수주의의 라벨로 인해 우리가 클라

---

27) 클라스트르, 『국가에 대항하는 사회』, 28쪽.

스트르 사유의 중요한 핵심을 피해 가지 않기를 바란다.

원시사회는 제도를 체현하는 구조를 통해 집단을 구성하는 모든 요소에 대해 절대적이고 완전한 권력을 행사하는 사회이다.

즉 사회의 어떤 하위 집단에 대해서도 자율을 금지하고 사회생활을 유지하는 내부의 의식적, 무의식적 운동 전체를 사회가 바라는 한계와 방향으로 나아가도록 만든다. 부족은 그중에서도 특히 (그리고 필요하다면 폭력을 사용해서) 개인적이고 집중화된 그리고 분리된 정치권력의 출현을 거부함으로써 이러한 원시사회의 질서를 유지하고자 하는 의지를 명백히 나타낸다. 원시사회는 모든 탈출구가 막혀 있기 때문에 어떤 것도 벗어날 수 없으며 그 자체로부터 일탈하는 것을 허용하지 않는다. 또한 그것은 실질적인 어떤 것도 시간을 통해 영향을 미칠 수 없는, 영원히 자기 재생산하는 사회이다.[28]

그런데 원시사회가 완전히 통제할 수 없는 유동적인 영역이 있다. 그것은 인구동태의 영역이다. 이러한 사회는 인구밀도가 높지 않을 때에만 존립할 수 있다. 투피-과라니족에게서 관찰된 것과 같이 인구수가 많을 경우 권력을 획득하고자 하는 경향이 분명히 나타났으며, 다른 추장제사회에서는 볼 수 없는 권력을 갖는 추장이 출현했다. 클라스트르는 투피-과라니족의 사례에서 국가 출현의 가능성이 무시될 수 없었음을 언급함과 동시에, 한편으로는 유럽인이 도래하고 한편으로는 사회 자체 내에서 일어난 "봉기"로 인해 추장의 권력이 파괴되었다는 역사적 사실을 제시한다. 하지만 어느 누구도 '그때 서구인이 오지 않았더라면 국가가 발생했을까'라는 가

---

28) 위의 책, 262쪽.

설적 질문에 대해 대답할 수 없다.

한편 인구동태와 사회 유지의 문제를 해결하는 메커니즘은『폭력의 고고학』에서 전쟁으로 설명된다. 이 부족들은 서로에 대해 자행하는 부단한 전쟁을 통해 집단의 거주 지역이 인구 과밀이 되는 것을 막았다. '야만인'들이 폭력을 줄여 나가려고 얼마나 많은 노력을 기울였는가를 묘사하고 기술하는 수많은 민족지 자료들에 대항해서 클라스트르는 폭력이 보편적인 원시사회를 묘사한다.

전쟁은 식량 획득 기술로서 규율화된 폭력과 달리 순수한 공격성의 차원을 내재한 행동이며, 원시사회에 나타나는 전쟁의 보편성은 사회의 비분화를 보장해 주는 장치인 까닭에 자연적인 것이 아니라 문화적인 것이다.[29]

비분화를 보장해 주는 법의 이름 아래 자신의 영토를 통제하는 공동체가 바로 원시 사회이다. 영토적 차원은 타자를 배제하는 것이기 때문에 이미 정치적 결합을 내포한다. 거울로서의 타자 ──이웃 집단들──는 공동체에 통일성과 총체성의 이미지를 돌려준다. 공동체 또는 군단(群團)은 이웃의 공동체와 군단과 대면하여 스스로를 절대적 차이로, 환원 불가능한 자유로, 총체성으로서의 존재를 유지하려는 의지로 제시하고 사고한다. 원시사회는 구체적으로 다음과 같이 나타난다. 자신의 영토의 통합성을 감시하는 분리된 공동체들의 다수성, 그리고 각자가 타자들과 대면하여 자신의 차이를 주장하는 일련의 새로운-유목민들.[30]

비분화된 각각의 원시공동체들이 원심적 논리에 의해 지배받는다면,

---

29) 클라스트르,『폭력의 고고학』, 257쪽.
30) 위의 책, 276쪽.

다수의 공동체들은 전쟁의 보편성에 의해, 분산적 원심력의 지배를 받는다. 전쟁은 공동체들 간의 통합화를 저지하는 제도이자 수단이다. 통합화에 대항한다는 것은 곧 국가에 대항한다는 것이며, 따라서 전쟁은 국가에 대항한다. 전쟁은 원시사회를 원시사회로 유지하게 하는 장치, 통합화된 사회로 나아가지 못하게 하는 장치이기 때문이다.

4. 구조와 '풍부함의 논리'

역사적인 사회가 작동하는 논리를 그 사회의 구조 속에서 드러낸다는 것은 무엇을 뜻하는가? 이 질문에 답하기 위해 다시 진화주의의 문제로 돌아가 보자. 우선 분명히 해둘 것은 첫째, 원시사회란 시대적인 구분이 아니라는 것, 둘째, primitive(원시 혹은 미개), savage(야생적, 야만적 혹은 미개), barbarism(야만 혹은 야생성)이라는 용어들은 인류학적 용어법에서 가치판단을 내포하지 않는다는 것, 셋째, 그러한 용어법은 이 단어들을 열등성과 동의어로 놓는 화용론적 맥락과 분리되는 엄연한 차이에도 불구하고 가치판단이 개입되어 있을 혐의에서 완전히 자유롭지는 못하다는 것이다. 이러한 화용론적 모순이 존재하는 이유는 우선 이 용어들이 사용된 역사적 맥락의 커다란 부분이 자문화 중심주의였기 때문이며, 진화주의가 인류학에서 차지하는 미묘한 위치와도 관련이 있다.

모건이 『고대사회』에서 인류의 진화를 야생(Savagery)의 시기, 야만(Barbarism)의 시기, 문명(Civilization)의 시기라는 세 단계로 나누었을 때 거기에는 명백한 가치판단이 개입되어 있었다. 모건에게 그러한 가치판단의 기준은 국가의 존재에 있었다. 종족(gentes)에 기초하여 하나의 정치적 사회 또는 국가를 세우는 것은 모건에게 불가능해 보였으며, 그에게 역사 속에 출현한 문명의 기초를 제공해 줄 수 있는 유일한 사회조직은 국가였다. 한편 살린즈가 『부족인』에서 인류는 구석기 시대 사냥꾼들의 군단사회, 신석기 시대의 부족사회, 부족연맹사회, 국가라는 네 단계의 연속적 변화와 발생에 의해 진화해 왔다고 설명했을 때 그러한 도식이 비판받은 이유는 그것이 가치판단에 근거하고 있어서도 아니고 경험적 사실에 일치하지 않아서도 아니며, 여전히 그 구성 기반이 되고 있는 것이 인류의 진화였기 때문이었다.[31]

진화주의는 인류 사회의 역사를 사회학적으로 설명하려 할 때 무엇에 근거해야 하는가의 문제와 관련되어 있다. 진화의 개념은 각각의 특수한 역사에 의해 설명되어야 하는 사회들의 변동을 설명하는 원리로서가 아니라, 기술과 도구, 제도와 신념들이 발생하고 전개되는 조건을 설명해 줄 수 있다는 점에서 여전히 의미를 지니고 있다.

아주 단순하게, 자연에 대한 새로운 행위방식의 발명은 어느 시대 어느 사회에서나 가능한 것이 아니기 때문이다. 예를 들어 16세기에 오스트레일리아 원주민들이 핵물리학을 발명할 수 있었으리라고 상상할 수는 없다. 그러한 발명은 한 사회에서 자연에 관련된 지식 생산의 단계가 여러 단계 통과된 후에만 가능하다. 그런 다음에는, 다른 사회들이 그러한 발견들을 빌려올 수 있고 따라서 발명하지 않고도 전개시키는 일이 가능해진다. 그러므로 사람들은 인류 진화가 우리에게까지 연속된 사회들의 역사와 차이나지 않는다는 것을 보게 된다.[32]

각각의 사회들이 다른 사회들로부터 기술적, 문화적 발견들을 빌려가

---

31) Maurice Godelier, *Les tribus dans l'Histoire et face aux Etats*, Paris: CNRS Ed., 2010, p.45.
32) *Ibid.*, pp.44~45.

고 전개시킬 수 있다는 사실이 관련되기 때문에 진화의 개념은 전파의 개념과 관련된다. 전파는 "한 문화가 여러 가지 이질적인 기술과 도구, 그리고 제도와 신념들을 수용하고 차용하는 과정"[33]으로 정의된다. 말리노프스키는 문화과정으로서의 진화와 전파는 실재하는 것이고 부정할 수 없는 것이며, 다양한 사회에 나타나는 기술적 여건이나 인구분포에 따른 주거 수준을 고찰하는 데에서 '단계'의 개념이 타당성을 갖는다고 보았다.[34] 더글라스는 원시 문화와 현대 문화를 비교하기 위한 기초는 인간 경험의 통일성을 주장함과 동시에 다양성과 차이를 주장하고, 미분화된 원시와 분화된 현대의 차이를 드러내는 것이라 보았다.[35] 더글라스에 따르면 서구 현대인에게 의미 있는 사고의 분화는 단 하나의 방향, 즉 "정신의 주관적 한계로부터 점차적으로 자유로워지는", 그렇게 해서 "객관성을 추구하는 자기 인식"을 향해 나아가는 방향만을 갖는다.[36] 도구와 기술의 발명과 전개를 주제로 할 때 진화주의와 전파주의의 문제가 들어오는 것은 이와 같은 맥락에서이다. 이러한 점에서, 전자본주의 사회에 대한 이해에 대해 모건에게 빚지고 있었던 맑스가 진화주의적 색채를 띠고 있었던 것은 피할 수 없는 일이었다.

엥겔스는 『가족, 사유재산, 국가의 기원』에서 모건의 시대구분은 자료의 현저한 양적, 내용적 변화가 없는 한 언제나 타당성을 유지할 것이라고 생각했다.[37] 그가 모건을 받아들이는 지점은 인간의 생존과 자원의 이용이 기술의 발전에 맞물려 있다는 사실에 있었다. 여기서 직접적 생활의 생산,

---

33) *Ibid.*.
34) 브로니슬라브 말리노프스키, 『문화의 과학적 이론』, 한완상 옮김, 삼성출판사, 1983(『미개사회의 성과 억압』과의 합본). 236쪽.
35) 메리 더글라스, 『순수와 위험』, 유제분·이훈상 옮김, 현대미학사, 1997, 129쪽.
36) 위의 책, 131쪽.
37) 프리드리히 엥겔스, 『가족, 사유재산, 국가의 기원』, 김대웅 옮김, 아침, 1989, 25쪽.

생존수단의 생산, 인간의 재생산이라는 기능을 갖는 친족관계는 생산의 효율성을 높여 주는 조건이 된다. 엥겔스는 이 책의 서문에서 바호펜과 맥레넌 등 당시 인류학자들의 친족제도에 대한 작업들을 개관하면서, 이러한 자료들에 방향을 부여하고 분류의 방법을 알려준 공을 모건에게 돌린다.[38] 엥겔스에게 민족지학은 보편적 구조를 발견하는 데에 의의가 있었다. 고들리에는 인류학에서의 경험주의와 기능주의에 반대하면서, 레비-스트로스에게서나 맑스에게서나, 구조를 인간이 볼 수 있는 한계를 넘어 현상 뒤에 존재하며 사회체계의 근본적인 논리를 구성하는 실체로 정의하고, 그러한 의미에서의 구조는 맑스가 『자본론』에서 제시한 상품분석에서도 나타난다고 보았다.[39]

　　엥겔스가 모건의 발전단계를 그대로 받아들여 선사시대의 문화를 개관할 때, 문명의 시초에 이르는 중요한 단계는 두번째의 큰 단계인 야만(Barbarism)의 시기 중 세번째 단계였다. 이 시기는 철광석의 제련, 문자의 발명과 이용, 철제 보습날의 발명으로 인한 농업경작의 발달, 그에 따른 인구의 증가로 특징지어진다.[40] 민족학에서 농기구는 기술에 특정한 발전들을 가져다 주었다는 점에서 중요한 도구로 여겨지며, 단지 자연적 논리에 의해서뿐만 아니라 상징체계 안에서 용도와 의미가 결정되는 문화적 대상이다. 따라서 기술(technique, technology)에 대한 논의는 실증주의적 혹은 공리주의적 관점에서만 수행되지 않으며, 언제나 상징적 관점과 결합된다.

　　[자연조건들은] 그것 자체로 존재하지 않는다. 자연조건이란 인간의 생활

---

38) 엥겔스, 『가족, 사유재산, 국가의 기원』, 19쪽.

39) Maurice Godelier, *Perspectives in Marxist Anthropology*, trans. Robert Brain, New York: Cambridge University Press, 1977, pp.45, 62.

40) 엥겔스, 앞의 책, 60쪽.

양식과 기술적 능력의 작용이기 때문이다. 인간은 그것을 규정지으며 특정한 방향으로 이용함으로써 그것에 의미를 부여한다. 자연은 그 자체로는 모순된 것이 아니다. 거기에 가해지는 특정한 인간 활동과의 관계 속에서 비로소 모순이 생긴다.[41]

그러한 모순 속에서 사유는 브리콜라주의 방식으로 점차로 체계를 만들어 간다. 그 체계는 미리 정해져 있지 않으며 같은 상황에서도 여러 가지 방식으로 실현될 수 있다. 레비-스트로스가 가르쳐 주듯이, 인류학에서 기술에 대한 논의가 우리에게 가져다 줄 수 있는 것은 보편화된 역사의 법칙 속에 정식화된 생산양식의 결정론을 이야기하기 위해서가 아니라, 인간이 자연과 사회 그리고 자기 자신과의 관계 속에서 실천하면서 부딪치는 모순 속에서 어떻게 사유하고 활동하는지를 보기 위해서이다.

만약……개념적 틀이 관행(practices)을 지배하고 정의짓는다면 그것은 민족학자들이 별도의 시공에 존재하면서 개개의 구체적으로 다른 삶의 양식과 문명의 형식들로 파악하는 관행이 인간과학의 근본적인 전체성을 구성하는 프락시스(praxis)[42]와 혼동되어서는 안 되기 때문이다. 하부구조의 의심할 여지 없는 우선권을 인정하지만 동시에 나는 프락시스와 관행 사이에 매개자가 있다고 믿는다. 다시 말해 나는 개념적 틀이 바로 그 매개자로서 이것의 작용에 의해 물질과 그 형식이(양자 모두 독립된 존재를 갖지

---

41) 클로드 레비-스트로스, 『야생의 사고』, 안정남 옮김, 한길사, 1999. 163쪽.
42) 살린즈는 맑스주의 이론에서 중요한 개념인 프락시스(실천)는 생산 행위에 제한된다고 규정하고, 생산과정의 객관적, 주관적 양면을 모두 포함하면서, "역사적으로 주어진 생산수단과 생산관계뿐 아니라, 일정한 도구 사용 방식에 따라 세계를 생산적으로 변형시키는 과정에서 축적된 인간의 체험과 인간 실존의 목적을 가리킨다"고 정의한다(마샬 살린즈, 『문화와 실용논리』, 김성례 옮김, 나남, 1991, 7쪽).

않는다) 구조들로 구현된다고 믿으며, 또한 이 구조들은 경험적이며 인식 가능하다고 믿는다.[43]

레비-스트로스와 살린즈가 말해 주듯이 '풍부함의 논리'와 구조는 서로 배치되지 않는다. "민족지적 분석은 인간 사회의 경험적 다양성을 뛰어넘어서 상수(常數)에 도달하고자 한다."[44] 이 상수는 때로는 전혀 생각지도 못한 곳에 놓일 수도 있다. 민족학자는 브리콜뢰르(공작자)로서 자신의 프락시스에 의해 풍부한 다양성의 세계를 다루는 과정에서 언제나 모순에 부딪치며, 이러한 모순에 의해서만 비로소 타자와 대면한다. 그리고 모순이 주는 당혹감과 두려움을 견딤으로써만, 그것을 뛰어넘음으로써만 비로소 관행을 넘어 새로운 것에 다다른다.

모스가 기술(technique)과 주술(magie)은 관례(conventions)나 판례를 좇지 않고 언제나 새로운 것을 창조하며 그러한 점에서 사법적 행위와 어긋나고 의례의 행위와 일치한다고 말했을 때,[45] 모스는 새로운 것을 창출하는 활동의 원형을 언제나 **실효성 있는 효력을 발휘하는**(efficace), 다시 말해서 **실천적인** 인간의 두 가지 행위 양식인 기술과 주술에서 찾았다. 우리가 인류학을 통하여 공동체를 사유할 수 있다면 그것은 바로 행위와 사유에 관한 이러한 아날로지가 기대어 있는 수행적(performative) 구도에서일 것이다.

---

43) 레비-스트로스, 앞의 책. 마샬 살린즈, 위의 책, 136쪽에서 재인용.
44) 레비-스트로스, 『야생의 사고』, 354쪽.
45) Marcel Mauss, "Les Techniques du corps", *Sociologie et anthropologie*, Paris: PUF, 1950[1936], p.371; "Esquisse d'une théorie générale de la magie", *Sociologie et anthropologie*, Paris: PUF, 1950[1903], p.11.

5. 인류학에서 공동체의 사유 가능성

클라스트르는 민족학자다. 그런데 그가 원시사회를 말할 때 반복해서 강조하는 결론은 원시사회가 국가로 대표되는, 강제하는 권력의 대극점이라는 것이다. 다시 말해 원시사회에 대한 그의 가장 핵심적인 주장은 국가라는 철학적 개념틀을 거쳐 수행된다. 그런데 그의 분석에서 드러나는 원시사회는 국가가 없는 사회, 국가가 없기 때문에 국가의 대극점이 되는 사회이다. 『국가에 대항하는 사회』가 처음 나에게 던진 당혹감은, 처음부터 나를 괴롭힌 질문, 즉 '클라스트르는 원시사회를 국가의 부정으로 놓고 있을 뿐은 아닌가'라는 의문에서 온 것이었다. 한 사회에 없는 것을 통해 그 사회를 분석하는 것은 과연 적합한가? 그렇게 함으로써 역사적으로 특수한 그 사회의 고유한 메커니즘을 놓치게 되는 것은 아닌가?

이후에 자각하게 된 것이지만, 이러한 질문들은 150년 전에 퇴니스에 의해 제기되었던 물음과 내용상으로는 거꾸로, 논리적으로는 동형인 어떤 찜찜함을 포함하고 있었다. 1860년대에 『공동사회와 이익사회』(*Gemeinschaft und Geselleschaft*)가 발간되었을 때 이 책은 공동체적 과거를 향수에 젖어 숭앙하고 근대의 자유주의적 경향을 적대시하고 있다고 종종 평가되었다. 이러한 평가에 대해 퇴니스는 최종판의 서문에서, 자신은 윤리적이거나 정치적인 주장을 내세우려 한 적이 없으며, "영리하지만 오도하는 응용에 대하여 엄중히 경고한 바 있다"고 썼다. 이러한 경고는 사실 자신의 이론이 '인종과 민족에 기초한 공동체의 신성함'이라고 하는 나치스의 교의에 의해 이용될 가능성을 겨냥한 우려에서 비롯된 것이었다.[46] 사회에 대한 "순수한" 기본개념을 세우고자 한 퇴니스는 '객관적이고 순수하

---

46) 신용하 엮음, 『공동체 이론』, 문학과지성사, 1985, 140쪽.

게' 사회의 이론을 정초하려던 사람이고, 물론 인류학과 민족지학은 이러한 고전적 입장과 완전히 분리되지만, 최초의 공동체 이론가라 할 만한 퇴니스가 부딪친 상황은 공동체를 사유하는 이들에게 여전히 부당하게 쏠리는 의심의 시선들을 내게 환기시켰다. 그리고 이러한 환기는, 이번에는 훨씬 자명한 또다른 질문을 던지게 했다. 경험과학이 정치적 지향에서 벗어나야 한다는 주문은 정당화될 수 있는가? 예속 없는 사회의 그림이 유토피아주의의 냄새로 우리에게 감각된다는 사실이 그 이론을 거부할 정당한 근거가 될 수 있는가?

제국주의적 오리엔탈리즘과 상업주의적 이국취향(exotism)이 불러일으키는 그 모든 구역질에 익숙한 우리 몸이 클라스트르가 보여주는 원시공동체의 이마고에 거부반응을 일으킨다면, 그때 우리가 분석해야 하는 것은 그러한 조건에 노출된 내 신체의 반응을 통해 나타나는 우리 사회의 독성이 아닐까? 클라스트르가 말한 "망명적 상태"[47]의 징후로서.

시뮬라크르가 지배하는 우리 사회에서 베네딕트 앤더슨 이후 공동체는 더 이상 예전과 같은 가치를 함축한 논제가 되고 있지 않은 듯하다. 동시대의 사회현상으로서 공동체는 가상적인 것 혹은 종교적인 것으로 좁혀졌고, 이와 함께 공동체론의 초점은 공통적인 것과 감응에 대한 논의로 옮겨진 듯이 보인다. 사회조직으로서 공동체가 여전히 연구되고 있다면 그것은 역사학, 인류학, 민속학에서일 것이다. 힐러리가 이미 1969년에 지적한 것처럼 "중요한 것은 새로운 95번째 공동체의 정의가 가능한가라는 문제가 아니라 사회 집단들의 성격에 관한 문제"[48]임을 받아들인다면, 역사학과 인류학에서의 연구(지역사회, 친족집단, 촌락 등)는 사회적 수행 담론으로서

---

47) 클라스트르, 『폭력의 고고학』, 143쪽.
48) 신용하 엮음, 앞의 책, 69쪽.

‘공동체론’ 속에 위치하고 있지는 않지만 여전히 중요한 지반을 구성한다. 예속 없는 사회를 어떻게 상상할 수 있느냐고 물을 필요가 있는가?

신의 결정에 의해 ——자연에 의해—— 동등하도록 제도화된 사회의 구성원들은 분화되지 않은 하나 속에 모두 모여진다. 그리하여 음보라유(mborayou), 부족의 삶, 살려고 하는 부족의 의지, 동등한 자들 사이의 부족적 연대성이 자리잡는다. 음보라유는 우정이다. 우정을 통해 만들어지는 사회는 하나가 되고, 그 사회의 모든 사람들은 모두 하나이다.[49]

분화된 사회 속에 조건지어진 내 삶과 인식의 테두리 밖으로 나가기만 하면 되는 일이다. 그것은 분명히 상상 속 혹은 머릿속에 단순히 그려 보는 일과는 완전히 다른 것이다. 그것은 어떤 종류의 수행적 체험을, 행위를, 프락시스를 요구한다. 자연을 다루는 행위나 사회적 관계가 모두 똑같이 사회적이라는 사실을 모스와 르루아-구랑은 우리에게 가르쳐 주었다. 예술적 창조, 의례, 게임과 과학의 중간 지점에 놓여 있는 브리콜라주의 사유를 레비-스트로스는 가르쳐 주었다. 그리고 “이 작업은 본질적으로 좌절을 모른다.”[50] 그러한 사유는 본질적으로 결정론에 저항하는 사유이며, 브리콜라주를 통해, 주어져 있지 않은 것을 만들어 가는 활동이기 때문이다.

---

49) 클라스트르, 앞의 책, 176쪽.
50) 레비-스트로스, 『야생의 사고』, 316쪽.

참고문헌

더글라스, 메리.『순수와 위험』. 유제분·이훈상 옮김. 현대미학사. 1997.

도미야마 이치로.『폭력의 예감』. 손지연 외 옮김. 그린비. 2009.

라 보에티, 에티엔느 드.『자발적 복종』. 박설호 옮김. 울력. 2004.

레비-스트로스, 클로드.『야생의 사고』. 안정남 옮김. 한길사. 1999.

말리노프스키, 브로니슬라브.『문화의 과학적 이론』. 한완상 옮김. 삼성출판사. 1983(『미개
　　　사회의 성과 억압』과의 합본).

맑스, 칼.『헤겔 법철학 비판』. 홍영두 옮김. 아침. 1988.

＿＿＿「자본주의적 생산에 선행하는 형태들」. 김호균 옮김.『정치경제학 비판 요강』2권.
　　　그린비. 2007. 97~145쪽.

메이야수, 클로드.『자본주의와 가족제공동체: 여성, 곡창, 자본』. 김봉률 옮김. 까치. 1989.

모건, 루이스 헨리.『고대사회』. 최달곤·정동호 옮김. 문화문고. 2000.

무어, 제리.『인류학의 거장들』. 김우영 옮김. 한길사. 2002.

보토모어, 톰 외.『마르크스사상사전』. 임석진 엮고 감수. 청아출판사. 1988.

블랑쇼, 모리스·장-뤽 낭시.『밝힐 수 없는 공동체. 마주한 공동체』. 박준상 옮김. 문학과지
　　　성사. 2005.

살린즈, 마샬.『문화와 실용논리』. 김성례 옮김. 나남. 1991.

신용하 엮음.『공동체 이론』. 문학과지성사. 1985.

앤더슨, 베네딕트.『상상의 공동체』. 윤형숙 옮김. 나남. 2002.

엥겔스, 프리드리히.『가족, 사유재산, 국가의 기원』. 김대웅 옮김. 아침. 1989.

윌크, 리처드 외,『경제 인류학을 생각한다』. 홍성흡·정문영 옮김. 일조각. 2010.

이진경.『코뮨주의: 공동성과 평등성의 존재론』. 그린비. 2010.

구리모토 신이치로 엮음.『경제인류학』. 양승필 옮김. 예전사. 2000.

클라스트르, 피에르.『폭력의 고고학』. 변지현·이종영 옮김. 울력. 2003.

＿＿＿『국가에 대항하는 사회』. 홍성흡 옮김. 이학사. 2005.

퇴니스, 페르디난트.『공동사회와 이익사회』. 황성모 옮김. 삼성출판사. 1982(만하임,『이데
　　　올로기와 유토피아』와의 합본).

한완상 외.『문화인류학개론』. 서울대학교출판부. 1985.

Auroux, Sylvain (dir.). *Les notions philosophiques*, vol.I-II. Paris: PUF. 1990.

Bonte, Pierre et Michel Izard (dir.). *Dictionnaire de l'ethnologie et de l'anthropologie*.
　　　Paris: PUF. 2004.

Evans-Pritchard, E. E. *Social Anthropology and Other Essays*. New York: The Free Press. 1962.

Géraud, Marie-Odile et al. *Les notions clés de l'ethnologie*, Paris: Armand Colin. 1998.

Godelier, Maurice. *Perspectives in Marxist Anthropology*. trans. Robert Brain. New York: Cambridge University Press. 1977.

______. *Communauté, Société, Culture. Trois clefs pour comprendre les identités en conflits*. Paris: CNRS Ed. 2009.

______. *Les tribus dans l'Histoire et face aux Etats*, Paris: CNRS Ed. 2010.

______. *Au fondement des sociétés humaines. Ce que nous apprend l'anthropologie*. Paris: Flammarion. 2010.

Lee, Gira. "La question de la soumission volontaire et les mécanismes du pouvoir politique: une esquisse théorique et une étude de cas sur la Corée du Sud des années 1990". Thèse de doctorat, Université Paris IV. 2011.

Leroi-Gourhan, André. *Le geste et la parole, II. La mémoire et les rythmes*. Paris: Albin Michel. 1964.

Lienhardt, Godfrey. *Social Anthropology*. Oxford: Oxford University Press. 1964.

Mauss, Marcel. *Sociologie et anthropologie*, Paris: PUF. 1950.

Morgan, Lewis Henry. *Ancient Society*. University of Arizona Press. 1985.

Radcliffe-Brown, A. R. *Structure and Function in Primitive Society*. London: Cohen & West. 1952.

초기 맑스의 생태담론
자연과 인간의 소외를 중심으로

양해림(충남대 철학과 교수)

1. 들어가는 말

맑스(Karl Heinrich Marx, 1818~1883) 철학의 자연관에 대한 입장은 그의 에피고넨에 의해 인간중심주의의 입장과 생태중심주의의 입장들이 첨예하게 대립하여 논의되어 왔다. 한편으로 맑스주의 철학은 자연을 인간의 사회발전을 위한 도구적 지배대상으로 간주한 계몽주의 전통에 서 있는 인간중심주의사상이라는 것이며, 다른 한편으로 맑스주의의 생태학적 문제에 대한 이론적인 해답을 이끌어내려는 시도가 이루어졌다.”[1] 전자의 인간중심주의 입장으로 보았을 때, 맑스는 언제나 인간사회에서 일어나는 노동, 사회, 역사의 철학을 자연에서 찾고자 했다. 맑스가 자유의 역사라는 관점도 언제나 인간사회의 유물론적-자연주의적 대상에서 찾았다. 이러한 시도는 노동, 역사, 자연을 통해서 인간의 역사가 만들어진다고 보았다. 우리는 맑스의 이러한 입장을 인간중심주의적, 사회중심주의적 그리고 프로메테우스적이라 부른다.[2] 물론 이러한 관점은 분명한 학설로서 자리매김한 한 것은 아니다. 하지만 맑스의 철학은 인간중심주의적, 사회중심주의적

---

1) 이성백, 「마르크스의 자연문제와 생태론」, 『사회철학대계 4』, 민음사, 1998, 424쪽.

그리고 인간의 프로메테우스적인 자기 확신 속에서 궁극적으로 각인되어 왔다.

　후자의 생태중심주의 입장으로 보았을 때, 맑스의 초기 저서인 『경제학-철학수고』(1844)는 정교하게 생태학적으로 민감한 **자연으로부터의 인간의 소외**를 분석하는 데서 찾았다. 이러한 경향은 인간의 생존, 토양과의 관계, 자본주의 농업의 전체적인 문제 등에 관한 맑스 사상의 핵심을 이룬다. 맑스 사상에서 이러한 주제들은 후기 저작물에서 중요한 관심 분야였으며, 맑스가 마지막 10년의 인종학적 연구물에서 선사 시대 및 고대의 공동체적 현재의 문제들을 언급하고자 하였을 때 크게 주목받게 되었다.[3] 맑스는 생태학적 사고방식에서 자연과 인간관계의 변화를 사회적 변화로 연결시키는 데 역점을 두었다. 이러한 관점에서 맑스 철학의 핵심은 현대의 과학적 생태학적 사유에 있어서 상당 부분 그 단초를 제공한 유물론과 자유에 과한 에피쿠로스의 전통을 발전시키고 변형시킨 방법에 있었다.[4] 그러면 우리는 오늘날 생태학을 무엇이라 부르고 있는가?

　모름지기 생태학은 자연철학을 갈망한다. 그러면 21세기 현시점에서 우리는 무엇 때문에 맑스의 철학에서 생태관의 문제를 찾고자 하는가? 먼저 생태학 및 자연철학의 문제는 맑스의 박사학위 논문인 『데모크리토스와 에피쿠로스의 자연철학의 차이』(1840)[5], 『정치경제학 철학초고』(1844),

---

2) Henning Ottmann, "Der Begriff der Natur bei Marx-Überlegungen im Light ökologischer Fragestellungen", *Zeitschrift für philosophische Forschung*, Bd.39(2), 1985, p.218.

3) 존 벨라미 포스터, 『마르크스의 생태학』, 이범용 옮김, 인간사랑, 2010, 65~66쪽.

4) 맑스의 생태중심주의의 자세한 내용은 다음을 참조. Guy Vaillancourt, "Marxism and Ecology: More Benedictine than Franciscan", ed. Ted Benton, *The Greeting of Marxism*, New York: Guilford, 1996, pp.50~63; 존 벨라미 포스터, 『마르크스의 생태학』, 26쪽.

5) 맑스는 이 저서에서 데모크리토스와 에피쿠로스의 원자론과 원자의 자연현상 형식인 천체운동, 즉 우주에 대한 관점의 차이를 중심으로 시간개념에 대해 심도 있는 철학적 고찰을 전개하였다. 에피쿠로스는 자연이라는 거시세계와 원자라는 미시세계의 연관성을 원자의 성질 규정을 통해

『독일이데올로기』(1845) 등에서 찾을 수 있다. 청년 맑스에게 있어서 자연철학은 반관념론자인 동시에 자연주의자로서의 이중적 의미를 지닌다. 필자는 맑스의 광범위한 저서를 초기의 생태학적 자연관의 관점을 한정하여 살펴보고, 21세기 현대사회에서 그의 자연적 생태관이 어떤 의미를 지니는가를 고찰해 보고자 한다.

2. 서구의 자연관: 인간중심주의

지금까지 생태문제의 일반적 분석은 대체로 그리스 사상에서 지배적인 두 가지의 문제에 역점을 두었다. 하나는 인구수 증가에 따른 **자연의 한계에 대한 문제**이며, 다른 하나는 **인간중심주의적 관점 대 생태중심주의적 관점**의 문제였다. 고전적인 사상의 전통은 자연을 인간발달의 산물로 의식하는 자연세계의 존재론적 우위를 부정하는 급진적 구성주의적 유형이라 종종 비난받아 왔다. 이제 깊숙이 자리 잡은 인간중심주의, 자연에 대한 도구적 접근, 자연의 한계를 제대로 설명하지 못하는 이유들은 서구사상의 맹점이라 비난받고 있다.

주지하듯, 그리스인들은 물활론적 자연관을 갖고 있었다. 그들은 자연에 정령이 깃들어 있으며, 자연은 인간과 전혀 다를 바가 없다고 생각했다.

고대세계에서 기계는 종종 인간과 자연의 균형 속에서 이루어진 일종의

표현한다. 에피쿠로스는 원자개념과 원자개념의 성질 사이의 모순을 정립함으로써, 원자는 자신의 본질과는 다른 하나의 현상된 존재, 즉 자연으로 모습을 드러낸다는 사실을 규명하였다(칼 맑스 『데모크리토스와 에피쿠로스 자연철학의 차이』, 고병권 옮김, 그린비, 2001; 최형익, 『마르크스의 정치이론』, 푸른숲, 1999, 93~97쪽; 존 벨라미 포스터, 『마르크스의 생태학』, 100~166쪽; 권정임, 「비결정론과 생태적 합리성: 비결정론에 대한 맑스의 생태사회론의 양가성 비판과 변형」, 『환경철학』 제9집, 2010, 60~69쪽).

자연에 역행하는 변형으로서 개념화되었다. 이와는 다르게 어원상으로 본다면, mechanè라는 개념은 솜씨, 재치, 재주 등을 의미한다. 그러므로 기계는 아리스토텔레스로부터 전통적으로 일종의 지식으로 간주되었다. 또한 지식이 자연을 침해하기에 자연에 대항하는 기술로서 간주하고 있다. 이와 반대로 의약을 예로 든다면, 자연이 의약을 증진시킨다는 점에서 의약은 자연에 순응하는 셈이다.[6]

지금껏 고대 자연관에서 이끌어 낸 귀결은, 인간이 자연을 해칠 경우에 자연은 반드시 인간에게 보복을 가할 것이라는 공포심을 갖고 있었다. 중세기술사학자였던 린 화이트 2세(Lynn White Jr., 1907~1987)에 따르면, 중세유럽에서 기독교의 전파로 인해 자연관에 많은 변화를 가져왔다고 진단한다. 로마시대에 들어와 공인종교를 획득한 기독교는 그 이전의 자연개념과 다른 생각을 품고 있었다. 그는 자연과 인간과의 관계에 대한 기독교의 가치관, 즉 **인간중심주의**는 오늘날의 환경 문제를 초래한 원천이라는 신랄한 비판을 제시한 바 있다.[7]

물활론의 관점에서 벗어난 근대의 인간은 자신들은 만들어 놓은 자연을 점차적으로 자신의 것으로 만들어 종속시키기 시작한다. 인간은 사유의 주체로서 자아를 가진 존재이다. 근대의 자아개념은 인간으로부터 자연을 철저하게 소외시켰다. 근대의 과학정신을 대표하는 자아개념은 인간과 자연, 주체와 타자와의 분리를 통해 생겨났다. 그래서 인간은 살아남기 위해 자연을 파괴해야 했다. 농업혁명·도시혁명은 자연의 엄청난 개조를 수반했

---

6) Robert Spaemann, "Technisch Eingriffe in die Natur als Problem der politischen Ethik", ed. Dieter Birnbach, *Ökologie und Ethik*, Stuttgart: Reclam, 1991, p.191.

7) Jr. G. White, "The Historical Roots of our Ecologic Crisis", *Science* 155, 1967, p.283.

고, 이것은 이른바 **생태학의 혁명**이다.[8]

주지하듯이, 오늘날 생태위기는 서양의 과학기술문명이 초래한 부정적 결과이다. 환경에 엄청난 부담을 주는 이런 물질문명의 부정적 폐해는 17세기 과학혁명과 18세기 산업혁명을 거치면서 그 잠재적인 폭발성이 잉태되고 있었다. 먼저 자본주의의 반생태학적 성향은 상당부분에 걸쳐 17세기의 과학혁명, 특히 베이컨의 저서에서 그 기원을 두고 있다. 18세기의 산업혁명은 환경에 대한 자본주의의 관계를 보다 강화하는 계기를 마련하였다. 자본주의는 토지와 노동과 같은 산업의 본질적인 요소들을 상품화할 내적 동력에 의해 추동되었지만, 존재의 자연적, 인간적 기초를 허물어뜨리지 않고는 그렇게 할 수 없었으며, 점점 더 환경과의 전쟁상태에 깊숙이 빠져들었다. 산업혁명이 생태에 악영향을 미친다는 사실은 처음부터 인식되었다. 증기해머 발명자인 제임즈 네이머즈는 1830년 "굴뚝에서 뿜어져 나오는 아황산가스들에 의해 풀들이 말라 죽었고, 모든 초본성 식물들이 소름끼치는 잿빛으로 변했다. 이것이 식물의 죽음을 상징하는 가장 슬픈 측면이다"라고 썼다.[9]

근대문명의 실재관은 **인간중심주의**와 인간과 자연을 분리하는 이원적 자연관이었다. 데카르트(R. Descartes)는 『방법서설』(1637)과 『제1철학에 대한 성찰』(1644) 등에서 "나는 생각한다. 고로 존재한다"라는 경구를 통해 인간의 정신과 육체를 분리했다. 여기서 데카르트는 '나'를, '주체'를 신으로부터 분리해 냄으로써 철학적 근대를 열었다. 이처럼 데카르트에게 있어 사고하고 판단하는 주체가 모든 것의 출발점이 되었다.[10] 데카르트는 세계

---

8) 서구의 고·중·근세대의 생태담론의 패러다임적 흐름은 다음을 참조하라. 양해림, 「생태담론의 연원(淵源)적 고찰」, 『환경철학』 제9집, 2010, 1~23쪽.
9) 존 벨라미 포스터, 『환경과 경제의 작은 역사』, 현실문화연구, 2001, 59쪽.
10) 이진경, 『맑스주의와 근대성: 주체생산의 역사이론을 위하여』, 문화과학사, 1997, 26쪽.

가 속성을 달리하는 두 가지의 실체로 이루어져 있다고 말한다. 그 두 가지 실체란 자연과 인간이다. 다시 말해, 데카르트의 이원론적 사고의 방식은 인식의 주체와 대상을 분리한다. 인간주체인 인간은 자연을 대상화하면서 오직 이용물로만 간주하며, 정복의 대상으로 삼는다. 주객의 구분은 대상을 추상화시키고 세분화하며 인간이 대상을 지배하는 원리가 된다.[11] 따라서 현대의 생태학자들은 인간을 자연의 지배자로 보는 데카르트의 **인간중심적 자연관**과 함께 생태학적인 위기가 시작되었다고 본다. 데카르트의 입장에서 생물을 포함하는 물질적인 우주 전체는 하나의 기계였으며, 이러한 기계는 작은 부분으로 완전히 해소됨으로써 이해될 수 있었다.

서양근대사상의 베이컨적인 감각 세계의 경험주의를 인간지식과 관념의 기원에 대한 증거를 제시했던 철학자는 로크였다. 로크(J. Locke)는 "자연에 전적으로 내맡겨진 채로 있고 경작되는 식목의 개량이 없는 대지는 실제로 그러하듯이 황무지로 간주되며, 우리는 그것이 주는 혜택이 아무것도 없다는 것을 발견"할 것이라 말한다. 그리고 "지구 안에 존재하는 모든 것을 인간의 쾌락과 혜택을 위하여 인간에게 주어진 것이다"라고 주장하였다. 이렇게 합리주의 사상은 **탈신화화와 과학만능주의**와 인간만의 이익을 극대화하는 공리주의를 촉진시켰다. 근대화 내지 합리주의는 자연물이나 거목, 숲에도 신령이 깃들어 있다는 신화를 철저히 거부하고 자연에 대한 신성한 감정과 신비한 의식을 소멸시켰고, 숲을 그때그때의 필요를 충족시키기 위한 이용물로 간주하였다.[12]

갈릴레오, 데카르트에 의해 창안된 개념적 틀은 뉴턴의 기계론적 대종

---

11) 김성환·이경희, 「데카르뜨의 윤리학」, 서양근대철학회 엮음, 『서양근대윤리학』, 창비, 2010, 16~17쪽; 양해림, 『대학생을 위한 서양철학사』, 궁미디어(충남대출판부), 2009, 150~158쪽.
12) 박이문, 「생태학적 합리성과 아시아 철학」, 숲과문화연구회 엮음, 『숲께 드리는 숲의 철학』, 철학과현실사, 2006, 161쪽; 박이문, 『예술과 생태』, 미다스북스, 2010, 199쪽.

합을 이뤄 넘으로써 17~18세기 과학의 뛰어난 성과를 이뤘다. 갈릴레오는 망원경으로 하늘을 관찰해 인류의 우주의 창조물을 바꾸어 놓았고, 이로써 인류는 더 이상 지구상의 존재만이 아니게 되었다. 또한 과학혁명을 이끌었던 뉴턴의 『자연철학의 수학적 원리』(1687)는 물질에 대한 개개의 미립자나 원자론의 입장을 제안해 그 원리가 과학 내에 광범위하게 수용된 이후 원자론을 채택했다. 18세기 말부터 19세기의 서구의 자연철학은 융성기를 맞이한다. 그렇지만 갈릴레오, 뉴턴 자연과학은 그동안의 잘못된 제안을 올바른 방향으로 나아가도록 정확히 제시해 주지는 못했다.[13] 뉴턴이 신봉했던 자연은 그 당시 자연과학이 어느 위치에 머물러 있었는지 잘 몰랐다. 그러나 우리는 자연과학 이전에 자연이 어느 위치에 있었는지 정확히 모른다. 19세기 중반 이후로 과학과 기술의 결합으로 인해 산업사회의 생산성 증진이 비약적으로 촉진됨으로써 점차적으로 가시화되었다. 19세를 통해 생태학적 사유의 진화에서 가장 위대한 발전은 변화하는 역사적 조건과 상호작용하는 자연에 대한 유물론적 개념의 탁월한 결과였다. 중세시대와 19세를 통해 지배적인 세계관은 위대한 존재의 영속성에 대한 **목적론적 세계관**이었다. 이러한 목적론적 세계관은 신의 섭리와 연관을 지어 우주 내의 만물을 설명하였으며, 인간을 위해 지구의 창조와 연관하여 설명하였다.

3. 맑스의 생태관: 인간중심주의인가, 생태중심주의인가?

이제까지 수많은 생태학적 연구들은 인간중심주의 대 생태중심주의의 사고에 의해 이루어졌다. 하지만 위에서도 언급하였듯이, 서구의 오랜 다양한

---

13) Klaus Michael Meyer-Abich, "Naturphilosophie auf neuen Wege", ed. Osward Schwemmer, *Über Natur*, Frankfurt a.M., 1987, p.63.

사상과 문화, 또는 문명은 주로 인간중심주의의 사상으로 이끌어져 왔다.[14] 맑스의 생태관은 서구사상의 연장선상에서 인간중심주의적 혹은 생태중심주의적 관점에서 논의가 진행되어 왔다. 하지만 이러한 이분법적 입장은 지식의 진정한 발전과 의미 있는 실천을 가로막는 요인이었다. 실제로 이러한 이분법적 사유는 인간 대 자연의 개념을 영속화시키려는 시도라 우려된다. 맑스는 『정치경제학비판 요강』의 한 구절에서 **자연에 대한 지배**라는 개념 자체를 부정하고 있는 것처럼 보인다. 왜냐하면 지배라는 개념은 자유의지의 파괴를 의미하기 때문이다. 자연에 대한 결코 무분별한 방식으로 자연에 대해 행동해야 한다는 것을 의미하지 않는다. 하지만 『독일 이데올로기』에서 맑스는 인간은 언제나 자연과의 투쟁과 통일 속에서 존재한다고 주장한다. 맑스에게 자연은 인간의 형상과 같은 성질을 지니고 있는 것이 아니다. 자연 그 자체는 목적을 가지고 있지 않다. 자연에게 그 자신의 목적을 부여하는 것은 다름 아닌 인간이다. 자연에 그 자신의 목적을 부여하여 인간은 반드시 자연의 법칙에 복종해야 한다.

그룬트만(R. Grudmann)에 따르면, 베이컨과 데카르트는 생태학에 관한 문헌 속에서 주된 희생양이 되어 왔다는 것이다. 즉, 그룬트만에 의하면, 그들은 모두 자연 지배를 찬양하는 세계관을 건설하는 데 힘을 보탰다는 비판을 받아왔다고 보았다.[15] 영국의 경험론적 철학자인 베이컨(F. Bacon)은 "자연은 복종하는 가운데 정복된다"[16]고 외치면서 자연의 지배와 파괴를 정당화하였다. 베이컨에게 있어서 자연의 정복은 "인류의 진정한 본분

---

14) 인간중심주의에 대 생태중심주의에 대한 자세한 내용은 다음을 참조하라. Robyn Eckersley, *Environmentalism and political Theory*, New York: State University of New York Press, 1992.
15) 라이너 그룬트만, 『마르크스주의와 생태학』, 박만준·박준건 옮김, 동녘, 1995, 80쪽.
16) Francis Bacon, *The Great Instauration and New Atlantist*, Harlan Davidson, 1980, p.viii.

과 운명이다." 그는 "인간의 재능과 손에 의해서"[17] 자연은 자연 상태에서 벗어나 이용되고 변형되어야 한다고 말하였다. 자연은 "반드시 봉쇄하여야 하고 "노예"가 되어야 한다. 베이컨이 보기에 자연의 복속은 여성의 복속과 다를 바 없는 것이었다.[18] 하지만 지배는 결코 강탈이나 침해를 의미하지는 않는다. 베이컨은 그의 저서 『신기관』에서 다음과 같이 말하고 있다.

> 자연을 지배하기 위해서 반드시 자연에 복종해야 한다. 자연의 종이면서 동시에 자연의 해석자인 인간은 오로지 그 자신이 현실적인 면에서나 생각 속에서 자연의 과정에 대해 관찰해 왔던 만큼만 행동할 수 있고, 이해할 수 있다. 이것을 넘어 인간은 아무것도 할 수 없을뿐더러 어떤 행동도 할 수 없다.[19]

위 인용구에서 보여 주듯이, 인간은 자신의 목적을 자연에 부여하지만, 결코 독단적인 방식으로 자연을 억압하거나 조종할 수 없다는 것을 뜻한다. 맑스의 이론이 인간중심주의라는 비판의 대부분에서 의심받고 있는 것은 그의 유물론이다. 맑스의 유물론은 생태학적 가치를 주장하기보다는 오히려 맑스로 하여금 일종의 "베이컨식 자연지배의 사상"[20]과 경제 발달을 강조하도록 이끌었다는 것이었다. 우리가 자연을 이용하고자 한다면, 그것은 자연을 침해함으로써가 아니라 오히려 자연을 복종함으로써 이루어진다. 맑스는 이러한 입장을 베이컨으로부터 받아들이고 있으며, 인간의 자연

---

17) Francis Bacon, 앞의 책, p.21.

18) Francis Bacon, 앞의 책, p.21.

19) Francis Bacon, *Novum organon in The Works of F. Bacon* iv, Stuttgart, 1986, p.47.

20) 베이컨의 자연지배에 대한 자세한 내용은 다음을 참조하라. 양해림, 「생태위기와 베이컨의 유토피아적 기획: 한스 요나스의 베이컨의 유토피아주의의 비판을 중심으로」, 『에코·바이오테크시대의 책임윤리』, 철학과현실사, 2005, 156~186쪽.

에 대한 관계의 두 가지 일반적인 형태를 구분한다. 첫째, 수렵, 채집생활을 하는 사회에서와 같이 자연이 단순히 이용대상에 지나지 않는 형태이다. 둘째, 자연이 이용되고 있을 뿐만 아니라 또한 변형되고 있다.[21] 현대의 생태계 보호주의 운동에서 강력한 경향은 베이컨으로 대표되는 17세기 과학혁명의 출현을 생태계 파괴의 원인으로 돌리려는 시도가 있어 왔다. 베이컨은 자연지배의 중요한 옹호자로 묘사되었다. 사실상 베이컨의 자연정복의 관점은 베이컨 사상에 대한 체계적인 고려 없이 어떤 경구를 인용함으로써 확대재생산된 것이다. 따라서 자연지배사상은 단순히 직선적인 인간중심주의 관점과 기계론의 특징으로 간주된다.[22]

권정임은 맑스의 생태관을 인간중심주의로 보는 관점을 두 가지의 관점으로 다음과 같이 정리한다.

첫째, 맑스의 대안적 사회형성론이 입각하고 있는 프롤레타리아적 관점이 인류 및 다른 생명체의 생존을 포괄하는 "생태적 사회형성론"의 관점이 되기에는 너무 협소하다는 주장이다.[23]

둘째, 맑스의 이상사회가 생산의 무한한 증대를 추구하는 생산주의에 기초한다는 것이다. 생산의 무한한 증대는 물질과 에너지의 무한한 소비를 동반하며, 따라서 반생태적이라는 것이다. 여기서 맑스의 대안적 사회형성론은 **계몽주의적 산업주의의 후예**[24] 또는 근대적인 계몽주의 및 진보이데올

---

21) 라이너 그룬트만, 『마르크스주의와 생태학』, 82쪽.

22) 존 벨라미 포스터, 『마르크스의 생태학』, 46~49쪽.

23) Alian Lipietz, "Die politische Ökologie und die Zukunft des Marxismus", *Argument-Sonderband Neue Folge*, Berlin/Hamburg, 1998; Robyn Eckersley, "Socialism and Ecocentrism", ed. T. Benton, *The Greening of Marxism*. New York, 1996. 권정임, 「근대성과 맑스: 생태문제를 중심으로」, 『철학연구』 제104집, 2007, 22쪽 재인용.

24) Rudolf Bahro, *Elemente einer neuen Politik. Zum Verhältnis von Öklogie uns Sozialismus*, Berlin, 1980; Muray Bookchin, *Toward an Ecological Society*, Montreal, 1983; 라이너 그룬트만, 『마르크스주의와 생태학』.

로기를 계승하는 이론[25] 또는 19세기 산업주의[26]에 사로잡혀 있는 이론으로 비판된다.[27] 그룬트만에 의하면, 맑스는 분명히 베이컨, 데카르트와 같은 계몽사상가들의 후예였다고 본다. 따라서 그룬트만의 관점에서 맑스는 인간중심적인 접근방식을 취했으며, 인구증가, 미래의 세대들, 인간행위의 의도하지 못한 결과들 등에 관해 어느 정도 언급하였다. 그리고 그는 자연에 대한 탐구에 어떤 장벽도 설정하지 않았다. 맑스는 때때로 스스로 놀라움에 빠지며 다음과 같이 질문하곤 하였다. "자연의 힘이 인간의 지배권 안에 들어오는 것, 기계, 산업과 농업에 화학을 적용하는 것, 증기기관의 배를 모는 것, 철도, 전기, 전신, 경작을 위해 전 대륙에 걸쳐 벌목 하는 것, 강을 운하로 연결하는 것, 모든 사람들은 땅으로부터 벗어나 마술에 걸린 듯했다."[28] 또한 기든스(Anthony Giddens)도 다음과 같이 말한다. "맑스에게 있어서 자연이란 무엇보다도 사회발전을 실현하는 매개로 간주되고 있다. 인간의 보편적 역사는 자본주의에 이르러 극대화된 생산력의 점진적 발전의 성과를 통하여 진행되어 왔다. 그러나 계급체계라고 표현되는 이른바 착취적인 인간의 사회적 관계의 변천에 관한 맑스의 관심은 자연에 관한 탐구에 이르기까지 확장되지 않았다."[29]

하지만 포스터는 맑스의 생태학적 통찰력은 최근에 인정받게 되었는

---

25) Robyn Eckersley, "Socialism and Ecocentrism".

26) Ted Benton, "Marxism and Natural Limited", *New Left Review* 178, 1989.

27) 권정임, 앞의 논문, 22쪽 재인용. 서영표는 맑스의 인간중심주의의 입장을 다음과 같이 정리한다. 첫째, 맑스주의는 생태주의가 제기하는 새로운 문제들을 이론화할 수 없다는 입장(그룬트만), 둘째, 맑스의 생태주의적 문제제기에 대해 의심의 회오리를 바라보며, 적대적이기까지 한 입장(벤튼), 셋째, 생태주의적 문제제기는 맑스주의에 대한 중대한 도전이지만, 맑스 사상 내에는 이미 준비된 답이 담겨져 있다는 입장(벤튼)이 그것이다(서영표, 「한국의 녹색담론과 사회주의」, 『진보평론』 제40호, 메이데이, 2009, 86쪽).

28) 앤디, 메리필드, 『매혹의 도시, 맑스주의를 만나다』, 남청수 외 옮김, 이후, 2005, 59~60쪽.

29) Anthony Giddens, *A Contemporary Critique of Historical Materialism*, London: Macmillan, 1981, p.59.

데 다음 여섯 가지 논리로 비평가들에 의해 지적되었다고 정리하고 있다.

첫째, 맑스의 생태학적 진술들은 그의 저작물의 많은 부분과 체계적인 관계를 맺고 있지 않다는 이유로 조명받지 못했다.[30] 둘째, 이러한 생태학적 통찰이 맑스 초기 소외에 대한 비판에서 불균형적으로 제기되었기 때문에 후기 저작물에서 명료하게 언급되지 않았다. 셋째, 맑스는 자연에 대한 착취를 제대로 검토하지 못했으며, 대신에 프로메테우스주의적(친기술주의적, 반생태학적) 관점을 채택했다. 넷째, 프로메테우스적 논의에 대한 추론으로서 맑스 입장에서 자본주의 기술과 경제적 발달은 모든 생태학적 한계의 문제점을 해결했으며, 관련된 생산자들이 살게 될 미래사회는 풍요로운 조건하에 놓이게 될 것이라 주장되었다. 즉 희소자원의 배분문제를 심각하게 고려하는 것과 생태학적으로 사고하는 사회주의를 개발하는 것은 맑스의 논리를 전달하는 데 필수적이지 않다는 것이다.[31] 다섯째, 맑스의 환경에 대한 과학의 문제나 기술의 효과에 대해 그다지 관심을 기울이지 않았고, 그 결과로 인해 생태학적 문제의 분석을 위한 실제적인 과학적 토대를 지니지 못했다.[32] 여섯째, 맑스는 인간과 동물을 엄격하게 구별하고 동물보다 인간을 더 우위에 놓는 입장을 취한 종차별주의자였다.[33]

위에서 맑스의 인간중심주의와 생태중심주의의 입장을 언급하였듯이, 맑스의 입장은 인간과 자연, 사회의 관계를 어디에 초점을 우선적으로 두

---

30) David Goldblatt, *Social Theory and the Environment,* Boulder, Colo.: Westview Press, 1996, p.5.

31) Aloc Nove, "Socialism", ed. J. Eatwell, *The New Palgrave Dictionary of Economics*, vol.4, New York: Stockton, 1987, p.399.

32) Michael Reddift and Graham Woodgate, "Sociologie and Environment", eds. Michael Reddift and Ted Benton, *Social Theory and Global Environment*, New Haven: Yale University Press, 1989, p.34.

33) Anna Bramwell, *Ecology in the Twentieth Century*, New Haven: Yale University Press, 1989, p.34.

느냐에 따라 관점을 달리한다. 맑스는 『경제학-철학초고』에서 생태주의적 관점을 다음과 같이 기술하고 있다.

> 인간은 자연을 먹고 살아간다. 이 말은 자연은 곧 인간의 몸이라는 것을 뜻하며, 인간이 죽지 않기 위해서는 자연과 계속적인 교류를 해야 함을 의미한다. 인간의 육체적 삶이 자연에 연관되어 있다고 말하는 것은 인간은 자연이 그 자신과 연결되어 있다는 것을 의미할 뿐이다. 왜냐하면 인간은 자연의 일부이기 때문이다.[34]

인용문은, 인간은 자연을 벗어나서는 살아갈 수 없으며, 자연에 절대적으로 의존하고 있음을 언급하고 있다. 여기서 맑스는 당시 인간사회에 생태학적 문제의 나아갈 방향을 제시하기를 원했다. 우리 인간이 자연을 본래의 상태로 가만히 둔다든지 인간의 행위에 의해 변형되기 이전의 상태로 되돌려 놓는다 해서 생태문제를 해결할 최선책은 아니다.[35] 맑스는 자본주의에 반대하는 입장에서 지구는 어떤 개인의 소유도, 어떤 민족이나 국민의 소유도 아니라 선언한다.[36] 또한 지구는 후속세대들의 소유이며 가정을 잘 관리하는 것과 같은 원칙에 따라 지구를 돌보아야 한다고 주장했다.

4. 맑스의 생태관: 인간의 자연화, 자연의 인간화

슈미트(A. Schmidt)는 자연주의적 유물론이 맑스 사회이론의 토대를 이루고 있다고 말한다. 맑스에게서 자유주의적 유물론은 진정한 사회이론을 구

---

34) Karl Marx und F. Engles, *Ökonomische-philosophische Manuskripte* (1844), *MEW* 40, Berlin, 1985, p.516.
35) 이성백, 「마르크스의 자연문제와 생태론」, 430쪽.

성한다. 즉 맑스는 자연주의의 경향에 기울어 포이어바흐(L. Feuerbach)의 길을 수용한다.[37] 포이어바흐의 인간학적 유물론은 원자의 기계론적 운동이 아니라 자연과 인간의 질적인 결핍과 함께 감각적-대상적 본질로 행위한다. 맑스는, 포이어바흐가 정신을 자연과 관계하는 것으로 구성한다.[38] 또한 슈미트는 맑스의 이중적인 자연개념[39]을 적용하였다. 맑스에게 있어서 자연은 한편으로 현존하는 모든 실체의 총체, 즉, 인류와 외적 자연을 포함한 이른바 우주를 의미하였다. 다른 한편으로 자연은 단지 인간이 자연과 실제적 관계를 맺을 경우 인간과 대면해 있는 그 장소를 의미한다. 다시 말해 인간은 오직 자연을 변형시킬 때에만 자연과 관계를 맺는다.[40]

맑스가 제시하고 있는 인간의 자연화, 자연의 인간화는 어떤 의미를 지니고 있는가?

맑스는, 인간은 자신의 의식적인 활동을 통해 자연을 자신의 "비유기적 자연"으로 만들어서 인간이 유적, 사회적 존재로 나아가게 된다고 파악한다. 맑스는 인간의 역사는 진정 **자연의 역사**라 규정한다. 여기서 인간 역사는 자연 그 자신의 외연이 사회로 확장된 것이라 본다. 그래서 맑스는 단순히 "자연과 사회"[41]를 구분하지 않았고, 자연과학과 역사과학 사이의 어

---

36) Karl Marx und F. Engles, *Kapital* 3, p.911.

37) 맑스와 포이어바흐의 관계의 자세한 내용은 다음을 참조. Iring Fetscher, "Hegel-Feuerbach-Marx", *Hegel-Studien*, Bd.2, Berlin, 1963, pp.376~386; Kim, Kyoung-Soo, *Zum Begriff der Philosophie im Vormärz: Untersuchungen zu Feuerbach und Marx*, Berlin Freien Universität, 1998.

38) Alfred Schmidt, *Der Begriff der Natur in der Lehre von Marx*, Hamburg, 1993, p.13.

39) 맑스의 자연개념의 유물론적 관점은 현대철학자들, 즉 슈미트, 하버마스, 포스터 등의 저서에서 분명하게 제시하고 있다. 자세한 내용은 다음을 참조. A. Schmidt, *Der Begriff der Natur in der Lehre von Karl Marx*, Frankfurt a.M., 1978; J. Habermas, *Erkenntnis und Interesse*, Frankfurt a.M., 1968.

40) Alfred Schmidt, 앞의 책, 29쪽.

41) 코르쉬(K. Korsch)에 의하면, 맑스의 새로운 혁명적 관념들은 주로 변증법적 유물론의 구도 속에

떠한 근본적인 방법론적 구분도 하지 않았다. 그래서 그는 『독일 이데올로기』에서 다음과 같이 썼다.

우리는 개별적인 과학, 역사과학만을 인식한다. 역사는 두 가지 측면에서 고찰한다. 즉 자연의 역사와 인간의 역사에서 구분된다. 이 두 가지 측면은 나누어지지 않는다. 인간이 존재하는 한, 자연의 역사와 인간의 역사는 서로 대립하게 된다.[42]

위 인용문에서 맑스는 인간의 생산의 역사 속에서 자연과 사회가 통일되는 것을 설명한다. 맑스는 이런 과정에서 '자연의 인간화', 인간의 자연화가 실현되는 것으로 설명하고 이것의 완성을 완성된 자연주의=인간주의, 완성된 인간주의(Humanismus)=자연주의로 규정한다.[43] 슈미트-코바르칙(Wolfdietrich Schmied-Kowarzik)에 의하면, 맑스의 자연관이 "우리에게 과제로 제기되어 있는 생태학적 위기의 이론 및 실천적인 해결을 위한 결정적인 단초를 제공했다"[44]고 본다. 맑스가 제시하는 "자연의 인간화, 인간의 자연화"는 인간본성의 유한성을 철저하게 사유할 것을 요청하는 윤리적 명제이다. 자연의 인간화는 인간 밖의 자연을 인정하는 삶의 방식을 의

서 자연과 사회에 대한 경험과학에 적용되는 형태로 존재하고 발전했다고 파악한다. 즉, 개별 과학들은 '개별 철학'에서 독립적이라 주장하는 것, 그리고 철학은 '자연과 역사'의 광활한 영토로부터 내몰려서 사유와 법칙의 학설에 그 이외의 활동 영역을 개별적으로 갖게 되었다는 것이다 (Karl Korsch, *Marxismus und Philosophie*, Leipzig, 1930, p.40).

42) Karl Marx, *Deutsche Ideologie, MEW* 3, Berlin, 1985, p.69; Alfred Schmidt, *Der Begriff der Natur in der Lehre von Marx*, p.43 재인용.

43) Karl Marx und F. Engles, *Ökonomische-philosophische Manuskripte*, p.540.

44) Wolfdietrich Schmied-Kowarzik, *Das Dialektische Verhältnis des Menschen zur Natur: Philosophiegeschichliche Studien zur Naturproblematik bei Karl Marx*, Freiburg & München, 1984, p.14.

미한다.[45] 따라서 자연의 인간화와 인간의 자연화는 맑스의 인간과 자연에 대한 진술들을 점차 해석해 나갔다.[46] 맑스에게 있어서 "인간과 자연 그리고 인간과 인간 사이에서 일어나는 모순의 진정한 해결이요, 실존과 본질, 대상화와 자기 확인, 자유와 필연성, 개체와 유(類) 사이에 일어나는 투쟁의 진정한 해결책이라 보았다.[47] 따라서 맑스는 인간의 자연적 본성과 사회적 본성의 통일이 생산의 역사에서 이뤄지며, 생산의 역사에서 자연의 역사와 인간 역사의 통일, 즉 하나의 유일한 과학인 역사만을 갖게 된다고 본다.

자연의 인간화는 그것을 실현하는 그 순간 이미 또 다시 자연적인 것으로 존재한다. 그것은 인간의 삶을 구속하는 강제이자 대상으로 존재한다. 대상은 다시 인간을 구속한다. **인간의 자연화**, 여기서 **소외**가 발생한다. 따라서 맑스는 소외된 노동의 인간본질로의 복귀를 주장한다.[48] 맑스는 소외된 노동이라는 주요 개념으로 출발하여 정치경제학의 모순을 사유하고 그 모순점들을 해결하고자 했다.[49] 즉, **소외된 노동**은 노동의 실현을 방해하고 왜곡한다. 사적 소유의 본질은 사회적 노동임에도 불구하고 그것이 인간에게서 분리되어 적대적인 힘으로 설 때 '소외'는 인간 자신의 가치를 파괴한다. 모든 육체적 및 정신적 감각들 대신에 모든 감각들의 완전한 소외, 즉 가짐이라는 감각이 들어서며 인간의 본질은 절대적 빈곤으로 환원되어 자신의 내적 부름을 자기 바깥으로 방출하지 않을 수 없었다.[50] 맑스는 노

---

45) 이진우, 「마르크스의 자연개념과 생태학적 사회철학」, 『탈현대의 사회철학』, 문예출판사, 1993, 117쪽.
46) Wolfdietrich Schmied-Kowarzik, *Das Dialektische Verhältnis des Menschen zur Natur*, pp.72~73.
47) Karl Marx, *Deutsche Ideologie*.
48) 김영균, 『맑스, 탈현대적 지평을 열다』, 메이데이, 2007, 186쪽.
49) 루이 알튀세르, 『맑스를 위하여』, 180쪽.
50) Karl Marx und F. Engles, *Ökonomische-philosophische Manuskripte*, p.160.

동자 소외개념의 요소를 ① 노동의 생산물로부터의 노동의 소외 ② 노동활동으로부터 노동자의 소외 ③ 인간 종(種)(인간을 주어진 종으로 규정했던 창조적이고 가변적인 활동)으로부터 노동자의 소외, ④ 노동자 상호 간으로부터의 소외로 나누었다.[51] 따라서 맑스는『경제학–철학수고』에서 노동자의 소외개념을 네 가지의 양상으로 보았다.

첫째, **노동 생산물로부터의 소외**: 이는 "노동자에게 힘을 행사하는 낯선 존재(fremdes Wesen)로서의 노동의 생산물에 대한 노동자의 관계"[52]이다. 맑스는 노동자의 낯선 생산물의 대상화가 의미하는 바가 무엇인지를 소외된 노동에서 해명한다. "노동자는 **자연 없이**, 그리고 **감각적인 외부세계**(sinnliche Außenwelt) **없이**는 아무것도 생산할 수 없다. 자연은 물질에서 그의 노동이 현실화되고, 활성화되며 물질로부터 그리고 물질의 매개에 의해 노동을 생산해 낸다."[53] 이러한 사실은 노동이 생산하는 곧 노동의 생산물이 낯선 존재로서 생산자와 무관한 권력으로서 노동과 대립한다는 것을 나타낸다.[54] 노동자는 자신의 생명을 노동 대상 속에 투여하여 생산물을 만들어 낸다. 노동의 결과인 생산물은 노동자에게 귀속하지 않고 자본가에게

---

51) 맑스의 자연과 인간의 소외개념에 대한 더 자세한 분석은 다음을 참조하라. Alfred A. Oppolzer, *Entfremdung und Industriearbeit: Die Kategorie der Entfremdung beim Karl Marx*, Köln, 1974, pp.109~238; Elmar Treptow, *Die Entfremdungstheorie bei Karl Marx*, München, 1978; Heinrich Popitz, *Der Entfremdete Mensch-Zeitkritik und Geschichtsphilosophie des jugen Marx*, Basel, 1953; Jochim Israel, *Der Begriff Entfremdung*, Hamburg, 1985, pp.48~97; Karl Löwith, "Man's Self-Alienation in the Earth Writtings of Marx", *Social Research* 21, 1954, pp.204~230; Manfred Friedrich, *Philosophie und Ökonomie beim jungen Marx*, Berlin, 1960, pp.89~143; Manfred Buhr, "Entfremdung-philosophische Anthropologie-Marx-Kritik", *Deutsche Zeitschrift für Philosophie* 7, 1966, pp.806~834; Margaret Alice Fay, *Der Einfluß von Adam Smith auf Karl Marx' Theorie der Entfremdung*, Frankfurt & New York, 1986, pp.180~220.

52) Karl Marx und F. Engles, *Ökonomische-philosophische Manuskripte*, p.511.

53) Karl Marx und F. Engles, 앞의 책, p.512.

54) Karl Marx und F. Engles, 앞의 책, p.511.

속하게 되며 노동자의 현실화(Entwicklung)를 다음과 같이 보게 된다. 즉, "노동의 생산물은 하나의 대상 속에 구체화되고 물질적으로 된 노동이다. 노동의 생산물은 노동의 대상화이다. 노동의 현실화는 노동의 대상화이다. 국민경제적 상황에서는 노동의 현실화로 나타난다."[55]

둘째, **노동 활동으로부터 노동자의 소외**: 노동자는 노동의 밖에서 비로소 자기 자신을 느끼고 노동함에 있어서 자기의 외부에 있다(Arbeiter fühlt sich daher erst außer der Arbeiter sich). 즉 "먼저 노동은 노동자에게 자기의 외부에 있다. 노동은 노동자의 본질에 속하지 않으며, 그래서 노동하면서 자신을 긍정하는 것이 아니라 스스로를 부정하고, 만족을 느끼는 것이 아니라 불행을 느끼며, 그의 육체적, 정신적 힘을 발전시키는 것이 아니라 그의 육체를 억누르며 마음을 황폐화하게 만든다."[56] 이는 노동자의 자기 소외, 곧 자기부정이다. 맑스는 노동자가 노동자 자신을 표현하기 위해 노동하는 것이 아니라 생계를 위해 어쩔 수 없이 노동하는 것이라 주장한다. 만일 그러한 "강제적 조건이 없다면 노동은 회피될 것"[57]이라 주장한다. 여기서 맑스는 강제의 구체적 내용을 대량생산체제의 단순반복 작업을 노동의 일반 형태로서 설정한다.

셋째, **유적(類的) 존재로부터의 소외**: 유(類)는 인간을 다른 동물로부터 구별해 내는 잠재력을 지칭하는 가능성의 범주이다. 인간은 자기 자신 속에서 모든 살아 있는 인간의 본성을 발견하고 **모든 자연**을 인간 자신의 비유기체적 육체로 만드는 유적 존재(Gattungswesen)이다. 그러나 소외된 노동은 이러한 인간과 자연의 관계를 전도시키고 인간의 본질을 실존수단으

---

55) Karl Marx und F. Engles, 앞의 책, pp.511~512.
56) Karl Marx und F. Engles, 앞의 책, p.514.
57) Karl Marx und F. Engles, 앞의 책, p.514.

로 전락시킨다. 본질은 더 이상 삶의 목표나 내용이 아니기 때문에 삶은 단
지 수단으로 변질된다.[58] 맑스는 "인간의 활동이 동물의 생명활동과는 다
르게 육체적인 욕구로부터 유적 존재의 활동이며 자신의 능력을 확장해 가
는 활동"[59]이라 파악한다. 다시 말해서 유적 존재의 생산 활동은 단순한 생
산이 아니라 인간의 사회적인 능력과 관계에 기반한 생산이다. 의식적인
생명활동은 인간을 동물적인 생명활동으로부터 직접 구별한다. 바로 이러
한 구별에 의해서만 인간은 유적 존재로서 존재한다. …… 대상적 세계를
실천적으로 산출하는 것, 다시 말해 비유기적 자연을 개조하는 것은 바로
인간이 의식적인 유적 존재라는 것을 확증하는 것이다. 다시 말해서 자기
자신의 고유한 본질로서의 유(類)나 유적 존재에서의 자기 자신과 관계하
는 존재임을 확인하는 행위인 것이다. …… 이리하여 인간은 대상적 세계
를 개조함에 의하여 비로소 현실적인 유적 존재로서의 자기를 확증하는 것
이다.[60]

넷째, **인간에 의한 인간으로부터의 소외**: 이는 노동자의 다른 인간과의
유대관계이다. 노동의 생산물이 노동자에게 속하지 않고 노동자에게 낯선
세력으로 대립되어 있다면, 그것은 생산물이 노동자 이외의 다른 사람들의
소유가 되었기 때문에 가능하다. 즉, "인간이 자기 자신에 맞서게 되면, 다
른 인간과도 맞서게 된다. …… 인간이 자신의 유적 존재로부터 소외되어
있다는 것은 한 인간이 다른 인간으로부터 그리고 양자가 모두 인간의 본
질로부터 소외되어 있음을 말한다.[61]

맑스의 관점에서 인간의 자연화와 자연의 인간화가 통합하는 것, 여

---

58) Karl Marx und F. Engles, 앞의 책, p.516.
59) Karl Marx und F. Engles, 앞의 책, p.517.
60) Karl Marx und F. Engles, 앞의 책, p.516~517.
61) Karl Marx und F. Engles, 앞의 책, p.518.

기서 핵심은 사회이다. 자연은 그 자체로 인간에게 존재하지 않는다. 자연은 노동을 통해서 인간적인 것으로 존재한다. 그러나 그 노동은 단지 자연과 인간의 관계만을 매개하는 것이 아니다. 노동은 인간과 인간의 관계 사이에도 존재한다. 인간 개성의 직접적인 실증인 대상은 동시에 자신의 현존재이면서 타인의 현존재이고 그 자신에 대한 타인의 현존재이다. 여기서 자연과 인간, 인간과 인간의 관계를 매개하는 것은 사회적 노동이다. 그리하여 자연은 새롭게 포착된다.

이제 자연은 그 자체로 존재하지 않는다. 자연은 오로지 사회적 노동을 통해서 "인간화된 자연"으로 존재하며 인간은 그 속에서 자신의 역사를 생성한다. 사회적 노동, 그것은 인간과 자연, 인간과 인간을 매개하는 핵심적인 결절점이다. "사회적 성격이 운동 전체의 보편적 성격이다. 사회 전체가 인간을 인간으로서 생산하듯이, 사회는 인간에 의해 생성된다. …… 자연의 인간적 본질은 사회적 인간에게 있어서 비로소 존재한다."[62] "모든 자연적인 것이 생성해야만 하듯이, 인간도 자신의 생성행위인 역사를 가진다. 하지만 인간에게 역사란 의식된 역사이며 생성행위로서의 역사는 의식적으로 자신을 지양하는 생성행위이다. 역사는 인간의 진정한 자연사이다."[63]

맑스의 바람은 궁극적으로 공산주의 사회만이 자연을 인간화하고 인간을 자연화하면서 제1자연과 제2자연을 통합하라는 것이었다.[64] 그래서

---

62) Karl Marx und F. Engles, 앞의 책, p.538.

63) Karl Marx und F. Engles, 앞의 책, p.579.

64) 맑스는 제1자연과 제2의 자연을 헤겔의 『법철학』에서 빌려왔다. "…… 권리의 체계가 현실화된 자유의 영역인 반면에, 정신세계는 제2의 자연처럼 그 스스로를 낳는다"(G. W. F. Hegel, *Grundlinien der Philosophie der Rechts*, Frankfurt a.M., 1987, §4, §29 §151. 헤겔 법철학에 대한 자세한 내용은 다음을 참조. 양해림, 「헤겔의 법철학과 공동체주의: 도덕성과 인륜성을 중심으로」, 『철학연구』 117집, 2011, 161~189쪽). 맑스는 자신의 맹목적인 힘이 인간에게 미친다는 의미에서 제1자연이라 보았으며, 맹목적으로 행하는 자연법칙을 제2자연이라 보았다. 헤겔은 현존하는 자연의 제2의 형식들(법, 국가, 사회)을 이성의 현현이라 주장했다. 이와 반대로 맑스는 제2의 자연

그는 『정치경제학 비판 요강』(1857~1858)에서 "보편적으로 발전된 개개인은 …… 자연의 산물이 아니라 역사의 산물이다"[65]라고 말한다. 이러한 변형과정에서 그는 "인간과 자연이라는 중심적인 두 가지 요인"[66]이 상호의존관계로서 전개되어야 한다고 보았다.

5. 맑스의 생태관: 자연과 인간의 관계

맑스 초기 저서를 중심으로 보았을 때, 자연과 인간의 관계에 대한 언급은 크게 두 가지로 압축할 수 있다. 하나는 자연의 우선성에 대한 언급이며, 다른 하나는 자연이 인간 활동에 대해 대상화하여 존재한다는 주장이다. 맑스는 **자연과 인간의 관계**를 다음과 같은 두 가지의 관점에서 파악한다.

첫째, 자연은 인간의 노동활동의 존재론적 토대로서 인식된다. 맑스는 노동의 매개과정이라는 관점에서 자연을 파악하면서 **외연적 자연의 우선성**(Priorität der äußeren Natur)[67]으로부터 출발한다. 맑스가 자연에 대해 일차적으로 파악하고자 한 것은 그 자체에 의해 생성, 소멸하고 자연법칙에 따라 운동한다는 다음과 같은 자연의 우선성에서 드러난다.

은 자연적인 방식, 즉 인간이 이해할 수 없는 방식으로 인간에 대해 작용한다. 따라서 자연 2는 인간 이성의 현현일 수 없으며, 이성에 대한 왜곡일 뿐이라 주장했다(라이너 그룬트만, 『마르크스주의와 생태학』, 127~129쪽). 아도르노는 「자연사의 이념」과 그 이후의 『부정의 변증법』에서 헤겔의 제2의 자연개념에 대한 청년 루카치의 맑스적 독해를 따른다. 이러한 맑스적 독해에 따르면, 제2의 자연개념은 '소외되고 죽은 세계'를, 빈곤해진 사회관계의 물화된 표상을 나타냈다(Th. W. Adorno, "Die Idee der Naturgeschichte", *Gesammelte Schriften* I, Frankfurt a.M., 1933, pp.355~356). 여기서 제2의 자연은 뼈처럼 굳어진 인간노동의 산물을 대변하게 된다(스벤 뤼티겐, 정태훈 옮김, 「비자연적 역사?」, 『뉴레프트리뷰 3』, 도서출판 길, 2011, 102쪽).

65) Karl Marx, *Grundrisse der politischen Ökonomie*, MEW 42, Berlin, 1985, p.162.

66) 라이너 그룬트만, 앞의 책, 130~131쪽.

67) Karl Marx und F. Engles, *Die Deutsche Ideologie*, MEW 3, p.42.

대상적 존재는 대상적으로 작용한다. …… 대상적 존재는 대상들만을 활
동하며 정립할 뿐이다. 왜냐하면 대상들은 대상들을 통해서 설정되며 자
연의 집(Haus)이기 때문이다. 그러므로 설정한 행위 속에서 대상들이 '순
수한 활동'에서 대상을 창조하는 데에로 나아가는 것이 아니라 정립한 행
위의 대상적 산물은 오직 자신의 대상적 활동, 자신의 활동을 대상적이고
자연적인 본질의 활동으로 입증할 뿐이다.[68]

위 인용문에서처럼, 맑스는 대상적 존재를 창조하고 정립하는 것을
자연에서 찾았다. 맑스가 자연의 우선성이라는 규정을 통해 관념론적 자
연관에 대해 비판하고자 했다면, 자연을 인간의 활동 외부에서 고찰하
는 형이상학적이고 비변증법적인 자연관을 비판하고자 하였다.[69] 맑스
에게 있어서 자연은 인간과 정신을 포함하여 모든 존재자로부터 유래한
다. 따라서 자연은 존재의 근원이다. 또한 모든 존재자는 자연 위에서만 존
립할 수 있기 때문에 자연은 존재자의 존재기반이다. 모든 존재자는 자연
에 속하고, 그 일부가 되며, 자연은 모든 존재자를 그 안에 포괄하는 전체
의 현실이다. 인간은 단지 자연적 존재일 뿐 아니라 인간적인 자연의 존재
(menschliches Naturwesen)이다. 다시 말하면 자신의 존재를 자각하는 유
적 존재(Gattungswesen)이다.[70] 맑스는 인간을 자연존재일 뿐만 아니라 동
시에 의식적인 생명활동이 그의 참다운 본질을 이룬다고 본다. 하지만 맑
스는 이 양자를 통일적으로 이해하지 못하였을 때 인간을 인간적 자연존
재로 파악하는 데까지 이르지 못한다고 간주한다. 하지만 인간은 직접적으

---

68) Karl Marx und F. Engles, *Ökonomische-philosophische Manuskripte*, p.577.
69) 김창호, 「자연 속에서의 인간의 지위」, 『마르크스의 역사적 유물론과 인간론』, 죽산, 1991, 103쪽.
70) Karl Marx und F. Engles, *Ökonomische-philosophische Manuskripte*, p.579.

로 자연적 존재이다. 인간은 자연존재로서 그리고 살아 있는 자연존재로서 자연적 힘들, 생명력들을 갖추고 있는 활동적인 자연존재이며 이런 힘들은 그의 안에 소질, 능력, 충동으로 존재한다. 즉 "배고픔은 자연적 욕구이다. 그러므로 배고픔은 그 충족을 위해, 자신을 진정시키기 위해 자기 바깥에 있는 자연, 자기 바깥에 있는 대상을 필요로 한다. 배고픔은 나의 몸(Leibes) 바깥에 있으면서, 몸을 통합하고 몸의 본질을 표현하는 데 필요불가결한 대상을 향한 나의 몸 안에서 일어난 욕망이다."[71]

둘째, 자연은 인간의 노동과 생산에 의해 대상화되어 가는 세계로서 이해된다. 여기서 맑스는 **자연과의 신진대사**(Stoffwechsel)라는 개념을 사용하여 인간과 자연지배가 단순히 자연의 착취가 아님을 밝히고 있다.[72] 여기서 Stoffwechsel이라는 독일어 말에 포함된 의미는 생물학적 성장과 쇠퇴의 구조적 과정의 관점을 밑받침해 주는 물질적 교환의 관점에서 출발한다. 노동과정의 정의에서 맑스는 신진대사의 개념을 노동과정에 대한 자신의 이해에 기초를 둠으로써 맑스의 전반적인 분석체계의 중심에 놓았다. 맑스는 일반화된 상품생산하에서 "최초로 형성된 일반적인 사회의 물질교환 체계, 보편적 관계, 전반적인 욕구 및 보편적 능력" 등에 대해 광범위한 의미로 신진대사의 개념을 언급하였다. 또한 물질적 교환은 먼저 C–M–C의 분석(상품–돈–상품)으로 나타나고 형식적 교환의 방해요소는 물질적 교환의 방해물로서 설계된다.[73] 다시 말해 맑스는 노동을 "인간과 자연 간의

---

71) Karl Marx und F. Engles, 앞의 책, 578쪽.

72) Karl Marx und F. Engles, *Das Kapital*, *MEW* 23, p.192.

73) Karl Marx, *Texts on Method*, trans. Terrell Carver, Oxford: Blackwell, 1975, p.209. 맑스가 설명하는 자본(일반화된 상품생산)의 일반공식은 M–C–M이다. 여기서 화폐가 상품(또는 상품생산의 수단)으로 교환되고, 다시 팔려 돈이 된다. 이때 이윤이 생겨난다. 이 공식은 자본주의 최우선의 목적, 즉 자본주의는 인간 요구의 충족이 아니라 화폐가치(M′)의 확장을 최우선의 목적으로 삼는다는 것을 보여 준다. 상품(C)의 생산은 단지 목적을 위한 수단일 뿐이다(존 벨라미 포스터,

신진대사, 말하자면, 인간적인 삶을 매개하기 위해 모든 사회형태로부터 독립한 인간의 실존조건, 곧 영원한 자연의 필연성"[74]이라 보았다. 인간적인 측면에서 자연은 인간의 주관적 자연에 그리고 그의 환경이 소유한 객관적 자연에 나타나며, 동시에 사회적인 노동의 재생산 과정을 통하여 스스로 매개한다.[75] 노동이란 인간과 자연이 관계 맺는 하나의 과정이다. 이 과정 속에서 인간은 자발적으로 자신의 자연과의 물질적 신진대사를 매개·통제·조절한다. 인간은 자연의 고유한 힘과 능력을 사용하여 자연의 산물을 인간의 삶에 유용한 형식으로 바꾼다. 또한 외부세계에 작용을 가하고 변경하는 가운데서 인간 자신의 본성도 변화하게 된다.[76] 주지하듯이, 인간은 자연과의 지속적으로 주고받는 신진대사를 통해서만 살아갈 수 있기 때문에 신진대사가 원활히 이루어지기 위해서는 자연이 그에 상응하는 적합한 상태이어야 한다. 만약 자연이 그러한 상황에서 벗어난다면, "인간과 토지 사이에 물질적 교란"이 발생하게 되며 인간의 삶 자체를 위험한 곤경에 빠뜨릴 수 있다.

인간이 저지르는 환경파괴는 인류의 생존을 어렵게 만들거나 심지어 생존 자체를 불가능하게 만들지도 모른다. 맑스는 이러한 혼란을 초래할 수 있는 몇 가지 가능성들을 고찰하고 있다. "생산의 심각한 집중화를 가져오는가 하면, 끊임없는 도시인구의 압도적인 증가 추세를 야기하는 자본주의적 생산은 한편으로 사회가 갖고 있는 역사적 추동력의 집중현상을 초래하고, 다른 한편으로 인간과 자연 사이에서 이루어지는 신진대사의 흐름을 혼란시킨다. 다시 말해 인간들이 음식이나 의복이라는 형식으로 소비

『생태계의 파괴자 자본주의』, 추선영 옮김, 책갈피, 2008, 62쪽).

74) Karl Marx, *Kapital*, Bd I. Berlin, 1960, p.47.

75) Jürgen Habermas, *Erkenntnis und Interesse*, Frankfurt a.M., 1968, p.38.

76) Karl Marx und F. Engles, *Das Kapital*, 23, p.192.

한 토양의 요소들이 다시 원래의 곳으로 되돌아가는 것을 막고 있다. 그리하여 결과적으로 토양의 비옥한 상태를 유지하기 위한 필요조건을 자본주의 생산이 침해하고 있는 셈이다."[77] 또한 맑스는 『정치경제적 비판 요강』에서 다음과 같이 언급했다. "자연소외는 자연과 인간의 신진대사의 자연적, 무생물적 조건과 활동적이고 적극적인 인간과의 통합이 아니다. 그러므로 자연소외는 설명을 요구하거나 역사적 과정의 결과인 인간에 의한 자연의 유용이 아니라 오히려 인간 존재의 무생물적인 조건들과 적극적인 존재 사이의 분리이며, 임금노동과 자본 사이의 관계에서만 완전히 사실로 가정되는 분리이다."[78] 이렇듯 맑스에게 있어서 "노동은 인간과 자연 사이의 과정이며, 그것은 인간이 자신의 행위를 통해 자연과 인간 자신 사이의 신진대사를 조화시키고 통제하는 과정"이라 주장하였다. 자본주의 사회에서 이런 신진대사는 왜곡되고 배제되었다. 이러한 자연소외는 마을과 국가를 철저한 분리와 인간소외의 필연적 결과이다.[79] 따라서 맑스가 꿈꿨던 사회는 최소의 노력으로 그리고 인간성에 가장 알맞고 적합한 조건에 인간과 자연 사이의 신진대사를 합리적으로 통제하는 사회였다.

6. 맺음말

필자가 지금까지 맑스의 생태관, 즉 자연과 인간의 소외를 중심으로 살펴보았듯이, 21세기에서 맑스의 생태관이 어떤 현대적 의미를 지니고 있는가? 필자는 이에 대해 맑스 이후의 21세기의 생태문제를 다음과 같이 진단

---

77) Karl Marx und F. Engles, *Das Kapital*, p.474.
78) Karl Marx und F. Engles, *Grundrisse der politischen Ökonomie*, MEW 42, p.489.
79) 존 벨라미 포스터, 『생태혁명』, 박종일 옮김, 인간사랑, 2010, 49쪽.

해 보고자 한다.

첫째, 21세기 생태위기를 극복할 수 있는 생태관은 고대 그리스의 아리스토텔레스의 철학에 뿌리를 둔 서구의 **목적론적 관점을 지양하여** 맑스가 진단한 바와 같이, 인간 상호 간의 협소한 관계에서 **인간과 자연의 상호공존의 관계로** 확장해야 한다. 현시점에서 목적론적 관점으로 자연을 조망하는 것은 그다지 권장할 만한 것이 못 된다. 목적론적 관점은 인간이 만물의 영장이고 자연을 이용할 권리를 갖고 있으며, 만물이 인간의 요구에 봉사해야 한다는 관점이다. 그 대신에 인간은 적응을 위해 끊임없이 적극적인 투쟁 상태에 놓여 있다. 인간은 자연의 산물이며 자연으로부터 결코 벗어날 수 없으며, 인간이 자연을 통제할 때조차도 자신의 목적을 위해 자연의 법칙을 한갓 이용할 뿐이라는 사실을 가슴 깊숙이 각인시켜야 한다. 맑스는 다음과 같이 기술하고 있다. "자연은 처음으로 순전히 인간을 위한 대상이자 단순히 효용의 문제로 전락했다. 더 이상 스스로 힘을 가진 존재로 인식하지 않게 되었다. 자연의 자율적 법칙을 발견하여 이론화하는 일은 소비의 대상으로든지 생산수단으로든지 단지 인간의 욕구에 자연을 복속시키기 위한 책략일 뿐이다."[80)]

둘째, 맑스의 저서에서 제시한 바와 같이, 보다 높은 수준으로 인간과 자연 사이의 물질적 신진대사를 회복하여 새로운 사회를 지향하도록 요구해야 한다. 맑스의 관점에서 지구와 인간의 관계가 변화는 것이 봉건주의에서 자본주의로 이행하기 위한 필수조건이었다. 그래서 맑스는 **자연과의 물질적 신진대사의 관계에 대한** 합리적 조절이 자본주의에서 사회주의로 이행하기 위한 필수적인 전제조건이었다. 우리는 부하린(Bukharin)의 『사적 유물론』에서 다음과 같이 언급한 사실을 주목해 볼 필요가 있다. "사회

---

80) Karl Marx und F. Engles, *Grundrisse der politischen Ökonomie*, pp.400~410.

와 자연 신진대사의 물질적 과정은 환경과 체계 사이의 근본적 관계이며, 외적 조건들과 인간 사회의 근본적 과계이다. 우리가 보았던 것처럼, 인간과 자연 사이의 신진대사는 외적 자연으로부터 사회로의 물질적 에너지의 전환이 이루어진다. 그러므로 사회와 자연 사이의 상호관계는 사회적 재생산의 과정이다. 이 과정에서 사회는 인간 노동 에너지를 충당하고 자연으로부터 일정한 양의 에너지를 획득한다. 소비와 수입 사이의 균형은 여기서 분명하게 사회의 상징을 위한 결정적인 요소이다.”[81] 맑스가 자본주의의 생산양식의 분석을 통해 “인간이 자신의 밖의 자연에 영향을 미치고, 변화시킴으로써 동시에 자신의 고유한 본성을 변화시킨다”[82]는 인간과 자연과의 상호관계를 밝혔듯이, 21세기의 생태계의 위기도 인간과 자연과의 상호공존을 통해 지속적으로 함께 영위해 나가가야 할 터전이라는 사실이다.

셋째, 맑스가 초기의 저작에서 노동에 뿌리를 둔 인간의 소외현상을 넘어 21세기에 만연된 **세계소외**(world alienation)를 극복해야 하는 과제를 떠맡게 되었다. 최근의 생태학자들은 대체로 맑스의 입장을 인간중심주의가 아닌 생태중심주의 관점에서 인간의 소외의 문제를 접근했다고 본다. 아렌트(Hannah Arendt)에 의하면, 모든 자연의 사물은 사유재산과 보편적인 상품의 형태로 전환되면서, 세계가 '탈자연화'되고 있다고 지적한다. 그녀에 의하면, 맑스는 초기저작에서 **세계소외**에 대한 인식을 보여 주었다고 말한다. 하지만 아렌트 입장에서 보자면, 맑스는 세계소외보다는 노동에 뿌리를 둔 인간의 자기소외를 강조하고자 했다. 이런 점에서 아렌트는『인간의 조건』(1958)[83]에서 “맑스가 생각한 자기소외가 아닌 **세계소외**가 현 시대의 특

---

81) Bukharin, *Historical Materialism*, pp.108~109.
82) Karl Marx und F. Engles, *Das Kapital*, p.192.
83) 한나 아렌트,『인간의 조건』, 이진우 외 옮김, 한길사, 1996.

징”이라 본다. “현대의 조건 아래에서는 파괴가 아닌 보존이 오히려 파멸을 예고한다. 보존된 사물의 지속성 자체가 자본순환 과정에 가장 큰 장애가 되기 때문이다. 어디에 뿌리를 내리든 간에 속도의 부단한 증가만이 유일하게 남은 불변성이다.”[84] 오늘날 세계소외가 도처에 구체적으로 퍼져 있다는 것은 의심할 바 없다. 21세기 들어 화석연료로부터의 온실가스 배출이 급속히 증가하고 있으며, 이 지표의 온도, 습도, 해양의 수증기, 기압, 강수량, 들불, 동식물의 조건 변화, 지표의 물 흐름, 상층 대기권의 온도, 전 세계 대양의 열 함량 등 지구환경의 측면에서 다각도로 발견되고 있는 것이 한 단면들이다. 따라서 우리는 세계소외에서 벗어날 생태문제의 해결방안들을 다양한 관점에서 마련해야 할 절박한 상황에 처해 있다.

넷째, 인간중심주의를 넘어서 생태중심주의로 더욱 확장하여 나아가야 한다.

우리가 “인간중심주의를 넘어선다는 것은 인간에게 인간 아닌 다른 생명의 입장에서 사고할 것을 요구하는 역설적 궁지를 선택하는 것이 아니라, 인간과 인간 아닌 모든 것의 대립 속에서 설정되는 어떤 특권적인 자리를 제거하는 것이고, 인간을 포함하는 순환계의 입장에서 인간의 문제에 접근하는 것을 의미한다.”[85] 퀘니(Massimo Quaini)가 지적한 바와 같이, "현대 부르주아의 생태학적 관심이 생겨나기 이전에 맑스는 자연의 약탈을 비난했다."[86] 다시 말해 맑스는 인간사회의 주요한 생태문제를 거론했다. 도시와 농촌의 구분, 토양의 소모, 산업적 오염, 도시의 난개발, 노동자들의 건강악화와 산재, 영양실조, 독성물질, 공유지의 사유지화, 농어촌의 빈곤과

---

84) Hannah Arendt, *The Human Condition*, Chicago: University of Chicago Press, 1958, pp.248~273.

85) 이진경, 『미래의 맑스주의』, 그린비, 2006, 379쪽.

86) Massimo Quaini, *Geography and Marxism*, Totowa, N.J.: Barnes & Noble, 1982, p.136.

고립화, 산림파괴, 인간에 의해 야기되는 홍수, 사막화, 물 부족, 지역적 기후변화, 석탄을 비롯한 자연자원의 고갈, 에너지의 보존, 엔트로피, 산업폐기물을 재활용해야 할 필요성, 생물종과 환경 사이의 연계성, 역사적 배경을 가진 과잉인구, 기근의 원인, 과학과 기술의 합리적 채용 등과 관련된 문제들이었다.[87] 이렇듯 생태문제는 맑스가 진단하였듯이, 21세기의 현시대는 더욱 광범위한 영역으로 확대되었다. 다시 말해 생태문제는 인구의 증가, 에너지를 비롯한 천연자원의 부족, 식량부족, 육상 및 해양생태계의 파괴, 야생동물의 멸종, 온실효과, 오존층파괴, 산성비, 이상기후 등을 포함한 포괄적 현상인 것이다. 지난 2008년 8월 세계미래학회는 2050년 인간의 미래 모습을 10가지로 제시하는 미래전망을 발표한 바 있다. 전 세계 백만장자 수십억 명, 섬유산업의 혁명적 변화, 냉전의 위협이 테러위협으로 대체, 화폐위조 확산으로 현금 없는 사회촉진, **심각한 생물 멸종위기, 석유시대에서 물의 시대로 전환, 2050년 전 세계인구 91억 명, 홍수피해 급증, 북극개발** 러시, 인간 이외 존재에 의한 의사결정 등이 그것이다. 여기서 보듯이, 세계미래학회에서도 향후 인간의 미래를 생태문제와 관련하여 진단하고 있다. 이러한 환경에 대한 미래의 우울한 전망은 지구 전체에 걸쳐 상호 밀접하게 연관되어 있는 복합적인 사안이 되었다. 따라서 지구의 환경파괴와 오염은 인간과 아주 밀접한 관계가 되었을 뿐만 아니라 자연 속에서 삶을 지속적으로 살아가야 하는 인간의 삶의 질을 더욱 위협하게 되었다. 결국 향후 인간의 삶의 질과 미래 운명은 인간의 선택에 달렸다.

---

87) 존 벨러미 포스터, 「자본주의에서 사회주의로의 이행과 생태」, 김철규 외 옮김, 『생태논의의 최전선』, 필맥, 2009, 37쪽.

참고문헌

권정임. 2007. 「근대성과 맑스: 생태문제를 중심으로」. 『철학연구』 제104집.

_____. 2010. 「비결정론과 생태적 합리성: 비결정론에 대한 맑스의 생태사회론의 양가성 비판과 변형」. 『환경철학』 제9집.

그룬트만, 라이너. 1995. 『맑스주의와 생태학』. 박만준·박준건 옮김. 동녘.

김영균. 2007. 『맑스, 탈현대적 지평을 열다』. 메이데이.

김창호. 1991. 「자연 속에서의 인간의 지위」. 『맑스의 역사적 유물론과 인간론』. 죽산.

뤼티겐, 스벤. 2011. 「비자연적 역사?」. 『뉴레프트리뷰 3』. 정태훈 옮김, 도서출판 길.

메리필드, 앤디. 2005. 『매혹의 도시, 맑스주의를 만나다』. 남청수 외 옮김. 이후.

박이문. 2006. 「생태학적 합리성과 아시아 철학」. 숲과문화연구회 엮음. 『숲께 드리는 숲의 철학』. 철학과현실사.

_____. 2010. 『예술과 생태』. 미다스북스.

서양근대철학회 엮음. 2010. 『서양근대윤리학』. 창비.

서영표. 2009. 「한국의 녹색담론과 사회주의」. 『진보평론』 제40호. 메이데이.

알뛰세, 루이. 1990. 『맑스를 위하여』. 이화숙 옮김. 백의.

양해림. 2005. 「생태위기와 베이컨의 유토피아적 기획: 한스 요나스의 베이컨의 유토피아주의의 비판을 중심으로」. 『에코·바이오테크시대의 책임윤리: 과학기술의 진보와 이성』. 철학과현실사.

_____. 2009. 『대학생을 위한 서양철학사』. 궁미디어(충남대출판부).

_____. 2010a. 「생태담론의 연원(淵源)적 고찰」. 『환경철학』 제9집.

_____. 2010b. 「생태민주주의와 생태공동체적 사유」. 『환경철학』 제10집.

_____. 2011. 「헤겔의 법철학과 공동체주의: 도덕성과 인륜성을 중심으로」, 『철학연구』 제117집.

이성백. 1998. 「맑스의 자연문제와 생태론」. 『사회철학대계 4』. 민음사.

이진경. 1997. 『맑스주의와 근대성: 주체생산의 역사이론을 위하여』. 문화과학사.

_____. 2006. 『미-래의 맑스주의』. 그린비.

최형익. 1999. 『맑스의 정치이론』. 푸른숲.

포스터, 존 벨라미. 2001. 『환경과 경제의 작은 역사』. 김현구 옮김. 현실문화연구.

_____. 2008. 『생태계의 파괴자 자본주의』. 추선영 옮김. 책갈피.

_____. 2009. 「자본주의에서 사회주의로의 이행과 생태」. 김철규 외 옮김, 『생태논의의 최전선』. 필맥.

_____. 2010a. 『맑스의 생태학』. 이범용 옮김. 인간사랑.

_____. 2010b. 『생태혁명』. 박종일 옮김. 인간사랑.

Adorno, Th. W. 1933. "Die Idee der Naturgeschichte". *Gesammelte Schriften I*. Frankfurt a.M.

Arendt, Hannah. 1958. *The Human Condition*. Chicago: University of Chicago Press, 1958. 한나 아렌트. 1996. 『인간의 조건』. 이진우 외 옮김. 한길사.

Bacon, Francis. 1980. *The Great Instauration and New Atlantist*. Harlan Davidson.

_____. 1986. *Novum organon, in The Works of F. Bacon*, vol.iv. Stuttgart.

Bahro, Rudolf. 1980. *Elemente einer neuen Politik. Zum Verhältnis von Öklogie uns Sozialismus*. Berlin.

Benton, Ted. 1989. "Marxism and Natural Limited". *New Left Review* 178.

Bookchin, Muray. 1983. *Toward an Ecological Society*. Montreal.

Bramwell, Anna. 1989. *Ecology in the Twentieth Century*. New Haven, Conn.: Yale University Press.

Bukharin. *Historical Materialism*.

Eckersley, Robyn. 1992. *Environmentalism and political Theory*. New York: State University of New York Press.

_____. 1996. "Socialism and Ecocentrism". T. Benton(ed.). *The Greenting of Marxism*. New York.

Fetscher, Iring. 1963. "Hegel-Feuerbach-Marx". Hegel-Studien Bd.2. Berlin.

Giddens, Anthony. 1981. *A Contemporary Critique of Historical Materialism*. London: Macmillan.

Goldblatt, David. 1996. *Social Theory and the Environment*. Boulder, Colo.: Westview Press.

Habermas, Jürgen. 1968. *Erkenntnis und Interesse*. Frankfurt a.M..

Hegel, G.W.F. 1987. *Grundlinien der Philosophie der Rechts*. Frankfurt a.M.

Kim, Kyoung-Soo. 1998. *Zum Begriff der Philosophie im Vormarz*. Berlin Freien Universität.

Korsch, Karl. 1930. *Marxismus und Philosophie*. Leipzig.

Lipietz, Alian. 1998. "Die politische Ökologie und die Zukunft des Marxismus". *Argument-Sonderband Neue Folge*, Berlin/Hamburg.

Marx, Karl. 1975. *Texts on Method*. Terrell Carver (Trans). Oxford: Blackwell.

______. 1985a. *Deutsche Ideologie. MEW* 3. Berlin.

______. 1985b. *Differenz der demokritischen und epiureischen Naturphilosophie.* Berlin. 고병권 옮김. 2001. 『데모크리토스와 에피쿠로스 자연철학의 차이』. 그린비.

Marx, Karl und F. Engles. 1985a. *Grundrisse der politischen Ökonomie. MEW* 42. Berlin.

______. 1985b. *Kapital,* Bd.3. Berlin.

______. 1985c. *Ökonomische-philosophische Manuskripte* (1844). *MEW* 40. Berlin.

Meyer-Abich, Klaus Michael. 1987. "Natuphilosophie auf neuen Wege". Osward Schwemmer (Hg.). *Über Natur.* Frankfurt a.M.

Nove, Aloc. 1987. "Socialism". J. Eatwell (ed.). *The New Palgrave Dictionary of Economics,* vol. 4. New York: Stockton.

Ottmann, Hennig. 1985. "Der Begriff der Natur bei Marx: Überlegungen im Light ökologischer Fragestellungen". *Zeitschrift für philosophische Forschung,* Bd.39-2.

Quaini, Massimo. 1982. *Geography and Marxism.* Totowa, N. J: Barnes & Noble.

Reddift, Michael, and Graham Woodgate. 1989. "Sociologie and Environment". Michael Reddift and Tesd Benton (ed.). *Social Theory and Global Environment.* New Haven, Conn.: Yale University Press.

Schmidt, Alfred. 1993. *Der Begriff der Natur in der Lehre von Marx.* Hamburg.

Schmied-Kowarzik, Wolfdietrich. 1984. *Das Dialektische Verhältnis des Menschen zur Natur: Philosophiegeschichliche Studien zur Naturproblematik bei Karl Marx.* Freiburg/München.

Spaemann, Robert. 1991. "Technisch Eingriffe in die Natur als Problem der politischen Ethik". Dieter Birnbach (ed.). *Ökologie und Ethik.* Stuttgart: Reclam.

Vaillancourt, Guy. 1996. "Marxism and Ecology: More Benedictine than Franciscan". Ted Benton (ed.). *The Greenting of Marxism.* New York: Guilford.

White, Jr. G. 1967. "The historical Roots of our Ecologic Crisis". *Science* 155.

자본주의적 축산업의 발전과 생태위기[1]

김민정(마르크스이론 연구 모임)

1. 구제역을 둘러싼 논란

2008년 광우병이 의심되는 미국산 쇠고기에 대한 저항의 촛불이 진행될 무렵, 애니메이션 「미트릭스」(The Meatrix)는 가축의 생산방식에 관한 불편한 진실을 공개했다. 이를 본 많은 사람들은 현행 육류 식품의 생산 과정을 심각하게 우려했다. 이러한 우려는 2010년 단기간에 대규모 구제역 발생으로 현실화되었다. 지난 해 10월 말 시작된 구제역(foot and mouth disease)은 발생 40여 일 만에 60여 개 시·군으로 확산되었으며 매일 수천 마리의 가축이 감염되었거나 감염 위험에 노출되어 살처분(stamping out)되었다.

2011년 3월 현재 구제역으로 농장 6,200곳에서 348만 마리가 넘는 돼지와 소 등 우제류가 매몰됐다. 조류인플루엔자로 농장 264곳에서 600만 수가 넘는 조류가 매몰됐다. 2004년부터 지난해 5월까지 구제역과 조류인플루엔자로 조성된 매몰지는 1,200곳에 이른다.

「생매장 돼지의 절규」 동영상을 본 많은 사람들은 비윤리적인 방식으

---

1) 이 글은 2011년 4월 8일 한국환경사회학회·고려대학교 한국사회연구소 공동 심포지엄에서 발표한 「가축의 생산 방식과 전염병」 논문을 수정·보완한 것이다.

로 생매장 당하는 생명에 대해 깊은 연민을 느꼈다. 그러면서 동시에 왜 많은 돼지가 살처분돼야 하는가에 의구심을 제기했다.

정부에서는 구제역 발생 원인을 안동 양돈농민의 베트남 여행과 이주 노동자 탓으로 돌렸다. 그러나 최근에 발생한 구제역 바이러스는 베트남과 무관한 것으로 밝혀졌다. 초기 대응 실패 역시 중앙정부는 지방정부 탓과 농민의 도덕적 해이에서 찾았다. 하지만 구제역이 초기에 억제되지 못하고 확산된 원인 중에는 간이 진단키트의 잘못된 사용, 예방백신의 접종시기와 접종대상 결정 실패 등 정부 차원에서의 전반적인 대응 정책 부재가 핵심에 있다. 무엇보다도 지난해 동물 및 축산물 검역·검사 예산 21억 원과 예산이 통과된 올해도 2억 원이 추가로 삭감됐다. 가축 질병 근절을 위한 예산 24억 원과 긴급 방역비 3억 원도 삭감됐다.

가축 전염병 발생 시 정부의 대응책과 예방책 미흡과 더불어 바이러스 및 질병 관련 연구에서는 최근에 자주 창궐하는 질병의 확산이 밀집식 공장 축산방식과 밀접한 상관관계가 있다는 것을 밝혔다(Greger, 2010; Nierenberg, 2003). "집약적인 공업적 공장 주위로 소규모 생산자들이 고도로 밀접해 있는 경우 매우 위험한 상황이 발생될 수 있다"(Slingenbergh et al. 2004: 476). 다시 말하면 실외에서 사육되는 가축은 도화선이며 공장형 시설에서 고밀도로 사육되는 가축들은 거대한 폭발물인 셈이다. "방목 가금류의 생태 공간에 야생 물새류가 침투하면서 바이러스가 출현할 수 있는 강력한 접촉점이 형성되었다. 축산업 혁명이 독감의 병독성을 강화했다면 습지 파괴는 야생 물새류와 가금류의 생태환경을 더욱더 위험하게 만들었다"(마이크 데이비스, 2008: 215).

구제역의 발병 원인과 확산 원인을 구분한다면 "구제역 바이러스는 공장식 축산업이 발생하기 이전에도 존재했고 야생동물에게도 감염이 일어나고 있으며 유기농을 비롯한 어떤 사육 방식을 선택해도 인간이 가축을 기르는 상황에서는 바이러스가 존재하게 마련"(박상표, 2011)이다. 하지만 구제역 바이러스의 확산 원인으로 "좁은 공간에 소나 돼지를 밀집 사육하는 등 축산업이 상업화하면서 단일 지역에 축산 농장이 몰리는 등 공장식 축산이 구제역 바이러스가 퍼지기 좋은 조건을 만들어 준 것은 사실"(박상표, 2011)이다. 특히 우리나라처럼 좁은 공간에 형성된 밀집형 축산 형태와 전국적으로 구축된 물류 교통망은 전염병 확산에 좋은 조건을 형성한다.

구제역 확산의 원인이 된 공장형 축산의 가장 큰 문제점은 가축 사육 밀도가 높아 열악하고 더러운 환경에서 가축이 자라고 있다는 것이다. 하지만 2011년 3월 정부가 제시한 「가축질병 방역체계 개선 및 축산업 선진화방안」에는 사육마릿수 총량제(제한제)를 비롯한 현행 밀집형 축산방식을 개선하는 규제는 없다.

이러한 구제역 전염을 둘러싼 사회적 논란을 사회과학적으로 이론화하려는 작업들이 시도되었다(Martin Doring & Brigitte Nerlich, 2009 참조). 특히 아비게일 우즈(Woods, 2009)는 찰스 로젠버그가 정의한 질병 프레이밍(framing) 개념에 기반해 구제역에 대한 사회문화적 프레이밍을 제시했다. "질병 프레이밍이란 질병은 우리가 그것을 지각하고 이름을 붙이고 그에 대응함으로써 질병이 존재한다는 사실에 합의하기 전까지는 존재하지 않는다는 것이다. 다시 말하면 프레이밍은 생물학적 사건, 그것에 대한 환자와 의사의 지각, 이러한 지각으로부터 인지적·정책적 이해를 얻어 내려는 집단적 노력을 서로 연결시켜 주는 데 일조한다"(Woods, 2009: 20). 이런 관점에서 그는 구제역을 날조된 유행병(manufactured plague)이라 규정했다. 다시 말하면 질병 프레이밍은 일종의 질병의 사회구성주의 관점이다.

김선경(2011)도 이와 유사한 입장에서 "왜 살처분에 의한 비발생국 지위에 집착하나?"라는 질문에 대해 여섯 가지로 답한다. ① 공포와 선진국 사례, ② 명예(국제기구의 인증), ③ 수출 지상주의, ④ 일부 전문가 집단의 가치관, ⑤ '빠른'에 대한 집착, ⑥ 루머: 중국 축산물 진입 등. 그는 구제역 살처분은 (일반 대중의) 공포와 무지에 의해 야기된, (정부와 전문가) 소수 집단의 가치관에 의해 발생한, 지식의 독점과 시스템의 독재가 빚어 낸, 국가 권력과 제도에 의한 폭력행위라고 결론짓는다.

구제역에 대한 사회문화적 프레이밍은 구제역에 대한 대응이 정치사회적으로 어떻게 형성되고 고착화되는지를 설명해 준다. 다시 말하면 최근 들어 만연해지고 있는 구제역 확산에 대한 원인을 주목하지 않은 채 이미 발생된 질병에 대한 대응책을 언급하고 있다. 이러한 관점은 구제역 바이러스가 왜 현재와 같이 전염성이 확산되고 있는가에 대한 원인에 대해서는 언급하지 않는 한계를 가지고 있다. 본 논문에서 언급하려는 가축의 사육 방식의 변화 양식에 대한 고찰은 질병에 대한 사후적 대응책이 아니라 사전적 대응이라는 점에서 의미가 있다.

본 논문에서는 구제역 바이러스의 확산 원인인 공장형 축산업의 형태와 축산 환경이 어떻게 전염병 발생과 연관이 있는지를 살펴보고자 한다. 다시 말하면 우리나라의 구제역 발생 역사에서도 알 수 있듯이 일본 제국주의 시대 구제역 발생은 1934년 이후로 보고되지 않았으며 해방 이후에도 2000년에 발생할 때까지 66년간 발생 기록이 없었다. 하지만 국내에서는 2000년 이후 2002년, 2010년 1월, 4월, 11월 5차례에 걸쳐 구제역이 발생했다. 이렇게 구제역이 최근 들어 창궐하고 확산하게 된 주된 원인으로 가축의 생산 방식에서 살펴보고자 한다. 다시 말하면 '문제의 해결'보다는 가축 전염병 '문제의 소재 파악'에 중심을 둔 연구이다.

2. 질병 발생의 사회환경적 분석틀

연구 분석을 위해 진화의학(evolutionary medicine)과 사회역학 관점에서 질병 및 전염병을 접근한다. 환원주의와 생물학적 결정론은 외부에서 들어온 세균 및 바이러스를 침입자 및 적으로 규정하여 적을 박멸하는 질병과 건강의 관계를 제시한다. 19세기 후반 이래로 동물과 인간 간의 질병에 대한 상호관계가 밝혀졌고 동물과 자연 세계의 연관성이라는 측면에서 인간과 연관된 질병 유형의 변화에 대한 유의미한 잠재적 경고에도 불구하고 과학자들은 인간의 질병과 동물의 질병 간의 독립적인 방침을 고수하고 있다(Anne Hardy, 2003).

하지만 질병은 고정된 상태가 아니라 다양한 환경에 적응하며 진화하는 과정이고 질병에 대응하는 치유 방식 또한 함께 진화한다. 진화의학은 생명을 기계로 치환시켜 질병의 완전 정복이 아니라 자연과의 유기적 관계, 생태적 관점에서 질병과 건강을 접근한다(토마스 다이히만 외 2인, 2011 참조).

"적절한 치료를 선택하려면 기침 또는 다른 증상이 혹시 환자나 병원체에 이득을 주는지 알 필요가 있다. 또한 병원체가 숙주를 조정하거나 그의 방어 체계를 무력화시키는지 알 필요가 있다. 증상을 완화시키거나 소용은 없겠지만 병원체를 죽이려고 애쓰는 대신, 병원체의 전략을 분석하고 그 각각에 대해 대항하려 애쓰고 병원체를 극복하고 상처를 복구하려는 숙주의 노력을 거들어야 한다"(랜덜프 네스·조지 윌리엄즈, 1999:81).

사회역학(social epidemiology)은 사회 조건들이 인간 건강에 영향을 미친다는 가정에서 출발한다. 사회 요인과 질병의 관계를 이해하려는 노력은 근대사회 초기부터 꾸준히 진행되었다. 열악한 주거환경과 빈곤, 작업환경과 질병에 대한 영향에 중점을 둔 19세기 대표적인 연구물은 엥겔스의 『영국노동자계급의 상태』(1845)이다. 엥겔스의 저작은 당시 질병의 발생과 사회 요인을 밝히려는 연구 풍토를 반영한 것이다. 뒤르켐의 『자살론』(1897) 역시 사회통합이 자살과 얼마나 긴밀히 연관되어 있는지를 밝혔다.

"역학은 특정인구집단의 건강상태 및 그 집단에서 발생하는 건강문제의 분포, 결정요인, 원인요인을 연구하고 이를 통해 도출된 내용을 인구집단의 건강문제를 해결하기 위해 적용하는 학문 분야이다. 반면에 사회역학은 역학의 기본 개념을 바탕으로 건강상태와 질병의 사회적 분포 및 사회적 결정요인을 연구·규명하는 역학의 한 분야로 정의된다. 고전 역학도 건강 및 질병의 원인요인으로 사회적인 특성을 고려하기는 하지만 이를 주요 결정요인으로 생각하고 평가하기보다는 생물학적 현상에 중점을 두며 사회적 특성은 단지 그 배경요인으로 다룬다는 점에서 사회역학과 차이가 있다"(송윤미, 2005: 237~238).

사회역학은 다섯 가지 중요한 개념을 가지고 있다. 첫번째로 **인구집단 관점**(population perspective)은 "A라는 사람이 B 질병에 감염되었는가?"라는 질문에 사회적 맥락(social context)을 고려한 "A가 포함된 인구집단은 왜 B 질병을 갖게 되었을까?" 물음으로 확장하는 것이다. 두번째로 **행동에 대한 사회적인 배경**(social context of behavior)은 사회적인 배경 및 환경에 따라 특정한 행동조절 양식이 강화 혹은 제약된다는 측면에서 개인의 행동을 설명한다. 세번째로 **맥락과 관련된 다층 분석**(contextual multilevel analysis)은 "환경이나 지역사회 수준에서 시행한 위험요인 폭로 평가 자료를 개인수준에서 평가한 위험요인 자료와 합쳐 분석하여 여러 수준에서 측정된 결정요인과 건강과의 연관성을 동시에 평가함으로써 지역사회 환경이 개인적 특성과 독립적으로 그 지역에 살고 있는 개개인의 건강에 미치는 영향을 규명하는 연구 방법이다. 생물학적 과정과 사회적 과정이 서로 어떻게 상호 작용하여 질병위험을 높이는가를 이해하고 질병의 사회적 결정요인을 밝혀내기 위해서는 개체 내의 생물학적 과정에 대한 자료 및 개인 수준의 위험요인 자료, 지역사회 자료, 다른 사회와의 비교자료 등 여러 수준의 자료를 이용할 수 있어야 한다"(송윤미, 2005: 239). 네번째로 **생애주**

기적 관점(life-course perspective)은 지나친 결정론적인 발달모형이 아니라 사회적 요인들이 생애주기에 어떠한 영향을 미치는지 살펴볼 수 있는 시각이다. 다섯번째로 **질병에 대한 전반적인 감수성**(general susceptibility to disease)에 따르면 "어떤 사람이 질병에 걸리는 문제는 생물학 또는 유전학적 기질뿐만 아니라 행동 또는 환경 노출 정도에 따라 영향을 받는다"(버크먼·이치로 가와치, 2003: 43).

사회역학은 질병의 개체 수준에서 벗어나 '사회적인 것'(the social)에 대한 관심으로 확장했다는 점에서 긍정적이다. 다만 사회적인 배경과 환경, 맥락의 형성 및 구조에 대한 좀더 사회과학적인 접근이 접목될 필요가 있다. 이 점에서 사회 환경적 요인은 사회구조적 환경과 정치사회적인 환경으로 구분해 볼 수 있다.

사회구조적 환경은 생산방식을 의미하는 것으로 직접 생산자와 노동수단 및 대상이 어떠한 형태로 결합되는가에 대한 것이다. 생산방식은 협소한 의미에서의 작업장 내의 '생산'만을 의미하는 것은 아니다. 생산방식은 인간이 어떠한 방식으로 인간의 욕구를 충족시켜 줄 어떠한 물건을 만들 것인가에 대한 생산의 기본토대이다. 특정한 생산방식하에서 결정되는 소비형태 및 소비패턴 등이 다시 생산에 영향을 미치는 것을 고려한 넓은 의미에서의 생산방식이다.

정치사회적인 환경으로는 공중 보건 체계 등 질병에 대한 전반적인 감수성에 대한 것이다. 이상에서 살펴본 바와 같은 사회역학의 기본 개념을 바탕으로 전염병/질병의 생물학적 요인과 사회적인 요인을 결합한 분석틀은 다음과 같이 제시해 볼 수 있다.

전염병은 사회적인 요인과 생물학적인 요인이 상호작용하여 발생한다. 본 논문에서는 생물학적인 요인인 병원체와 숙주의 관계는 진공상태인 사회 환경에서 관계 맺는 것이 아니라 현존하는 사회 환경에 '적극적인' 영

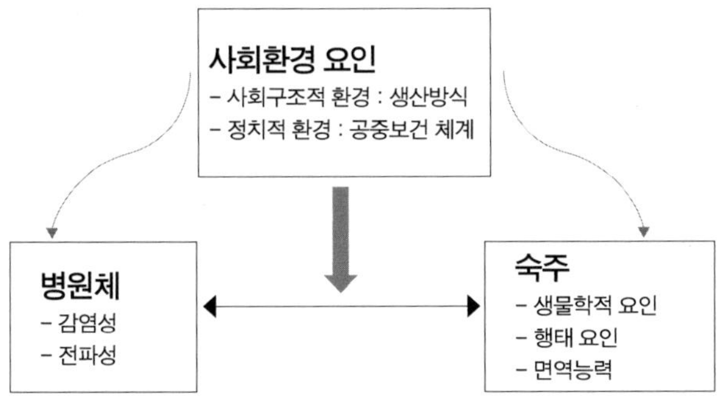

향을 받는다는 측면을 강조하고자 한다. 이러한 사회 환경의 강조는 생물학적인 요인을 간과하는 것이 아니라 인간의 사회 행위가 어떻게 자연환경에 영향을 미치는가를 주목하고자 하는 것이다. 다시 말하면 인간과 동물이 새로운 질병에 희생당하고 있다는 시각에서 벗어나 인간의 사회 행위가 자연 환경에 급격한 변화를 가져와 많은 질병을 일으키거나 악화시킨다는 것을 보여 주고자 하는 것이다.

인간의 사회 행위와 밀접하게 연관된 생태적 변화가 새로운 전염병 및 질병을 불러온다는 측면에서 월터스(Walters, 2004)는 새로운 전염병을 '생태병'(ecodemic)이라 부른다. 이는 현대에 발견되는 많은 새로운 질병이 생태 변화와 밀접하게 연관되어 있음을 강조하기 위한 것이다.

인간의 행위, 특히 생산 방식이 동물과 미생물 등의 유전자 교환을 촉진하듯이, 자연적인 돌연변이로 생긴 것이라 해도 새로운 바이러스가 왕성하게 활동할 수 있는 범위를 결정하는 것 역시 인간의 행위일 것이다.

맥마이클(McMichael, 2004: 1049)은 인류와 병원균의 진화 과정에서 역사적으로 중요한 4차례의 변화가 있다고 주장한다. 첫번째로 농업에 기반한 정착과정에서 인간과 야생형 국지 유행성(enzootic) 미생물과의 접촉이 있었고 이어서 고대 유라시아 문명(예를 들면 그리스와 로마 제국, 중국, 남아시아)에서 전쟁과 무역을 통한 접촉으로 각 문명의 국내 감염이 전파되었다. 이후 유럽의 확장 정책으로 인한 치명적인 전염성 질병이 대양을 횡단하여 퍼졌다. 네번째로 오늘날에는 새로운 전염병을 촉진하는 더 큰 규모의 사회환경의 변화가 일어난다. 새로운 감염 질병은 환경 혹은 사회적 요인에 의해 결정된다. 그 요인들은 다음과 같다. ① 인구학적 성격과 과정, 인간이동 등, ② 토지 이용과 그 외의 환경 변화, 새로운 환경에 대한 침해, ③ 소비행위(먹고 마시고 일반화되어 가는 음식 문화), ④ 다른 행위들(성적 접촉, 정맥주사를 통한 약물 이용, 병원에서 형성된 것들 등), ⑤ 숙주의 환경(영양불량, 당뇨병, 면역력 등)

빠른 속도로 확산되는 질병이 등장했을 때 인간의 생산 방식이 지구 환경을 파괴함으로써 수많은 전염병을 일으켰다는 사실을 무시하거나 고려하지 않는 기술적 해법은 또 다른 문제를 증폭시킬 것이다. "우리는 새로운 질병들이 생태학적으로 어떻게 유래했는지 꽤 많이 파악해 왔지만 이렇게 늘어나는 전염병들을 근절할 수 있을지는 아직 알 수 없다. 새로운 치료법과 치료약에 몰두해서는 그 일을 해낼 수 없다. 우리는 원인을 치료해야 한다. 그리고 그것은 우리 건강의 토대가 되는 생태계 전체를 보호하고 복원해야 한다는 의미다"(월터스, 2004: 182).

3. 가축의 생산

1) 가축의 사육 방식

인간과 자연 사이의 관계 맺는 방식은 머릿속 사고 과정에서가 아니라 사회적으로 의식주를 어떻게 해결하는가의 생산방식에서 나온다. 생산의 물질적인 내용과 사회 형태들은 특수한 사회적 관계를 함축하고 이런 의미에서 생산의 자연적 조건도 역사적으로 특수하다(김민정, 2009 참조)[2].

인간과 자연의 관계는 생산뿐만 아니라 더욱 직접적으로는 생산 도구의 자연적 변형을 통해 매개된다. 인간은 생존수단을 생산함으로써 자연과 인간 자신의 역사적 관계를 만들어 간다. 생산수단의 사적 소유는 지구와 지구생태계의 지배뿐만 아니라 다수 인간의 지배를 의미한다. 봉건 영주의 소유제 사회에서 이미 토지는 지주의 비유기체적 신체(inorganic body)이다. 땅을 독점함으로써 대규모 토지 소유의 기능은 '죽은 물체'로 취급하는 화폐에 의한 자본 지배와 유사하다. "화폐는 주인을 알지 못한다"라는 것은 인간처럼 토지도 '화폐로 매수되는 대상'으로 전락됐다는 사실을 보여 준다. 자연으로부터의 소외는 화폐 물신주의를 통해 표현되었다. 자연은 (화폐 가치로서) 무상으로 제공되지만 생산수단을 가진 자만이 무상 자원을 이용할 수 있는 혜택 범위를 결정한다.

동식물을 기르는 곳에서 진행되는 공업화는 단지 기계와 화학물질 사용'만'을 의미하는 것은 아니다. 가축 사육방식의 공업화는 이제 전통적인 방식으로 가축을 기르던 방식에서 실질적 지배를 획득하게 된다. 자본주의적 생산 방식인 기계적 대공업 방식이 영농(farming)에 적용되면서 많은 변화들이 일어났다.

김철규(1995)는 프리드랜드가 주장한 상품체계론적 접근(commodity systems analysis)을 통해 미국의 육계산업의 발전과정을 분석했다. "육계

---

2) 위르외 하일라와 리처드 레빈스(2006)는 환경 문제의 역사성을 설명하기 위해 생태사적 구성체(eco-historical formation)라는 개념을 제시한다. 생태사적 시기라는 개념은 인간 활동의 결과로 자연에서 발생하는 변화를 가리킨다. 이는 생산양식과 그것과 관련된 생태의 서로 다른 종류의 동역학을 구별하는 데 유용하며 사회가 자연과 관계 맺는 독특한 방식을 이해하는 데 도움을 준다. 생태사적 구성체는 서로 다른 환경들에서 특정한 생산양식이 자연과 맺는 관계들의 유사성을 인식하는 문제와 유사한 환경들에서 서로 다른 생산양식들이 자연과 맺는 관계들의 차이를 식별하는 문제를 제기한다.

〈표 1〉 미국에서 농업투입물 구성의 변화(1870~1976)

단위: %

연도	노동	토지	자본
1870	65	18	17
1900	57	19	24
1920	50	18	32
1940	41	18	41
1960	27	19	54
1970	19	23	58
1976	16	22	62

자료: 잭 클로펜버그 2세, 『농업생명공학의 정치경제』, 허남혁 옮김, 나남, 2007, 77쪽 재인용.

기업들은 전통적인 농업활동의 일부였던 닭 사육을 분리해 내서 공장제적 생산으로 변화시켰으며 이를 위해 표준화된 계사, 항생제에 의한 질병 관리, 병아리의 표준화, 사료 개선 등을 이루었다. 육계 체계는 생산뿐 아니라 가공, 유통, 소비의 과정까지를 포함하는 종합적인 것으로 변화하였다"(김철규, 1995: 91).

이를 미국에서 1870년 이래로 영농에 사용된 투입물들의 구성비의 변화를 통해 살펴보자(〈표 1〉 참조).

토지의 구성비는 일정한 반면 노동과 자본은 1960년을 기점으로 역전되었다. 이것이 의미하는 바는 영농도 제조업처럼 자본주의적 생산방식에 적합하게 변화되고 있다는 것이다. 또한 영농 규모의 대형화를 가져왔고 생산물의 생산성이 비약적으로 증가했다. 농업 생산물의 생산성이 높아졌다는 것은 농업 생산물의 가격이 떨어진다는 것을 의미한다. 영농 규모의 대형화는 초기 자본투하 규모가 증가했다는 것이고 이는 소규모 자본의 진입장벽이 된다.

농업생산수단(농기계와 종자, 사료, 비료 등)은 '자연'에서 분리되어 상품이 되었다. 농민은 더 이상 종자 및 사료 등을 독자적으로 재생산하지 않는다. 이 과정은 자본주의적 생산과정에 편입되어 농업생산에서의 불변자본의 비중이 높아지는 방향으로 진행되었다. 농업생산에 있어서 노동대상 및 노동수단이 농민의 손에서 벗어나 제조업과 서로 긴밀하게 연결된다. 이러한 과정을 통해 농업은 자본주의 생산 방식으로 전환된다.

농업이 자본주의 방식으로 편입되는 과정에서 자연 조건적 장벽의 극복은 영농 기술의 발전을 낳았다. 투하자본의 생산 기간은 두 기간으로 구성된다. 하나는 자본이 노동과정에 있는 기간이고 다른 하나는 자본의 미완성 생산물의 형태가 노동과정에 있지 않고 자연과정에 맡겨져 있는 기간이다. 가축의 성장과 곡물의 자람이 자연법칙에 규정되어 있는 한 농업에서의 생산시간과 노동시간의 차이는 더 커진다.[3]

생산기간과 노동시간의 괴리는 자본의 수익 측면에서 장애 요소이기 때문에 이를 극복하고자 하는 압력을 받는다.

진정한 공업이나 광업·운수 등과 같은 대다수 부문에서 생산은 균등하게 진행되며 노동기간도 매년 균등하며 또 가격의 변동, 사업상의 혼란 등과 같은 비정상적인 중단을 도외시한다면, 매일의 유통과정에 들어가는 자본의 투하도 시간상으로 균등하게 배분되고 있다. 그러므로 시장상황에 변동이 없다면 유동자본의 환류 또는 갱신도 1년을 통하여 균등하게 배분되어 있다. 그런데 노동기간이 생산기간의 일부에 불과한 투자부문에서는 1년 중의 각 기간마다 유동자본의 투하액은 매우 심한 불균등을 나타내지만 자본의 환류는 자연조건에 의해 고정된 시기에 한꺼번에 행해진다. 따

---

3) 만과 디킨슨(Mann and Dickinson, 1978)은 생산시간(production time)과 노동시간(labor time) 개념을 통해 자본의 농업 침투에서 자연이 제기하는 장애물과 농업 부분에서의 기술개발의 필요성 간의 관련성을 분석했다.

라서 기업의 규모가 동등하더라도, 즉 투하되는 유동자본의 크기가 동등하더라도, 유동자본은 연속적인 노동기간을 가진 기업에 비해 대량으로 한꺼번에 또는 장기간에 걸쳐 투하되지 않으면 안 된다. 이러한 경우에는 고정자본의 수명과 그것이 실제로 생산적으로 기능하는 기간 사이의 차이도 더 현저하다. 노동기간과 생산기간의 사이에 차이가 있음에 따라 물론 고정자본의 사용기간도 길거나 짧은 시간에 걸쳐 끊임없이 중단되는데, 예컨대 농업에서 역축·농구·기계의 경우가 그러하다. 이 고정자본이 역축으로서 이루어지고 있는 한, 역축이 작업하는 기간이나 작업하지 않는 기간이나 사료 등에 대하여 동일한 지출이 계속적으로 요구된다. 또한 죽은 노동수단의 경우에도 사용하지 않음으로써 일정한 가치감소가 발생한다. 따라서 생산물은 일반적으로 비싸진다(맑스, 2004: 287).

축산업에서는 노동기간은 평균제조업의 노동시간보다 비교적 길며 또한 노동기간과 생산기간 사이의 차이가 크다. 따라서 자본은 두 기간 사이의 간극을 극복하는 것, 특히 생산기간을 줄이는 것을 이윤의 법칙하에서 끊임없이 요구받는다. 이는 생산 도구 및 대상에 대한 역사적 발전을 가져왔다. 축산업의 경우에는 각종 성장 호르몬과 단백질성 사료의 사용이 생산기간의 단축으로 이어진다. 대표적인 예로 중국의 독돼지를 살펴보자. 독돼지의 사료에 첨가된 클렌부테롤은 소량을 섭취해도 발열·부정맥·근육 경련 등의 부작용을 일으키고 렉토파민도 인체에 해로워 둘 다 돼지 사료에 첨가할 수 없다. 하지만 클렌부테롤과 렉토파민이 함유된 사료 '살코기 에센스'를 먹이면 일반 돼지보다 훨씬 빨리 자라고 비계는 적고 살코기는 많아진다. 이런 점 때문에 인간 및 가축의 건강과 상관없이 사료의 첨가제가 결정된다.

김종덕(1997)은 우리나라 농업이 우루과이라운드 타결의 산물로 생겨난 WTO의 출범과 OECD 가입으로 국제적인 외부요인에 보다 많은 영향을 받는 체제로 바뀌면서 발생한 영향에 대해 분석했다. 우리나라 양돈업의 경우 1990년대 초반 다음과 같은 과정을 통해 획기적인 공업화가 진행되었다.

1990년대 국내 양돈산업은 1993년 12월 우루과이라운드(UR) 타결 후 나타난 빠른 개방화 물결을 극복하고 크게 성장했다. 우리나라는 돼지고기 수입 개방에 대한 대응의 일환으로 돼지고기를 전략적인 수출 품목으로 육성하는 공격적인 방법을 택했다. 그러나 돼지 사육마릿수 급증에도 수출 규격돈이 부족해 수출물량을 충당하지 못하는 현상이 나타났다. 당시 많은 양돈장들은 호경기 속에서 속성 비육으로 조기 출하에 전력을 다하면서 고급육 생산에 대한 관심은 상대적으로 적었다. 이런 분위기에서는 한국산 돼지고기의 대표적인 수입국인 일본이 원하는 규격돈을 충분히 생산하지 못했다. 정부는 이에 대한 대책으로 규격돈 체중을 90kg에서 110kg으로 높였다. 또 수퇘지는 거세하며 비육 후기에는 비육돈사료 급여를 권장했고 고급육 생산 장려금을 지급하는 등의 정책을 마련했다. 이 영향으로 당시 사양기술이 크게 발전했으며 기계화·자동화가 빠르게 확산됐다. 또 돼지 인공수정 기술이 활발히 보급된 것도 이 시기다. 국제 개방화 시대에 대응하기 위해 소규모 양돈장들이 조합을 형성해 경영규모를 확대하고 생산성 향상과 위생·방역 관리를 강화하기 위해 무창돈사가 확산됐다. 종돈장에서 2~3 사이트(Site) 관리 시스템과 격리 이유 사양기법을 도입한 것도 이 시기이다. 한국 양돈산업은 위기를 기회로 바꾸며 1990년대에 사상 최대의 전성기를 기록하게 됐다(「축산경제신문」 2010. 9. 9).

반다나 시바는 자유무역의 전염병이 곧 공장형 축산이라고 주장한다.

전염병은 공업화된 농업과 공장형 축산업의 고유한 성질이다. 세계화와 자유 무역은 공장형 축산과 집중적 농업을 강요했다. 그 결과 지구와 동물 복지, 공중 보건에 들어갈 비용은 증가하고 있다(Vandana Shiva, 2004).

우리나라는 1953년 축산업 발전을 위한 축산부흥 5개년계획과 1963년 축산법이 제정되면서 축산업에 기본 토대를 구축하였다. 이후 1971년 농산물수출진흥법이 제정되면서 계열화 업체를 선정하여 수출업을 지원했다. 1974년 축산진흥기금이 마련되고 1981년에는 축산업협동조합 중앙회가 설립되었다. 1984년에는 축산업등록·허가제가 도입되었다. 1986년에는 다자간 무역협상이 진행되면서 국제 무역을 위한 국내 축산업의 내실화가 본격화되었다. 대외무역법에 근거하여 1991년 수입농산물 원산지표시제를 도입했고 1993년 UR 무역협상이 타결되었다. 1997년 이후 축산물의 가공 유통 판매 업무를 농림부로 일원화하고 2005년 우수 축산물 브랜드 육성을 위해 브랜드 컨설팅에 대한 지원이 시작되었다. 2006년 우수 브랜드 인증을 한우, 양돈에서 육우, 육계까지 확대했고 2007년 쇠고기 이력제 추적제도 법률을 제정했다. 이러한 축산관련 법률 및 시책 변화는 세계 축산 시장에 국내 축산업이 밀접하게 연결되고 편입되는 성장 방식으로 진행되었다.

우리나라의 축산업의 방식은 축산의 생산성 지수를 높이는 방향으로 진행되었다. 우리나라의 축산업의 생산지수를 살펴보면 한육우는 1991년부터 생산지수가 증가하는 추세를 보이지만 여러 가지 사회적 상황——국제시장 상황 및 국내 우유 소비 현황 등——에 따라 생산지수가 영향을 받았다. 하지만 돼지와 닭은 꾸준히 생산지수가 증가되었다(〈표 2〉 참조).

생산성이 증가되었다는 의미는 인력보다는 기계에 의한 생산이 더 증가했다는 것이다. 노동시간의 짧아지면 회전기간이 짧아지고 유동자본의 투하비용이 적어진다. 이로써 투하자본이 감소하는 대신에 고정자본이 증

<표 2> 축산업 생산지수

단위: 2005년=100

연도	한육우	젖소	돼지	닭
1988	62.1	146.4	73	34.5
1989	83.6	160.2	68.2	34.8
1990	92.3	158.6	60.6	38.6
1991	103.4	152.5	65.3	46.6
1992	105.8	296.8	72.1	47.3
1993	131.3	346.4	73.8	48.9
1994	127.2	282.8	71.8	50.4
1995	139.4	289.6	77.7	53.8
1996	159.4	290.4	78.9	56.5
1997	162.7	129.7	83.6	90.2
1998	142.3	177	95.2	85.6
1999	102.2	119.9	93.7	84.4
2000	98.3	130.8	99.3	92.6
2001	82.5	120.5	107.9	82.1
2002	81.7	135.7	113.4	84.3
2003	98.6	100.2	113.1	90.6
2004	93.4	106.2	104	89
2005	96.3	97.1	98.3	102.7
2006	110.3	96.6	97.7	108.3
2007	115.1	87.2	101.1	119.9
2008	136.2	86.1	96.7	121.2
2009	140.2	87.5	104.9	138.8

※ 닭은 2006년부터는 3,000수 이상 사육가구를 대상으로 전수 조사한 자료임(농림수산식품
부, 농림수산식품주요통계).

대하게 된다. 이는 다시 자본의 집중이 더욱 필요하게 되는 것이다. 자본의
집중은 결국, 축산업의 계열화된 기업의 빠른 결단과 결정이 가능해진다.
자본의 집중이 심하면 심할수록 자본을 집중시키고 있는 사람의 권력 역시
강해진다. 자본은 그 사회의 지배력이기 때문이다. 자본의 결단만 빨라도
회전기간이 짧아진다. 따라서 축산업의 계열 수직화는 자본을 집중시켜 자
본의 회전기간을 짧게 만들어 더 많은 이윤을 추구할 수 있게 된다. 하지만
생태계의 기본 법칙을 고려하지 않은 현재와 같은 가축 생산방식이 앞으로

<표 3> 계열업체별 육계 계열화 진행 정도

계열업체		사육호수 (호)	사육규모 (백만수)	도계수수 (백만수)	종계	사료	도계	유통	소비
하림 계열	하림	340	85	124	○	○	○	○	○
	올품	210	56	59					
마니커		255	66	73	○	△	○	○	△
동우		160	44	62	○	△	○	○	△
체리부로		200	44	51	○	○	○	○	○
목우촌		98	20	22	○	△	○	○	○
성화		90	25	16	△	△	○	○	△

주: 1) ○표시는 계열업체가 소유(50% 이상 점유)한 경우이며 △표시는 제휴 및 계약의 형태를 보일 경우 부여함. 2) 소비부분에서는 자체판매망의 소유 여부에 따라 구분함.
자료: 정민국 외 3인, 2010, 『축산계열화의 평가와 발전 방안』, 한국농촌경제연구원, 40쪽. 재인용.

도 계속해서 생산성을 증대시킬 것이라는 예측에 대해서는 비관적이다.

축산업이 발전하는 과정에서 생산기간이 짧고 자본회전율이 빠른 육계부분에서 산업화 및 계열화가 가장 먼저 진행되었다. 육계산업은 생산비가 타 축종에 비해 상대적으로 낮아 저가의 단백질 공급원으로 성장하였다. 빠르게 계열화가 진행되고 있는 육계산업의 구조는 사육지원 단계, 사육단계, 도계 및 가공 단계, 소비단계로 구분된다.

원종계(grand parent stock)시장은 삼화(2009년 기준 40%), 하림(30%), 한국원종(30%) 등 3사가 전체 사육수를 점하고 있다. 전국적으로 약 550여 개(2010년 기준)의 종계농장이 종계를 사육하는데, 종계를 위탁 사육하는 농가(260만 수)와 독립적으로 종계를 사육하는 농가(66만 수)로 구분된다.

2009년 호당 사육마릿수는 4만 3천 수로 1980년 초반보다 10배 증가하였다. (2009년 기준으로) 4만 수 이상의 육계 사육규모가 전체에서 차지하는 비율은 72%에 이른다. 2009년 도계 현황을 살펴보면, 하림(18.3%), 동우(9.1%), 올품(8.8%), 체리부로(7.4%), 마니커(5.5%), 목우촌(3.3%) 등 상위

<표 4> 양돈 계열업체별 현황

계열업체		사육호수 (호)	사육마릿수 (천 두)	도축마릿수 (천 두)	종돈	사료	도축·가공	소비
조합 계열	도드람	672	1,000	320	△	○	○	○
	목우촌	71	99	221	○	○	○	○
	부경양돈	546	790	202	○	○	○	○
	제주양돈	331	511	258	△	○	△○	○
하림 계열	대상	82	88	190	○	○	○	○
	전진	200	100	198	○	○	○	○
이지바이오계열 (직영농장위주)		26	206	250	○	○	○	○
청미원		45	61	148	○	△	△○	○
다비육종		15	55	83	○	△	△	△
돈마루		10	50	81	△	△	△○	○
금보육종		15	25	30	○	△	△	○

주 : 1) ○표시는 계열업체가 소유(50% 이상 점유)한 경우이며 △표시는 제휴 및 계약의 형태를 보일 경우 부여함. 2) 소비부분에서는 자체판매망의 소유 여부에 따라 구분함.
자료: 정민국 외 3인, 2010, 『축산계열화의 평가와 발전 방안』, 한국농촌경제연구원, 63쪽. 재인용.

21개 도계장의 도계수수는 전체 물량의 89.6%를 차지한다(〈표 3〉 참조).

양돈계열화 유형은 계열화의 주체 성격에 따라 기업형과 조합형, 영농조합형으로 나눌 수 있다. 양돈 계열업체의 돼지 도축마릿수는 198만 두로 우리나라 도축마릿수 중 14%를 차지하고 있다. 조합형과 기업형 계열업체의 돼지 취급물량이 많지만 전체 돼지고기 시장을 볼 때 한 업체가 취급하는 물량이 3%를 초과하지 않는다. 닭고기 시장은 점유율이 20%에 달하는 업체가 존재하지만 돼지의 경우 이에 비해 시장점유율이 낮다(〈표 4〉 참조).

우리나라의 축산계열화 방식은 미국 및 서구의 계열화 방식과 유사하다. 미국의 축산계열화는 1950년대 육계부분, 1990년대 양돈부문에서 급속히 진행됐고 육우부분은 1990년대 이후 완만히 진행됐다. 서유럽의 경우에도 축종별 진척이 양계가 가장 빠르고 양돈, 육우 순으로 진행되었다(〈표 5〉 참조).

소는 생물학적 생산주기가 닭에 비해 5배나 길어 투자의 회수기간이

특징	소	돼지	닭
생물학적 생산주기	24개월	12개월	5개월
유전적 토대	넓고 넓어지고 있음	약간 넓지만 좁아지고 있음	좁음
생산의 내부 분화 정도	번식/송아지/비육	번식/비육	부화/육계
생산의 지리적 집중도	미국 전역에 퍼져 있음	중서부, 남서부, 중부대서양 연안	동남부
생산규모 및 전문화 정도	생산단계에 따라 다양함	규모증가 및 전문화 추세	대규모화되고 전문화됨
투입요소와 생산량 및 품질 간의 상관관계	낮음	중간	높음
브랜드 마케팅	낮음	중간	높음

자료: 정민국 외, 2010, 『축산계열화의 평가와 발전 방안』, 한국농촌경제연구원, 95쪽에서 재인용.

길 뿐만 아니라 투입요소와 생산량 및 품질 간의 상관관계가 낮을 수밖에 없다. 이러한 두 가지 이유는 생산의 규모화를 저해할 뿐만 아니라 물량과 품질 통제를 위한 의사결정권 이전의 실효성을 낮추는 요인으로 작용하게 되었다. 이러한 요인들로 인하여 쇠고기 식품 공급 체인에 있어서 수직 계열화의 동기는 낮을 수밖에 없다. 반면 닭은 투입요소와 생산량 및 품질 사이의 상관관계가 높기 때문에 생산물의 구매자는 투입요소의 양과 품질에 대한 통제권 확보에 관심이 높다. 즉 원료육의 구매자는 이러한 통제권을 행사하여 원하는 양과 품질을 획득할 수 있게 되고 균일한 품질의 닭을 지속적으로 공급할 수 있게 된다. 따라서 브랜드 마케팅을 통해 소비자로부터 프리미엄 가격을 획득할 수 있는 가능성이 높아지게 된다(정민국 외, 2010:95~96)

한육우 생산자는 번식을 통한 사육과 4개월 된 송아지를 출하규격(600kg~650kg)으로 만들어 생산한다. 성우까지 도달하는 기간은 거세우

<표 6> 농업과 축산업 부분별 생산액 추이

단위: 10억 원

구분	2002	2003	2004	2005	2006	2007
농업	33,445	33,016	37,289	36,273	36,389	35,837
축산업	9,052	8,870	10,840	11,767	11,676	11,277
한육우	2,136	2,463	2,894	3,148	3,274	3,478
한우	-	-	-	-	2,836	3,116
육우	-	-	-	-	438	332
젖소	72	38	34	32	37	34
돼지	2,918	2,681	3,667	3,759	3,609	3,320

주: 생산액=품목별 연간생산량 × 연평균 농가판매가격
자료: 농림수산식품부, 농림수산식품 주요 통계.

의 경우 26개월~30개월, 비거세우는 20~24개월로 고급육을 생산하기 위한 거세 비율이 증가하고 있다. 돼지고기는 대부분 자체 모돈을 구비하여 자돈을 생산하고 이를 사육하여 출하규격(100kg)으로 만들어 출하한다. 사육기간은 평균 170일로 소보다 사육기간이 짧다. 출하는 산지유통인과 육가공업체, 산지조합으로 생돈으로 유통된다.

이러한 축종별 특징은 축산업의 공업화 순서 및 수준을 결정하는 주된 요인으로 작용했다. 우리나라 축산업은 최근 5년간 2조 원 이상의 생산액 성장을 한 결과 2007년 기준으로 11조 2770억 원 수준이다. 농업 생산액이 35조 8370억 원 수준이라는 점에서 볼 때 농업 생산액의 32.51%를 차지하는 수준이다. 양돈업의 생산량은 3조 320억 원 수준으로 축산업 생산액 대비 29.44%를 차지한다(<표 6> 참조).

가축의 사육마릿수 및 농가수의 시대별 추이를 살펴보면 다음과 같다(<표 7> 참조). 1996년 돼지 651만 두에서 2007년 960만 두로 생산양은 증가한 반면 농가수는 1996년 3만 3천 호에서 2007년 1만 호 수준까지 감소했다. 1996년 200만 두가 안 되었던 호당 사육마릿수가 2007년에는 977두 이상으로 4배 이상 증가되었다. 이것이 의미하는 바는 돼지 사육농가들의

<표 7> 돼지와 한우 사육마릿수 및 농가수

구분	사육마릿수 (천 두)			농가수(천 호)			호당 사육마릿수 (두)		
	돼지	한우	닭	돼지	한우	닭	돼지	한우	닭
1996	6,516	517	82,829	33	365	158	197.4	5.5	543.3
1999	7,864	466	94,587	27	250	162	327.6	5.3	459
2002	8,974	1,410	101,693	17	212	210	514.7	6.6	500
2005	8,962	1,819	110,628	12	192	136	746.8	9.5	807
2007	9,606	2,034	119,365	10	179	3,420 (가구)	977	11.9	34,902

자료: 농림수산식품부, 농림수산식품 주요 통계.

규모가 대형화됐다는 것이다.

한우사육가구 역시 2000년 이후 계속 감소하는 반면 호당 사육마릿수는 점차 증가하고 있다. 100두 이상의 사육농가와 50~100두 사육농가가 증가하면서 대규모의 경영형태로 전환되고 있다. 돼지와 한우의 사육마릿수의 증가뿐만 아니라 가축의 체중 증가라는 측면에서 볼 때 생산량은 더욱 증가된다. 예를 들면 현재의 한우체중이 과거보다 약 100kg이상 늘어났다면 증가된 생체중량은 사육마릿수의 증가로 환산할 수 있다.

산란계 농가 사육규모 3만 마리를 분기점으로 해서 3만 마리 미만의 소규모 사육농가는 지속적으로 감소하고 반면 3만 마리 이상 규모는 증가하고 있다. 이는 산란계 농가의 자동화 설비 및 대규모화가 진전되고 있음을 보여 준다. 2000년 3만 마리 미만이 전체 차지하는 비중이 42.8%를 차지했던 반면 2009년은 24.1%로 크게 감소했다. 하지만 3만 마리 이상은 같은 기간 동안 57.2%에서 75.1%로 증가했다.

지난 10여 년간 대규모 사육 농가수가 늘면서 호당 사육 가축수와 전체 개체수가 증가했다. 공급에서 가축의 증가는 싼 가격으로 고기를 구입

<표 8> 축산물 수급 실적

단위: 천 톤

연도	공급			수요	1인당(kg)
	국내생산	수입	합계		
1970	165	-	165	165	5.2
1975	225	-	225	225	6.4
1980	424	13	437	437	11.3
1985	590	9	599	593	14.4
1990	775	89	864	859	19.9
1995	1,059	199	1,258	1,246	27.4
2000	1,189	394	1,583	1,509	31.9
2005	1,170	433	1,603	1,512	32.1
2008	1,250	509	1,769	1,728	35.4

주: 1인당 소비량은 정육기준임. 생산 및 수입은 당년 기준임.
자료: 농림수산식품부, 농림수산식품주요통계.

할 수 있음을 의미한다. 다시 말하면 1990년 1인당 육류 소비량은 19.9kg 이었지만 2008년에는 35.4g으로 증가했다(<표 8> 참조).

돼지의 경우 2008년 기준 국내 생산량은 716천 톤, 수입량은 214천 톤 이며 1인당 소비량은 연간 19.4kg이다. 2008년 평균 산지가격은 2천 675 원/kg이고 도매가격은 3천 444원/kg, 소매가격은 1만 6천 420원/kg이다. 2011년 2월 kg당 평균경락가격은 7,247원으로 전월대비 685원 상승했다.

한우의 경우 축산물등급제도에 의해 고급육이 3등급보다 거의 2배정 도 가격이 비싸다. 2009년 한우 1kg의 산지 가격은 1++는 19,796원, 1등급 은 16,987원, 2등급은 13,511원, 3등급은 9,663원이며 등급외는 5,434원으 로 평균 16,469원(도매시장 경락가격)이다. 2011년 2월 한우 평균경락가격 은 13,719원/kg으로 전월대비 1,852원 하락, 전년동기 대비 4,021원 하락 하였다. 국내산 쇠고기는 약 40%이며 수입쇠고기는 60% 내외를 점유하고 있다.

주목해야 할 점은 1인당 육류 소비량이 늘었다는 것이 모든 사람이 육

<표 9> 주요국의 비육돈 생산비 및 지육가격 비교

단위: US 달러/kg

구분		한국	일본	중국	미국	덴마크	칠레
생산비	2004	1.56	2.77	0.84	0.61	–	–
	2006	1.82	2.48	0.98	0.6	–	–
	2007	1.65	2.64	1.17	0.65	–	–
	2008	2.3	2.86	1.74	0.66	–	–
지육가격	2004	3.23	4.56	1.04	1.16	1.35	0.92
	2006	3.82	3.95	0.99	1.11	1.6	0.96
	2007	3.4	3.4	1.55	1.05	1.63	0.9
	2008	3.47	3.47	2.17	1.06	1.9	0.9

자료: 우병준·김현중, 2010, 『축산물 수출시장 확대 방안』, 한국농촌경제연구원, 18쪽.

류를 소비한다는 것이 아니라는 것이다. 소득의 차이에 따라 육류 시장에 접근할 수 있는 능력도 달라진다. 따라서 육류 공급의 입장에서 공급량의 증가가 (가능성으로) 전반적인 소비자의 육류 섭취량 증가로 이어지지만 (현실적으로) 개별 소비자의 입장에서는 소득에 따라 불균등하다.

시장에서 상품으로 공급과 수요가 만나는 이상, 공급자의 입장에서는 자신이 판 가축이 인간의 단백질 공급으로 소비하거나 고기가 상해서 버려 나는 중요하지 않다. 소비자가 고기를 먹어서 처리했건 쓰레기통에 버려서 처리했건 간에 공급자는 '판매'했으면 그뿐이다. 이는 소비자가 가축이 어떻게 사육되었는가의 생산과정을 주목하기보다는 '가격표'에만 주목하는 것과 같다. 따라서 축산업의 과잉생산은 자본의 입장에서 과잉이지 단백질의 공급원으로서 육류를 구입하는 사용자의 입장에서 과잉이 아니다.

우리나라 비육돈 생산비는 미국보다 3.5배 높은 수준이다. 이는 사료비 외에 모돈 생산성이 낮기 때문이다. 모돈 생산성을 나타내는 모돈 두당 연간 비육돈 출하두가는 2009년 기준 15두로 20두 이상인 덴마크와 네덜란드 등에 비해 낮은 수치이다(<표 9> 참조). 모돈 한 마리로부터 자돈의 폐

<표 10> 주요국의 모든 생산성 비교(2007년 기준)

단위: 두/1년

구분	덴마크	네덜란드	프랑스	미국	캐나다	일본	한국
연간이유 두수(A)	26.37	25.82	24.49	21.22	22.23	23.4	17.3
연간출하 두수(B)	24.46	24.7	22.99	19.82	20.23	19.8	13.4
C=A-B	1.91	1.12	1.5	1.4	2	3.6	3.9
폐사율(C/A)	7.20%	4.30%	6.10%	6.60%	9.00%	15.40%	22.50%

자료: 우병준·김현중, 2010,『축산물 수출시장 확대 방안』, 한국농촌경제연구원, 19쪽.

사두수는 연간 한국이 3.9두로 가장 많으며 덴마크와 네덜란드는 2두 미만이다. 또한 우리나라의 폐사율이 22.5%로 매우 높은 반면 네덜란드의 이유 후 폐사율은 4.3%에 불과하다(<표 10> 참조).

우리나라는 생산성이 낮은 농가의 비육돈 생산비가 높아 결국 국내 돼지고기의 가격이 높게 형성된다. 우리나라가 돼지고기를 주로 수입하는 미국, 칠레의 지육가격은 우리나라 지육가격의 25~30% 수준에 불과하다. 생산성이 불균등함에도 불구하고 가격 결정은 자본주의적인 방식인 사회적 평균으로 계산되기 때문에 덴마크와 네덜란드의 축산업은 우리나라 축산업보다 가격 경쟁력에서 우위를 차지하게 된다.

2) 사육 환경

루스 해리슨(Ruth Harrison)은 이미 1964년『동물기계』(*Animal Machines*)에서 공장형 축산방식이 동물의 복리와 양립할 수 없음을 밝힌 바 있다. 이후 피터 싱어(Peter Singer)의『동물해방』은 공장형 농장에서 닭과 돼지, 소 등이 태어나서 도축될 때까지 비참한 환경에 노출되어 있다는 것을 상세하게 보여 주었다. 공장형 축산은 "저가의 가축 사료를 고가의 고기로 전화시키는 기계처럼 다루"는 것으로 전환 비율(conversion ratio)을 고려한다면 개량 방식과 기술개발이 열악한 가축의 사육 환경과 환경오염을 가져올지라도 채택 할 것이다.

1990년에 한육우 농가당 평균 2.62마리를 키웠던 것에 비해 2010년에는 16.86마리로 대략 8배 증가했다. 34.05마리이던 돼지는 1237.63마리로 무려 36배 늘었다. 무엇보다 닭은 462.5마리에서 41,051.88마리로 89배나 급증했다. 하지만 사육마릿수가 증가하는 것에 비해 가축 사육시설 단위면적이 증가한 것이 아니라 오히려 감소했다. 돼지 한 마리에게 주어진 평균 농장 면적은 2001년 1.79m² (0.54평)에서 2010년 1.42m²(0.43평)로 줄어들었다. 1000마리 미만의 돼지를 키우는 농가는 마리당 평균 면적이 0.57평인 데 비해 5000마리 이상 농가는 0.39평에 불과했다. 사육 규모가 큰 농장에서 크는 돼지일수록 좁게 살고 있다. 이는 우리나라의 농장 규모는 커지고 있지만 가축의 사육공간은 오히려 줄어들고 있음을 보여 준다.

축산법이 규정하는 '가축사육시설 단위면적당 적정 가축사육기준'에 따르면 케이지(철망 우리)에 사는 산란계 한 마리에게 주어진 공간은 0.042m²로 이는 A4 용지에도 못 미치는 면적이다. 2009년 한국과 일본, 오스트레일리아, 미국의 소 사육마릿수는 각각 310만, 440만, 2700만, 9370만 마리이다. 절대치로는 우리나라가 가장 적지만 각각의 국토 면적(한국 10만km² ·일본 37만 7000km² ·오스트레일리아 769만 2000km² ·미국 982만 6000km²)으로 나누면 우리나라의 소 사육 밀도(31마리/km²)가 가장 높다. 돼지 사육 밀도(96마리/km²) 역시, 같은 면적에 26.53마리, 6.65마리, 0.29마리를 키우는 일본과 미국, 오스트레일리아에 비해 압도적으로 높다.

이러한 열악한 환경에서 자라는 가축은 제조업의 규격화된 상품 그 자체이다. 닭이 처한 현실은 다음과 같다.

20주가 지나면 다시 한번 부리를 자르고 산란시설이 되어 있는 닭장으로 옮겨진다. 만약 당신이 미국에서 태어난 닭이라면 당신이 들어갈 닭장의 크기는 가로세로 약 30cm×50cm 크기가 될 것이고 유럽에 산다면 대략 46cm×51cm가 될 것이다. 이러한 우리를 혼자 사용한다면 그나마 '웅장한 대궐'이라 할 수 있다. 어디든 3~6마리의 동료와 함께 사용해야 한다. …… 만약 아주 운이 좋아서 딱 3마리의 동료와 닭장을 함께 쓴다 해도 375cm²의 공간밖에 되지 않는다. 어떻든 간에 당신이 날개를 펼 수 있다는 사실은 잊어야 한다. (닭이 날개를 펼쳤을 때 길이는 약 75cm이다.) …… 철조망으로 된 닭장에 끊임없이 몸을 비벼대며 다른 닭들이 쪼아대는 공격을 몇 달 버티고 나면 털이 거의 다 빠진다. 당신의 피부, 특히 꽁지 주변은 시뻘겋게 피가 스미고 벗겨진 상처가 군데군데 난다. 또한 당신은 운동부족으로 골다공증과 비슷한 증상으로 극심한 고통을 겪을 수도 있다. …… 시간이 지나면서 바닥에 배설물 더미가 점점 더 수북이 쌓이는 것은 물론이다. 여기서 나오는 역한 암모니아 냄새가 공기 중에 진동한다. 암모니아는 그 자체로써 심각한 건강상의 문제를 일으킨다. 이로 인해 다리의 화상이나 가슴의 물집으로 고통받는다(롤랜즈, 2004: 180~185).

돼지의 사육 환경은 다음과 같다.

전반적인 환경통제라는 사육방식으로 평생 햇빛을 보지 못한다. 돼지우리는 산란계사처럼 일렬로 죽 늘어서 설계되어 있으나 칸칸이 나뉘어 있다. 몇 천 마리의 다른 돼지들과 함께 창문도 없이 길쭉한 건물에서 도축될 때까지 살게 된다. …… 만약 좀더 자연스런 환경에서 사육된다면 당신은 안정된 사회 집단을 만들어 공동의 보금자리를 만들고 숲을 돌아다니며 땅을 파헤치는 데 시간을 쏟을 것이다. 실제로 당신은 대개 낮 시간의 약 52%는 먹이를 찾는 데 쓰며 23%는 주변을 탐색하는 데 쓸 것이다. 물론

이러한 행동 중에 어느 것도 당신이 처한 환경에서는 할 수 없는 일이다. 또한 좀더 자연스러운 환경이라면 당신은 공동의 보금자리에서 충분히 멀리 떨어진 곳에 배출장소를 정해 두고 화장실로 사용할 것이다. 이 또한 전반적 환경 통제 사육방식에서는 불가능한 일이다. 배설물이 쌓이는 것을 방지하기 위해 일반적으로 사람들이 쓰는 방법은 우리 바닥을 철망이나 파이프로 만들어 땅에서 떼어 놓는 것이다. 이는 망의 틈새가 좀더 좁은 것 빼고는 소를 키우는 축사와 동일하다. 물론 이는 극도로 불편할 뿐만 아니라 몸의 기형까지 초래한다. …… 공장형 양계장에서 사육되는 닭들처럼 이러한 환경에 의해 당신은 십중팔구 스트레스로 고통을 받을 것이다. …… 돼지 스트레스증후군 증상은 경색, 피부손상, 숨가쁨, 종종 급사 등으로 나타난다. …… 칸막이의 기능은 먹고 마시는 일과 새끼들에게 젖꼭지를 내놓을 수 있을 정도만 허락된다(롤랜즈, 2004: 186~19).

식탁에 올라온 고기는 집약된 공장형 생산방식으로 사육된 것이다. 어떠한 방식으로 사육되건, 어떠한 방식으로 도살되건 간에 상품으로 팔 수 있는 가치만 획득하면 된다. 공장형 가축농업, 즉 집약형 생산방식이 선호되는 것은 비용이 적게 들고 수익성이 더 크기 때문이다. 물건을 손으로 만드는 수작업보다 자동화된 조립설비를 갖춘 공장에서 만든 것이 수익 창출이 높듯이, 공장형 축산업은 방목 형태의 축산업보다 더 싼 값의 고기를 팔 수 있다. 이는 상품생산이 일반화된 사회에서 가치법칙에 가장 적합한 생산 방식이다.

공장형 축산(Factory farming)은 1940년대 항생제 개발 후 본격적으로 실내 사육으로 자연적 영향에 고려 받지 않는 비좁은 공간에 격리된 밀집 사육의 형태를 갖추게 되었다. 이와 더불어 인공 시술이 진행되었다. 최단 시간에 최적의 무게와 양질의 고기를 얻기 위해 거세하고 서로 상처를 입히지 않도록 뿔의 뿌리를 태워 버리는 화학연고제를 사용하거나 톱을 사용하여 뿔과 뿌리 잘라내기, 꼬리 자르기, 이빨 뽑기, 부리 자르기 등이 사용되었다. 화학약품이 증가하면서 성장촉진호르몬, 성호르몬, 사료첨가 항생제, 살충제 등이 가축 사용에 대량 쓰이게 된다. 발육이 빠르고 육질이 좋은 단일 품종만을 선택해서 사육하게 되었다.

이러한 공장형 축산방식은 다음과 같은 문제점을 발생시킨다. 집약형 축산운영이란 한마디로, 최소한의 비용으로 최대한 빨리 '시장에다 내다팔 수 있는 무게'로 동물을 키워 내기 위한 방법이다. 이런 방법으로 생산된 동물들은 적어도 네 가지 주요한 결점이 있다. **첫번째**, 이곳 동물들은 사방이 밀착된 공간에 갇혀 사육된다. 운동이란 곧, 칼로리를 태우는 일이다. 이는 더 많이 먹게 된다는 뜻이며 결국 더 많은 비용——사료값——이 든다는 뜻이다. 따라서 동물들이 시장무게에 최대한 빨리 도달하도록 하기 위해서는 움직이지 못하게 해야 한다. 결국, 이 동물들의 고기에는 자연방목한 동물에 비해 상당히 높은 비율의 지방이 들어 있다는 뜻이다. **두번째**, 우리가 살펴보았듯이, 공장형 집약시설에서 자란 동물들은 일반적으로(육체적으로나 정신적으로나) 매우 허약하다. 물론 공장형 축산업자의 처지에선, 시장무게에 도달하기 전에 동물이 죽도록 내버려 두어선 안 된다. 따라서 이들은 대개 과도할 정도로 항생제에 의존한다. 미국 기술평가원의 보고서에 따르면 60% 돼지와 송아지고기용 송아지의 대부분, 가금류는 거의 모두가 항생첨가제를 섞은 사료를 정기적으로 먹는다. **세번째**, 많은 공장형 축산농장들이 성장촉진 호르몬을 사용한다는 것은 공공연한 사실이다. **네번째**, 공장형 집약시설에서 자란 동물들은 대개 제일 싼 먹이를 최소한만 먹고 자란다. 따라서 자연 상태에서는 절대 먹지 않는 것들을 먹을 수밖에 없다. 자연 상태에서 동족을 잡아먹는 카니발리즘(cannibalism) 성향을 지닌 소들은 별로 없다. 그러나 오늘날 나타나는 카니발리즘 현상은 현대적인 공장형 집약축

<표 11> 2002년 선진각국의 축산물생산량 및 항생제 사용량

단위: 톤

구분	미국	일본	덴마크	한국	뉴질랜드	스웨덴
축산물 생산량[1]	39,821,515	3,045,510	2,150,318	1,690,879	1,324,205	547,850
항생제 사용량[2]	5,799	1,084	94	1,541	53	17

1) FAO: 소, 돼지, 양·염소, 가금류 statistics
2) AHI, [항생제 중독](시금치출판사), DANMAP, 한국수의과학검역원, NZFSA, SVARM
※ 사용량에서 Ionophores는 제외
자료: 참여연대, 2005, 『축수산 동물약품(항생제) 실태 보고서 I: 축수산물 항생제 오남용 실태와 개선방향』, 4쪽 재인용.

산 방식에 의해 강제 발현된 것이 분명하다(롤랜즈, 2004: 353~354).

현재 사육되는 닭은 1950년대의 닭보다 세 배나 빠르게 자라면서 사료는 3분의 1밖에 먹지 않는다. 사육되는 90%의 닭은 다리를 절름거리고 26%는 뼈 관련 질환에 걸렸다. 닭장 바닥의 닭똥 더미에서 나오는 암모니아 가스 때문에 닭들은 호흡기 질환을 앓고 눈에서 나오는 진물 때문에 심할 경우 시력을 잃기도 한다. 공장형 양계장에서 사육된 가금류는 비타민 결핍, 성장 지체, 눈의 손상, 시력 상실, 무기력증, 콩팥 손상, 성기능 교란, 뼈와 근육 약화, 뇌손상, 마비증세, 내출혈, 빈혈, 부리와 관절의 기형화 등 온갖 증상이 나타난다. 또한 영양소 결핍과 여타의 공장형 농장의 환경이 몸의 각 부분을 다양한 형태의 불구로 만들고 있다. 예를 들면 약해진 뼈, 이완된 힘줄, 비틀린 뒷다리, 부풀어 오른 관절, 척추 기형화, 목이 뒤틀리며 관절에 염증이 생기게 만드는 질병 등이다(박상표, 2010 참조).

이런 열악한 환경에서 자라는 가축에게 항생제는 필수 품목이다. 2005년 참여연대가 조사한 『축수산 동물약품(항생제) 실태 보고서 I』에 따르면 2002년 우리나라는 미국, 일본, 덴마크, 뉴질랜드, 스웨덴 등 선진축산국가들에 비해 연간 축산물생산량 대비 항생제 사용량이 많다(<표 11> 참조).[4]

이는 축산물생산량이 우리나라 보다 1.2배 많은 덴마크와 항생제사용량을 단순 비교할 경우 우리나라가 덴마크에 비해 16배나 많은 항생제를 사용하고 있음을 알 수 있다. 생산량이 우리나라의 2배에 이르는 일본에 비해서도 우리나라가 1.4배(500톤) 많은 항생제를 사용한다. 생산량이 24배 가까운 미국의 경우도 항생제 사용량은 우리나라보다 3.8배 정도인 것으로 볼 때 전반적으로 우리나라의 축산물 항생제 남용이 심각한 수준임을 알 수 있다.

축수산업에서 사용된 연도별 항생제 판매(사용)량을 살펴보면 2001년 1,595톤, 2002년 1,541톤, 2003년 1,438톤, 2004년(9월 사용분) 968톤이 사용되었다. 용도별 항생제 사용량을 살펴보면 배합사료제조용(51~56%)으로 가장 많이 사용되었으며, 다음은 자가치료용(38~43%)으로 사용되었다. 수의사 처방에 의해 사용된 항생제는 4년간 10%에도 못 미치고 있는 것으로 나타났다.

주목해야 할 것은 배합사료제조용 항생제는 매년 감소하고 있으나 농가에서 자가진단에 의해 사용되고 있는 자가치료용 항생제 판매량(사용량)은 매년 증가하고 있다는 것이다. 이는 무분별하게 항생제를 사용하고 있는 농가에 대한 직접적인 규제가 이루어지지 않는 한 배합사료제조용 항생제 감축만으로 항생제 사용을 감소시킬 수 없다는 것을 의미한다.

축종별로 항생제 사용량을 살펴보면 돼지가 2001년~2003년 평균 871,741kg으로 가장 많이 사용되었으며 그 다음은 닭(3년 평균 350,975kg), 소(3년 평균 109,500kg) 순으로 사용되었다(참여연대, 2005). 축산업에서 이루어지고 있는 항생제 과다사용은 항생제 내성균을 발현시켜 가축의 질병

---

4) 현재는 2002년과는 달리 항생제 수치가 줄었다고 가정하더라고 이 자료의 의미는 우리나라 축산업에서 항생제가 과도하게 사용되었다는 것이다.

<표 12> 용도별 및 축종별 항생(항균)제 판매(사용)실적

단위: Kg

구분		항생제			항균제			계
		배합사료 제조용	수의사 처방용	자가치료 및 예방용	배합사료 제조용	수의사 처방용	자가치료 및 예방용	
2001년	소	26,964	5,475	35,900	5,067	3,642	14,873	91,921
	돼지	388,950	30,017	211,102	182,939	16,852	87,959	917,819
	닭	132,466	8,549	90,889	30,025	11,525	85,371	358,825
	수산물	0	35,620	168,405	0	4,827	17,523	226,375
2002년	소	43,662	7,937	43,705	12,215	3,344	18,130	128,993
	돼지	426,410	32,737	209,604	108,079	16,965	85,252	879,047
	닭	131,601	10,222	91,524	19,914	11,019	82,281	346,561
	수산물	0	40,868	126,647	0	4,082	15,075	186,672
2003년	소	38,699	6,656	43,088	3,735	2,244	13,166	107,588
	돼지	369,013	31,373	229,731	91,675	15,893	80,673	818,358
	닭	149,281	9,888	85,314	18,216	10,743	74,096	347,538
	수산물	0	31,052	122,816	0	1,872	9,309	165,049
2004년 9월	소	23,311	5,300	29,308	2,870	1,063	5,419	67,271
	돼지	213,509	24,991	165,371	56,459	7,728	60,968	529,026
	닭	100,970	7,508	54,058	10,949	4,196	36,557	214,238
	수산물	0	19,727	127,936	0	1,892	8,185	157,740

자료: 참여연대, 『축수산 동물약품(항생제) 실태 보고서 I: 축수산물 항생제 오남용 실태와 개선방향』, 2005, 8쪽. 재인용.

치료뿐만 아니라 인체 내성률 증가로 이어져 사람의 질병 치료도 어렵게 만들 수 있다.

4. 사육 환경과 전염병

질병을 유발하는 각종 미생물들은 인류가 각종 동식물을 사육하게 되자 이에 따라 새롭게 변화한 생태계의 변화에 맞추어 그들의 환경을 변화시킨다. 환경적 요인은 종간 병원체의 이동을 촉진시키는 계기가 된다. 전염병은 생태계 내에서 숙주와 기생병원체 간의 상호작용의 결과이다. 환경이나 생태계에 변화에 따라 전염성은 역동성을 가지고 있다.

2000년 미국 농무부에서 돼지 농장 895곳의 질병 상태를 조사했다. 그들은 가축 수가 2,000마리가 안 되는 농장과 1만 마리가 넘는 농장을 비교했다. 그 결과 농장이 클수록 소규모 농장에 비해 대형 농장에서 비정형성 폐렴(mycoplasma pneumonia) 발생률이 3배 정도 높고 돼지독감 발생률이 6배, 새로운 변형 독감 발생률이 29배 높았다(셀, 2010 참조).

가축질병은 전염성 질병과 비전염성 질병, 세균성 질병과 기생충 감염 같은 비세균성 질병, 기타 대사질환 및 소모성 질병 등과 같이 다양한 발병 원인을 가지고 있으며 각각의 질병에 있어 축종별 성장단계에 따라 서로 다른 발병률과 치료방법, 폐사율을 보인다.

우리나라의 1종 및 2종의 가축 법정 전염병 목록은 다음과 같다(〈표 13〉 참조).

국내에서 자주 발생하는 질병으로는 돼지의 경우 전염성 위장염과 오제스키병, 가금류의 경우 뉴캐슬병과 닭 뇌척수염, 소의 브루셀라 등이다.

소 질병 중 가장 발생 건수가 많은 브루셀라병의 경우 2006년 월평균 발생 건수가 2005년보다 11%, 발생마릿수는 15% 증가했다. 특히 2006년 5월 축산업 종사자 감염 사례가 61건 있다. 국내에서 브루셀라병 인간 감염 사례는 2002년 1건, 2003년 16건, 2004년 47건, 2005년 158건으로 매년 지속적으로 증가하고 있다(송주호 외, 2006: 48).

<표 13> 가축의 법정전염성

축종	1종 전염병	2종 전염병
소	우역, 우폐병, 구제역, 가성우역, 블루텅병, 리프트 계곡열, 럼프스킨병, 수포성구내염	탄저, 기종저, 브루세라병, 결핵병, 요네병, 소 해면상뇌증, 소유행열, 소아까바네병, 큐열
돼지	아프리카돼지콜레라, 돼지콜레라, 돼지수포병	돼지오제스키병, 돼지일본뇌염, 돼지텟센병
닭	고병원성가금인플루엔자, 뉴캐슬병	추백리, 가금티프스, 가금콜레라, 닭마이코플라즈마병, 저병원성가금인플루엔자

주: 밑줄은 인수공통전염병임

돼지콜레라는 1998년과 1999년 경기, 충남, 제주에서 발생하였지만 2000년 이후 발병보고가 없었다. 브루셀라병은 충남, 경기, 전북, 경북 지역에서 발병률이 높으며 1998년 이후 사육마릿수당 타 전염병에 비해 비교적 높게 나타나고 있다. 뉴캐슬병은 3~5년 정도의 주기로 나타나는 것이 특징인데 사육 밀도가 높은 경기도와 전라북도 지역이 매우 높은 발병률을 기록하고 있다. 2000년도 총 발생건수는 84건인데, 이는 1999년에 비해 5배 이상 증가된 것이다(허덕 외, 2001 참고). 구제역은 전염력이 다른 전염병에서 볼 수 없을 만큼 빠르며 발병 후에 생기는 발육장해, 운동장해 및 비유장해 등에 의해 이환된 가축은 산업동물로서의 가치를 상실하기 때문에 직접적인 경제적 피해는 매우 심각하다(Saiz et al., 2002). 구제역이 한번 발생하면 발생국이나 발생지역은 엄격하게 생축과 축산물의 이동제한을 실시해야 되고 국제적인 축산 유통도 금지되기 때문에 당사국은 경제적인 피해가 막대하다.

국제수역사무국(Office International des Epizooties: 이하 OIE)은 가축의 질병을 중요도에 따라서 A급, B급 및 기타 질병으로 분류하여 관리하고 있다. OIE A급 질병은 전파 속도가 아주 빠르고 전파 범위가 국경을 초월하는 전염병이다. 이런 전염병은 사회·경제적 및 공중보건에 중대한 결과를 초래하며 가축과 그 산물의 국제교역에 중대한 영향을 미치는 질병이다. 현재 이 범주에는 구제역과 수포성 구내염, 돼지 수포염, 우역, 가성 우역, 우폐병, 럼프스킨병, 리프트 계곡열, 불루텅병, 양두 및 산양두, 아프리카 마역, 아프리카 돈열, 돼지콜레라, 가금 인플루엔자, 뉴캐슬병 등 총 15종이 있다.

OIE가 지정한 B급 질병은 전파속도나 전파범위가 A급 질병에는 미치지 못하나 발생국 내에서 사회·경제적 및 공중보건으로 중요시되며 부분적으로 가축 및 그 산물의 국제 교역에 영향을 미치는 병으로 정의되고 있다. 턴저병, 광견병, 소 해면상뇌증(일명 광우병), 우결핵, 브루셀라병, 전염성위장염, 메레크병, 추백리 등 총 82종의 질병이 여기에 속한다. 기타로 분류된 질병은 살모넬라균증, 소 바이러스성 설사병, 어패류 질병 등 20여 종이 있다.

WTO 체제하에서는 OIE A급 질병이 발생하면 가축과 그 산물의 교역이 제한된다. 청정국 지위 획득 및 유지는 경제적인 교역 손실을 줄이려는 각국 정부 및 축산업의 이해관계가 있다. 하지만 이러한 경제적 이해관계는 단지 무역 손실만을 의미하는 것은 아니다. 국제적 공중보건 및 위생이라는 측면에서도 청정국 지위 유지는 중요한 의미를 지닌다. 다시 말하면 가축의 질병 예방은 인간 보건과도 밀접하게 연관되어 있다. 구제역 만연 국가는 대부분이 아시아 지역의 후진국으로 인간을 포함한 가축의 공중보건체계가 제대로 구비되지 못한 곳이다. 베트남뿐 아니라 중국, 몽골, 인도 등은 아예 구제역이 상시 발생되는 방치 국가이다. 공중보건이라는 측면에서 청정국 유지는 중요한 의미를 지닐 수도 있다. 구제역 청정 지역은 북미주와 오스트레일리아, 뉴질랜드, 북유럽 등에 불과하다.

2000년 이후 우리나라는 구제역과 돼지콜레라, 조류인플루엔자 등

<표 14> 가축 살처분 현황

단위: 마리

연도	구분	소	돼지	닭·오리	살처분 합계	방역비 (억 원)
2000	구제역	2,216			2,216	3,006
	브루셀라	1,782			1,782	32
2001	브루셀라	1,126			1,126	23
2002	구제역	1,372	158,708		160,080	1,434
	브루셀라	1,500			1,500	35
	돼지콜레라		39,056		39,056	214
2003	조류인플루엔자			5,285,000	5,285,000	1,531
	브루셀라	2,130			2,130	67
	돼지콜레라		160,155		160,155	304
2004	브루셀라	7,121			7,121	239
2005	브루셀라	17,690			17,690	997
2006	조류인플루엔자			2,800,000	2,800,000	582
	브루셀라	25,454			25,454	1628
2007	브루셀라	11,547			11,547	711
2008	조류인플루엔자			10,204,000	10,204,000	3,070
	브루셀라(-10월)	7,087			7,087	468
2009	브루셀라	5,611			5,611	
2010	구제역1차	2,905	2,953		5,858	288
	구제역2차	10,848	38,307		49,155	1,212
	브루셀라(-9월)	3,709			3,709	7,000

자료: 농림수산식품부, 농림수산식품 주요 통계.

OIE A급 질병이 자주 발생했다(<표 14> 참고). 이를 통해 우리나라 축산업이 세계 시장 속에 점점 더 편입될수록 가축 전염병 역시 빈번하게 발생하고 있음을 알 수 있다.

2000년 이후 주요 가축 전염병으로 살처분된 가축은 최소 1980만

6972마리이다. 소는 브루셀라병(8만 4757마리)과 구제역(10만 562마리)로 살처분됐다. 돼지는 돼지콜레라(19만 9211마리)와 구제역(93만 5377마리)으로, 닭과 오리는 조류인플루엔자(1848만 2000마리)로 땅 속에 묻었다. 이에 따른 피해액은 대략 2조 원 가량 된다. 이 액수는 국민세금(151조 4475억 원을 기준)의 약 1.32%를 차지하는 비중이다.

『가축질병의 경제적 영향 분석』에서 2005년 가격 기준으로 가축 질병으로 인한 경제적 손실을 측정했다. 스프레드시트 모형을 이용하여 가축질병으로 인한 농가의 직접손실액을 계측한 결과, 질병 소(소 결핵병, 브루셀라병, 요네병)의 경우 약 5억∼647억 원, 돼지 질병(돼지 생식기호흡기증후군, 돼지 유행성설사병, 돼지 이유후전신소모성증후군, 돼지콜레라)의 경우 약 9억∼53억 원, 닭 질병(뉴캐슬병, 추백리)의 경우 1,716만∼8억 5,798만 원 수준으로 피해가 발생했다.

다른 한편 축종별로 가축질병으로 인해 농가 전체 손실액을 유추해 본 결과 가축폐사로 인해 연간 육우는 약 403억∼1,695억 원, 젖소는 47억∼1,081억 원, 돼지 6,953∼11,840억 원, 닭은 약 685억 원의 농가 수입손실이 발생한다고 추산되었다. 또한 질병치료비로도 연간 2,256∼2,852억 원이 별도로 지출되는 것으로 추산되었다.

5. 결론

현재의 가축 생산 방식이 전면적으로 개선되지 않는다면 질병 및 전염병에 걸린 가축의 처리방법은 두 가지일 것이다. 이 점을 『축산업 정책의 선진화를 위한 과제』에 관한 종합토론에서 한국농촌경제연구원이 한 발언을 통해 살펴보자.

…… 가축질병에 관련해서 매몰 및 살처분과 관련된 이야기를 하고자 합니다. 결국 가축질병에 걸려 죽은 사체를 처리할 수 있는 방법은 두 가지가 있습니다. 하나는 사체를 매몰하거나 태우는 방법이고 다른 하나는 사람이 먹는 방법입니다. 실제로 축산 단체에서는 브루셀라에 걸린 가축을 모두 살처분하여 땅에 묻고 있습니다. 이 고기들을 가공해서 쓸 수 있는 방법을 마련하기 위해 축산단체에서 정부에 요구하고 있는 상황입니다. 실제로 HPAI의 경우에는 반드시 땅에만 묻을 것이 아니라 75도 이상으로 4분 이상 끓이거나 구우면 충분히 먹을 수 있게 됩니다. 다만 이것은 가축방역법상 불가능한 이야기입니다만, 김제에서 시장님과 면담한 결과 지하 침출수 문제가 심각하기 때문에 상수원을 확보하는 데 큰 애로가 있는 것으로 나타났습니다. 그 당시 상황에서 주민들이 지하수를 계속 섭취하게 되면 모두 청색증에 걸려 지역주민들의 건강을 해칠 우려가 있었습니다. 이와 비슷한 일이 경기도와 전북에서도 나타나고 있습니다. 실제로 지하수 수질검사를 한 결과 질소 농도가 기준치 이상으로 검출되었습니다. 그러나 현행 법률상으로는 묻는 것 이외에는 방법이 없습니다. 가장 쉬운 대안이 고기를 삶아서 갈아버리는 랜더링입니다. 외국의 경우 브루셀라는 접촉성 전염병이기 때문에 사실은 끓여 먹으면 큰 상관은 없기 때문에 고기를 삶아서 간 뒤에 비료나 사료로 쓰고 있습니다. 우리나라에도 일부 업체들이 랜더링 기계를 보유하고 있지만 가축질병이 워낙 빠르게 확산되다 보니 쓸 기회가 없어 현재는 매몰에 의지하고 있는 상황입니다. (우병준, 2008: 100)

병에 걸린 가축을 처리하는 방식으로 현행 살처분 방식의 유해성을 해결하기 위해, 그가 내세운 방식이란 인간 혹은 동식물을 위한 비료 및 사료 사용이다. 질병의 걸린 소를 예방하기 위한 기존의 가축 방식에 대한 재검토란 아예 언급조차하고 있지 않다. 기존의 가축 방식을 유지하는 한 그들에게 주어진 방식은 살처분과 재사용 방법밖에 없다. 질병에 걸린 가축의 재사용은 (그것이 인체에 무해하다는 사실과 무관하게) 광우병에서도 볼 수 있듯이 제2, 제3의 대재앙을 불러올 가능성이 있기 때문에 신중히 검토해야 된다.

만약 질병에 걸린 가축이 인체에 무해하더라도 상품시장체제에서 저질의 육류는 저소득층의 식탁에 오를 것이다. 이는 환경 불평등 문제를 발생시킨다. 모든 인간은 양질의 좋은 식재료 공급을 원한다. 하지만 안전한 식재료 공급이 우선되지 않고 질병에 걸린 가축을 처리하는 방법만을 우선적으로 고민하는 것은 바로 자본주의의 본질인, 인간을 위한 사회가 아닌 이윤을 위한 사회라는 점을 극명하게 보여 주는 것이다.

구제역의 강한 전염성은 감염된 가축의 상품가치를 떨어뜨리기 때문에 생산자는 인간에게 감염되는 조류독감보다 더 무서운 질병으로 인식한다. 1967년 영국 44만 2천 마리, 1997년 대만 3백 8십만 마리, 2001년 영국 7백만 마리, 2011년 한국 348만 마리의 살처분은 자본주의의 비효율적인 측면을 단적으로 보여 준 것이다.

정치인은 인체에 유해한 질병, 즉 조류독감에 걸린 닭고기와 광우병이 의심되는 미국산 쇠고기, 중금속 물질이 포함된 낙지에 대해서는 무해성 입증을 '시식회'를 통해 보여 주었다. 하지만 (현재까지 인체 유해성이 만연되지 않는 상황에서) 인체에 무해하지 않은 구제역에 대해서는 아무런 반응도 보이지 않았다. 구제역은 인체의 유해성 여부보다는 육식 상품 가치에 영향을 주는 것이 더 큰 문제였기 때문에 정치인 어느 누구도 구제역에 걸린 소를 먹으면서 시식회를 열지 않았다. 하지만 더 큰 문제는 진정으로 인간에 유해한 질병에 대해서 과학적으로 입증하기보다는 감정에 호소하는 방식으로 인체의 무해성을 강조한다는 점이다.

효율성은 자본가의 관료적 가치처럼 보이지만 가축의 자본주의적 생산 방식에서 나타나는 낭비적 체계를 본다면 시장 가격은 경제 과정의 외부효과, 즉 전염병, 환경 오염 등을 반영하지 못하는 비효율적 기제이다. 가용 자원을 '사회적으로' 가장 잘 활용해야 한다는 것은 사회 구성원의 협력적 생산방식의 필요성과 자연의 자연적 제약조건을 충분히 반영하는 효율적인 사회의 기본 전제 조건이 될 것이다.

자본의 탐욕(greed) 바이러스가 생태계의 바이러스를 창궐하게 하게 만드는 사회적 조건을 형성한다. 자본의 탐욕 전염병이 심화될수록 인간의 생존기반인 생태계는 황폐화 될 것이다. 생태계를 파괴하는 자본주의는 인간이 생태계의 일원임을 망각하게 한다. 하지만 이번과 같은 전염병 등에 의해 자본은 생태계의 법칙을 깨뜨릴 수 없다는 것을 다시금 인식하게 된다. 이런 각성은 사회경제적으로 많은 손실을 낳은 후에 찾아온다. 그렇지만 자본주의의 작동 기제가 계속되는 한 생태계와의 불안한 동반은 계속될 것이다.

전염병이 만성적으로 창궐하는 사회적 환경을 그냥 놔둘 수는 없다. 새로운 전염병의 빠른 발생과 (기존) 전염병의 빠른 확산은 자연스러운 자연 현상이 아니라 이 사회체제가 더욱 촉진시키는 매개 역할을 한 가축의 생산방식에 관한 사회적인 문제이다. 따라서 전염병이 발생했을 때 전염병이 발생한 전반적인 사회적 환경을 되돌아 봐야 한다.

참고문헌

간텐, 데트레프·틸로 슈팔·토마스 다이히만. 2011. 『우리 몸은 석기시대: 진화의학이 밝히는 질병의 이유들』. 조경수 옮김. 중앙북스.

김민정. 2009. 「자본관계에서 고찰한 환경 불평등」. 『마르크스주의 연구』 6권 1호.

김선경. 2011. 「구제역 비극 '삶과 죽음 그리고 질병 이야기'」. 2월 18일 발표 자료.

김종덕. 1997. 「농촌사회학에서 농업사회학으로」. 『농촌사회』 제7집.

김철규. 1995. 「농업변화와 신농업사회학적 접근: 미국의 육계산업 사례연구를 중심으로」. 『농촌사회』 제5집.

네스, 랜덜프·조지 윌리엄즈. 1999. 『인간은 왜 병에 걸리는가』. 최재천 옮김. 사이언스북스.

데이비스, 마이크. 2008. 『전염병의 사회적 생산 조류독감』. 정병선 옮김. 돌베개.

롤랜즈, 마크. 2004. 『동물의 역습』. 윤영삼 옮김. 달팽이.

맑스, 칼. 2004. 『자본론』. 김수행 옮김. 비봉출판사.

박상표. 2010. 「비참한 공장식 축산의 실태와 개선방안은?」. http://www.voice4animals. org/new/?document_srl=6166.

______. 2011. 「육식인간의 탐욕이 부른 재앙」. 『한겨레21』 제844호.

버크먼, 리사·이치로 가와치 엮음. 2003. 『사회역학』. 신영전 옮김. 한울.

송윤미. 2005. 「역학과 사회역학」. 『예방의학회지』 제38권 제3호.

송주호 외. 2006. 『가축질병의 경제적 영향 분석』. 한국농촌경제연구원.

셸, 엘렌 러펠. 2010. 『완벽한 가격』. 정준희 옮김. 랜덤하우스.

우병준. 2008. 『축산업의 선진화를 위한 과제』. 한국농촌경제연구원.

우병준·김현중. 2010. 『축산물 수출시장 확대 방안』. 한국농촌경제연구원.

월터스, 마크 제롬. 2004. 『에코데믹, 새로운 전염병이 몰려온다』. 이한음 옮김. 북갤럽.

정민국 외. 2010. 『축산계열화의 평가와 발전 방안』. 한국농촌경제연구원.

참여연대. 2005. 『축수산 동물약품(항생제) 실태 보고서 I: 축수산물 항생제 오남용 실태와 개선방향』.

클로펜버그 2세, 잭. 2007. 『농업생명공학의 정치경제』. 허남혁 옮김. 나남.

하일라, 위르외·리처드 레빈스. 2006. 「자연의 사회적 역사」. 제이슨 무어 외. 『역사적 자본주의 분석과 생태론』. 과천연구실 옮김. 공감.

허덕 외. 2001. 『가축방역 시스템 강화방안』. 한국농촌경제연구원.

「축산경제신문」. 2010년 9월 9일.

Doring, Martin and Brigitte Nerlich (eds.). 2009. *The Social and Cultural Impact of Food-and-month Disease in the UK in 2001: Experiences and Analyses* Manchester University Press.

Greger, Michael. 2010. "Industrial Animal Agriculture's Role in the Emergence and Spread of Disease". Joyce D'Silva and John Webster. *The Meat Crisis: Developing More Sustainable Production and Consumption*. Earthscan.

Hardy, Anne. 2003. "Animals, Disease, And Man: Making Connections". *Biology And Medicine* 42(2).

Mann, S. and J. Dlckinson. 1978. "Obstacles to the Development of Capitalist Agriculture". *Journal of Peasant Studies* 5(4).

McMichael, A. J. 2005. *Environmental and Social Influences on Emerging Diseases: Past, Present and Future*. Angela R McLean, Robert M May, John Pattison and Robin A Weiss (ed.). *SARS: A Case Study in Emerging Infections*. Oxford University Press.

Nierenberg, Danielle. 2003. *Factory Farming in the Developing World*. World Watch.

Shiva, Vandana. 2004. "Factory Farming: The Contagion of Free Trade". http://www.globalresearch.ca/articles/SHI403A.html.

Slingenbergh et al. 2004. "Ecological Source of Zoonotic Disease". *Rev. Sci. Tech. Off. Epiz.* 23(2).

Woods, Abigail. 2009. "The Historical Roots of FMD Control in Britain, 1839-2001". Martin Döring and Brigitte Nerlich (eds.). *The Social and Cultural Impact of Foot-and-mouth Disease in the UK in 2001: Experiences and Analyses*. Manchester University Press.

푸코와 권력의 문제

진리를 문제화하며 자유를 추구하는 역사-비판 존재론으로서의 계보학

김성우(한국철학사상연구회, 상지대 겸임교수)

1. 국지적이고 특수한 문제를 묻는 행위가 정치의 회피인가?

하버마스가 지적한 대로 푸코는 근대성을 총체적으로 비판하는 젊은 보수주의자[1]인가? 아니면 그는 단순히 언어적 차원의 비판(칸트적인 인식비판이나 **진리의 분석론**[2])을 통해 근대성의 해방력을 복원하려는 하버마스와는 달리 여러 담론들을 미시적인 권력 효과와 종속적 주체화의 관계성 속에서 역사적으로 분석하며 근대성의 협박에 굴복하지 않고 이를 '견디며 치

---

1) 하버마스는 근대성을 전반적으로 비판하며 근대성의 해방력을 내버린다는 점에서 포스트모던 철학이나 해체론을 젊은 보수주의라고 비판한다(Jürgen Habermas, *Kleine politische Schriften* 1~4, Suhrkamp, 1983, 463). 이와는 다른 관점에서는 푸코는 그 스스로 근대성의 핵인 데카르트적인 휴머니즘에 대하여 문제를 제기하기 때문에 결코 보수주의자일 수는 없지만 비(非)데카르트적인 휴머니즘의 가능성이나 개념적인 도구들을 다 해체해 버렸기 때문에 그 문제에 대해 효과적으로 답을 제시할 수 있는 가능성을 봉쇄한다. 그래서 그가 행한 비판이 긍정적인 효과를 거둘 수 없기 때문에 매력적인 해결책이 될 수 없고 혼란스럽고 모순적이며 일관성이 없게 된다(Nancy Fraser, "Michel Foucault: A 'Young Conservative?'"; Richard Bernstein, "Foucault: Critique as a Philosophic Ethos", ed. Micheal Kelly, *Critique and Power: Recasting the Foucault/Habermas Debate*, MIT Press, 1995).

2) 푸코는 칸트의 선험적 인식틀로 되돌아간 하버마스와는 달리 이러한 객관적인 인식이 보편적인 진리라는 말로 지식을 과학적으로 위계질서화하는 것을 비판한다(베리 스카트, 『마르크스주의와 미셸 푸코의 대화』, 민글, 1993, 111).

유'(Verwündung)하고자 하는 **실천적인 비판**(니체적인 역사-비판적 존재론으로서의 계보학)의 노선 위에서 "구체적 자유의 공간"[3]을 찾는 실천가인가? 근대의 지식인상(知識人像)은 법률가나 저명한 문학작가로부터 연원된 모범적인 인물로서 보편적인 진리와 양심을 대변하는 예언자이자 입법가이다. 이는 보편적 의식의 담지자인 프롤레타리아를 대변해야 하므로 더 의식적이고 정교한 형태의 보편적 의식의 담지자가 된다. 이런 점에서 지식인은 민중을 리드하는 전위부대(Avant-garde)이다. 그러나 그는 이러한 지식인에 대한 그림이 바뀌어야 한다고 주장한다.[4] 현대의 지식인은 자신의 구체적인 특수한 삶의 영역에서 자신도 그 안에 존재하는 진리의 통치체제(régime)와 싸워야 하는 전문가들(예를 들어 원자핵 물리학자나 정신의학자 등)이다. 왜냐하면 지식인이 활동하고 있는 지식과 담론도 권력효과에서 자유로울 수 없기 때문이다. 이렇듯이 지식인도 권력체제의 일부라는 점에서 지식인의 특권은 인정되지 않는다. 즉 지식인의 역할은 이데올로기인 허위의식에 빠져 있는 대중의 선두에 서서 또는 옆에 서서 묻혀 침묵하고 있는 진리를 드러내는 데 있는 것이 아니라, 그 자신이 권력의 여러 형태의 대상이자 도구가 되는 그 지점인, '지식'과 '진리' 및 '양심'과 '담론'의 질서 속에서 그러한 권력의 여러 형태와 싸우는 것이다.[5]

푸코는 자신의 정치적 입장에 대해 재미있는 말을 한다. "나는 처음부터 맑스주의자로부터 적으로 간주되었고, 우파에 의해서도 적으로 간주되

---

3) Michel Foucault, "Structualisme et poststructualisme", *DE* 4, 449. 여기서 *DE*는 *Dits et écrits* 1~4(ed. Daniel Defert et François Ewald, Gallimard, 1994)를 가리키고 4는 제4부를 표시한 것이고 449는 페이지 수를 밝힌 것이다.
4) Michel Foucault, "Truth and Power", ed. Paul Rabinow, *The Foucault Reader*, Pantheon Books, 1984. 앞으로는 *FR*로 표기한다.
5) 미셸 푸코, 『푸코의 맑스』, 이승철 옮김, 갈무리, 2004, 191~192쪽("Les intellectuels et le pouvoir", *DE* 2, 308).

었고, 중도적인 인사들로부터도 적으로 간주되었다."[6] 이와 연관해서 그는 하버마스와 파리에서 대화를 나눈 내용에 대해 이야기한다. 하이데거는 나치정권으로부터 총장으로 임명되어 나치의 공식문서에 서명하고 나치에 동조하는 연설을 하였다는 이유로 그 사상의 정치적 함축이 매우 위험한 신보수주의라고 하버마스에 의해 비난받는다. 그런데 하버마스가, 그 자신의 철학의 기초로 삼은 도덕주의자 칸트에 대한 연구로 유명한 위대한 칸트주의자가 철저하게 나치를 지향했다는 것을 고백한 사실을 푸코는 상기시키면서 마찬가지로 도덕주의적인 스토아주의의 연구가도 나치의 총통을 찬양하는 글을 썼다는 사실을 언급한다. 그런데 왜 하이데거는 비난받는데 이 도덕주의자 둘은 하이데거보다 더하면 더했지 덜한 것이 아님에도 불구하고 이 둘을 낳은 사상적 모태인 스토아주의나 칸트주의는 비난받지 않는가?

그가 언급한 또 하나의 재미있는 사실은 앙가주망(참여)의 철학자인 사르트르, 보부아르, 메를로-퐁티 중 어느 누구도 레지스탕스로서 전혀 어떤 일도 하지 않았지만 반면에 수학의 내적 구조의 발전에 관심이 있는 수학사가인 카바이예는 적극 참여했다는 사실에 주목한다. 이렇기 때문에 한 사상가의 정치적 입장을 이야기할 때 단순히 그의 이론의 차원 안에서만 아니라 힘들고 신중한 "실험적 태도"도 고려해야 한다. 그가 생각하고 말한 것을 그가 하고 있는 것, 즉 그가 누구인지와 대결시켜야 한다.[7] 그런 점에서 정치학도 윤리학과 분리시킬 것이 아니라 윤리학으로서의 정치학을 말해야 한다.

사르트르식의 보편적 지식인의 총체화의 역사(une histoire globale)

---

6) *FR*, 375.
7) *FR*, 374.

는 추상적이고 한정적인 데 반해서, 니체나 푸코식의 계보학적 역사(une histoire générale)[8]는 구체적이고 일반적이다.[9] 푸코는 스스로 묻는다. "사람들은 나보고 국지적인 문제들을 제기하기는 하지만, 총체적인 문제들에 관한 입장은 제시하지 않는다고 말하지요."[10] 더 정확히 말하면 "내가 일반적이고 보편적인 문제들에 관한 관심을 분산시키기 위해 특수한 문제들을 제기한다고 비판하지요."[11] 실제로 그가 제기한 문제들은 항상 국지적이고 특수한 문제들과 관련되어 있다는 것은 맞는 사실이다. 그리고 더 나아가 사회에 대한 거대담론들이 신뢰할 수 없기 때문에 "나는 지식인들이 학구적이고 학술적이며 박식한 연구들로부터 출발해서는 그들이 살고 있는 사회의 핵심적인 문제들을 지적해 낼 수 없다고 생각합니다. 이와 달리 '비지식인'과 협력하는 주된 형태 중 하나는, 그들의 문제를 듣고 그들과 함께 작업하면서 국지적이고 특수한 문제들을 정식화하는 것입니다. 광기나 정신병원이나 범죄나 감옥에 대해서 말입니다."[12] 이는 구체적이고 특수한 문제이지만 충분히 일반적인 문제이다. 다만 통상적인 의미의 일반성이 아니

---

8) 총체화의 역사란 문명의 총체적 형태 또는 한 사회의 정신적이거나 물질적인 원리 또는 한 시대의 모든 현상들에 공통적인 의미작용 또는 그 현상들을 정합적으로 꿰어 주는 법칙, 다시 비유적으로 말하면 한 시대의 얼굴을 재구성하려고 시도하는 것을 말한다. 이것은 역사의 절대 주체를 정립하려는 휴머니즘 그리고 인간학과 연관된다. 이러한 총체적인 역사의 예로는 헤겔의 시대정신, 베버의 이념형, 통상적으로 많이 논의되는 세계관이나 총체적인 형태 등이 있다. 반면에 일반적인 역사란 이런 총체적인 역사를 해체하려고 한 맑스와 니체의 시도를 이어받아 연대기적인 계열들, 단면들, 한계들, 요철들, 차이들, 특수성들, 잔류현상들의 개별적인 형태들, 관계들의 가능한 유형들을 문제로 제기한다. 이 역사의 과제는 이러한 차이나는 계열들 사이에서 어떤 형태의 관계가 정당하게 서술되는가 그리고 그 계열들이 어떤 수직적 체계를 형성할 가능성이 있는가와 서로 간에 상호관계와 지배의 놀이는 무엇인가 등을 규정하는 것이다. 한마디로 일반적인 역사는 정신이나 원리, 세계관 같은 어떤 독특한 중심으로 모든 현상들을 압축하는 것이 아니라 분산의 공간을 펼치는 것이다(Foucault, *L'archéologie du savoir*, Gallimard, 1969, 17~19).

9) *FR*, 375.

10) 『푸코의 맑스』, 144.

11) 『푸코의 맑스』, 156.

12) 『푸코의 맑스』, 144.

다. 이는 합리성의 문제로 일반화되는 것이다. 그러므로 합리성의 역사가 총체적인 역사는 아니지만 일반적인 역사인 것이다.

지식, 이성, 합리성의 문제는 우리 시대의 최소한 서구 사회에서는 계속 되풀이되고 있다는 점에서 가장 일반적인 문제이다. "결국, 하나의 사회를 그것이 광기와 관계 맺는 관계라는 국지적이고 아주 특수한 문제에서 그려 내는 것보다 더 일반적인 문제가 있겠습니까? 혹은 사회를 구체화된 '합리성'으로 인식하게 되는 방식보다 더 일반적인 문제가 무엇인지요? 어떠한 방식으로 사회는 '이성'에 그리고 그 자신의 이성에 권력을 부여하는 것입니까? 어떻게 이러한 합리성이 일반적인 의미에서의 이성으로 간주되고 이성의 이름으로 누군가의 권력이 다른 이들 위에 세워지게 되는 것입니까? …… 그러나 나는 그런 식으로 문제를 제기함으로써 다른 사람들에게 이러한 국지적이고 특수한 문제들이 일반적인 문제로 드러나도록, 아니 적어도 사람들이 기존에 일반적이라고 생각했던 문제들과 동등한 정도의 일반적인 문제로 드러나도록 할 수 있다고 믿고 있습니다. 이성의 지배도 자본의 지배 못지않게 일반적인 문제가 아닐까요?"[13] 이런 까닭에 **푸코는 절대로 국지적이고 특수한 문제들로 관심을 분산하기 위한 것이 아니라 이런 문제제기를 통해 합리성의 일반적 역사를 펼쳐 보이고 '구체적인 자유의 공간'을 찾아 우리 시대와 우리 자신의 변형을 기존의 진리의 통치체제 안에서 투쟁적으로 시도한다.**

그러나 푸코가 제기한 국지적이고 특수한 문제에서 우리는 우리 시대의 일반적인 문제를 볼 수 있기는 하지만 정치적인 것에 대해 회피(정당과 제도의 차원의 거부)한다는 의혹을 지울 수는 없지 않는가? 다시 말해서 그의 비판이 더 폭넓은 실천이나 프로그램과 연결될 필요가 있지 않은가? "당

---

13) 『푸코의 맑스』, 145~146.

신(푸코)은 자신이 제기한 문제에 대해 구체적인 해결책을 이야기하지 않습니다. 반면에 정당들은 특정한 사건에 대해 일정한 입장을 고수합니다. 당신은 그런 태도를 통해, 정당에 어떤 도움도 주지 않습니다."[14] 이런 의혹과 관련해서 그는 교리문답에 빠진 스탈린의 맑스주의와 정당으로서의 기존 정치적 역할에 빠진 프랑스 공산당에 대해 회의를 할 수밖에 없는 당시의 상황을 이야기하면서 이에 대해 다음과 같이 대답을 한다. "나는 오늘날 지식인의 역할이 규칙을 설립하거나 해결책을 제안하거나 혹은 이런저런 예언을 하는 데 있다고 보지 않습니다. 그렇게 함으로써 지식인은 권력이 특정한 상황(내가 보기엔, 비판받아야 마땅한 상황)에서 작동하는 데 도움을 줄 뿐입니다."[15] 푸코는 자신의 역할을 "문제들을 효과적이고 현실적으로 설명하는 것"이라고 규정하면서, 이는 일상생활과 관련된 성, 광기, 범죄 등은 복잡한 문제여서 쉽게 해결될 수 없는 성질의 것이기 때문에, 그 문제들을 사람들이 직접적으로 관련된 풀뿌리 수준에서 해결하기 위해 발언과 정치적 상상의 권리를 사람들에게 되돌려 주기 위해서는, 많은 세월이 걸릴 것이라고 말한다. **그는** 복잡한 작업틀 속에서 문제들을 확인하고 이것들을 밝히고 풀어 나감으로써, 타인을 위해서 타인 위에서 말하는 예언자와 입법가들을 침묵하게 함으로써, 그 침묵의 순간에 문제의 복잡성이 사람들의 삶과의 관계 속에서 드러날 수 있을 것이고, 그 결과 공통의 계획이 가진 정당성이 여러 운동과 증거들을 통해 뚜렷해질 것이라고 말한다. 즉, 목적은 한 번에 조금씩 나아가는 것이어서 비록 해결책을 찾지는 못하더라도 적어도 문제들의 기존 형태를 변화시킬 수 있는 가능한 변경들을 도입하자는 것이다.[16]

---

14) 『푸코의 맑스』, 150.
15) 『푸코의 맑스』, 150.

이렇듯 푸코가 의도하는 지식인은 보편적인 진리가 아니라 자신이 몸 담고 있는 진리의 통치체제 속에서 이에 저항하기 위하여 국지적이고 특수한 문제를 제기해야 한다. 이는 단순히 지식인의 역할의 변화에 관한 언명만이 아니라 우리가 살고 있는 현대라는 시대에 대한 규정의 변화를 가리키는 말이기도 하다. 즉, 우리의 현대라는 시대를 규정한 데카르트적 사유인 휴머니즘과 결별해야 하며 휴머니즘의 정치적 실현인 자유주의를 비판해야 한다. 왜냐하면 데카르트적인 사유는 과학적인 인식(보편 수학) 대상의 확립과 이러한 인식에 걸맞은 초역사적이고 보편적인 주체(데카르트적인 자아)의 정립 그리고 개인화와 총체화의 이중성으로서의 근대적 정치경제적 장치인 자유주의적 제도의 실현으로 역사적으로 구현되기 때문이다. 이렇듯 현재의 시대 및 이 시대 속에서 살아가는 우리에 대한 성격 규정이 중요한 철학적 과제이다. 이런 과제를 제기하기 위해서는 시대의식이 중요하다. 따라서 우리 시대와 우리 자신에 대한 문제제기는 이런 점에서 언제나 역사적으로 제기된다. 그렇다고 해서 역사적인 근대 이전의 과거에서 해결의 모델을 찾자는 것이 아니다. 근대 이전의 과거로 돌아가자는 뜻이 아니므로 이러한 역사-비판적 분석이 젊은 보수주의는 아니다. 그런데 이러한 역사적 분석은 모든 경험을 포괄하여 하나의 원리로 재구성하는 총체적인 역사가 아니라 각 장(마당)에서 일어난 국지적이고 특수한 경험에 대한 분석으로부터 출발하는 일반적인 역사이다. 이렇듯 그의 새로운 역사서술에서 문제는 역사적이고 사회적인 차원에서 특수하고 국지적으로 제기되는 것이다. 그러나 그에게 개별화와 총체화의 과정은 상호 연관된다. 이러한 특수하고 국지적인 문제제기는 서로 다른 영역들과 관계를 함축하고 있다. 진리와 권력과 주체의 문제가 개별적으로 다루어지지만 서로 연관되

---

16) 『푸코의 맑스』, 151~152.

는 것이 푸코의 역사적 서술의 특징이다.[17] 그의 역사는 총체적인 역사의 단일한 중심에서 벗어나기 위해 분산된 공간을 펼치지만 이것은 실증주의 역사관처럼 개개의 사건으로 분리되는 원자론적인 서술이 아니다.

2. 계보학은 왜 역사-비판 존재론인가?

푸코의 역사비판은 단순히 언어의 감옥이라는 불변의 형식에 갇혀 있는 구조주의 방법론이나 큰 담론을 해체하기 위해 작은 담론에 분산되어 방향성을 잃어버린 (상업화되어 그 비판적 의미가 상실된) 포스트모던적인 글쓰기가 아니다. 푸코는 맑스와 니체 그리고 하이데거를 이어받은 비판 즉 '역사 존재론'의 계승자이자 혁신자이다. 그러나 그의 이러한 비판은 칸트와 하버마스의 인식론적인 '진리의 분석론'이 아니다.[18] 그에 따르면 현재에 대한 역사적 분석의 초점은 근대적인 합리성의 역사이다.[19] 이 합리성의 역사야말로 우리 자신과 우리 시대를 비판적으로 읽을 수 있는 중심 실마리가 된다는 점에서 베버와 프랑크푸르트 학파와 유사한 문제틀을 공유하고 있다. 그러나 그의 접근 방식은 근대적인 합리성의 총체적인 형태가 아니라

---

17) "이들은 지식·권력·자기라는 환원 불가능하지만 언제나 동시에 다른 것들을 함축하는 세 개의 차원이다. 이것들은 세 개의 '존재론들'이다. 왜 푸코는 이 존재론들이 역사적이라고 덧붙였던 것일까? 왜냐하면 이것들은 결코 어떤 보편적 조건들을 지정해 주지 않기 때문이다"(들뢰즈, 『푸코』, 허경 옮김, 동문선, 2003, 172).

18) 푸코에 의하면 칸트는 비록 '계몽이란 무엇인가'를 물으며 현 시대에 대한 비판적 의식을 최초로 제기했지만 그의 비판은 두 개의 비판적 전통으로 나뉘게 된다. 칸트의 비판적 작업은 참다운 인식의 가능성에 대한 문제제기로서 진리의 분석론으로 전개되었고 이와는 달리 자신은 우리의 현실성 즉, 가능한 경험의 현실적 장에 대한 문제제기로서 현재의 존재론, 우리 자신의 존재론의 형태를 취하게 되는 철학적 형태를 이어받고 있다. 이러한 철학적 형태가 헤겔로부터 시작해서 니체와 베버를 거쳐 프랑크푸르트 학파에 이르기까지 자신이 작업하고자 하는 비판적 성찰의 기초가 된다는 것이다("Qu'est-ce que les lumières?", *DE* 4, 687~688).

19) "Structualisme et poststructualisme", *DE* 4, 436.

여러 층위 즉 분산적 공간에서 펼쳐지는 합리성들을 서술하려고 시도하는 것이 다른 점이다. 그는 자신의 이러한 역사 서술을 니체적인 뜻으로 계보학이라고 부른다.

계보학이란 현재의 물음으로부터 분석을 시작하는 것을 의미한다.[20] 계보학이 언급된 최초의 책은 『담론의 질서』[21]이다. 『담론의 질서』에서 그는 비판(즉, 고고학)과 계보학을 구분한다. 그런데 「계몽이란 무엇인가」[22]에서는 비판에 고고학과 계보학을 다 포함시킨다. 이는 이론비판에서 실천비판으로 비판의 의미가 확장되었음을 보여 주는 것이다. 다시 말하면 그에게 좁은 의미의 비판이란 한계를 분석하고 성찰하는 것이다. 하지만 그에게 더 의미 있는 작업은 **필연적인 제한이라는 형태로 수행된 비판을, 가능한 위반의 형태를 통한 실천적 비판**으로 변형하는 것[23]이다. 따라서 이론적인 비판도 중요하지만 이러한 실천적 비판이 더 핵심적인 문제이다.

이러한 비판은 우선 보편적 가치의 형식적 구조를 찾고자 하는 칸트의 선험철학과 후설의 현상학을 거부하고 역사-비판적 태도를 취한다. 이러한 "비판은 더 이상 보편적인 가치를 지니는 형식적인 구조의 탐구를 통해서 수행되는 것은 아니라, 우리가 행하고 생각하며 말하는 주체로서 우리를 형성하고 인정하도록 우리를 이끄는 역사적 탐구처럼 수행된다. 이런 의미에서 이 비판은 선험적(transcendental)이지 않으며, 그 목적은 [칸트처럼—인용자] 형이상학을 가능하게 하는 것도 아니다. 이 비판은 그 목적 지향에 있어서는 계보학적이며 그 방법에 있어서는 고고학적이다. 선험적

---

20) "Le souci de la vérité", *DE* 4, 674.

21) 푸코, 『담론의 질서』, 이정우 옮김, 새길, 2011 (Foucault, *L'ordre du discours*, Gallimard, 1971). 앞으로 *OD*로 표기한다.

22) "Qu'est-ce que les lumières?", *DE* 4, 562~584.

23) "Qu'est-ce que les lumières?", *DE* 4, 574.

이 아니고 고고학적인 것이라는 것은 다음과 같은 의미에서이다. 이 비판은 모든 가능한 인식 또는 도덕적 행위의 보편적 구조를 확인해 내려 하지 않고 우리가 생각하고 말하고 행하는 것을 명확하게 표현하는 담론들을 다양한 역사적 사건들로서 취급하려고 시도한다. 또한 이 비판은 다음과 같은 의미에서 계보학적일 것이다. 우리가 행하거나 인식하기 불가능한 것을 현재 우리가 존재하는 본질적 형식으로부터 연역하려고 하지 않고, 현재의 우리가 존재하는 모습으로 우리를 만들어 온 우연성으로부터 우리가 존재하고 행하고 생각하는 것을 더 이상 존재하고 행하고 생각하지 않을 가능성을 구별해 내려고 한다. 이 비판은 결국 과학이 되어 버리고 마는 형이상학을 가능하게 하려고 시도하지 않는다. 그것은 자유의 아직 규정되지 않은 과업을 가능한 한 멀고 넓게 추진하려고 시도한다."[24] 이 인용문에서 푸코의 핵심적 과제인 자유의 문제가 분명히 언급되고, 자신의 탐구의 방법과 전략인 고고학과 계보학에 대한 설명이 제시된다.

고고학은 주로 진리와 지식의 차원에서 담론형성의 체계와 그 담론의 변형 과정을 다루는 데 반해 계보학은 담론이 어떻게 권력에 의해 효과적으로 형성되고 있는가를 취급한다. 계보학은 담론의 형성을 권력의 영역 안에서 파악하는 것이며 이를 통해 우리 자신의 종속적 주체화를 비판한다. 이를 위해 계보학은 역사적 기념물에서 홀대받고 무시당해 온 것을 탐구한다. 계보학은 역사의 시작을 하찮고 복잡하고 우연한 것으로 생각하고 기원에 대한 추구를 거부한다.[25] 이 계보학은 과학의 자격을 얻지 못하는 여타의 소외된 앎으로 하여금 제 목소리를 내도록 해주는 한편 과학을 수

---

24) "Qu'est-ce que les lumières?", *DE* 4, 574.
25) 계보학이 지니는 이런 특성을 명백히 니체적인 의미에서 제시한 최초의 논문이 바로「니체, 계보학, 역사」이다(Foucault, "Nietzsche, la généalogie, l'histoire," *DE* 2, 136~156).

단으로 하여 지식을 위계질서화하는 것과 이것의 영향에 반대한다. 계보학적 분석의 목표는 제도와 관련되어 있고 동시에 조직화된 과학 담론의 기능과 관계되어 있는 중앙집권화하는 권력이 야기한 결과와 영향이다. 이러한 고고학과 계보학 모두 역사-비판 존재론[26]이다. 이 역사-비판 존재론은 다음과 같은 네 가지 요소를 지니고 있다. 1. '어떻게 하면 능력의 증대가 권력 관계의 강화와 단절될 수 있는가?'라는 쟁점(enjeu)과 2. '실천 체계'의 동질성(합리성의 형태들과 게임의 규칙을 변경해 가면서 행하는 자유) 그리고 3. 삼중으로 된 축들(지식의 축, 권력의 축, 윤리의 축)의 특수성과 상호연관성 분석이란는 면에서의 체계성, 4. 마지막으로 규정된 실천과 담론의 시대와 체제 관련된다는 점에서 특수하지만 서구 사회에서는 지금까지 되풀이되고 있다는 의미에서 일반성을 지닌다.[27]

이로써 푸코의 계보학은 단순히 인식론적인 방법론이 아니라 비판적인 존재론임이 드러난다. 그의 계보학은 과학이론도 아니고 칸트적인 선험 철학도 아니고 헤겔적인 목적론적인 역사 변증법도 아니다. 그는 스스로 자신의 철학을 역사-비판 존재론이라고 규정한다. 그러므로 계보학도 니체에 뿌리를 두고 있음을 보여 준 역사-비판 존재론의 다른 이름일 뿐이다. 계보학 또는 역사-비판 존재론은 휴머니즘에 물든 현상학과 과학주의(형식주의)나 휴머니즘에 물든 맑스주의라는 이중적 전통과의 단절이다.[28] 이 존재론은 바로 니체를 다시 읽음으로써 도달하게 된 푸코 자신의 문제틀을 다루기 위해 고안된 것이다.

---

26) "나는 우리 자신의 **비판적 존재론**에 고유한 철학적 에토스를 우리가 넘어설 수 있는 한계에 대한 역사-비판적 시험인 까닭에 자유로운 한에서 우리 자신에 대한 우리 자신의 작업으로 특징지을 것이다"("Qu'est-ce que les lumières?", *DE* 4, 575).

27) "Qu'est-ce que les lumières?", *DE* 4, 575~576.

28) *FR*, 336.

계보학적 역사는 전통적인 역사와 다르다. 전통적인 역사는 절대적 기원(Ursprung)의 신성함을 강조하는 데 반해 계보학적 역사는 '다른 시작'도 가능한 우연적 유래(Herkunft)를 의미한다. 계보학은 니체가 1874년에 알게 된 역사의 세 가지 양상으로 돌아간다. 기념비에 대한 경외는 패러디로 바뀌고, 고대의 연속성에 대한 존경은 체계적인 해체가 되며, 현재의 인간에 의해 주장된 진리로 과거의 불의(不義)를 비판하는 것은 지식에의 의지에 고유하게 존재하는 불의를 가지고 지식을 주장하는 사람을 파괴하는 것이다.[29] 이렇게 역사-비판 존재론이란 현대의 우리 자신에 대한 분석이자 새로운 우리 자신을 창조하려는 실험이다.

3. 왜 이데올로기의 정치경제학이 아닌 진리의 정치경제학인가?

푸코의 철학적 축은 '주체를 객체화하는 세 가지 양식', 즉 지식·권력·윤리의 세 축이므로 계보학도 세 영역에서 가능하다. 첫째는 진리와 관련한 우리 자신의 역사적 존재론, 두번째는 권력의 장과 관련한 우리 자신의 역사적 존재론, 세번째는 윤리와 관련한 우리 자신의 존재론으로서 계보학이 존재할 수 있다.[30] 푸코는 이러한 계보학, 즉 "권력 관계들, 제도와 지식에 대한 역사적이고 이론적인 분석들을 우리 현실에서 문제로 삼는 운동들, 비판들 및 경험들"[31]과 함께 엮으려고 노력한다. 이러한 연결의 노력이 그가 원하는 삶으로서의 철학, 즉 철학적 삶의 에토스이다. 예를 들어 초기에 푸코가 주로 쓴 고고학은 진리의 축이 연구되는 우리 자신에 대한 역사 존

---

29) Foucault, "Nietzsche, la généalogie, l'histoire", *DE* 2, 156.
30) *FR*, 351~352.
31) *FR*, 374.

재론, 즉 계보학으로 간주될 수 있다. 다만 그 당시 구조주의 물결의 영향을 받아 고고학은 존재론이기보다는 방법론으로 더 표상된다. 지금까지의 고찰에 의하면 통상의 이해처럼 고고학에서 계보학으로의 이행은 단순히 진리의 축에서 권력의 축으로의 이행이 아니라 방법론에 물든 작업에서 존재론적 작업으로의 이행을 의미하는 것으로 이해할 수 있다.[32]

푸코의 저서를 살펴보면 이 세 축이 『광기의 역사』에는 혼란스런 방식으로 다 존재하고, 『임상의학의 탄생』과 『말과 사물』에서는 진리의 축이 연구되고, 권력의 축은 『감시와 처벌』에서 연구되고, 윤리적 축은 『성의 역사』에서 연구된다. 그런데 진리의 게임 즉, 예컨대 하나의 대상인 범죄나 광기를 과학적 지식으로 형성하는 것은 정치적 실천과 윤리적 태도를 변화시킨다. 세 요소가 광기의 경험적 장을 형성하는데 이러한 경험의 세 요소는 진리 놀이, 권력 관계들, 자신에 대한 그리고 타자에 대한 관계의 형태들이다. 진리의 놀이는 진리의 장을 형성하는 것이고 권력 관계들은 정치적 개입의 영역이 되고 자기 관계와 타자 관계의 형태들은 윤리적 입장이다. 광기는 주로 진리의 장과 관련해서, 범죄는 정치적 개입의 영역과 관련해서, 성은 윤리적 입장과 관련해서 주목되었을 뿐이다.[33]

먼저 진리의 계보학을 이해하기 위해서는 그가 생각한 '진리'의 의미를 살펴보아야 한다. 그가 의미하는 진리는 "발견되고 수용될 수 있는 진리의 전체"가 아니라 "진리인 것과 거짓인 것을 나누는 규칙의 총체와 진리인 것에 부가된 권력의 특수한 효과들"[34]이다. 현대사회에서 진리는 보편성과 객관성을 인정받는 과학성[35]을 의미한다. 이 과학성 즉 진리와 반대의 의미

---

32) *FR*, 374.

33) *FR*, 387.

34) "Truth and Power", *FR*, 74.

35) 이 과학성은 플라톤이 시작해서 데카르트에 의해 근대화된다. 근대적 과학성의 특징은 "내가 부

로 출현한 것이 '이데올로기'라는 개념이다. 푸코는 이데올로기라는 개념을 활용하지 않은 것과 관련해서 다음과 같은 세 가지 이유를 들고 있다. 1. 과학성과 이데올로기, 즉 진리의 담론과 거짓(허위의식)의 담론을 구분하는 것이 중요한 문제가 아니라 그 자체로는 참도 아니고 거짓도 아닌 담론들(과학적이냐 비과학적이냐로 여전히 논란을 낳고 있는 인문과학들) 안에서 진리의 효과들이 생산되는 방식을 역사적으로 고찰하는 것이 중요한 현대적 과제이기 때문이다. 2. 이데올로기라는 개념은 '주체의 질서'와 같은 것을 필연적으로 가리킬 수밖에 없기 때문이다. 3. 이데올로기는 그것의 하부구조(물질적이고 경제적인 결정요인)로서 기능하는 어떤 것과 관련해서 부차적인 위상을 갖기 때문이다.[36] 현대는 자본의 정치경제학, 즉 이데올로기(비진리)의 정치경제학도 중요하지만, 정통 맑스주의의 핵심용어인 경제적 최종재판소라는 관점에서 본 이데올로기라는 개념은 여전히 진리와 거짓의 이분법의 틀(지식의 과학화를 통한 위계질서의 틀) 내에 존재한다는 점에 그 한계가 있다.

진리와 거짓의 구분을 플라톤이 행한 이후로 소피스트는 축출된다. 그러나 진리 안에서 진리에의 의지는 문제시되지 않는다.[37] 그에 의하면 진리는 권력의 형식이다. 니체가 제기한 것처럼 우리 사회의 어떤 메커니즘에 의해 진리에 이런 가치가 부여되고 우리가 그것의 노예가 되는가를 물어야 한다. 진리 속에는 진리에의 의지가 감추어져 있다.[38] 맑스주의는 주로 이

도덕(不道德)하면서도 진리를 알 수 있다"는 데 있다. 데카르트 이후에 "비(非)금욕적인 인식의 주체"가 정립된다. 이 주체에 의해 "근대과학의 제도화"가 가능하게 된다("On the Genealogy of Ethics: An Overview of Work in Progress", eds. H. Dreyfus and P. Rabinow, *Michel Foucault: Beyond Structuralism and Hermeneutics*, The University of Chicago Press, 1983, p.252. 앞으로는 *MFSM*으로 표기한다).

36) "Truth and Power", *FR*, 60.

37) *OD*, 19.

데올로기 즉 허위의식에 관한 경제학적 분석에 치중한다. 다시 말해서 오류와 환상을 설명하기 위해 사람들의 머릿속에서 일어난 일과 생산 조건에서 그들이 갖는 위치 사이의 관계를 보여 주고자 한다. 이것이 푸코가 말한 비진리의 경제학 즉, 비진리의 정치경제학이다. 반면에 푸코의 문제는 진리의 정치학 즉, 진리의 정치경제학이다. 그는 항상 권력의 효과와 진리의 생산에 주목한다.[39] 그에 따르면 19세기 이래로 서양에서 사회 비판은 본질적으로 경제의 본성에 대한 성찰로부터 시작된다. 이로써 정치학은 명백하게 제거되고 경제관계를 구성하고 있는 기본적인 권력의 관계들이 무시되는 경향이 등장한다.[40]

이런 이유로 지식의 정치경제학 또는 진리의 정치경제학도 못지않게 중요하다. "우리는 지식의 형성과 순환 및 사용이 기본적인 문제가 되고 있는 사회에 살고 있습니다. 자본의 축적이 우리 사회의 특징이라면, 지식의 축적 역시 이에 뒤지지 않습니다. 이 둘 사이에는 반드시 분석되어야 할 복잡한 관계가 존재하지요. 16세기 이래로 사람들은 지식의 형식 및 내용의 발달이, 인간성의 해방을 보장하는 가장 커다란 요소라고 믿어 왔습니다. 이러한 생각은 전 세계를 가로질러 보편화된 우리 서구 문명의 거대한 공준이었습니다."[41] 그에 의하면 거대한 지식 체계의 형성은 예속화와 지배의 효과와 기능을 (해방의 기능과 함께) 지니고 있다. 따라서 우리는 지식의 발달이 반드시 해방을 보장한다는 기본전제를 완전히 재조사해야만 한다.

요컨대, 진리는 권력 밖에 있는 것도 아니고 권력을 결여한 것도 아니

---

38) Foucault, "On Power", ed. Lawrence D. Kritzman, *Michel Foucault: Politics, Philosophy, Culture*, 1990, p.107. 앞으로는 *MF*로 표기한다.
39) Foucault, "Power and Sex", *MF*, 118.
40) "Power and Sex", *MF*, 119.
41) 『푸코의 맑스』, 157.

다. 진리는 자유 정신의 산물도 아니고 자신을 해방시킨 사람들의 특권도 아니다. 진리는 이 세계의 것으로서 오로지 다양한 제약의 형태들 덕택으로 생산된다. 그래서 진리는 규칙적인 권력의 효과들을 유도한다. 이런 점에서 진리는 명제들의 생산, 규제, 분배, 유통 그리고 작동을 위한 명령된 절차의 체제로서 이해된다. 진리는 이를 생산하고 유지하는 권력의 체제와의 순환적인 관계 속에서 진리가 유도하고 확장한 권력의 효과들과 연계된다. 이것이 바로 진리의 통치체제이다. 그래서 각 사회는 각각의 진리의 통치체제를 지니게 된다. 이 통치체제는 이데올로기적인 것도 아니고 상부구조적인 것도 아니다. 그것은 자본의 형성과 발전의 한 조건이다. 이런 동일한 진리의 통치체제가 자본주의 국가뿐만이 아니라 변형된 채로 현존(하는) 사회주의 국가에서도 작동되고 있다. 이러한 진리의 통치체제에 대한 비판적 분석이 진리의 '일반 정치학'이다. 이러한 진리의 정치경제학은 다섯 가지 특징을 지닌다. 1. 진리는 과학적 담론과 이를 생산하는 제도들에 중심을 두고 있다. 2. 진리는 경제적인 생산 못지않게 정치적인 권력을 위해 요구된다. 3. 진리는 다양한 형태로 광범위한 유통과 소비의 대상이 된다. 4. 진리는 정치적이고 경제적인 거대한 기구들의 통제하에서 생산되고 전수된다. 5. 진리는 정치적 논쟁과 사회적 대결 전체('이데올로기' 투쟁들)의 쟁점이다.[42]

　이런 진리의 통치체제 속에서 지식인이 갖는 본질적인 정치적 문제는 이데올로기적인 내용을 비판하는 것도 아니고 자신의 과학적 실천에 의해 교정된 이데올로기를 제시하는 것도 아니다. 다시 말해서 사람들의 의식을 바꾸는 것이 아니라 새로운 진리의 정치학을 구성할 가능성을 식별하여 진리 생산의 정치적, 경제적, 제도적인 통치체제를 바꾸는 것이다. 진리가 이

---

42) "Truth and Power", *FR*, 73~74.

미 권력인 상황에서 권력의 모든 체제로부터 진리를 해방시킨다는 생각은 환상일 뿐이다. 이러한 환상은 진리의 권력과 이것이 현재 작동하고 있는 사회적이고 경제적이고 문화적인 헤게모니의 형태들을 서로 멀리 분리시킬 뿐이다. 요약하자면 정치 문제란 에러, 환상, 소외된 의식, 이데올로기가 아니라 진리 자체이다. 따라서 이 진리문제와 관련해서 니체가 중요하다.[43]

4. 권력은 왜 미시물리학적 분석을 해야 하는가?

푸코는 진리의 축과 관련해서는 이데올로기 대신 진리의 통치체제를 제기하는 한편 권력의 축과 관련해서는 억압 가설에 대해 비판을 한다. 억압이라는 개념이 이데올로기 개념보다 더 교활하다. 권력은 사물을 횡단하며 생산한다. 권력은 쾌락을 유도하고 지식을 형성하고 담론을 생산한다. 권력은 전 사회 체제에 걸쳐 작동하고 있는 생산적 네트워크이다. 고전 시대의 군주국들이 거대한 국가기구를 개발하는 것 외에 새로운 절차로 만든 '목자권력'은 기존에 구사된 본보기적인 폭력보다 훨씬 효율적이고 훨씬 위험성이 적다는 점에서 권력의 새로운 '경제학'이다. 목자권력은 전 사회에 걸쳐 연속적이고 중단 없이 적응하며 '개별화'된 방식으로 권력의 효과들을 유통시킨다. 이는 권력의 생산성 안에 참다운 기술적 도약이 가능하다는 것을 보여 준다.[44] 이렇게 목자권력은 현대에 억압과 보살핌이라는 이중적인 권력으로 전개되어 규율에 순응적인 종속적 주체화를 낳는다. 동시에 국가이성이라는 이념 위에서 거대한 중앙집권적인 통일된 국민국가에 대한 열망이 새로운 국가의 형태로 현실화된다. 이처럼 거대한 국가기구가

---

43) "Truth and Power", *FR*, 74~75.
44) "Truth and Power", *FR*, 61.

만들어지고 권력이 개별화된 형태로 작동한다는 점에서 근대 정치학을 비판적으로 분석하기 위해서는 전체화와 개별화라는 이중적 과정으로 이루어진 정치적 합리성의 뿌리를 탐구해야 한다.

푸코가 보기에 계몽주의의 과업은 이성의 정치권력을 증대시키는 것이다. 권력 증대는 두 방향으로 발달한다. 즉 국가로 정치권력이 중앙집권화되어 가는 방향과 개인들을 다루는 권력 기술의 출현이다. 대부분의 푸코 연구가들은 푸코가 현대적 국가 양식과 그것이 어떻게 해서 자본주의적 생산관계에서 도출되었는지에 관한 연구는 소홀히 하면서 동시에 지배가 생산력과 착취의 관계, 그리고 국가기구에 기반을 두고 있다는 사실을 무시했다고 비판한다.[45] 이 비판은 경제주의와 이를 극복하려는 입장에서도 여전히 생산관계와 연관해서 정치와 권력을 이해하려는 맑스주의의 기본 입장에서 기인한 면도 있기는 하지만 푸코의 진정한 의도를 파악하지 못한 면도 있다.

푸코가 강조한 것은 권력이 기능하는 복잡한 메커니즘에 대한 편견 없는 검토이다. 권력의 문제를 경제적인 과정과 생산관계에 대해 자율적인 과정으로도, 종속적인 과정으로도 보지 않는다.[46] 이 점을 더 분명하게 이해하기 위해서 권력 메커니즘에 대해 투쟁하는 세 가지 유형을 고찰해 본다. 인종적, 사회적, 종교적인 지배의 형태들에 대한 투쟁 및 경제적 착취의 형태들에 대한 투쟁, 그리고 종속적 주체화의 형태들에 대한 투쟁이 그 세 가지이다. 이 세 가지 중에 중세 봉건 사회에서는 인종적이고 사회적인 지배의 형태에 대한 투쟁이 우세한 반면에 19세기에는 착취에 대한 투쟁이 전면에

---

45) 주로 르쿠르와 풀란차스가 이러한 비판을 행한다(베리 스카트, 『마르크스주의와 미셀 푸코의 대화』, 136~150).
46) 베리 스카트, 『마르크스주의와 미셀 푸코의 대화』, 146.

등장하게 된다. 그러나 최근에는 지배와 착취에 대한 투쟁이 사라진 것은 아니지만 종속적 주체화에 대한 투쟁이 더욱더 중요하게 된다. 그런데 이 종속적 주체화에 대한 투쟁의 형태, 즉 구원과 성경의 진리에 참여하려는 투쟁이 중세에도 존재한 것이다. 물론 이러한 종속적 주체화의 유형들이 모두 생산력과 계급투쟁, 이데올로기적 구조의 결과라는 맑스주의 쪽의 비판이 있을 것으로 예상하면서 그는 종속적 주체화가 착취나 지배의 메커니즘과의 관계성 밖에서 연구될 수 없지만 그렇다고 해서 착취나 지배의 메커니즘이 더 근본적인 메커니즘이 아니라 다른 메커니즘들과 복잡한 순환적인 관계망에 존재한다고 말한 것이다.[47] 그래서 권력에 대한 총체적인 일반 분석으로의 환원이 아니라 국지적이고 특수한 분석이 필요한 것이다.

"정치적 합리성은 서구사회의 역사 전체를 통해 자신을 성장시켜 왔으며 또 자신을 드러내 왔다. 그것은 처음에는 목자권력이라는 사상에, 그 다음에는 국가 이성이라는 사상에 의존해 왔다. 그것의 필연적인 효과는 개별화와 전체화이다. 이 두 효과 중 어느 하나만이 아니라, 정치적 합리성의 뿌리 그 자체를 공격함으로써 자유가 온다."[48] 푸코는 국가가 가장 두드러지고, 가공할 인간통치의 형식 중 하나라고 생각한다. 그런데 국가는 앞 인용문에서 밝혀졌듯이 개별화와 전체화의 동시적 과정을 의미한다. 따라서 그가 보기에 (자유주의처럼) 국가와 개인을 별도로 세우고 국가의 이익과 개인의 이익을 상충하는 것으로 보고 국가로부터 개인을 해방시키는 전략은 피상적이라는 것이다. 그의 의도는 근대의 권력 구조가 개별화시키고 또한 동시에 전체화시키는 이런 종류의 정치적 '이중구속'[49]의 토대가 되

---

47) Foucault, "The Subject and Power", *MFSM*, 213~214.
48) Foucault, "Politics and Reason", *MF*, 85.
49) "The Subject and Power", *MFSM*, 216.

는 정치적 합리성을 각 다양한 지점에서 비판적으로 서술하는 것이지 국가나 권력에 관한 일반 이론에 관심이 있는 것이 아니다.

국가 그리고 이것과 관련된 개별화의 유형으로부터의 자유는 이 둘의 뿌리인 정치적 합리성 즉 계몽을 역사-비판적으로 탐구할 때 가능해진다. 합리화와 과도한 정치권력 사이의 관계는 그가 보기에 분명하다.[50] 그래서 그는 지식과 권력 사이의 관계를 탐구한다. 푸코는 이미 프랑크푸르트 학파가 계몽주의와 이것에서 기인하는 합리주의를 탐구했다는 점을 인정하지만 그가 제시하는 방법은 이 학파와는 달리 합리화와 권력 사이의 관계를 탐구하는 방법이다. 이 방법은 첫째, 사회와 문화의 합리화를 하나의 전체로서 다루기보다는, 이 과정을 광기, 질병, 죽음, 범죄, 성 등과 같은 각각의 근원적인 경험에 근거하여 몇 가지 분야로 나누어 분석한다. 둘째, 합리화의 주된 문제는 사람들이 합리성의 원칙에 부합되는지의 여부가 아닌 그들이 사용하는 합리성이 어떤 종류의 것인가를 밝혀내는 것이다. 셋째, 서구의 역사와 정치기술의 발달에서 계몽주의 시대가 중요하긴 하지만 동시대의 역사를 이해하기 위해서는 보다 멀리 있는 과거로부터 진행되어 온 과정에 대해 언급하지 않으면 안 된다. 이러한 '행동방침'(linge de conduits)하에서 그는 광기, 죽음, 범죄, 성 등의 경험과 이들을 다루는 지식(정신병리학, 의학, 범죄학, 사회학 등)과 몇몇 권력의 기술 또는 효과 사이의 관계를 분석했다.[51]

이 권력-지식론은 『감시와 처벌』에서 '권력의 미시물리학', '권력의 전략' 등의 방식을 통해 탐구된다. 이 논의의 전제는 다음과 같다. 권력이 지식을 생산한다는 것이며, 권력과 지식은 자기의 영역 속으로 상대방을 서

---

50) "The Subject and Power", *MFSM*, 210.

51) "Politics and Reason", *MF*, 59.

로 직접 끌어들이고 있으며, 지식의 영역과 상관관계를 형성하지 않는 권력이란 존재하지 않고 또한 권력의 관계를 전제하지 않고, 그 관계를 형성하지 않는 지식은 존재하지 않는다는 사실이다.[52] 여기에서 푸코가 근대적 정신과 새로운 권력 사이의 연관관계의 역사를 기술하고자 하는 이유는 오늘날의 과학과 법의 복합체를 통해서 처벌하는 권력이 자신의 기초와 정당성과 규칙을 확보하며 자신의 권력 효과를 증대시키고, 권력의 유일성을 은폐시킬 수 있다는 데 있다. 즉 현대사회의 인간이 경찰이나 감옥을 자기의 정신이나 내면 안에 지니게 된 경위를 분석하면서 현대사회가 비판의 대상이 된다는 점을 서술하고자 한다. 이 내면화된 감시자가 영혼이다. "영혼은 정치 해부학의 효과이자 도구가 된다. 영혼이 육체의 감옥이 된다."[53] 원래 플라톤 이후로 육체가 영혼의 감옥이었다. 현대사회에서는 그 관계가 역전된다.

푸코에 의하면 이렇게 권력의 감시가 내면화되고 분산되어 있는 사회가 부르주아 사회이며 현대사회라는 것이다. 이런 사회에서는 권력이 국가기구뿐만 아니라 국가기구 밖에서, 국가기구 밑에서, 그리고 국가기구와 나란히, 훨씬 미세하고 훨씬 일상적인 차원에서 작용하는 권력 메커니즘이 있다.[54] 이러한 부르주아 사회를 규율사회라고 부른다.[55] 규율권력은 인간 활동을 통제하고 질서화하는 것을 목적으로 한다. 이는 훈련과 규범화를 통해 개인을 형성하고 통제하는 것, 즉 개별화과정을 의미한다.[56] 이때 권력은 단지 억압적이기만 한 것이 아니라 생산적이기도 하다. 이 생산적

---

52) Foucault, *Surveiller et punir*, Gallimard, 1975, 32.

53) *Surveiller et punir*, 34.

54) Foucault, *Power/Knowledge: Selected Interviews and Other Writings: 1972~1977*, ed. Colin Gordon, The Harvester Press, 1980, 60. 앞으로는 *PK*로 표기한다.

55) *Surveiller et punir*, 211.

56) 베리 스카트, 『마르크스주의와 미셸 푸코의 대화』, 154.

인 권력이 부르주아 시대에 사용했던 전략이 바로 규율이다. 규율은 권력이 사용하는 '물리학'이며 '해부학'이다.[57] 이러한 규율 권력 덕분에 서구화는 자본의 축적을 가능케 했던 기술의 발전에 의한 경제적 부상과 동시에 인간의 축적을 통한 정치적 부상을 할 수 있었다. 이 두 과정 ——인간의 축적과 자본의 축적 ——은 분리될 수 없다.[58] 그렇지만 인문과학(인간의 축적을 위한 지식)의 출현과 관계하는 권력 기술로서의 규율은 경제결정론자들이 주장하듯이 경제로부터 연역되지 않는다. 이 점에서 푸코는 맑스주의자들과 견해를 달리한다. 따라서 이 규율 권력을 탐구하는 방법은 정치경제학이 아니라 '권력의 미시물리학'이다.

푸코는 이 규율사회의 전형적인 모델로 벤담의 '판옵티콘'(원형 감시대)을 제시한다. 푸코는 벤담의 판옵티콘이 권력의 새로운 메커니즘을 건축적 형태로 구성해 낸 것으로 간주한다. 이는 권력의 획일화 효과를 창출하는 놀라운 메커니즘이다. 감시는 도처에 존재하며 항상 가동하며 감시하는 자를 다시 감시하는 감시의 그물망을 형성한다. 이 감시는 침묵 속에서 이루어지므로 권력의 존재는 완전히 은폐된다.[59] 이러한 규율의 모델은 사회 전반을 감시하는 프로그램으로 확장될 수 있다. 이러한 메커니즘의 확장이 일반적으로 규율사회라 지칭할 수 있는 것의 형성인 것이다.[60]

이 규율사회의 형성 과정은 국가권력의 중앙집권화와 개별화 과정을 함축한다. 그가 맑스주의 분석에서처럼 국가의 문제를 제기하지 않았다는 비판은 일면적일 뿐이다. 그는 언제나 근대의 국가권력이 개별화하는 동시에 전체화하는 권력의 형식이라는 사실을 강조한다. 그는 인류사회 역사상

---

57) *Surveiller et punir*, 217.

58) *Surveiller et punir*, 222.

59) *Surveiller et punir*, 201.

60) *Surveiller et punir*, 211~219.

서구의 현대 국가만큼 개별화하는 기술과 전체화하는 과정이 동일한 정치 구조 속에서 이렇게 밀접하게 결합된 적은 없다고 언급한다. 그렇게 말하는 이유는 그가 다음과 같이 권력을 정의하기 때문이다.

1. 권력은 실체도, 재산도 아니고 단지 개인 사이의 특정 유형의 관계일 뿐이다. 권력의 특징은 일부의 사람이 다른 사람의 행위를 어느 정도 전반적으로 결정할 수 있지만, 철저히 강제적으로는 그렇게 할 수 없다는 점이다. 따라서 잠재적인 거부나 반항이 없는 권력이란 있을 수 없다. 2. 사람들 사이의 모든 관계에서는 많은 요인이 권력을 결정하는데 거기에도 합리화가 부단히 작동하고 있다. 이 합리화에는 고유한 형식들이 있어서 인간에 의한 인간의 통치는 상황에 따라 특정 유형의 합리성을 수반한다. 즉 권력은 폭력을 도구로 수반하는 것은 아니다. 3. 따라서 한 형식의 권력에 저항하거나 반항하는 사람들은 폭력 또 제도, 더 나아가서 이성 일반을 비난하는 것으로 만족해서는 안 되고, 관련된 합리성의 형식을 문제로 삼아야 한다. 이때 전에 있던 제도와 동일한 목적과 효과를 지닌 제도가 다시 자리 잡는 것을 피할 수 있다. 4. 그러므로 가장 두드러지고 가장 가공할 인간 통치의 형식인 국가를 비판하기 위해선 국가의 두 효과인 개별화와 전체화의 뿌리가 되는 정치적 합리성을 근저에서부터 공격해야 한다.[61] 파시즘과 스탈린주의라는 두 가지 전체주의라 불리는 "병리적인 형태"[62] 즉, 극단적인 형태만 아니라 개인주의나 자유주의라 불리는 "정상적인 형태" 즉, 완화된 형태까지도 비판할 수 있게 된다. 전체주의 대 자유주의라는 대립구도 또는 전체주의 대 민주주의라는 대립구도는 의미가 없다. 전체주의라는 용어는 현대 정치학과 정치권력을 이해하는 데 장애가 된다. 이 국가화(전체화)

---

61) "Politics and Reason", *MF*, 83~84.
62) "The Subject and Power", *MFSM*, 209.

와 개인화라는 두 가지 모순되는 것처럼 보이는 흐름들의 바탕이 되는 현
대의 정치적 합리성의 뿌리까지 흔들어야 한다.

5. 자유는 왜 국가화로부터의 해방인 동시에 개인화로부터의 해방인가?

세번째 윤리의 계보학으로서의 역사-비판 존재론은 새로운 가능성을 실
험하는 자유를 열어 밝힌다. "자유는 윤리의 존재론적 조건이다. 그러나 윤
리는 자유가 취하는 반성적 형식이다."[63] 이 윤리라는 것은 **자아로부터 자유
로워지는 것**[64]이며 **가능한 위반의 형태를 통한 실천적 비판**이다. 이것은 곧 역
사-비판적 태도가 실험적 태도가 되어야 함을 뜻한다. 우리 자신의 한계를
비판하는 이 작업은 자유의 영역을 개방시킴과 아울러 우리 시대의 현실성
을 시험해 보아야 한다. 즉 변화 가능하고, 변화가 바람직한 지점을 파악하
는 동시에 이 변화가 취해야만 하는 형태를 결정해야 한다. "이는 우리 자
신의 역사적 존재론이 총체적(global)이고 근본적인(radical) 모든 기획들
에서 벗어나야 함을 의미한다."[65] 푸코는 파시즘과 스탈린주의처럼 20세기
정치체제 중 최악의 병리적인 형태들처럼 이 총체적인 기획 곧 신인류 창
출 프로그램보다는 역사적 분석과 실천적 태도가 상호작용하면서 만드는
부분적인 변형을 선호한다. 예컨대 우리의 존재 방식과 사유 방식에 관련
된 영역, 권위에 대한 관계에 관련된 영역, 성들 사이의 관계에 관련된 영역,
우리가 광기 또는 질병을 지각하는 방식과 관련된 영역 등에서 일어난 변
형을 들 수 있다.[66] 이는 우리 자신의 한계와 이것을 넘어서는 가능성에 대

---

63) "L'éthique du souci de soi comme pratique de la liberté", *DE* 4, 712.

64) Foucault, *L'usage des plaisirs*, Gallimard, 1984, 14.

65) "Qu'est-ce que les lumières?", *DE* 4, 575.

66) "Qu'est-ce que les lumières?", *DE* 4, 575.

한 실천적 경험이 제한되어 있기 때문이다. 이러한 부분적인 변형은 인간에게 무력감을 주는 것이 아니라 거꾸로 들뢰즈의 지적대로 "선과 대면하고 선에 올라타는 유일한 방법"이며 이러한 한계선상에서 예술가적인 창조의지를 발견하게 된다.[67]

우리 사회에서 독재적 억압에서 벗어난 민주화 이후에 왜 평등과 정의뿐만 아니라 다시 자유를 말해야 하는가? 그것은 자유라는 단어가 지나치게 한쪽에서 독점화하고 있기 때문이다. 자유의 진정한 실현은 정의롭고 평등한 사회에서 가능하고, 역으로 평등과 정의를 강조하다 자유를 놓쳐 버리면 평등과 정의를 외치는 체제도 (구소련의 스탈린 독재정권처럼) 억압적으로 변질될 수 있기 때문이다. 박노해 시인이 절규한 것처럼 '적과 싸우면서 적을 닮아 버렸다'는 자기비판이 필요한 시점이다. 이 말은 독재라는 거시적인 적이 사라지면서 우리 스스로가 일상생활에서 자유의 적(敵) 노릇을 담당하고 있다는 점을 통렬하게 지적한 것이다. 자유는 자유주의의 독점물이 될 수 없다. 시장과 선택의 자유는 자유의 하나일 뿐 아니라 진정한 자유에 역행할 수 있다. 자유는 서양 근대 정치철학에서 신분제와 봉건 사회로부터 벗어나고 싶은 시대적 열망을 담은 주요한 가치어가 되었다는 점에서 자유는 단지 근대적인 것만도, 자유주의적 것만도 아니다. 자유가 있어야 인간이 인간다울 수 있다. 자유는 인간다움의 기초이다. 이런 자유를 실현할 수 있는 제도를 만드는 것이 현대를 살아가는 우리의 과제이다.

그러나 자유가 서양 근대 정치철학의 틀에서는 개인과 국가의 관계를 규정하는 핵심적인 역할을 하는 것으로부터 자유주의가 지배적 담론으로 자리 잡아 가면서 이기적인 개인의 권리로 축소되고 만다. 자유의 반대말은 큰 정부와 보편 복지가 되었다. 다시 말해서 자유는 평등에 대립하는

---

67) 들뢰즈, 『대담 1972~1990』, 김종호 옮김, 솔, 1993, 115.

것으로 간주되고 자유는 시장에서 선택의 자유가 된다. 그러나 자유의 진정한 반대말은 지배이다. 다시 말해 지배로부터의 해방이며 동시에 스스로 지배하는 것이다. 해방과 자치가 자유를 구성하는 두 계기이다. 그러나 해방이란 단지 노골적인 정치적 억압으로부터 벗어나는 것만이 아니라 미시적인 생활세계에서 각종의 예종(종속적 주체화)으로부터 벗어나는 것이기도 하다. 우리는 진정한 자유를 규정하기 위해 부정적인 방식으로 그 반대말인 지배와 대조해야 한다. 모델 1. 지배를 간섭으로 해석할 것인가? 이때 자유는 선택이 된다. 이것이 자유(지상)주의 모델이다. 이 모델에서 국가는 온정주의의 방식으로 보호를 빌미로 국민을 미성숙하게 취급하고 시장에 간섭한다고 여겨진다. 국가는 매우 부정적으로 그리고 필요악으로 여겨진다. 모델 2. 지배를 강제로 해석할 것인가? 이때 자유는 자율이 된다. 자유는 도덕적이고 보편적인 모습을 하게 되어 자율적인 인간들이 서로의 인권을 존중하는 모델이다. (칸트와 롤스와 하버마스처럼) 이 모델은 이러한 개인적인 자율에 바탕을 두고 도덕적인 개인들의 절차적인 구성을 통해서 자유주의를 최대한 도덕적으로 만들려고 한다. 모델 3. 지배를 예속(종속적 주체화)으로 해석할 것인가? 이때 자유는 해방이 된다. 이 모델은 자유가 단순히 개인적인 추상적 차원이 아니라 좋은 사회를 통해 실현될 가치라는 점을 보여 준다.

종속적 주체화가 우리의 자유를 위협하는 이유는 **자신이 다른 사람에게 강요받을 수 있는 끊임없는 위험성(예속)으로부터 보호되지 않기 때문이다(루소). 이러한 자유는 이기적 개인주의와 도덕적 개인주의의 자유 모델로는 이해되기 어렵다.** 로빈슨 크루소는 자유로운가? 아니다. 자유란 사회 공간에서 의미가 있는 것이다. 따라서 자유란 강요받는 위험성인 예속으로서의 지배로부터 해방되는 것이다. 근대적 의미의 추상적인 개인은 우리의 자유 논의의 전제가 아니다. 로빈슨 크루소와 같은 개인은 사회를 추상화한 결과물에 불과하다. 그렇다면 국가는 어떠한가? 홉스적인 사회계약론에 의하면 이러한 개인들을 결합하여 만든 국가는 리바이어던인 것이다. 국가는 개인이라는 부품이 결합된 추상적인 기계체이다. 이런 점에서 **자아도 추상이며 국가도 추상이다. 개인의 자발적 동의(자율)로 구성된 국가가 자유로운가?** 아니면 국가는 억압적인 지배에 불과한가? 이렇게 사회와 분리된 개인도 추상(원자화된 개인과 대중 사회)이며 개인과 분리된 국가(극단적 민족주의나 국가주의, 권위주의나 전체주의)도 추상이어서 개인과 국가는 대립하며 사회계약론의 방식으로는 이러한 대립을 해결할 수 없다. 이것이 오늘날 가장 추상적인 사회계약론 모델을 제시한 롤스의 절차적 정의를 공동체주의의 대표적 정치철학자인 샌델이 비판하는 이유가 된다.

여기서 우리는 형식적(법적이고 정치적인 차원의) 자유와 실질적(사회적이고 경제적인 차원의) 자유를 구분할 필요가 있다. 모델 1의 자유는 형식적 자유(자유주의)이며 모델 2의 자유는 이 형식적 자유가 지닌 한계를 보완하기 위해 이 형식적 자유를 도덕화(칸트)하며 공정성으로의 정의(롤스)와 의사소통적 합리성(하버마스)을 내세우게 된다. 자유주의의 역사적 성취는 형식적 자유이다. 제도적인 불평등에서 벗어나 자유를 갖게 된 점이 근대 시민혁명들의 의미이다. 그런데 노예에서 벗어난 미국의 흑인들이 다시 도시의 빈민으로 전락하여 노예 때보다 더 어려운 삶을 산다는 점에서 자유주의적 자유의 한계가 다시 드러난다.

근대적 정치에서 자유주의적 자유(간섭의 반대말)는 민주주의적 자유(강제의 반대말)와 결합해서 자유민주주의 형태로 구체화된다. 이는 칸트식의 자율이라는 말에서 그 도덕성의 정점에 도달한다. 자율이란 자신을 위해 스스로 규범을 정할 수 있는 힘, 그리고 스스로 만든 규범이 아니면 어떤 규범에도 타율적이므로 복종하지 않을 그런 자유이다. 그러나 이러한 자율이 곧 전체 자유를 대표하는 것은 아니다. 자율이 곧 진정한 자유는 아니라는 말이다. 내 의지가 원하는 것(의사)이 자율적으로 되는 것은 나의 행동을 지배하는 법이나 규칙이 내 의사와 일치할 때가 아니라, 내가 남에 의해 강요받을 수 있는 끊임없는 위험성(예속)으로부터 보호될 때이다. 이러한 강요 그리고 법과 정치가 자의적으로 행해지지 않을 때에만 자율은 예속을 방지하기 위한 하나의 효과적인 수단이 된다.

푸코는 현대의 정치에 매우 중요한 발언을 한다. 이미 언급했듯이 그는 "철학의 과제는 우리 세계에 대한 비판적 분석"이라고 하면서 이 분석의 **"현재의 목표는 우리가 무엇인지를 발견하는 것이 아니라 우리가 현재 있는 모습과 방식을 거부하는 것이다"**라고 말한다. 다음과 같은 종류의 정치적인 '이중적 구속'을 제거한다면 우리가 어떤 모습으로 존재할 수 있는가를 상상하고 구축할 수 있다고 한다. 그 이중적 구속이란 현대 권력 구조의 동시적인 개인화와 총체화이다. 결론은 다음과 같을 것이다. 우리 시대의 정치적, 윤리적, 사회적, 철학적 문제는 개인을 국가로부터 해방하려고 노력하는 것이 아니다. 우리는 국가와 그리고 이 국가에 연결된 종류의 개인화로부터 동시에 해방하려고 노력하는 것이다. 우리에게 수세기 동안 부과되어 온 이런 종류의 개인화를 거절함으로써 새로운 형태들의 (예속적인 형태와는 반대의) 주체성을 증진시켜야 한다.[68]

근대, 즉 현대의 정치는 개인만 발견하고 만든 것이 아니라 국가도 발견하고 만들었다는 점이 중요하다. 이는 홉스와 로크와 루소의 사회계약론에서 가장 잘 예시된다. 그들에 따르면 개인들이 합의하여 국가를 만든다. 하지만 이는 동시적인 과정이다. 즉, 국가와 개인은 동시에 만들어진 것이다. 개인이 국가로부터 구속받지 않을 때 자유롭다는 것은 개인이 국가보다 먼저 존재할 경우에만 가능하다. 이런 의미에서 자유는 자유주의적 자

---

68) "The Subject and Power", *MFSH*, 216.

유이다. 그러나 자유주의는 국가를 부정하는 무정부주의가 아니며 이러한 자유는 로빈슨 크루소처럼 추상적인 자유로서 진정한 자유가 아니다. 이런 이유로 자유주의는 자유를 보장받기 위해 자유를 제한하는 국가를 필연적으로 구성하지 않으면 안 된다. 이것이 자유주의의 역설이며 이것이 말하는 자유가 왜 기만적인지를 잘 보여 준다.

민주화 이후의 민주주의의 위기에 대한 최장집 선생님의 진단에 동의한다. 그러나 결론에 동의하지는 않는다. 정당정치만으로는 부족하기 때문이다. 정당을 견제할 수 있는 장치도 있어야 한다. 왜냐하면 오늘날 정당정치는 과점 시장에서 선택의 자유에 불과할 수도 있다. 우리를 대표하는 정당도 자의적으로 행동하면 안 된다. 정당정치는 절차주의적 한계 안에서만 주로 작동한다. 이러한 정당정치의 한계를 촛불의 정치가 잘 드러냈다. 왜냐하면 정당정치 중시는 지나치게 국가권력 중심이어서 정치권력에 관한 일반 이론에 가깝기 때문이다. 그러나 진정한 자유는 국가에 의한 예속뿐만 아니라 다양한 영역에서의 예속으로부터의 자유이다. 그 예속의 원인이 권력이든, 권위이든, 자본이든, 진리이든 간에 이로부터 종속적 주체화를 거부해야 진정한 자유가 획득된다. 아마 이것이 맑스와 니체가 원하던 자유가 아니었을까?

루소의 정치철학은 비록 사회계약론이라는 개인주의 틀에도 불구하고 일반의지(la volonté générale)라는 개념을 제시함으로써 근대의 부르주아적 개인이라는 사적 시민의 모델을 넘어서 정치공동체를 지향하는 공적 시민(le citoyen)의 모델을 제시했다는 점에서 개인과 공동체의 모순을 자유롭고 평등하고 연대하는 사회를 구성하고자 하는 변증법적 정치철학으로 발전할 수 있는 계기가 된다. 그러나 변증법적 정치철학은 스탈린식의 독재정치로 인해 전체주의라는 오명을 쓰게 되었고 마치 자유의 적으로 간주된다. 하지만 변증법적 자유의 선구자인 루소의 자유는 공동선을 지향하는 일반의지와 대립하지 않고 양립한다. 다만 이런 양립의 의미는 그의 방법론인 사회계약론이라는 개인주의 틀로는 체계적으로 논증될 수 없다. 이의 모순으로부터 변증법이 새롭게 개인의 자유와 공동체의 공동선을 매개하는 정교한 방법론이자 존재론으로 발전하게 된다. 따라서 루소를 도덕적 개인주의로 해석하고자 하는 칸트와 롤스의 자유주의와 다른 루소의 모습을 헤겔과 맑스의 변증법이, 더 나아가 개인과 공동체의 문제를 전체주의라는 틀에서 벗어나 해석하기 위해 기존의 경화된 변증법과 달리 푸코나 데리다, 들뢰즈와 가타리의 해체론이 이 자유의 문제를 더 발전시켜 탐구하고 있다. 변증법과 해체론은 대립하는 것이 아니다. 둘 다 역사-비판 존재론으로서 우리의 존재를 비판적으로 더 자유롭게 탐구하려는 루소의 정신을 계승한 철학적 에토스에 바탕을 두고 있다. 푸코의 다음의 말을 다시 기억해 보자. "철학의 과제는 우리 세계에 대한 비판적 분석"이며, 이 분석의 "현재의 목표는 우리가 무엇인지를 발견하는 것이 아니라 우리가 현재 있는 모습과 방식을 거부하는 것이다."